HEYNE <

Bernhard Hennen
KINDER DER NACHT
Eine Geschichte aus der Welt der Elfen
jetzt exklusiv als E-Book

BERNHARD HENNEN

ELFEN WINTER

Roman

Mit der neuen Bonusgeschichte
»Skanga – Der Blick in den Himmel«

WILHELM HEYNE VERLAG
MÜNCHEN

MIX
Papier | Fördert gute Waldnutzung
FSC® C014496

Penguin Random House Verlagsgruppe FSC® N001967

5. Auflage
Neuausgabe 10/2014

Printed in Germany
Umschlaggestaltung: Isabelle Hirtz, Inkcraft, Augsburg
Umschlagillustration: Melanie Miklitza, Inkcraft, Wedel
Karten: Andreas Hancock
Satz: Buch-Werkstatt GmbH, Bad Aibling
Druck und Bindung: GGP Media GmbH, Pößneck

ISBN: 978-3-453-31567-9

www.heyne.de

Für Menekse und Melike,
mein Zuhause

»Wo gehen wir denn hin?«
»Immer nach Hause.«
NOVALIS

DAS FEST DER LICHTER

»Sie werden versuchen, die Königin zu töten.«

Die junge Elfe blickte Ollowain ungläubig an. Sie schien seine Worte für einen schlechten Scherz zu halten. Ein Lächeln spielte um ihre Lippen, verflog aber sogleich wieder, als er keine Anstalten machte, es zu erwidern.

Ollowain war klar, wie ungeheuerlich seine Behauptung klingen musste. Emerelle galt im Volk als die von allen geliebte Herrscherin. Sie war die Güte selbst, die mütterliche Königin der Albenkinder. Und doch hatte es bereits zwei Mordanschläge gegen sie gegeben. »Such dir ein Versteck, von dem aus du die Mastkörbe der Schiffe rings um die Prunk-Liburne der Königin beobachten kannst. Und sobald du etwas Verdächtiges siehst, schieß! Jedes Zögern könnte Emerelles Tod bedeuten.«

Die hoch gewachsene Elfe trat an den Rand der Terrasse und blickte hinab auf die Hafenstadt. Vahan Calyd lag an einer weiten, felsigen Bucht am Ende einer Landzunge. Es war die größte Stadt am Waldmeer, obwohl nur wenige Albenkinder hier ständig lebten. Die Palasttürme, die sich stolz über die einfachen Häuser erhoben, standen fast immer leer. Einmal alle achtundzwanzig Jahre versammelten sich die Fürsten Albenmarks in Vahan Calyd, um gemeinsam das Fest der Lichter zu feiern. Dann erwachte die Stadt für wenige Wochen aus ihrem immerwährenden Schlaf.

Jede Sippe Albenmarks, die als bedeutend galt, unterhielt hier zumindest ein Haus, auch wenn es fast immer leer stand. Und die Fürsten der Albenkinder versuchten einander mit der Pracht ihrer Palasttürme zu überbieten. Doch all dies war nichts als eitler Tand und nur für wenige Wochen in achtundzwanzig Jahren von Bedeutung. In der übrigen Zeit stolzierten Winkerkrabben, die sich aus den nahen Mangroven nach Vahan Calyd verirrten, durch die weitläufigen Straßen der Stadt. Sie übertrafen die Diener und die Holden, die Vahan Calyd hüteten, an Zahl und an Muße. Dann nisteten Kolibris, Seeschwalben und Trollfingerspinnen wieder unter den Giebeln der Paläste und würden für viele Generationen nahezu unbehelligt bleiben, bis erneut das Fest der Lichter nahte. Dann drängten sich Tausende durch die Straßen der Hafenstadt, und die Winkerkrabben wurden in großen Kupferkesseln gekocht und an jeder Ecke feilgeboten. Vahan Calyd quoll über vor Leben, wenn, so wie heute, die Nacht der Nächte nahte und die stolzesten Schiffe Albenmarks sich im Hafen zum Stelldichein trafen. Es war ein Fest der Eitelkeiten. Ein Fest, bei dem die Fürsten einander ihre Macht und ihren Reichtum vorzeigten.

Silwyna wandte sich wieder Ollowain zu. Sie trug ihr Haar zurückgekämmt und zu einem langen Zopf geflochten, was ihr scharfkantiges Gesicht noch strenger aussehen ließ. Die Jägerin galt als eine der Besten unter den Bogenschützen Albenmarks. Und was noch wichtiger war, der Schwertmeister kannte sie als verschwiegen. Er würde sich darauf verlassen können, dass sie nicht ausplauderte, was hinter den Kulissen des Festes geschah. Am allerwichtigsten jedoch war: Wenn sie auf seiner Seite stand, dann diente sie in dieser Nacht keinem anderen Herrn. Zumindest hoffte er das. Silwyna war eine Maurawani. Sie entstammte jenem Elfenvolk, das hoch im Norden in den unwirtlichen Wäldern der Slanga-Berge lebte. Die Maurawan galten als unberechenbar und verschlagen. Und die meisten von ihnen machten keinen Hehl aus ihrer Verachtung für Emerelle und den Prunk ihres Hofes.

»Was du von mir verlangst, ist unmöglich«, sagte Silwyna ruhig und ließ den Blick noch einmal über den weiten Hafen schweifen. Mehr als hundertfünfzig größere Schiffe lagen an den Kais vor Anker. Ein wahrer Wald von Masten ragte über dem Wasser auf, und schon jetzt kletterten in der Takelage der Schiffe unzählige Schaulustige auf der Suche nach den besten Plätzen für das große Fest umher.

»Stell dir einmal vor, du wolltest Emerelle töten, kurz bevor sie auf dem Achterdeck der *Mondschatten* die Huldigung durch die Fürsten der Albenkinder entgegennimmt. Wie würdest du das anstellen?« fragte Olowain

Silwyna sah sich um. Die Sonne berührte den Ozean, die Masten warfen lange Schatten. Schon wurden die ersten Lichter entzündet. Die Schiffe waren mit Blumenketten geschmückt. Immer mehr Albenkinder drängten sich auf den Decks und am Hafen. Bald würde es kaum mehr ein Durchkommen geben.

Ollowain lief die Zeit davon. Er musste hinab zum Magnolienhof, wo sich das Gefolge der Königin sammelte. Vielleicht konnte er Emerelle ja doch noch davon abbringen, sich wie eine lebende Zielscheibe auf der *Mondschatten* zu zeigen.

»Ich wäre dort drüben.« Die Bogenschützin deutete auf ein türkisfarbenes Schiff mit silbernen Beschlägen an Rumpf und Aufbauten. »Die *Atem der See.* Von dort kann man Emerelles Prunk-Liburne gut einsehen. Das Schiff liegt weit genug von der *Mondschatten* entfernt, um nicht zu scharf beobachtet zu werden. Vor allem ist der Abstand groß genug, um einen Vorsprung zu haben, wenn die Jagd beginnt.«

Ollowain musterte die junge Elfe scharf. Sie ist eine

Maurawani, ermahnte er sich. Beute nachzustellen war ihr Leben. Ihn überlief ein Schauer. Nie hätte er sich träumen lassen, seine Königin in Gedanken einmal *Beute* zu nennen. Er straffte sich. »Warum die *Atem der See?* Ich habe die letzten fünf Stunden damit verbracht, mir Gedanken über die Schiffe im Hafen zu machen. Was du sagst, trifft auf mindestens noch drei andere Schiffe zu.«

»Wie viel weißt du?«

Ollowain wich ihrem Blick aus. »Wenig.« Und von dem Wenigen konnte er ihr das Meiste nicht sagen.

»Wenn man vorhat, die Königin mit einem Pfeil zu töten, dann geschieht dies, weil, wer immer es tut, mit dem Leben davonkommen will. Oder irre ich mich?«

»Ich hoffe nicht«, entgegnete Ollowain tonlos. Alles, was bisher geschehen war, sprach dafür, dass Silwyna Recht hatte.

»Von der *Atem der See* kann man entkommen.« Sie deutete hinüber zur Galeasse, deren helles Türkis in der Dämmerung zu einem blassen Grau verwischte. »Die Schiffe halten Abstand zur *Atem der See.* Dort ankern sie weniger dicht.«

»Das geschieht, damit die Galeasse ihre Ruder zu Wasser bringen kann. Sie braucht mehr Platz zum Manövrieren«, erklärte Ollowain. Insgeheim ärgerte er sich, dass er nicht selbst daran gedacht hatte. Er ahnte, worauf Silwyna hinauswollte.

»Sie könnte sich genau wie die Segelschiffe in freies Fahrwasser schleppen lassen. Wenn ich die Königin töten wollte, würde ich im vorderen Mastkorb stehen. Nach dem Schuss ist es ein Leichtes, über die Rah zu fliehen und ins Hafenbecken zu springen. Dort würde ich einen Delfin rufen, um mich aus dem Hafen zu den Mangroven oder zu einem Boot bringen zu lassen, das draußen auf der offenen See wartet.«

Ollowain spürte, wie ein einzelner Schweißtropfen über seine Stirn rann. Er musterte Silwyna eindringlich. Hatte er sich in ihr geirrt? Sie konnte sich allzu gut in den Mörder hineindenken. Lag es nur daran, dass sie eine Jägerin war? Sie war vorbereitet! Für den flüchtigen Betrachter wirkte sie festlich gekleidet, doch er sah in ihr mehr als nur einen harmlosen Gast. Sie war bereit, mit den Schatten der Nacht zu verschmelzen. Zu lauern und zu töten. Silwyna trug ein dunkles Wams aus Leder, in das ein aufwändiges Blütenmuster geprägt war. Darunter ein schwarzes Seidenhemd und eine weite seidene Hose. Ihr Antlitz war mit Bandag bemalt, dem rotbraunen Saft des Dinko-Busches. Ihre helle Hautfarbe verschwand fast gänzlich unter dem dunklen Muster aus Spiralen und stilisierten Wolfsköpfen. Selbst der lederne Sehnenschutz, den sie am linken Unterarm trug, wirkte auf den ersten Blick wie Schmuck. Gewiss, sie machte in diesem Festgewand einen düsteren Eindruck, aber das würde niemanden wundern. Im Gegenteil, man erwartete von den Maurawan geradezu, dass sie gegen jede Form der Etikette verstießen. Sie waren Wilde. Aufgewachsen in Wäldern. Angeblich lebten sie mit Tieren zusammen. Ollowain hielt das für Gerede, aber er wusste, dass viele diese Geschichten für wahr hielten.

Sie hat etwas geahnt, beruhigte der Schwertmeister sich in Gedanken. Schließlich warst du es, der sie gebeten hat, mit ihrem Bogen herzukommen. Andererseits traf man sich in einer Nacht wie dieser auf einem Tanzparkett und nicht auf einer verborgenen Terrasse des Palastes der Königin. Jedenfalls nicht, wenn man für die Sicherheit der Herrin Albenmarks verantwortlich war. Silwyna hatte geahnt, dass sie zu einer Jagd eingeladen war. Und sie hatte sich entsprechend gekleidet.

»Ich werde mich jetzt auf der *Atem der See* umsehen«, sagte sie ruhig.

Ollowain presste verärgert die Lippen zusammen. Wie naiv! »Das ist das Flaggschiff der Fürsten von Arkadien. Sie werden dich nicht an Bord lassen. Und ich glaube nicht, dass der Attentäter dort zu finden ist.«

»Ich hatte nicht vor zu fragen, ob man mich an Bord bittet«, entgegnete sie selbstsicher.

Unten am Hafen wurden die ersten Lichter zu Wasser gelassen, kaum handgroße Schwimmer aus Kork, auf denen Öllampen brannten.

Silwyna hielt ihn mit ihrem Blick gefangen, so schien es Ollowain. Ihre Iris war von kaltem, hellem Blau, umgeben von einem dünnen schwarzen Rand. Wolfsaugen, dachte er, und ihn schauderte.

»Sag mir endlich, was du weißt! Warum sollte der Mörder nicht auf der *Atem der See* sein?«, fragte sie schneidend.

»Darüber werde ich nicht sprechen. Geh du auf die Jagd für mich, und ich sorge dafür, dass du durch Atta Aikhjartos Albenstern in die Welt der Menschen reisen darfst.«

Silwyna schenkte ihm ein vieldeutiges Lächeln. »Warum mache ich nur immer wieder den Fehler, mich mit euch verzogenen Höflingen einzulassen? Ich weiß, ich sollte dem Menschensohn nicht in seine Welt folgen. Er wird mich enttäuschen. Ich muss wohl als Kind vom Mutterbaum gefallen und mit dem Kopf auf den Wurzeln aufgeschlagen sein. Wenn die Alben mich lieben, begegnen wir uns eines Tages in einem Wald, Ollowain, und ich verspreche dir, dann wirst du höflicher sein.« Sie griff nach ihrem Bogen. Noch einmal sah sie kurz auf. »Übrigens, du hast da etwas Schweiß in deinen Brauen.«

»Tatsächlich?« Ollowain zog ein Leinentüchlein hinter seinem Gürtel hervor und tupfte sich die Brauen. »Danke«, antwortete er tonlos.

Silwyna würdigte ihn keines weiteren Blickes. Sie schwang sich über das Geländer der Terrasse und fand mit sicherem Tritt die schmale Koboldtreppe, die halb zwischen Schlingpflanzen verborgen an der Außenfassade des Palastturms hinabführte. Leichtfüßig lief sie die steile Treppe hinunter. Ollowain sah noch, wie sie über das dichte Wurzelwerk eines Mangobaums hinwegstieg, dann war sie im Spiel von Licht und Schatten verschwunden.

Der Schwertmeister drapierte das Schweißtüchlein wieder hinter dem Gürtel. Kritisch sah er an sich herab und zupfte sein Seidenwams zurecht, damit sich die stählerne Brustplatte, die er darunter verborgen trug, nicht allzu deutlich durch den dünnen Stoff abzeichnete. Heute Nacht hatte der Tod eine Verabredung mit Emerelle getroffen. Er würde zwischen die beiden treten!

Ollowains Blick wanderte zu den Türmen, um die nun geisterhafte Lichter spielten. Er mochte Vahan Calyd nicht. Es hieß, die Alben hätten an diesem verwunschenen Ort einst ihre ersten Kinder erschaffen. Hier, wo der Wald und das Meer in riesigen Mangrovensümpfen ineinander übergingen, sodass es keine Küstenlinie gab, hier, wo Grenzen nicht mehr galten, schien alles möglich zu sein. Selbst die Jahreszeiten waren hier aufgehoben. Zumindest wenn man aus dem Norden kam und daran gewöhnt war, dass ein Jahr im Lauf der Zeit viele Gesichter hatte. Hier gab es nur schwüle Hitze. Nichts wurde jemals ganz trocken. Und die Mondwechsel unterschieden sich nur darin, dass es manchmal etwas mehr regnete.

Ollowain strich sich mit fahriger Geste über die Stirn. Die meisten Elfen lernten schon als Kinder, sich mit einem Wort der Macht gegen Kälte oder Hitze zu wappnen. Sie konnten in der klirrenden Kälte von Snaiwamark ein dünnes Seidenhemd tragen, ohne zu frieren, oder auf dem Fest der Lichter hier in Vahan Calyd mit prächtigen Pelzen prunken, ohne einen Tropfen Schweiß zu vergießen. Ollowain hatte diesen Zauber niemals gemeistert. Und so schwitzte er. Nicht wie die Kentauren, deren nackte Oberkörper in der Dschungelhitze stets vor Schweiß glänzten, als hätten sie ihre Muskeln eingeölt. Nur hin und wieder stand dem Schwertmeister eine einzelne Schweißperle auf der Stirn, oder er spürte, wie sein Seidenhemd an seiner feuchten Haut klebte. Doch das war schon zu viel! Zu schwitzen war ungehörig. Es ziemte sich einfach nicht für den Kommandanten der Leibwache der Königin.

Gleich, beim Festakt, würde er links von Emerelle stehen. Tausende Augenpaare würden auf ihm ruhen. Und er wusste, dass getuschelt werden würde. Er hasste es, unvollkommen zu erscheinen. Die Elfen waren das vollkommenste Volk unter den Albenkindern. Jenes, das die Alben zuletzt erschaffen hatten. Sie waren makellos, und etwas scheinbar so Unbedeutendes wie Schweiß in den Augenbrauen war für einen Elfen ein Stigma, wie es für einen Kobold ein von Pockennarben zerfressenes Gesicht gewesen wäre.

Es war unziemlich von Silwyna gewesen, ihn so direkt darauf anzusprechen. Aber was wollte man von einer Maurawani schon erwarten! Ollowain wünschte, er hätte eine andere Wahl gehabt, als ausgerechnet sie in seinen Dienst zu nehmen. Würde sie ihn verraten, so wie sie einst seinen Ziehsohn Alfadas verraten hatte?

Der Waffenmeister straffte sich. Es war dumm, seine Zeit mit fruchtlosem Grübeln zu vertun. Er rückte seinen Schwertgurt zurecht und stieg die breite Marmortreppe zum Innenhof hinab. Der Palast der Königin war ein himmelhoher Bau aus etlichen ineinander verschachtelten Türmen. Es gab mehr als ein Dutzend Höfe, und Terrassen umgaben den Turm wie Blätter einen Blumenstängel. Der größte Teil des Palastes war aus dem blauweißen Marmor der Ioliden erbaut. Üppige Bäume hatten ihre Wurzeln im Lauf der Jahrhunderte tief ins Mauerwerk gegraben. Sie hatten sich den Turm erobert, so als sei er nichts weiter als eine von Menschen geschaffene Klippe. Schlangenfarn wuchs die Wände hinauf, und überall sah man zarte Orchideen in Wurzelgabeln und auf windgeschützten Simsen, wo sich ein wenig Humus gesammelt hatte.

Emerelle kam nur alle achtundzwanzig Jahre nach Vahan Calyd. Immer wenn der Tag der ersten Schöpfung auf eine Neumondnacht fiel, wurde das Fest der Lichter begangen. Alle Fürsten der Albenkinder feierten hier gemeinsam, und vor langer Zeit war es Brauch gewesen, in dieser Nacht den König von Albenmark zu wählen. Doch Emerelle herrschte nun schon seit Jahrhunderten, und niemandem wäre es eingefallen, ihren Anspruch auf den Thron infrage zu stellen. Zur Wahl gegen Emerelle anzutreten war aussichtslos. Sie war zwar durchaus nicht bei allen beliebt, doch waren die Fürsten der Albenkinder untereinander so zerstritten, dass niemand darauf hoffen durfte, eine Mehrheit gegen Emerelle zu erzielen. Doch sollte der Königin ein Leid geschehen … Dann wäre man gezwungen, sich auf einen neuen Herrscher zu einigen. Das Fest der Lichter war die beste Gelegenheit für einen Anschlag auf Emerelles Leben, falls der Auftraggeber des Meuchlers nach der Königswürde strebte. Nur jetzt konnte unmittelbar auf den Tod der Herrscherin eine neue Königswahl folgen, denn alle Fürsten Albenmarks waren in Vahan Calyd oder hatten zumindest Vertreter geschickt. War der Meuchler in dieser Nacht nicht erfolgreich, dann war ein Anschlag sinnlos. Unter anderen Umständen würde es über ein Jahr dauern, eine Versammlung der Fürsten einzuberufen. Viel Zeit, um Intrigen zu spinnen und womöglich sogar offene Machtkämpfe auszutragen. Wenn der Mord aber hier während des Festes geschah, dann wären alle überrumpelt. Alle bis auf den Einen, der den Tod der Königin geplant hatte. Wer dann entschieden und selbstbewusst auftrat, der konnte binnen einer einzigen Nacht die Krone erringen.

Ollowain war es ein Rätsel, wer freiwillig nach der Bürde der Macht streben mochte. Bei Hof gab es Gerüchte über eine heimliche Fehde zwischen der Königin und dem Fürsten von Arkadien. Man munkelte, der Tod seines Vaters sei kein Unfall gewesen. Die Spitzel der Königin berichteten, dass man in der Fürstenfamilie glaubte, Farodin, der Verbannte, habe in Emerelles Auftrag einen Mord begangen. Das war absurd! Wer Farodin kannte, konnte über solche Behauptungen nur lachen. Und dennoch ließ Ollowain die *Atem der See,* das Flaggschiff Shahondins, des Fürsten von Arkadien, besonders scharf beobachten.

Womöglich ging es bei den Anschlägen auf Emerelle gar nicht um den Thron, sondern lediglich um Rache? So gesehen war es eine kluge Wahl, die Blutfehde während des Festes zu vollenden. Man würde immer denjenigen verdächtigen, der anschließend nach der Macht griff.

Ollowain durchmaß eiligen Schrittes einen gemauerten Tunnel. Blaues Licht sickerte aus den Deckensteinen. Die feinen Härchen im Nacken des Kriegers richteten sich auf. Die Luft prickelte vor magischer Kraft.

Tausende Zauber wurden in diesem Augenblick gesprochen. Jedes Geschlecht der Albenkinder, das die Macht geerbt hatte, wirkte in dieser Stunde Magie. Es war ein jahrhundertealter Wettstreit unter den Zauberern, sich in dieser Nacht gegenseitig zu überbieten. Ollowain dachte mit Schrecken an die ungezählten Möglichkeiten, die ein begabter Magier hatte, wenn er einen Anschlag auf die Königin verüben wollte. Vor dreihundert Jahren war sein Onkel unter Qualen gestorben, weil eine enttäuschte Geliebte mit einem Fingerschnippen einen Schwarm Ratten in seinen Magen gehext hatte. Ein Wort der Macht mochte reichen, um Emerelle durch ihre eigenen Gewänder erdrosseln zu lassen oder den Wein in ihrem Pokal in Säure zu verwandeln. Immer wieder hatte Ollowain auf Emerelle eingeredet, eine Zauberin in ihr Vertrauen zu ziehen. Die Königin brauchte jemanden um sich, der keine andere Aufgabe hatte, als sie vor einem magischen Angriff zu beschützen. Doch die Herrscherin hatte sich in dieser Hinsicht als erschreckend uneinsichtig erwiesen. Gewiss, sie war die bedeutendste Zauberweberin Albenmarks. Wahrscheinlich kam ihr niemand an Macht gleich. Und deshalb beharrte sie darauf, sich selbst zu schützen. Doch auf dem Fest würde Emerelle durch tausend andere Dinge abgelenkt sein, und ein Zauber konnte in Gedankenschnelle töten.

Erst am Mittag hatte Ollowain noch mit Emerelle darüber gestritten, dass sie zusätzlichen Schutz brauchte. Doch die Königin hatte ihn lediglich kühl darauf hingewiesen, dass bei den fehlgeschlagenen Attentaten auch keine Magie im Spiel gewesen war. Vor drei Tagen hatten sie einen vergifteten Dorn im Polster von Emerelles Thronsessel gefunden. Das Gift hatte einen Kobold getötet, der das Polster ausgeklopft hatte. Nur Augenblicke später hätte sich die Königin auf dem Thron niedergelassen. Und dann gab es den Marmorblock, der dicht neben Emerelle auf den Magnolienhof gestürzt war. Es hatte sich gezeigt, dass der Mörtel, der den Stein gehalten hatte, keineswegs mürbe geworden war. Ein Stück der Terrassenmauer war mit einer Brechstange gelockert worden. Jemand hatte dort oben darauf gewartet, dass die Königin den Hof überquerte.

Ollowain würde seine linke Hand dafür geben, wenn er wüsste, was der Mörder als Nächstes plante. Bisher hatte der Attentäter immer Abstand zur Königin gehalten. Deshalb vermutete Ollowain, dass der nächste Mordanschlag mit Pfeil und Bogen durchgeführt wurde. Aber was war, wenn der Mörder in Panik geriet? Emerelle würde schon in wenigen Tagen abreisen. Die Zeit lief dem Meuchler davon. Wie fanatisch war er? Wenn er sein Leben gegen das der Königin zu setzen bereit war, dann konnte man ihn kaum aufhalten. Während des Festes würden hunderte Gäste in Emerelles Nähe sein. Der Mörder mochte einen Dolchstoß nach der Kehle der Königin führen. Oder würde er vielleicht doch versuchen, Magie anzuwenden? Waren die beiden missglückten Attentate vielleicht Teil eines heimtückischen Plans? War der Meuchler in Wahrheit ein Magier? In dieser Nacht der tausend Zauber würde das Weben verderbter Magie wohl unbemerkt bleiben, bis sie ihre unselige Macht entfaltete.

Ollowain musste an seine Mutter denken. Während eines Festmahls in der Himmelshalle von Phylangan hatte sie plötzlich das Glas in ihrer Hand zerbrochen, einen Blütenkelch aus rotem Bergkristall. Er hatte ihr gegenüber gesessen. Sieben Jahre war er alt gewesen. Er erinnerte sich noch an das Blut auf dem weißen Kleid seiner Mutter und an ihren Blick. Ihre wunderschönen grünen Augen, voller Angst. Und dann hatte sie sich den langen Stängel des Kristallglases durchs Auge tief in den Schädel gestoßen. Es konnte nie geklärt werden, ob sie unter einem Zauberbann gestanden und ob ein fremder Wille sie zu dieser Bluttat gezwungen hatte. Manche sagten, sie habe sich auf diese grässliche Weise das Leben genommen, um Landoran, seinen kaltherzigen Vater, zu bestrafen. Doch Ollowain hatte das nie geglaubt. Sie hätte ihn nicht allein zurückgelassen. Niemals! Sie war ermordet worden.

Der Schwertmeister blickte auf. Vom Ende des langen Tunnels her erklang Hufgetrappel. Fackellicht warf tanzende Schatten auf die Eingangswände. Kentauren. Die Ehrengarde war also schon eingetroffen. Ollowain hoffte, dass keiner von ihnen betrunken war. Es war ihm ein Rätsel, warum Emerelle ausgerechnet Kentauren dazu auserkoren hatte, sie vom Palast zur Prunk-Liburne zu geleiten. Manchmal erschien es ihm, als habe die Königin eine heimliche Vorliebe für Geschöpfe, die sich buchstäblich einen Dreck um die Hofetikette scherten. So hatte sie auch diesen raubeinigen Menschensohn gemocht, der vor so vielen Jahren über die Shalyn Falah nach Albenmark gekommen war. Mandred, den Unbeugsamen, so nannten ihn die Höflinge spöttisch und spielten darauf an, dass er die Königin gleich bei ihrer ersten Begegnung beleidigt hatte, indem er sich nicht verbeugt hatte, um Emerelle die ihr gebührende Ehre zu erweisen. Mehr als dreißig Jahre waren seitdem verstrichen, doch die Erinnerung an den Fjordländer war noch immer lebendig. Wohin er wohl gegangen sein mochte, als er sich mit seinen beiden Elfenfreunden gegen die Königin verschworen hatte? Die Spur der drei verlor sich im labyrinthischen Netz der Albenpfade.

Ollowain trat aus dem Tunnel und blickte auf den weiten Magnolienhof hinab. Er war das Herzstück des Palastes, und wurde beherrscht von Matha Murganleuk, einem Magnolienbaum, so alt, dass sein Stamm mächtig wie ein Turm geworden war. Hoch oben in seinem Geäst lagen Emerelles Gemächer. Es hieß, Matha Murganleuk habe von ihrem eigenen Holz gegeben, um der Königin einen Zufluchtsort für einsame Stunden zu schenken. Niemand durfte Emerelle dorthin folgen, nicht einmal ihre Zofen oder Kobolddiener. Es war der einzige Ort in Vahan Calyd, an dem die Königin allein sein konnte.

Doch jetzt wartete Emerelle in dem weißen Pavillon, der, eingebettet in das Wurzelwerk, an eine riesige, halb geöffnete Magnolienblüte erinnerte. Kobolde und winzige Auenfeen umringten die Herrscherin. Ein bocksbeiniger Faun reichte ihr ein gewundenes Trinkhorn. Emerelle nippte nur kurz an dem schweren, goldenen Gefäß. Dann sagte sie etwas zu dem Faun, und der bärtige Kerl brach in schallendes Gelächter aus. Die Kentauren, die sich etwas abseits um eine große Weinamphore versammelt hatten, blickten neugierig auf.

Ollowain fluchte stumm. Er kam spät! Sie alle warteten auf ihn. Und es war nicht gut, Kentauren warten zu lassen. Sie hatten die unheimliche Begabung, immer irgendwo Wein aufzutreiben. Manchmal hatte der Schwertmeister den Verdacht, dass der Umstand, länger als einen Tag nüchtern zu sein, unter dem Volk der Pferdemänner als ein Makel galt. Mit Schrecken stellte sich Ollowain vor, wie Emerelle von einer Horde grölender, angetrunkener Kentauren zur Prunk-Liburne eskortiert wurde. Er hätte sich nicht verspäten dürfen!

Mit einem weiten Schritt nahm er die letzten drei Treppenstufen auf einmal und wäre fast in einen Haufen frischer Pferdeäpfel getreten, der halb verborgen zwischen den Wurzeln lag. Das war einer von vielen Gründen, warum er diese Barbaren nicht für hoffähig hielt!

Allerdings waren sie bedingungslos loyal. Unter ihnen würde sich niemals ein Attentäter befinden. Wenn sie eine Fehde ausfochten, dann gab es keine Heimlichkeiten. Ein Kampf, von dem man nicht bei einem Trinkgelage erzählen konnte, war es in ihren Augen erst gar nicht wert, geführt zu werden.

Als Ollowain den Pavillon erreichte, kniete er vor seiner Königin nieder. »Ich bitte um Verzeihung dafür, dass ich dich warten ließ, meine Herrin.«

Emerelle lächelte. »Ich kenne dich, Ollowain, und ich ahne, dass deine Pflicht dich aufgehalten hat. Nun erhebe dich. Dies ist kein Hoftag. Es besteht kein Grund, noch länger vor mir zu knien.«

Erwartete sie, dass er berichtete, was ihn aufgehalten hatte? Oder wusste sie es? Emerelle vermochte den Schleier der Zukunft zu zerteilen. Immer wieder überraschte sie den Hof mit ihrem Wissen. War sie deshalb so ruhig? Wusste sie, dass ihr heute Nacht nichts geschehen würde? Hatte sie sich insgeheim vorbereitet, ohne selbst ihn einzuweihen?

»Lass uns einen Augenblick hier stehen, Ollowain, und die Schönheit dieses Abends genießen.« Sie stützte sich auf das Geländer des Pavillons und blickte hinauf in den Wipfel von Matha Murganleuk. Wie ein riesiger Baldachin spannte sich die Baumkrone über den weiten Hof. Die Blätter flüsterten im Wind. Einzelne Blüten segelten in weiten Spiralen zu Boden.

Die Jahrhunderte waren an Emerelle vorübergegangen, scheinbar ohne Spuren zu hinterlassen. Sie gehörte zu den Wenigen, die die Alben noch gesehen hatte. Und dennoch wirkte die Herrscherin fast kindlich. Emerelle war von zarter Gestalt; Ollowain überragte sie um mehr als Haupteslänge. Dunkelblondes Haar fiel in Wellen auf ihre nackten, milchweißen Schultern. In dieser Nacht trug sie das Kleid der Augen. Es war von leuchtendem Rot, durchsetzt mit einem Muster aus gelben Kreisen und schwarzen Punkten. Man musste der Königin sehr nahe kommen, um zu bemerken, welche Bewandtnis es mit dem Kleid auf sich hatte. Es lebte! Tausende Schmetterlinge hatten sich auf einem schlichten, grünen Untergewand niedergelassen. Mit ausgestreckten Flügeln bedeckten sie die Königin, als wollten sie Emerelle vor allzu neugierigen Blicken bewahren. Wenn sie sich bewegten, schienen Wellen über das Kleid zu gleiten. Und auf allen Flügeln prangte ein großes gelbschwarzes Auge.

Unvermittelt wandte sich Emerelle zu ihm um. Leise raschelten die Schmetterlingsflügel. Die Königin hielt Ollowain das goldene Horn entgegen. »Trink, mein Beschützer. Du musst durstig sein.«

Schwitzte er wieder? Die Königin würde ihn nie direkt

auf seinen Makel ansprechen. Aber lag in ihren Worten nicht eine versteckte Spitze? Er nahm das Trinkhorn.

Emerelle wirkte entrückt. Sie lächelte melancholisch, und ihre hellbraunen Augen blickten durch ihn hindurch. Ollowain entspannte sich. Offensichtlich war die Königin in Gedanken weit entfernt. Der Schwertmeister nahm einen tiefen Schluck. Es war herrlich gekühlter Apfelwein. Frisch und süß, aus den Äpfeln dieses Spätsommers.

»Leere das Horn bis zur Neige«, sagte Emerelle leise. »Dies wird eine lange Nacht werden.« Die Königin sah wieder hinauf in die Krone des alten Magnolienbaums.

Sie nimmt Abschied, dachte Ollowain beklommen. So, als würde sie Matha Murganleuk niemals wiedersehen.

Sein Blick wanderte über die von Schlingpflanzen überwucherten Wände. Weiße Erker schoben sich wie Felsvorsprünge durch den dunklen Pflanzenteppich. Nur in wenigen Fenstern brannte Licht. Emerelle war diesmal nur mit einem kleinen Gefolge nach Vahan Calyd gereist. Meister Alvias war zurückgeblieben, ebenso Obilee und viele andere. Der größte Teil des Palastes von Vahan Calyd stand leer. So wie fast immer, denn bis zum nächsten Fest pflegten nur wenige Diener hier auszuharren, um nach dem Rechten zu sehen. Zu wenige, um im Kampf gegen die wuchernde Wildnis des Waldmeers zu bestehen. In gewisser Weise war der Zustand des Palastes ein Spiegel von Emerelles Herrschaft. Sie ließ den Völkern der Albenkinder fast alle Freiheiten. Selten mischte sie sich in die Angelegenheiten der Elfensippen, in die Blutfehden der Kentauren oder die anrüchigen Geschäfte der Faune. Sie ließ sie gewähren, solange sie eine gewisse Grenze nicht überschritten. Doch wenn dies geschah, reagierte Emerelle mit aller Härte. So wie damals, als sie Noroelle, die ihr so nahe stand wie eine Tochter, verbannt hatte.

Manche Betrachter mochten den Palast verfallen nennen. Doch in Ollowains Augen besaß er eine unwiderstehliche Anziehung. Nur dort, wo das wuchernde Grün die Substanz des Gebäudes bedrohte, wurde es beschnitten. So war über die Jahrhunderte eine wilde Schönheit entstanden, wie kein Baumeister und kein Gärtner sie hätten entwerfen können.

Emerelle seufzte leise. Dann wandte sie sich erneut Ollowain zu. Bei jeder ihrer Bewegungen liefen schillernde Wogen über das Kleid der tausend Augen. Und dann verharrte es wieder, und die großen Flügelaugen schienen ihn anzustarren. »Es ist Zeit zu gehen.«

»Ich habe einen kleinen Segler bereitmachen lassen, meine Herrin. Du musst nicht auf dieses Fest. Es ist ein Fehler, dorthin zu gehen. Ich kann dich in der Menge kaum schützen.«

»Man kann vor seinem Schicksal nicht davonlaufen, Ollowain. Wie ein Schatten haftet es einem an den Fersen. Es wird uns einholen, ganz gleich, was wir tun.« Sie gab den Kentauren einen Wink, und der ausgelassene Lärm ihres Gelages verstummte. Abgesehen von Orimedes, ihrem Anführer, gab es keinen einzigen berühmten Krieger in dieser Schar. Bisher hatte Ollowain die Wahl der Ehrenwache für eine Laune der Königin gehalten. Doch jetzt ahnte er, welche verborgene Absicht dahintersteckte.

»Du solltest mir sagen, was du für diese Nacht erwartest, Herrin«, flüsterte er. »Dann werde ich dich besser beschützen können.«

»Ich weiß es nicht, die Schleier der Zukunft wollen sich nicht teilen. Eine fremde Macht mischt sich in meine Magie. Sie vermag den Spiegelzauber zu stören. Und ihr Eingreifen verändert die ferne Zukunft fast stündlich. Ich weiß nicht, was uns im Hafen erwartet, Schwertmeister. Doch eines ist gewiss: In dieser Nacht wird das Blutvergießen beginnen. Das Schwert wird über die Zukunft Albenmarks entscheiden.« Ihre Pupillen weiteten sich. Sie starrte durch ihn hindurch, wie in weite Ferne, so als könne sie das Unheil auch in diesem Augenblick schon nahen sehen.

Die Kentauren brachten Emerelles Sänfte zum Pavillon. Sie war erst an diesem Mittag fertig geworden. Diener hatten sie über und über mit Blumen geschmückt, und selbst jetzt, zu Beginn der Nacht, wurde die Blütenpracht von Kolibris umschwirrt. Ollowain betrachtete das seltsame Tragegestell skeptisch. Man hatte einen kleinen Nachen genommen, eines jener breiten Boote mit flachem Rumpf, wie es die Fischer in den Mangroven verwendeten. Soweit der Schwertmeister es erkennen konnte, waren als einzige Veränderung ein paar Löcher in den Bootskörper geschnitten worden, durch die nun Tragestangen geschoben waren. Durch die Wahl dieser Sänfte wollte die Königin ihre Verbundenheit zu den Bewohnern von Vahan Calyd ausdrücken.

Emerelle trat mit einem weiten Schritt vom erhöhten Pavillon auf die Sänfte, und Ollowain folgte ihr. Die Königin stützte sich auf eine Querstange, die unauffällig am Mast angebracht war. Bei jeder ihrer Bewegungen war das leise Sirren der Schmetterlingsflügel zu hören. Manchmal lösten sich Gruppen der Falter und umschwirrten sie, ohne sich weiter als bis auf Armeslänge zu entfernen.

Durch die Löcher im Rumpf des Bootes waren sechs gepolsterte Tragestangen geschoben. Auf ein Kommando von Orimedes griffen die Kentauren nach den Stangen und stemmten die Sänfte auf ihre Schultern. Ollowain musste sich am Mast festhalten, um durch den Ruck nicht von den Beinen gerissen zu werden.

Eine Schar von Holden kam unter den Ruderbänken des Nachens hervor. Die kleinen, grünbraunen Gestalten reichten Ollowain nicht einmal bis zum Knie. Sie waren entfernte Verwandte der Kobolde und lebten in den Mangroven des Waldmeers. Ihre Köpfe schienen viel zu groß im

Vergleich zu den kleinen, sehnigen Körpern. Sie trugen nichts als lederne Lendenschurze und bunte Stirnbänder.

»Los, los, los, ihr Sumpfasseln! Dient der Königin!«, schimpfte ein grauhaariger Holder mit golddurchwirktem Stirnband. Er trug als Einziger ein Messer an seinem Gürtel. Mit gelben Augen funkelte er den Schwertmeister an. »Darf ich Seiner allerprächtigsten Ritterschaft etwas zu trinken anbieten?«, fragte er mit öliger Stimme. Sein breites Grinsen passte nicht zu seinem unterwürfigen Tonfall.

Ollowain tupfte sich den Schweiß von der Stirn.

»Habe ich dir schon Gondoran vorgestellt, den Bootsmeister meines Palastes?«, fragte Emerelle beiläufig. »Es war seine Idee, diesen Nachen zur Sänfte umzubauen.«

»Sehr originell«, entgegnete der Schwertmeister knapp. »Vielleicht wäre es doch besser, sich zu Pferde zum Hafen zu begeben.«

Gondoran funkelte Ollowain böse an. Zugleich wirkte er überrascht. Einen Augenblick lang zumindest. Vermutlich hatte der Vorschlag, Pferde zu nehmen, ihn aus der Fassung gebracht.

»Nein!«, sagte Emerelle leise, doch in einem Tonfall, der deutlich machte, dass sie nicht weiter über diese Entscheidung zu sprechen wünschte.

Der Anführer der Holden grinste triumphierend. Dann befahl er seinen Männern, die Spitze des Mastes umzulegen, damit die Sänfte durch den langen Tortunnel hinab zu den Kais getragen werden konnte.

»Im Schritt marsch!«, kommandierte der Kentaurenfürst. Er ging auf Höhe des Mastes neben ihnen her. Ollowain sah, wie die Last der Sänfte auf seine Schultern drückte. Orimedes drehte ihm den Kopf zu. Der Kentaur hatte eine breite Nase, die ihm offensichtlich schon mehrfach eingeschlagen worden war. Durch seine linke Braue lief eine weiße Narbe. Ein schlecht gepflegter, blonder Bart rahmte sein Gesicht. Um das Kinn herum war das Haar von vergossenem Wein verfärbt. Über die nackte Brust des Pferdemannes lief ein breiter, goldbeschlagener Schwertgurt, und um den linken Oberarm trug Orimedes einen Dolch gegürtet. Alle Kentauren stanken nach Wein, Schweiß und Pferdehaar.

Langsam setzte sich die Kolonne in Bewegung. Ein Trupp Reiter kam von einem der anderen Höfe herbei und schloss sich ihnen an, prächtig herausgeputzte junge Elfen, deren Rösser von Faunen am Zügel geführt wurden. Ollowain kannte die meisten von ihnen nur flüchtig. Sie waren Gäste des Palastes, und es hatte keine Möglichkeit gegeben, sie dort zurückzulassen.

Der Tunnel hallte wider vom Tritt der Hufe. Die Luft hier drinnen war stickig. Es roch nach verfaulten Pflanzen und altem Stein. An manchen Stellen wucherte grünlich leuchtendes Pilzgeflecht an den Wänden. Kleine Eidechsen suchten in den Mauerspalten Zuflucht, als die Reiterkolonne vorüberzog.

Das Rufen von Muschelhörnern begrüßte sie von allen Türmen der Stadt, als sie den Tortunnel schließlich hinter sich ließen. Die Straße war voller jubelnder Albenkinder; nur unmittelbar vor der Sänfte der Königin öffnete sich eine Gasse in dem Gedränge. Bocksbeinige Faune mit wilden Bärten trugen Koboldkinder auf den Schultern, die sonst zwischen all den trampelnden Beinen verloren gegangen wären. Am Ende der Straße sah Ollowain sogar einen Frostriesen, der ganz offensichtlich unter der Hitze litt und sich mit einem segelgroßen Fächer Kühlung verschaffte. Zwischen den zerbrochenen Säulen eines verfallenden Turms standen drei Oreaden, Bergnymphen, die nur sehr selten die Ioliden verließen. Wunderschöne Apsaras tanzten auf dem Wasser eines großen Brunnens wie auf Parkett. Sie waren ein wenig üppiger als Elfenfrauen. Ihre nackten Leiber hatten sie mit Bandag bemalt; schlangengleich wanden sich Glyphen auf ihrer Haut. Es hieß, sie schrieben sich ihre geheimsten Wünsche auf den Leib, und wer die arkane Schrift zu entschlüsseln vermochte, dem blieben sie treu, bis der Weg ins Mondlicht die Entrückten auf immer von den Suchenden trennte.

Eine Koboldkapelle brach aus der Phalanx der Schaulustigen hervor. Sie alle hatten weiße Lotosblüten an ihre Mützen gesteckt, was in Anbetracht der Launenhaftigkeit des kleinen Volkes einer Uniformierung gleichkam. Einige Takte lang folgten die Trompeten, Trommeln, Rasseln und Triangeln den Vorgaben des Kapellmeisters, bis dessen Bart plötzlich wild zu wuchern begann und er sich mit dem Taktstock darin verhedderte. Während der Kobold fluchend stürzte und die Melodie der Kapelle in lautstarkes Scheppern zerfloss, sah Ollowain zwei Lutins zwischen den Beinen einiger hünenhafter Minotauren verschwinden. Dieses fuchsköpfige Koboldvolk war berüchtigt dafür, dass sie keinen derben Scherz ausließen und ihre außergewöhnlichen magischen Kräfte stets nur nutzten, um damit Schabernack zu treiben. Besorgt blickte der Schwertmeister zur Sänfte der Königin. Die Holden richteten gerade die Mastspitze wieder auf und hissten das Elfenbanner, ein goldenes Ross auf grünem Grund. Die Sänfte schwankte wie ein Boot in leichter Dünung, während die Kentauren sich einen Weg durch die Schaulustigen bahnten.

Ollowain hielt sich dicht bei der Königin. Ruhelos hetzte sein Blick über die Menge und dann wieder zu den Terrassen der anderen Paläste, an denen sie vorbeikamen. In dem Nachen schwebten sie hoch über den Köpfen all der Schaulustigen ringsherum. Es war ein Albtraum! Die Königin bot ein kaum zu verfehlendes Ziel für den Mörder, der irgendwo hier draußen lauerte.

Ollowain versuchte ein weiteres Mal, sich in den Meuchler hineinzuversetzen. Wie würde er es anstellen, wenn er Emerelle töten wollte? Von diesem Auftritt in der Sänfte hatte der Mörder unmöglich wissen können. Ollowain selbst hatte erst am Nachmittag davon erfahren. Nur den Holden, die das Boot vorbereitet hatten, war die Absicht der Königin schon länger bekannt. War es denkbar, dass jemand von ihnen das Geheimnis verraten hatte?

Ollowain ballte in hilfloser Wut die Fäuste. Es war aussichtslos. Der Attentäter würde ihm immer einen Schritt voraus sein. Er konnte nur reagieren, während der Mörder tausend Möglichkeiten hatte.

Ein Schwarm kleiner Auenfeen stieß aus dem Nachthimmel hinab. Kaum größer als Libellen, umschwirrten sie die Königin und bestäubten ihr Haar mit parfümiertem Blütenstaub. Hunderte Schmetterlinge lösten sich aus dem Kleid der tausend Augen und stiegen auf, um mit den Auenfeen in schillerndem Farbenreigen zu tanzen. Emerelle lachte und winkte der Menge zu.

Blütenblätter wurden von den Terrassen der Paläste geworfen. Die Luft war erfüllt von Wohlgerüchen. Überall wehten Seidenbanner, und auf den hohen Palasttürmen hatten die Elfenmagier mit ihren Zaubern begonnen. Kristalle brachen Licht in schillernde Regenbogen. Goldene Fontänen schossen in den Himmel und öffneten sich zu vielfarbigen Blüten. Selbst die einfachen Häuser, die über keine Zauberer geboten, erstrahlten in goldenem Licht. Dort hatte man hunderte von Öllämpchen aufgestellt, um an der Nacht der Lichter teilzuhaben.

Der warme Klang von Schilfrohrflöten drang an Ollowains Ohr. Kurz erhaschte er einen Blick in eine enge Gasse, in der Minotauren tanzten. Sie hatten goldene Räucherfässer an ihre Hörner gebunden und wanden sich in ekstatischem Reigen zum Klang der Flöten. Dabei zogen sie weißblaue Rauchschlangen hinter sich her.

Aus dem Augenwinkel sah Ollowain etwas Längliches auf die Königin zurasen. Er stieß Emerelle zur Seite. Scheppernd schlug das Geschoss gegen die Brustplatte, die unter seinem Wams verborgen war. Erschrockene Rufe erklangen.

Die Königin war sofort wieder auf den Beinen und winkte der Menge zu. »Du bist zu nervös, Ollowain«, flüsterte sie und deutete auf den geschälten Ast, der vor ihm auf dem Boden des Nachens lag. In das helle Holz waren schwarze Runen eingebrannt. Ein Frauenname?

Hinter ihnen kletterten zwei Holde den glatten Mast hinauf und spähten der Königin neugierig über die Schultern. Einer hatte sein Haar zu fett glänzenden Zöpfen geflochten. Er grinste den Schwertmeister frech an und begann plötzlich zu singen: »Der Ollowain, das Ritterlein, der hat wohl Angst, bepisst sein Bein.«

Emerelle brachte den Spötter mit einer harschen Geste zum Schweigen. Dann ließ sie den Blick suchend über die Menge schweifen. Schließlich deutete sie auf eine Kentaurin mit kurz geschorenem schwarzen Haar. Das Pferdeweib stieg auf die Hinterbeine und versuchte wild rufend die Aufmerksamkeit der Königin zu erhaschen.

Emerelle bückte sich nach dem Stab, führte ihn an die Lippen und hauchte einen Kuss auf das helle Holz. Dann warf sie ihn in weitem Bogen der Kentaurin entgegen. »Ein Amulett«, erklärte sie. »Die Kentauren glauben, wenn ihre Frauen einen Stab aus Weidenholz bei sich tragen, den ich berührt habe, dann werden sie in der nächsten Liebesnacht einen Sohn empfangen.«

Ollowain hörte die Worte der Königin kaum. Ein dumpfes Geräusch, fast verdeckt vom Lärm des Festes, ließ ihn herumfahren. Der Holde, der ihn eben noch verspottet hatte, war von einem Pfeil an den Mast genagelt worden. Das Geschoss zitterte noch von der Wucht, mit der es sich in das Holz gebohrt hatte. Dunkles Blut troff von der Brust des Toten und sammelte sich am Gürtel, der den Lendenschurz hielt. Der Pfeil, der den Spötter getötet hatte, war schwarz, seine Befiederung dunkelgrau und weiß gestreift.

Ollowain zog Emerelle dicht an sich. So wie der Pfeil im Mast steckte, musste er aus erhöhter Position von einem der Schiffe aus abgeschossen worden sein. Dass die Königin sich nach dem Weidenholz gebückt hatte, hatte ihr vermutlich das Leben gerettet.

»Die Sänfte nieder!«, befahl Ollowain dem Anführer der Kentauren.

Orimedes sah verwundert zu ihm auf. »Hier, mitten im Gedränge? Bist du verrückt geworden?«

Auch Emerelle versuchte sich aus dem Griff des Kriegers zu winden. Die Schmetterlinge ihres Kleides waren aufgestoben, um nicht zwischen den Leibern zerdrückt zu werden. Sie bildeten eine dichte Wolke um die Herrscherin. Das würde dem heimtückischen Schützen das Zielen erschweren! Es waren nur wenige Augenblicke verstrichen, seit der Pfeil den Holden getroffen hatte. Doch ein geübter Bogenschütze vermochte drei Pfeile in die Luft zu bekommen, bevor der erste in seinem Ziel einschlug.

Wie als Antwort auf Ollowains Gedanken bohrte sich dicht neben ihm ein zweites Geschoss in eine der Ruderbänke. Der Pfeil hatte sie um kaum mehr als Handbreite verfehlt. Dass der Bogenschütze nicht getroffen hatte, war gewiss nur den Schmetterlingen zu verdanken. Zu hunderten schwirrten sie nun um die Königin herum.

»Herrin, du wirst sterben, wenn du darauf bestehst, auf der Sänfte zu bleiben«, sagte Ollowain ruhig. Jetzt, wo er endlich handeln konnte, war seine Anspannung gewichen.

»Küss sie!«, grölte jemand in der Menge, der Ollowains Handeln gründlich missverstanden hatte.

Der Schwertmeister zog die Königin mit sich zur Reling.

Er packte sie bei den Hüften und sprang hinab. Schmetterlingsflügel streiften seine Wangen. Er konnte kaum etwas sehen.

»Schau zum Mast!«, rief er dem Kentaurenfürsten zu. »Jemand schießt auf uns!« Ollowain zog Emerelle unter den Rumpf des Bootes. Hier waren sie in Sicherheit. Rings herum erhob sich Geschrei. Wahrscheinlich hatten die ersten Schaulustigen den toten Holden gesehen.

»Wir müssen verheimlichen, was geschieht.« Emerelle machte sich aus Ollowains Umklammerung los. »Wenn jetzt eine Panik ausbricht, werden vielleicht hunderte zu Tode getrampelt.«

»Du darfst dich nicht zeigen!«, begehrte der Schwertmeister auf. »Bisher hast du Glück gehabt, Herrin. Schon der nächste Schuss könnte dich töten. Wir dürfen dem Mörder keine weitere Gelegenheit geben. Du musst zurück in den Palast!«

»Warum glaubst du, dass mich ein Mann töten will?«

»Ob Mann oder Frau, ist jetzt gleichgültig. Das Einzige, was zählt, ist deine Sicherheit, Herrin! Du musst zurück zum Palast!« Ollowain war sich nur allzu bewusst, warum er nicht darüber sprechen wollte, ob auch eine Frau geschossen haben könnte. Er hätte Silwyna nicht ins Vertrauen ziehen dürfen!

»Sagt den Elfen im Gefolge, sie sollen absteigen, und sorge dafür, dass die Holden den Toten vom Mast nehmen«, rief Ollowain dem Kentaurenfürsten zu.

Emerelle trat unter dem schützenden Boot hervor.

Sofort war der Schwertmeister an ihrer Seite. »Herrin, bitte …« Er sah nicht das Blinken von Stahl, dicht bei der Königin. Eine Klinge! Er stieß eine junge Elfe zurück und bemerkte erst dann, dass ihre polierte Gürtelschließe ihn genarrt hatte. Emerelle legte ihm die Hand auf die Schulter und zog ihn zurück.

»Vergiss nicht, dass auch ich einmal eine Kriegerin war«, sagte sie. »Inmitten der Albenkinder wird mich der Bogenschütze nicht treffen können.«

»Und wenn es einen zweiten Mörder gibt? Wie soll ich dich hier vor einer Klinge schützen?«

Die Antwort Emerelles ging in Jubelrufen unter. Eine Schar Kobolde entdeckte die Königin und drängte auf sie zu. Die Schmetterlinge vom Kleid der Augen flüchteten und tanzten hoch über der Herrscherin in der Luft. Bald war Emerelle ganz von schwitzenden Leibern eingekeilt. Ein Lamassu, ein riesiger, geflügelter Stiermann aus dem fernen Schurabad, pflügte durch die Menge und versuchte mit seiner Donnerstimme, den Lärm zu übertönen, um Emerelle in eine philosophische Diskussion über die Vergänglichkeit aller Dinge zu verwickeln.

Endlich schaffte es Ollowain, die jungen Elfen aus dem Gefolge im Kreis um die Königin aufzustellen. Unversehens ließ das Gedränge etwas nach. In diesem kurzen Augenblick ging eine seltsame Veränderung mit der Königin vor sich. Plötzlich wirkte sie verletzlich wie ein Kind.

Das Lärmen rings herum verebbte. Eine Gasse bildete sich vor ihnen. Fischer, Fernhändler und Weise standen in stummem Staunen. Es schien, als schreckten sie davor zurück, diese zerbrechliche Gestalt zu sehr zu bedrängen.

Nun kamen sie leichter voran. Immer wieder blieb die Königin stehen, um durch das Spalier ihrer Wachen hindurch Hände zu schütteln oder ein paar Worte zu wechseln. Sie durchquerten einen Park, in dem Magier Figuren aus Blütenblättern durch die Luft tanzen ließen.

Ollowain hatte keinen Blick für die Schönheit des Zaubers. Argwöhnisch musterte er die dichten Bäume und suchte nach einem weiteren verborgenen Schützen. Der Weg hinab zum Hafen zog sich in qualvolle Länge. Emerelle hingegen gab sich unbeschwert. Sie genoss es, bejubelt zu werden, und versprühte einen Liebreiz, dem selbst die stierköpfigen Minotauren nicht zu widerstehen vermochten, obwohl sie allgemein für ihre griesgrämige Religiosität verschrien waren, die kein Lächeln oder gar lauten Jubel duldete.

Unbehelligt gelangte die Herrscherin bis zu dem Kai, an dem die *Mondschatten* vertäut lag. Selbst Ollowain, der Emerelle täglich so nahe kam wie kaum ein Zweiter in ihrem Gefolge, fühlte sich ergriffen von der Aura seiner Königin. War es ein Zauber? Oder war es das wahre Gesicht der Herrscherin, das sich auf einmal zeigte? Er vermochte es nicht zu sagen.

Die Wachen der königlichen Prunk-Liburne bildeten ein Spalier, als ihre Gebieterin an Bord kam. Auf dem Hauptdeck standen entlang einer festlichen Tafel die bedeutendsten Fürsten Albenmarks. Kein Platz war leer geblieben. Ollowain musterte die stolzen Gesichter. Die Mehrheit der Fürsten waren Elfen. Sie vertraten die Völker der Meere und Ebenen, der fernen Inseln und der Eisebenen aus der Snaiwamark.

Sie alle verbeugten sich vor Emerelle, als sie das Schiff betrat, selbst Shahondin von Arkadien. Manche der Edlen lächelten ironisch, wie um der altüberlieferten Geste der Ehrerbietung etwas von ihrem Pathos zu nehmen. Doch keiner wagte es, Emerelle offen herauszufordern, indem er ihr die Verbeugung verweigerte.

Die Schmetterlinge hatten sich wieder auf Emerelles Gewand niedergelassen. Das Bad in der Menge hatte der Königin nichts von ihrer majestätischen Erscheinung genommen. Gemessenen Schrittes stieg sie zum Achterdeck hinauf, wo alle Gäste sie sehen konnten.

Eine junge Elfe trat an Ollowains Seite. Yilvina. Ollowain hatte sie zur Kommandantin der Elfengarde auf der *Mondschatten* bestimmt. »Ist alles in Ordnung?«, fragte sie leise.

»Nein«, murrte der Schwertmeister. »Sieht es so aus? Welche Vorkehrungen hast du zur Sicherheit der Königin getroffen?«

»An Bord stehen zweiundsiebzig Krieger unter Waffen. Die Mastkörbe sind mit Armbrustschützen besetzt. Auf dem Achterdeck stehen meine zuverlässigsten Kämpfer. Sie alle sind mit Turmschilden gewappnet, so wie du es befohlen hast. Und sollte es zum Schlimmsten kommen, sind drei verschiedene Fluchtwege vorbereitet.«

Ollowain entspannte sich ein wenig. Er hatte mit Yilvina gemeinsam in vielen Schlachten gekämpft. Selbst beim Massaker in Aniscans, als sie von einer Übermacht von Barbaren eingekreist worden waren, hatte sie einen kühlen Kopf bewahrt. Der Schwertmeister besah sich, wie die Wachen postiert waren, und nickte zufrieden. Die Krieger auf dem Achterdeck hatten altmodische Rüstungen mit Brustplatten aus polierter Bronze angelegt. Prächtige Federbüsche wehten von ihren silbernen Helmen. Sie trugen große, ovale Schilde, die mit wunderbaren Bildern bemalt waren. Auf den arglosen Betrachter wirkten sie nicht bedrohlich, sondern wie ein Teil einer großartigen Kulisse bei einem Fest, das so alt wie die Elfenvölker selbst war. Und doch mochten ihre Schilde binnen eines Herzschlags zu einer hölzernen Mauer werden, die sich zwischen die Königin und jeden Feind schob.

Ollowain nickte knapp. »Gute Arbeit, Yilvina. Aber schick jemanden hinauf zum Vormast. Die Armbrustschützen dort sollen die *Atem der See* im Auge behalten. Vielleicht verbirgt sich auf einem ihrer Masten ein Bogenschütze.«

»Ich werde mich persönlich darum kümmern.« Die Elfe machte auf dem Absatz kehrt und eilte zum Vordeck.

Emerelle hatte mit der feierlichen Rede begonnen, mit der sie ihren Verzicht auf den Thron erklärte. Sie stand an der Brüstung des Achterdecks und blickte zu den Fürsten hinab.

»... ein langer Mondzyklus ist verstrichen, und die Bürde der Macht ruht schwer auf meinen Schultern.« Der Königin gelang es, dass die altüberlieferten Floskeln aus ihrem Munde aufrichtig klangen. Doch Ollowain wusste genau, dass sie niemals auf ihre Herrschaft verzichten würde. Er ging zum Aufgang auf das Achterdeck. Es war besser, an Emerelles Seite zu bleiben, bis diese Nacht vorüber war.

»Seht her, ohne Krone bin ich vor euch getreten. Nun sagt mir: Wer aus unserer Mitte soll künftig die Last der Herrschaft tragen?«

Einen Augenblick herrschte Stille. Dann trat Hallandan – der Fürst von Reilimee, der weißen Stadt am Meer – unter den Edlen hervor. »Ich benenne Emerelle, um den Schwanenreif zu tragen. Weisheit und Güte vereinen sich in ihr. Sie soll über uns herrschen.«

Eine frische Bö ließ die Fürstenbanner entlang der Reling knattern. Emerelle öffnete den Mund ... Sie wirkte orientierungslos.

Ollowain stürmte die Treppe zum Achterdeck hinauf. Doch schon hatte die Königin sich wieder gefangen. »Ihr Fürsten von Albenmark. Findet sich denn keiner, der die Bürde der Verantwortung an meiner Stelle tragen mag?«

Der Schwertmeister blickte zu Shahondin, doch der Herrscher Arkadiens blieb stumm.

»Wenn also kein anderer den Thron begehrt, so gelobet mir nun Treue«, fuhr Emerelle fort. »Ein Titel ist nur ein Wort. Eine Krone nur eitler Tand. Ihr aber seid das Fleisch meiner Herrschaft. Ohne euch gibt es kein Königtum.«

Nun traten die Fürsten einzeln vor, knieten vor Emerelle nieder und leisteten ihr den Treueid. Ollowain stand hinter seiner Königin. Er wünschte, er hätte in den Gedanken der Fürsten lesen können. Ihre Gesichter waren Masken. Sie verrieten keine Regung. Sicherlich waren die meisten Emerelle tatsächlich ergeben. Doch mindestens einer sann auf ihren Tod. Vielleicht Alathaia, Fürstin von Langollion, die schon lange im Streit mit Emerelle lag, weil sie sich angeblich der dunklen Seite der Magie verschrieben hatte und zu sehr nach den verborgenen Schätzen auf dem Albenhaupt strebte? Oder gar der stille Eleborn, ein weißhaariger Wassermann, der Herr über das Reich unter den Wogen? War es doch Shahondin? Oder am Ende irgendjemand ohne großen Namen, der einen Groll gegen die Königin hegte und auf Rache sann? Ollowain wünschte, diese Nacht sei endlich vorbei!

Eine junge Elfe in blütenweißem Kleid stieg zum Achterdeck empor. Auf einem blauen Samtkissen trug sie die Krone von Albenmark. Sie war aus weißem Gold und hunderten Diamantsplittern gefertigt und sah aus wie ein Schwan, der sich gerade aus dem Wasser eines Sees in die Lüfte erhob. Der stilisierte Kopf war weit nach vorne gestreckt, während die Flügel sich nach hinten krümmten und einen breiten Reif bildeten.

Emerelle nahm die Krone. Einen Herzschlag lang hielt sie das kostbare Kleinod hoch über ihren Kopf, sodass jeder an Bord es deutlich sehen konnte. Dann setzte sie die Krone auf. Es war ein Augenblick feierlicher Stille.

»Nehmt Platz an meiner Tafel, edle Fürsten, und seid meine Gäste in dieser Nacht der Wunder.« Wie auf ein geheimes Signal hin schossen von allen Fürstentürmen schillernde Lichtfontänen in den schwarzen Himmel. Ausgelassenes Jubelgeschrei erklang auf den Kais und den Schiffen. Albenmark hatte wieder eine Königin.

Emerelle ließ sich auf ihren Thronsessel sinken. Sie wirkte sehr erschöpft. Der Schwertmeister sah, dass ihre rechte Hand zitterte. Er trat neben den Thron und beugte sich leicht vor. »Geht es dir gut, Herrin?«

»Die Albenpfade«, flüsterte Emerelle. »Etwas hat nach ihnen gegriffen. Das unsichtbare Netz zwischen den Welten ist erschüttert worden. Jemand hat die Macht eines Albensteins genutzt, um neue Fäden zu spinnen.«

»Wir haben eine volle Ruderbesatzung unter Deck, Herrin. Ein Wort, und die Leinen werden gekappt.« Ollowain deutete zu den beiden Türmen, die den Hafeneingang markierten. »In weniger als einer halben Stunde sind wir auf offener See – wenn du es wünschst.«

Emerelle schüttelte müde den Kopf. »Ich bin die Königin. Ich kann nicht einfach fortlaufen. Schon gar nicht, wenn ich nicht einmal weiß, wovor ich fliehe. Es ist an mir, die Völker Albenmarks zu beschützen. Doch es ist gut zu wissen, dass die *Mondschatten* schnell einsatzbereit ist.« Sie winkte der jungen Elfe, die ihr die Krone gebracht hatte. Das Mädchen stand etwas verloren am Geländer über dem Hauptdeck. »Leiste mir Gesellschaft, meine Kleine. Wie heißt du?«

»Sansella, meine Königin.«

»Und wer hat dich zu dieser Aufgabe bestimmt?«

Die Elfe deutete hinab zu den Gästen, die sich an der Tafel niedergelassen hatten. »Hallandan, der Fürst von Reilimee, mein Vater«, sagte sie stolz.

»Ich erinnere mich, dich als kleines Kind gesehen zu haben. Und ich kenne dich von früher, aus deinen vorangegangenen Leben. Du warst stets sehr tapfer, Sansella. In deiner Brust schlägt das Herz einer Heldin.«

Das junge Mädchen errötete. Sie sah zur Königin auf, öffnete den Mund, verzagte aber.

»Was willst du mich fragen?«

»Kannst du mir erzählen, wie ich früher war?«

Emerelle sah sie durchdringend an. »Du weißt, dass es

gefährlich ist! Wenn ich dir erzähle, wer du warst, dann mag es geschehen, dass der Schleier reißt, der deine früheren Leben vor dir verbirgt, und binnen eines Augenblicks alle Erinnerungen zurückkehren. Und es werden nicht nur gute Erinnerungen sein.«

Sansella wirkte niedergeschlagen. »Das sagt auch mein Vater.«

»Eins kann ich dir jedoch verraten, denke ich. Während der Trollkriege hast du mir einmal fast das Leben gerettet. Ollowain, mein Schwertmeister, ist dir damals in die Quere gekommen. Er ist sehr erfahren darin, mich zu retten.« Emerelle lächelte versonnen. »Sehr erfahren.«

Ollowain musterte das junge Mädchen scharf. Sansella? Der Name war ihm fremd. Aber das Antlitz kam ihm vertraut vor. Er erinnerte sich an eine junge Kriegerin, die beim letzten Sturm der Trolle auf die Shalyn Falah in den Abgrund geschleudert worden war. War diese Kriegerin in dem Mädchen wiedergeboren? Er sah noch die Todesangst in den Augen der jungen Elfe, als sie auf der Brücke den Halt verloren hatte. Es war gut, dass man ohne Erinnerung wiedergeboren wurde!

»Herrin!« Shahondin hatte sich an der Festtafel erhoben. »Ich habe ein besonderes Geschenk zu unser aller Unterhaltung vorbereitet. Willst du es entgegennehmen, Emerelle?«

»Würdest du es an meiner Stelle annehmen?«

Der Fürst von Arkadien schürzte die Lippen. »Der Abend wäre um eine unvergessliche Erinnerung ärmer, wenn du es ablehntest.«

Ollowains Hand sank zum Schwertgriff. Was sollte das? Unwillkürlich blickte er zu den Masten der *Atem der See.*

»Alle hier wissen um meine Neugier«, sagte Emerelle in aufgeräumten Plauderton. »Also überrasche mich!«

Der Schwertmeister bewunderte die Königin für ihren

Mut. Sie wusste um die Gefahr, und doch machte sie gute Miene zum bösen Spiel. Hätte sie Shahondins Geschenk abgeschlagen, wäre allen Anwesenden offenbar geworden, dass sie sich vor dem Fürsten von Arkadien fürchtete. Das wäre einem Signal an alle Unzufriedenen gleichgekommen! Vielleicht war es auch einfach nur ein Geschenk? Gesten dieser Art waren nicht unüblich.

»Unten auf dem Kai wartet meine Enkelin, Lyndwyn«, sagte Shahondin, und ein leichter Tadel schwang in seiner Stimme. »Deine Wachen haben ihr nicht gestattet, das Schiff zu betreten. Für ihre Jugend hat sie in der Kunst der Magie eine außerordentliche Meisterschaft erreicht. Niemand in Arkadien vermag sich mit ihr zu messen.«

»Spricht das nun für die Begabung deiner Enkelin oder gegen die Zauberer deiner Sippe?«, warf Hallandan von Reilimee ein und erntete zustimmendes Gelächter.

Shahondin wurde eine Spur blasser, versuchte seinen Zorn aber zu überspielen. »Urteilt selbst, wenn ihr gesehen habt, was Lyndwyn vermag.«

Emerelle gab Yilvina, die sich wieder bei den Posten zum Aufgang der Prunk-Liburne eingefunden hatte, ein Zeichen. Eine Elfe, gewandet in Schwarz und Silber, wurde an Bord gebracht. Lockiges schwarzes Haar wallte auf ihre Schultern hinab. Ihre blasse Haut war mit Bandag bemalt. Dunkle Schlangen schmückten ihre Arme, und der Kopf einer Kobra prangte auf ihrer Stirn. Hohe Wangenknochen betonten Lyndwyns schmales Gesicht. Ihre Augen waren lindgrün und mit goldenen Sprenkeln durchsetzt. Die schmalen Lippen deuteten zielgerichtete Verbissenheit an. Welche Opfer mochte die Elfe wohl gebracht haben, um schon so jung als Meisterin der magischen Künste zu gelten, fragte sich Ollowain. Ob sie ihm ähnlich war? Er dachte an den Preis, den er entrichtet hatte, um zum Schwertmeister Albenmarks zu werden.

Lyndwyn verbeugte sich formvollendet vor der Königin. »Ich danke dir, Herrin. Die Erlaubnis, unter deinen Augen Zeugnis meines Könnens abzulegen, ehrt mich.«

»Danke mir, nachdem dein Schaustück geglückt ist, Lyndwyn. Ich habe die besten Zauberer eines ganzen Zeitalters gekannt, und ich werde ihr Andenken nicht schmälern, indem ich dir applaudiere, wenn mich deine Kunst nicht überzeugt.«

Ollowains Hand ruhte noch immer auf dem Schwertgriff. Er war sich nicht sicher, ob Shahondin seine Enkelin ohne Hintergedanken geschickt hatte.

Lyndwyn schienen die abweisenden Worte der Königin nicht weiter zu beeindrucken. Mit einer Selbstsicherheit, die an Überheblichkeit grenzte, begann sie ihr Werk. Die Magierin hauchte ein Wort der Macht, und vor ihr erglomm ein schwebender Funke, kaum so groß wie ein Glühwürmchen. Eine knappe Geste, und der Lichtpunkt begann zu tanzen. Er zeichnete den Umriss eines Vogels gegen den dunklen Nachthimmel. Schneller und schneller wirbelte er umher, hob einzelne Konturen hervor und ließ das Bild immer plastischer werden. Bald schon war das Federkleid herausgearbeitet; ein langer gebogener Schnabel folgte. Der Vogel blähte sich auf, wurde groß wie ein Pferd. Er streckte die Flügel, wie um die Kraft seiner Schwingen zu erproben. Und noch immer fügte der wirbelnde Lichtpunkt dem lebendig werdenden Bild neue Konturen hinzu. Mal vertiefte er das Orange des glutfarbenen Gefieders, dann fügte er einen Lichtpunkt bei den dunkelroten Augen hinzu. Plötzlich ging von der Flammengestalt glühende Hitze aus. Aus den Reihen der Fürsten ertönte ehrfürchtiges Raunen.

Mit befehlender Geste ließ Lyndwyn den Vogel höher in den Himmel steigen, um Emerelles Gäste vor dem Gluthauch zu bewahren.

Ollowain legte den Kopf in den Nacken. Das Zauberbild

veränderte sich noch einmal. Es war nun kein Abbild mehr, es schien zum Leben erwacht zu sein und bäumte sich gegen den Willen der jungen Magierin auf. Nie zuvor hatte der Schwertmeister gesehen, wie aus nichts als einem Funken Licht etwas Lebendiges erschaffen worden war. Das Zauberkunststück hatte ihn ganz in den Bann geschlagen, und er vergaß für den Augenblick seine Sorge um Emerelle.

»Hinaus auf die See mit dir!«, befahl Lyndwyn.

Der Feuervogel stieß einen schrillen Schrei aus. Dann flog er den Hafentürmen entgegen. Auch sie waren in dieser Nacht in fahles, blauweißes Zauberlicht getaucht. Ollowain erschienen sie wie zwei einsame Schildwachen am Rand der Finsternis. Jenseits der Türme waren nicht einmal Sterne zu sehen. Wolken hatten ihr Licht verschluckt.

Kaum hatte der Vogel die Türme hinter sich gelassen, verschwand er.

Lyndwyn schien verwirrt. Sie machte eine zögerliche Geste und blickte gebannt in die Finsternis. Einer der Fürsten klatschte in die Hände, dann fiel ein Zweiter in den Applaus ein und ein Dritter. Die meisten jedoch blickten zur Hafeneinfahrt. Sie alle schienen noch etwas zu erwarten. Das konnte nicht das Ende von Lyndwyns Auftritt gewesen sein!

Und tatsächlich erglommen dicht über dem Wasser kleine Lichtpunkte. Zunächst noch vereinzelt, wurden es binnen weniger Augenblicke Dutzende. Und dann stiegen die ersten der leuchtenden Punkte in steilem Bogen dem Himmel entgegen. Manche zerbrachen dabei und stürzten zurück in die See. Die meisten jedoch stiegen höher und höher.

Das Spektakel war ungewöhnlich anzuschauen. Wo der Vogel als einzelne, vollkommene Gestalt überzeugt hatte, war es hier die Masse, die beeindruckte. Als der erste der

Lichtpunkte den Zenit seiner Flugbahn überschritten hatte und, langsam größer werdend, dem Hafen entgegenstürzte, begriff der Schwertmeister, was er da sah. Feuerkugeln! In der Finsternis jenseits der Hafentürme musste eine Flotte liegen! Und sie hatte angefangen, Vahan Calyd zu beschießen.

Fauchend zerbarst eine Feuerkugel zwischen den Masten der *Wellentänzer* des Flaggschiffs Hallandans von Reilimee. Sofort waren die gerefften Segel in Brand gesetzt. Einer der Masten neigte sich zur Seite und zerfetzte das Takelwerk. Eine weitere Kugel zerbarst auf einem nahe gelegenen Kai.

»Schildwachen zu mir!«, befahl Ollowain, doch die jungen Krieger starrten wie gelähmt auf das Inferno. Wütend fuhr er herum. »Herrin, du musst ...« Eine Feuerkugel schlug auf das Achterdeck, ihr Gluthauch versenkte Ollowains Haar. Wirbelnde Funken und beißender Rauch erfüllten die Luft. Fauchend schlugen Geschosse ins Wasser. Steuerbord stand ein großer Segler in hellen Flammen. Die Luft war erfüllt von Schreien. Wie betäubt starrte der Schwertmeister dorthin, wo eben noch Emerelle gesessen hatte. Doch der Thron war verschwunden – hinweggefegt von einer Feuerkugel. Beiläufig bemerkte Ollowain, dass der Ärmel seines Hemdes schwelte. Doch er fühlte keinen Schmerz. Es war wie in einem Traum.

»Herrin?« Ollowain ging in den Rauch. Überall auf Deck lagen Klumpen aus gepresstem Stroh. Was waren das für Geschosse? Er trat auf etwas Weiches. Eine abgerissene Hand! Er ging in die Knie und versuchte, mit den Armen wedelnd, den Rauch zu vertreiben. Vor ihm lag Sansella. Ihr Kopf war in groteskem Winkel verdreht, das Gesicht ein blutiger Klumpen. Er erkannte sie allein an dem schwelenden Kleid. Noch während er das Mädchen anstarrte, ging der Stoff in Flammen auf.

Überall an Deck wanden sich Schmetterlinge. Mit verbrannten oder zerdrückten Flügeln versuchten sie vergebens, den Flammen zu entkommen, die sich immer weiter ausbreiteten. Scherben eines groben Tonkrugs lagen herum. Sie waren bedeckt von einer zähen, klebrigen Masse.

Geistesabwesend schlug der Schwertmeister auf sein Hemd und erstickte den Schwelbrand. Er spürte nicht, wie sich Funken in sein Fleisch fraßen.

»Emerelle?« Ollowain stieg über einen toten Krieger der Leibwache hinweg. Und dann sah er die Königin. Sie war halb unter schwelendem Stroh begraben. Kleine Brandnarben wie Pocken zeichneten ihr Antlitz.

Mit bloßen Händen mühte sich Ollowain, das glimmende Stroh zur Seite zu stoßen.

»Wachen zu mir!«, rief er verzweifelt.

Endlich kam Bewegung in die jungen Soldaten. Sie halfen dem Schwertmeister, bis alles Stroh entfernt war. Das Untergewand der Königin war halb verbrannt, ihr Körper von großen, nässenden Wunden gezeichnet. Unter ihrem Rippenbogen steckte der Splitter eines zerschlagenen Tongefäßes.

»Bildet einen Schildwall!«, herrschte Ollowain die Krieger an. »Los, beschirmt eure Königin vor den Blicken Neugieriger.«

Yilvina trat aus dem wirbelnden Rauch. Das Gesicht der Elfe war von Ruß geschwärzt.

»Die Fürsten verlassen das Schiff!«, meldete sie. »Was sollen wir tun? Ablegen?«

Ollowains Gedanken überschlugen sich. Der Himmel war voller Feuerbögen. Hundert Katapulte oder noch mehr beschossen Hafen und Stadt. Etliche Schiffe brannten bereits lichterloh. War dies Shahondins Werk?

»Packt Lyndwyn! Sie hat das Zeichen gegeben, den Hafen anzugreifen. Ich will sie lebend. Sie weiß, was hier geschieht.«

Die Elfenkriegerin nickte knapp und verschwand wieder im Rauch.

Ollowain war sich sicher, dass Shahondins Enkelin eine der Feuerkugeln auf das Achterdeck herabgerufen hatte. Für die Fürsten musste es so ausgesehen haben, als ob Emerelle tot sei. Vielleicht konnte er daraus einen Nutzen ziehen? Er sah zu seiner Herrscherin hinab. Einer der Soldaten hatte einen roten Umhang über sie gedeckt, sodass nur ihr Antlitz zu sehen war. Neben ihr lag die verbogene Schwanenkrone auf dem Deck. Sie mussten die Königin von hier fortbringen, doch Ollowain wagte es nicht, sie zu berühren. Er brauchte eine Heilerin.

»Ich will zu meiner Tochter! Lasst mich durch!«

»Fürst, wir haben strikten Befehl …«

»Lasst ihn durch«, befahl Ollowain. Seine Stimme war heiser. Die Luft rings herum schien zu glühen. Etliche Schiffe im Hafen standen in hellen Flammen. Plötzlich duckten sich die Wachposten hinter den Schilden. Fauchend zog ein Brandgeschoss kaum einen Schritt über ihre Köpfe hinweg.

Die Hitze der glühenden Kugel traf Ollowain wie ein Schlag ins Gesicht, obwohl das mörderische Geschoss das Schiff verfehlte.

Hallandan hatte nicht einmal den Kopf eingezogen. Der hoch gewachsene Elf stand wie versteinert und starrte auf die zierliche Gestalt zu seinen Füßen.

Der Schwertmeister legte dem Fürsten sanft eine Hand auf den Arm. »Ich weiß nicht um den Schmerz, der dein Herz zerreißt, doch glaube ich, dass es deiner Tochter bestimmt war, die Königin zu retten, und sie wird ihr Schicksal erfüllen. Wir müssen versuchen, aus dem Hafen zu entkommen. Emerelle darf nicht länger in Vahan Calyd bleiben. Wir haben einen Feind in unseren eigenen Reihen. Täuschung und List sind seine schärfsten Waffen. Wir können nur überleben, wenn wir diese Waffen gegen ihn wenden.«

Auf der Treppe zum Achterdeck entstand ein Tumult. »Verräterin!«, zischte eine helle Männerstimme.

Yilvina erschien und stieß die junge Magierin vor sich her. Lyndwyns kunstvolle Frisur war zerzaust, ihre linke Wange blaurot verfärbt und das Auge fast zugeschwollen. Ihre Arme waren auf den Rücken gebunden, und ein Knebel steckte in ihrem Mund. »Wir haben sie auf dem Kai gefasst«, meldete die Kriegerin. »Sie versuchte, in die Stadt zu fliehen.« Yilvina griff in Lyndwyns Haar und zwang die Magierin, vor Ollowain niederzuknien.

Der Schwertmeister sah zu der sterbenden Königin und dann zu Lyndwyn. Die Verräterin wand sich in Yilvinas Griff, vermochte sich jedoch nicht zu befreien.

»Du hast ihnen mit dem Lichtvogel das Zeichen gegeben. Wer ist dort draußen auf See?« Ollowain zerrte ihr den Knebel aus dem Mund. »Sprich!«

Die Magierin befeuchtete mit der Zungenspitze ihre Lippen. Trotzig hielt sie seinem Blick stand.

»Ich weiß nicht, wer uns angreift.«

Ollowains Hand zuckte zum Schwert. Was glaubte diese Närrin! Jeder an Bord war Zeuge gewesen, wie sie das Angriffssignal gegeben hatte. Und es konnte kein Zufall sein, dass gleich eines der ersten Geschosse auf dem Achterdeck dicht bei der Königin eingeschlagen war. Ihre frechen Lügen wagte sie nur, weil sie wusste, wie verzweifelt er eine Heilerin brauchte. »Ich bin nicht für meinen Langmut bekannt, Lyndwyn.« Er sah zu Emerelle, seiner Herrin. Ein dünner Blutfaden troff von ihren Lippen. Der Tod hatte seine Hand nach ihr ausgestreckt.

Kalte Wut packte Ollowain. »Wer ist dort draußen?«, herrschte er die Magierin an und zog sein Schwert.

»Ich weiß es nicht«, beharrte Lyndwyn. Sie neigte den Kopf leicht zur Seite und bot ihm die ungeschützte Kehle dar. »Töte mich, Ollowain, und unsere Herrin wird sterben, bevor diese Stunde verstrichen ist. Ich bin sehr erfahren in den Künsten der Heilung.« Sie machte eine weit ausholende Geste in Richtung der Stadt. Überall auf den Kais und in den Straßen, die man von der See her einsehen konnte, herrschte ein unbeschreibliches Durcheinander. Alles, was Beine hatte, rettete sich und drängte fort vom Meer. Nur Orimedes und seine Kentauren rührten sich nicht vom Fleck. Sie standen um die Sänfte der Königin, nahe am Ufer. Emerelle hatte ihnen befohlen, auf ihre Rückkehr zu warten. Und mochte rings um sie herum die Welt untergehen, sie warteten.

»Wo willst du eine Heilerin herholen, Schwertmeister?«, fragte Lyndwyn. »Ihr bleiben vielleicht nur mehr hundert Herzschläge. Sieh, wie das Leben aus ihrem Leib rinnt! Willst du auf die Kais hinauslaufen und in der schreienden Menge nach einer Heilerin suchen? Der Preis für dein Misstrauen gegen mich wird das Leben der Königin sein. Lass mich frei, und ich helfe ihr! Ich werde mein Bestes geben, muss ich doch befürchten, im selben Augenblick zu sterben, in dem meine Bemühungen scheitern. Los, entscheide dich! Dein Zögern tötet Emerelle!«

»Sie hat Recht«, sagte Yilvina mit rauer Stimme.

Ollowains Hand spannte sich fester um den Schwertgriff. Die Lederumwicklung der Waffe knirschte leise. Lyndwyn war eine Verräterin! Und dennoch war er nun auf sie angewiesen. Ihm blieb keine Wahl. »Wie willst du ihr helfen?«

»Ich werde einen Kältezauber wirken.« Lyndwyn musterte die Königin abschätzend. Ihr Blick missfiel Ollowain. Er war ohne jedes Erbarmen. Was immer Lyndwyn tat, es geschah, um ihren Hals aus der Schlinge zu ziehen, und nicht aus Liebe zu ihrer Herrscherin.

»Meine Magie wird Emerelles Leib langsam abkühlen«,

fuhr Lyndwyn sachlich fort. »Das Blut rinnt dann weniger schnell in ihren Adern. So kaufe ich dem Tod hoffentlich ein paar Stunden ab. Zeit, die es mir vielleicht erlaubt, die Wunde in ihrer Brust zu schließen.«

Das Schiff erbebte. Eine Feuerkugel hatte das Vordeck getroffen. Funken und dichter Rauch stiegen auf. Seesoldaten eilten herbei und versuchten mit ihren langen Speeren das brennende Stroh von Bord zu stoßen.

Ollowain ergab sich dem Schicksal. Wenn er Emerelle retten wollte, dann musste er Lyndwyn vertrauen.

»Löse ihre Fesseln«, wies er Yilvina an. »Und bleib an ihrer Seite.« Er sah zu der Magierin. »Du hast ganz Recht: Wenn Emerelle stirbt, dann stirbst auch du.«

Lyndwyn streckte sich und massierte dann ihre Armbeugen. »Ich brauche Wasser«, sagte sie leise.

Der Schwertmeister wandte sich wieder an Hallandan. »Haben wir Aussichten, aus dem Hafen zu entkommen?«

Der Fürst von Reilimee war neben seiner toten Tochter niedergekniet. Er strich über ihr blutverklebtes Haar.

»Fürst«, sagte Ollowain nun eindringlicher. »Können wir fliehen?«

Hallandan wirkte wie jemand, der aus tiefem Schlaf erwachte. Er starrte in die Finsternis, die noch immer Brandgeschosse in den Himmel spie. »Wie kann ich dir antworten, wenn ich nicht einmal weiß, gegen wen wir kämpfen werden? Wenn wir es mit mehreren Schiffen versuchen … Vielleicht werden wir es schaffen.«

»Hör mir genau zu, Hallandan.« Knapp umriss Ollowain seinen Plan. Sie brauchten mindestens drei Schiffe. Als er endete, wirkte das Gesicht des Fürsten wie versteinert. Endlich nickte er. »Ich werde es tun, Schwertmeister. Meine Bedingung ist, dass du mir das Kommando über das Flaggschiff der Königin gibst.«

»So sei es!«

Der Seefürst eilte davon. Müde strich sich der Schwertmeister durch das versengte Haar. Niemals hätte er sich träumen lassen, dass er einmal einem der Fürsten Albenmarks Befehle erteilen würde. Und schon gar nicht solche Befehle.

Ollowain trat an die Treppe zum Achterkastell und legte dem Krieger, der Hallandan hinaufgelassen hatte, die Hand auf die Schulter. »Folge mir unter Deck!«

Der junge Elf wirkte überrascht. Ollowain wich dem Blick des Mannes aus. Er wollte sich künftig nicht an ihn erinnern, wollte ihn nicht wiedererkennen, wenn er in ein neues Leben geboren wurde.

AUF DER SUCHE NACH FRÜH VERLORENEM

Wie Wölfe waren wir, vertrieben in die Fremde,
Geboren worden wie Welpen. Unter fremdem Monde
Jagten wir, rastlose Rudel, fern der Heimat,
Nah der Sehnsucht nach früh Verlorenem.

Wahrlich Weiber waren es, die wiesen den weiten Weg.
Auf glorreich goldener Fährte im nächtlichen Nebel,
Glitten Galeassen geräuschlos durch wogende Wasser,
Auf der Suche nach früh Verlorenem.

In zähem Zorn und ohne Zaudern gingen Gemordete zurück,
Zu kommen zum Fest der Lichter, vor Begierde brennend,
Einzig Emerelle zu finden, im ruchlosen Rausch
Zu lindern den Schmerz nach früh Verlorenem.

Flammen fielen vom Firmament, wo Albenkinder feierten.
Zündend zog Zerstörung ein, leuchtendes Licht ward Lohe,
Zu Asche starb der Stolz der Schlächter von Shalyn Falah,
Verbrannt von der Sehnsucht nach früh Verlorenem.

AUS DEM »NACHTZINNENCODEX«,
ÜBERSETZT VON BRUDER GUNDAHER,
BAND VI DER TEMPELBIBLIOTHEK ZU FIRNSTAYN, S.112

DER RUDELFÜHRER

»Lasst euch mehr Zeit mit dem Nachladen!« Der Troll musste schreien, um das Getöse an Deck zu übertönen. Orgrim wollte, dass die *Donnerer* die letzten Schüsse auf die verfluchten Elfen abgab. So mochte er wenigstens auf diese Weise dem König auffallen.

Der Geschützmeister unten wiederholte seinen Befehl, und die Arme der beiden großen Kriegsmaschinen verharrten.

»Wann dürfen wir endlich in die Stadt zum Töten?«, erklang eine Stimme vom Unterdeck. »Wir sollten die Elfen nicht verbrennen. Ich bin hier, um ihnen eigenhändig die Schädel einzuschlagen.«

»Und du wirst reichlich Gelegenheit dazu bekommen, Gran«, erwiderte Orgrim. »Es wird sicher eine große Erleichterung für dich sein, wenn wir das Meer verlassen und du dein Mahl nicht dauernd zu den Fischen speist. Ich mache mir schon Sorgen, dass du schwächlich wie ein Rehkitz sein wirst, wenn wir den Elfen begegnen.«

Dröhnendes Lachen erscholl vom Geschützdeck. Eine riesige Gestalt trat aus den Schatten und blickte zu Orgrim empor. Gran war selbst unter Trollen ein Hüne. Auf dem ganzen Schiff gab es keinen Krieger, den er nicht mindestens um Haupteslänge überragte. »Du bist gut darin zu reden, aber den Wert eines Kämpfers misst man nicht an schönen Worten, sondern allein an der Zahl der erschlagenen Feinde, die zu seinen Füßen liegen.«

»Dann frag Boltan nach einem Rechenbrett, Gran, denn deine Finger werden nicht ausreichen, um abzuzählen, wie vielen Elfen ich das Genick breche.«

Wieder hatte Orgrim die Lacher auf seiner Seite. Sein Widersacher zog sich grollend in die Finsternis zurück. Orgrim hatte es weit gebracht. Die wenigsten Trolle waren mit dreißig Sommern Krieger. Viele schafften es nie und blieben ihr Leben lang Unfreie. Orgrim aber war bereits Rudelführer und hatte das Kommando über ein eigenes Schiff. Und die Neider saßen ihm im Nacken. Allen voran Gran. Er hatte gehofft, sein Rivale werde sich zu einer Beleidigung hinreißen lassen, die es erlaubte, ihn zum Duell zu fordern. Die lange Zeit auf See hatte Gran geschwächt. Wie die meisten Trolle ertrug er es nicht, sich auf einem Schiff aufzuhalten. Das Schwanken und der Geruch des Meeres machten sie krank. Orgrim wusste, dass Gran seit Tagen nichts gegessen hatte. Es wäre eine günstige Gelegenheit, gegen ihn anzutreten. Orgrim hatte ihn kämpfen sehen. Im Vollbesitz seiner Kräfte konnte Gran einem Höhlenbären mit bloßen Händen das Genick brechen.

Im Grunde mochte er den grobschlächtigen Hünen. Doch seit Orgrim Rudelführer geworden war, zerfraß Gran der Neid. Mit ihm war nicht mehr auszukommen. Ihm war nicht mehr zu trauen! Er musste Gran loswerden. Aber ein Zweikampf mit einem geschwächten Gegner wäre ehrlos. Vielleicht gab es ja eine Gelegenheit, ihn in ein anderes Rudel zu schicken?

Orgrim lehnte sich gegen das Schanzkleid des grob gezimmerten Achterkastells und blickte über die dunkle See. Selbst hier draußen regte sich kein Lüftchen. Über der Hafenstadt standen senkrechte Rauchsäulen, beleuchtet vom roten Schein der Flammen.

Mit dumpfem Knall krachte auf dem Vordeck ein Katapultarm auf das dicke Lederkissen am Querbalken der Schleuder. Die Wucht des Aufpralls ließ das große Schiff erzittern. Steil stieg eine Feuerkugel in die Nacht. Noch immer regneten dutzende Geschosse auf Stadt und Hafen, so als fielen die Sterne vom Nachthimmel.

Orgrim fluchte leise. Er hatte gehofft, als Rudelführer und Befehlshaber einer Galeasse in diesem Krieg zu Ruhm zu gelangen. So sehr hatte er sich in den letzten beiden Jahren bemüht, das Schiff zu meistern, der trägen Masse aus Holz seinen Willen aufzuzwingen: auf Sturmfahrten durch die schwimmenden Inseln, von Nebel umschlossen in namenlosen Fjorden, während der Winterstürme und der langen Flauten im Sommer. Er war bei jedem Wetter auf See gewesen, obwohl er das Meer fürchtete. Er wollte, dass sein Schiff das beste in der Flotte war. Und nun war er um all seine Mühen betrogen. Den Ruhm würden andere Rudelführer ernten. Jene, die weit südlich von Vahan Calyd in die Baumsümpfe gestiegen waren. Sie würden der Stadt in den Rücken fallen und den letzten Widerstand der Elfen brechen. Und sie würden es sein, die der Tyrannin nachsetzten, jener seelenlosen Elfe, die mehr als alle anderen am Unglück der Trolle schuld war. Emerelle, die sie aus der Welt verbannt hatte, für die sie einst von den Alben erschaffen worden waren. Verbannt von den schwächlichen Letztgezeugten. In all den Jahrhunderten in der Fremde hatten die Trolle ihren Zorn gepflegt. Und nun wandten sie sich gegen das Elfengezücht und all die Würmer, die zu ihren Füßen krochen. Der Rudelführer, der als Erster seinen Fuß in den Palast der schändlichen Königin setzte, würde zum Herzog einer der Felsenburgen in der Snaiwamark werden. König Branbart hatte versprochen, zum Ruhme dieser Tat ein neues Herzogtum zu gründen. Alle anderen Herzogtümer konnten nur von Wiedergeborenen regiert werden. So war es Gesetz in seinem Volk. Eine Seele regierte ein Herzogtum, bis sie auf immer verlosch. Diese Nacht war für Jahrhunderte die einzige Möglichkeit, kraft seiner Taten einen Herzogstitel zu erringen. Und er stand hier an Bord der *Donnerer* und sah zu, wie ein anderer Rudelführer mit seinen Kriegern den Ruhm erntete, während er beaufsichtigen musste, wie seine Katapulte Brandkugeln abfeuerten! Wütend schlug Orgrim mit der Faust auf das Schanzkleid.

Hundert Schritt links schoss eine Flamme empor. Schreie gellten durch die Nacht. Wieder hatte eine der großen Galeassen Feuer gefangen. Es war nicht klug, Flammen an Bord eines riesigen Holzhaufens anzuzünden. Die trandurchtränkten Strohkugeln zogen einen breiten Funkenschweif hinter sich her, wenn sie brennend in den Himmel stiegen. Manche zerbarsten schon in dem Augenblick, in dem man sie abfeuerte.

Orgrim stieg vom Achterkastell auf das Geschützdeck hinab. »Streut mehr Sand aus«, rief er den Männern bei den Katapulten zu. Dann zählte er stumm die Sandeimer ab, die in langen Reihen entlang der Reling standen. Sein Schiff würde nicht brennen! Sein Leben mochte Jahrhunderte dauern, wenn er vorsichtig war. Es würde eine zweite Gelegenheit geben, nach einem Herzogstitel zu greifen. Jetzt galt es, diese Nacht zu überleben! Wenn die große Galeasse Flammen fing und das Feuer nicht binnen Augenblicken mit Sand erstickt wurde, dann war dies das Todesurteil für alle an Bord. Kein Troll konnte schwimmen. Ihre Leiber waren zu massig, um auf dem Wasser zu treiben, ganz gleich, wie sehr man mit Armen und Beinen ruderte. Wer ins Meer stürzte, war tot. Deshalb fürchteten sie die See so sehr.

Zwei Krieger rollten eine der großen Strohkugeln über Deck. Vorsichtig zerrte der Geschützmeister sie auf die große Lederschlaufe am Ende des Katapultarms. Geduldig prüfte er den Sitz. Dann hängte er das Ende der Schlaufe in einen Haken. Der Bogen des Geschützes war fast bis zum Zerbrechen gespannt. Boltan, der Geschützmeister, zog seine Fackel aus der Halterung an der Reling. Er blieb so weit von der Strohkugel entfernt wie möglich. Mit ausgestrecktem Arm hielt er die Fackel an das golden schimmernde Geschoss.

Mit einem Geräusch, das wie das Röcheln eines alten Hundes klang, fing das Stroh Feuer. Boltan riss den Sperrriegel des Katapults zurück. Der Geschützarm schnellte hoch und schlug vor den gepolsterten Querbalken. Die Lederschlaufe öffnete sich, und das brennende Stroh stob davon in die Finsternis.

Orgrim atmete erleichtert aus. Immer und immer wieder hatten sie das Abfeuern der Brandgeschosse geübt, doch jedes Mal, wenn die Flammen nach dem Stroh griffen, hielt er den Atem an. Zu gut erinnerte er sich an das Übungsschießen, als eine Kugel noch über dem Schiff zerbrochen und die Glut zurück auf das Deck geprasselt war. Boltan hatte sich damals auf das brennende Stroh geworfen und mit seinem wuchtigen Leib die Flammen erstickt. Selbst jetzt, im unsteten Licht der einzigen Fackel, die an Bord brannte, waren die flächigen, roten Narben auf seiner Brust zu sehen. Er trug sie stolz als Ehrenmale seines Mutes. Kein Zweikampf hätte ihm so viel Ruhm einbringen können wie diese eine mutige Tat. Man kannte ihn in der ganzen Flotte. Der König hatte ihn eingeladen, an seiner Tafel von der Heldentat zu erzählen, und Boltan den Ehrennamen Feuerfresser verliehen.

Der Geschützmeister kam zu Orgrim herüber. Schweiß rann ihm in breiten Strömen über den nackten Oberkörper. »Ich habe die schlechtesten Kugeln bis zum Schluss aufbewahrt. Bei mindestens zweien würde ich wetten, dass sie auseinander reißen, bevor sie ihr Ziel erreichen.«

»Werden sie halten, bis sie über dem Wasser sind?«

Boltan zuckte mit den Schultern. »Darauf würde ich nicht wetten.« Er senkte die Stimme. »Am liebsten würde ich die restlichen Strohkugeln über Bord werfen. Bisher hatten wir Glück. Wer weiß, wie lange das anhält.«

Orgrim schaute nach Westen. Irgendwo dort lag das Flaggschiff Branbarts. Der König würde drei rote Laternen am Mast hochziehen lassen, wenn sie die Beschießung beenden sollten und der Angriff auf den Hafen begann. Doch nur Fackeln und Brandgeschosse erhellten die Nacht. »Ich würde dir zustimmen, wenn Gran nicht wäre. Er würde mich verraten.«

»Dann schmeißen wir ihn doch gleich mit über Bord«, knurrte der Geschützmeister. »Er redet schlecht über dich vor den Männern. Es ist besser, wenn er einen Unfall hat.«

»Und was ist mit den Kriegern, die vielleicht seine Freunde sind? Und jenen, die einfach nur darauf hoffen, Rudelführer zu werden, wenn ich in Ungnade falle?« Orgrim schüttelte den Kopf. »Wir müssten die halbe Besatzung über Bord werfen, und auch dann …«

»Rudelführer, sieh nur! Steuerbord voraus!«

Orgrim stürmte zur Reling. Ein Schatten huschte zwischen den bleichen Türmen der Hafeneinfahrt hindurch. Ein scharfer Rumpf zerteilte die spiegelglatte schwarze See zu schäumender Gischt. Sie kamen!

»Werft die restlichen Feuerkugeln über Bord!«, befahl Orgrim. Einige der Krieger auf dem Geschützdeck sahen ihn ungläubig an, doch bevor einer von ihnen protestieren konnte, blaffte Boltan: »Los, los, los! Bewegt euch, ihr Rattenärsche. Ihr habt doch wohl gehört, was der Rudelführer befohlen hat.« Er packte persönlich eine der großen Kugeln und stemmte sie keuchend über seinen Kopf. In weitem Bogen schleuderte er sie aufs Meer hinaus.

Der Rudelführer eilte die Treppe zum Achterdeck hinauf.

Er sollte jetzt dicht beim Steuermann bleiben. Die Elfenschiffe waren schneller und wendiger als die Galeassen der Trolle. Ein Fehler, und sie wären ausmanövriert.

»Bemannt die Ruder!«, schrie der Rudelführer über den Lärm an Deck. »Trommler! Gib einen langsamen Ruderschlag vor! Krieger, bringt die Reißzähne an Deck!«

Orgrim fühlte, wie das Blut schneller in seinen Adern pulste. Mit ein wenig Glück konnte er sich doch noch seinen Herzogstitel verdienen. Drei Schiffe hatten inzwischen den Hafen verlassen. Kein Lüftchen regte sich. An Bord der beiden Galeeren auf den Flanken wurden die Masten niedergeholt. Sie machten sich kampfbereit. Das dritte Schiff, eine riesige Prunk-Liburne, lag ein wenig zurück.

Der Rudelführer schnaubte verächtlich. Es war offensichtlich, was die Elfen versuchten. Die Galeeren wollten sich opfern, um der Liburne einen Durchbruch zu ermöglichen.

Im Bauch der *Donnerer* erklang der Schlag von Kesselpauken. Polternd glitten die Ruder aus dem massigen Rumpf und zerwühlten die glatte See. Ein Ruck lief durch das Schiff. Dann setzte es sich in Bewegung. Im Kielwasser trieben die letzten Strohkugeln.

»Halte auf die weiße Galeere zu!«, befahl er dem Steuermann.

Der Troll nickte. Er stemmte sich mit seinem ganzen Gewicht gegen die lange Ruderpinne. Quälend langsam schwenkte die Galeasse nach Steuerbord.

Orgrim sah den ehernen Rammsporn der Elfengaleere in der Gischt funkeln. Wie ein riesiger Pfeil zeigte er auf den Rumpf der *Donnerer*.

»Trommler, Rammschlag!«, schrie er zum Ruderdeck hinab. »Macht hin, oder sie lassen uns alle den Grund der See küssen!«

Noch weitere Galeassen waren aus der langen Kette von

Schiffen ausgeschert, die in weitem Halbkreis vor dem Hafen von Vahan Calyd lagen. Auch andere Rudelführer hatten die Gunst des Schicksals erkannt. Orgrim fluchte. Er würde nicht als Erster die kostbare Beute erreichen. »Los, ihr faulen Hunde! Stemmt euch in die Ruder!«

Auf dem Hauptdeck lagen nun sechs lange Enterbrücken bereit. An der Vorderseite ragten zugespitzte Holzpflöcke wie Reißzähne aus den dicken Planken. Sie würden sich tief ins Deck des Elfenschiffs bohren, wenn die Enterbrücken niedergingen.

Jetzt erkannte Orgrim das Wappen auf dem großen Seidenbanner, das träge vom Hauptmast der Prunk-Liburne wehte. Die Nacht hatte die Farben ausgelöscht. Der Rudelführer sah nur ein helles Pferd auf dunklem Grund, doch er wusste, was das bedeutete. Vor ihm pflügte das Flaggschiff der Tyrannin durch die See!

Ein Schatten schob sich an der *Donnerer* vorbei. Die *Steinfaust*! Die Galeasse war etwas leichter gebaut und hatte mehr Ruder. Ein Wettrennen mit ihr war nicht zu gewinnen!

Auch die weiße Elfengaleere beschleunigte ihr Tempo, um dem neuen Feind den Weg zu verlegen. Orgrim rechnete damit, dass sie jeden Augenblick herumschwenken würde, um mit ihrem tödlichen Rammsporn auf den Rumpf der *Steinfaust* zu zielen. An Bord der Galeere glommen mattrote Feuerpunkte. Kleine Gestalten sammelten sich darum.

»Halte Abstand zur *Steinfaust*!«, befahl Orgrim seinem Steuermann.

Eine Feuerkugel stürzte weit hinter den Elfenschiffen ins Meer. Ein Teil der Galeassen hatte das Feuer auf die Flüchtlinge eröffnet. Narren, dachte Orgrim. Mit den Katapulten konnte man nicht einmal ein unbewegliches Ziel sicher treffen. Sie taugten gerade einmal dazu, etwas von der Größe einer Stadt zu beschießen.

Eine weitere Feuerkugel verschwand in einer Säule aus fauchendem Wasserdampf.

Boltan kam zum Achterdeck hinauf und brachte Orgrim dessen Schild und seinen wuchtigen Kriegshammer.

Plötzlich flammten rund um die Glutpunkte auf der weißen Galeere kleine Flammen auf, und schon im nächsten Augenblick stiegen sie in den Himmel, so wie winzige Abbilder der Feuerkugeln, und suchten sich ihr Ziel.

Schmerzensschreie hallten von der *Steinfaust* herüber. Orgrim sah, wie Krieger vom Schanzkleid nach hinten taumelten und auf Deck stürzten. Flammen krochen gleich Schlangen über die Planken. Dann geriet mit einem dumpfen Geräusch eine der großen Strohkugeln bei den Katapulten in Brand.

Ein weiterer Schauer von Brandpfeilen ging auf die *Steinfaust* nieder. Immer neue Feuer breiteten sich auf dem Schiff aus. Der Ruderschlag geriet aus dem Takt. Schlingernd kam die Galeasse von ihrem Kurs ab.

»Zurück aufs Geschützdeck«, befahl der Rudelführer. »Wir werden die Nächsten sein.«

Der Geschützmeister schlug mit der Faust gegen seine vernarbte Brust. »Aber wir sind vorbereitet.« Er lächelte grimmig. »Uns kriegen diese Elfenwichte nicht so leicht.«

Orgrim schob den Arm durch die breiten Lederschlaufen seines Schildes. Er war aus zwei Zoll dicken Eichenbrettern gefertigt. Kein Elfenpfeil würde ihn durchschlagen können.

Die Prunk-Liburne hatte ihren Ruderschlag erhöht. Sie eilte an der weißen Galeere vorbei. In der Linie der Trollschiffe klaffte nun eine weite Lücke. Nur die *Donnerer* lag noch zwischen dem Elfenschiff und der offenen See.

Die schwere Galeasse hatte inzwischen an Fahrt gewonnen. Immer kleiner wurde der Abstand zur kostbaren Beute. Nun stiegen auch vom Schiff der Tyrannin Brandpfeile auf. Orgrim stellte sich schützend vor den Steuermann und hob seinen Schild. Wie Welpenpfoten hämmerten die Pfeile auf das dunkle Holz; ihre Flammen malten Rauchzungen darauf.

Die *Donnerer* wurde von den eingeschlagenen Pfeilen in goldenes Licht getaucht. Das Schiff sah aus, als sei es von dutzenden Kerzen beleuchtet. Boltan scheuchte mehrere Männer über das Hauptdeck, die mit nassen Filzdecken Jagd auf die Brände machten.

Ein neuer Schauer von Pfeilen ging auf das Deck nieder. Gurgelnd brach ein Krieger hinter dem Schanzkleid zusammen. Aus seiner Kehle ragte zitternd ein befiederter Holzschaft.

Die Prunk-Liburne war weniger als hundert Schritt entfernt. Auf ihrem Achterkastell war eine Liege aufgestellt. Eine Gestalt ganz in Schwarz stand darüber gebeugt. Befehligte die feige Tyrannin ihr Schiff von einem Lager aus Pelzen und Seide aus? Orgrim grunzte verächtlich. Das passte zu den Geschichten, die er seit seiner Kindheit über Emerelle gehört hatte.

Die *Donnerer* schoss in spitzem Winkel auf das Elfenschiff zu. Sie würden ihre Beute um wenige Schritt verfehlen. Die Prunk-Liburne würde entkommen.

»Die Wurfanker!«, schrie Orgrim.

Ein neuer Hagel von Pfeilen ging auf die Galeasse nieder. Jetzt wurden sie auch von der weißen Galeere beschossen, die nur zwei Schiffslängen hinter ihnen lag.

Hölzerne Greifklauen segelten durch die Luft. Orgrim sah, wie ein Elf zwischen Wurfanker und Reling geriet. Er wurde zerquetscht wie eine Ratte. Ein Ruck lief durch die *Donnerer.* Die beiden Schiffe schwangen aufeinander zu. Verzweifelt hieben die Krieger an Bord der Liburne auf die zähen Lederseile ein. Ein schrilles Kommando ertönte. Auf der Backbordseite schnellten die Ruder des Elfenschiffes aus dem Wasser und wurden hastig eingezogen, damit sie nicht zwischen den beiden Rümpfen zersplitterten.

»Holt die Ruder …«, begann Orgrim, doch es war zu spät. Krachend splitterte das Eichenholz der Trollruder. Aus dem Ruderdeck erklangen Schmerzensschreie, als die Krieger von den Bänken gerissen wurden und armlange Holzsplitter umherschossen.

Orgrim trat ans Schanzkleid. Auf dem Geschützdeck wurde der erste Reißzahn ausgerannt. Doch die Holzdornen verfehlten die Reling der Prunk-Liburne, und die schwere Enterbrücke stürzte ins Meer. Der Rudelführer sah, wie sich Gran bereitmachte, um auf die Galeere der Elfen zu springen. Der riesige Troll blickte zögernd auf den breiten Spalt dunklen Wassers, der noch zwischen den Schiffen lag. Die Elfen formierten sich unterdessen an Bord der Liburne, um den bevorstehenden Angriff zurückzuschlagen.

Orgrim fluchte leise. Er durfte seinem Rivalen auf keinen Fall gestatten, als Erster an Bord zu sein. Der Rudelführer ließ seinen Schild vom Arm gleiten und hob ihn dann hoch über den Kopf. Pfeile umschwirrten ihn wie wütende Hornissen. Ein Geschoss streifte seine Schläfe. Mit einem Schrei schleuderte er den Schild zwischen seine Feinde. Dann sprang er hinterher. In den Reihen der Elfen war einen Augenblick lang eine Lücke entstanden. Der Steinkopf seines Kriegshammers hämmerte auf die Schilde seiner Feinde. Holz barst unter den wütenden Hieben.

Die Elfen kämpften mit stummer Verbissenheit. Orgrim brüllte wie ein wütender Bär. Seine Feinde wichen zurück, sodass er mit seiner Waffe ins Leere schlug. Auch die Elfen warfen nun ihre Schilde fort. Sie waren anders, als Orgrim erwartet hatte. Sie wichen aus, stellten sich nicht, flohen aber auch nicht. Sie waren wie tanzende Vipern, die darauf warteten zuzustoßen. Er hätte seinen Schild nicht wegwerfen dürfen!

Der Rudelführer ließ den Streithammer kreisen und versuchte die Elfen auf Abstand zu halten. Wie Donnerkeile schlugen die Enterbrücken auf das Schiff der elenden Wichte. Holz barst. Die Luft war erfüllt von Schreien und dem heimtückischen Sirren von Pfeilen. Ein dumpfer Schlag traf Orgrim in die Schulter. Eine Klinge schnellte vor und durchstach ihm die Ferse.

Orgrim brach in die Knie. Mit wuchtigen Schlägen versuchte er, sich Platz zu verschaffen. Dann waren seine Männer bei ihm. Große Holzschilde schirmten ihn ab.

»Stoßt sie ins Meer!«, fluchte er. »Bringt sie alle um!« Er versuchte aufzustehen, doch sein Bein knickte wieder unter ihm weg. Plötzlich war Boltan neben ihm. »Diese Schlacht ist für dich zu Ende, mein Freund.«

Orgrim stützte sich auf seinen Streithammer und stemmte sich hoch. »Dein Gürtel!« Grelle Lichter tanzten vor seinen Augen. »Wickel ihn um meine Ferse. Ich muss wieder stehen können!«

»Alle haben deinen Mut gesehen, Rudelführer. Du musst nichts mehr beweisen.«

»Den Gürtel!«, beharrte Orgrim. »Das hier ist noch nicht zu Ende! Los! Wickel ihn, so fest du kannst, um meine Ferse.«

»Sie werden dich umbringen.« Boltan kniete neben ihm nieder. Er zog das Leder so straff an, dass es knirschte.

Vorsichtig belastete Orgrim den Fuß. Er war taub, aber er knickte nicht mehr um. Entschlossen hob der Rudelführer seinen Schild auf und schob sich durch das Schlachtgedränge nach vorn, als hinter ihm ein infernalisches Getöse erklang. Die weiße Galeere hatte sie erreicht. Ihr Rammsporn bohrte sich tief in den Rumpf der *Donnerer*.

»Verlasst das Schiff!«, schrie der Rudelführer über den Lärm hinweg. »Hierher, zu mir, Männer! Wir nehmen uns das Schiff der Tyrannin. Zu mir!«

Immer mehr Trolle eilten über die Enterbrücken auf das tiefer gelegene Deck der Liburne. Sie wurden von Pfeilschauern empfangen, die von den Masten der weißen Galeere abgeschossen wurden.

Der Kampf schien Stunden zu dauern. Aus den Augenwinkeln sah Orgrim die *Donnerer* sinken. Das Schiff, auf dem er zwei Jahre lang gelebt hatte.

Weitere Galeassen dockten an den Elfenschiffen an. Sie waren wie Wölfe, die einen alten Elch gestellt hatten. Die Elfen wussten, dass es kein Entkommen für sie gab. Doch keiner von ihnen streckte die Waffen. Sie waren ganz anders als in den Liedern. Schmächtige kleine Wichte, ja, aber Wichte, die kämpfen konnten. Niemals hätte Orgrim gedacht, dass sie mit so viel Blut bezahlen müssten.

Er war bei den Ersten, die das Achterkastell stürmten. Das letzte Aufgebot der Elfen hatte sich um das Lager der Tyrannin versammelt. Orgrim fiel ein Elf in zerrissenem Seidenhemd auf. Er kämpfte wie eine Wildkatze und verspottete sie. Nichts schien ihn töten zu können. Schließlich war er der Letzte, der Widerstand leistete. Eine stählerne Brustplatte schimmerte unter seinem zerfetzten Hemd. Neben ihm kauerte ein Weib, gekleidet in Schwarz und Silber. Sie schien eine Schamanin zu sein. Ihr Gesicht war bemalt, das Haar in der Farbe von reifem Korn. Sie hielt die Hand der Gestalt, die auf dem Lager ruhte. Wer immer dort lag, hatte in seiner Angst das Seidenlaken über sein Antlitz gezogen.

Die siegreichen Trolle umstanden die Bettstatt in weitem Kreis. Die Schlacht hatte die Kampfeslust der Krieger abgekühlt. Keiner wollte jetzt noch sterben.

Herausfordernd hob der Elf seine Klingen. »Kommt! Wo ist euer Mut! Hundert gegen einen, das muss doch wohl selbst für euch reichen.«

»Leg die Waffen nieder! Ich schenke dir dein Leben!«

Der Rudelführer empfand Respekt vor diesem zerbrechlichen Wicht. Es wäre eine Schande, ihn zu töten. Zumal er aus einer tiefen Wunde an der Hüfte blutete. Er würde keinen weiteren Kampf mehr überstehen.

Der Elf lachte und warf sein langes blondes Haar in den Nacken. »Euer Gestank beleidigt meine Königin. Zieht euch vom Achterdeck zurück, und ich werde davon absehen, euch Bestien zu schlachten. Ich zähle jetzt langsam bis drei. Das ist die Zeit, die euch bleibt, um zu gehen. Wer dann noch hier oben steht, ist des Todes.«

Gran schob sich nach vorne. »Der Kerl ist verrückt. Er muss einen Hieb auf den Kopf bekommen haben!«

»Eins!«

Verärgert bemerkte Orgrim, wie tatsächlich einige der Trolle zurückwichen.

»Zwei!« Der Elf taumelte leicht. Er musste sich mit einer Hand auf dem prächtigen Lager aufstützen.

»Dr…«

Orgrims Kriegshammer schnellte durch die Luft. Der Elf versuchte, sich unter der Waffe wegzuducken, doch seine Wunde und der lange Kampf hatten ihn erschöpft. Der wuchtige Kopf des Kriegshammers traf ihn mitten ins Gesicht. Ein scharfes Knacken klang durch die Stille. Dann rollten blutige Zähne über Deck. Langsam, so als wolle er sich nicht einmal tot geschlagen geben, sank der Elf in die Knie und kippte dann nach vorne über.

Orgrim bückte sich und hob seinen Kriegshammer auf. »Das ist mein Fleisch«, verkündete er mit rauer Stimme und deutete auf den Toten. »Er war dumm, aber tapfer. Nehmt euch ein Beispiel an seinem Mut!« Der Troll griff nach dem Seidenlaken.

Das Elfenweib fiel ihm in den Arm. »Schändet mich, aber lasst meine Herrin in Frieden sterben!«

Orgrim sah sie verständnislos an. »Was sollte ich mit

einem Weib anfangen, das zerbricht, wenn ich es fest anpacke?«

»Ich bitte dich, Herr, zeige Gnade!«

»Gnade? So wie deine Königin, die unseren König und die gefangenen Herzöge von der Shalyn Falah in den Abgrund stoßen ließ und mein Volk aus Albenmark verdammte? Nein, Weib. Wir haben viel von euch Elfen gelernt. Gnade verwandelt die Stärke des Siegers in Schwäche.«

»Ich tue alles für dich!«

Orgrim musterte das Weib verwundert. Wollte sie sterben? Wenn er sich vor den Augen seiner Krieger noch länger von ihr hinhalten ließ, wäre das schlecht für seinen Ruf. Sein Blick fiel auf den Elfen mit dem zerschmetterten Antlitz. »Wer war dieser Mann?«

»Ollowain, der Schwertmeister der Königin.«

»Gibst du mir ein Stück von ihm ab?«, fragte Gran ehrfürchtig.

Orgrim sah den Toten an. Sein Name war unter den Trollen fast so bekannt wie der seiner Königin. Der Fürst der Knochenbrücke, die tanzende Klinge, Fleischreißer. Sein Volk hatte viele Namen für diesen Krieger gehabt. Und wenn er hier war, konnte das nur eins bedeuten. Orgrim zog das Seidenlaken zurück und blickte in ein von Brandnarben entstelltes Gesicht. Ein diamantgeschmückter Reif umspannte die Stirn. Die Schwanenkrone von Albenmark!

Vorsichtig nahm er der Toten das kostbare Kleinod ab. Dann hielt er es in die Höhe, sodass jeder es sehen konnte. »Die Tyrannin von Albenmark ist tot!«

EINE FRAGE DER EHRE

Alfadas blickte zum Gipfel des Hartungskliffs auf der anderen Seite des Fjords. Das Haupt des steilen Felsens schmückte eine steinerne Krone. Sie war das Tor in eine andere Welt. In Albenmark würde jetzt bald der Winter anfangen, dachte der Jarl wehmütig. Was würde er dafür geben, dieses Tor noch einmal durchschreiten zu können!

Manchmal, wenn er allein tagelang durch die Wälder streifte, stieg er hinauf zum Steinkreis. Sein Vater hatte es geschafft, ihn aus eigener Kraft zu durchschreiten. Voller Bitternis dachte Alfadas daran, dass ihm diese Gabe versagt geblieben war, obwohl er mehr als zwanzig Jahre unter den Elfen gelebt hatte. Gewiss, er war ein Schwertkämpfer, wie es im Fjordland keinen zweiten gab. Ollowain, der beste Fechter Albenmarks, hatte ihn ausgebildet. So vieles war der Elf im Lauf der Jahre für ihn gewesen – Ziehvater, Lehrer und Freund. Den meisten bei Hof war der Schwertmeister unnahbar erschienen. Eine lebende Legende, der weiße Ritter von der Shalyn Falah. Er hatte sich ganz dem einen Ziel verschrieben, ein vollkommener Schwertkämpfer und Krieger zu sein. Und er war so weit auf diesem Weg gegangen, dass kein Elf gegen ihn bestehen konnte.

So widersinnig es klingen mochte, gerade das hatte es Alfadas leicht gemacht. Ein halbes Leben lang hatte er sich bemüht, wie ein Elf zu sein, und war doch stets nur der belächelte Menschensohn geblieben. Nur bei Ollowain verhielt es sich anders. Niemand war wie der Schwertmeister, und deshalb hatte Alfadas manchmal an dessen Seite Frieden finden können. Natürlich hatte er sich stets bemüht, alle Feinheiten des Kampfes und der Kriegskunst zu meistern, doch neben Ollowain war es weniger bitter gewesen, nur ein Mensch zu sein.

Der süßlich herbe Duft von frischem Apfelmost ließ die Bilder der Vergangenheit verblassen. Alfadas leckte sich die Lippen und lächelte. Manches hatte er hierher mitgebracht. In Firnstayn hatten sie keinen Apfelwein gekannt. Zuerst hatten die Krieger ihn verspottet und erklärt, dass er ein Säftchen für bartlose Jünglinge braue. Aber jetzt kamen sie aus allen Nachbardörfern, wenn Firnstayn das Apfelfest feierte.

Sein Blick schweifte über das kleine Dorf am Fjord: ein paar Langhäuser und Hütten, umgeben von einem Holzwall. Nicht einmal hundert Familien lebten hier. Verglichen mit der Pracht Albenmarks war es …

Nein, es war dumm und ungerecht, Firnstayn mit Albenmark zu vergleichen. Kinder mit Kriegern zu vergleichen war so, als wolle man Menschen an Elfen messen. Solange ich so denke, werde ich nie wirklich einer von ihnen sein, ermahnte er sich. Doch in seinem Innersten wusste er, dass es aussichtslos war. Er würde niemals ganz einer von ihnen sein! So sehr er sich bemühte, er konnte die Leute hier nicht begreifen. Ihre Art zu denken, wie sie lebten … Er hatte sich einen Bart wachsen lassen, um ihnen ähnlicher zu sein. Aber das waren Äußerlichkeiten.

Wenn er Firnstayn verließ, dann gab es manchmal Augenblicke, in denen er untertauchen konnte. Wenn er seine Waffen versteckte, die zu gut waren. Wenn er es schaffte, den rauen, schleppenden Tonfall nachzuahmen, in dem sie sprachen … Doch sobald sein Name fiel, war es vorbei.

Jeder im Fjordland kannte die Geschichte von Alfadas Mandredson. Sofort gehörte er nicht mehr dazu, und er wusste nie einzuschätzen, ob die anderen ihn fürchteten oder bewunderten. Sie waren einfach seltsam, die Menschen, zu denen er gehörte, ohne dass seine Seele einen Weg zu ihnen zu finden vermochte.

Es machte die Geschichte die Runde, sein Vater Mandred habe ihn mit der Elfenkönigin gezeugt. Dabei gab es im Ort noch Leute, die seine Mutter gekannt hatten und die sich erinnern konnten, wie Emerelle gekommen war, um ihn zu holen. Wer gesehen hatte, wie die Reiterkavalkade im geisterhaften Feenlicht über das Eis des Fjords kam, hatte diesen Anblick sein Lebtag nicht mehr vergessen.

»Du bist tot, riesiger Troll!« Ulric bohrte ihm die Spitze eines Holzlöffels ins Wams. »Los, fall um, du stinkender Troll. Ich habe dich erschlagen!«

»So kämpft kein ehrenhafter Krieger. Du hättest mich herausfordern müssen.«

»Dann hätte ich aber nicht gewonnen. Keiner kann dich im Schwertkampf besiegen, Vater. Das weiß doch jeder.« Ulric hatte aufgehört zu lachen. Er sah jetzt vorwurfsvoll zu seinem Vater auf, weil er die einfachsten Dinge nicht begreifen wollte.

»Ein wahrer Krieger würde sich eher auf einen aussichtslosen Kampf einlassen, als einen Gegner heimtückisch anzufallen und so seine Ehre zu verraten.«

Ulric ließ den Löffel sinken. »Ist das nicht ziemlich dumm?«

Alfadas musste lachen. »Es ist nie klug, sich mit einem Troll einzulassen.« Er beugte sich vor, grunzte wild und warf sich Ulric auf die Schulter. »Wenn du versuchst, mit ihnen zu reden, werden sie das Gespräch beenden, indem sie dich fressen.«

Sein Sohn jauchzte vor Vergnügen und drosch ihm nach

Leibeskräften mit dem Löffel den Rücken. Sie waren schon halb den Hügel hinab, als hinter ihnen jemand rief.

»Verdammt, das hatte ich ganz vergessen«, zischte der Junge.

»Was?«

»Mutter hat mich geschickt. Sie hat gesagt, ich soll nachsehen, ob du wieder irgendwo herumstehst und träumst.« Man merkte ihm an, dass es ihm peinlich war, Aslas Worte zu wiederholen. »Sie ist wütend, weil sie den ganzen Mittag an der Apfelpresse steht und du ihr nicht hilfst.«

»Alfadas!«, hallte es den Hügel hinab.

»Tja, ich fürchte, ich habe mich nicht gerade ehrenhaft verhalten.« Er setzte seinen Sohn ab. »Du musst mir etwas versprechen.«

»Was denn?«

»Nimm mich bloß nicht als Vorbild. Ich bin kein guter Ehemann. Deine Mutter ist dauernd wütend auf mich.«

Ulric schenkte ihm ein zahnlückiges Grinsen. »Ich bin lieber ein Ehrenmann als ein Ehemann.« Er stach wild mit dem Holzlöffel auf irgendwelche unsichtbaren Gegner ein. »Wenn ich groß bin, werde ich der Heerführer des Königs sein. Und ein Held. Und ich werde noch berühmter sein als du. Und …« Er blickte ihn mit seinen großen Kinderaugen an. »Du schenkst mir doch dein Zauberschwert, wenn ich groß bin? Das brauche ich, um ein Held zu werden.«

Alfadas seufzte. »Ich habe kein Zauberschwert. Wie oft soll ich dir das noch sagen!«

Ulric schmollte. »Ich weiß, was wahr ist! Dein Schwert kann jeden Schild und jede Rüstung zerschlagen. Es *ist* verzaubert! Großvater sagt das auch!«

»Es ist einfach nur ein sehr gutes Schwert.« Alfadas kniete vor seinem Sohn nieder, um mit ihm auf Augenhöhe zu sein. »Mein Schwert ist von Elfen geschmiedet. Es ist eine sehr gute Waffe. Aber es steckt keine Magie darin.

Und was Helden angeht … Es ist nicht die Waffe, die einen Helden schmiedet. Der Mann, der das Schwert führt, muss etwas Besonderes sein – so wie du.«

»Werde ich also ein Held sein, wenn ich so groß bin wie du?«

»Ganz bestimmt, Ulric.« Er grinste. »Jedenfalls wenn du dir abgewöhnst, dich heimtückisch an Trolle heranzuschleichen. Und jetzt lass uns zu deiner Mutter gehen.«

Sie stiegen den kleinen Hügel hinauf, auf dem das neue Langhaus stand. Das ganze Dorf hatte mitgeholfen, es zu bauen, nachdem er Asla geheiratet hatte. Alfadas wusste, dass manche der neuen Dorfbewohner nur nach Firnstayn gezogen waren, weil er hier lebte. Alfadas der Elfenfreund, Alfadas der Heerführer des Königs. Sie waren immer höflich zu ihm; aber sie liebten ihn nicht. Er war so etwas wie ein besonders gefährlicher Hofhund. Wo er war, da kam der Fuchs nicht. Sie fühlten sich sicherer in seiner Nähe.

Kalf stand an der Apfelpresse. Der blonde Hüne war Jarl von Firnstayn gewesen. Er war der Hofhund gewesen, bevor Alfadas gekommen war. Alfadas mit dem prächtigen Schwertgurt, dem berühmten Vater …

Asla sah Alfadas vorwurfsvoll an. »Wo hast du gesteckt?«

Ulric stellte sich vor ihn. »Er hat mir gezeigt, wie man ehrenhaft kämpft.«

»Ich wünschte, mir würde gelegentlich die Ehre zuteil, dass du mir hilfst. Was hast du getan? Wieder zu diesem verfluchten Berg hinaufgestarrt, auf dem dein Vater mit seinen Elfenfreunden verschwunden ist?«

»Sie haben Namen. Farodin und Nuramon hießen seine Freunde.«

»Ich geh dann wohl besser«, sagte Kalf. Er war ein großer, stiller Kerl. Alfadas wusste, dass er Kalfs Leben ruiniert hatte. Er wäre immer noch Jarl. Und er hätte Asla geheiratet. Nie hatte es ein böses Wort zwischen ihnen gegeben. Alfadas wusste, dass Kalf Asla noch immer liebte. Er hatte kein anderes Weib genommen. Seit all den Jahren lebte er allein in seiner kleinen Hütte unten am Fluss. Alfadas konnte ihm nie lange in die Augen sehen. Traurige himmelblaue Augen.

Kalf tippte zum Gruß flüchtig an seine Stirn. »'n Abend, Alfadas.«

Der Jarl nickte nur.

»Ich kümmere mich um die Presse.«

Asla winkte ab. »Die Arbeit ist erledigt. Ich hatte nach dir gerufen, damit du die Fässer mit dem Saft hereinträgst. Kalf hat das an deiner Stelle getan. Es sind nur noch die ausgepressten Apfelstücke übrig.« Sie deutete auf den Trog neben der Presse. »Du ... Nein, Kadlin, nicht schon wieder!«

Ihre Tochter tastete sich am Rand des Trogs entlang und griff dann mit beiden Händen in den goldenen Obstbrei. Sie blickte zu Alfadas auf, schüttelte lachend den Kopf und rieb sich dann mit beiden Händen den zähen Apfelbrei in Gesicht und Haare.

Asla ließ sich erschöpft auf den Hackklotz sinken. »Sie ist wie du, mein schöner, fremder Mann. Sie weiß genau, was sie nicht tun soll, und macht es trotzdem. Und ich kann ihr nicht mal lange böse sein.«

Alfadas ließ sich neben ihr nieder. Sanft legte er ihr den Arm um die Schultern. Ihr Kleid war durchtränkt von Apfelduft.

»Warum bist du so zornig?«

Sie wischte ihre Hände an der Schürze ab. »Wegen des Berges«, sagte sie leise. »Manchmal wünschte ich, wir würden woanders leben, wo ich ihn nicht jeden Tag sehen müsste. Und du auch nicht. Ich kann es nicht ertragen, wie du zum Gipfel blickst.«

»Es ist nur ein Berg.«

Sie starrte auf ihre roten, schwieligen Hände. »Nein, das ist es nicht. Von dort kamen die Elfen, die dich für mehr als zwanzig Jahre fortgeholt haben. In den Märchen heißt es, dass ihre Herzen so kalt wie Wintersterne sind. Sie ...«

»Das ist Unsinn!« Immer wieder fing sie damit an. »Du hast Farodin und Nuramon kennen gelernt. Hatten sie kalte Herzen?«

»Farodin war mir unheimlich. Er hatte nichts Menschliches, er ...«

»Was erwartest du? Er ist ein Elf!«, unterbrach Alfadas sie. »Aber sie sind nicht kaltherzig.«

»Kanntest du viele von ihren Frauen? Es heißt, dass ihre Schönheit niemals verblüht.« Sie blickte wieder auf ihre zerschundenen Hände. »Mehr als acht Jahre sind vergangen, seit wir gemeinsam um den Stein getanzt sind. Ich werde langsam ein altes Weib. Ich habe Angst, dass sie kommen und dich mir wegnehmen. Tanzen auch Elfen um einen Stein und versprechen sich ewige Liebe?«

»Nein.« Er griff nach einem der Holzspäne, die neben dem Hackblock lagen, und rieb ihn zwischen den Fingern. »Sie versprechen sich nie etwas für die Ewigkeit. Dafür leben sie zu lange. Sie versprechen einander, sich zu trennen, bevor die erste Lüge zwischen ihnen steht. Sie glauben, wenn es etwas gibt, über das man nicht mehr miteinander sprechen kann, dann ist es an der Zeit, einander freizugeben.«

»Wären wir noch ein Paar, wenn wir Elfen wären?«

Alfadas konnte spüren, wie sie zitterte. Warum marterte sie sich mit solchen Fragen? Sah sie denn nicht, dass er sie liebte? Alfadas drückte sie sanft an sich. »Ich habe dich noch nie belogen.«

»Ich dich auch nicht.«

»Die Arbeit zermürbt dich, Asla. Soll ich dir im nächsten Sommer aus Gonthabu eine Sklavin mitbringen?«

Sie wischte sich mit dem Handrücken über die Nase. »Nur wenn du eine findest, die hässlich wie die Nacht ist.« Sie lächelte, doch ihre Augen waren rot von ungeweinten Tränen.

»Awa!« Kadlin kam auf wackeligen Beinen zu ihnen herüber. Ihr ganzes Gesicht war von Obstbrei verschmiert. Sie hatte die Augen ihrer Mutter, kastanienbraun und voller Wärme. »Awa …« Erwartungsvoll streckte sie Alfadas die Arme entgegen. Er hob sie hoch, und sie langte mit ihren klebrigen Fingern in sein Haar. Dabei quiekte sie vor Vergnügen.

Er nahm eine ihrer Hände und leckte den süßen Brei ab. Kadlin kicherte, als seine Zunge sie kitzelte.

»Da!« Sie streckte ihm auch die andere Hand hin.

Asla erhob sich mit einem Seufzer. »Bald kommen die ersten Gäste. Kümmerst du dich um die Feuergrube? Es wird schon früh kalt an den Abenden.«

Alfadas nickte.

In Aslas Augen war das Lächeln zurückgekehrt, als sie auf sie beide hinabsah. »Es gibt wohl keine Frau, die dir widerstehen kann, mein schöner, fremder Mann.«

Der Jarl spürte etwas Lauwarmes sein Hosenbein hinablaufen. Er hob Kadlin hoch. Ein dunkler Fleck malte sich auf seiner Hose ab.

Asla lachte. »Kümmerst du dich um die Kleine? Ich muss das Brot aus dem Ofen holen.«

BLUT

Nebel kroch die Ufer des Fjords hinauf und verschluckte das Dorf. Manchmal hörte Alfadas unten ersticktes Lachen. Ganz Firnstayn feierte das Apfelfest. Sein Langhaus lag ein wenig abseits der anderen Hütten. Er erinnerte sich nicht mehr sicher, ob es seine Idee gewesen war, hier zu bauen, oder ob Kalf, der damals noch Jarl gewesen war, es vorgeschlagen hatte. Mit seinem Haus war es wie mit ihm. Es lag am Rand des Dorfes, nicht in dessen Herz. So wie er geachtet wurde, aber nicht den Weg in die Herzen der Menschen fand. Er blieb der Fremde. Selbst für Asla, die ihn so gern mein *schöner, fremder Mann* nannte.

Oder bildete er sich das alles nur ein? Der Hügel war der beste Platz. Vielleicht hatten sie ihn auszeichnen wollen? Das harte Leben hier in den Bergen ließ den Menschen keine Zeit, kompliziert zu sein. Sie sagten meistens geradeheraus, was sie dachten.

Die feinen Härchen in seinem Nacken richteten sich auf. War da ein Geräusch? Etwas bewegte sich im Nebel. Kein Mann. Kehliges Knurren erklang. Alfadas schwenkte die Fackel. Wie aus dem Nichts erschien ein großer, schwarzer Hund. Die Zähne gefletscht, kam er mit steifen Schritten näher. Ein tiefer, blutiger Striemen lief über seine Schnauze.

»Bei Fuß, Blut!«, erklang eine herrische Stimme im Nebel.

Der Hund blieb stehen. Er zitterte vor Anspannung. Alfadas rechnete damit, dass ihn die Bestie jeden Augenblick anspringen würde. Sie hatte ein struppiges schwarzes Fell. Eine breite Lederschlinge lag um ihren Hals.

»Ich grüße dich, Jarl.« Ein stämmiger Mann trat hinter den Hund und zog einen Riemen durch die Halsschlinge. »Aus!«, schnauzte er den Hund an, der sich widerwillig niederlegte.

»Sei gegrüßt, Ole Ragnarson.« Alfadas gab sich nicht die Mühe, einen herzlichen Tonfall zu heucheln. Er mochte den Bruder seines Schwiegervaters nicht. Ole war ein verschlagener und brutaler Kerl. Er züchtete Hunde und quälte sie so lange, bis sie blutgierige Bestien wurden.

»Willst du mich nicht hineinbitten?«

Ole wusste genau, was er von ihm hielt. Die beiden maßen einander mit Blicken. Der Hundezüchter war ein stämmiger Mann mit langem, rotem Haar. Sein fleischiges Gesicht wurde von einem schlecht gepflegten Bart gerahmt, in dem sich breite graue Strähnen eingenistet hatten. Ole trug einen schönen, tiefroten Umhang, der von einer Bronzebrosche gehalten wurde. Er roch wie seine Hunde nach nassem Fell, Pisse und fauligem Fleisch.

»Dein Hund kommt nicht in mein Haus.«

»Das wäre keine weise Entscheidung, Jarl. Jeder weiß, wie reizbar meine Schätzchen sind.« Er hielt die Leine hoch. »Was glaubst du, wie lange Blut brauchen wird, um das hier durchzubeißen? Möchtest du wirklich, dass ein Hund wie er durch das Dorf streift? Du weißt, ich richte sie darauf ab, sich sogar mit Wölfen und Bären anzulegen. Und sie sind immer hungrig. Ich könnte mir vorstellen, dass Blut einen Besoffenen, der durch die Nacht torkelt, mit leichter Beute verwechselt. Wenn du natürlich eine Kette hättest, dann könnten wir ihn hier draußen festmachen.«

Ole wusste genau, dass es in keinem einzigen Haus des

Dorfes eine Kette gab. Eisen war viel zu kostbar, um es für Ketten zu verschwenden.

»Warum hast du dieses Mistvieh überhaupt mitgebracht?«

Der Hundezüchter lächelte breit. »Du hast doch sicher heute Abend auch ein paar Männer von den Einödhöfen unter deinen Gästen. Die können draußen in der Wildnis immer einen guten Hund gebrauchen. Man sperrt ihn in einen Käfig, und sobald sich ein Fremder dem Hof nähert, schlägt er an. So etwas ist gut, wenn man in der Einsamkeit lebt. Außerdem sind meine Hunde hervorragend zu jeder Form von Jagd geeignet. Ganz gleich, ob man einem Elchbullen nachstellt, ein Wolfsrudel vertreiben will oder einen entlaufenen Sklaven zurückholen möchte. Meine Hunde machen jede Blutarbeit. Und sie gehorchen, solange ihr Herr und seine Peitsche in der Nähe sind, nicht wahr, Blut?«

Der Hund starrte Ole hasserfüllt an. Im Gürtel des Züchters steckte eine Peitsche, in deren lange Riemen Bleikugeln und Dornen eingeflochten waren. »Wenn ich einen Hund verkaufe, dann gebe ich immer die Peitsche dazu, mit der ich ihn großgezogen habe. Sie wissen dann, wer ihr neuer Herr ist. Vor allem, wenn man sie gleich nach dem Kauf mit der Peitsche ordentlich durchprügelt.«

»Bring diesen Hund weg, und du bist mir als Gast willkommen.«

Ole trat so dicht an ihn heran, dass Alfadas dessen stinkenden Atem riechen konnte. »Schick mich fort, und ich gehe ins Dorf, um jedem zu erzählen, dass du mir zum Fest den Zutritt in das Haus meiner Nichte verweigert hast, Jarl. Zum nächsten Vollmond wird das Dorf den neuen Jarl wählen. Ich dachte immer, der Titel sei dir wichtig, Alfadas Mandredson? Ein Mann, der einem Verwandten das Gastrecht verwehrt, wird bei der Wahl einen schweren Stand haben. Kalf hat viele Freunde. Man munkelt, sogar dein eigenes Weib mag ihn.« Er lächelte anzüglich. »Vielleicht sogar ein bisschen mehr als das.«

Alfadas legte die Hand auf den Griff des Messers an seinem Gürtel.

Ole lachte. »Dein Vater hätte mich schon längst niedergestochen. Aber du hast verdammt wenig vom großen Mandred an dir, Elfenbastard.«

»Du weißt, dass ich kein Halbblut bin! Du warst Zeuge, wie sie mich geholt haben. Oder hast du das schon vergessen? Und jetzt verschwinde.«

»O ja. Ich war Zeuge, wie diese kaltherzige Brut den Sohn von Mandred und Freya holen kam. Aber weiß ich, wer der Mann ist, der ein halbes Menschenleben später zurück ins Dorf kam? Sieh dich an! Hast du vielleicht das heiße Blut eines Fjordländers? Jeder richtige Mann würde längst mit mir kämpfen, Halbblut. Es ist das Blut deiner Mutter, irgendeiner Elfenschlampe, das dich so langmütig macht.«

»Kennst du nicht die Geschichten über die Grausamkeit der Elfen, Ole?«

Der Hundezüchter runzelte die Stirn.

»Geschichten von Menschen, die ihnen begegnet und dann für immer verschwunden sind«, fuhr Alfadas fort.

Ole leckte sich nervös über die Lippen. »Bei Fuß, Blut!« Seine Stimme klang jetzt heiser. Er zog die Peitsche aus dem Gürtel und klopfte mit dem Griff auf seinen Oberschenkel.

»Wenn du Recht hast, dann bist du vielleicht in tödlicherer Gefahr, als du dir vorzustellen vermagst.« Alfadas griff nach der Peitsche und drehte sie Ole mit einem Ruck aus der Hand.

»Fass, Blut!«, kreischte der Hundezüchter. Doch die Bestie rührte sich nicht.

»Was sagtest du gleich? Du richtest sie so ab, dass sie auf

den hören, der ihre Peitsche in Händen hält. Glaubst du, er würde auf mich hören, wenn ich ihm befehle, dich zu zerfleischen?«

Ole stand der blanke Schweiß auf der Stirn. »Ich entschuldige mich. Ich habe etwas getrunken. Dann rede ich dummes Zeug. Du musst …«

»Du riechst gar nicht so, als hättest du getrunken.« Alfadas blickte auf den Hund hinab. »Ich bin mir sicher, niemand würde sich wundern, sollte dir einer deiner eigenen Hunde die Kehle herausreißen. Glaubst du, das wäre die Art, wie sich Elfen rächen? Einen Schinder wie dich von seinen gequälten Opfern töten zu lassen?«

»Ja!« Ole keuchte. Er starrte Alfadas an. Wartete auf eine Reaktion. »Ich meine, nein. Ich …«

Der Jarl schob dem Hundezüchter die Peitsche in den Gürtel zurück. »Merk dir eins, Ole. Ich hasse es, verleumdet zu werden. Wenn ich noch einmal höre oder auch nur den Verdacht habe, dass du schlecht über mich redest, dann wird man dich eines Morgens zwischen deinen Hunden finden. Und dass du es bist, der dort liegt, wird man allein an deinen zerrissenen Kleidern erkennen. Bis heute Abend habe ich mich bemüht zu übersehen, wie du dich aufführst, weil du der einzige Onkel meiner Frau bist. Mit meiner Langmut ist es nun vorbei. Hüte dich vor mir.«

Ole legte eine Hand auf die Peitsche.

Alfadas ertappte sich bei dem Wunsch, dass der Hundezüchter jetzt eine Dummheit machte.

»Ich …«, begann Ole, als sich die Tür des Langhauses öffnete. Aslas Schattenriss hob sich deutlich gegen das rötliche Licht im Innern ab. Der Rauch der Feuergrube zog neben ihr aus der Tür.

»Schön, dass du gekommen bist«, begrüßte sie ihren Onkel herzlich. Dann bemerkte sie den Hund und zögerte. »Komm doch herein«, sagte sie schließlich tonlos.

Ole blickte zu Alfadas, doch der Jarl verzog keine Miene. Er wollte dem Hundezüchter seine Entscheidung nicht abnehmen.

Aslas Onkel strich sich fahrig über die Stirn. Dann trat er in das Langhaus. Sein Hund hielt sich dicht neben ihm. »Hast du vielleicht einen Markknochen mit etwas Fleisch dran? Blut ist friedlich, solange er etwas hat, woran er kauen kann.«

»Blut?«, fragte Asla verwundert.

Ole deutete auf den schwarzen Hund. Das Monstrum reichte ihm fast bis zu den Hüften. »Ich war mit meinen anderen Namen durch. Mörder, Reißzahn, Zerfleischer. Sie verkaufen sich viel besser, wenn sie einen gefährlichen Namen haben.« Ole hob die Stimme. »Das sind ideale Hofhunde, diese schwarzen Bärenbeißer aus Farlon!«

Alfadas seufzte. Ole war ihm ein Rätsel. Es gab Augenblicke, da könnte er ihn erschlagen. Und schon beim nächsten Atemzug musste er sich auf die Lippen beißen, um nicht laut loszulachen. Der Hundezüchter war der rätselhafteste Mensch, dem er bisher begegnet war. War er gerade noch ein ausgemachter Mistkerl, schaffte er es, nur einen Herzschlag später als traurige Witzfigur dazustehen.

Alfadas tränten die Augen von der rauchgeschwängerten Luft des Langhauses. Es hatte keinen Kamin, sondern eine Feuergrube in der Mitte des einzigen Raums. Der Rauch zog nur träge durch zwei kleine Luken unter den Giebeln ab. Es dauerte nicht lange, bis Alfadas sich an die verräucherte Luft, an die brennenden Augen und das Kratzen in der Kehle gewöhnte. Doch wenn er von draußen hereinkam, empfand der Jarl die ersten Augenblicke jedes Mal als Folter.

Fünfzehn Schritt war seine Halle lang. Fünf Wochen hatte das halbe Dorf daran gearbeitet. Es war ein gutes Haus. Für Elfen wäre es wohl nicht eindrucksvoller als eine in die Erde gewühlte Koboldhöhle. Aber er war stolz auf sein Heim. Sie alle gemeinsam hatten es so gut gemacht, wie sie nur konnten.

Neben der langen Feuergrube standen Bänke, auf denen sich die Mehrzahl der Gäste niedergelassen hatte. Sie tranken, scherzten oder blickten einfach nur stumm in die Glut. Lange Holztafeln auf groben Böcken bogen sich unter der Last der Speisen. Zwei fette Schweine waren geschlachtet und am Spieß gebraten worden. Es gab Apfelwein vom Vorjahr, frische Butter und duftendes Brot. Drei Tage lang hatte Asla geschuftet wie eine Sklavin, um das Fest vorzubereiten. Selbst jetzt stand sie keinen Augenblick still. Wenn der König ihn im nächsten Jahr wieder in den Süden rief, um das Heer bei seinen Raubzügen zu befehligen, würde er Asla tatsächlich eine Sklavin mitbringen, die sich an ihrer Stelle plagte, das schwor sich Alfadas.

Sie trug ihr grünes Kleid und den Bernsteinschmuck, den er ihr zur Geburt von Kadlin geschenkt hatte. Sie war die schönste Frau in der Halle. Sie merkte nicht, wie er sie still beobachtete. Alfadas dachte an ihren Streit vom Nachmittag. Er sollte ihr öfter sagen, wie viel sie ihm bedeutete. In letzter Zeit sprachen sie immer weniger miteinander. Es war keine böse Absicht von ihm. Sie kannten sich so lange, dass er sie wortlos verstand. Dachte er … Er sollte es ändern. Öfter mit ihr reden oder einfach nur scherzen. So wie früher. Sie tat so viel für ihn. Das Apfelfest war ihre Idee gewesen. Er hatte die Bäume hierher gebracht. Als sie nach zwei Jahren zum ersten Mal ein paar Früchte trugen, hatte Asla alle wichtigen Familien zu einem Fest eingeladen. Wenig später war er zum ersten Mal zum Jarl gewählt worden. Er wusste, dass er die entscheidenden Stimmen zu seiner Mehrheit dem Fest zu verdanken gehabt hatte. Seitdem gab er in jedem Jahr ein Apfelfest, und mittlerweile feierte das ganze Dorf, wenn die Apfelernte eingebracht war.

Geschickt löste Asla den Knochen aus einem der Schinken auf der Tafel und gab ihn dem Hund. Das Monstrum zog sich zurück und verkroch sich in einer Ecke nahe bei den Schlafnischen, die hinter dicken Wollvorhängen verborgen unter der Dachschräge lagen.

Alfadas konnte hören, wie der Knochen zwischen den Fängen von Blut splitterte. In diesem Augenblick glaubte er Ole, dass sich das Mistvieh sogar mit Bären anlegen würde. Aslas Onkel hatte sich inzwischen einer Gruppe Einödbauern aufgedrängt und redete wild gestikulierend auf sie ein.

Der Jarl schenkte sich einen Becher Apfelwein ein und kauerte sich neben die Feuergrube. Still lauschte er dem Murmeln der Stimmen und der leisen Melodie der Glut. Er dachte an den ersten Sommer mit Asla zurück. Sie war so anders als die Elfenfrauen. So voller überschäumender Lebensfreude. Wild wie ein Sommergewitter. Es war einfach gewesen, mit ihr zu leben. Sie trug jeden ihrer Gedanken und Träume auf der Zunge. Noch bevor der erste Schnee gefallen war, waren sie um den Stein getanzt. Jenen großen, schneeweißen Felsblock unten am Fjord, der dem Dorf seinen Namen gegeben hatte – Firnstayn.

»Kann ich mit dir sprechen, Jarl?« Gundar, der alte Luthpriester des Dorfes, ließ sich neben ihm auf der Bank nieder, ohne seine Antwort abzuwarten. Alfadas hatte ihn im letzten Jahr überredet, aus der Königsstadt nach Firnstayn zu kommen. Eigentlich hätte er lieber einen Firnpriester mitgebracht, doch die hatte er weder durch Gold noch durch gute Worte dazu bewegen können, einen der ihren in ein so unbedeutendes Dorf zu schicken. So musste er mit einem Priester vorlieb nehmen, der Luth, dem Weber der Schicksalsfäden, ergeben war.

Anfangs hatte Alfadas befürchtet, dass Gundar nur einen Platz suchte, an dem er auf seine alten Tage durchgefüttert wurde. Tatsächlich war der Appetit des Priesters schon nach seinem ersten Winter im Umkreis von drei Tagesreisen um das Dorf berüchtigt gewesen. Wann immer man in seine Hütte kam, köchelte etwas auf seinem Feuer. Trotzdem hatte es Alfadas nie bereut, ihn hierher geholt zu haben. Gundar verstand sich auf Kräuter und auf Seelen. Alfadas wusste nicht, welchen seltsamen Zauber der alte Mann wirkte, aber es war friedlicher geworden, seit er hier lebte. An den Gerichtstagen wurde weniger gestritten, und mancher alte Zwist war endlich beigelegt worden.

Gundar hatte eine Schüssel mit Brot und Schweinestücken vor sich auf dem Schoß. Sein weißer Bart glänzte vor Fett. »Luth warnt uns vor diesem Winter, mein Jarl.« Der Priester brachte das Kunststück fertig, zu kauen und trotzdem verständlich zu sprechen. »Heute früh hat er mir das dritte ungünstige Omen in nur vier Tagen geschickt. Es war gleich nach dem Frühstück. Eine bedeutsame Tageszeit! Ich habe den Hecht aufgeschnitten, den ich mir zum Mittag braten wollte, und habe einen großen, schwarzen Stein in seinem Leib gefunden.«

»Tja, so etwas kann einem wirklich den Appetit verderben.«

»Spotte nicht über die Zeichen der Götter, Jarl!« Gundar spuckte ein Stück Knorpel in die Glut. »So ein Stein gehört nicht in den Bauch eines Hechts. Ich bin mir sicher, in diesem Winter wird etwas hierher kommen. Etwas Dunkles, Böses, das nicht in dieses Land gehört.«

Alfadas war überrascht, was der alte Mann alles aus einem Stein las, den irgendein dummer Fisch verschluckt hatte, aber er hütete sich, Gundar seine Meinung zu sagen. Wenn der Priester hier in der Halle lauthals seine dunklen Vorahnungen verkündete, dann würde das für eine Menge

Unruhe sorgen. Die einfachen Leute hörten auf ihn. Alfadas hoffte, dass er Gundar den Unsinn am nächsten Morgen ausreden könnte, wenn er ihn mit einem Schinken und einem Korb mit frischem Käse in seiner Hütte besuchen ging.

»Du hast von drei Vorzeichen gesprochen ...«

»Oh, ja, ja.« Gundar wischte mit einem Stück Brot den Bratensaft aus der Schüssel. »Ich weiß nicht, ob es dir aufgefallen ist. In der letzten Nacht vor Neumond war Blut auf der Mondsichel. Schon als ganz junger Priester habe ich gelernt, dass Luth uns damit vor einem nahen Krieg warnt.«

»Der Herbst hat begonnen. Bald wird der erste Schnee fallen. Niemand führt in dieser Zeit Krieg. Schnee und Eis würden mehr Männer töten als der schrecklichste Feind.«

»Und doch warnt uns Luth.« Der Alte sah ihn forschend an. »Oder zweifelst du an seinen Omen?«

»Und was sollten wir deiner Meinung nach tun?«

Gundar breitete hilflos die Arme aus. »Ich bin nur das Werkzeug meines Gottes. Ich sehe seine Omen. Du bist der Jarl. Du musst entscheiden, was geschehen soll.«

»Was hast du noch gesehen?«

»Am Fuß des Hartungskliffs gibt es einen neuen Bach. Nur ein schmales Rinnsal, aber doch ein Zeichen für bevorstehende Veränderung. Halte mich nicht für einen ängstlichen alten Mann, Alfadas. Was mich beunruhigt, ist, dass ich drei so deutliche Zeichen in so kurzer Zeit erhalten habe. Deshalb habe ich auch zu niemand anderem davon gesprochen. Die Götter wollen uns warnen, Alfadas. Du musst das Dorf beschützen, so wie es einst dein Vater getan hat, als er die Bestie in die Berge lockte und sie in der Höhle des Luth mit seinen Elfenfreunden töten konnte. Der Schicksalsweber meint es gut mit deiner Sippe, Alfadas. Er schickt uns die Zeichen, damit du bereit bist.«

»Du hast nichts mehr zu essen, Priester.« Asla war lautlos hinter sie getreten und stellte eine Schüssel mit Fleisch auf die Bank. Man musste sie sehr gut kennen, um den Hauch von freundlichem Spott aus ihrer Stimme herauszuhören. Alfadas fragte sich, wie viel sie von dem leisen Gespräch wohl mitbekommen hatte. Er legte ihr den Arm um die Hüften und zog sie über die Bank hinweg zu sich auf den Schoß. »Muss ich dich anbinden, damit du auf unserem Fest auch einmal zur Ruhe kommst?«

»Es würde schon ausreichen, wenn du mir ein wenig zur Hand gingest.«

»Bitte, Asla. Du siehst doch, ich rede gerade mit Gundar. Ich kümmere mich eben auf meine Art um unsere Gäste.«

»Ich werde mich dann zurückziehen«, sagte der Priester mit vielsagendem Blick und griff nach der neuen Fleischschüssel.

»Bleib sitzen, Gundar. Du bist ein weiser, alter Mann. Sag mir nicht, solche Zänkereien zwischen alten Ehepaaren seien etwas Neues für dich.« Asla lachte fröhlich. »Ich weiß ja, dass ich es mit meinem Helden ganz gut getroffen habe. Er ist zwar so faul wie alle Männer, aber zumindest besäuft er sich nicht, um dann mich und meine Kinder zu verprügeln. Manchmal glaube ich sogar, dass er sich ernsthaft Gedanken macht, wie er mir helfen könnte. Schade nur, dass er sie nicht in Taten umsetzt.«

Alfadas kniff sie in die Seite. »Wenn deine Zunge eine Klinge wäre, dann wärst du die Schwertmeisterin dieses Königreichs.«

»Und wenn ihr Männer etwas anderes als Schwerter und Königreiche im Kopf hättet, dann würde die Welt friedlicher sein. Ich wüsste zu gern, was sich im Dorf ändern würde, wenn ich Jarl wäre.«

»Bei allem Respekt, Asla«, mischte sich der Priester auf beiden Backen kauend ein. »Das hat es noch nie gegeben. Frauen sind dafür nicht geschaffen.« Er zwinkerte verschlagen. »Und glaubst du wirklich, die Welt wäre ein besserer Ort, wenn Alfadas heute das Festmahl zubereitet hätte? Ich fürchte, in so einer Welt würden Männer wie ich Hungers sterben.«

»Wie kannst du wissen, dass Frauen es nicht besser machen würden, wenn noch nie eine als Jarl ein Dorf geführt hat?«

Alfadas empfand Genugtuung darüber, dass der sonst so redegewandte Priester Asla genauso zu unterliegen drohte, wie er es stets tat, wenn sie über dieses Thema stritten.

»Im Süden gibt es Königreiche, in denen Frauen herrschen«, wandte Gundar ein. »Und du siehst, was mit ihnen geschieht. Der alte Horsa Starkschild schickt jeden Sommer seine Krieger, um ihre Grenzen zu verheeren und von ihnen Schutzgeld zu erpressen.«

»O ja, ich weiß. Und mein Mann führt Horsas Krieger von Sieg zu Sieg. Aber herrschen die Königinnen deshalb schlecht? Ist es ihre Schuld, dass sie einen streitsüchtigen Nachbarn haben, der jedes Frühjahr seine plündernden Horden loslässt?«

Alfadas räusperte sich leise. »Achte darauf, wie du über den König sprichst. Wir sind nicht allein.«

»Bin ich jetzt nicht einmal mehr Herrin in meinem eigenen Haus? Wir sollten …« Sie brach mitten im Satz ab. Alfadas konnte spüren, wie sich all ihre Glieder versteiften. Unwillkürlich folgte er ihrem Blick.

Kadlin war aus ihrer Schlafnische gekrabbelt und griff nach dem Markknochen von Blut.

»Kein Laut!«, zischte Alfadas. »Wir dürfen diese Bestie durch nichts erschrecken.« Blut schien zu schlafen. Er hielt den Knochen zwischen den Vorderpfoten.

Kadlin zupfte an dem fasrigen Fleisch und stopfte es sich in den Mund.

Der Jarl tastete nach dem Messer an seinem Gürtel.

»Sprich mit Asla, so als wäre nichts«, bat er den Priester. »Von den Gästen hat noch niemand bemerkt, was geschehen ist.« Er zwang sich zur Ruhe. Sein Herz raste, doch er durfte sich nichts anmerken lassen. Er durfte Blut nicht erschrecken. Der riesige Hund könnte Kadlin mit einem einzigen Biss töten. Niemand im Langhaus wäre schnell genug bei ihm, um das zu verhindern.

»Bitte, tu doch etwas«, flüsterte Asla. »Wir können doch nicht einfach nur zusehen.«

»Bete für sie.« Gundar war leichenblass. »Das Leben deines Kindes liegt in Luths Hand.«

»Ich werde nicht …«

Alfadas presste Asla die Hand auf die Lippen und zwang sie, sitzen zu bleiben.

Blut öffnete die Augen. Sie hatten die Farbe von Bernstein. Kalt musterte er das kleine Kind. Kadlin hatte sich halb aufgerichtet und zerrte an dem großen Knochen. Sie brabbelte ärgerlich vor sich hin, weil sie ihn nicht unter den schweren Pfoten wegziehen konnte.

Alfadas wog das Messer in der Hand. Seine Tochter würde nur überleben, wenn Blut binnen eines Herzschlags starb. Das Messer war zu leicht, um den schweren Hundeschädel durchdringen zu können. Es sei denn, er traf eines der Augen. Dort war der Knochen am dünnsten. Aber Kadlin stand ihm im Weg. Wenn sie sich plötzlich bewegte, würde die Klinge seine Tochter treffen. Alfadas verfluchte sich dafür, Ole und seinen Hund nicht einfach davongejagt zu haben.

Blut reckte sich und hob eine seiner Pfoten. Mit einem Ruck bekam Kadlin den Knochen frei und plumpste auf ihren Hintern.

»Bei allen Göttern, das Kind!«, schrie plötzlich eine Frau. Schlagartig verstummten alle Gespräche. Blut blickte auf. Er zog die Lefzen hoch und knurrte.

»Bewegt euch nicht!«, befahl Alfadas. »Keiner nähert sich dem Hund.« Aus den Augenwinkeln sah er, wie sich Ole an den Bauern vorbeidrängte und die Peitsche aus seinem Gürtel zog. »Steh still«, zischte der Jarl wütend. »Dich will ich am wenigsten bei dem Hund sehen.«

Auch Kadlin hatte die plötzliche Stille bemerkt. Sie sah sich um. Dann streckte sie eine Hand vor, packte nach Bluts Nase und stemmte sich in die Höhe. Alfadas hielt den Atem an. Kadlins kleine Finger streiften den blutigen Striemen an der Schnauze. Der Hund blinzelte. Er schob den Kopf vor. Und dann leckte er der Kleinen mit seiner großen, rosa Zunge das Gesicht ab.

Ein Aufatmen ging durch den Saal, doch die Gefahr war noch nicht vorüber. Alfadas streckte seiner Tochter die Hand entgegen. »Komm her, Kadlin. Komm zu mir.«

Die Kleine drückte Blut einen Kuss auf die Nase. Dann lief sie Alfadas entgegen und verkündete stolz: »Wawa!«

Der Jarl ließ Asla los. Sie riss Kadlin an sich. »Was machst du nur, mein Mädchen? Tu das nie wieder. Bitte …« Ihre Stimme erstickte in Tränen. Die anderen Frauen umringten sie.

Ole legte seine Hundepeitsche neben Alfadas auf die Bank. »Das Mistvieh kannst du behalten. Keiner wird mir mehr glauben, dass das eine blutgierige Bestie ist, die Wölfe zerfleischt.«

Alfadas konnte darauf nichts antworten. Er fühlte sich zu Tode erschöpft, und jetzt, da die Anspannung vorüber war, begann er am ganzen Leib zu zittern.

»Ein Bluthund unterwirft sich einer Kinderhand. Das war das vierte Omen in vier Tagen«, sagte der Priester leise.

FEUER UND WASSER

»Bist du das, Ollowain?« Orimedes beugte sich vor, um ihm besser ins Gesicht sehen zu können. »Was soll diese Verkleidung? Glaubst du, so ein Helm hilft, wenn dir eine Feuerkugel auf den Kopf fällt?«

»Still!« Ollowain blickte zu den übrigen Kentauren, die ein Stück weiter hinten am Kai bei der Sänfte standen. Der Schwertmeister senkte den Kopf, damit der Helm, den er nun trug, sein Gesicht besser verbarg. »Befiehl deinen Männern, die Barke den Landungssteg hinaufzubringen. Wir haben Verwundete, die auf See nicht überleben würden. Wir müssen sie zurück zum Palast bringen. Sind die Holden noch an Bord?«

»Die meisten der kleinen Plagegeister sind davongelaufen, als der Beschuss des Hafens begonnen hat. Nur Gondoran und zwei oder drei andere sind noch auf dem Boot.«

»Jag sie davon, oder sieh zu, dass sie das Boot nicht mehr verlassen können, wenn die Verwundeten auf die Barke gelegt werden.«

Orimedes blickte ihn fragend an.

»Los, du hast meine Anweisungen doch verstanden!« Ohne abzuwarten, wie der Kentaurenfürst auf seinen schroffen Ton reagierte, wandte sich Ollowain um und eilte den Landungssteg hinauf. Je weniger Albenkinder wussten, was hier geschah, desto besser. Sie mussten bis zum

Palastturm gelangen. Dort konnten sie sich leicht gegen eine große Übermacht verteidigen.

Der Schwertmeister duckte sich, als eine Feuerkugel fauchend über ihn hinwegzog. Inzwischen stand der Großteil der Schiffe im Hafen in Flammen. Wind war aufgekommen und strich wie heißer Atem über sein Gesicht. Feine Ascheflocken tanzten gleich schwarzem Schnee über den Kai.

Emerelle war zum Landungssteg heruntergetragen worden. Man hatte sie auf den Langschild eines Kriegers gebettet. Eine Seidendecke verbarg ihr verbranntes Kleid. Ihr Gesicht war geschwollen und von den Wunden so entstellt, dass man sie kaum wiedererkennen konnte. Voller Sorge sah Ollowain den großen Blutfleck, der sich immer weiter auf der Decke ausbreitete.

Lyndwyn kniete neben der Königin. Sie hielt die Hand der Herrscherin und hatte die Augen geschlossen. Half sie Emerelle? Oder war sie fanatisch genug, einfach nur dort zu sitzen und darauf zu warten, dass die Königin starb, wohl wissend, dass dies auch ihren eigenen Tod bedeuten würde? Auch sie trug jetzt einen schlichten grünen Waffenrock der königlichen Wache.

Verzweifelt sah sich der Schwertmeister um. Der Kai hatte sich inzwischen geleert. Die Flüchtlingsströme verstopften nun die Straßen der Stadt. Hier gab es keine andere Heilerin. Ihm blieb keine Wahl, als jener Frau zu trauen, die in seinen Augen eine Verräterin war.

Noch zwei weitere Verwundete lagen auf ihre Schilde gebettet neben der Königin, junge Krieger mit blassen Gesichtern. Ollowain kannte sie beide. Einer war ein vielversprechender Fechtschüler gewesen.

Der Schwertmeister blickte zu den beiden Türmen an der Hafeneinfahrt, zu jener Grenze, hinter der die *Mondschatten* in der Dunkelheit verschwunden war. Er dachte an Sanhardin, den Krieger, mit dem er unter Deck die Kleider getauscht hatte. Sanhardin hatte sich Ruß ins Gesicht geschmiert. Die Ähnlichkeit zwischen ihnen war nicht sehr groß, aber der Krieger war ein ausgezeichneter Schwertkämpfer. Zuletzt würde das mehr als alles andere zählen. Sanhardins Schwester hatte Lyndwyns Kleider angelegt. Sie beide wussten, dass Hallandan den Befehl hatte, nicht zu entkommen. Der Fürst würde dafür sorgen, dass die Liburne der Königin gestellt wurde und ihre Feinde die falschen Schlüsse zogen. Ob der Totentanz der *Mondschatten* schon begonnen hatte?

Ollowain sah sich um. Einige Türme der Stadt waren noch immer von Lichtzaubern umspielt. Schwarze Rauchsäulen stiegen fast senkrecht in den Himmel. Es war noch immer windstill. Eine große Galeere versuchte aus dem Hafen zu entkommen. Ihre Ruder wurden ausgerannt. Das dunkle Wasser schäumte auf, als das schlanke Schiff rückwärts vom Kai hinaus ins Hafenbecken glitt. Eine plötzliche Bö strich von den Mangroven her über die Stadt. Einige der brennenden Schiffe lösten sich von ihren Ankerplätzen. Verzweifelt versuchte der Steuermann an Bord der Galeere auszuweichen. Der massige Rumpf eines arkadischen Rundschiffs zersplitterte die Backbordruder. Ein Holk trieb quer zur Hafeneinfahrt. Schon sprangen die ersten Ruderer von Bord der Galeere. Ihr Schiff saß rettungslos gefangen. Im Hafenbecken schwammen tausende Kerzen auf Korkstücken, und daneben trieben festlich gewandete Leichen.

Der hölzerne Landungssteg erzitterte unter den Hufen der Kentauren.

»Setzt die Sänfte dort ab«, befahl Yilvina. Sie sollte das Kommando führen, damit Ollowains Tarnung nicht aufgedeckt wurde. Bisher beachtete niemand die schwer verletzte Königin, die zwischen den anderen Verwundeten lag. Aber wenn Ollowain erkannt wurde, wäre auch die

List bald durchschaut. Jedes Kind in Albenmark wusste, dass der Schwertmeister in Zeiten der Not immer bei der Königin blieb. Solange aber nicht sicher war, wie viele Verräter es außer Lyndwyn und dem Bogenschützen, der auf Emerelle geschossen hatte, noch gab, war es besser, wenn es hieß, die Königin sei an Bord der *Mondschatten* geflüchtet.

Vorsichtig wurden die Verletzten auf die seltsame Sänfte gebettet. Gondoran, der Anführer der Holden, hüpfte zwischen den Elfen umher und gab selbstbewusst Anweisungen. Ollowain war mit drei anderen Leibwachen von Bord gegangen. Bisher hatte keiner von ihnen besonders auf ihn geachtet. Wie beiläufig zog er die seidene Decke der Königin ein wenig höher, sodass sie einen Teil ihres Gesichts bedeckte. Ihr Antlitz war kalt wie das einer Toten. Ihn schauderte. Die Königin durfte nicht sterben!

Er stieg aus der Sänfte und stellte sich zu den anderen Wachen unter Yilvinas Kommando. Nur Lyndwyn blieb bei den Verwundeten. Sie hatte jetzt eine Hand auf Emerelles Brust gelegt. Die Lippen der Magierin bewegten sich lautlos.

Ollowain blickte verstohlen zu dem Blutfleck auf dem Seidentuch.

Auf ein Zeichen Yilvinas wurde die Sänfte vorsichtig angehoben. Einer der Verwundeten stöhnte leise. Im Schritt machten die Kentauren sich auf den Weg. Ollowain musste fast laufen, um mit ihnen mithalten zu können.

Inzwischen standen auch viele der Lagerhallen am Hafen in Brand, und der Schwertmeister konnte sehen, wie die Flammen weiter auf die Stadt übergriffen. Die Luft war so heiß, dass jeder Atemzug schmerzte.

Yilvina führte sie an der Uferstraße entlang. Der direkte Weg zum Palast war versperrt. Dort, wo die Feuerkugeln in die dicht gedrängten Reihen der Flüchtlinge geschlagen waren, lagen nun Tote und Verletzte. Niemand kümmerte sich um sie oder versuchte, die Lagerhäuser zu löschen.

Eine Gestalt in brennenden Gewändern kam schreiend aus einer der Seitengassen gelaufen und stürzte sich ins Hafenbecken. Bald waren sie hilflos eingekeilt zwischen Kobolden, Elfen und einer kleinen Gruppe Minotauren, die sich mit gesenkten Hörnern Platz verschafften. Auenfeen stürzten mit versengten Flügeln aus dem Himmel und versuchten sich in Haaren und Gewändern der Flüchtlinge festzukrallen. Die meisten von ihnen wurden zu Tode getrampelt.

Der Wind wurde immer stärker. Sengend heiß zerrte er an Ollowains Waffenrock. Der Schwertmeister riss sich den Helm vom Kopf. Seine Wangenklappen waren so warm geworden, dass sie ihm die Haut verbrannten. Auch die anderen drei Elfen taten es ihm gleich. Ihre Gesichter waren gerötet und von Brandblasen entstellt. Funken erfüllten wie glühender Hagelschlag die Luft. Fauchend fuhr der Wind durch die engen Gassen des Hafenviertels und fachte die Flammen immer weiter an.

Gondoran hüpfte an Bord des Nachens hin und her und erstickte die Funken, die auf die Verletzten niedergingen.

Winkend scherte Yilvina aus dem Strom der Flüchtlinge aus und brachte sie auf einen leeren Kai. »Wir brauchen Wasser«, keuchte sie. Ihre Lippen waren aufgesprungen, die Augen rot. »Dort vorne stehen Eimer. Tränkt eure Kleider mit Wasser!«

Ollowain gehorchte. Er eilte eine steinerne Treppe hinab, die vom Kai nach unten führte, und bildete den Anfang einer Eimerkette. Selbst das brackige Hafenwasser war schon unangenehm warm. Der Sturmwind hatte so sehr zugenommen, dass aus den brennenden Schiffen meterlange Flammen fast waagerecht über das Wasser schossen. Ein Stück entfernt sah er eine Auenfee, die sich verzweifelt an einem Hafenpoller festklammerte. Ihre hauchzarten Flügel waren in der Hitze zu gallertartigen Klumpen zerschmolzen. Flehend sah sie zu Ollowain. Dann wurde sie fortgerissen, so als habe eine unsichtbare Faust sie ergriffen, um sie auf den Scheiterhaufen der brennenden Schiffe zu schleudern.

Der Krieger vor Ollowain schüttete sich einen Eimer Wasser über den Kopf. »Nur du noch«, rief er dem Schwertmeister entgegen.

Ollowain tat es ihm gleich und beeilte sich, den Anschluss an die anderen nicht zu verlieren.

Immer unbarmherziger bahnten sich die Kentauren ihren Weg und stießen jeden zur Seite, der ihnen nicht schnell genug auswich.

Ollowain drängte sich nach vorn zu Orimedes. Das dampfende, nasse Fell des Fürsten war mit Brandflecken übersät. Glühende Funken tanzten wie Fliegen um seinen zuckenden Schweif. »Wir müssen fort vom Kai!« Die Stimme des Schwertmeisters war kaum mehr als ein heiseres Krächzen, das im infernalischen Getöse der Flammen und dem Geschrei der Flüchtlinge fast unterging.

»Wir werden schon durchkommen«, rief der Kentaur. Eine junge Elfe umklammerte eines seiner Beine. Mit gesenktem Blick flehte sie ihn an, ihr zu helfen. Murrend zog er sie auf seinen Rücken. Jetzt erst konnte Ollowain das Antlitz der Geschundenen sehen. Wimpern, Augenbrauen und die Haare über der Stirn waren verbrannt, die Nase nur noch ein unförmiges Loch, und dort, wo Augen hätten sein sollen, klafften blutige Höhlen. Unablässig brabbelte sie eine Dankeslitanei, während sie ihr zerschundenes Gesicht im wallenden Haar des Kentauren verbarg. Der Schock über das plötzlich hereingebrochene Inferno schien ihr Empfinden für Schmerz ausgelöscht zu haben. Zumindest für den Augenblick.

»Wir nehmen den Lotussteig!«, befahl der Schwertmeister.

»Aber der Weg ist viel steiler! Wir werden nur langsam vorankommen«, wandte Orimedes ein.

»Die Häuser dort sind aus Stein! Die Flammen werden sich am Lotussteig nicht so schnell ausbreiten wie hier zwischen den hölzernen Lagerhallen.«

Ollowain konnte sehen, wie sich die Wangenmuskeln des Kentauren spannten. Er mahlte wütend mit den Kiefern, fügte sich aber dem Befehl.

Viele Flüchtlinge sprangen indessen ins Hafenbecken. Das Wasser bot Schutz vor der glühenden Lohe. Doch dort waren sie in der Falle, wenn die Angreifer von See her den Hafen besetzten. Wehrlos wären sie der Gnade der Eroberer ausgeliefert.

Er durfte Emerelle nicht in eine solche Lage bringen. Wer mochte ihr Feind sein? Mit wem hatte sich Shahondin verbündet?

Ein tiefer Ton zwischen dem allgegenwärtigen Geschrei und dem Tosen der Flammen ließ Ollowain aufhorchen. Es klang wie ein Seufzen, nur dass es das Seufzen eines Titanen sein musste.

»Die Wand ...!« Der Schrei ging in tausendfachem Klirren unter. Instinktiv riss Ollowain seinen Schild hoch. Schwere Schläge prasselten auf ihn nieder.

Die Königin! Der Schwertmeister griff über die Bordwand und zog sich hoch. Ringsherum prasselten große rote Schindeln nieder. Das Lagerhaus neben ihnen schien sich, gemartert von den Flammen, ein letztes Mal aufzubäumen. Es warf sein Dach ab!

Ollowain schirmte mit seinem großen, ovalen Schild den Kopf und Oberkörper Emerelles ab. Wie durch ein Wunder war die Königin von keiner der Dachschindeln getroffen worden. Lyndwyn hatte weniger Glück gehabt. Sie lag ohnmächtig neben Emerelle und blutete aus einer Platzwunde an der Stirn.

Die Holden suchten unter den flachen Ruderbänken des Nachens Schutz. Gondoran war als Einziger dicht bei der Königin geblieben. Mit verzweifeltem Mut schlug er mit einer zerbrochenen Ruderstange die Schindeln zur Seite, die in Emerelles Richtung stürzten. Schließlich flüchtete er fluchend unter Ollowains Schild.

Die Kentauren waren in Galopp verfallen. Der Nachen schwankte wild hin und her. Plötzlich gab es einen Ruck. Das Boot neigte sich und schlug krachend auf Stein, so als wäre es in stürmischer Brandung auf eine verborgene Klippe aufgelaufen. Ollowain wurde nach vorn geschleudert und prallte gegen den Mast. Sein Schildarm bekam die ganze Wucht des Schlages ab. Sengender Schmerz schoss durch seine Schulter, Tränen traten ihm in die Augen. Blinzelnd rappelte er sich auf, um zu sehen, was geschehen war. Zwei Kentauren lagen mit grotesk verdrehten Gliedern regungslos am Boden. Ein Balken hatte die beiden niedergestreckt. Noch während Ollowain die Toten anstarrte, schlug dicht neben ihnen ein weiterer Balken auf. Brennende Dachlatten polterten auf das Pflaster. Einer der Kentauren scheute und stieg auf die Hinterläufe. Das Boot ruckte. Ollowain konnte sich gerade noch am Mast festhalten. Die Verwundeten rutschten auf dem Boden zum Heck hin. Einer der Männer stöhnte auf. Der andere Krieger regte sich nicht mehr.

»Nessos, du übernimmst vorne links!«, kommandierte Orimedes ruhig. »Antafes, du läufst links neben der Sänfte. Ich halte mich rechts. Wir springen ein, sobald es einen weiteren Ausfall gibt. Die Sänfte darf nicht noch einmal stürzen! Los jetzt, wir …!« Ein unbeschreibliches Krachen und Knirschen schnitt ihm das Wort ab. Die Fassade des Lagerhauses begann sich in Richtung der Kais zu neigen.

So wie Shahondin sich stets übertrieben langsam vor Emerelle verbeugt hatte, um auf diese Weise die Geste der Unterwerfung zu verhöhnen, so neigte sich auch die Häuserwand mit verächtlicher Langsamkeit. Eine zwanzig Schritt hohe Flammenmauer, die sich vor dem Tod verneigte.

Einer der Holden sprang schreiend aus dem Nachen und versuchte das Hafenbecken zu erreichen. Die Kentauren gaben ihr Letztes, um aus dem Todesbereich zu entkommen. Rings herum prasselten Balken und Dachlatten nieder. Ollowain half Gondoran und dessen Gefährten, die brennenden Trümmer, die ins Boot stürzten, wieder über Bord zu werfen. Die Elfe, die sich an Orimedes festklammerte, verlor den Halt und rutschte von seinem Rücken. Ollowain sah, wie sie unter die Hufe der anderen Pferdemänner geriet. Wie eine Kinderpuppe wurde sie hin und her geschleudert und blieb zuletzt reglos liegen.

Der Kai hatte sich binnen Augenblicken geleert. Fast alle waren ins Hafenbecken gesprungen. Dicht übersät mit zersplitterten roten Dachschindeln, sah das Straßenpflaster aus, als blute es. Mit ihren eisenbeschlagenen Hufen gerieten die Kentauren auf dem unsicheren Grund immer wieder ins Rutschen. Das Boot schlingerte hin und her. Ollowain hatte sich niedergekauert, presste sich mit dem Rücken gegen eine der Bootsbänke und hielt Emerelle in seinen Armen. Kraftlos pendelte der Kopf der Königin bei jedem neuen Ruck.

Nessos strauchelte. Sofort sprang Antafes herbei und übernahm den Platz des Kentauren. Der blonde Nessos versuchte, wieder hochzukommen, doch seine Läufe wollten ihn nicht mehr tragen. Ollowain sah einen blutigen Knochen durch das Fell ragen. Trotzig streckte der Kentaur die Arme empor, als wollte er die Flammenwand umarmen, die ihm entgegenstürzte. Glühende Lohe verschluckte den Gestrauchelten. Wie eine Lawine aus Feuer schlug die Häuserwand über der Straße zusammen. Teile des Dachs stürzten ins Hafenbecken.

Die Hitze traf Ollowain wie ein Faustschlag ins Gesicht. Er spürte, wie seine Haut sich spannte. Seine Augen tränten wieder. Eine Wolke von Funken ging auf sie nieder. Schreie klangen aus dem Wasser.

»Hier hinauf!« Die Kentauren waren am Lotussteig vorbeigelaufen. »Zurück!«

Eine breite Marmortreppe wand sich den Schanzhügel hinauf. Schon nach zwanzig Schritten und der ersten Wegkehre schienen sie in einer anderen Welt zu sein. Der Lotussteig war gesäumt von säulengeschmückten Prachtbauten. In schattigen Nischen wand sich Efeu. Auf jeder Treppenstufe waren Lichter aufgestellt. Nur wenige der Villen waren vom Feuer erfasst worden. Kobolde und bocksbeinige Faune versuchten, die Flammen hier unter Kontrolle zu bringen. Sie hatten eine Eimerkette zu einem Brunnen gebildet. Die hoch aufragenden Häuser mit ihren verspielten Giebeln verstellten den Blick auf den Hafen. Vom Inferno kündeten nur der rot leuchtende Himmel und einzelne, rußgeschwärzte Gestalten, die sich hierher gerettet hatten. Misstrauisch betrachtete Ollowain die wenigen Überlebenden, die aus den Flammen den Lotussteig hinaufkamen. Folgte ihnen jemand? Was mochte aus dem Bogenschützen geworden sein, der versucht hatte, Emerelle zu töten? Hatte er die Verkleidung durchschaut? Oder glaubte er, dass die Königin auf ihrer Prunk-Liburne aus dem Hafen geflohen war?

Ollowain spürte etwas Warmes über seine Hand rinnen. Die Wunde in der Brust der Königin blutete wieder. »Im Palast werden wir dir helfen«, flüsterte er und stützte ihren Kopf. Sie konnte ihn nicht hören, sagte ihm seine Vernunft, und dennoch hoffte er, dass er ihr auf irgendeine Weise beistand. Er fühlte sich weniger hilflos, solange er mit ihr redete.

»Es ist nicht mehr weit. Landorin wird dich heilen. Niemand webt so kunstvolle Heilzauber wie er.«

Jetzt erst bemerkte Ollowain, dass die Kentauren angehalten hatten. Sie waren auf dem runden Platz auf der Kuppe des Hügels angelangt. Die Paläste waren Gartenanlagen gewichen. Hier hatten die Feuerkugeln kaum noch Schaden angerichtet. Von der Kuppe konnte man weit hinaus auf das Meer sehen, und man überblickte auch einen großen Teil der Stadt. Der Hafen, die Lagerhallen und der Palastturm des Fürsten von Reilimee, der am Ende eines steinernen Piers stand, waren ein Raub der Flammen geworden.

In den Vierteln, die weiter entfernt vom Meer lagen, gab es nur wenige Brände. Doch Ollowain konnte sehen, wie der heiße Wind das Feuer weiter landeinwärts trieb in Richtung einer einzelnen, großen Flammensäule: Emerelles Palastturm! Dem Schwertmeister stockte der Atem. Der Turm lag weit außer Reichweite der Katapulte, und der Funkenflug hatte das Feuer noch längst nicht so tief in die Stadt hineingetragen. Jemand musste den Turm der Königin in Brand gesetzt haben! Die Verschwörung gegen Emerelle war noch umfassender, als er befürchtet hatte.

»Was nun, Schwertmeister?«, fragte Orimedes müde. Der Kentaur gab seinen Männern ein Zeichen, die Sänfte abzusetzen. »Wohin gehen wir jetzt?«

Der Elf starrte noch immer fassungslos auf den brennenden Turm. War es möglich, dass Emerelle eine so groß angelegte Verschwörung verborgen geblieben war? Oder hatte sie um all das, was kommen würde, gewusst? Jetzt erinnerte er sich wieder an die Art, wie sie Matha Murganleuk angesehen hatte, den riesigen, beseelten Baum im Magnolienhof. Sein Gefühl hatte ihn nicht getrogen …

Emerelle hatte Abschied genommen. Sie musste um das Schicksal des Palastes gewusst haben.

»Ollowain!« Orimedes stand nun vor ihm. »Wohin gehen wir?«

Der Schwertmeister sah sich hilflos um. »Wir können es nicht wagen, sie in der Sänfte dort hinunterzubringen. Wer auch immer den Palast in Brand gesetzt hat, wartet nur darauf, die Königin in seine Gewalt zu bekommen.«

»Unsinn!«, murrte der Kentaurenfürst. »Das ergibt keinen Sinn. Durch den brennenden Palast sind wir doch gewarnt. Es wäre viel einfacher gewesen, uns dort in einen Hinterhalt zu locken.«

»Vielleicht fühlen sie sich so überlegen, dass ihnen das gleich ist. Sie wissen, dass wir ihnen nicht mehr entkommen können.«

»Sie. Sie. Sie!« Orimedes' Schweif peitschte wütend durch die Luft. »Wer soll das sein? Wer beschießt die Stadt? Wer hat den Palast in Flammen gesetzt? Vielleicht gibt es auch eine ganz einfache Erklärung für den brennenden Turm. Funkenflug. Oder eine umgestürzte Lampe …« Seine Stimme verebbte. Auch ihm musste klar sein, dass keine Lampe dieses Feuer verursacht haben konnte.

Gondoran war aus dem Nachen geklettert und zu ihnen hinübergekommen. Er stieg auf eine Marmorbank und blickte hinab zum Palast. »Sie hat dies geahnt, als sie uns befahl, die Sänfte zu zimmern.«

Ollowain blickte auf. »Sag das noch einmal!«

»Was?«

»Die Königin hat euch beauftragt, diese Sänfte zu bauen?« Wie waren Emerelles Worte kurz vor dem Aufbruch gewesen? *Habe ich dir schon Gondoran vorgestellt, den Bootsmeister meines Palastes? Es war seine Idee, diesen Nachen zur Sänfte umzubauen.* »Habt ihr die Sänfte der Königin nicht zum Geschenk gemacht?«

»So war es«, bestätigte der Bootsmeister. »Aber sie hatte sich eine Sänfte wie diese gewünscht. Sie hat mir aufgetragen, ein Boot der Muschelfischer aus den Mangroven auszusuchen.«

»Aber sie sagte doch …«

Der Anführer der Holden unterbrach Ollowain. »Ich weiß, was sie auf dem Magnolienhof sagte. Auf eine gewisse Weise war es tatsächlich meine Idee. Ich habe diesen Nachen unter einem Dutzend ausgesucht. Aber dass überhaupt ein Boot zur Sänfte umgebaut wurde, geschah auf ihren Wunsch hin. Vielleicht wollte sie uns mit dem, was sie auf dem Magnolienhof sagte, einen Hinweis geben?«

»Also … für mich hört sich das ganz nach den Launen einer Herrscherin an«, wandte Orimedes ein.

»Nein!«, entgegnete der Schwertmeister entschieden. »Sie war nicht … Sie *ist* nicht launisch! Sie hatte Sorge, dass es in ihrer unmittelbaren Umgebung einen Verräter gibt. Sie wollte denen, die sich als treu erweisen würden, einen versteckten Hinweis geben. Nur diejenigen, die ihr Leben wagten, um sie durch die Flammen bis hierher auf den Hügel zu bringen, konnten den verborgenen Sinn ihrer Worte erkennen.«

»Du meinst, sie hat gewusst, was geschieht? Das ist doch … Das ist … Ich finde keine Worte! Sie verreckt fast. Mir sengt es den Schweif weg, meine Männer krepieren … Und sie soll all das gewusst haben? Wenn das so wäre, dann hätte ich sie an Bord ihres verfluchten Schiffes lassen sollen.« Orimedes stampfte wütend mit den Hufen. »Das kann doch nicht sein! Sie hätte all das verhindern können!« Er deutete hinab zum Hafen. »Hunderte, vielleicht sogar tausende sind in der letzten Stunde gestorben. Schande über die Königin, wenn sie wusste, dass dies geschehen würde, und nichts tat, um es zu verhindern!«

Ollowain konnte den Kentauren in seiner schlichten Denkweise verstehen, auch wenn seine ausfällige Art nicht akzeptabel war. Der Schwertmeister glaubte unerschütterlich daran, dass Emerelle das Richtige tat. Die Königin hatte einmal versucht, ihm zu erklären, welcher Fluch es war, dass sie in die Zukunft sehen konnte. Als sie noch sehr jung gewesen war, hatte sie ihrem Schwertbruder Mahawan im ersten Trollkrieg das Leben gerettet. Ollowain vermutete, dass er auch der Geliebte der Königin gewesen war, obwohl sie das nie ausgesprochen hatte. Sie hatte ihr Wissen um die Zukunft dazu genutzt, ihn zu retten. Doch dadurch hatte sich die Zukunft ihres Geliebten grundlegend verändert. Weil er nicht in der Stunde starb, die das Schicksal ihm bestimmt hatte, konnte er auch nicht wiedergeboren werden. Später verschwand er bei einer Queste in die Zerbrochene Welt. Er wurde niemals wiedergeboren. Seine Seele war verloschen. Emerelle hatte erzählt, es sei Mahawan bestimmt gewesen, einst die Krone von Albenmark zu tragen. Und sie hatte behauptet, er wäre ein sehr guter König geworden. Ihr eigensüchtiges Handeln hatte Albenmark dieses Herrschers beraubt. Das war der Grund, warum Emerelle sehr vorsichtig geworden war, ihre Kenntnis der möglichen Zukünfte zu nutzen. »Sie weiß, was das Beste für uns ist. Wir müssen ihre Entscheidungen nicht verstehen können.«

Orimedes schnaubte verächtlich. »Wenn ihre Reden voller versteckter Andeutungen sind, dann mischt sie sich doch immer noch in den Ablauf der Zukunft ein. Da könnte sie uns auch gleich sagen: Tut dieses, lasst jenes!«

Ollowain überlegte kurz, wie er diesem dickschädeligen Kentauren erklären könnte, dass es keineswegs dasselbe war, ob man direkte Befehle erteilte oder vieldeutige Anspielungen machte. Letzteres ließ ihnen die Freiheit, ihrem Gefühl zu folgen. »Halt einfach den Mund. Das ist ein Befehl.«

»Treib es nicht zu weit, Elflein!«

Der Schwertmeister überging die Drohung und wandte sich wieder an Gondoran. »Was hat die Königin dir sonst aufgetragen? Hatte sie besondere Wünsche beim Bau der Sänfte?«

»Sie wollte, dass man den Nachen mit ein paar Handgriffen zum Schwimmen bringen kann. Wir haben Holzscheiben, die wir in die Löcher einsetzen können, durch die man die Tragebalken der Sänfte führt. Es ist keine große Mühe, das Boot wieder wasserdicht zu bekommen.«

Ollowain blickte verzweifelt zurück. Eine Feuerwand trennte sie jetzt vom Hafen. Ihre atemlose Flucht hatte ihm keine Zeit gelassen nachzudenken. »Sie wollte also, dass wir über das Meer fliehen. Deshalb das Boot. Ich hätte es schon früher wissen müssen!«

»Wenn du glaubst, ich trage diese verfluchte Sänfte noch einmal durchs Feuer …«, begann Orimedes.

Gondoran räusperte sich laut.

»Wenn ich etwas von dir hören will, dann sage ich dir das«, schnauzte der Kentaur den Holden an.

Gondoran wich ein Stück vor dem Pferdemann zurück. »Bei allem Respekt, hohe Herren. Ihr täuscht euch. Dieses Boot ist nicht dafür geschaffen, jemanden aufs offene Meer zu tragen. Ein flach gehender Nachen ist nützlich in den Mangrovensümpfen. Das Wasser ist dort still, und es gibt nur wenige Stellen, an denen es dir weiter als bis zur Brust reichen würde, Fürst. Oft ist es kaum tiefer als eine Pfütze. Wenn dieses Boot in richtigen Seegang gerät, dann läuft es schneller voll Wasser, als man es leer schöpfen kann.«

Ollowain starrte mit zusammengekniffenen Augen in die Nacht. Etwa eine Meile westlich des königlichen Palastturms lag der Hafen der Muschelfischer. War es das, was Emerelle gewollt hatte? Würden sie von dort aus entkommen? Jetzt waren auch rings um den Palast Häuser in Brand geraten. Er meinte, zwischen den Flammen verzerrte Schatten zu sehen. Im Licht des Feuers erschienen sie ihm widernatürlich groß. Dort unten wurde gekämpft. Die Brände breiteten sich entgegen der Windrichtung aus. Es war kein Funkenflug, der die Dächer entzündete.

So sehr sich Ollowain auch anstrengte, es war unmöglich zu erkennen, welcher Feind dort in Rauch und Finsternis wütete. Der Weg zum Hafen der Muschelfischer war versperrt. Fieberhaft überlegte der Elf, was zu tun sei. Ein einzelner Krieger würde sicherlich leicht durch die Reihen der Feinde schlüpfen können, doch mit der Sänfte war ein Entkommen aussichtslos. Es sei denn, sie schlugen einen sehr weiten Bogen. Ganz im Osten, auf einer Landzunge, die wie eine schmale Sichel zwischen dem Meer und den Mangrovensümpfen lag, befand sich das Gerberviertel. Eine Gegend, in der sich wegen des bestialischen Gestanks nie ein Elf blicken ließ. Dort könnten sie mit etwas Glück vor dem unbekannten Feind eintreffen – und einen Weg in das Waldmeer finden.

Ollowain wandte sich an den Anführer der Holden. »Welchen Weg würdest du wählen, um hinab zu den Mangroven zu kommen?«

Gondoran starrte in die Finsternis und zupfte an seinem spitzen Kinn. »Ich würde durch die Zisternen gehen. Dort sind wir vor allen Blicken verborgen. Und wer sich da unten nicht auskennt, der wird sich hoffnungslos verlaufen.«

»Und du kennst dich dort aus?« Orimedes war deutlich anzusehen, was er davon hielt, in irgendwelche unterirdischen Wasserspeicher hinabzusteigen.

»Mein Vetter war der Herr der Wasser!«, erklärte Gondoran stolz. »Als ich noch ein kleiner Junge war, hat er mich oft mit hinab in die Zisternen genommen, damit ich die engen Überlaufröhren von Schlick und Algen säubere. Ich kenne die verborgenen Hallen unter der Stadt genauso gut wie die Mangroven und das Waldmeer.«

»Und wir können von hier aus bis zum Stadtrand gelangen?«, fragte der Kentaurenfürst skeptisch. »Das ist mehr als eine Meile. So groß sind die Zisternen doch niemals.«

»Redest du immer so bestimmt von Dingen, von denen du keine Ahnung hast, Labsal aller Pferdebremsen? Es gibt durchaus Wasserhallen, die fast eine Meile messen. Und es gibt viele kleinere Zisternen. Sie alle sind durch Kanäle und Schleusenkammern miteinander verbunden. Diese Stadt braucht sehr viel Wasser. Und weil sie zwischen dem Meer und den Mangroven liegt, ist Trinkwasser ein kostbares Gut. In Vahan Calyd musste man schon immer den Regen sammeln. Er wird durch Filterbecken hinab in die Wasserhallen geleitet. Seit Generationen stellt die Familie meines Vetters den Herrn der Wasser. Unter uns liegt ein verborgener See. Selbst wenn es ein Jahr lang an keinem Tag mehr regnen würde, müsste in Vahan Calyd niemand Durst leiden oder auf ein Bad verzichten.«

»Und wir würden auch mit dem Nachen dort hinabgelangen?«, fragte Ollowain skeptisch.

»Aber gewiss doch! Dort unten gibt es etliche Boote. Wie sonst sollten der Herr der Wasser und all seine Diener arbeiten? Wir müssten allerdings durch eine der Schleusenkammern hinabsteigen. Dort gibt es Tore, die weit genug sind, um ein Boot hindurchzubringen. Wenn wir erst einmal unten sind, gibt es kein Problem mehr.« Er sah geringschätzig zu dem Kentauren hinüber. »Es sei denn, Ihre vierbeinige Fürstlichkeit kann nicht schwimmen.«

Orimedes bedachte den Holden nur mit einem verächtlichen Schnauben.

»Führe uns zur nächsten Schleusenkammer!«, befahl Ollowain.

Gondoran sah sich kurz um und deutete dann nach Westen. »Etwa zweihundert Schritt in diese Richtung liegt die Kammer der Rosen. Das ist der nächste Abstieg.«

»Und wir werden schwimmen müssen?«, fragte Ollowain.

Der Holde nickte. »Der Nachen kann uns nicht alle tragen. Ihr müsst euch am Bootsrand festhalten.«

Der Schwertmeister streifte sein Kettenhemd ab und wies auch die überlebenden Wachen und Yilvina an, allen unnötigen Ballast gleich hier zu lassen. In den Zisternen sollte nichts zurückbleiben, das etwaigen Verfolgern einen Hinweis auf ihren Fluchtweg gab. Ollowain versteckte die Rüstung unter einem Oleanderbusch. Die übrigen Elfenkrieger taten es ihm gleich. Wortlos folgten sie seinen Befehlen. Auf sie und Yilvina würde er sich verlassen können. Bei Orimedes und seinen vier Kentauren war sich Ollowain nicht so sicher.

Die Pferdemänner standen etwas abseits. Ihr Fürst redete wild gestikulierend auf sie ein. Es war offensichtlich, was sie von der Aussicht hielten, einen Fluchtweg zu wählen, der sie tief unter die Erde führen würde.

Gondoran und seine beiden verbliebenen Kumpanen untersuchten den Bootsrumpf. Ollowain dachte an den schweren Sturz. Wenn eine der Planken zersplittert war, dann wären alle ihre Pläne zunichte. Er ging zum Bootsmeister hinüber.

Der Holde deutete in den Nachen. »Einer deiner Krieger hat den Löffel abgegeben. Der ist nur noch unnötiger Ballast. Am besten versteckt ihr ihn unter den Büschen bei euren Rüstungen.«

Der Schwertmeister spannte sich. »Mäßige deinen Ton. Nur weil ich auf dich angewiesen bin, werde ich dir nicht alles durchgehen lassen, Bootsmeister.«

»Nein?«, fragte der Holde provozierend. »Sieh den Tatsachen ins Auge. Dein Kamerad ist nur noch totes Fleisch. Er hat sich entschieden, ein Krieger zu sein, und ist im Kampf verreckt. So etwas nennt man unter deinesgleichen doch ein erfülltes Leben. Meine Männer sind nur Fischer, die heute Abend auf ein Fest gehen wollten. Du kannst froh sein, dass sie nicht alle abgehauen sind.«

»Du und deine Männer, ihr seid Diener der Königin, genau wie ich, Bootsmeister. Sie wusste, dass sie auf diesem verdammten Kahn entkommen wird. Und es ist deine Aufgabe, sie in Sicherheit zu bringen. Ihr drei werdet euch genauso wenig drücken, wie meine Krieger vor einem Kampf fliehen. Wenn es nötig ist, werde ich dich und deine Spießgesellen mit den Füßen auf den Planken festnageln, bis Emerelle in Sicherheit ist. Von einem Holden erwarte ich nicht, dass er sich ritterlich verhält, aber du wirst deine Pflicht tun wie jeder andere hier auch. Und jetzt berichte mir, ob das Boot Schaden genommen hat.«

Gondoran funkelte ihn wütend an, verkniff sich aber jede weitere spitze Bemerkung. »Eine Planke ist gerissen. Wir werden ein bisschen Wasser nehmen. Aber der Nachen wird schwimmen.«

Der Schwertmeister beugte sich über Emerelle. Die Haut der Königin fühlte sich immer noch eisig an. Obwohl Lyndwyn noch bewusstlos war, wirkte ihr Zauber fort. Das Gewand der Magierin war voller Brandlöcher, das Haar versengt und ihr Gesicht blutverschmiert. Und dennoch hatte sie immer noch etwas Unheimliches und zugleich Respekteinflößendes an sich. Ihre rechte Hand ruhte auf Emerelles Brust. Sie schien wirklich bemüht, die Königin zu beschützen. Hatte er ihr Unrecht getan? Nein, jeder hatte sehen können, wie sie das Zeichen zum Angriff gegeben hatte. Sie war eine Verräterin!

Ollowain strich über das Gesicht seines toten Gefährten und schloss ihm die Augen. Es war offensichtlich, dass Lyndwyn nichts unternommen hatte, um den beiden Verletzten zu helfen. Ihre Wunden waren nicht verbunden, und es gab auch keine Anzeichen dafür, dass sie einen Zauber gewirkt hätte, um die Schmerzen der Männer zu lindern. Am liebsten hätte er die Magierin zurückgelassen.

Sie brachten ihren Kameraden auf seinem Schild in die Büsche. Es blieb kaum Zeit, um mit ein paar Worten von ihm Abschied zu nehmen. Den Toten zu ehren hieße, die Lebenden gefährden. Plötzlich hatte Ollowain das Gefühl, beobachtet zu werden. Er sah sich um, doch in der Gartenlandschaft gab es hunderte Verstecke. Er konnte niemanden entdecken.

Als sie zurückkehrten, stand Gondoran am Rumpf des Nachens. Die Kentauren hatten die ungewöhnliche Sänfte wieder auf ihre Schultern gestemmt. Der Holde führte die Gruppe durch einen Garten auf der Rückseite des Hügels, bis sie zu einem Springbrunnen gelangten, hinter dem eine breite Treppe in die Tiefe führte. Selbst hier hatte man zum Fest der Lichter auf jede der Treppenstufen eine kleine Öllampe gestellt. Ollowain dachte daran, dass man nie wieder an diesem Tag feiern könnte, ohne an den schrecklichen Brand und all die Toten zu denken.

Die eisenbeschlagenen Hufe der Kentauren lärmten auf den marmornen Stufen. Vorsichtig tasteten sie sich in die Tiefe, bis sie schließlich an ein großes Tor gelangten und die Sänfte behutsam auf den Boden setzten. Es gab hier keinen Riegel und auch keine Türangeln.

Ehrfürchtig tastete Orimedes über das Tor. »Das ist Gold, nicht wahr?«, hauchte er. »Pures Gold. Genug, um einen Palast zu kaufen. Ein Vermögen.«

»Jede Schleuse hier unten, jedes Zahnrad und jeder Beschlag ist aus Gold. Kein anderes Metall widersteht über die Jahrhunderte dem Wasser so gut, wie Gold es vermag«, erklärte Gondoran herablassend. »Beim Bau der Zisternen hat man von allen Materialien nur die besten verwendet.«

Er sprang aus dem Nachen und ging zu der goldenen Pforte. Gondoran presste seine Wange an das kalte Metall, strich in kreisenden Bewegungen über die Tür und flüsterte etwas. Einen Augenblick später erbebte das Tor und glitt lautlos in die Wand.

»Was hast du gesagt?«, fragte Orimedes.

»Das ist ein Geheimnis der Wasserhüter. Ginge es nicht um die Königin, würde ich euch niemals hier hineinlassen. Wir wollen nicht, dass jeder stinkende Barbar zu den Zisternen gelangen kann, um seine Hufe in Trinkwasser zu baden.« Gondoran wich einem Tritt des Fürsten aus und winkte sie in eine weite Halle hinein. Blausilbern schimmernde Mondsteine waren in die Streben der Kreuzgewölbe eingelassen und tauchten die Halle in geisterhaftes Licht. Irgendwo in der Ferne hörte man ein dumpfes Donnern. Ollowain glaubte, den Boden leicht unter seinen Füßen beben zu fühlen.

Die ganze Halle war aus Marmor erbaut. In Brusthöhe verlief ein breiter Fries aus Perlmutt und Onyx. Er zeigte ein Muster aus stilisierten Wellen. Im kalten Licht der Halle schien es, als bewegten sich die Wellen wie die sanfte Dünung in einer Vollmondnacht.

»Bringt die Sänfte hinein!«, befahl der Holde. »Von nun an werden wir die Tragehölzer nicht mehr brauchen. Zieht sie heraus. Wir können dann das Boot abdichten.«

Ollowain war überrascht von der natürlichen Autorität, die der kleine Bootsmeister plötzlich ausstrahlte. Er schien wie ausgewechselt. Dies hier unten war sein Reich, und keiner zweifelte das an. Ohne zu murren folgten die Kentauren seinen weiteren Anweisungen.

Der Schwertmeister sah sich um. Die kühle Pracht der Halle hatte etwas an sich, das einem das Gefühl vermittelte, unbedeutend zu sein. Sie war für die Ewigkeit geschaffen und wäre eines Königspalasts würdig gewesen.

Und doch kam kaum ein Bewohner der Stadt je hierher. All die Schönheit blieb verborgen. Ollowain blickte die lange Treppe hinauf, die im goldenen Licht der Öllampen erstrahlte. Die Brände im Hafen ließen den Nachthimmel purpurfarben erscheinen. In sich gekehrt dachte der Schwertmeister an den Vorhang einer Theaterbühne, der sich schloss. Hier unten, in der kühlen Pracht der Zisternen, fühlte er sich seltsam entrückt von all dem, was in dieser Nacht geschehen war. Ein Akt war beendet. Ein neuer Abschnitt in der Geschichte Albenmarks würde beginnen.

Das leise Sirren von Metall schreckte ihn aus seinen Gedanken auf. Yilvina hatte ihre beiden Kurzschwerter gezogen. Mit einer der Klingen deutete sie die Treppe hinauf. »Dort oben ist jemand! Ein Bogenschütze. Ich habe deutlich seinen Schattenriss vor dem Nachthimmel gesehen.«

Ollowain konnte niemanden entdecken. Aber er zweifelte keinen Augenblick an den Worten der Kriegerin. Seit sie auf den Lotussteig gekommen waren, hatte er gespürt, dass sie verfolgt wurden. Die Gefahr war nicht vorüber. »Wie kommen wir zum Wasser?«, fragte er Gondoran.

Der Holde deutete auf den Schmuckfries an der Wand. »Die siebente Welle. Wenn du auf sie drückst, wird sich eine verborgene Pforte öffnen.«

»Und wie schließt man das goldene Tor?«

»Es schließt sich von allein«, entgegnete Gondoran ruhig. »Dies ist der Zugang zum verborgenen See und nicht das Torhaus einer Festung. Wir haben keinen Einfluss darauf, wann sich die Rosenpforte schließt. Aber die Tür hinab zu den Zisternen kann man von innen versperren. Wer nicht weiß, wie man sie findet, wird es schwer haben, uns zu folgen.«

Ollowain zählte die Wellen im Schmuckfries und drückte auf den verborgenen Auslöser. Ein leises Klicken erklang.

Es folgte ein schabendes Geräusch. Ein Stück der Wand schwang auf. Das ferne Donnern war nun deutlicher zu hören. Ein Schwall nasskalter Luft drang aus der Tiefe hinauf. Ollowain fröstelte. Hinter der Geheimtür führte eine Treppe in einen dunklen Abgrund.

Gondoran huschte als Erster hindurch. »Hier muss es einen Vorrat an Fackeln geben.«

Die Kentauren blickten unschlüssig ins Dunkel. »Vielleicht sollten wir uns dem Bogenschützen stellen«, murmelte einer von ihnen.

»Darum geht es nicht.« Orimedes griff nach dem Heck des Nachens. »Wir müssen die Königin aus der Stadt bringen.« Er reckte sein Kinn in Richtung der dunklen Pforte. »Und das dort ist der einzige Weg, der uns noch offen steht. Jetzt packt zu! Wir haben keine Zeit zu verlieren!«

Mit einem dumpfen Geräusch flammte eine Fackel auf. Gondoran stand vor einer Truhe mit goldenen Beschlägen. Der Holde holte noch zwei weitere Fackeln heraus, die er sich in den Gürtel schob. Zögerlich stiegen die Kentauren die Treppe hinab. Yilvina und Ollowain bildeten den Abschluss der Truppe. Während sie die schwere Geheimtür verschlossen, sahen sie, wie auch die goldene Pforte langsam aus der Wand glitt. Kurz meinte Ollowain, hastige Schritte auf dem Weg hinab zum Prunksaal zu hören, doch der Eindruck verflog.

Die Treppe führte an einer mit Kacheln geschmückten Wand vorbei. Sie zeigte Bilder von einer Flusslandschaft, in deren Uferdickicht sich allerlei Vögel verbargen. Die Luft war gesättigt von Feuchtigkeit und dem Geruch nach nassem Stein. Auch hier, tief unter der Erde, war es noch unangenehm warm. Ihr Weg führte sie zu einem steinernen Kai, an dem zwei Boote vertäut lagen.

Unter der Aufsicht Gondorans ließen die Kentauren vorsichtig den Nachen mit der Königin zu Wasser. Seine beiden Gefährten holten zwei Ruder hervor, die seitlich unter den Bänken verborgen gewesen waren, und legten sie ein. Währenddessen übernahm der Bootsmeister im Heck das Steuer. Der Holde steckte seine Fackel in eine Halterung am Mast. Die übrigen Lichter löschten sie.

Ollowain hatte nie Angst vor der Dunkelheit gehabt, doch die Finsternis hier unten machte ihm zu schaffen. Das blakende Licht am Mast reichte kaum über den Rand des Bootes hinaus. Er hatte das Gefühl, in die Leere geraten zu sein, die jenseits der Albenpfade lag. Ein Ort, wo jedes Leben fehl am Platze war. Wer auf einer Reise zwischen den Welten vom Pfad abwich, der war auf immer verloren, so hieß es. An welcher Stelle war er in dieser Nacht vom Pfad abgewichen? Wann hatte er den ersten falschen Schritt getan? Schon als er sich mit Silwyna traf?

Der Schwertmeister ließ sich vom Rand der Anlegestelle ins Wasser hinab und griff nach dem Boot. Erschrocken atmete er aus. Das Zisternenwasser war eisig!

»Wir hätten nicht in dieses Loch hinabsteigen sollen«, murrte Orimedes. »Gerade ist etwas an meinen Beinen entlang geglitten. Wir werden uns verirren und von Fischen gefressen werden.«

»Da muss dir wohl dein eigener zitternder Schweif zwischen die Beine geraten sein. Hier gibt es keine Fische!«, sagte Gondoran scharf. »Keine Käfer und auch keine Ratten! Nichts, was das Wasser verunreinigen könnte, lebt hier unten. Nur ein paar Geister. Aber bei einem Gespenst muss man sich keine Gedanken machen, dass es ins Wasser pisst, Pferdemann. Das hier unten ist Trinkwasser, und der Herr der Wasser duldet hier nichts, was es verschmutzen könnte. Gewöhnlich hätte ich euch niemals erlaubt, eure verschwitzten, dreckigen Leiber in eines der Becken zu bewegen.«

»Und gewöhnlich würde ich einem kleinen Klugscheißer,

der es darauf anlegt, mich zu beleidigen, auch nicht zuhören, sondern ihm die Zähne in den Rachen treten, dass sie ihm zu den Ohren wieder rauskommen«, schnauzte Orimedes zurück. Gondoran war klug genug, darauf nicht zu antworten.

Inzwischen waren auch die anderen vom Kai ins Wasser gestiegen. Langsam setzte sich der Nachen in Bewegung, und eine Reise in die Finsternis begann. Schon nach wenigen Augenblicken waren die Treppe und der Kai in der Dunkelheit verschwunden. Das Licht reichte nicht bis hinauf zur Decke der Zisterne. Ollowain versuchte die Gedanken zu unterdrücken, die ihn bedrängten, den Eindruck, verloren zu sein. Kein Ziel vor Augen zu haben, war etwas, das er nicht kannte. Wohin sollten sie sich wenden, wenn sie die Mangroven erreichten? Am besten wäre es, durch einen Albenstern zu flüchten. Doch dafür brauchten sie die Hilfe Lyndwyns, denn er verfügte weder über die Magie, jene Pforten zu den Albenpfaden zu öffnen, noch wusste er, wo man nach ihnen suchen sollte. In Vahan Calyd gab es zwei große Albensterne. Einer lag unter dem brennenden Turm Emerelles und der zweite nahe bei Shahondins Palast. Diese Wege waren ihnen verwehrt. Angeblich gab es noch weitere Albensterne weiter draußen im Waldmeer.

Ollowain betrachtete die Magierin. Obwohl sie nicht wirklich schwer verletzt sein konnte, war sie noch nicht zu Bewusstsein gekommen. Lyndwyn könnte sie auf den Albenpfaden in die Irre führen, ohne dass er davon etwas merken würde. Erst wenn sie wieder durch ein Tor hinaustraten, würde sich offenbaren, wohin sie die Magierin gebracht hatte.

»Siehst du das?« Yilvina deutete in die Richtung, aus der sie gekommen waren. In die Finsternis hoch über ihnen war ein kleines, silbernes Rechteck gestanzt. Ein Schatten trat durch das Licht. Dann verschwand das Rechteck, und die Dunkelheit war abgesehen von der Fackel im Boot wieder vollkommen. »Wer ist das?«

Auch Gondoran hatte das Licht gesehen. Er sagte nichts, aber er blickte immer wieder zurück, während er den Nachen durch die Zisterne steuerte.

Immer lauter wurde das Donnern vor ihnen. Der Bootsmeister brachte sie durch ein goldenes Schleusentor in einen Kanal. Hier war es so eng, dass man mit ausgestreckten Armen beide Seitenwände berühren konnte. Das Wasser im Kanal reichte nicht sehr hoch. Sie hatten Boden unter den Füßen, als sie sich vorantasteten. Ein Bogenschütze würde hier einen guten Stand haben. Er könnte schießen. Im tiefen Wasser der Zisterne waren sie sicherer gewesen.

Ollowain ließ sich ein wenig zurückfallen. War es Silwyna? Hatte er sich in ihr getäuscht? Vor ihnen im Tunnel erstrahlte ein Licht, hell wie ein Sommernachmittag, und er spürte die Kraft alter Magie. Wohin hatte der Holde sie hier gebracht?

Yilvina kam zu ihm herüber. Sie winkte und sagte etwas, doch ihre Worte wurden vom ohrenbetäubenden Donnern vor ihnen verschluckt. Der Tunnel weitete sich. Sie erreichten ein großes, rundes Gewölbe, dessen Decke mit leuchtenden Barinsteinen besetzt war. Goldene Rohre mit kunstvoll ausgearbeiteten Mündungen ragten aus den Marmorwänden. Manche sahen wie stilisierte Vogelköpfe mit breiten Schnäbeln aus, andere wie Delfine oder sogar Wolfsköpfe. Es mussten hunderte sein. Aus ihnen schossen weit aufgefächerte Wasserfontänen, die im hellen Licht wie flüssiges Kristall erschienen. Die Luft war erfüllt von feinem Wasserdunst. Schillernde Regenbögen spannten sich zwischen den Kaskaden.

Ollowain beeilte sich, wieder zum Nachen aufzuschließen. Das Becken in diesem wundersamen Kuppelsaal war nicht sehr tief, das Wasser floss mit starker Strömung ab. Der Schwertmeister musste kämpfen, um auf den Beinen zu bleiben, obwohl ihm die schäumende Gischt kaum bis zu den Knien reichte. Noch schwerer hatten es die Kentauren. Mit ihren beschlagenen Hufen fanden sie keinen Halt auf dem glatten Steinboden, und sie mussten sich am Bootsrand festhalten, um nicht von der Strömung umgerissen zu werden.

Die Fontänen prügelten auf den Schwertmeister ein. Selbst der Boden der großen Kammer vibrierte unter der Wucht des fallenden Wassers. Alle kämpften sie nun gegen die Urgewalt des Wassers an. Nur Gondoran schien das nicht zu bekümmern. Er stand im Heck des Nachens, hielt unbeirrt die Ruderpinne und schmetterte voller Inbrunst ein Lied.

Ollowain konnte bei dem Getöse ringsumher nur einzelne Worte verstehen. Es schien um eine Holde zu gehen, deren Brüste nie versiegende Quellen waren. Der zänkische kleine Kerl war ihm ein Rätsel. Sang er, um seine Furcht zu verbergen? Oder empfand er wirklich Freude? Der Kuppelsaal war von großer Schönheit, das Licht, die Regenbögen, der strahlend weiße Stein der Mauern. Wäre da nicht der infernalische Lärm gewesen, man wäre gern hier, um einfach nur zu schauen und seine Seele der Schönheit dieses verborgenen Ortes zu öffnen. Vor allen Dingen, wenn man auf einem der kleinen Balkone hoch über dem Wasser stehen konnte und nicht mitten durch diese Urgewalt hindurch musste.

Gondoran stakte den Nachen durch eine Wasserwand. Seine beiden Kameraden schöpften aus Leibeskräften, damit das Boot nicht volllief. Die Fontänen waren wie ein kristallener Vorhang. Keine von ihnen kam der Marmorwand des Kuppelsaals näher als zwei Schritt. Die Strömung war hier jedoch noch stärker. Große, gemauerte Bögen tranken gierig das ablaufende Wasser. Kanäle, die aus dem Kuppelsaal in alle Himmelsrichtungen fortführten … Ollowain konnte nicht erkennen, dass sie auf irgendeine besondere Weise gekennzeichnet waren. Für ihn sahen alle Kanalöffnungen gleich aus. Doch Gondoran wusste offenbar ganz genau, wo er war. Beim siebten Kanal, den sie passierten, schlug er das Ruder ein und steuerte den Nachen in die Finsternis.

Der Tunnel schien den Lärm des fallenden Wassers noch einmal zu verstärken. Mit Mühe brachten die Holden die Fackel wieder zum Brennen, die durch die Wasserfontänen gelöscht worden war.

»Ist er nicht wunderbar, der Saal der fallenden Wasser?«, beendete der Bootsmeister das Schweigen. »Es gab Zeiten, da bin ich jeden Tag hier gewesen.«

»Wunderbar ist nicht das Wort, das *ich* gebrauchen würde«, sagte Yilvina. »Eindrucksvoll vielleicht.«

»Was wisst ihr schon von der Schönheit des Wassers?«, entgegnete Gondoran verschnupft. »Ihr habt ja keine Ahnung, welche Arbeit es macht, das Wasser zu hegen.«

»Du sprichst ja vom Wasser, als würdest du eine Herde Kühe hüten«, spottete der Kentaurenfürst. »Was ist schon dabei, auf Wasser zu achten?«

»Wenn wir das Wasser nicht hegen würden, dann würde ganz Vahan Calyd nur abgestandene, lauwarme Brühe trinken! Es fängt damit an, dass wir darauf achten, dass sich hier unten keine Ratten und ungewaschenen Kentauren herumtreiben, um im Trinkwasser zu baden. Jeder Tropfen hier ist durch tiefe Filtergruben geflossen. Die Normirga, das Volk, dem unsere Königin entstammt, haben einst Vahan Calyd erbaut. Sie haben magische Pumpen erschaffen, die das Wasser in Bewegung halten wie riesige Herzen. Wasser ist dazu geschaffen zu strömen, zu pulsieren und aus großer Höhe zu stürzen. So hältst du es lebendig, Pferdemann. Es atmet, wenn es aus den Speiern im Saal der fallenden Wasser hinabstürzt. Und mein Volk hegt dieses großartige Werk.«

»Ich fürchte, ich habe mich gerade eben an deinem Wasser vergangen. Ich streue Asche auf mein Haupt und tue Buße, doch ich konnte nicht länger an mich halten und habe mich erleichtert.«

Die anderen Kentauren prusteten los, doch Gondoran starrte den Fürsten einfach nur mit weit aufgerissenen Augen an.

»Du hast was?«

»Ich fürchte, ich habe zu schwer zu Mittag gegessen. Und dann die Aufregung. Das Feuer. Die Flucht. Das alles hat meine Verdauung angeregt.«

»Das ist ein Scherz, nicht wahr?«, sagte der Holde flehend. »Bitte sag, dass das ein Scherz ist.«

»Ich scherze niemals, wenn es um meine Äpfel geht«, entgegnete der Kentaurenfürst grinsend. »Wir können nicht lange an uns halten, wenn es so weit ist. Das hat mich auf manchem Fest der Elfen schon in arge Verlegenheit gebracht. Wir sind, wie uns die Alben erschaffen haben.« Er zuckte mit den Schultern. »Aber in der ungeheueren Menge von Wasser wird sich das sicher gut verteilen.«

Gondoran antwortete darauf nicht. Er und seine beiden Gefährten hüllten sich in Schweigen, während die Kentauren ihre derben Scherze fortsetzten.

Der Tunnel führte sie durch eine Schleusenkammer in ein weiteres Zisternenbecken. Hier mussten sie wieder schwimmen. Ab und an blickte Ollowain zurück. Es wäre ein Wunder, wenn ihr Verfolger im Saal der fallenden Wasser nicht ihre Spur verloren hätte. Gondoran hatte zwar nichts dazu gesagt, aber der Schwertmeister war sich sicher, dass der Holde mit Bedacht an einer Stelle durch den

Wasservorhang getreten war, die ein gutes Stück von dem Tunnel entfernt lag, den sie dann gewählt hatten. Wer immer ihnen folgte, hatte die Auswahl zwischen mehr als zwei Dutzend Kanälen, die aus dem Kuppelsaal hinausführten.

Und dennoch blickte Ollowain immer wieder zurück. Es war auch unwahrscheinlich gewesen, dass ihr Verfolger die Geheimtür so schnell fand.

Nachdem keiner der Holden mehr auf die provozierenden Späße der Kentauren einging, verstummten auch die Pferdemänner bald. Schweigend schwammen sie in ihrer kleinen Insel aus Licht durch die Finsternis. Ab und an passierten sie eine der riesigen Säulen, die die Zisternendecke trugen. Ollowain ließ seine Gedanken schweifen. Er dachte zurück an die Zeit mit Alfadas. Die Königin hatte ihn damit beauftragt, den Menschensohn zu erziehen. Zuerst hatte er das als eine Strafe empfunden. Was wollte man von einem Menschen schon erwarten? Er sollte ihn den Schwertkampf lehren, wohl wissend, dass er nicht einmal lange genug lebte, um auch nur in einer der siebenundzwanzig Künste des Tötens Vollkommenheit zu erlangen. Yilvina, seine beste Schülerin seit Jahrhunderten, hatte es bisher geschafft, in vier Künsten die Meisterschaft zu erlangen, wobei sie ihn im Kampf mit zwei Schwertern mittlerweile sogar übertraf.

Der Menschensohn hatte ihn überrascht. Obwohl ihm die Zeit fehlte, zur Vollkommenheit zu gelangen, glichen sein brennender Ehrgeiz und seine fast schon unheimliche Begabung diesen Nachteil aus. In der Welt der Menschen würde es niemanden geben, der ihm gewachsen war. Ollowain fragte sich, was wohl aus seinem Schüler geworden sein mochte. Besaß er die Reife, mit seinem Können umzugehen? Oder hatte er es genutzt, um sich zu einem Tyrannen aufzuschwingen?

Wäre Alfadas nur niemals Silwyna begegnet! Die Maurawani hatte eine dunkle Seite im Menschensohn zum Schwingen gebracht. Sie hatte ihm eine Wunde geschlagen, die nie mehr verheilt war. Es war zu bitter, daran zu denken. So vieles hätte aus dem Jungen noch werden können, aber er hatte es vorgezogen, aus Albenmark zu fliehen.

Der Schwertmeister blickte über die Schulter und lauschte. Hinter ihm lagen nur Dunkelheit und Stille. Er hatte keine andere Wahl gehabt, als sie um Hilfe zu bitten. Silwyna war die beste Bogenschützin, die er in so kurzer Zeit hatte finden können. Er lächelte grimmig. Sie hätte ihr Ziel niemals verfehlt, wenn *sie* auf die Königin geschossen hätte.

»Schwertmeister?« Gondorans Stimme schreckte Ollowain aus seinen Gedanken. Der Holde deutete voraus, wo man einen winzigen, rötlichen Lichtpunkt in der Finsternis sah. »Da stimmt etwas nicht. Beide Tore zur Zisterne stehen weit offen, wie es scheint. Das kann eigentlich nicht geschehen. Was sollen wir tun?«

»Wie weit ist das Tor noch entfernt?«

Der Bootsmeister zuckte mit den Schultern. »Dreihundert Spann vielleicht.«

»Löscht die Fackel!«

Gondoran gehorchte. »Das wird nicht mehr helfen. Wenn dort jemand ist und die Zisterne beobachtet, dann hat er uns längst entdeckt.«

»Ich werde nachsehen. Bleibt hier und wartet auf ein Zeichen von mir. Gibt es dort oben eine Kiste mit Fackeln?«

»Natürlich. An jedem Eingang gibt es so eine Kiste.«

Ollowain streifte seinen Waffenrock ab. Das Schwert allein wog schwer genug. Er war nie ein herausragender Schwimmer gewesen, so war es besser, jeden unnötigen Ballast loszuwerden. Er schlang den Ledergurt der Waffe über Brust und Rücken und zog ihn straff.

»Ich werde mit dir kommen«, sagte Orimedes. »Hier untätig zu warten ist nichts für mich.«

Ollowain seufzte stumm. Der Letzte, den er jetzt an seiner Seite gebrauchen konnte, war der heißblütige Kentaurenfürst.

»Bei allem Respekt, mein Freund, doch ich werde versuchen, mich in aller Heimlichkeit dem Ausgang zu nähern. Ich weiß dein Angebot zu schätzen, aber ich muss es ablehnen.«

»Ich kann mich fast lautlos bewegen«, beharrte der Fürst.

»Und wer soll die Königin beschützen, wenn ich nicht zurückkehre? Du bist der geborene Anführer. Du wirst einen Weg finden! Ich brauche dich hier, Orimedes.«

Der Kentaur stieß einen grunzenden Laut aus. »Manchmal hasse ich es, ein Fürst zu sein. Viel Glück.«

»Wenn ihr mir folgen könnt, dann werde ich eine brennende Fackel im Kreis schwingen.« Ollowain stieß sich vom Nachen ab. Mit starken, gleichmäßigen Zügen schwamm er dem Licht entgegen.

DAS GESTÄNDNIS

Du hast das Siegel erbrochen und meine Warnung leichten Herzens übergangen. Ich bitte dich ein letztes Mal, leg diesen Brief zurück in sein Versteck, wenn du reinen Herzens bleiben willst.

Eine einzige finstere Tat kann ein Leben in Edelmut zerstören. Von einer solchen Tat muss ich berichten. Ich hatte gehofft, ins Mondlicht zu gehen, wenn ich daran mitwirke. Ich dachte, es sei mein Schicksal. Doch ich habe mich getäuscht. Mit dem Wissen um diese Nacht kann ich nicht weiterleben. Und doch wäre es ein Verbrechen, die Wahrheit der Lüge zu opfern, so wie es geschehen wird. Kein Albenkind würde den Trollen je glauben. Und selbst sie werden wohl nicht erfahren, was wirklich geschah. Ich muss es niederschreiben, denn die Wahrheit darf nicht für alle Zeit vergessen sein.

Wenn dies vollbracht ist, werde ich meine Erinnerung daran auf immer tilgen und werde das Siegel dieses Briefes niemals berühren. Sei noch ein allerletztes Mal gewarnt, fremder Zeuge meiner Schande! Du willst die Wahrheit nicht wissen! Nie wieder wirst du Albenmark mit den Augen der Unschuld sehen, wenn du nun weiterliest.

Emerelle befahl, den König und die Fürsten der Trolle zur Shalyn Falah zu bringen. Es hieß, sie würden von dort aus an einen geheimen Ort in Gefangenschaft geführt. Ihr Volk aber sollte auf immer aus Albenmark verbannt sein. Zu blutig bezahlten wir für unseren Sieg. Von allen Seiten griffen wir sie an, und die Trolle wähnten sich verloren. Deshalb streckten sie die Waffen und lieferten sich unserer Gnade aus. Sie glaubten, wir hätten sie mit großer Übermacht umzingelt, in Wahrheit jedoch waren sie stärker als wir, und hätten sie sich erneut erhoben, nichts in Albenmark hätte sie aufhalten können. Unser Sieg war ohne Glanz, denn er war durch Täuschung errungen. Wir alle wussten in dieser Nacht, dass die Kinder der Alben Jahrzehnte brauchen würden, um sich von den vergangenen Schlachten zu erholen.

Dies alles kann nicht entschuldigen, was geschah. Doch ich hoffe, dass du, fremder Zeuge meiner Schande, zumindest verstehen kannst, warum es geschah. Hätte die Herrschaft über Albenmark in die Hände der schrecklichsten Kinder fallen dürfen?

Der Trollkönig und seine Fürsten wurden geknebelt und mit verbundenen Augen hinaus auf die Shalyn Falah gebracht. Sie glaubten wohl, man wolle sie in die Kerker der Festung auf der anderen Seite der Brücke bringen. Dann befahl Emerelle ihrem Schwertmeister, die Trolle in den Abgrund zu stürzen. Doch der ehrenhafte Ollowain, der bisher nie gezögert hatte, einem Befehl seiner Herrin zu folgen, verweigerte sich ihr. Dafür erbot sich ein anderer Krieger, Farodin mit Namen, ihr zu gehorchen. Seine Liebste, Aileen, war von Trollen erschlagen worden. Emerelle verbot es ihm. Sie wollte keine Rache. Sie wollte einen Henker mit kaltem Herzen, der die Bluttat beging, um Albenmark zu retten. Und so trat ich vor. Geknebelt und blind stürzten sie stumm, wie Steine, in den Abgrund.

Im Glauben, dass ihre Fürsten unsere Gefangenen sind, würden die Trolle nicht nach ihren wiedergeborenen Anfüh-

rern suchen. Und vielleicht können sich ihre Seelen in der Welt der Menschen nicht wieder in Fleisch kleiden. Niemand weiß das. Ich hoffe auf den Frieden. Aber ich fürchte darum, dass die Trolle eines Tages das Geheimnis dieser Nacht ergründen. Denn dann wird es nie wieder Frieden geben können, und Albenmark wird im Blut seiner Kinder ertrinken.

AUS DEM NACHLASS DES MEISTERS ALVIAS

DIE STIMME AUS DEM LICHT

Knirschend schrammte das Elfenschiff an der Hafenmauer entlang. Einige Trolle sprangen von Bord, um es mit Leinen festzuzurren. Ein Speer traf einen der Krieger.

Orgrim deutete auf den in kaltes Licht getauchten Turm am Ende der Hafenmauer. »Los, schlagt das Tor ein und bringt die Elfen darin um.« Der Rudelführer war wütend. Erst hatte er andere Rudelführer um Hilfe bitten müssen, damit sie das Elfenschiff in Schlepp nahmen, und dann war es unmöglich, in den Hafen einzulaufen. Orgrim hatte sich vorgestellt, wie er im Triumph in der Stadt ankam und die Leiche der Königin auf seinem Schild trug, sodass jeder sie sehen konnte. Aber das Schicksal drohte ihm seinen Ruhm zu stehlen. Man musste verrückt sein, um den Hafen anzusteuern. Noch immer trieben dort dutzende brennender Wracks. Die Flotte legte nun an der langen Außenmauer an, die zum Schutz gegen die Brandung errichtet worden war.

Immer mehr Kriegerrudel sprangen von den Schiffen und stürmten laut schreiend auf die Stadt zu. Soweit Orgrim sehen konnte, trafen sie nirgends auf ernst zu nehmenden Widerstand. Nach dem Kampf um das Schiff der Königin war er froh darum. Die Elfen waren klein und schwächlich, das stimmte schon. Ein einziger Keulenhieb ließ ihre Knochen splittern und sie ihre Lungen auskotzen.

Doch es war verdammt schwer, sie überhaupt zu treffen. Und ihre Klingen waren flink und schnitten tief.

»Rudelführer, wir bekommen Besuch!« Boltan war auf das Achterdeck gestürmt und deutete hinaus auf See. »Der König!«

Aus der Mauer der düsteren Schiffssilhouetten löste sich ein riesiger Schatten. Drei rote Laternen leuchteten am Hauptmast. Die *Todbringer*, das Schiff des Königs! Ob er wohl gesehen hatte, wer als Erster an Bord der Liburne gegangen war? Orgrim schalt sich in Gedanken einen Narren. Der König kam einfach nur, um das erbeutete Schiff zu begutachten. Wie hätte er auf die Entfernung und noch dazu bei Nacht beobachten sollen, wie das Entergefecht verlaufen war!

Orgrim trat an das Lager, auf dem der entstellte Leichnam der Tyrannin lag. Seine großen Hände strichen über die Schwanenkrone. Es war tatsächlich geschehen. Er hatte den Schwertmeister der Königin erschlagen und Emerelles Kadaver erbeutet. Niemand konnte ihm diesen Ruhm nehmen. Er hatte es nicht nötig, an den Gefechten in der Stadt teilzunehmen.

Die Ruder der *Todbringer* wurden eingezogen und Leinen herübergeworfen. Langsam ging das riesige Schiff längsseits. Seine Decks lagen um mehr als acht Langellen höher.

Das Elfenschiff stöhnte auf, als es zwischen der *Todbringer* und der Hafenmauer eingekeilt wurde. Orgrim hörte Holz splittern. Dass diese verdammten Wichtel es nicht fertig brachten, stabil zu bauen! Er wunderte sich, dass ihre dünnhäutigen Schiffchen überhaupt einen Sturm überstanden.

Eine Enterbrücke krachte auf das Deck der Elfenbarke. König Branbart und seine Gefolge stiegen herab. Der Herrscher war von gedrungener Gestalt und etwas kleiner als die meisten Trolle. Knochenwülste wucherten über seinen Augen, und es schien, als verbargen sich unter seiner Stirn die Ansätze zweier Hörner. Branbarts Nase war breit und etwas krumm. Eindrucksvolle Narben zierten seine Stirn und seine Brust. Der König war der Sieger vieler Zweikämpfe. Ein Umhang aus Wolfsfellen hing von seinen Schultern. Dazu trug er einen speckigen, ledernen Kilt. »Heho, Feuerfresser!« Branbart ging auf Boltan zu und klopfte ihm auf die Schulter. »Ich beglückwünsche dich zu deinem Fang!« Er ließ den Blick über die toten Elfen auf Deck schweifen und lächelte zufrieden. »Hast diesen Wichten ordentlich das Fell gegerbt. Du solltest morgen an meiner Tafel sitzen.«

»Ich …« Boltan wand sich vor Verlegenheit. »Orgrim ist der Rudelführer. Ich bin nur der Geschützmeister.«

»Das weiß ich.« Der König zog die Nase hoch und rotzte aufs Deck. »Aber du hast den Elfenwichten doch ordentlich eingeschenkt.« Branbart deutete auf eine Schnittwunde am Arm des Geschützmeisters. »Ich sehe ja, dass du dich nicht vor diesen verfluchten Elfenklingen gedrückt hast. Gestern noch habe ich von dir gesprochen, Boltan. Mit seinem Leib ein Feuer ersticken! Bei den Alben! Mehr Männer wie dich brauchte ich! Es bleibt dabei. Ich will dich morgen Abend an meiner Tafel sehen!«

Orgrim hatte Mühe, die Fassung zu wahren. Was sollte der Auftritt des Königs? Wollte der Herrscher ihn vor all seinen Kriegern beleidigen?

Branbart wandte sich um. Er stank nach Met. Gönnerhaft tätschelte er Orgrim über die Wange. »Nun, mein Welpe, war es klug von mir, dir ein Rudel zu geben?« Seine Augen blitzten unter den wulstigen Brauen. »Wo ist dein Schiff?«

Orgrim überging die Frage. Ihn einen Welpen zu nennen, eine hilflose Kreatur, die von den Zitzen ihrer Mutter noch nicht entwöhnt war, das galt unter Trollkriegern als schlimmste Beleidigung. Nur mühsam gelang es Orgrim, an sich zu halten. Offenbar war der König betrunken.

»Die Tyrannin ist tot. Und ich habe ihren Schwertmeister erschlagen.« Er deutete auf das Lager aus Fellen, auf dem Emerelle aufgebahrt war. »Unser flammender Zorn hat die Elfenkönigin vernichtet.«

Branbart zog erneut die Nase hoch. »Das soll sie sein?« Er trat an den Leichnam und starrte Emerelle lange an. »Ihr Gesicht ist zu verbrannt. Sie trägt ja ein Gewand wie eine junge Maid. Verdammte Elfenschlampe! Ich hatte gehofft …« Er schüttelte den Kopf. »Nein, ich erinnere mich nicht mehr an sie.« Er spuckte auf den Leichnam des Schwertmeisters, der noch dort lag, wo Orgrims Kriegshammer den Elfen niedergestreckt hatte. »Sie hat daneben gestanden, als ich auf die Shalyn Falah geschafft wurde. Mandrag!« Er winkte einen der Männer seines Gefolges heran. »Erinnerst du dich, wie sie mich hat fliegen lassen?«

Ein grauhaariger Krieger trat an die Seite des Königs. Er kaute auf seiner Unterlippe, als er die Tyrannin anstarrte. Dann griff er nach der Krone. Orgrim sah Tränen der Wut in den Augen des Alten funkeln. »Daran erinnere ich mich!« Er zeigte die Krone herum. »Das hat sie getragen, in der Nacht des Verrats. Das erkenne ich wieder! Sie muss es wohl sein.«

Branbart grunzte ärgerlich. »*Muss es wohl sein* genügt mir nicht! Ruft Skanga herab!« Der Herrscher wandte sich Orgrim zu. »Du schuldest mir noch eine Antwort, Welpe!«

Orgrim verstand nicht.

»Dein Schiff!«, herrschte ihn der König an.

»Die Elfen haben es versenkt. Sie haben die *Donnerer* gerammt, als wir das Schiff der Tyrannin enterten. Aber sie konnten uns nicht mehr vom Schiff der Königin vertreiben.«

»*Konnten uns nicht mehr vom Schiff der Königin vertreiben*«, äffte Branbart ihn nach. »Ich habe dir ein Schiff anvertraut, Welpe, weil man mir gesagt hat, du wärest es wert, ein Rudelführer zu sein. Wo ist es jetzt? Es liegt auf dem Meeresgrund!«

»Keiner meiner Männer ist mit dem Schiff gesunken. Ich habe eine Elfenbarke erobert. Wenn ich nicht geentert hätte, dann wären die Elfen mit der Leiche ihrer Königin entkommen.«

Branbart stampfte so fest auf, dass das Holz unter seinem Fuß bedrohlich knarrte. »Das hier nennst du ein Schiff? Ein Elfendreck ist das! Red dich nicht heraus, Welpe. Die anderen Rudelführer, die diese Nacht ihre Schiffe verloren haben, sind wenigstens so klug, mir nicht mehr unter die Augen zu treten.« Er wandte sich an den alten Krieger. »Wie viele Schiffe haben wir gleich verloren, Mandrag?«

»Vier, mein König.«

»Vier Schiffe! Jedes mit mehr als zweihundert Kriegern an Bord! Das ist ja ein ganzes Heer. Und sie alle sind in Brand geraten?«

»Ja, mein König«, bestätigte der Alte.

»Nie wieder will ich diese dreimal verfluchten Feuerkugeln an Bord eines Trollschiffes sehen. Und auch die Katapulte werdet ihr morgen über Bord werfen. Wir sind Trolle! Niemand kommt uns an Stärke gleich. Ich verfüge hiermit, dass von nun an und für alle Zeit Steine *geworfen* werden und Feuer nichts mehr an Bord von Trollschiffen verloren hat.« Er zog die Nase hoch und spuckte Orgrim vor die Füße. »Es gibt nur eins, was noch dümmer ist! Sich von einem Elfenschiffchen versenken zu lassen. Du warst doch gewarnt? Oder hat man dir etwa nicht von den Stahlspornen an ihren Schiffen erzählt? Du hättest besser auf die *Donnerer* Acht geben müssen, Welpe!«

Auf der Enterbrücke erschien eine gebeugte Gestalt. Mit gichtkrummen Fingern hielt sie sich am Geländer fest. Alle Gespräche verstummten. Orgrim hatte Skanga, die große Schamanin seines Volkes, noch nie leibhaftig gesehen. Behutsam stieg sie die steile Holzbrücke hinab. Die Schamanin trug ein derbes Kleid, das mit so vielen Flicken besetzt war, dass man unmöglich seine ursprüngliche Farbe erraten konnte. Jeder ihrer Schritte wurde von Rascheln und leisem Klicken begleitet. Um ihren faltigen Hals hingen dutzende von Amuletten und Glücksbringern: kleine Figuren, aus Knochen geschnitzt, steinerne Ringe, Federn, ein vertrockneter Vogelkopf und etwas, das aussah wie ein halber Rabenflügel. Zahllos waren die Geschichten über ihre Macht. Es hieß, allein ihr Blick könne töten und sie lebe seit den Tagen, als die Alben noch unter ihren Kindern weilten.

»Ich hoffe, du hattest einen guten Grund, mich rufen zu lassen.« Die Schamanin sprach mit leiser, ein wenig heiserer Stimme. Und doch war jedes ihrer Worte deutlich zu verstehen.

»Der Rudelführer Orgrim glaubt, die Leiche der Tyrannin gefunden zu haben.« Branbart zog wieder die Nase hoch, doch diesmal spuckte er nicht aufs Deck, sondern trat kurz an die Reling.

Skanga wandte sich Orgrim zu. Ihre Augen waren von dünnem weißen Schleim überzogen. Sie streckte die Hand nach ihm aus. »Bring mich zu Emerelle, Welpe.«

Es fühlte sich an, als streife ihn ein vertrockneter Ast. Die Finger der Schamanin waren hart und wirkten wie abgestorben. Ihre Nägel krümmten sich wie Bärenkrallen. Skanga sah zu ihm auf und blinzelte. »Ich kenne dich, Welpe. Komm zu mir, wenn die Kämpfe beendet sind.« Sie kicherte leise. »Orgrim ist also jetzt dein Name.«

Dem Rudelführer zog sich der Magen zusammen. Er

hatte davon gehört, dass sich die Schamanin manchmal junge, kräftige Krieger zuführen ließ. Es hieß, sie stahl von ihrer Lebenskraft.

Er brachte sie zum Lager der Königin. Skanga schien trotz ihrer milchigen Augen nicht wirklich blind zu sein. Ohne dass er sie gewarnt hätte, machte sie einen weiten Schritt über den Leichnam des Schwertmeisters hinweg. Warum hatte sie seine Hand halten wollen? Um herauszufinden, ob er das rechte Opfer für ihre Blutmagie war?

Die Schamanin legte der toten Königin ihre knotige Hand auf die Brust und tastete über das zerrissene Kleid. Dann stieß sie ein ärgerliches Grunzen aus und befühlte Emerelles Stirn. Die langen Nägel schnitten in das verbrannte Fleisch. Skanga murmelte leise vor sich hin. Orgrim verstand einzelne Worte. Sie befahl der Elfe zurückzukehren. Dabei hatte ihre Stimme etwas Dunkles, Widernatürliches. Der Rudelführer erschauderte. Plötzlich war es kühler geworden. Eine Bö eilte von der offenen See heran und rüttelte an der Takelage. Die Lippen der toten Königin zitterten. Ihr Mund klappte auf. Licht troff in zähen Fäden, so wie Honig, von ihren Mundwinkeln und strahlte durch die geschlossenen Augenlider. Ein herzerweichendes Wimmern war zu hören.

»Widersetze dich nicht«, hauchte Skanga. »Ich habe dein Licht zurückgerufen, Elfe. Ich kann es halten, so lange ich will. Du spürst jetzt wieder die Qual des Augenblicks deines Todes. Dein verbranntes Fleisch. Die zerschmetterten Knochen in deinem Leib.«

Das Wimmern wurde schriller. Die Augenlider der Toten flatterten. Orgrim wich einen Schritt zurück. In diesem Augenblick war er sich ganz sicher, dass alles stimmte, was er jemals über Skanga gehört hatte.

»Jeder hat mir bisher gesagt, was ich wissen wollte. Es ist unnütz zu kämpfen. Am Ende redet ihr alle. Gib nach.

Sag mir, wie du heißt. Nur dein Name, und ich lasse dich los.«

Die Augen der toten Königin öffneten sich. Da waren keine Augäpfel oder Pupillen mehr. Nur gleißendes Licht, so hell, dass der Rudelführer den Blick abwenden musste.

»Dein Name!«

»Sa… San…«

Tränen aus Licht troffen von den Augen Emerelles. Ihre Stimme erstickte in unartikuliertem Wimmern. Immer lauter wurde das gemarterte Kreischen. Orgrim hatte schon oft das Geschrei Sterbender gehört. Aber eine Tote noch weiter gequält zu sehen, wühlte ihn zutiefst auf. Es gab also keinen Frieden. Nicht einmal im Grab. Nie.

»Sansella!«, stieß die Königin hervor. »Ich heiße Sansella! Sansella!«

Skanga zog ihre Hand zurück. Das unheimliche Licht verschwand augenblicklich. Die Leiche lag völlig still. Orgrim starrte die Tote erschrocken an. Konnten Leichen lügen? War dies eine letzte List der Tyrannin?

»Ich kann mir vorstellen, was du jetzt denkst.« Skanga hielt ihn mit ihren milchigen Augen fixiert. »Die Antwort ist: nein!«

Branbart zog die Nase hoch und spuckte Orgrim vor die Füße. »Dafür hast du dein Schiff verschenkt, Welpe. Du bist es nicht wert, ein Rudelführer zu sein. Ich nehme dir dein Rudel. Du bist nur mehr Krieger. Und vermutlich ist das noch zu viel!«

Orgrim sah fassungslos von der Toten zum König und dann wieder zu Skanga. Die Elfenwichte hatten ihm alles genommen! Er war zu überrascht und erschüttert, um überhaupt etwas sagen zu können. Seit Tagen hatten all seine Gedanken darauf gezielt, wie er Herzog werden könnte, und nun war er nicht einmal mehr Rudelführer.

Die Schamanin hielt die Schwanenkrone in der Hand

und streichelte über das kalte Metall. »Ihr Band zerreißt«, sagte sie leise. »Die Königin hat die Krone so lange getragen, dass es eine Verbindung zwischen diesem Stück Metall und ihr gibt. Doch es wird immer schwächer. Sie scheint im Sterben zu liegen.« Skanga hatte die Augen geschlossen und presste die Krone fest auf ihre Brust. »Sie ist am Rand der Baumsümpfe auf der anderen Seite der Stadt.«

»Holt sie mir!«, rief Branbart. »Wer Emerelle bringt, wird Herzog sein! Schickt Schiffe, damit sie aus dem Sumpf nicht aufs Meer entkommt. Kreist sie ein! Hetzt sie wie Wölfe ein verwundetes Reh. Ihr habt es gehört, sie liegt im Sterben. Bringt sie mir! Wenn uns Emerelle entkommt, dann ist dieser Sieg nur einen Dreck wert!«

UNTER DEM STACHELTUCH

Ein toter Lamassu trieb mit weit ausgebreiteten Flügeln an Ollowain vorbei. Die Strähnen seines geölten Bartes umspielten sein dunkles Antlitz wie tanzende Wasserschlangen. Die riesigen Schwingen und der Stierleib waren von wuchtigen Schlägen zerschmettert worden. Nur sein sonnengebräuntes Antlitz mit der klassischen Nase, den edel geschwungenen Brauen und den sinnlichen, vollen Lippen war unversehrt gewesen. Der Lamassu trieb inmitten des breiten, roten Lichtstreifens, der durch das Tor unter der Zisternendecke aufs Wasser fiel. Und er war nicht der einzige Tote, den man hier herabgeworfen hatte.

Ollowain schwamm zu der Anlegestelle und klammerte sich an einen der goldenen Ringe, die in die Mauer eingelassen waren, um daran Boote zu vertäuen. Es war totenstill. Nichts regte sich. Weder im Wasser noch auf der Treppe oder auf dem Weg hinauf zum roten Licht.

Lautlos glitt der Schwertmeister aus dem Zisternenbecken. Geduckt lief er zur Treppe hinüber. Der weiße Marmorboden war mit Blut verschmiert. Ollowain zog sein Schwert. Mit langen Sätzen eilte er dem Licht entgegen.

Auch hier führte eine geheime Tür von den Zisternen in einen prächtigen Saal. Ein schwarzer Fries mit Bäumen aus Perlmutt war der einzige Schmuck des Marmors. Die meisten der Öllampen auf der Treppe hinauf zur Stadt waren zertreten. Blut war an den Wänden und auf dem Boden. Das schwere goldene Tor war zerschlagen. Es sah aus, als habe ein zorniger Riese mit Fäusten darauf eingehämmert. Dahinter erstrahlte der Himmel in flackerndem Purpur.

Die Treppe führte hinaus in einen Wassergarten. Aus goldenen Fontänen wurden kristallene Blüten geboren. Im aufgewühlten Wasser eines der Becken lagen zwei Holde. Blut trieb in feinen rosa Schlieren hinab zum Abfluss des Beckens. Außer dem Plätschern des Wassers erklang kein Geräusch.

Misstrauisch sah Ollowain sich um. Was immer hier gewütet hatte, war weitergezogen. Den Hügel hinauf hörte er jetzt gellende Schreie. Er musste zurück! Seine Pflicht war, die Königin zu retten! Vahan Calyd war verloren. Ein Schwert konnte das Blatt nicht mehr wenden. Doch es mochte genügen, um Emerelle den Weg aus dem Inferno zu erstreiten.

Ollowain schob die Waffe zurück in die Scheide. Dann eilte er hinab, um seinen Gefährten das Fackelsignal zu geben. Vom Wasserpark aus waren es nur noch wenige hundert Schritt bis zu den Mangroven. Sie hatten es fast geschafft! Die Kentauren zerrten das Boot aus der Zisterne und schleppten es hinaus in die Nacht.

Wie zum Gruß erhob sich eine Allee silberner Säulen aus den Wasserbecken, als sie hinaus in die Nacht traten. Ein Schleier aus feinem Sprühwasser hüllte sie ein. Gondoran wies ihnen den Weg.

»Man muss wohl einen Pferdearsch haben, um auf die Idee zu kommen, mitten in der Nacht ein Boot spazieren zu tragen«, erklang eine kräftige Stimme. Schatten zerteilten die Silberschleier. Eine Keule schnellte vor und zerschmetterte Antafes die Vorderläufe. Der Kentaur brach in die Knie. Ollowain sah, wie der nasse Bootsrumpf den verbliebenen Pferdemännern entglitt. Orimedes duckte sich unter einem Keulenhieb und keilte aus. Seine Hufe trafen einen Trollkrieger mitten in die Brust.

Der Nachen schlitterte über die glatten Marmorplatten. Plötzlich neigte er sich nach vorne. Gondoran, der noch immer am langen Heckruder stand, stieß einen schrillen Schrei aus. Das Boot schlitterte eine Treppe, breit wie ein Hügelhang, hinab. Verzweifelt versuchte der Holde, den Statuen auszuweichen, die sich auf massigen Sockeln zwischen den Stufen erhoben. Die Schussfahrt führte den Nachen geradewegs auf das dunkle Wasser der Mangroven zu.

»Wachen, schwärmt aus!«, rief Ollowain und zog seine Klinge. Jetzt, da der unsichtbare Feind endlich ein Gesicht bekommen hatte, spürte er eine unbändige Wut. »Orimedes, du bringst das Boot in Sicherheit.« Der Schwertmeister hütete sich, den Namen der Königin in den Mund zu nehmen. »Yilvina, bewache die Verwundete.«

Mit einem Hechtsprung war Ollowain bei dem Troll, der Antafes niedergestreckt hatte. Ein Hieb durchtrennte das Bein des Hünen dicht unter dem Knie. Zu überrascht, um zu schreien, stürzte der Troll. Ollowain wich einem kraftlosen Angriff aus und stach seinem Gegner durch die Kehle. Orimedes hob die Keule des sterbenden Trollkriegers auf und stellte sich an die Seite des Schwertmeisters.

Von seinem schnellen Sieg offenbar eingeschüchtert, wichen die übrigen Trolle zurück. Einer von ihnen setzte ein Horn an die Lippen und gab ein langes, klagendes Signal. Die letzten Leibwachen der Königin hatten rechts und links von Ollowain Stellung bezogen. Mit gesenkten Schwertern warteten sie auf den nächsten Angriff der Trolle. Während Yilvina seinem Befehl gehorcht hatte, hielt sich Orimedes noch immer an der Seite des Schwertmeisters.

»Fürst, ich muss dich bitten zu gehen!« Ollowain blickte kurz über die Schulter. Der Nachen war in der Dunkelheit verschwunden. »Beschütze die Verwundeten. Ich tue nun, wofür ich seit Jahrhunderten geschult wurde.«

»Ich bin kein Feigling, der einfach fortläuft!«, begehrte der Kentaur auf.

»Jetzt zu fliehen, um vielleicht eines Tages zurückzukehren und diese Nacht zu rächen, erfordert mehr Mut, als hier zu bleiben und zu sterben.« Der Schwertmeister sah sich nervös um. Er verstand nicht, warum die Trolle sich zurückgezogen hatten. Zwischen den Wasserfontänen konnte er die Schatten von sieben der hünenhaften Kämpfer erkennen. Ein Signalhorn antwortete weiter oben in der Stadt. Bald würde Verstärkung kommen. Er blickte zu dem toten Troll. War er der Anführer der kleinen Gruppe gewesen?

»Es gibt nur wenige Fluchtwege aus Vahan Calyd, und unsere Feinde scheinen überall zu stehen. In dieser Nacht wird die Mehrzahl aller Fürsten Albenmarks sterben oder in Gefangenschaft geraten, Orimedes. Albenmark braucht Männer wie dich. Rette dich, du verdammter Dickschädel. Und rette die verwundete Königin. Sie ist unsere Hoffnung auf die Zukunft!« Aus den Augenwinkeln sah Ollowain, wie sich die Wangenmuskeln des Kentauren spannten. Schließlich neigte der Pferdemann sein Haupt. »Es war mir eine Ehre, dich gekannt zu haben, Schwertmeister. Für einen Elfen ....« Seine Stimme stockte. »Wenn du auch noch saufen und fluchen könntest, hättest du einen ganz guten Freund abgegeben.« Mit diesen Worten wandte sich Orimedes um und eilte die Treppe hinab, um Emerelle auf ihrem Nachen in Sicherheit zu bringen. Wenn sie aus den Mangrovensümpfen entkamen, würden sie sicher auch bis ins Herzland gelangen.

Ollowain blickte zu den Wachen. Unter ihnen war niemand, der in einer der Künste des Tötens Vollkommenheit erreicht hatte. Der Kampf würde kurz werden. Der Schwertmeister lächelte, um ihnen Mut zu machen. »Schlachten gewinnt, wer das Unerwartete wagt. Lasst uns tun, womit diese tumben Fleischberge am wenigsten rechnen. Greifen wir sie an!«

Ohne die Antwort seiner Gefährten abzuwarten, stürmte Ollowain unter den Fontänen hindurch. In diesem verzweifelten Augenblick fühlte er sich frei. Alle Last war von ihm genommen. Er hatte nur noch zu tun, was er am besten konnte. Er hätte nicht mit dem Kentauren tauschen mögen.

Die Trolle waren völlig überrascht. Ollowain sprang einen der Krieger mit den Beinen voran an. Mit einer Hand klammerte er sich am struppigen Barthaar seines Gegners fest, während er ihm mit der Rechten das Schwert in die Brust rammte. Behände wand er sich unter dem Griff seines Gegners, stieß sich mit aller Kraft von ihm ab, machte einen Salto rückwärts und landete federnd im Brunnenbecken.

»Mögen die Ratten ... dich fressen ... feiger Wicht!«, schrie ihn der sterbende Troll an. Sein Gegner presste beide Hände auf die Brust. Zwischen seinen Fingern quollen Ströme von dunklem Blut hervor.

Die Elfen hatten den Kampf aufgenommen. Schreiend stürmten die Trolle ihnen entgegen. Ollowain duckte sich unter einem wuchtigen Keulenhieb weg. Krachend schlug die Waffe gegen eine der Statuen und zerschmetterte ein Marmorbein. Der Schwertmeister duckte sich erneut, rollte zwischen den Beinen seines Gegners hindurch und traf ihn noch im Aufstehen mit einem Hieb in der Kniekehle.

Kreischend kippte der Troll zur Seite. Ein Schlag nach der Kehle ließ sein Geschrei in blutigem Gurgeln ersticken. Wasser schoss neben Ollowain in die Höhe. Ein Marmorkopf kullerte über den Beckengrund. Ein vollkommen geformtes Steinknie flog ihm entgegen. Mit einem tänzerischen Schritt wich der Schwertmeister aus. Einer der Trolle hatte mit seinem Kriegshammer eine Statue zertrümmert und bewarf ihn nun mit den Steinbrocken. »Bleib stehen und kämpfe wie ein Mann!« Der Hüne hatte einen glatt rasierten Schädel. Seine tief liegenden Augen leuchteten bernsteinfarben. Er war mehr als anderthalbmal so groß wie Ollowain und wog gewiss viermal so viel.

»Du überraschst mich«, spottete der Schwertmeister. »Es heißt, ihr Trolle seid unüberwindliche Kämpfer, und du bewirfst mich mit Steinen wie ein wütendes Kind, das einem Eichhörnchen nachstellt.«

Der Hüne brach in schallendes Gelächter aus. »Vielleicht liegt es daran, dass du dich ebenso wenig zum Kampf stellst wie ein Eichhörnchen.«

Ein gellender Schrei ließ Ollowain herumfahren. Einer seiner Männer war getroffen worden. Dessen Gegner beugte sich zu dem sterbenden Elfen hinab und riss ihm den Schwertarm aus der Schulter. Eine Fontäne von Blut spritzte aus der grässlichen Wunde. Der Troll leckte sich mit einer langen, wurmartigen Zunge über das Gesicht und grunzte vor Genugtuung.

»Nun, Eichhörnchen, wie steht es mit uns?«, rief der Steinwerfer. »Komm her und stell dich zum Kampf.«

»Wenn ich richtig gezählt habe, habe ich schon zwei von deinesgleichen die Kehle durchtrennt. Glaubst du wirklich, du könntest mich besiegen?«

Der Troll hob den riesigen Kriegshammer auf, der neben ihm im Becken lag. »Bleib einen Augenblick lang still stehen, und ich zeige es dir.«

Ollowain musste schmunzeln. Der Kerl hatte Humor. Einen Troll wie ihn hatte er noch nie getroffen.

»Lass das Quatschen, Urk!«

Aus den Augenwinkeln sah Ollowain jenen Hünen heranstürmen, der seinen Gefährten getötet hatte. Er schwang den Arm des Elfen wie eine Keule.

Der Schwertmeister ließ sich auf die Knie fallen und beugte sich zurück. Bluttropfen sprenkelten sein Antlitz, als der Arm ihn um wenige Zoll verfehlte. Ollowain spannte sich, schnellte hoch und verpasste dem Troll einen kräftigen Tritt ins Gemächt.

Wie ein silberner Blitz fuhr die Klinge des Elfen hinauf. Der Trollkrieger riss den Arm seines Opfers hoch. Der kalte Stahl durchtrennte Fleisch und Knochen. Mit einer Drehung des Handgelenks verwandelte Ollowain den Hieb in einen Stoß. Das Schwert fand seinen Weg zwischen den Rippen des Trolls. Ollowain stemmte sich vor und rammte die Waffe bis zum Heft in den Leib seines Gegners. Blut quoll ihm entgegen und spritzte ihm auf Brust und Gesicht. Der Troll wollte seine Keule heben, doch die Waffe entglitt den kraftlosen Fingern. Ollowains Schwert hatte ihn ins Herz getroffen.

Dicke Muskelstränge zuckten unter der dunkelgrauen Haut des Trolls; mit ihren hellen Einsprengseln sah sie aus wie lebendig gewordener Granit. Der Hüne kippte nach hinten. Ollowain nutzte das Gewicht des fallenden Körpers, um mit einer Drehung seine Klinge freizubekommen.

Ein Schlag traf den Elfen an der Schulter. Er wurde halb herumgerissen. Grelle Punkte tanzten vor seinen Augen. Das Schwert entglitt seinen tauben Fingern. Ollowain versuchte den sengenden Schmerz zu verbannen, als ihn ein zweiter Schlag von den Beinen riss. Ein Marmorfuß hatte ihn in den Bauch getroffen.

Urk setzte mit einem langen Schritt über ihn hinweg und kickte Ollowains Schwert außer Reichweite. »Na also, mein Eichhörnchen. Hab ich dich da, wo ich wollte. Du solltest doch nur einen Augenblick lang stillhalten!«

Der Schwertmeister rollte sich zur Seite, war aber nicht schnell genug, um einem Fußtritt zu entkommen. Er schlitterte durch das flache Wasser und schlug gegen den Sockel einer Statue. Bevor er sich aufraffen konnte, war Urk über ihm und setzte Ollowain seinen riesigen Fuß auf die Brust.

»Ich werde dich braten und essen, Elflein.« Die blasse Zunge des Trolls zuckte über seine dunklen Lippen. Geifer rann ihm aus den Mundwinkeln. »Du bist wirklich ein großer Krieger. Ich …«

Der Druck des Fußes verstärkte sich und presste Ollowain die Luft aus dem Leib. Urk starrte ihn mit weit aufgerissenen Augen an. Eine zweite, stählerne Zunge ragte aus seinem Maul. Ein Pfeil!

Ein schlanker Fuß traf den Troll in die Kniekehle. Er knickte nach hinten ein und stürzte.

Ollowain sah alles verschwommen. Sein ganzer Leib schien nur noch Schmerz zu sein. Ein Gesicht beugte sich vor.

»Wir sind zu spät«, sagte er mit tonloser Stimme.

»Nein!« Das Gesicht lächelte.

Ollowain blinzelte. Silwyna stand über ihn gebeugt.

»Kannst du gehen? Wir sind ein wenig in Eile.« Die Maurawani streckte ihm ihre Hand entgegen und half ihm auf.

Ollowain hatte das Gefühl, auf Stelzen zu stehen. Seine Beine waren taub, so als gehörten sie gar nicht mehr zu ihm. Jeder Atemzug schmerzte. Seine Rippen schienen wie eiserne Fesseln um seine Lungen zu liegen. »Ich kann alleine stehen«, keuchte er.

Die Bogenschützin schlang sich seinen Arm um die Schultern. »Natürlich. Ich würde vorschlagen, dass wir uns unterwegs weiter unterhalten.«

Ein junger Elfenkrieger reichte ihm sein Schwert. Ollowain zitterte zu sehr, um es aus eigener Kraft in die Scheide auf seinem Rücken schieben zu können. »Wo sind die anderen?«

»Tot.« Der Elf wich seinem Blick aus. »Wir … Ich …«

Ollowain schüttelte müde den Kopf. »Sag nichts. Wer einen Kampf mit Trollen überlebt, ist ein tapferer Krieger.«

Dem jungen Elfen standen Tränen in den Augen. »Sie waren so … Ich sah, wie Marwyn einen von ihnen niederstechen wollte. Sein Schwert ist einfach an den Rippen abgeglitten. Und dann … Dann … Der Troll hat ihm mit der bloßen Faust …«

»Still!«, herrschte Silwyna den Krieger an. »Hör auf zu jammern. Sei froh, dass du noch lebst!« Sie trug Ollowain mehr, als dass sie ihn stützte. So schnell es ihre Last zuließ, eilte sie die Treppen hinab.

»Was machst du hier?« Ollowain brachte kaum mehr als ein Flüstern zu Stande. Jede Bewegung, selbst zu reden, schmerzte.

»Ich dachte mir, du bist der Schwertmeister der Königin, weil du ein besonderes Talent hast, Situationen zu überleben, in denen jeder andere sterben würde. Deshalb bin ich dir gefolgt.«

»Aber wie hast du …«

»Dich erkannt?« Sie lachte. »Wenn ich blind wäre, würde ich als Jägerin verhungern. Ich sah, wie du mit dem Gardisten unter Deck gegangen bist. Und ich sah jemanden heraufkommen, der zwar Ollowains Gewänder trug, sich aber nicht bewegte wie der Schwertmeister. Andere hast du mit diesem Mummenschanz vielleicht getäuscht. Aber als dann ein *einfacher* Gardist die Kentauren zur Barke der Königin holte, war mir klar, was du vorhattest.«

Ollowain versuchte den Schmerz aus seinen Gedanken zu verbannen. Er konnte schon wieder freier atmen. »Du bist uns also in die Zisternen gefolgt.«

»Nasses Kentaurenfell hat einen unverwechselbaren Geruch. Ich brauche keine herkömmliche Fährte, um meiner Beute zu folgen. Eine Duftspur ist genauso gut.«

Sie hatten einen kleinen Bootssteg am Fuß der Treppe erreicht. Silwyna deutete auf frische Schrammen im Holz. »Dieser Holde hat es tatsächlich geschafft, das Boot auf Kurs zu halten.« Sie bückte sich und hob einen feinen Holzsplitter auf. »Hoffentlich hält der Rumpf noch dicht.«

Vor ihnen erstreckte sich eine dunkle Wasserlandschaft. Glatte schwarze Flächen, durchzogen von niedrigen Inseln. Auf den meisten Inseln wuchsen Bäume, aus deren Geäst geisterhafte weiße Bärte hingen. Wurzeln stachen senkrecht wie die Speere von Fallgruben aus dem Schlamm. Nebelbänke hingen dicht über dem Wasser. Hier gab es keine Lichter mehr. Hinter ihnen erklang der Ruf eines Horns.

»Sie haben die Toten gefunden. Wir sollten uns jetzt beeilen.« Silwyna deutete auf das Ende der Schrammenspur auf dem Steg. »Hier haben die Kentauren das Boot zu Wasser gelassen.« Sie hob den Kopf, witternd wie ein Spürhund. »Ihr Vorsprung ist noch nicht sehr groß. Wir werden sie einholen.«

Ollowain brauchte ihre Hilfe. Sie ließ ihn vom Steg herab, sodass er sich an einen der Pfähle klammern konnte. Das Holz war weich, zerfressen von Wasser und Zeit. Es roch vermodert. Das Wasser selbst war lauwarm und fühlte sich träge an. Nicht wie in den Zisternen oder in einem Quellbach. Es hatte etwas Anschmiegsames und zugleich Schleimiges. Es war dichter, als Wasser sein sollte. Fauliger Geruch trieb mit dem Nebel. Ollowains Füße versanken in Schlamm.

Zwischen den Pfählen des Landungsstegs trieben Leichen. Die Gesichter zeichneten sich als blasse Flecken im dunklen Wasser ab.

Silwyna und der überlebende Gardist ließen sich am

Steg hinabgleiten. Die beiden griffen ihm unter die Arme. Ollowain starrte den jungen Mann an. Er kannte sein Gesicht, konnte sich aber nicht mehr an seinen Namen erinnern. Er sollte die Namen seiner Männer kennen! Zumindest das war er ihnen schuldig.

»Wir werden versuchen zu schwimmen, so gut es geht«, flüsterte Silwyna. »Im Schlamm zu waten ist zu laut und zu anstrengend.«

Ollowain ließ sich von den beiden ziehen. Das warme Wasser entspannte seine schmerzenden Glieder. Langsam fühlte er sich besser. Der Mond war hinter dem Horizont verschwunden. Nicht mehr lange, und es würde dämmern. Es war die beste Zeit für eine Flucht durch die Mangroven. Der Atem der ersterbenden Nacht brachte Nebel.

Nach einer Weile schwamm der Schwertmeister aus eigener Kraft. Er hatte Glück gehabt. Ein paar üble Prellungen, sonst hatte er nicht viel abbekommen. Er schuldete Silwyna sein Leben. Einen Herzschlag noch, und Urk hätte ihn mit seinem riesigen Steinhammer zerschmettert.

»Sie sind ganz in der Nähe. Hörst du das?«, fragte die Bogenschützin.

Ollowain lauschte in den Nebel. Da war ein schmatzendes Geräusch.

»Das sind die Kentauren«, flüsterte Silwyna. »Sie müssen in seichtes Wasser geraten sein. Dort entlang.« Sie deutete auf eine dichte Nebelbank und schwamm voraus. Bald war sie zwischen den treibenden Dunstschleiern verschwunden. Allein das leise Schmatzen wies Ollowain den Weg. Und dann sah er sie. Er war ihnen so nahe gekommen, dass er den hintersten der Kentauren fast berührt hätte. Das Boot war nur ein undeutlicher Schemen.

»Orimedes?«

Sofort verstummte jedes Geräusch.

»Ich bin es, Fürst. Ollowain.«

»Das ist sein Geist«, hörte er Gondoran flüstern.

»Unsinn!« Ein Schatten löste sich vom Boot und bewegte sich mit schmatzenden Schritten in Ollowains Richtung. »Schwertmeister?« Der Kentaur packte ihn bei den Schultern und hob ihn hoch. Ein blitzendes Lächeln zerteilte den Bart des Pferdemanns. »Verdammt gut, dich wieder zu sehen.«

Ollowain brachte keinen Ton heraus. Stechender Schmerz brannte in seinen Gliedern. Tränen traten ihm in die Augen.

Orimedes setzte ihn ab. »Das hätte ich nicht gedacht, dass dich die Wiedersehensfreude zu Tränen rühren könnte. Ihr Elfen versteckt eure Gefühle zu gut, mein Freund.« Er klopfte Ollowain auf die Schulter. »Den Alben sei Dank, dass du es geschafft hast!«

»Ich bin nicht allein«, stieß der Schwertmeister gepresst hervor. »Eine Bogenschützin hat mir das Leben gerettet. Und einer meiner Männer hat es auch geschafft.«

Gemeinsam wateten sie zum Nachen. »Wie geht es der Königin?«, wollte Ollowain wissen.

Der Kentaur zuckte mit den Schultern. »Unverändert. Sie regt sich nicht. Auch die Verräterin liegt ganz still.«

Hinter ihnen erklang der lang gezogene Ruf eines Hornes.

Orimedes senkte die Stimme. »Sie sind auch hier in den Sümpfen. Mistkerle. Wenn der Nebel nicht wäre, hätten sie uns schon längst aufgespürt.« Er runzelte die Stirn. »Es ist ein Wunder, dass ihr uns gefunden habt.«

Ollowain nickte. »Ja, das war Glück.« Er wollte so wenig wie möglich über Silwyna sprechen. Die Maurawan hatten keinen guten Ruf.

»Wir müssen uns beeilen«, drängte Gondoran. »Schön, dass du da bist, Schwertmeister, aber das Willkommensfest sollten wir später feiern. Das Wasser fällt. Die Ebbe hat eingesetzt, und wir müssen sehen, dass wir aus den Kanälen der Mangroven hinaus ins Waldmeer gelangen. Erst dort werden wir vor den verfluchten Trollen in Sicherheit sein.«

»Und wenn sie nicht nur hier in den Baumsümpfen sind? Was ist, wenn sie es waren, die uns auch von See her angegriffen haben?«

Der Holde stieß ein kurzes, keckerndes Lachen aus. »Trolle auf Schiffen? Wer hätte davon je gehört! Das ist Unsinn. Im Waldmeer wird man uns nicht suchen. Alle Trolle haben Angst vor dem Wasser. Sobald es so tief ist, dass es ihnen bis zur Brust reicht, machen die sich in die Hosen und trauen sich nicht mehr weiter. Deshalb müssen wir zum Meer.«

»Aber was ist mit denen, die uns von See her beschossen haben?«, wandte Ollowain ein. »Irgendjemand ist da draußen, der keine Angst vor dem Meer hat.«

Gondoran machte eine Geste, als wolle er eine lästige Fliege verscheuchen. »Alles Schnickschnack! Wer weiß, dass wir …« Er blickte misstrauisch zu Silwyna. »Wer weiß, dass wir hier mit Verwundeten flüchten? Bis die Trolle ihre Verbündeten auf See benachrichtigen können, sind wir über alle Berge. Ihnen steht eine brennende Stadt im Weg, wenn sie zum Hafen wollen. Wir werden entkommen!«

Wie um die Worte des Holden Lügen zu strafen, erklang ein Signalhorn. Es war bedenklich nahe. Die Trolle waren in den Mangroven. Die Jagd hatte gerade erst begonnen.

Schweigend kämpften sich die Gefährten durch den Schlick. Gondoran gab sich alle Mühe, den Nachen in den etwas tieferen Kanälen zwischen den Inseln zu halten. Herabhängende Äste zerzausten ihnen das Haar und schrammten über ihre Gesichter. Außer dem Geräusch ihrer Bewegungen war es still. Kein Tier regte sich. Alles, was lebte, hielt sich verborgen vor einer unsichtbaren Bedrohung.

Plötzlich entdeckte Ollowain ein gutes Stück voraus das

blasse Licht einer Fackel. Ein paar Herzschläge lang tanzte es zwischen den Dunstschwaden wie ein fernes Irrlicht, dann war es wieder verschwunden.

Ollowain spürte jetzt deutlicher den Sog der Gezeitenströmung. Das Waldmeer konnte nicht mehr weit sein. Der Wasserstand fiel beunruhigend schnell. Immer schmaler wurde der gewundene Kanal, dem sie mit dem Nachen folgten. Bald würden sie im Schlick festsitzen.

Zu ihrer Linken, dort, wo irgendwo das Meer sein musste, erklang ein Horn. Der Nebel dämpfte den klagenden Laut. So war es unmöglich zu sagen, wie weit ihre Verfolger noch entfernt sein mochten.

»Sie kreisen uns ein«, flüsterte Silwyna. »Nicht mehr lange, und sie haben uns.«

Ollowain starrte in die Finsternis. War da ein erster Streifen zarten Lichts am Horizont? Noch lag der Nebel alles erstickend über den Mangroven, wie ein riesiges Leichentuch, ausgebreitet über eine sterbende Welt. Der Gestank faulender Pflanzen war hier allgegenwärtig. Selbst das brackige Wasser war wie tot. Träge Wellen begleiteten lautlos ihre Bewegungen. Obwohl der Schwertmeister ihn hasste, war der Nebel ihr Verbündeter. Doch der beginnende Tag würde ihn schnell vertreiben.

»Woher wissen die Trolle, wo wir sind?«, fragte er die Maurawani.

»Sie wissen es nicht. Sie sind Jäger. Es ist ihr Instinkt, der sie führt. Sie werden uns stellen, noch bevor die Sonne aufgeht. Sie haben Jagdgruppen in den Mangroven zurückgelassen, um Flüchtlinge abzufangen. Nun werden sie zusammengerufen. Warst du einmal bei einer Treibjagd, wo Hunde und Kobolde das Wild aufschrecken, um es den eigentlichen Jägern entgegenzutreiben? Sie warten mit ihren Saufedern und Bogen dort, wohin die Tiere fliehen. Das ist unsere Lage, Schwertmeister.«

»Und wie können wir entkommen?

»Das willst du nicht wissen.«

»Wie?«, beharrte Ollowain.

»Wir überlassen Emerelle ihrem Schicksal und versuchen jeder auf sich gestellt zu fliehen. Ich würde durchkommen«, sagte sie selbstsicher. »Du vielleicht auch, Schwertmeister. Die Kentauren würden zu viel Lärm machen. Den Holden gelingt es vielleicht, sich zwischen irgendwelchen Wurzeln zu verstecken. Dort werden die Trolle nicht suchen.« Sie blickte zu Lyndwyn, die zusammengesunken neben dem Mast lag. »Sie würde sterben. Selbst wenn sie rechtzeitig wieder zu Bewusstsein kommt. Sie vermag nicht eins mit dem Land zu werden. Diese Magierin zu finden ist keine Kunst, und was deine Schülerin …«

»Mich zu finden wird auch keine Kunst sein«, unterbrach Ollowain sie scharf. »Ich werde dort sein, wo die Königin ist.«

»Du wirst sie nicht aufhalten können, Schwertmeister. Welchen Sinn macht es, für eine aussichtslose Sache zu sterben? Glaubst du, dies ist dein Weg ins Mondlicht?«

»Dies ist der Weg, den mir meine Ehre gebietet.«

»Gut gesprochen!«, mischte sich der Kentaurenfürst ein. »Jag sie davon, diese kaltherzige Schlange.«

»Ehre?« Silwyna lächelte ironisch. »Man merkt, dass du der Lehrmeister des Menschensohns warst. Alfadas sprach wie du.« Ollowain glaubte einen Hauch von Wehmut in ihrer Stimme zu hören. »Du bist ein Romantiker, Schwertmeister. Männer wie dich findet man nur noch selten unter den Alten. Romantiker sind stets die Ersten, die sterben.« Sie nahm den Köcher von der Schulter und schlug die Schutzkappe zurück. »*Meine* Treue zur Königin währt so lange, bis dieser Vorrat an Pfeilen erschöpft ist.« Sie verschloss den Köcher wieder und löste den Bogen, den sie seitlich daran festgebunden hatte. »Ich kämpfe am besten für mich allein. Ich werde mir einen trockenen Platz suchen und eine Sehne aufziehen. Wenn nicht zu viele Trolle kommen, sehen wir uns vielleicht noch einmal wieder.«

Die Jägerin hob Köcher und Bogen hoch über ihren Kopf. Das Wasser reichte ihr bis zur Brust. Ohne sich noch einmal umzusehen, watete sie davon. Einige Herzschläge lang war sie noch als vager Schemen im Dunst zu erkennen, dann war sie verschwunden.

»Was für ein Miststück war das denn?«, fragte Orimedes empört.

»Eine Fremde«, sagte Ollowain nachdenklich. Warum hatte Silwyna ihn in den Köcher blicken lassen? War ihr nicht klar, dass er den Pfeil im Mast gesehen hatte? Oder war es vielleicht sogar eine Drohung? Sechs Pfeile steckten noch in ihrem Köcher. Und zwei davon hatten eine schwarz-weiß gestreifte Befiederung, so wie der Pfeil, den man auf Emerelle abgeschossen hatte. Es waren Würgeulenfedern. Angeblich ließen sie die Pfeile lautlos fliegen. Geschosse, geschaffen für Meuchler. Und für Jäger? Beklommen blickte er in die Richtung, in der Silwyna verschwunden war.

Fahles Morgenlicht dünnte den Nebel aus. Drei Lichtflecke bewegten sich vor ihnen. Es schien, als kämen sie den Kanal hinauf, dem die Gefährten mit ihrem Nachen folgten.

Auf ein Zeichen Gondorans hielten die beiden Holden, die das Boot mit langen Stangen vorangestakt hatten, inne. Die Lichter waren wieder im Nebel verschwunden. Doch es konnte keinen Zweifel daran geben, dass sie sich in ihre Richtung bewegt hatten.

»Wohin ist die Jägerin gegangen?«, fragte der Bootsmeister.

»Sie hält uns den Rücken frei.« Ollowain sah sich nach einer Bucht, einem Seitenkanal oder einem Dickicht aus Wurzeln um. Irgendetwas, das geeignet sein mochte, um den Nachen zu verstecken.

»Unsinn!«, murrte Gondoran. »Von ein paar Pfeilen werden sie sich nicht aufhalten lassen. Was ist *dein* Plan, Schwertmeister? Wie entkommen wir ihnen?« Der Holde sah ihn erwartungsvoll an. Alle blickten sie zu ihm! Er konnte doch keine Wunder vollbringen.

Wieder erklang das Horn, das ihnen seit der Flucht aus dem Wassergarten gefolgt war. Diesmal waren es drei kurze, atemlose Rufe. Ihre Jäger hatten sie gefunden, wie es schien.

»Dein Plan!«, drängte Gondoran.

»Ich entlasse euch aus den Diensten der Königin, Gondoran. Du und deine Männer, ihr kennt euch in den Mangroven aus. Ihr habt gute Aussichten zu entkommen.«

Nun erschollen rings herum Jagdhörner. Die Schlinge zog sich zu. Ollowain lockerte sein Schwert in der Scheide. Er war bereit!

»Du willst uns jetzt einfach fortschicken? So wie Feiglinge?«, fragte Gondoran empört. »Glaubst du, wir hätten Angst vor dem Tod? Meinst du, wir laufen *jetzt* fort, um uns in den Löchern von Sumpfratten zu verkriechen und darauf zu hoffen, dass die Trolle weiterziehen? In meinem Volk gelten wir drei als Krieger, Schwertmeister. Wir können alle Trolle töten, wenn wir es nur wollen!«

»Alle, jawohl!«, stimmte einer der anderen Holden zu. »Wir ersticken sie unter dem Stacheltuch!«

Orimedes lachte. »Auf jeden Fall habt ihr das Herz am rechten Fleck, Jungs.«

»Ich mache keine Scherze!«, entgegnete Gondoran feierlich. Er legte den Kopf in den Nacken und blickte hinauf zum dicht miteinander verwobenen Geäst der Baumkronen. »Hast du den Mut, deine Königin mit deinem Leib zu schützen statt mit deinem Schwert, Ollowain?«

»Was hast du vor?«

Gondoran deutete auf eine dicke Wucherung in einer Astgabel über ihnen. Im fahlen Licht sah es aus, als sei das Holz von einer Eiterbeule aufgebläht. Erst auf den zweiten Blick erkannte er, dass es ein Nest war.

»Gärtnerbienen«, sagte der Holde leise, so als habe er Angst, das Bienenvolk im Nest über ihren Köpfen könnte sie belauschen. »Sie hegen die Blumen in den Mangroven. Jedes Bienenvolk hat einen eigenen Garten. Und sie vertreiben alle, die ihm zu nahe kommen.«

»Hu, da läuft es einem ja eiskalt den Rücken herunter. Und du Narr glaubst, sie würden die Trolle vertreiben«, spottete der Kentaurenfürst. Orimedes zog sein Schwert. »Das hier brauchen wir. Blanken Stahl, sonst nichts.«

»Du hast noch nie ein zorniges Bienenvolk erlebt, Pferdemann, sonst würdest du nicht so leichtfertig daherreden. Die Gärtnerbienen werden die Trolle nicht vertreiben, sie werden sie töten. Und uns werden sie auch umbringen, wenn wir sie erst einmal gerufen haben. Nur wer es schafft, seinen Mund nicht zu öffnen, wenn sie kommen, wird vielleicht überleben.«

»Was sollte daran so schwer sein?«, fragte Yilvina verunsichert.

»Du wirst es erleben! Nichts hier in den Mangroven ist so tödlich wie die Gärtnerbienen. Nicht die grüne Baumviper und auch nicht die großen Meereskaimane, die manchmal mit der Flut in die Sümpfe kommen. Sie fallen zu tausenden über jeden Eindringling her. Deshalb gibt es hier keine Vögel oder Affen. Nichts. Nicht einmal mehr Wasserratten. Sie alle sind tot oder geflohen. Und wir Fischer wagen uns nur noch nachts hinaus in die Mangroven, solange die Bienenvölker schlafen. Wenn wir drei oder vier der Nester zerstören, dann werden sich alle Bienen erheben. Und dann beginnt das Sterben.«

»Ich kann mir nicht vorstellen, wie ein paar Bienen einen Troll töten sollen«, sagte Orimedes. »Das sind doch Holdenmärchen.«

Wieder tauchten die drei Lichter im Nebel auf. Sie waren ein gutes Stück näher gekommen. Ein paar Augenblicke noch, und die Trolle würden geradewegs in sie hineinlaufen.

»Wie können wir Emerelle beschützen?«, wollte Ollowain wissen. Er war nicht bereit, die Hoffnung aufzugeben, die Königin vielleicht doch noch zu retten.

»Indem du dich über sie legst. Am besten wird sie sich jedoch selbst beschützen. Ich sagte doch schon, man darf sich nicht rühren und auf gar keinen Fall den Mund öffnen. Dann wird man vielleicht überleben.«

»Ruf die Bienen, Gondoran.« Ollowain zog sich ins Boot. Hastig deckte er das Gesicht der Königin mit einem Tuch ab. Noch immer ruhte Lyndwyns Hand auf der Brust der Königin. Es war rührend, mit anzusehen, wie sie selbst ohnmächtig noch Emerelle beschützen wollte. Doch er sollte sich nichts vormachen! Sie tat das gewiss nicht aus Mitgefühl, sondern allein, um ihr eigenes Leben zu schützen.

Die Holden nahmen ihre Stirnbänder ab, und Gondoran holte ein kleines Ledersäckchen mit Kieselsteinen unter einer der Bänke hervor.

»Heho, wer da?« Die Trolle hatten sie entdeckt!

Der Bootsmeister legte einen Stein in sein Stirnband und ließ es über seinem Kopf kreisen. Mit dumpfem Knacken durchschlug sein Geschoss die Hülle des Bienennestes. Gondorans Kameraden zielten auf andere Nester. Das Wirbeln der Stirnbänder verursachte ein leises, zischendes Geräusch.

Ollowain hielt den Atem an. Aus dem beschädigten Nest quoll eine dunkle Masse. Dann war die Luft erfüllt von dumpfem Summen. Eine grauschwarze Wolke löste sich vom Bienennest.

Kaltblütig legten die Holden neue Steine in ihre Schleudern.

Der Schwertmeister kniete nieder und beugte sich schützend über die Königin.

Aus Richtung der Trolle erklang ein Schrei. Ollowain konnte sehen, wie die Bienen auf das Geräusch reagierten. Eben noch waren sie eine ziellos durch das Geäst tanzende Wolke. Jetzt zog sich der Schatten in die Länge und wurde im nächsten Augenblick wieder zu einem dichten Klumpen. Der ganze Schwarm flog den Trollen entgegen.

Erleichtert atmete Ollowain aus. Im Nebel vor ihnen erklang lautes Fluchen. Etwas platschte durch das Wasser. Zu sehen war jedoch nichts. Zwei weitere Bienenvölker erschienen über ihnen im Dickicht der Äste. Plötzlich war eine riesige Gestalt neben dem Nachen. Hilflos mit den Armen rudernd, stolperte sie dahin, stürzte und wälzte sich schreiend im brackigen Wasser. Ollowain erkannte den Troll an seiner Größe, doch der Körper des Hünen hatte alle Konturen verloren. Tausende von Bienen hatten sich auf ihm niedergelassen und verwandelten ihn in eine formlose, zuckende Masse. Die Luft war erfüllt vom Summen, laut wie das Donnern der Hufe bei einer Reiterattacke.

Ollowain versuchte wie versteinert zu stehen. Einzelne Bienen ließen sich auf ihm nieder. Die Gärtnerbienen waren ungewöhnlich groß. Fast so lang wie die oberen beiden Glieder seines kleinen Fingers. Ihre Bewegungen kitzelten unangenehm. Der Schwertmeister spürte, wie sich ein dicker Schweißtropfen auf seiner Stirn bildete. Jetzt waren auch überall auf Emerelles Decke Bienen. Gondoran starrte ihn vom Heck her an. Auf der Nasenspitze des Holden turnte eine große Biene, doch er schien sie kaum zu bemerken. In den Augen des Bootsmeisters lag ein stummes Flehen, sich nur nicht zu bewegen.

Der Troll hatte sich auf eine flache Bank aus schwarzem Schlick geschleppt. Er hielt beide Hände auf die Kehle gepresst, so als versuche er, den Würgegriff eines unsichtbaren Gegners zu überwinden.

Aus den Augenwinkeln sah Ollowain, wie einer der Kentauren von Bienen überfallen wurde. Wild mit dem Schwanz peitschend bäumte er sich auf. Orimedes eilte seinem Gefährten zu Hilfe, nur um ebenfalls unter der Stacheldecke zu verschwinden.

Ollowain biss die Zähne zusammen. Jetzt waren Bienen auf seinem Gesicht. Ihre kleinen Beine tasteten über seine verbrannte Haut. Sogar die Fackel am Schiffsmast griffen sie an. Zu Dutzenden verbrannten sich die Gärtnerbienen die Flügel. Die meisten prasselten auf Lyndwyn hinab, die noch immer beim Mast lag. Die Magierin blinzelte. Einen Moment schlug sie die Augen auf und sah zu Ollowain. Sie wirkte keineswegs wie jemand, der aus tiefem Schlaf erwachte und nicht wusste, was um ihn herum geschah. Sie lächelte fast kokett. Dann schloss sie die Augen wieder. Die Bienen, die sich auf ihr niedergelassen hatten, flogen auf, und keine kam ihr mehr nahe.

Der Schweißtropfen perlte von Ollowains Stirn. Sengender Schmerz durchbohrte sein Kinn. Eines der Mistviecher hatte ihn gestochen. Tränen schossen ihm in die Augen und rannen ihm über die Wangen. Der Tonfall, in dem die Bienen unmittelbar um ihn herum summten, änderte sich. Er wurde dunkler. Bedrohlicher!

Immer mehr Bienen ließen sich auf ihm nieder. Besonders auf seinem Gesicht. Seine Wangen prickelten. Er wurde wieder und wieder gestochen. In die Augenwinkel, in den Hals. Ollowain zitterte vor Anspannung. Das Summen klang lauter. Sie waren jetzt auch in den Ohren. Dann spürte er, wie sich eine Biene in seine Nase schob. Ihre Fühler tasteten über die feinen Härchen.

Kleine Beine krabbelten ihm über die Lippen. Die Bienen versuchten, sich in seinen Mund zu schieben. Denk an etwas anderes, befahl er sich. Er wollte sich an Nomja erinnern. Mehr als hundert Jahre waren vergangen, seit sie zur Wache der Königin gekommen war. Er hatte sie vom ersten Augenblick an geliebt. Und doch hatte er es nie gewagt, ihr seine Gefühle einzugestehen. Sie war lange tot, begraben in einer fremden Welt. Er wollte ihr Gesicht wieder erstehen lassen. Die feinen ebenmäßigen Züge ... Etwas krabbelte über sein Auge! Ollowain zuckte zusammen. Eine Biene stach ihm ins Augenlied. Nomja! Denk an sie ... Er wurde wahnsinnig. Er hielt das nicht länger aus. Die tausend tastenden Beine auf seinem Gesicht, überall auf seinem Körper. Er kniff die Augenlider zusammen und wurde sofort mit weiteren Stichen bestraft.

Gellende Schreie drangen durch das Summen. Das Sterben hatte begonnen. Hätten sie doch nie die Bienen gerufen! Er spürte sein linkes Augenlied zuschwellen. Das Gift der Bienen juckte und brannte. Sich zu kratzen wäre eine Erlösung. Oder ins Wasser zu stürzen.

Denk an Nomja! Welche Farbe hatten ihre Augen? Er versuchte sich ihr Gesicht vorzustellen. Ihr feines Haar. Die großen Augen. Große Facettenaugen. Er sah eine Biene! Mit pelzigem, graubraunem Leib. Die großen Augen musterten ihn ausdruckslos, während die Fühler aufgeregt zuckten.

Die Biene drängte immer tiefer in seine Nase. Und dann spürte er tastende Beine in seiner Kehle! Er schrie auf. Sofort waren sie in seinem Mund. Stacheln bohrten sich in seine Zunge. Etwas kroch über seinen Gaumen. Er zermalmte Bienen mit den Zähnen.

Schützend presste er die Hand auf den Mund. Seine Zunge schwoll an. Etwas stach ihn in die Kehle. Noch mehr Bienen waren in seine Nase gekommen. Warum taten sie das? Was trieb sie dazu, in seinen Körper einzudringen? Es war ihr Tod!

Ein bitterer Geschmack breitete sich in seinem Mund aus. Noch immer krochen sie. Auf seinem Gesicht, den Armen, im Mund, überall. Ihm wurde schwindelig. Seine Lungen brannten. Er musste atmen. Waren sie in seinen Lungen? Unsinn! Das war unmöglich. Und doch war da etwas. Etwas drückte ihm die Kehle zu. Ruhig!

Ollowain dachte an den Troll, der scheinbar mit einem unsichtbaren Gegner gerungen hatte. Machte das Bienengift ihn langsam wahnsinnig?

War da Rauch? Hatte das Feuer sie eingeholt? Der Schwertmeister wagte es nicht, die Augen zu öffnen. Er wollte nicht noch einmal fühlen, wie sie ihm über den Augapfel krochen. Dann würde er vollends wahnsinnig werden.

Waren es seine Lungen, die brannten? Ein Feuer tobte dort. Er riss den Mund auf. Sofort drängten die Bienen nach. Ollowain hechelte wie ein Hund und verschluckte dutzende Bienen. Er musste husten. Krampfhaft atmete er ein. Die Luft wollte nicht in seine Lungen strömen. Seine Hände fuhren zum Hals.

Seine Beine gaben nach. Er hatte den Mund weit aufgerissen. Das Summen wurde leiser. Er hatte das Gefühl zu fallen. Undeutlich sah er dunkle Äste über sich hinweggleiten. Das Feuer in seinen Lungen würde ihn töten. Er hatte keine Kraft mehr. Seine Arme und Beine zuckten, gehorchten ihm nicht mehr. Etwas kroch über sein Auge. Er sah eine einzelne Biene auffliegen. Er spürte nichts mehr. Aller Schmerz war verloschen.

Ein blasses Antlitz schob sich vor die Äste. Nomja! Nein.

Ihre Haare waren nicht schwarz gewesen. Lyndwyn. Keine Biene behelligte sie. Ihr Gesicht war ausdruckslos. Etwas funkelte silbern. Sie hielt seinen Dolch!

»Du wirst sterben …« Die Klinge fuhr hinab. Er konnte spüren, wie sie in seine Kehle schnitt. Dann verschwand das Antlitz der Magierin in gleißendem Licht.

MORGENS AM FJORD

»Du wirst ihn töten!« Aslas Augen funkelten vor Zorn. Eine kleine Falte trat zwischen ihre Brauen. Alfadas kannte diesen Blick. Es wäre sinnlos zu reden. »Gestern hat es Luth gefallen, Kadlin zu retten. Wird er sie auch heute vor dieser Bestie schützen? Bring das Vieh zum Fjord und töte es. Schaff es fort. Ich will es nie wieder in meinem Haus sehen!«

Blut richtete die Ohren auf. Sein massiger Kopf ruhte auf den Vorderpfoten. Er sah aufmerksam zu ihnen herüber.

»Komm!« Alfadas winkte dem Hund zu. Doch statt aufzustehen, knurrte die Bestie.

»Wawa!«, rief Kadlin. Sie ließ Aslas Beine los und steuerte wieder auf den Hund zu. Alfadas nahm sie auf den Arm. Er konnte sehen, wie sich Bluts Muskeln unter dem rabenschwarzen Fell spannten. »Ganz ruhig. Ich tue ihr nichts.«

Kadlin zwickte ihn in die Wange, brabbelte etwas vor sich hin und begann zu lachen. Blut schnaubte und streckte sich.

Alfadas ging zur Tür. Der Hund schüttelte sich unwillig, dann folgte er ihnen. Am Spaltblock zog der Jarl die schwere Axt aus dem Holz. Bedächtig wog er die Waffe in der Hand. Der Hund konnte nicht beim Haus bleiben, sagte er sich. Es war nur eine Frage der Zeit, bis ein Unglück geschah. Asla hatte Recht. Sie mussten ihn töten. Alfadas stieg den Hügel hinab und ging zum Fjord. Letzte Nebelbänke trieben um den Fuß des Hartungskliffs.

Der Wind wehte den Duft von etwas Gebratenem herüber. Irgendwo ertönte das eintönige Stampfen eines Butterfasses. Kadlin drückte ihren Kopf an seine Wange. »Wawa«, erklärte sie ihm und deutete auf Blut.

Alfadas hatte Bratenreste vom Fest in eine Tasche gestopft. Er würde Blut das Fleisch hinwerfen, um ihn abzulenken. Eine Henkersmahlzeit. Er fühlte sich schlecht. Blut hatte niemandem etwas getan. Jedenfalls noch nicht … Er musste ihn für das töten, was Ole mit ihm angestellt hatte. Alfadas wusste, dass sich wohl kaum jemand im Dorf Gedanken darüber machen würde, ob er gerecht zu einem Hund war.

Der Himmel spannte sich klar und wolkenlos über den Fjord und die Berge. Noch war es kühl. Es würde einer der letzten sonnigen Spätsommertage werden. Es hieß, der Winter käme früh, wenn der Sommer sich in solcher Pracht verabschiedete. Schon leuchtete in den Eichenkronen am anderen Ufer das erste Rot und Gold. Alfadas hasste die Winter im Fjordland. Er war nicht für Kälte geschaffen. Die Sommer hier waren stets viel zu kurz. Wehmütig dachte er an Albenmark; unbewusst wanderte sein Blick wieder hinauf zur steinernen Krone auf dem Hartungskliff.

»Dada!« Kadlin brabbelte unablässig vor sich hin und deutete auf alles, was ihre Neugier erweckte. Ein Fels am Ufer. Ein goldenes Blatt im Gras, ein Stück Holz, das angetrieben worden war. Für sie war die Welt noch voller Wunder. Blut folgte jeder ihrer Gesten mit Blicken. Ab und an antwortete er ihr sogar mit einem kurzen Kläffen.

Alfadas ging das Ufer entlang. Er wollte keinen Platz auswählen, an dem er sich gern aufhielt. Bald würden die ersten Salme den Fjord hinaufkommen. Er freute sich darauf, den ganzen Tag am Wasser zu verbringen und zu fischen.

Endlich erreichten sie einen kargen Uferstreifen. Hier gab es keinen Fels, der zum Lagern einlud, keine alte Feuerstelle zwischen rußgeschwärzten Steinen. Es war ein Platz ohne Geschichte. Beliebig. Ein Ort, den man leicht wieder vergessen konnte.

Der Jarl setzte Kadlin ab. Sofort richtete sich die Kleine auf und lief über den Kiesstreifen zum Ufer. Sie packte einen grauen Kiesel und wollte ihn ins Wasser werfen, doch er fiel zu kurz. Mit ärgerlichem Gemurmel suchte sie einen neuen Stein. Blut legte sich ganz in ihrer Nähe nieder. Der große Hund wirkte angespannt. Seine Ohren blieben aufgerichtet. Ahnte er, was kam? Alfadas holte den Braten aus seiner Tasche und warf Blut die Fleischklumpen zu. Doch der Hund regte sich nicht. Stattdessen kam Kadlin vom Ufer. Sie zupfte mit ihren kleinen Fingern Fleischfasern von den Bratenstücken und stopfte sie sich in den Mund. Erst jetzt fraß auch Blut einen der Fleischklumpen.

Plötzlich sprang der Hund auf und warf dabei die Kleine um. Kadlin schüttelte sich nur und lachte. Sie hielt es für ein Spiel. Mit steifen Beinen, den Kopf vorgestreckt, stieß Blut ein tiefes, kehliges Knurren aus. Kadlin griff in sein Fell und zog sich hoch. Sie versuchte das Knurren nachzuahmen.

Aus dem Wald über dem Uferstreifen trat eine weißhaarige Gestalt. Gundar, der Luthpriester. Er trug einen grauen Kittel und hatte eine speckige Ledertasche umgehängt.

Blut hörte auf zu knurren, ließ den Ankömmling aber nicht aus den Augen. Der Priester fuhr sich mit der Hand über die Stirn. Er hatte einen hochroten Kopf und atmete stoßweise. »Du hast einen strammen Schritt, Jarl«, keuchte der Alte. »Ich bin nicht mehr für Spaziergänge vor dem ersten Frühstück geschaffen.« Der Priester ließ sich auf dem Kies nieder und holte eine Flasche aus der Tasche. In langen Zügen trank er, dann hielt er Alfadas die Flasche hin. »Ein guter Tropfen. Bestes Quellwasser, vom Fuß des Hartungskliffs. Das wird dir schmecken.«

Der Jarl nahm die Flasche, setzte sie aber nicht an die Lippen. »Warum bist du mir gefolgt?«

»Ach … Ich hatte einen Traum. Ich glaube, der Hund taugt was. Und ich hatte so eine Ahnung, dass du einen Fehler begehen könntest.«

Alfadas schüttelte den Kopf. »Träume, Ahnungen … Wir beide wissen, was Ole aus Blut gemacht hat. Es ist nur eine Frage der Zeit, bis der Hund jemanden anfällt. Und ich möchte nicht erleben, dass es meine Frau oder meine Kinder sind. Er muss weg …«

»Ich verstehe deine Sorgen, Jarl. Aber vertraue den Göttern! Hast du schon vergessen, was gestern Nacht geschah? Luth hat dir ein Zeichen gegeben. Achte ihn. Du bist einer der wichtigsten Fäden in dem Teppich, den er zum Schmuck für seine goldene Halle webt. Ich glaube, es wäre falsch, den Hund zu töten.« Der Priester zwinkerte. »Sei ehrlich, Jarl. Es war doch nicht deine Idee, in aller Früh mit einem Hund, einem Kind und einer Axt einen Spaziergang am Fjord zu machen.«

Alfadas musste unwillkürlich schmunzeln. Verdammter Kerl! Konnte er in sein Herz sehen? Aber er würde sich nicht gegen Asla stellen. Ihre Entscheidung war richtig. Ungerecht, aber vernünftig. »Ich habe gesehen, was jenseits der Welt liegt, Priester. Das Nichts. Ein bodenloser Abgrund. Finsternis, bevölkert von körperlosen Schrecken, die nach dem Seelenlicht der Lebenden gieren. Dort gibt es keine Götter und auch keine goldenen Hallen. Ich schätze dich, Gundar. Und ich weiß, wie viel du für das Dorf tust. Aber erwarte nicht, dass ich an deinen Gott glaube oder gar auf ihn höre.«

»Bist du sicher, dass du alles gesehen hast? Wir sind nicht wie die Elfen, die dich großgezogen haben, Jarl. Wir sind keine Albenkinder. Und die Völker der Menschen wurden nicht von den Alben erschaffen. Wir haben etwas, das ihnen fehlt. Etwas, worum sie uns beneiden. Wir *können* in die goldenen Hallen der Götter eingehen, wenn wir es uns verdient haben. Und dort werden wir bis in alle Ewigkeit ein Fest feiern.«

Alfadas seufzte. Er mochte den Alten und wollte dessen Gefühle nicht verletzen. Wie sollte er ihm klar machen, dass Elfen ewig leben konnten? Das, was er als wunderbare Verheißung nach dem Tod sah, war ihre Wirklichkeit. Alfadas kannte die Geschichten seines Volkes. Aber welche Götterhalle konnte sich mit Emerelles Palast messen? Die Priester erzählten von riesigen Langhäusern mit goldbeschlagenen Holzpfeilern, in denen die Götter mit ihren Auserwählten ein niemals endendes Gelage abhielten. Hallen voller Rauch und dem Grölen von Zechern.

Wie viel wunderbarer waren die Festhallen der Elfen. Hoch und mit Wänden, die aussahen, als seien sie aus Morgenlicht erschaffen. Blütenduft lag dort in der Luft. Und wenn einer ihrer Meister auf der Flöte spielte oder die Laute anschlug, dann ging einem die Musik direkt ins Herz. Alfadas strich über den glatten Schaft der Axt. Das Holz war dunkel vom Schweiß. Der Jarl dachte an die lange Reise mit seinem Vater. An ihre verfluchte Suche nach dem Bastardkind.

»Ich habe das Nichts gesehen, alter Mann. Und andere Orte, die du dir in deinen kühnsten Träumen nicht vorstellen kannst. Aber an goldene Hallen glaube ich nicht.«

»Ich sage ja nicht, dass es dieses Nichts nicht gibt«, lenkte Gundar ein. »Einen Ort der Dunkelheit und der Verzweiflung. Wir alle haben gewiss Stunden durchlebt, in denen wir uns diesem Ort sehr nahe wähnten. Ich fürchte sogar, dass die meisten von uns dorthin gehen werden, wenn die Stunde gekommen ist. Doch es liegt bei uns zu entscheiden, was unser Schicksal sein wird.«

»Tut es das?«, fragte der Jarl zynisch, obwohl er zugleich froh war, das Unausweichliche noch ein wenig hinausschieben zu können, solange er mit dem Priester sprach. »Dein Gott ist doch der Schicksalsweber. Wie kann ich über meine Zukunft entscheiden, wenn mein Weg schon vorherbestimmt ist? Bin ich dann nicht der Sklave des Luth? Eine willenlose Figur im Spiel der Götter?«

Gundar holte einen Apfel aus seiner Tasche und biss herzhaft hinein. Er sah zu Kadlin, die wieder zum Ufer gegangen war und dort mit Kieseln spielte. »Du missverstehst das Wesen von Luth, Jarl. Er ist der Schicksalsweber, ja, doch er weiß, was du tun wirst, weil er dich sehr gut kennt, denn er hat den Faden deines Lebens gesponnen. Manchmal versucht er uns zu helfen, indem er uns Zeichen gibt. Er ist ein freundlicher Gott. Er wünscht sich, dass wir alle den Weg in die goldenen Hallen finden, auch wenn er weiß, dass die meisten es nicht schaffen werden. Er hofft, dass wir mit offenen Augen für das Wirken der Götter durch das Leben gehen. Wer schon im Leben mit Luths Wirken vertraut ist, der wird im Tode leichter zu ihm finden. Leider ist die Mehrheit von uns für seine Zeichen blind. Selbst ich verstehe ihn nicht immer.«

Alfadas schüttelte den Kopf. Diesen Götterglauben würde er niemals begreifen. Allein ihn anzuerkennen, fiel ihm schon schwer. Er wollte Gundar nicht verhöhnen, und doch gingen die Pferde mit ihm durch. »Wir sollten deinem Gott Gelegenheit geben, uns gleich hier eines seiner Zeichen zu schicken. Obwohl das Wasser des Fjords bitter ist, versucht Kadlin immer wieder, davon zu trinken. Blut wird sicher auch bald durstig sein. Trinkt Kadlin zuerst, dann schenke ich dem Hund das Leben.« Er blickte zum Himmel hinauf. »Hast du gehört, Luth? So leicht mache ich es dir. Das Leben von Blut liegt in deiner Hand. Entscheide!«

Der Priester blieb erstaunlich gelassen. Alfadas hatte mit empörtem Protest gerechnet. Oder zumindest mit einem Tadel, weil er den Gott herausforderte, doch Gundar aß in aller Ruhe seinen Apfel. Erst als er fertig war und die Kerne des Gehäuses ins Gras gespuckt hatte, sprach er. »Unter den Menschen mag es vielleicht keinen geben, der es mit dem berühmten Schwertkämpfer Alfadas aufnehmen kann, mit dem Herzog des Königs, dem Schrecken aller Feinde des Nordlands. Doch ganz gleich, was für Namen und Titel man dir geben mag, einen Gott zu fordern, übersteigt die Kräfte auch des besten aller Menschen. Es ist, als fordere Kadlin dich zu einem Zweikampf.« Er lächelte. »Aber Luth ist weise und nachsichtig. Ich bin mir sicher, er wird dir eine angemessene Antwort geben.«

Der Jarl blickte wieder zum Himmel. »Ich warte.«

Schweigend saßen die beiden beieinander und beobachteten den Hund und das Kind. Es dauerte nicht lange, bis Alfadas sein Verhalten bereute. Es war albern! Und dennoch machte er keinen Rückzieher.

Gundar verspeiste grinsend einen zweiten Apfel, während Kadlin vom Wasser zurückkam. Müde rieb sich die Kleine die Augen. Blut lag lang hingestreckt im Gras und döste. Kadlin ging zu ihm hinüber und kuschelte sich an das zottelige, schwarze Fell. Bald war sie eingedöst.

Alfadas betrachtete lange den Hund. Dicke Muskelstränge verbargen sich unter dem Fell, die Blut unförmig erscheinen ließen. Die Schramme an der Schnauze war von dunklem Schorf bedeckt. Im hellen Morgenlicht sah der Jarl noch viele ältere Narben. Er dachte an die Peitsche, die Ole zurückgelassen hatte. Ein Marterinstrument, geschaffen, um tiefe Wunden zu reißen. Mistkerl! Er sollte ihm all seine Hunde abnehmen!

Gundar hatte den Kopf in den Nacken gelegt und sah einer einzelnen einsamen Wolke nach, die über den strahlend blauen Himmel zog. Der Priester sagte nichts, lächelte stumm in sich hinein, und doch war sein Schweigen beredter als alle Worte.

Alfadas war noch immer nicht bereit aufzugeben. Einer von beiden würde schon zum Wasser gehen! Inzwischen war ihm egal, ob es Blut oder Kadlin war. Der Jarl hing seinen Gedanken nach. Was würde er Asla sagen, wenn er mit dem Hund zurückkehrte? Würde sie ein Urteil von Luth annehmen? Vielleicht. Dass es seine Entscheidung war, den Hund nicht zu töten, würde sie sicher nicht hinnehmen. Im Grunde war es nicht schlecht, den Priester zum Zeugen zu haben. So könnte er es sich leicht machen.

Es war Gundar, der schließlich ihr Schweigen brach. »Es ist weit mehr als eine Stunde verstrichen, Jarl. Ich muss gestehen, dass ich inzwischen so durstig bin, dass ich mich versucht fühle, aus dem Fjord zu trinken. Wie lange willst du noch warten?«

»Bis wir ein Zeichen erhalten«, entgegnete Alfadas trotzig.

Der Priester seufzte. »Glaubst du nicht auch, dass Luth schon längst zu uns gesprochen hat? Wir können hier noch bis zur Abenddämmerung sitzen, und weder Kind noch Hund werden aus dem Fjord trinken. Bis heute habe ich dich immer für einen klugen Mann gehalten, Jarl. Du musst doch auch erkannt haben, was die Antwort ist. Der Schicksalsweber ist nicht bereit, dir deine Entscheidung abzunehmen.«

Alfadas hatte mit einem Spruch dieser Art gerechnet. Die wesentliche Eigenschaft, die man benötigte, um Priester zu werden, war die Gabe, alles, was geschah, zu Gunsten seines Gottes zu deuten. Gundar mochte manche Fehler haben, aber um eine gewandte Zunge war er nicht verlegen. »Was also, meinst du, teilt mir dein Gott mit?«

»Horche in dich hinein. Vergiss einen Augenblick alle anderen Menschen. Mich, dein Weib, sogar Kadlin. Mach dich frei von all den unsichtbaren Fesseln, die dich erdrücken. Nimm dir die Muße, über dein Leben und seine Zwänge nachzudenken, und dann tue das, was du für richtig hältst. Es wird auch der Wille Luths sein.«

Alfadas griff nach der Axt und ging zu Blut. Dort schob er die Waffe in seinen Gürtel und nahm Kadlin auf den Arm. Einen Moment lang sah er den großen, hässlichen Hund an. »Komm, wir gehen frühstücken«, sagte er schließlich.

DAS SCHILFROHR

Er spürte wohlige Wärme auf seiner Wange. Ganz nah war das leise Knistern eines Feuers zu hören. Ollowain wollte die Augen öffnen. Seine Lider waren verklebt und zugeschwollen. Nur mit Mühe brachte er schließlich das linke Auge einen Spalt weit auf. Gerade genug, um das Feuer zu sehen. Es war ungefährlich. Ein Kreis aus faustgroßen, weißen Steinen umringte es. Das Holz war bleich wie Knochen. Manche der Flammen loderten grünlich. Treibholz! Ollowain versuchte sich aufzurichten, um besser zu sehen, wo er war. Doch seine Glieder verweigerten ihm den Dienst. Es war, als bestünde er nur noch aus seinem Kopf. Und ... Wieso roch er das Feuer nicht? Er konzentrierte sich ganz darauf, irgendeinen Geruch wahrzunehmen, doch da war nichts. Er spürte nicht einmal, wie er einatmete. Nicht in der Nase und nicht im Mund. Und doch hob und senkte sich seine Brust. Und ein fremdes, röchelndes Geräusch erklang. Panik packte ihn. War er tot? Er versuchte den Kopf zur Seite zu drehen. Unmöglich!

Seine Kehle brannte. Wieder war da dieses Röcheln. Er atmete! Warum fühlte er es nicht? Sein Körper atmete, aber nicht mehr durch Mund oder Nase!

Seine Zunge lag wie ein großes, taubes Stück Fleisch in seinem Mund. Sie war riesig! Er konnte sie kaum bewegen. Mit ihrer Spitze ertastete er dünne Fädchen zwischen seinen Zähnen. Ein bitterer Geschmack füllte seinen Mund. Jetzt erinnerte er sich. Die Bienen! Das waren keine Fädchen! Es waren Beine. Er hatte versucht, die Bienen, die in seinen Mund gedrungen waren, mit Zähnen und Zunge zu zermalmen. Er erinnerte sich an den Dolch. Lyndwyn! Sie hatte ihm die Kehle durchgeschnitten. Das war die Erklärung für alles. Er war tot!

»Ruhig«, ermahnte ihn eine vertraute Stimme. Etwas strich sanft über seine Stirn. »Er ist zu sich gekommen!«

Von jenseits des Feuers drang eine Antwort, die er nicht verstand. Alle Geräusche waren gedämpft.

»Du solltest dich nicht bewegen, Schwertmeister.« Ein Kopf, gerahmt von kurzen, blonden Haaren, beugte sich über ihn, und ein Antlitz, entstellt von wuchernden roten Beulen, lächelte auf ihn hinab. Ollowain vermochte Yilvina allein an ihrer Stimme und an den Haaren zu erkennen. Auch ihre Augen waren zugeschwollen. Sie starrte ihn durch schmale Schlitze an, die es unmöglich machten, ihre Augenfarbe zu erkennen.

»Wir sind gerettet. Lyndwyn hat uns hierher gebracht.«

Ollowain wollte fragen, wo sie waren, doch aus seiner Kehle drang nur ein Röcheln. Er versuchte es noch einmal. Nichts. Er wollte sich aufsetzen. Das Röcheln wurde heftiger. Sein Körper gehorchte ihm nicht. Er fühlte sein Herz rasen. Was war mit ihm geschehen?

Yilvina drückte ihn zurück. »Ruhig. Du wärst fast gestorben. Lyndwyn musste dir in die Kehle schneiden, damit du nicht erstickst.«

Ollowain wollte nach seinem Hals tasten. In die Kehle geschnitten! Was war mit ihm geschehen? Wieder brachte er nur ein Röcheln hervor. Hatte ihm diese verfluchte Magierin die Stimme geraubt?

Yilvina zog eines ihrer Kurzschwerter und hielt die Klinge so, dass er seinen Hals in dem spiegelnden Metall sehen konnte. Ein Schilfrohr war dort mit einem Gespinst dünner Lederriemen befestigt. Es schien tief in seinem Fleisch zu stecken. Ollowains Brust hob und senkte sich. Wieder war dieses seltsame Röcheln zu hören. Er atmete durch das Rohr! Wie war das möglich? Was hatte Lyndwyn mit ihm gemacht?

»Ganz ruhig.« Yilvina legte ihm die Hand auf den Arm. »Sie wird dich heilen. Es dauert nur noch ein wenig.« Die Kriegerin senkte jetzt die Stimme. »Sie ist ungeheuer mächtig. Ihre Kräfte scheinen niemals zu versiegen. Sie hat Rauch erschaffen und damit die Gärtnerbienen aus der Nähe des Nachens verscheucht. Und dann hat sie das Bienengift aus unserem Blut verbannt. Für die meisten von uns kam ihre Hilfe jedoch zu spät. Nur Silwyna, Orimedes und Gondoran leben noch. Und die Königin. Die Bienen haben ihr nichts getan. Und doch ... Sie liegt da, als sei sie tot.« Yilvina schüttelte entmutigt den Kopf. »Lyndwyn sagt, man soll sich keine Sorgen machen. Sie hat die Wunde in Emerelles Brust geschlossen.«

Wo ist Lyndwyn jetzt?, wollte Ollowain fragen. Und er wollte die Königin sehen. Doch sein Körper war ihm zum Gefängnis geworden. Er schloss das Auge und versuchte, seine Gedanken zu ordnen. Sicherlich kam es Lyndwyn gelegen, dass er so hilflos war. Sie würde sich Zeit damit lassen, ihn zu heilen. Unruhig lauschte er auf seinen rasselnden Atem. Das Geräusch veränderte sich. Es klang ... klebriger. Oder bildete er sich das ein? Er sollte schlafen! Seine Wunden waren stets gut verheilt, auch ohne die Hilfe von Zauberei.

Jedes Mal, wenn der Schlaf nahte, schreckte er wieder auf. Sein pfeifender Atem ging dann noch schwerer. Er hatte Angst, nicht mehr zu erwachen, wenn er jetzt seiner Müdigkeit nachgab. Ollowain stemmte sich gegen den Schlaf. Sein Herz raste, er hörte das Blut in den Ohren rauschen. Und dann kehrte sie wieder, die Erschöpfung, die von seinem ausgebrannten Leib ihren Tribut forderte.

Schließlich dämmerte Ollowain ein. Es war angenehm, aufzugeben und sich einfach treiben zu lassen. Keine Pflichten mehr zu erfüllen. Die Wärme des Feuers streichelte seine Wangen. Er hörte das Murmeln eines leisen Gesprächs, ohne verstehen zu können, was gesprochen wurde. Dann sah er den Troll wieder vor sich. Jenen ungeschlachten Kerl, der ihn mit einem Eichhörnchen verglichen hatte. Breit grinsend kam er auf Ollowain zu.

»Na, mein Kleiner, hab ich dich.« Er stellte dem Schwertmeister seinen Fuß auf die Brust. Der Troll stank nach ranzigem Fett. Deutlich konnte Ollowain die Fußnägel sehen. Sie waren leicht nach vorne gekrümmt und hatten breite Schmutzränder. Ganz langsam erhöhte Urk den Druck.

Ollowain wusste, dass es nur ein Traum war. Die Trolle waren besiegt. Er war in Sicherheit! Und dennoch bekam er keine Luft. Das konnte nicht sein! Urk konnte ihn nicht bis in seine Träume verfolgen! Er musste erwachen!

Blinzelnd sah der Schwertmeister sich um. Noch immer konnte er nur ein Auge öffnen. Das Feuer war fast heruntergebrannt. Er versuchte zu atmen, doch eine eiserne Faust drückte seine Kehle zu. Er wollte schreien ... und kein Laut kam über seine Lippen. Er hörte seine Gefährten miteinander reden. Ganz deutlich. Sie waren nur ein paar Schritt entfernt. Lyndwyn erzählte von den Albenpfaden.

Verzweifelt versuchte er noch einmal, sich bemerkbar zu machen, doch er brachte nicht einmal mehr ein Röcheln zu Stande. Es fühlte sich an, als presse ihm jemand mit der Kraft eines Trolls die Kehle zu. Ollowain konnte weder ein- noch ausatmen. Er wollte aufspringen und schreien. Aber er schaffte es nur, matt mit der Hand zu zucken. Das war Lyndwyns Werk! Sie hatte irgendeinen Zauber gewoben, um ihn zu töten. Und den anderen würde sie sagen, er sei leider seinen Wunden erlegen!

»Hört ihr das?«, fragte Gondoran. Das Gespräch verstummte. »Das Röcheln hat aufgehört … Verflucht!«

Plötzlich war der Holde über ihm. Er beugte sich zu Ollowains Kehle hinab.

Ein schmatzendes Geräusch erklang. Und dann bekam er Luft. Sie war wunderbar kühl, streichelte seine Kehle und seine Lungen.

Gondoran spuckte aus. »Verdammter Schleim. Ich bleib bei ihm sitzen.«

Der Holde strich Ollowain das Haar aus der Stirn. Gondoran schien keinen einzigen Stich abbekommen zu haben. Sein Gesicht sah aus wie immer. Mit gelben Augen musterte er den Schwertmeister. »Du hast Glück gehabt. Erst dachte ich, sie wollte dich umbringen. Und das, obwohl der Tod dich schon fest im Griff hatte. Sie hat dir die Kehle aufgeschnitten. Es war ein kleines Wunder. Lyndwyn sagt, es gibt eine Röhre, durch die Luft vom Mund in die Lungen fließt. Weil deine Kehle durch Bienenstiche zugeschwollen war, hat sie deinen Hals mit einem Schnitt öffnen müssen. Und damit die Wunde sich nicht sofort wieder schließt, hat sie das Schilfrohr eingesetzt. Ein Wunder.« Er schnalzte mit der Zunge. »Jedenfalls fast. Leider setzt sich das Rohr ab und zu mit Schleim voll. Man muss dich im Auge behalten, Schwertmeister, und auf deinen Atem lauschen. Ab und an muss man den Schleim aus dem Schilfrohr saugen, damit dir nicht doch noch die Puste ausgeht.«

Ollowain versuchte, dem Holden mit einem Blick zu danken. Ob er ihn wohl verstand? Nicht einmal ein Kind war so hilflos, dachte der Schwertmeister resignierend. Alles, was er tun konnte, war, sich gegen den Schlaf zu stemmen und darauf zu hoffen, dass seine Gefährten ihn nicht mehr aus den Augen ließen.

»Ein Schiff!«, rief Orimedes. »Am Horizont ist ein Schiff aufgetaucht. Es hält auf uns zu! Was sollen wir tun?«

»Der Schwertmeister wird entscheiden«, sagte eine ruhige Frauenstimme. »Bringt ihn dort drüben hin und legt ihn auf den Sand.«

Ollowain wurde emporgehoben. Er konnte Silwynas Rücken sehen. Auch sie schien den Gärtnerbienen entkommen zu sein. Ihre Kleider starrten vor Dreck, als hätte sie sich im Schlamm gewälzt, doch sie war wohl nicht gestochen worden.

»Nun, Ollowain.« Die Magierin kniete neben ihm nieder. »Ich kann mir denken, was in deinem Kopf so vorgeht. Du gehörst zu den Männern, die nur schwer von einer einmal gefassten Meinung abzubringen sind.« Lyndwyn hatte ihr Gesicht gewaschen. Die Schminke war verschwunden, und dort, wo sie der Ziegel am Kopf getroffen hatte, erinnerte nicht einmal mehr dünner Schorf an die Wunde. Über diese Äußerlichkeiten hinaus wirkte sie verändert. Sie strahlte eine Zufriedenheit aus, die ihrer Lage wahrhaftig nicht angemessen war.

»Ich habe gesehen, wie du deine Hand bewegt hast. Schreib in den Sand, Schwertmeister. Du gibst hier die Befehle. Ich bin ja schließlich eine Verräterin.«

Du täuschst mich nicht, wollte Ollowain sagen, doch aus seiner Kehle kam nur ein lang gezogenes Röcheln. Er griff in den Sand und ließ ihn durch seine Finger rinnen. Ihm blieb keine Wahl. Konnte es sein, dass Hallandan mit der Prunk-Liburne entkommen war? Er musste wissen, welches Schiff sich näherte. Um die richtigen Entscheidungen zu treffen, musste er sich zunächst ein Bild der Lage machen. Seine Finger fuhren durch den Sand. Er hoffte deutlich zu schreiben. Weit konnte er die Hand nicht bewegen. Er musste sich kurz fassen, oder die Buchstaben würden einander überlappen.

SCHIFF SEHEN

»Orimedes, bring ihn nach draußen!«, befahl die Magierin.

»Aber ist er nicht noch zu schwach? Du hattest gesagt, wir sollten ihn möglichst wenig bewegen«, wandte der Kentaur ein.

»Er weiß selbst, was gut für ihn ist. Ich werde mich mit ihm nicht über seine Befehle *streiten.* Willst du das, Pferdemann?«

Orimedes beugte sich zu ihm herab. Wie Yilvina war auch der Kentaur übel von Bienenstichen entstellt. Gesicht und Oberkörper waren bedeckt mit Schorf, wo er die juckenden Beulen aufgekratzt hatte.

Vorsichtig hob der Fürst ihn hoch und trug ihn auf seinen Armen aus der Höhle hinaus. Eine leichte Brise strich über Ollowains Gesicht. Weiße Felsen stachen wie alte Knochen durch den hellen Sand und türmten sich zu steilen Klippen, an die sich Matten aus wucherndem Grün klammerten. Vor ihnen lag der schmale Sandstreifen einer Bucht, die von Felsnadeln eingefasst wurde. Ollowain blickte hinaus auf die See. Aus dem azurblauen Wasser erhoben sich einzelne Bäume. Ihre Stämme waren dick wie Türme und von verkrustetem Salz überzogen. Dreißig Schritt oder höher, wo sie der Seegang nicht erreichen konnte, spannte sich das weit ausladende Astwerk der Kronen, dicht bevölkert von Winkerkrabben, Möwen und Kormoranen. Die riesigen Zeugenbäume hatten dem flachen Waldmeer seinen Namen gegeben. Stark wie Klippen trotzten die massigen, zerfurchten Stämme selbst den Orkanen des Frühjahrs. Sich ihnen zu nähern, war gefährlich. Weite Kränze von Luftwurzeln stachen wie Dornen um sie herum durch die See. Eine natürliche Barriere, die kleine Boote auf respektvollen Abstand hielt.

»Dort drüben«, sagte der Kentaurenfürst und deutete mit

dem Kopf nach Westen. Obwohl zwischen den Bäumen meist eine Meile oder sogar mehr Abstand lag, verwirrten sie das Auge, wenn man zum Horizont blickte. Es war, als sähe man durch ein großes Gitter hindurch. Endlich entdeckte Ollowain etwas Dunkles, einen Rumpf, über dem sich schwarze Segel spannten. Das Schiff war zu weit entfernt, um Einzelheiten zu erkennen, doch es wirkte auf beunruhigende Weise fremd. Ganz sicher war es nicht die Liburne der Königin. Es sah massiger aus als alle Elfenschiffe, die Ollowain kannte.

»Hast du es gesehen?«, fragte der Kentaur.

Der Schwertmeister stieß einen gurgelnden Laut aus und fluchte in sich hinein.

Orimedes brachte ihn zurück zur Höhle. Dabei hielt der Pferdemann ihn dicht an seine Brust gepresst. Ein dünner, klebriger Schweißfilm lag auf der Haut des Kentauren. In diesem Augenblick war Ollowain froh, dass er nichts riechen konnte.

Behutsam legte der Fürst ihn wieder auf den sandigen Boden. Der Schwertmeister versuchte sich aufzusetzen. Vergebens.

»Denkst du auch, dass wir die Insel verlassen sollten?«, fragte Lyndwyn.

JA, schrieb er in den Sand.

»Hier in der Höhle befindet sich ein großer Albenstern. Sieben Pfade laufen dort zusammen. Ich habe ihn bereits erkundet. Etwas Seltsames geht mit den Albenpfaden vor sich.« Die Magierin machte eine vage Geste in Richtung der Stadt. »Jemand ist im Netz der Wege und zertrennt alle Pfade, die zum Herzland führen. Wir können nicht zurück auf Emerelles Burg. Wer immer dort sein Unwesen treibt, muss über große Macht verfügen, wenn er das Werk der Alben zerstören kann. Ist es klug, das Wagnis einzugehen, die Albenpfade zu beschreiten? Und wohin sollten wir gehen?«

Ollowains Finger glitten über den Sand. Es gab einen Ort, an dem die Trolle nicht suchen würden.

Lyndwyn sah ihn erschrocken an. »Bist du dir sicher?«

»Wohin will er?«, fragte Silwyna scharf.

Ollowain wischte den Namen aus. Er dachte an die Pfeile, die er im Köcher der Maurawani gesehen hatte. Sie sollte nicht erfahren, wohin sie gingen! Sie mussten schnell aufbrechen. Niemand hier sollte Gelegenheit haben, ihren Verfolgern ein Zeichen zu hinterlassen. Warum waren ihre Feinde schon wieder so nah? Gab es einen Verräter unter ihnen? Oder lag es, wie Silwyna sagte, einfach nur daran, dass sie so gute Jäger waren? Er würde kein Risiko eingehen. Er musste sie alle beschäftigt halten, und vor allem mussten sie schnell aufbrechen.

AUFBRUCH, schrieb er in den Sand.

Seine Finger verwischten das Wort.

ORIMEDES TRAG DIE KÖNIGIN

Er hoffte, die richtige Entscheidung getroffen zu haben. Aber welche Wahl hatten sie? Sie konnten sich jetzt nicht den Trollen stellen! Sie mussten fliehen, und nur Lyndwyn konnte ihnen diesen letzten Weg eröffnen. Wieder war er gezwungen, ihr zu vertrauen. Sie brauchten jetzt Zeit, um ihre Wunden zu versorgen und der Königin zu helfen. Wenn es Emerelle erst einmal besser ging, würde sie schon wissen, was zu tun war.

»Dann lasst uns gehen«, sagte die Magierin mürrisch. Orimedes nahm die Königin auf die Arme. Die Jägerin und die Kriegerin stützten Ollowain. Gondoran lief neben ihnen her. Er wirkte niedergeschlagen.

Das Meer hatte den Fels ausgewaschen und einen tiefen Tunnel unter den Berg gegraben. Zersplitterte Muscheln knirschten unter ihren Schritten. Obwohl der Eingang schon weit hinter ihnen lag, war es immer noch hell. Der weiße Fels schien von innen heraus zu leuchten wie die

Wände in Emerelles Palast. Er wirkte durchscheinend. Blassblaues Licht durchdrang ihn. Goldene Adern durchzogen das Gestein. Sie waren zu komplizierten Mustern verwoben. Spiralen und Knoten schienen dem Kundigen eine geheime Botschaft übermitteln zu wollen. Der Schwertmeister spürte, wie sich seine Nackenhaare aufrichteten. Er war nicht sehr begabt, was die Zauberei anging, doch selbst er fühlte die Kraft der uralten Magie, von der dieser Ort durchdrungen war.

Schließlich öffnete sich der Tunnel zu einer großen, runden Kammer. Hier mengten sich schwarze Adern unter das Gold in den Wänden. Lyndwyn trat in die Mitte der Felskammer und kniete sich auf den Boden. Die linke Hand presste sie flach auf den Stein, die Rechte legte sie auf ihre Brust. Sie schloss die Augen. Ihre Lippen bewegten sich.

Ollowain war sich nur zu bewusst, wie sehr sie der Magierin ausgeliefert waren. Er musste ihr folgen, wenn sie die Gruppe über die Pfade des Lichts führte. Wohin Lyndwyn sie brachte, würden sie erst sehen, wenn sie durch das zweite Tor traten.

Ein Bogen aus Licht wuchs aus dem Boden. Mit ihm erhoben sich die schwarzen und goldenen Adern; wie lebendige Wesen tanzten sie im Stein. Das blaue Licht wurde immer heller. Der Fels war wie Glas. Man konnte durch ihn hindurch bis zum Meer sehen. Ein großer Schwarm Kormorane erhob sich aus dem Zeugenbaum am Eingang der Bucht und flog auf das Meer hinaus. Ein Zeichen? Es war Zeit zu gehen!

Ollowain bewegte den Kopf in Richtung des Lichtbogens. Yilvina trat nicht zum ersten Mal durch einen Albenstern. Mit ihr war er in Aniscans gewesen. Jahrelang hatten sie die Welt der Menschen bereist. Doch die Schwertkämpferin wirkte angespannt. Sie hatte ihre Lippen zu einem schmalen Strich zusammengepresst. Gemeinsam traten sie durch die Pforte. Finsternis legte sich wie ein alles erstickender Mantel um sie. Nur ein schmaler, goldener Pfad leuchtete zu ihren Füßen.

»Weicht nicht vom Weg ab!«, hörten sie die Stimme der Magierin hinter sich. »Wer den Pfad verfehlt, ist auf immer verloren.«

DAS GESCHENK DER FREIHEIT

Die Leiche der falschen Königin war mit zwei Stricken auf den Schild Branbarts gebunden worden. Ihr Kopf hing leicht zur Seite. Damit die Krone nicht herabfiel, hatte man sie mit dünnen Nägeln an ihren Schädel geheftet. Der Schild lehnte an der rußgeschwärzten Säule, die sich in der Mitte des Muschelfischermarktes erhob. Jeder, der vorüberging, konnte die Schwanenkrone deutlich erkennen. Und glaubte man Skanga, sollte die Krone allein reichen, jedes Auge zu blenden. Die verbrannte Tote sah Emerelle ähnlich genug. Die Albenkinder sollten in einigen Schritt Abstand an der vermeintlichen Leiche vorbeigeführt werden. Zu ihren Füßen lagen der falsche Ollowain und andere, wahrhaftige Fürsten Albenmarks.

Orgrim fand diesen Betrug eines Trolls unwürdig. Er vermutete, dass die alte Schamanin die Intrige ersonnen hatte. Dass er zu den Wachen gehörte, die bei der Königin standen, war allerdings gewiss Branbarts Idee gewesen. Von hier aus sah er all die Herzöge und Rudelführer, die sich zum Siegesfest um den König geschart hatten. Deutlicher konnte man ihm seinen Fall nicht vor Augen führen. Auch Gran und Boltan gehörten zu den Wächtern der Leichen. Süßlicher Verwesungsgeruch ging von den Toten aus. Die Hitze und die unzähligen Fliegen hatten den Kadavern bereits übel mitgespielt.

Auf dem weiten Platz herrschte ängstliche Stille. Alle Albenkinder, welche die Eroberung Vahan Calyds überlebt hatten, waren hier zusammengetrieben worden. Nur ihre Fürsten wurden an einem anderen Ort gefangen gehalten. Viele waren verwundet und am Ende ihrer Kräfte. Manche warteten schon seit Stunden in der Hitze. Im Morgengrauen hatten die Trolle damit begonnen, die Überlebenden hierher zu treiben.

Auf Branbarts Geheiß hatte man Wasserfässer und Brot gebracht. Doch dem König war es nicht gelungen, durch diese freundliche Geste die Angst zu vertreiben. Kaum jemand wagte es, dem Blick eines Trolls zu begegnen. Wie hatten diese Wichte sie einst besiegen können, fragte sich Orgrim.

Der Ruf von Hörnern durchbrach die Stille. Branbart trat aus der Gruppe seiner Anführer hervor und stellte sich neben die Tote mit der Schwanenkrone. Geräuschvoll zog er die Nase hoch und spuckte aus.

»Albenkinder!«, rief er mit lauter Stimme. »Ich bin gekommen, euch die Freiheit zu schenken. Die Tyrannin ist tot!« Er wandte sich halb zu Emerelle herum, und plötzlich rammte er der Toten die Faust in die Brust. Ihre dünnen Rippen zerbarsten. Stinkende bräunliche Flüssigkeit troff von der Wunde. Branbarts Finger wühlten in der Brust der Toten. Dann riss er den Arm hoch und streckte den Albenkindern einen fauligen klumpen Fleisch entgegen. »Ein verrottetes Herz hat Albenmark vergiftet!«, schrie er mit sich überschlagender Stimme. »Ich habe es herausgerissen, damit das Land wieder gesunden kann. Die Alben haben nie gewollt, dass eines ihrer Kinder über allen anderen steht. Dass einer von uns allein entscheidet, was Recht und was Unrecht ist. Dass eine allen sagt, wie sie leben sollen, und jene, die ihr nicht gehorchen, davonjagt oder gar ermordet. In der letzten Nacht haben wir Trolle altes Unrecht gesühnt. Doch wir führen keinen Krieg gegen Albenmark. Wir kämpfen allein gegen Emerelle und gegen alle, die der Tyrannin treu ergeben sind. Deshalb seid ihr frei zu gehen. Kommt her, seht der toten Königin ins Antlitz und tragt die Kunde in alle Winde hinaus. Die Völker Albenmarks sind frei. Ich bin der König meines Volkes, doch die Schwanenkrone wird niemals mein Haupt krönen. Und niemand wird sich mehr vor ihr verbeugen.«

Branbart schnäuzte sich und spuckte erneut aus. Ohne diese Geste wäre das Ende seiner Rede ergreifender gewesen. Doch selbst Orgrim musste sich eingestehen, dass die Worte seines Königs ihn aufgewühlt hatten. Branbart war ein wahrer Herrscher! Von ihm konnte er noch viel lernen.

Seine Fürsten begrüßten die Rede des Königs mit Jubelrufen, und auch die übrigen Trolle ließen Branbart hochleben. Überall in der Stadt wurden Hörner geblasen. Die Albenkinder auf dem Muschelfischermarkt waren so eingeschüchtert, dass dort zunächst nur einzelne in das Geschrei einstimmten. Nach und nach stimmten mehr ein, doch es blieb ein schwächlicher Jubel, dem seine Halbherzigkeit nur allzu deutlich anzuhören war.

Jahrhunderte unter der Knute Emerelles hatten die Herzen der Albenvölker gefesselt, dachte Orgrim. Der Wind der Freiheit war wie ein Sturm über sie hinweggezogen, und noch wagten die meisten kaum zu atmen. Was für jämmerliche Wichte!

Der Troll konnte beobachten, wie stattliche Kentauren und die bärenstarken Minotauren trotzig mit verschränkten Armen dort standen. Und doch wagten sie es nicht, einen der Sieger mit Blicken zu fordern, sondern sahen verschämt zu Boden. Wie erbärmlich! Aber Orgrim war zuversichtlich, dass sie wieder zu ihrem Stolz finden würden. Und wäre es erst die nächste Generation von Albenkindern, jene, die in Freiheit geboren sein würden.

Die Wachen auf dem Platz packten einige Elfen und zerrten sie vor den Kadaver der Königin. »Seht sie euch an! Emerelle ist nur noch ein verrottendes Stück Fleisch. Seht genau hin, damit ihr es nicht vergesst.«

Bleiche Maden kullerten aus der klaffenden Wunde in der Brust der falschen Herrscherin. Der Geruch, den sie verströmte, war ganz und gar nicht königinnenhaft. Eine Elfe brach schluchzend zusammen, als sie gezwungen wurde, sich dem Kadaver bis auf wenige Zoll zu nähern. Viele, die an der Herrscherin vorbeimarschierten, hatten Tränen in den Augen. Orgrim war unbegreiflich, warum sie der Tyrannin nachtrauerten.

Er sah zum falschen Schwertmeister hinab. Die Ereignisse der Nacht hatten Orgrim nicht erlaubt, sein Festmahl zu halten. Nun war der Zeitpunkt verpasst. Es war eine Schande, dass er diesem Elfenhelden nicht die letzte Ehre erweisen konnte, indem er sein Herz verspeiste. Wenn er daran dachte, wie viel verdorbenes Fleisch in der Stadt lag, packte ihn die kalte Wut. Was für eine Verschwendung! Er war froh, dass die Flotte schon bald Vahan Calyd verlassen würde, um einen nördlichen Kurs zu steuern.

Branbart ging zu seinem Gefolge herüber. Sie würden jetzt irgendwo ein Fest feiern, dachte Orgrim eifersüchtig. Und er war sich sicher, dass sie sich ein paar saftige Braten aufgehoben hatten. Ein paar Elflein, die man jetzt erst schlachtete. Helden, die wacker gekämpft hatten und in Gefangenschaft geraten waren. Und sein Heer hatte Branbart um den besten Teil der Beute betrogen! Es tat schon in der Seele weh, all diese Elfen, die auf dem Platz versammelt waren, ziehen zu lassen. Man hätte noch wochenlang Festgelage mit ihnen feiern können!

Orgrim starrte einem Minotauren nach, der an der falschen Königin vorübergeschritten war. Wie sein Fleisch wohl schmecken würde? Wie Rind?

Schwere Schritte ließen ihn aufblicken. Ein Trollkrieger mit breiten Schmucknarben im Gesicht kam auf ihn zugelaufen. »Bist du der Kerl, dem die Elfen das Schiff versenkt haben?«

»Schon möglich«, entgegnete Orgrim gereizt.

»Du bist zu den Ehrenwachen an der Festtafel des Königs befohlen.«

Orgrim traute seinen Ohren kaum. Würden die Demütigungen denn gar kein Ende mehr nehmen? Sollte er nun noch zusehen, wie sich Branbart mit allerlei Köstlichkeiten den Bauch voll schlug?

»Wer schickt dich, Kerl? Der König?«

»Nein, erhabener Schiffeversenker!« Der Bote grinste frech. »Es ist Skanga, die deine Anwesenheit wünscht. Und wenn du schon so dämlich warst, diesen Wichten zu erlauben, mit einem ihrer zerbrechlichen Schiffchen eine unserer stattlichen Galeassen zu versenken, solltest du nicht auch noch den Fehler machen, dich mit der Schamanin anzulegen. Nimm die Beine in die Hand und lauf!« Er deutete auf einen Turm, der halb von Heckenrosen zugewachsen war. »Dort drüben findest du den König und sein Gefolge. Ich werde hier deinen Platz einnehmen.«

Orgrim merkte sich das Gesicht des dreisten Kerls. Als Rudelführer hätte er ihn einfach niederschlagen können, aber den einfachen Kriegern war es für die Dauer des Feldzugs verboten, Zweikämpfe auszutragen. Der Krieg dauerte gewiss nicht mehr sehr lange, und dann würde er diesem hirnlosen Dreckhaufen zeigen, was es hieß, ihn zu verspotten!

Wütend stapfte Orgrim hinüber zum Rosenturm. Voller Verachtung betrachtete er die Gitter, an denen die Blumen hinaufrankten. Wenn er jemals einen Palast besäße, dann würde er ihn gewiss nicht mit wucherndem Grünzeug schmücken. Was sagte das aus? Dass darin ein Freund der

Auenfeen lebte? Oder jemand, der gerne Wasser auf Blütenblätter goss und sich an deren Duft erfreute? Er würde die Köpfe seiner erschlagenen Feinde auf Holzpflöcke stecken und sie auf seine Mauern stellen. Solcher Schmuck taugte wenigstens was! Jeder, der kam, wusste dann sogleich, woran er war, und dass man besser höflich blieb.

Der Lärm des Festes führte Orgrim auf den Lichthof, auf dem Branbart und sein Hofstaat feierten. Um ein Becken, aus dem eine kleine Wasserfontäne sprühte, gab es einen Kreuzgang, an dessen Säulen Weinreben wucherten. Orgrim klaubte eine der großen Trauben ab und stopfte sie sich in den Mund. Er hatte heute noch gar nichts gegessen. Das hier war wenigstens nützliches Grünzeug.

Der König und einige seiner liebsten Speichellecker saßen um einen schweren Holztisch am Becken des Springbrunnens. Ein paar Schritt weiter hatte man eine Feuerstelle auf dem Mosaikboden eingerichtet, die von Kobolden mit dem Holz zerschlagener Möbel versorgt wurde. Über dem Feuer drehte sich ein riesiger Braten auf einem Spieß. Irgendetwas Großes, Vierbeiniges, was Orgrim nicht richtig zuordnen konnte. Der Bratenduft ließ ihm das Wasser im Munde zusammenlaufen.

Der Troll war unschlüssig, was er nun tun sollte. Etwas abseits der Festtafel saß Skanga in einem hohen Lehnstuhl. Die Schamanin schien eingenickt zu sein, und Orgrim verspürte nicht die geringste Lust, sie zu wecken und zu fragen, aus welchem Grund sie ihn hierher befohlen hatte. So hielt er sich im Schatten des Kreuzgangs, pflückte Trauben von den Weinranken und sah Branbart zu. Der König war allerbester Laune und redete von seinen Zukunftsplänen. Er wollte die ganze Stadt niederreißen, doch dazu fehlte die Zeit. Stattdessen sollte jedes Haus in Brand gesetzt werden. Jeder, der hier wohnte, würde flüchten müssen. Und alle Toten sollten hinab in die großen Höhlen unter Vahan

Calyd geworfen werden, damit das Trinkwasser für lange Zeit vergiftet war.

»Willst du wirklich alle Albenkinder laufen lassen? Sogar die Elfen?«, fragte Dumgar, der Herzog vom Mordstein. »Diese verschlagenen Wichte werden sich aufs Neue gegen uns erheben, sobald sie Gelegenheit dazu haben.«

Der König spuckte ins steinerne Antlitz einer Elfensängerin im Bodenmosaik zu seinen Füßen. »Nein, mein Freund. Weil ich nicht nach der Königswürde von Albenmark strebe, werden sie sich jahrelang darum streiten, wer an Emerelles Stelle die Schwanenkrone tragen soll. Zanken und Intrigen spinnen, das ist ihr Leben. Mit den Elfen werden wir lange nichts mehr zu tun haben. Außer mit jenen, mit denen wir noch alte Rechnungen begleichen wollen. Die Normirga werden wir auslöschen. Und wer war der Kerl, der die fliehenden Schiffe befehligt hatte? Halliwan von Weißnichtmehr …« Der König sah sich Hilfe suchend um.

»Hallandan von Reilimee«, sagte schließlich Mandrag, der alte Schildbruder des Herrschers. Der grauhaarige Troll war nach der Schlacht bei der Shalyn Falah von den Elfen als tot liegen gelassen worden. Bei Nacht hatte er sich zwischen die Klippen geschleppt, und so war er Zeuge des Mordes geworden, den Emerelle an den Fürsten der Trolle begangen hatte. Mandrag hatte sein Volk in den ersten Jahren der Verbannung angeführt. Nachdem Skanga in Branbart die Seele des wiedergeborenen Königs erkannt hatte, war der Krieger zurückgetreten, doch der König ehrte ihn, indem er Mandrag zu seinem engsten Vertrauten machte.

»Also, die Stadt dieses Halliwan soll brennen! Seine Männer haben eines unserer Schiffe versenkt, und was noch schwerer wiegt, sie halten uns Trolle wohl für Trottel. Der Kerl dachte, er müsste uns nur eine Leiche mit Krone hinlegen, und schon würden wir jauchzen und jubeln und denken, die Tyrannin sei tot. So täuscht man vielleicht einen Welpen wie diesen Rudelführer von der *Donnerer,* aber doch nicht mich, den König. Mich *beleidigt* man mit solchen einfältigen Spielchen. Und dafür wird die Stadt dieses Halliwan büßen. Den anderen Elfen wird es ein Beispiel sein, was wir mit den Freunden der Tyrannin tun. Das wird den paar Kriegern, die vielleicht an Rache denken, das Mütchen kühlen.«

In stummer Wut drückte sich Orgrim die Fingernägel in die Handflächen, bis er zu bluten begann. Der König ließ keine Gelegenheit aus, ihn lächerlich zu machen. Und das Schlimmste war, dass Branbart auch noch Recht hatte. Er war auf die Täuschung der Elfen hereingefallen und hatte sein Schiff verloren. Aber hatte er eine Wahl gehabt?

»Die Holden und die Kobolde halten wir fest«, erklärte Branbart vollmundig. »Die meisten von ihnen waren Elfendiener. Jetzt sollen sie uns dienen! Sie brauchen es, dass man ihnen sagt, was sie zu tun haben. Und kein anderes Albenkind wird ihnen eine Träne nachweinen. Mit Freiheit können die sowieso nichts anfangen. Die eine Hälfte von ihnen soll auf Schiffe verladen werden, damit man sie auf unsere Burgen in der Menschenwelt bringt. Dort sind uns viel zu wenige Kobolddiener verblieben! Die anderen begleiten das Heer, wenn wir nach Norden ziehen.«

»Wir sollten sie auf mehrere Schiffe aufteilen«, riet Dumgar. »Dann werden wir wenigstens nicht alle auf einmal verlieren, falls …«

»Schweig!«, herrschte ihn der König an. »Wehe dem, der mich noch einmal an den Preis für den Weg in diese Welt erinnert.« Er warf Skanga einen finsteren Blick zu. »Kaum ein Trollkönig hat bei seinen Niederlagen so viele Krieger verloren wie ich bei meinem Sieg.«

Orgrim hatte am Morgen die Gerüchte gehört. Gestern Nacht während des Angriffs hatte sich die Nachricht nicht verbreiten können. Doch nun, in der Stadt, ging sie von Mund zu Mund. Angeblich waren sieben Schiffe auf ihrem Weg durch das Nichts verschwunden. Zusammen mit den vier, die verbrannt waren, und der *Donnerer* war das mehr als der zehnte Teil ihrer Flotte. Über zweieinhalbtausend Krieger waren tot, bevor sie in ihr erstes Gefecht gestürmt waren.

Niemand wusste sicher, warum die Schiffe im Nichts verschwunden waren. Sie mussten vom goldenen Pfad abgekommen sein. Aber wie hatte das geschehen können? Skanga hatte jedem Rudelführer eindringlich eingeschärft, dass die geringste Nachlässigkeit den Tod bedeuten würde. Ihr Weg durch das Nichts war nicht weit gewesen. Nur ein paar Schiffslängen, so war es Orgrim zumindest erschienen.

Ein Trupp Wachen betrat den Hof. Zu viert umringten sie einen Elfen. Der Wicht war ganz in Blau gekleidet, und obwohl er Fesseln trug, bewegte er sich mit einer so selbstbewussten Arroganz, als sei *er* der Sieger der vergangenen Nacht.

»Ich begrüße dich in meinem Haus, Branbart von den Trollen«, sagte er mit wohlklingender Stimme. »Ich hoffe, meine Diener haben es dir in meiner Abwesenheit an nichts fehlen lassen.«

Orgrim verschluckte sich fast an einer Traube. Dieser Wicht hatte Schneid! Wie lange er wohl noch seinen Kopf auf den Schultern behalten würde?

Branbart setzte sein Trinkhorn ab und musterte den Elfen aus seinen tief liegenden Augen. Ganz offensichtlich war der König überrumpelt und wusste nicht gleich, was er antworten sollte.

»Wer bist du?«, stieß er schließlich hervor. Mit dieser eher einfältigen Frage hatte er kläglich im Vergleich zu dem Elfen abgeschnitten, fand Orgrim. Selbst ein Keulenhieb wäre eine bessere Antwort gewesen.

»Der Besitzer dieses Palastes, Fürst Shahondin von Arkadien.« Er trat an die Festtafel und stach mit einem Finger in den riesigen Spießbraten. »Mir scheint, dieser Lamassu ist nicht ganz durch. Soll ich einen meiner Köche rufen lassen, damit du bedient wirst, wie es für einen großen Heerführer angemessen ist?«

»Wir mögen das Fleisch blutig«, grunzte Branbart. »Was willst du von mir, du Wicht?«

Der Elf lehnte sich an die Festtafel und sah sich gelassen um, bevor er dem König eine Antwort schenkte. »Ich wollte dir dazu gratulieren, mir mein Wild gestohlen zu haben. Zwei Jäger hatte ich ausgeschickt, das Leben der Tyrannin Emerelle zu beenden. Und wie es scheint, bist du mir fast zuvorgekommen, großer Feldherr.«

»Was soll das heißen?«

Der arrogante Elf schaffte es, den König, der mehr als fünf Köpfe größer war als er, anzuschauen, als stünde eine dümmlich glotzende Büffelkuh vor ihm. »Das Fürstenhaus Arkadien liegt in Blutfehde mit Emerelle. Ich hatte beschlossen, dass die Königin die vergangene Nacht nicht überleben werde. Dank deinem Eingreifen konnte sie entkommen. Man hat mir berichtet, dass ihre Sänfte den Lotussteig hinauf geschafft wurde. Und bei allem Respekt für dein Maskenspiel, Heerführer, die Leiche, die du auf dem Muschelfischermarkt ausstellst, trägt nicht einmal das Kleid, mit dem Emerelle gestern Abend angetan war. Vielmehr ist sie gekleidet wie jene unglückliche Jungfer, die der Königin die Schwanenkrone brachte.«

Branbart fiel sein Trinkhorn aus der Hand. Auf dem Hof herrschte Totenstille. Orgrim fragte sich, wie viele Albenkinder die Täuschung durchschaut haben mochten. Emerelle war vor ihrer Krönung im Triumph durch die halbe Stadt gezogen. Tausende mussten sie gesehen haben.

Orgrim dachte, dass er ihrem Kleid wohl kaum Beachtung geschenkt hätte. Zahl und Bewaffnung ihrer Leibwächter hätten ihn interessiert. Aber diese Elfen waren anders. Er konnte sich vorstellen, dass einige, die ihr nahe genug gekommen waren, sogar wussten, welchen Duft die Tyrannin aufgelegt hatte.

»Ich wollte dir meine Hilfe dabei anbieten, die flüchtige Königin zu stellen. Wenn wir unsere Kräfte vereinen, sollte es ein Leichtes sein, sie zu finden.« Shahondin schnippte lässig mit den Fingern und deutete auf einen der Kobolde, die am Feuer schufteten. »Slavak! Bring mir einen Becher mit Wein, leicht gekühlt. Du weißt, was mir um diese Tageszeit mundet.«

»Warum sollte ich dir trauen?«, fragte der König und wischte sich mit dem Handrücken über die Lippen. Er maß den Elfen mit einem Blick wie ein Fleischhauer, der sich überlegt, wie er eine Büffelhälfte aufteilt.

Shahondin blieb davon unbeeindruckt. Er runzelte die Stirn, ging zum Stapel mit dem Brennholz und zog eine kleine, geschnitzte Figur daraus hervor. Kopfschüttelnd wischte er mit dem Ärmel den Schmutz ab und stellte sie zur Seite. »Ein Bildnis meines Großvaters. Ich habe es geschnitzt, als ich sehr jung war. Es ist weit entfernt von jeglicher Vollkommenheit, doch wie es mit den Dingen aus Jugendtagen so ist, hängt mein Herz daran. Es wäre sehr entgegenkommend, wenn ihr davon absehen könntet, diese kleine Statue in die Zubereitung eures Mittagsmahls mit einzubeziehen. Und was deine Frage angeht, Branbart: Weder Freundschaft noch Liebe sind so beständig wie brennender Hass. Welchen besseren Verbündeten könntest du dir also wünschen?« Der Kobold brachte Shahondin einen Trinkbecher aus Kristall und Silber. Der Elf prostete Branbart zu. »Ich trinke mit dir auf den Untergang der Tyrannin, großer Feldherr.«

Branbart war so überrumpelt, dass er sich tatsächlich

nach seinem Trinkhorn bückte. Merkt dieser Trottel denn nicht, wie er sich zum Lakaien des Elfen macht?, dachte Orgrim wütend.

Der König ließ sich auf einem der schweren Holzstühle nieder und fächelte sich mit einer Hand Luft zu. »Was für eine Hitze!«, murrte er und winkte den Wachen, die Shahondin vorgeführt hatten. »Bringt mir das Hirn dieses überheblichen Elfen auf einem Holzbrett. Vielleicht werde ich ihn besser verstehen, wenn ich davon gekostet habe.«

»Du machst einen Fehler, Troll«, sagte der Elf gefasst. »Wenn du Emerelle nicht schnell fasst, wird sie es nicht dabei bewenden lassen, dich und dein Gefolge von einer Brücke zu stürzen. Sie wird dafür sorgen, dass du niemals mehr wiedergeboren wirst.«

»Glaubst du, ich lasse mir von einem Wicht wie dir drohen?«, keifte der König. »Los, zu Boden mit ihm. Ich zerdrücke seinen Schädel unter meinem Fuß wie einen fauligen Apfel.«

Die Wachen packten Shahondin, der nicht den geringsten Widerstand leistete. »Ich drohe dir nicht, Branbart. Ich sage lediglich, was sein wird.«

»Halt!« Skanga hatte sich von ihrem Stuhl erhoben. Mit müden, schleppenden Schritten trat sie zu dem Elfen. Die Wachen hielten Shahondin noch immer zu Boden gedrückt. »Du bist ein tolldreister Mistkerl, Fürst. Ein Mann nach meinem Geschmack.« Sie bückte sich und strich mit ihrer knotigen Hand durch sein langes Haar. »Gibt es noch mehr Fürsten, die von so bewundernswertem Hass auf Emerelle erfüllt sind?«

»Ohne durch übertriebene Ansprüche unangenehm auffallen zu wollen, möchte ich doch darauf hinweisen, dass dies keine Lage ist, in der ich gewöhnlich ein gepflegtes Gespräch führe. Wenn es also nicht zu viele Umstände macht, wäre es sehr zuvorkommend von dir, wenn du diese beiden Knochenbrecher veranlassen könntest, mich loszulassen.«

Skanga bedeutete den Wachen mit einem Wink, den Fürsten freizugeben. Shahondin richtete sich auf und klopfte sich den Staub von den Gewändern. »Meinen Dank für dein Einschreiten, Teuerste.«

»Beantworte meine Frage, wenn dir an deinem Leben liegt.«

Der Elf schürzte, pikiert über ihre direkte Art, die Lippen. »Mein Sohn, Vahelmin, hat der Königin ebenfalls Blutrache geschworen. Er ist ein berühmter Jäger und Bogenschütze. Ich bin sicher, er wird von großem Nutzen sein, wenn wir Emerelle nachstellen.«

Skanga strich sich über ihr breites Kinn. »Ja, Elflein, das mag wohl sein. Wen hattest du denn damit beauftragt, die Königin zu töten?«

»Du wirst verstehen, dass ich über so delikate Angelegenheiten nicht gern rede. Deshalb sei nur so viel gesagt, dass meine Sippe den Tod Emerelles als eine Familienangelegenheit betrachtet.«

»Soll ich aus ihm herausprügeln, wer seine Meuchler sind?«, fragte Dumgar.

»Ich versichere euch, eine Behandlung dieser Art würde auf immer meine Lippen versiegeln«, entgegnete der Elf stolz.

»So fest wollte ich eigentlich nicht zuschlagen«, erwiderte Dumgar. »Zumindest noch nicht am Anfang. Wirst du ihn mir überlassen, mein König?«

»Ich beanspruche ihn und seinen Sohn als meine Kriegsbeute«, sagte Skanga leise, »und ich wünsche nicht, noch länger darüber zu schachern.«

Der Elf machte eine galante Verbeugung vor der Schamanin. »Ich bin entzückt, die Beute einer so … liebreizenden Dame zu sein.«

»Die Freude liegt ganz auf meiner Seite.« Skanga bedachte ihn mit einem zahnlückigen Lächeln, dann gab sie den Wachen ein Zeichen. »Führt ihn ab und achtet gut auf ihn. Findet seinen Sohn, diesen Vahelmin! Bringt mir die beiden eine Stunde vor der Dämmerung in mein Zelt.« Die Schamanin zog sich in den Schatten des Kreuzgangs zurück und überließ den König und seine Kumpanen ihrem Gelage. Bald darauf setzte sie sich neben Orgrim nieder. Jetzt wirkte die Alte wieder schwach und ausgebrannt. Orgrim fragte sich, wer sie wirklich war: eine energische Furie, die jeden Widerstand brach, selbst dem König Befehle erteilte und ihre Macht hinter der Maske der Hinfälligkeit verbarg? Oder war sie tatsächlich nur eine erschöpfte alte Frau, die in ihren Sternstunden noch einmal zu ihrer alten Macht zurückfand? Orgrim hoffte, dass er nicht oft genug mit ihr zu tun hatte, um die Wahrheit herauszufinden. Ohne es wie eine Flucht aussehen zu lassen, versuchte er sich davonzumachen, denn in einem Punkt war er sich sicher: Skanga war ihm unheimlich!

»Hast du etwas gelernt, Welpe?«, fragte sie ihn mit ihrer leisen, eindringlichen Stimme. »Ist dir an dem Elfen etwas aufgefallen?«

»Tja …« Die Frage überraschte Orgrim. Was sollte das? Hatte die Alte etwa beschlossen, ihn zu ihrem Zögling zu machen? Ihn schauderte bei dem Gedanken. »Er war überheblich … Aber mutig.« Orgrim senkte seine Stimme. »Mir hat gefallen, wie er dem König zugesetzt hat.«

»Branbart ist nicht so ein Trottel, wie es scheint. Hüte dich vor ihm, Orgrim. Wenn er dein Feind ist, wirst du nicht mehr sehr alt werden.« Skanga rieb sich ihre milchigen Augen und rückte tiefer in den Schatten. »Ist dir aufgefallen, dass dieser Mistkerl von einem Elfen Branbart nicht ein einziges Mal mit seinem Königstitel angesprochen hat? Er hat ihn mit jedem seiner Sätze verspottet und beleidigt. So sind sie, die Elfen. Es ist kein böses Wort über seine Lippen gekommen, und doch hat er sein Bestes gegeben, Branbart bloßzustellen. In einem hast du allerdings Recht. Er ist wirklich mutig. Mutig und von Hass durchdrungen. Und er hält uns für dumm. Er wird ein nützlicher Verbündeter sein.«

»Du traust einem Elfen?«, fragte Orgrim überrascht.

Skanga schnalzte mit der Zunge. »Habe ich das vielleicht gesagt? Du musst lernen, genau zuzuhören, Welpe. In dir stecken alle Anlagen zu einem Herzog.« Sie lächelte hintersinnig. »Ich rate dir, halte dich in meiner Nähe. Womöglich hat auch Branbart erkannt, was in dir steckt. Dann wird er versuchen, dich umbringen zu lassen. Ich bin sicher, er wäre ein guter Herrscher geworden, wenn ihn nicht dieser mörderische Schlag vor die Stirn getroffen hätte. Der Dickkopf hat mir damals verboten, meine Kräfte zu nutzen, ihn zu heilen. Er befürchtete wohl, ich könnte ihn umbringen. Seitdem läuft ihm ununterbrochen die Nase. Deshalb spuckt er dauernd Schleim. Das hat sein Selbstbewusstsein zerstört. Er hat treue Krieger erschlagen, nur weil er sich einbildete, sie hätten ihn spöttisch angesehen. Sein Makel macht ihn langsam wahnsinnig. Er fürchtet mich, weil er glaubt, ich würde ihn eines Tages töten, damit sich seine Seele in einen neuen Körper kleiden kann.« Sie strich sich wieder über ihre Augen. »Nur eine Närrin würde es wagen, in das empfindliche Gleichgewicht von Tod und Wiedergeburt einzugreifen. Seine Stunde wird kommen, ohne dass ich etwas dazutue.«

Orgrim hütete sich, auf ihre Bemerkung einzugehen. Er hatte das Gefühl, dass jedes Wort nur falsch sein konnte. Schon jetzt war er dem Königshof viel zu nahe gekommen. Es wäre besser, unter einfachen Kriegern an einem der vielen Feuer zu sitzen und den Sieg mit einem Festmahl zu feiern.

Skanga erhob sich mit einem Seufzen. »Ich erwarte dich eine Stunde vor der Dämmerung in meinem Zelt am Hafen. In dieser Nacht wird sich etwas ereignen, was du sehen solltest.« Sie wirkte jetzt weniger hinfällig als vorhin, als sie sich von ihrem Stuhl in der Sonne erhoben hatte. Vielleicht weil sie ein Geschöpf des Schattens war? Orgrim bekam eine Gänsehaut bei dem Gedanken, in das Zelt der Schamanin geladen zu sein. Zur selben Stunde, in der auch die Elfen kommen sollten! Was hatte sie vor?

»Ach, Orgrim.« Skanga war stehen geblieben, drehte sich aber nicht zu ihm um. »Du solltest von dem Lamassu auf dem Spieß kosten. Sein Fleisch schmeckt wie Rind, aber auch ein wenig wie Geflügel. Sehr ungewöhnlich. Einen solchen Braten wird es so schnell nicht wieder geben. Und es heißt, er hat gut gekämpft. Im Wassergarten, nahe den Baumsümpfen, hat er eine ganze Meute Krieger niedergestreckt. Eine zweite Jagdmeute hat ihn in den Höhlen unter der Stadt gestellt und erschlagen. Das ist sehr gutes Fleisch, Orgrim. Sehr gutes Fleisch.«

DER PFEIL IN DER KEHLE

Hundegekläff ließ Ole aufschrecken. Sein Kopf brummte wie ein Bienenstock. Er war neben der Schüssel mit Hirsebrei eingeschlafen. Der Tisch war klebrig von vergossenem Met. »Still, ihr Mistviecher!«, schrie er, was ihm sofort Leid tat. War der Lärm der Hunde schon wie Dolchstiche in seinen Schädel, so traf ihn sein eigenes Geschrei wie ein Axthieb. Verdammter Met! Er hatte zu früh zu viel getrunken!

Benommen kam Ole auf die Beine. Durch das winzige, mit dünn geschabtem Leder bespannte Fenster drang kaum Licht in seine Hütte. Draußen steigerte sich das Gekläff der Hunde noch weiter. Vor ein paar Wochen hatte er das schon einmal erlebt. Da hatte es ein Fuchs gewagt, zwischen den Zwingern herumzustolzieren, und seine Hunde waren fast durchgedreht, weil sie an den Rotpelz nicht herangekommen waren.

Neben der Tür hing der breite Brustgurt, in dem all seine Peitschen steckten. Eine für jeden Hund. Sieben Stück. Er warf sich den Gurt über die Schulter und griff noch nach einem schweren Holzknüppel, der am Tisch lehnte. Diese Kläffer sollten ihn kennen lernen! Er würde ihnen das Fell gerben. Das war der einzige Weg, wie man einem Hund etwas beibringen konnte.

Als Ole die Tür aufdrückte, verstummten die Hunde schlagartig. Feige Bande! Sie wussten, was ihnen blühte.

Er würde sie lehren, sich nicht von einem räudigen Fuchs ärgern zu lassen!

Die Sonne stand tief über den Bergen im Westen. Das Licht traf ihn wie zwei glühende Pfeile, die durch seine Augen fuhren. Verfluchter Met! Er hatte das Gefühl, sein Kopf müsse zerspringen. Vor Schmerz wurde ihm übel. Er stützte sich gegen den Türrahmen.

Jetzt erst merkte er, dass auch die Vögel in den Bäumen schwiegen. Unheimlich still war es geworden. Er blinzelte. Da war eine Gestalt! Wie aus dem Nichts stand sie vor ihm. Gegen das Licht sah er im ersten Augenblick kaum mehr als einen Schattenriss. Seine Augen tränten.

»Welches Haus gehört Alfadas?«, fragte eine Frauenstimme, die sich seltsam anhörte. Wer immer dort sprach, kam nicht aus dem Fjordland. Die Stimme war singend. Selbst die einfachen Worte klangen wie ein leises Lied. »Ich beherrsche deine Sprache nicht gut. Du musst entschuldigen.«

Langsam kam Farbe in den Schattenriss. Ole rieb sich die tränenden Augen. Vor ihm stand ein fremdes Weib. Ihr langes Haar war zurückgekämmt und zu einem Zopf geflochten. Die Kleider starrten vor Dreck. Es waren ungewöhnliche Kleider. Ein sehr enges Lederwams und eine zerrissene Hose, die unanständig viel Bein sehen ließ. Ihre weißen Schenkel hatten etwas Aufreizendes. Ole spürte, wie sein Gemächt sich erhob. Vielleicht war sie eine Wanderhure? Und sie klopfte an seine Türe! Luth meinte es heute gut mit ihm. Sie hielt sogar einen Wanderstab in der Hand. Lange, schlanke Finger hatte sie. Er stellte sich vor, wie diese Finger seinen Stab umschlossen. Sie war vielleicht ein bisschen dürr, aber er wollte nicht mit dem Schicksal hadern.

»Verstehst du mich? Ich habe deine Sprache lange nicht gesprochen.« Sie lächelte entschuldigend.

Unglaublich, dachte Ole. Sie hatte noch alle Zähne, und

sie erstrahlten weiß wie Gletschereis. »Ich versteh dich gut, sehr gut.« Er griff nach ihrem Arm. »Ich weiß, was du jetzt brauchst. Komm rein.« Er blinzelte. Jetzt sah er ganz klar. Ihre Augen! Bei allen Göttern! Sie sahen aus wie von einem Wolf. Und die Ohren! Ole ließ sie los. Solche Ohren hatte er noch nie an einem Menschen gesehen. Sie waren lang und spitz.

»Ich brauche Alfadas«, sagte die Fremde immer noch freundlich. »Ist er dort drinnen?«

Ole musste sich am Türrahmen festhalten. Er hatte das Gefühl, dass ihm jeden Augenblick die Beine wegknicken würden. Der Jarl hatte die Elfen gerufen! Hätte er gestern Nacht nur den Mund gehalten und sich nicht dazu hinreißen lassen, Alfadas zu beleidigen. »Ich … also …«, stammelte er. »Bitte tu mir nichts!« Jetzt erkannte er, dass die Elfe keineswegs einen Wanderstab in Händen hielt, sondern einen Bogen, auf den keine Sehne aufgezogen war.

»Du riechst nach Angst wie deine Hunde. Warum? Welchen Grund hast du, mich zu fürchten?«

Ole fühlte sich, als wäre seine Zunge an den Gaumen genagelt. Er brachte kein Wort hervor und zitterte am ganzen Leib.

»Bist du vielleicht krank, Menschensohn? Komm, ich bringe dich hinüber zu den Hütten, damit sich deine Leute um dich kümmern.« Sie schlang ihm den Arm unter den Achseln hindurch und zog ihn mit sich. Sie roch fremd. Wie der Wald. Ganz anders als Menschen. Der einzig vertraute Duft an ihr war ein schwacher Geruch nach Rauch. Sie war stark. Ohne Mühe stützte sie ihn und half ihm zu gehen.

Die Hunde lagen in ihren Zwingern flach auf den Boden gepresst und verhielten sich ganz still. Sie wussten, wer da gekommen war, ihn zu holen.

Als sie halb um das Haus herum waren, sah er die anderen. Einige Elfen und ein Pferd, aus dessen Brust ein

Männerleib wuchs! Ole spürte, wie sich seine Blase entleerte. Bei allen Göttern! Hätte er gestern nur geschwiegen! Er würde nie wieder ein böses Wort über den Jarl verlieren, wenn er diesen Abend überlebte!

Der Pferdemann hielt ein Mädchen mit verbranntem Gesicht in seinen Armen. Und neben ihm lief ein kleiner, hässlicher Kerl her, der Ole verschlagen mit seinen gelben Augen ansah. Einem der Elfen steckte ein abgebrochener Pfeil in der Kehle, aber er lebte! Überhaupt machte die kleine Gruppe einen heruntergekommenen Eindruck. Ihre Kleidung war abgerissen, und fast alle waren verwundet. Der Pferdemann und zwei andere hatten einen seltsamen Hautausschlag. Krätze schien es nicht zu sein, aber es sah nicht gut aus. Dicke, rote Beulen entstellten ihre Gesichter.

Die Elfe, die ihn abgeholt hatte, ließ sich nichts anmerken, als er sich in die Hose machte. Aber der kleine Kerl grinste ihn böse an, als er den Fleck sah.

Oles Hütte lag fast eine Meile von Firnstayn entfernt. Sie stand hoch am Ufer, und man hatte von dort einen guten Blick hinüber zum Dorf. Die Elfe deutete auf die kleine Siedlung und wiederholte noch einmal ihre Frage nach dem Haus des Jarls.

Ole zeigte auf den lang gestreckten Holzbau am Dorfrand. Daraufhin stieß der Kerl mit dem Pfeil im Hals ein Röcheln aus und deutete in weitem Bogen um das Dorf herum. Offenbar wollte er so wenig Aufsehen wie möglich erregen. Ole hoffte, dass der Wachturm besetzt war. Doch er wusste nur zu gut, wie selten man diese Pflicht noch ernst nahm. Seit vielen Jahren waren keine Feinde mehr in der Gegend gewesen.

Die kleine Gruppe machte sich auf den Weg. »Man wird dir sicher helfen«, erklärte die Elfe, die ihn stützte.

»Mir geht es gut«, beteuerte er. »Ich kann selbst nach mir sehen. Ihr braucht euch keine Mühe mit mir zu geben.«

Die Jägerin sah ihn zweifelnd an und sagte dann etwas zu dem Mann mit dem Pfeil im Hals. An seiner Stelle antwortete der kleine Kerl. Es klang irgendwie abfällig. Der Pferdemann lachte.

»Meine Gefährten sind der Meinung, dass du nicht schwer krank bist und wir dich wirklich zurücklassen können. Ich möchte mich im Namen aller entschuldigen, falls wir dich erschreckt haben sollten.« Sie half ihm, sich auf einem Stein am Wegesrand niederzusetzen. Dann zog die kleine Gruppe weiter.

Bald verließen sie den Pfad zum Dorf und suchten Deckung im Dickicht des Waldrandes. Dort verlor auch Ole sie schnell aus dem Blick.

Der Hundezüchter sah zum Hartungskliff hinüber. Der Berg sah aus wie immer. Er hatte erwartet, oben zwischen den stehenden Steinen Banner wehen zu sehen oder noch weitere Elfen zu erblicken. Doch da war nichts.

»Dank dir, Luth«, murmelte Ole leise. Er würde hinauf in die Berge steigen und den Eisenbärten ein Opfer bringen. Der Schicksalsweber hatte sich gnädig gezeigt.

Bevor er seine Pilgerreise antrat, sollte er dringend die Einwohner Firnstayns warnen. Sie mussten wissen, was für eine Brut dort gekommen war, um sich unter dem Dach des Jarls zu verbergen. Pferdemänner, Elfen und Kobolde! Er hatte schon immer gewusst, dass nichts Gutes dabei herauskommen konnte, dieses Halbblut Alfadas ins Dorf aufzunehmen. Die Freunde von ihm würden Ärger machen! Sie rochen förmlich danach!

Zuallererst aber sollte er seine Hose wechseln.

DAS RITUAL

Das Abendrot färbte das Wasser des Hafens rot wie frisch vergossenes Blut. Schwarz zeichneten sich die ausgebrannten Wracks der Elfenschiffe gegen die Fluten ab. Es wimmelte nur so von Haien im Hafenbecken. Gierig stritten sie um das Aas. Es war drückend schwül, und unerträglicher Verwesungsgeruch trieb über dem Wasser. Orgrim rann der Schweiß in breiten Bahnen über den nackten Oberkörper. Mit gemischten Gefühlen blickte er zurück zur Stadt. Er hatte seine Waffen und seine wenigen Habseligkeiten zurückgelassen. Hoffentlich kümmerte sich Boltan darum. Als Orgrim vor weniger als einer halben Stunde in den Hafen gekommen war, hatte ihm Skanga befohlen, an Bord ihres Schiffes, der *Geisterwind*, zu gehen. Es war keine Zeit mehr geblieben, in die Stadt zurückzukehren und seine Sachen zu holen.

Steuerbord schäumte das Wasser auf. Riesige Kiefer stießen aus der See und zerteilten eine der treibenden Leichen mit einem einzigen Biss. Ein abgetrennter Arm drehte sich träge in der roten Flut. Es schien, als winke er Orgrim einen Abschiedsgruß zu, dann versank er.

Mit einem mulmigen Gefühl wandte der Troll den Blick ab. Skanga hatte nicht gesagt, was sie von ihm wollte oder wohin die Fahrt gehen sollte. Das große Schiff glitt zwischen den in fahlem Weiß leuchtenden Türmen an der

Hafeneinfahrt hindurch. Die See lag spiegelglatt vor ihnen. Obwohl sich nicht das geringste Lüftchen regte, knarrten die Segel der *Geisterwind* und blähten sich. Orgrim hatte schon viele Geschichten über das Schiff der Schamanin gehört. Hätte er gewusst, dass sie ihn nicht in ihrem Zelt empfangen wollte, sondern an Bord dieses verfluchten Schiffes befehlen würde, dann wäre er erst gar nicht gekommen.

Skanga stand auf dem Achterdeck. Sie hatte eine Hand feierlich auf ihr Herz gelegt und blickte nach Osten.

Wie in feierlicher Prozession strebten dreieckige Haifischfinnen dem Hafen entgegen. Es mussten hunderte sein. Für den Augenblick vertrieb der Ärger über all das verlorene Fleisch seine Furcht. Er hatte auch Gerüchte über ein großes Fest gehört, das morgen im Rosenturm gefeiert werden sollte. Bis dahin würde er wohl kaum zurück sein.

Ein Stück voraus standen Shahondin und sein Sohn am Hauptmast der *Geisterwind.* Wie konnte Skanga diesen beiden Wichten nur trauen? Sie verrieten ihr eigenes Volk! Warum sollten sie den Trollen Treue erweisen?

Die große Galeasse machte gut Fahrt. Ihr Rumpf schwenkte langsam nach Osten und hielt auf das Waldmeer zu. Orgrim kauerte sich am Schanzkleid nieder und beobachtete die Besatzung. Es hieß, dass Skanga jeden einzelnen ihrer Männer persönlich ausgesucht hatte. Auch einige von seinen Leuten waren vor der Invasion an Bord der *Geisterwind* befohlen worden. Die Schamanin wollte auch Boltan haben. Orgrim hatte seinen Geschützmeister nur behalten, weil der nach dem Zwischenfall mit der Feuerkugel schwer verletzt gewesen war.

Beunruhigt überlegte Orgrim, ob Skanga an ihm Gefallen gefunden haben könnte. Der Schamanin ging ein gewisser Ruf voraus. Lieber würde Orgrim darauf verzichten, je wieder mit einem Weib sein Lager zu teilen, als sich mit dieser alten Vettel einzulassen. Sollte sie sich doch mit den beiden Elfen vergnügen! Er grinste bei der Vorstellung, was Skanga mit den beiden wohl alles anstellen mochte. Hochnäsiges Pack! Jetzt war es an den Elfen zu lernen, was es hieß, der Gnade der Sieger ausgeliefert zu sein. Seine Gedanken schweiften ab, und er brütete darüber, wie groß wohl seine Aussichten waren, jemals wieder von einem Weib auserwählt zu werden. In der Nacht, nachdem er Rudelführer geworden war, war er zum ersten Mal erwählt worden. Es waren stets die Weiber, die entschieden, wem sie sich hingaben. Und sie nahmen sich nur die Berühmtesten oder Größten unter den Kriegern. Gran stand trotz seines niederen Ranges in hohem Ansehen bei ihnen, dachte Orgrim eifersüchtig. Und der Mistkerl ließ keine Gelegenheit aus, mit seinen Abenteuern zu prahlen.

Auf zehn Krieger kam ein Weib. Viele Trolle warteten ihr ganzes Leben lang vergeblich darauf, erwählt zu werden. Das war der Fluch seines Volkes. Ihre Weiber waren nicht unfruchtbar, so wie man es von den Elfen erzählte, wo nur wenige Kinder geboren wurden. Die meisten Weibchen gebaren ständig neue Brut. Aber sie waren ein Volk von Kriegern. Die Weiber blieben wohl verborgen und gut bewacht in den Felsenburgen. Jede von ihnen hatte drei oder vier Leibwächter, die sie herumkommandieren konnte.

Orgrim dachte an den Einfluss, den Skanga auf den König hatte. Vielleicht waren sie ja insgeheim ein Volk, das von seinen Weibern kommandiert wurde. Er lächelte in sich hinein. Aber das würde immer ihr Geheimnis bleiben. Fremde bekamen niemals ein Trollweib zu sehen. Unter den übrigen Albenkindern machte eine Legende die Runde, dass Trolle in dunklen Höhlen aus Stein geboren wurden. Sollten sie das nur glauben! Es würde die Furcht schüren, die viele vor ihnen empfanden.

Das sanfte Wiegen der Wellen ließ den Troll eindösen. Es war angenehm, keine Verantwortung für das Schiff zu haben, auf dem man reiste. Im Halbschlaf dachte er an die wenigen Nächte zurück, die er mit Weibern verbracht hatte. An die liebestollen Ringkämpfe, den Duft ihrer schweißüberströmten Leiber. Die wunderbaren Tätowierungen auf den kahlen Schädeln seiner Gespielinnen, üppige Brüste und starke, zupackende Hände.

Ein Ruf riss Orgrim aus dem Halbschlaf. Er spürte, wie das Schiff an Fahrt verlor. Blinzelnd sah er sich um. Der Mond stand hoch am Himmel. Es mussten drei oder vier Stunden vergangen sein, seit sie Vahan Calyd verlassen hatten. Zwei Anker rasselten ins Wasser. Mit dem Flaschenzug am Hauptmast wurde eines der großen Beiboote zu Wasser gelassen. Die Seeleute versahen ihren Dienst tadellos. Doch es herrschte eine gedrückte Stimmung an Bord. Nie wurde geflucht oder gelacht. Die Männer verrichteten ihre Arbeit in verbissener Stille. Eine Aura der Angst lag über der *Geisterwind*.

Ein Trupp Ruderer sammelte sich mittschiffs unter dem Kommando eines jungen Rudelführers. Ringsherum ragten riesige Zeugenbäume aus der See. Die *Geisterwind* musste tief ins Waldmeer vorgestoßen sein, während er geschlafen hatte. Etwa eine halbe Meile entfernt erhob sich eine Insel gleich einem großen Fangzahn aus der See. Am Strand brannten einige Feuer.

Schlurfende Schritte ließen Orgrim herumfahren. Skanga! Sie trat ans Schanzkleid und winkte ihn zu sich herüber. Mit einer knappen Geste deutete sie zur Insel. »Da haben unsere Späher heute Mittag die Spur der Flüchtigen aufgenommen und wieder verloren«, erklärte die Schamanin. »Es gibt dort einen großen Albenstern. Ich hatte geahnt, dass Emerelle und ihre Getreuen an einen Ort wie diesen kommen würden. Sie waren schnell.«

»Werden wir sie dann noch stellen können?«

Skanga bedachte ihn mit einem ärgerlichen Blick. »Zweifelst du an meinen Fähigkeiten? Die Elflein haben sich mit dieser Flucht ein wenig Zeit erkauft, mehr nicht. Im Labyrinth der Albenpfade können sie tausend Wege eingeschlagen haben. Ich werde einen besonderen Zauber wirken müssen …« Sie sah zu den beiden Elfen. »Und die hochverehrten Elfenfürsten werden mir dabei eine große Hilfe sein. Komm mit mir, Orgrim. Ich wünsche, dass du alles verstehst, was heute Nacht geschieht.«

Skanga stieg in einen Sitz aus geflochtenen Lederriemen und ließ sich mit dem Flaschenzug über Bord hieven. Gestützt von zwei Kriegern, stieg sie aus und ließ sich im Beiboot nieder. Plötzlich stürzte sich eine ganze Gruppe Trolle auf die beiden Elfenfürsten. Sie wurden gefesselt und ohne auf ihre Proteste zu achten, über Bord geworfen. Vom Boot aus fischte man sie mit langen Stangen aus dem Wasser. Orgrim sah mit gemischten Gefühlen dabei zu. Den ganzen Tag über beteuerte Skanga, wie wichtig diese beiden Elfen waren. Und dann wurden sie so behandelt, nur um sich die Plackerei zu ersparen, sie mit dem Flaschenzug herabzulassen.

Der Troll kletterte das Fallreep hinab und ließ sich am Bug des Bootes nieder. Die Ruderer stießen das kleine Gefährt vom Rumpf der *Geisterwind* ab und begannen aus Leibeskräften zu pullen. Dabei hielten sie respektvollen Abstand zu den Zeugenbäumen, die von stachelartigen Wurzeln umringt waren. Der Mond überzog das Meer mit metallenem Licht. Jede Welle und jede Klippe hob sich überdeutlich von der silbernen See ab. Orgrim konnte sehen, wie sich Krabben die zerklüfteten Stämme der Baumriesen hinaufarbeiteten. Was war dies nur für eine seltsame Weltgegend! Es gab Bäume, die das Land verließen, um in der offenen See zu wurzeln, und Krabben, die das

Meer verließen, um auf Bäume zu steigen. Was die Viecher dort oben zwischen den Ästen wohl machten? Nisten?

Sie hatten sich der Insel nun auf fast hundert Schritt genähert. Zwei Trolle mit Fackeln standen am Eingang einer felsigen Bucht. Nahe der Insel war die See zerwühlt. Riffe schienen die Bucht zu schützen wie Mauerringe eine Burg.

Das Boot begann in der unruhigen See zu schaukeln. Gischt sprühte ihnen in die Gesichter. Der Bootsführer riss die Ruderpinne herum und brachte sie auf einen Kurs parallel zu den Riffen. Sie hielten jetzt auf einen Zeugenbaum zu, der wie ein Wachturm am nördlichen Ende der Zufahrt stand.

»Wir kommen hier nicht durch!«, rief der Bootsführer verzweifelt. »Die Ebbe hat bereits begonnen. Das Wasser steht zu niedrig, um noch in die Bucht einfahren zu können. Die Riffe würden uns den Rumpf zerreißen.«

Orgrim sah, dass das Fahrwasser dicht beim Baum ruhiger war. »Versuch es dort drüben!«

Der Bootsführer schüttelte den Kopf. »Dort müssen Wurzeldornen sein! Die sind nicht weniger gefährlich als die Korallen.«

»Maruk, überlass Orgrim das Ruder!«, befahl Skanga.

Der Bootsführer sah ihn hasserfüllt an, erhob sich aber von seinem Platz im Heck. Als Orgrim sich an ihm vorbeidrängte, zischte ihn der andere an: »Du hast wohl vor, jetzt jeden Tag ein Boot zu versenken, Klugscheißer!«

Orgrim versuchte, sich nichts anmerken zu lassen, aber die Worte hatten ihn tief getroffen. Warum hatte er auch nicht den Mund gehalten? Das war nicht sein Boot. Es ging ihn nichts an, wenn der Bootsführer vor einer schwierigen Passage kniff. Jetzt hatte er den Ärger am Hals. Und er konnte sich keine Niederlage mehr leisten.

Er nahm auf der Bank im Heck des Bootes Platz und legte den rechten Arm auf die Pinne des Ruders. Das dunkle Holz schmiegte sich angenehm in seine Hand. Orgrim schloss die Augen und versuchte eins zu werden mit dem Boot und der aufgewühlten See. Er spürte, wie die Wellen den Rumpf sanft hoben.

»Die Ruder flach!«, befahl er mit fester Stimme.

Zwei Dutzend Männer starrten ihn an. Die meisten von ihnen blickten unfreundlich. Offenbar war der Bootsführer beliebt. Zumindest beliebter als irgendein dahergelaufener Fremder, dem der Ruf vorauseilte, dass er auf dumme Art ein Schiff verloren hatte.

Orgrim konzentrierte sich ganz auf die Wellen. In den kalten Meeren des Nordens, die er mit der *Donnerer* befahren hatte, war es so, dass jede siebte Welle mit größerer Kraft heranrollte. Doch dies hier war eine andere Welt. Ein fremder Ozean, in dem Bäume wuchsen. Hier mochte das Meer einen ganz anderen Rhythmus haben. Jetzt! Das Boot war stärker angehoben worden. Er drehte es in die Welle und begann zu zählen.

»Worauf wartet der noch?«, raunte einer der Ruderer.

Nicht aus der Ruhe bringen lassen, dachte Orgrim. Vier. Er spähte auf die enge Durchfahrt. Gerade weil der Mond wie eine Laterne am Himmel erstrahlte, erschienen Orgrim die Schatten der Nacht nur umso tiefer. Er konnte einzelne Wurzeldornen erkennen. Aber sie schienen im Bereich der Durchfahrt keine geschlossenen Kreise zu bilden. Jemand hatte eine Bresche in die Verteidigungswälle des Zeugenbaums geschlagen. Auf irgendeinem Weg mussten doch auch die Elfen in die Bucht gelangt sein. Orgrim konnte sich nicht vorstellen, dass diese Wichte immer bis zum höchsten Stand der Flut warteten. Das passte so gar nicht zu ihrer überheblichen Art. Sie hatten sich einen Weg gebahnt. Ganz bestimmt! »Alles vor!«, kommandierte er.

Und sicher haben sie auch eine Falle gestellt, meldete sich eine leise Stimme in seinem Hinterkopf. Heimtücke war einer der ausgeprägtesten Wesenszüge dieser Wichtel. Orgrim starrte angespannt in die Finsternis. War da etwas?

»Wagst du die Durchfahrt nicht, nun, da du das Ruder führst?«, fragte Skanga.

Orgrim fühlte, wie sich seine Gedärme zusammenzogen. Den Zorn der Schamanin zu erwecken, war das Letzte, was er jetzt gebrauchen konnte. Seine Faust schloss sich fester um die Ruderpinne. »Und los! Pullt!«, befahl er den Männern.

Die Trolle legten sich so kräftig in die Riemen, dass das Boot einen regelrechten Satz nach vorn machte. Orgrim steuerte an einigen Wurzeldornen vorbei. Sie waren dem felsigen Ufer sehr nahe gekommen. Wieder spritzte Gischt ins Boot. Wie eine riesige Hand zerrte die Macht der Gezeiten an dem zerbrechlichen Gefährt. Sie hatten das ruhige Fahrwasser in der Bucht fast erreicht, als Orgrim entdeckte, was er befürchtet hatte. Eine letzte Reihe Dornen. Bis zu diesem Hindernis war eine Gasse durch die Dornenkränze des Zeugenbaums geschlagen. Die ganze Zeit über hatte Orgrim stumm den Rhythmus der Wellen mitgezählt. Würde die siebente Welle das Boot hoch genug anheben, um es über die Dornen zu bringen?

»Die Ruder halt! Alles zurück!«, befahl er den Trollen. Sie durften es nicht zu früh versuchen. Die Ruderer stemmten sich in die Riemen. Langsam zog der Gezeitensog sie in den Kanal zurück. Orgrim blickte hinaus aufs Meer. Da war sie. Eine feine Linie, die über die See auf sie zueilte. Einen Augenblick noch … Sie durften nicht zu weit vom Hindernis entfernt sein, wenn die Welle sie packte.

»Und vor! Jetzt!« Die Ruderer kämpften ein weiteres Mal gegen die Gewalt der Ebbe an. Das Boot wurde von der Dünung angehoben. Sie ritten auf dem Wellenkamm. Orgrim wusste, dass dies nur für ein oder zwei Herzschläge gut gehen konnte. Ihr Boot war zu schwer und zu lang, um sich lange auf dem Wellenkamm zu halten. Orgrim hielte den Atem an. Sie setzten über die Dornenbarriere hinweg. Da erklang ein nervenzerreißendes Knirschen. Orgrim konnte fühlen, wie das hintere Drittel des Rumpfes auf den Dornen aufsetzte. Einen Augenblick lang schien es, als wolle der Gezeitenstrom sie zurück aufs Meer ziehen. Dann schob sie eine neue Welle voran. Knirschend kam das Boot frei. Orgrim rechnete damit, dass die harten Holzdornen den Rumpf der Länge nach aufschlitzten. Ein trockenes Krachen kündete von einer gesplitterten Planke. Sie glitten in das ruhige Fahrwasser der Bucht. Ein paar Ruderschläge, und das Boot lief auf dem schmalen Sandstrand auf.

Eine Gruppe von Kundschaftern kam ihnen entgegen. Sie hoben Skanga auf ihre Schultern und trugen sie den Strand hinauf.

»Das hast du gut gemacht, Welpe!«, lobte ihn die Schamanin, als sie wieder auf eigenen Füßen stand.

»Dein Bootsführer hätte es gewiss nicht schlechter gemacht.« Orgrim war nicht im Geringsten daran gelegen, sich in Skangas Gunst einzuschleimen. »Er kennt das Boot besser. Wahrscheinlich wäre er nicht einmal auf den Wurzeln aufgesetzt.«

»Schmälere deine Taten nicht. Das erledigen deine Neider schon. Spiel ihnen nicht in die Hände, Welpe. Und jetzt komm mit! Du wirst genau tun, was ich dir sage, und keine dummen Fragen stellen.«

Der Anführer der Kundschafter gesellte sich zu ihnen. Er war ein bulliger Kerl. Ein wenig kleiner als Orgrim, hatte er eine breite Brust, die mit wulstigen Schmucknarben bedeckt war. Sie zeigten das Abbild eines Falken. Bis auf drei Zöpfe hatte der Kundschafter seinen Schädel kahl rasiert. Sie hingen ihm über die rechte Schulter hinab und waren mit Falkenfedern geschmückt. Seine Haut erschien im

Mondlicht graugrün und hatte helle Einsprengsel. Der Blick des Fährtenlesers wirkte seltsam. Seine Augen strahlten eine wohlwollende Wärme aus, wie Orgrim es bei den Weibern erlebt hatte. Gewiss hatte sein Gegenüber dafür schon manchen Spott in seinem Leben geerntet. Helle Narben auf Armen und Beinen zeigten, dass er Streit nicht aus dem Weg ging. Am rechten Oberarm, halb unter den Zöpfen verborgen, zeugten vier helle Striemen vom Kampf mit einem Höhlenbären. Nein, dachte Orgrim, ganz gleich wie seine Augen aussahen, der Kerl hatte nicht viel mit ihren wohl behüteten Weibchen gemein. Selbst wenn eine von ihnen aus einer Laune heraus darauf bestand, auf die Jagd zu gehen, wurde sie stets von so vielen Kriegern abgeschirmt, dass ihr nichts geschehen konnte. Der Kundschafter war anders. Orgrim schätzte ihn als einen Mann ein, der gern allein in die Wildnis zog.

Ihr Führer brachte sie zu einer Fährte, die ein Stück von ihrem Landungsplatz entfernt den Strand hinauf lief. »Es waren ein Kentaur, ein Kobold oder Holder und drei Elfen, die selbst gelaufen sind«, erklärte der Kundschafter. »Dort drüben liegt ihr Nachen. Ein seltsames Boot. Es hat Holzscheiben im Rumpf, die man herausnehmen kann. Mir ist es ein Rätsel, wozu das gut ist. Vielleicht um den Nachen bei Gefahr schnell zu versenken?«

Orgrim dachte an die Geschichten über die eigentümliche Sänfte der Elfenkönigin, die er den Tag über aufgeschnappt hatte. Er blickte zu Skanga. Die alte Schamanin hatte jetzt etwas Wölfisches. Den Kopf vorgestreckt, wirkte sie wie ein Raubtier, das Witterung aufnahm. Gewiss hatte auch sie von der Sänfte der Königin gehört.

»Wann sind sie hier angekommen, Brud?«

»Mit dem höchsten Stand der Flut am frühen Nachmittag.« Der Kundschafter wies zu einem dunklen Höhleneingang. »Dort drüben haben sie gelagert. Die Glut war noch nicht verloschen, als wir ankamen. Ich schätze, wir haben sie um höchstens eine Stunde verpasst, Ehrenwerte.«

Die Schamanin rieb sich über ihr breites Kinn. »Habt ihr das Schiff sofort zurückgeschickt?«

»Ja, Skanga. Ganz wie du es befohlen hast. Von der Höhle führt ein Tunnel zu einem Ort der Macht ... Wir haben ihn nicht betreten, aber man konnte ihn auch vom Tunnel aus gut einsehen.« Der Kundschafter schlug ein Zeichen gegen Geister. »Der Fels dort leuchtet. Es ist ein unheimlicher Platz. Es führt nur ein Weg dorthin. Die eisenbeschlagenen Hufe des Kentauren haben feine Spuren auf dem Felsboden hinterlassen. Zumindest ist er zu diesem Ort der Macht gegangen und nicht zurückgekehrt. Es scheint, als habe ihn der Berg verschlungen und die übrigen mit ihm. Sie haben zwar keine Spuren auf dem Felsen hinterlassen, aber in der Zeit, in der wir auf dich warteten, Skanga, haben wir die ganze Insel abgesucht. Hier ist niemand mehr. Wir werden uns noch ein paar Küstenhöhlen ansehen, in die man nur bei Ebbe gelangt, doch ich bin mir sicher, dass unsere Beute auf und davon ist.«

Brud hatte sie inzwischen in eine niedrige Höhle geführt. Orgrim musste den Kopf einziehen, um nicht an die rußgeschwärzte Decke zu stoßen. Ihr Führer deutete auf die Feuerstelle und auf zwei flache Mulden im Sand. »Zwei der Flüchtlinge haben sich hier niedergelegt. Ich habe den Verdacht, dass sie zwei Verwundete dabei haben, die nicht aus eigener Kraft laufen können. Dann wären es also insgesamt sieben.«

»Eine magische Zahl«, murmelte Skanga. »Ein starker Bund. Nicht zu teilen.« Die Schamanin ging neben der kleineren der beiden Mulden in die Hocke und strich mit den Fingern durch den Sand. Orgrim fragte sich, ob sie die Macht hatte, mit den Sandkörnern zu reden. Den Blick in sich gekehrt, schien die Schamanin alles um sich herum vergessen zu haben. Bewegten sich ihre Lippen? Zauberte sie?

Plötzlich stutzte Skanga. Mit spitzen Fingern zog sie etwas aus dem Sand, das wie ein kleines Stück von einem welken Blatt aussah.

»Was ist das?«, fragte Brud.

Skanga lächelte und zerrieb ihren Fund zwischen den Fingern. »Ein Stück von einem verbrannten Schmetterlingsflügel. Bring mich jetzt zu dem magischen Ort und lass auch die Elflein und die Kiste im Boot dorthin schaffen.« Mit einem lang gezogenen Seufzer richtete sie sich auf. »Ach, Brud. Dies hier ist Orgrim. Ich denke darüber nach, ihn zum Rudelführer auf der *Geisterwind* zu machen.«

Der Kundschafter blickte kurz zu Orgrim. »Ich habe schon von ihm gehört«, war alles, was er sagte.

Orgrim fluchte stumm. Ja, alle hatten schon von ihm gehört! Von dem glücklosen Rudelführer, dem die Elfen das Schiff versenkt hatten. Er wünschte sich, er würde mit der *Donnerer* zusammen auf dem Meeresboden liegen. Und die Aussicht, zum Rudelführer auf der *Geisterwind* zu werden, stimmte ihn alles andere als glücklich. Das war kein Kommando. Das war der Abstieg zum Speichellecker der launischen Schamanin. Er sollte sehen, dass er so schnell wie möglich aus ihrer Reichweite kam!

»Orgrim?« Sie winkte ihm. »Wir sehen uns jetzt diesen *Ort der Macht* an, wo unsere Jagdbeute im Felsen verschwunden ist. Du hast doch keine Angst, nicht wahr?«

Der Troll straffte sich und stieß mit dem Kopf leicht gegen die Höhlendecke. »Ich habe mein Schiff durch das Nichts geführt. Warum sollte ich eine Höhle fürchten?«

»Tja, warum solltest du?« Skanga lachte leise und auf eine Art, die dem Troll Schauder über den Rücken jagte. »Nur eine Höhle, nicht wahr? Was sollte da schon geschehen?«

Orgrim fand schneller Gelegenheit, seine Worte zu bereuen, als er sich hätte träumen lassen. Brud führte sie in einen Tunnel, in dem man nur noch gebückt gehen konnte. Sie waren umschlossen von weißem Gestein. Zunächst brauchten sie noch Fackeln, um sich zurechtzufinden. Doch bald schon veränderte sich das Gestein auf unheimliche Weise. Es begann von innen heraus zu leuchten. Die Grenze zwischen Luft und Stein schien zu verschwimmen. Der Fels wurde blassblau und durchscheinend. Er hatte eine Farbe wie der Himmel an einem klaren Sommertag. Doch er war noch da, wie Orgrim schmerzhaft feststellen musste, wenn er vergaß, den Kopf einzuziehen. Er konnte weit in den Felsen hineinsehen. Goldene Adern durchzogen das lichte Gestein. Sie alle strebten einem Punkt entgegen, der irgendwo am Ende des Tunnels lag.

Je länger Orgrim hinsah, desto mehr bekam er das Gefühl, dass die Adern im Stein sanft vibrierten. Ganz so, als seien sie lebendig. Seine Nackenhaare sträubten sich. Die Vorstellung, sich nicht durch einen Tunnel im Felsgestein zu bewegen, sondern inmitten von etwas Lebendem zu sein, jagte ihm Angst ein. Das war, als seien sie gefressen worden. Mit jedem Schritt konnte er Brud besser verstehen, der es nicht gewagt hatte, die Höhle am Ende dieses Tunnels zu betreten. War sie so etwas wie ein steinerner Magen? Und würde von ihnen nichts bleiben als ein Rülpser, der durch den Tunnel hinaus zum Strand hallte, wenn sie die Höhle betraten?

Orgrim schalt sich stumm einen Narren. Skanga würde sich niemals herwagen, wenn hier eine tödliche Gefahr lauerte. Oder hatte sie sich durch einen Zauber geschützt?

Am Ende des Weges lag nur ein Albenstern, redete sich Orgrim ein. Ein magischer Ort, ja, aber von ihm ging keine unmittelbare Gefahr aus. Es war eine Pforte zu den Pfaden der Alten. Er kannte das doch! Er hatte sein Schiff sicher über einen Albenpfad gebracht! Nur, dass das Tor auf See völlig anders ausgesehen hatte. Da war nichts gewesen, bis Skanga einen Bogen aus Wasserdampf hatte aufsteigen lassen, der in allen Regenbogenfarben geglänzt hatte. Groß genug war er gewesen, dass selbst das Schiff Branbarts hindurchgepasst hatte und noch viele Schritt Raum zwischen den Mastspitzen und dem Scheitel des Bogens geblieben waren.

Orgrims Schritte wurden unsicherer. Er erkannte zwar noch vage den Boden der Höhle, aber auch dort war der Fels durchscheinend geworden, und er hatte das Gefühl, als laufe er durch den Himmel. Unter ihm lag eine bodenlose Tiefe, während er durch die Felswände bis hinaus zur mondbeschienenen See blicken konnte.

Magischer Schnickschnack, sagte sich der Troll. Das haben die Elfen ersonnen, um Trollen wie mir Angst einzujagen. So leicht würde er es ihnen nicht machen. Trotzig reckte er das Kinn vor und stieß sich wieder den Kopf. Jetzt heftete er seinen Blick fest auf den Rücken Skangas, die unmittelbar vor ihm ging.

Endlich weitete sich der enge Tunnel, und sie traten in eine Höhle. Hier waren auch schwarze Adern im durchscheinenden Felsgestein zu sehen. Sie waren wie Zöpfe mit den goldenen Adern verflochten.

»Bringt die Elfen hierher«, kommandierte Skanga die Ruderer. »Und schafft die Kiste heran.« Brud und seine Kundschafter setzten keinen Fuß in die Höhle. Wussten sie es besser?, fragte sich Orgrim. Neugierig sah er sich um. Er spürte ein seltsames Prickeln auf der Haut wie kurz vor einem Sommergewitter. Ein unangenehm metallischer Geruch lag in der Luft. Und der Duft von Salz, Tang und Meer.

»Ich will Maruk hier haben!« Die Schamanin hatte die Holztruhe geöffnet und einen Kreidestein herausgeholt. Sie begann damit, um die beiden Elfen einen großen Kreis auf den Boden zu ziehen. Shahondin und Vahelmin wanden sich vergeblich in ihren Fesseln. In ihren Augen stand die nackte Angst. Wussten sie, was Skanga plante?

»Mach dich nützlich, Welpe!« Skanga drückte ihm den Kreidestein in die Hand. »Zieh die Linie noch einmal nach. Sie muss nicht hübsch und auch nicht regelmäßig sein. Sie darf nur keine Lücke haben. Also streng dich an!«

Orgrim gehorchte, und er hielt sich an ihren Befehl, keine Fragen zu stellen. Sorgfältig zog er den Kreidestrich nach, während Skanga mit einem Blutstein einen zweiten, kleineren Kreis zeichnete. Dann holte sie aus der Truhe Schmuck und Kleider aus hauchzartem Stoff. Den Sachen haftete ein Brandgeruch an, der den Duft des Meeres aus der Höhle vertrieb.

»Du dachtest, du könntest dich über Branbart lustig machen, nicht wahr?«

Erschrocken blickte Orgrim auf. Doch Skanga meinte nicht ihn. Sie sprach mit dem geknebelten Elfenfürsten.

»Du denkst, wir Trolle sind dumm. Und es war dein Plan, uns zu hintergehen. Dir würde es niemals einfallen, uns deine Hilfe anzubieten, wenn du nicht ganz sicher wärest, du könntest uns hereinlegen. Doch ich habe dich durchschaut, Shahondin. Dir ging es nicht allein darum, Emerelle zu töten, wie du uns erzählt hast. Du wolltest ihre Krone. Und selbst jetzt hast du diesen Traum noch nicht aufgegeben.«

Der Elf setzte sich halb auf. Erstickte Geräusche drangen durch seinen Knebel.

»Nein. Ich habe heute Morgen genug von dir gehört. Doch weißt du was? Du wirst Branbart und mir ein treuer und aufopfernder Diener sein. Du wirst uns hassen. Mehr noch als Emerelle. Und trotzdem wirst du alles geben, um mir meinen Wunsch zu erfüllen.« Die Alte kicherte. »Verlässt dich dein Mut? Glaub mir, du kannst dir in deinen wildesten Albträumen nicht ausmalen, was ich mit dir und deinem Sohn vorhabe. Ihr werdet Emerelle für mich finden. Ich werde euch zu vollkommenen Jägern machen.«

Skanga beugte sich vor und schnupperte an Shahondins Haar. Dabei machte sie ein enttäuschtes Gesicht. »Nicht einmal jetzt riechst du nach Angst, Elflein. Gar kein Geruch haftet euch an, es sei denn, ihr schmückt euch mit ihm. Ich hatte das schon befürchtet. Dabei mögen sie starke Gerüche. Sie werden davon angezogen, wie der Geruch des Blutes die Haie von weither in den Hafen von Vahan Calyd lockt.« Sie wandte sich um.

»Ah, Maruk. Da bist du ja.« Sie winkte den Bootsführer zu sich, der etwas unschlüssig an der Mündung des Tunnels stand. »Komm hierher und stell dich kurz zu den beiden Elflein. Achte darauf, dass sie nicht zu sehr herumrutschen und den Rand des Kreidekreises verwischen.«

Die Schamanin begutachtete Orgrims Arbeit und nickte zufrieden. »Sehr gut, Welpe. Hol nun die Kerzen, die du in der Kiste findest, und stell sie hier nach deinem Gutdünken auf. Kerzen sind immer gut, wenn man mit der Finsternis zu tun hat, nicht wahr?«

»Ja, gewiss«, antwortete Orgrim zögerlich. Er fragte sich, ob Skanga verrückt geworden war.

Die Schamanin zog eine kleine, lederne Flasche aus einer der Falten ihres Flickengewandes. Mit einem Zug trank sie die Flasche leer; dabei blähte sie die Backen. Sodann pustete sie durch ihre zusammengepressten Lippen einen Nebel dunkelbraunen Saftes über die beiden Gefangenen. Wieder lachte sie. »So ist es besser, meine Hübschen. Lebertran und Robbenblut. Nun riecht ihr nach etwas, Elflein. Ich muss nur noch Sorge dafür tragen, wie ich euch später auseinander halte.«

Orgrim holte die Kerzen aus der Truhe, doch er fand nichts, um sie anzuzünden. Brud und die Seeleute mit den Fackeln hatten sich zurückgezogen. »Skanga?«

Die Schamanin brachte ihn mit einer ärgerlichen Geste zum Schweigen. »Stell sie einfach hin. Um den Rest kümmere ich mich später. Störe eine alte Frau nicht, wenn sie noch einmal Freude an ihrem Leben hat.« Sie strich mit ihren krummen Fingern über Shahondins Gesicht. »Du bist doch sicher hunderte Jahre alt, Elflein. Und trotzdem ist dein Gesicht so glatt und makellos, wie es die Titten einer Jungfrau sind, der zum ersten Mal das Blut fließt. Darum habe ich euch Elflein schon immer beneidet.«

Orgrim ließ Skanga nicht aus den Augen, während er die dicken, schwarzen Kerzen aufstellte. Was sollte dieses Getue mit den Elfen? Plötzlich drückte die Schamanin einen Finger seitlich in Shahondins Auge, sodass der Augapfel heraussprang. An einem dünnen Fädchen hing das Auge über der Wange des Elfen. Der Fürst bäumte sich in seinen Fesseln auf. Sein Knebel erstickte seinen Schrei zu einem dumpfen Gurgeln.

Skanga schloss die Hand um das Auge auf der Wange. »Ich liebe es, das Angenehme mit dem Nützlichen zu verbinden. Ich muss dich doch von Vahelmin unterscheiden können.« Mit einem Ruck zerriss sie den dünnen Faden, an dem der Augapfel hing, und schob ihn sich in den Mund. Genüsslich kauend wandte sie sich zu Orgrim um.

»Du hast genug Kerzen aufgestellt. Geh nun in den anderen Kreis und bewege dich nicht dort hinaus, bevor ich es dir erlaube.«

Skanga legte die Linke auf ihr Herz und schnippte mit den Fingern. Augenblicklich flammten alle Kerzen auf. Sie verbreiteten einen schweren, ranzigen Geruch.

Orgrim tat, wie ihm geheißen. Der rote Kreis war eng. Was hatte sie mit ihm vor? Warum musste er hier allein stehen? Und warum grinste ihn dieser Maruk so an? Wusste der Bootsführer, was geschehen würde? Er stand nun zusammen mit Skanga neben dem großen, weißen

Kreis. Die Schamanin hatte ihm vertraulich die Hand auf die Schulter gelegt.

Orgrim roch, dass er den säuerlichen Geruch der Angst verströmte. Er war kein Feigling! Aber er kämpfte am besten, wenn er seinen Feind klar vor Augen hatte. Das hier war ihm unheimlich.

Skanga begann leise zu singen. Die dunklen Adern tief im Fels tanzten im Rhythmus ihres Liedes. Der Boden schien leicht zu vibrieren. Nahe dem weißen Kreis stieg ein Bogen aus goldenem Licht aus dem Fels. Er umschloss einen Durchgang in die Finsternis. Das Nichts! Wer es einmal gesehen hatte, würde es immer wieder erkennen. Selbst die Finsternis einer bewölkten, mondlosen Nacht konnte man nicht damit vergleichen. Das Nichts war dichter … Und man ahnte, dass kein Licht jemals jenseits des goldenen Pfades scheinen würde.

Skangas Lied hatte sich verändert. Ihre Stimme formte keine Worte mehr. Sie war zu einem tiefen, kehligen Knurren geworden. Gleichzeitig ging mit Maruk eine seltsame Veränderung vor sich. Seine Haut schrumpelte und wurde faltig. Er hatte die Augen weit aufgerissen. Aus seinem Mund troff ein Faden aus klebrigem, goldenem Licht. Sich windend wie ein Wurm, tanzte der Faden zu Skangas Gesang. Schwerelos hielt er sich in der Luft und verschwand durch das Portal, das die Schamanin geöffnet hatte.

Ein hechelnder Laut antwortete aus dem Nichts. Etwas schob sich durch die goldene Pforte. Gebückt, heimtückisch lauernd. Ein lebendig gewordener Schatten. Es wurde kühler in der Höhle. Der goldene Faden schien den Schatten durch das Tor gezogen zu haben … Nein. Orgrim erkannte seinen Irrtum. Es war anders. Dieses Schattenwesen verschlang das Licht.

Noch eine zweite Kreatur trat aus der Finsternis. Die beiden begannen einen stummen Kampf um das Licht.

Maruk war kleiner geworden. Seine Haut spannte sich jetzt straff wie bei einem Greis über den Schädel. Deutlich zeichneten sich all seine Knochen ab. Er sah aus, als habe Skanga alles Fleisch aus seinem Leib geschmolzen. Seine Augen waren milchig weiß. Er war blind und musste nicht mehr mit ansehen, was sich an seiner Lebenskraft labte.

Der goldene Faden riss ab. Maruk kippte vornüber. Gierig verschlangen die Schattengestalten den Rest des Lichts. Dann strichen sie leise knurrend durch die Höhle. Sie erinnerten an große Hunde, nur dass sie keine Schwänze hatten. Ihre Form schien veränderlich. Sie schnupperten an den Kleidern und dem Schmuck, der auf dem Höhlenboden verteilt lag.

»Dies gehört Emerelle, der Königin der Elfen«, sagte Skanga leise. »In ihr brennt ein starkes Licht. Ich möchte, dass ihr sie für mich findet. Ihr werdet es spüren, wenn sie zurückkehrt. Immer wenn eine Zauberweberin mit einem Albenstein das Netz betritt, gibt es eine Erschütterung.«

Orgrim hatte das Gefühl, dass diese Schattenwesen die Schamanin verstanden. Sie hielten inne, und auch wenn sie keine sichtbaren Augen oder Ohren hatten, schienen sie ihre Sinne auf den weißen Kreis zu richten.

»Ich werde den Bann der Alben von euch nehmen, sodass ihr durch ihre Sterne schreiten könnt, ohne dass man euch gerufen hat. Und ich leihe euch zwei Körper, stark und von Magie durchdrungen, damit ihr das Leben fühlen könnt. Dafür verlange ich lediglich, dass ihr für mich Emerelle findet, bevor der nahende Winter vorüber ist. Ich will sie lebendig. Und ich selbst werde sie holen kommen. Euer Lohn wird das Licht von hundert Albenkindern sein. Ich werde euch ein unvergessliches Festmahl bereiten. Ihr werdet so viel Macht gewinnen, dass ihr fortan aus eigener Kraft auf die Jagd gehen könnt. Alle Fesseln, die euch jetzt noch halten, werden abgestreift sein.«

Eine der Gestalten wandte sich abrupt um. Sie strich um den roten Kreis. Dann schnellte eine Pfote vor. Dunkle Krallen glitten über eine unsichtbare Wand. Ein grässliches Knirschen erklang, so als ziehe man einen scharfkantigen Stein über eine Stahlklinge.

Orgrim hielt den Atem an. Der Schatten streckte eine zweite Pfote aus und zog sich an der unsichtbaren Barriere hoch. Orgrim kämpfte den Impuls nieder, einen Schritt zurückzuweichen. Wenn er den Bannkreis verließ, war er verloren. Ängstlich starrte er zu Boden. War die dünne, rote Linie wirklich lückenlos? Unter ihm pulsten die schwarzen Adern im durchscheinenden Fels. Sie waren zahlreicher geworden.

Das Schattenwesen ließ von ihm ab. Die beiden Kreaturen strichen nun wieder um den weißen Kreis.

»Sind wir handelseinig?«, fragte Skanga fordernd.

Orgrim konnte keine Antwort hören. Dennoch verwischte die Schamanin einen Teil des Bannkreises mit dem Fuß. Ein Schatten glitt durch die Lücke und schnupperte an den beiden wehrlosen Elfen. Der zweite pirschte in Skangas Rücken.

»Vorsicht!«, schrie Orgrim.

Die Schattengestalt hatte sich aufgerichtet und schnappte nach Skangas Nacken. Weißes Licht flackerte auf. Ein Geruch wie verbranntes Fell breitete sich aus. »Kinderchen, glaubt ihr, ich würde euch rufen, wenn ich mich nicht zu schützen wüsste?« Sie griff nach dem Schatten und zwang ihn ohne Mühe zu Boden. »Den Bannkreis habe ich nur gezogen, damit ihr euch nicht zu schnell an die Elflein heranmacht. Nun nehmt ihre Körper! Ihr wisst, was ich von euch erwarte!«

Die Schatten kauerten über den beiden Gefesselten. Orgrim brauchte eine Weile, bis er erkannte, was dort vor sich ging. Er hatte damit gerechnet, dass die widerlichen Kreaturen die Elfen zerreißen würden. Doch nichts dergleichen geschah. Shahondin und sein Sohn atmeten die Schatten ein. In dünnen Schlieren drangen sie den beiden durch die Nase. Ganz langsam verblassten die Schattengestalten, bis sie schließlich ganz verschwunden waren. Die Elfen lagen wie tot. Skanga trat in den Bannkreis, durchtrennte ihre Fesseln und zog ihnen die Knebel aus den Mündern. »Du kannst jetzt zu mir kommen, Orgrim. Es besteht keine Gefahr mehr für dich.«

Die Worte waren Skanga kaum über die Lippen gegangen, als sich Vahelmin mit einem Schrei aufsetzte. Er griff nach seinem Gesicht. Sein Antlitz verformte sich so, als stecke etwas unter seiner Haut, das ihm mit Gewalt ein neues Aussehen geben wollte. Die Kiefer drückten sich nach vorn. Seine Hände krallten sich in das zuckende Fleisch. Die Stirn des Elfen wurde flacher und wich zurück. Vahelmins feines Seidenhemd zerriss. Muskelstränge, dick wie Schlangen, wanden sich unter der Haut seiner Schultern. Aus seinen Fingerspitzen brachen Krallen. Er warf sich herum und kauerte nun auf allen vieren wie ein Tier. Sein Rücken krümmte sich. Arme und Beine wurden dünner und länger. Inzwischen hatte auch Shahondin begonnen sich zu verändern. Wie bei seinem Sohn verwandelte sich sein Leib. Lange Kiefer mit weißen Reißzähnen schoben sich aus seinem Gesicht. Sein verlorenes Auge füllte sich mit einer blutig roten Kugel.

Als die unheimliche Verwandlung beendet war, kauerten zwei riesige Bestien in dem Kreidekreis. Die Schatten waren keine körperlosen Schemen mehr, doch sie waren nicht wirklich Gestalten aus Fleisch und Blut geworden. Die Geschöpfe sahen ein wenig aus wie Wölfe, nur dass sie groß wie Pferde, jedoch viel hagerer waren. Sie hatten kurzes weißes Fell, sehr lange Schnauzen, und ihre Ohren erinnerten ein wenig an Elfenohren. Blauweißes Licht umspielte sie, und man konnte durch sie hindurchsehen, so wie durch die Felswände dieser Höhle.

Orgrim fragte sich, ob die Magie dieser Höhle Einfluss gehabt hatte auf ihre Erscheinung.

»Weder Klaue noch Zahn kann euch etwas anhaben«, sagte Skanga feierlich. »Noch der Silberstahl der Elfen. Doch hütet euch vor dem Eisen der Kobolde. Ihre Waffen vermögen euch zu verletzen.« Die Schamanin wandte sich zu Orgrim um. »Sind sie nicht hübsch geworden, meine Kinderchen?«

»Sie sehen gefährlich aus«, entgegnete der Troll ausweichend.

Skanga lachte. »Gefährlich! Das sind reißende Bestien. Sie zerren dir dein Licht aus dem Körper, die Essenz deines Seins, das, was wiedergeboren werden kann. Wenn sie dich anfallen, schlagen sie keine Wunden. Doch am Ende wirst du aussehen wie Maruk.« Sie deutete auf den Kadaver aus Haut und Knochen, der noch im Bannkreis lag. »Sie zerstören nicht deine fleischliche Hülle wie andere Raubtiere. Sie vernichten dich gänzlich. Vor allem die Elfen, die häufiger wiedergeboren werden als alle anderen Albenkinder, fürchten sie. Sie nennen diese Ausgeburten der Finsternis Shi-Handan, das heißt Seelenfresser. Wer immer so dumm ist, Emerelle Zuflucht zu gewähren, der wird es bereuen.« Sie bedachte die beiden Bestien mit einem herzlichen Lächeln. »Tötet aus ihrem Gefolge, wen immer ihr mögt. Nur die Königin ist euch verboten.«

»Shahondin und Vahelmin sind ihre ersten Opfer?«

»Nein!« Die Schamanin schüttelte so entschieden den Kopf, dass die Amulette auf ihrer Brust leise klapperten. »Sie können uns hören. Ihr brennender Hass treibt die Shi-Handan an. Sie leben weiter in ihnen. Ich kann ihnen sogar ihre Gestalt zurückgeben.« Skanga lächelte keck. »Hört ihr? Im Grunde habe ich euch einen Gefallen getan. Ihr könnt

Tod und Verderben unter das Gefolge der Königin tragen und Emerelles Untergang bewirken, ohne dass euch jemand erkennen würde. Niemand weiß um euren Pakt mit mir. Tut, was ihr schon immer tun wolltet. Und als Lohn erhaltet ihr eure Körper zurück. Die Seelenfresser werden euch nicht mehr brauchen, wenn ich sie mit dem großen Opfer belohne. Schau dir ihre Augen an, Orgrim. An ihnen kann man erkennen, dass jetzt zwei Seelen in den Shi-Handan leben.« Sie winkte die Seelenfresser zu sich heran.

Der Troll musste seinen ganzen Mut zusammennehmen, um vor den Ungeheuern nicht zurückzuweichen. Ein eisiger Luftzug streifte ihn, als die beiden Kreaturen um ihn strichen. Eine hatte ein blaues und ein blutrotes Auge. Und aus jedem Auge starrten ihn zwei schwarze Pupillen an.

»Geht nun, meine Kinderchen. Ich wünsche euch eine gute Jagd!«

Skangas Geschöpfe gehorchten ihr wie gut abgerichtete Jagdhunde. Ohne zu zögern, stürmten sie in die Dunkelheit jenseits der goldenen Pforte.

»Wirst du Shahondin und Vahelmin wirklich zurückverwandeln können?«

Die Schamanin zuckte leichthin mit den Schultern. »Ich weiß es nicht. Ich glaube eher nicht, dass eine Trennung möglich ist. Aber darauf kommt es nicht an. Wichtig war nur, dass die beiden Elflein mir glauben. Auch die Sache mit dem Auge habe ich nur getan, um sie zu verängstigen. Im Grunde schätze ich lauwarme Augen nicht als kleinen Happen zwischendurch. Aber wer sich fürchtet, der ist umso eher bereit zu glauben. Shahondin war ein harter Bursche. Und er verstand etwas von Magie. Unter anderen Umständen hätte er sich nicht gefügt. Er lebt tatsächlich in dem Shi-Handan weiter. Deshalb war es wichtig, dass er glaubt, es gäbe noch einen Weg zurück. Sein Geist wird die Bestie im Zaum halten, wenn sie Emerelle finden. Er wird es sein, der dafür verantwortlich ist, dass wir sie lebend fangen. Und nun folge mir, Rudelführer. Sobald der Stand der Flut es erlaubt, will ich zurück an Bord der *Geisterwind*. Dort wartet ein neues Schiffskommando auf dich.«

»Wie mir scheint, ist es sehr leicht, deine Gunst zu verlieren, Skanga.«

»Nur wenn man mich enttäuscht, Orgrim.« Sie wandte sich um und sah ihn durchdringend an. »Ich schätze es, wenn meine Männer den Mut haben, mir ihre Meinung frei ins Gesicht zu sagen. Jedenfalls so lange wir unter vier Augen sprechen. Bring ein paar deiner Leute von der *Donnerer* mit.« Sie stieß mit dem Fuß gegen den schlaffen Kadaver Maruks. »Manchmal hat man überraschende Verluste. Da ist es immer gut, ein paar überzählige Männer an Bord zu haben.«

Orgrim dachte, dass er bestimmt niemanden, den er schätzte, mitnehmen würde. Das hieße, seinen Kameraden die Treue schlecht zu vergelten. »Es gibt da einen Krieger. Er ist ein wahrer Riese. Ihn wüsste ich gern an meiner Seite. Gran heißt er. Vielleicht hast du schon von ihm gehört.«

»Nein.« Skanga schlurfte in Richtung des Tunnels davon. »Aber ich kenne Boltan. Seine Wunden müssten inzwischen doch verheilt sein. Bring ihn auch mit, Rudelführer. Der ganze Hof redet von seiner außergewöhnlichen Tapferkeit.«

FAST EINE LIEBESNACHT

Alfadas versuchte den ganzen Tag über, alles richtig zu machen. Er brachte die Kinder zum Lachen. Sie vergötterten ihn. Wütend blickte Asla zu dem grässlichen Hund. Sie hatte am Mittag mit Ole gesprochen. Er wollte sich überlegen, das Mistvieh zurückzunehmen. Als kleine Hilfe zum Nachdenken hatte Asla ihm einen Krug mit Met überlassen, der vom Fest übrig geblieben war.

Die Kinder schliefen jetzt. Alfadas saß bei der Feuergrube und schnitzte an einem neuen Holzschwert für Ulric. Zwischendurch spähte er immer wieder verstohlen in ihre Richtung. Sie würde es ihm nicht leicht machen! Asla tat so, als bemerke sie die Blicke nicht. Sie flickte einen Riss in Kadlins Lieblingskleid.

Blut lag vor Kadlins Schlafnische. Der Hund merkte, dass sie zu ihm herübersah. Er hielt ihrem Blick trotzig stand. Verdammter Köter! Er behandelte sie, als sei *sie* fremd hier! *Sie* hätte mit ihm zum Fjord gehen sollen! Ganz bestimmt wäre sie nicht mit ihm wiedergekommen. Asla musste unwillkürlich lächeln. Es hatte Alfadas sicher einige Überwindung gekostet, ganz ernst zu behaupten, der Hund stünde unter dem Schutz von Luth. Sie wusste, dass ihr Mann nicht an die Götter glaubte. Alle im Dorf wussten das. Deshalb wurde er nie einstimmig zum Jarl gewählt. Manche sagten ganz offen, dass es eines Tages großes Unglück auf Firnstayn herabrufen würde, diesen gottlosen Gesellen immer wieder zum Jarl zu machen.

»Er wird auf dich aufpassen, wenn ich im nächsten Frühjahr zum Königshof reisen muss«, sagte Alfadas unvermittelt.

Asla biss sich auf die Lippen. Sie würde nicht lächeln! Den ganzen Tag über suchte er schon nach Gründen, warum es gut war, mit Blut zurückgekommen zu sein. »Wenn ich es schaffe, mich vor Blut zu schützen, dann gibt es nichts mehr, was ich noch fürchten müsste.«

»Es war der Wunsch des Priesters. Ich hätte mich gegen Luth versündigt, wenn ich dem Hund auch nur ein Haar gekrümmt hätte. Gundar ist zum Fjord gekommen, um Blut zu schützen. Ich hätte erst ihn niederschlagen müssen, bevor ich an den Hund herangekommen wäre.«

»Du übertreibst. Außerdem schert dich doch sonst auch nicht, was die Götter von dir denken.« Eigentlich hatte sie sich inzwischen damit abgefunden, dass sie dieses schwarze Ungeheuer nicht so schnell loswürde. Aber Alfadas sollte ruhig noch etwas unter seinem schlechten Gewissen leiden.

»Mein Herz ist eine Wüste, wenn ich einen Tag ohne dein Lächeln verbringen muss.«

Jetzt hatte er wieder diesen Blick … Das war es, worin sie sich damals verliebt hatte. Er war ein berühmter Krieger. Der Mann, der mit den Elfen geritten war. Eine lebende Legende. Doch wenn er sie so ansah, dann wirkte er wie ein trauriger, kleiner Junge. Man musste ihn einfach in den Arm nehmen und trösten.

»Versuch es nicht mit glatten Schmeicheleien! So schnell wirst du mich nicht einlullen. Ich bin keine arglose Jungfer mehr!« Ihr Ton klang nicht halb so schroff, wie sie es gern gewollt hätte. Er schaffte es schon wieder.

»Wie können so harte Worte über Lippen zart wie Rosenblätter gehen?«

Sie blickte auf. »Und was erinnert dich sonst noch an irgendwelches Grünzeug an mir? Vielleicht meine Hände, die krumm und knotig wie alte Wurzelstöcke sind?« Sie kannte ihn lang genug, um zu wissen, dass so ein Spruch ihn nur zu neuen Komplimenten anspornen würde. Im Grunde liebte sie es, wenn er diesen Unsinn daherredete, um ihr zu gefallen. Kein anderer Mann im Dorf fand solche Worte für seine Frau. Wenn nur dieser verdammte Steinkreis nicht wäre. Es waren seine Blicke hinauf zum Hartungskliff, die ihr das Leben vergifteten. Sie liebte ihn noch immer. Sonst wäre es ihr egal, wenn er eines Morgens verschwunden wäre. Die blonde Gunbrid war immer ganz froh, wenn ihr Sven im Frühjahr mit Alfadas zum Königshof zog und sich den Sommer über nicht mehr blicken ließ. Doch bei ihr war es anders, dachte Asla bitter. Meistens zankten sie sich an dem Morgen, an dem er loszog. Aber schon in der ersten Nacht fand sie keinen Schlaf mehr, wenn sie seinen warmen Atem nicht in ihrem Nacken spürte.

Als Kadlin geboren wurde, war er nicht in Firnstayn gewesen. Er hatte seine Tochter zum ersten Mal gesehen, als sie fast ein halbes Jahr alt war. Und auch diesen Sommer war er wieder für lange Wochen fort gewesen.

Warum brauchte er so lange für sein nächstes Kompliment? Abgesehen vom leisen Schnaufen Bluts und dem Knistern der Glut in der Feuergrube war es still. Hatte sie ihn mit ihrer Bockigkeit nun endgültig zum Schweigen gebracht?

»Es tut mir Leid, wenn es so schwer ist, mit mir zu leben, Liebste. Manchmal halte ich es selbst kaum mit mir aus. Ich fühle mich dann, als sei ich zerrissen. Ein Teil von mir scheint weit fort von dem Ort zu sein, an dem ich gerade bin.« Alfadas erhob sich von der Bank am Feuer. Er trat von hinten an sie heran. Seine kräftigen Hände umschlossen ihre Hüften. Er hauchte ihr einen Kuss in den Nacken.

»Aber ganz gleich, wo ich bin: Ein Teil von mir ist immer bei dir und den Kindern. Ich weiß, das ist nichts Greifbares, aber ich hoffe, es ist deinem Herzen ein Trost, wenn du mir das nächste Mal zürnst.«

Seine Finger lösten den Gürtel an ihrem Kleid. Ihr Kopf wollte nicht. Er sollte sich eine Entschuldigung einfallen lassen! Es war noch nicht genug gesagt. Doch ihr Körper betrog sie. Seine Berührung ließ sie wohlig erschaudern. Asla stand auf und legte die Flickarbeit zur Seite. Er schob ihr Kleid hoch und streichelte über die Innenseite ihrer Schenkel. Sie seufzte leise. Etwas Flatteriges schien auf einmal in ihrem Bauch zu sein, und wohlige Wärme breitete sich tief in ihr aus. Sie hörte seine Hose zu Boden fallen. Warme Küsse benetzten ihren Nacken. Sie hob die Arme, damit er ihr leichter das Kleid über den Kopf ziehen konnte. Seine Hände rochen von der Schnitzarbeit nach Harz und Buchenholz. Sie tasteten über ihre Brüste, den Hals und Nacken. Dann waren sie wieder zwischen ihren Schenkeln. Jede seiner Berührungen ließ sie unter neuen Wellen der Lust aufseufzen. Wenn er doch nur genauso gut wüsste, wonach sich ihr Herz sehnte!

Mit sanfter Kraft drückte er sie nach vorne auf die Tischplatte. Seine Hände umspannten ihre Hüften. Sie spürte, wie etwas Feuchtes, Festes sie streifte. Voll wollüstiger Sehnsucht stöhnte sie auf.

In diesem Augenblick klopfte es. Es war ein leises, verhuschtes Geräusch.

Asla spannte sich. Bei allen Göttern! Nicht jetzt! Blut hob den Kopf. Er knurrte leise. Fragend sah er zu ihnen hinüber.

Es klopfte ein zweites Mal. Ein wenig energischer. Alfadas fluchte. Er konnte nicht einfach so tun, als sei er nicht da. Er war der Jarl. Wenn man ihn im Dorf brauchte, war es seine Pflicht zu kommen.

»Wenn da wieder Svenja steht und sich über ein verlorenes Huhn beschwert, dann fahre ich aus der Haut«, murrte Alfadas. Nur im Hemd ging er zur Tür. Asla raffte ihr Kleid vom Boden und verbarg sich hinter einem der dicken Balken, die den Dachstuhl abstützten. Blut verhielt sich seltsam. Er presste sich flach auf den Boden, so als wolle er am liebsten im Erdreich versinken. Seine Ohren lagen an. Er stieß einen leisen, wimmernden Laut aus. Wer war dort?

Die schwere Tür schwang auf. Sie sah, wie Alfadas sich spannte, um seinem Ärger Luft zu machen, und mitten in der Bewegung erstarrte. Undeutlich hörte sie jemand flüstern. Die Stimme klang sehr fremd. Es schien eine Frau zu sein. Ihre Worte waren wie leiser Gesang.

Hastig streifte sich Asla das Kleid über und bückte sich nach der Hose ihres Mannes. Wer war dort?

Alfadas trat zur Seite. Eine hoch gewachsene, schlanke Frau trat ein. Ihr Anblick versetzte Asla einen Stich. Die Fremde war zu hager, ihre Kleider waren zerrissen, und doch war sie wunderschön. Ihre Bewegungen waren stolz und selbstbewusst. So, als sei sie eine Königin.

Blut sprang auf. Er begrüßte die Fremde mit einem tiefen Knurren. Auf steifen Beinen stakste er vorwärts. Jede Faser seines Körpers schien sich dagegen zu sträuben anzugreifen. Und doch wollte er diese fremde Frau vertreiben.

Noch jemand kam herein. Ein Weib mit kurzen, blonden Haaren. Schwertgurte kreuzten sich über ihrer Brust. Sie sah sich misstrauisch um. Als sie Blut bemerkte, machte sie eine knappe, befehlende Geste. Der Hund presste sich zu Boden. Er knurrte noch immer.

Eine dritte Frau trat ein. Asla starrte ihre Gäste fassungslos an. Was war das für ein Aufmarsch! Noch immer redete dieses schlanke, dunkelhaarige Weib, das zuerst eingetreten war, auf Alfadas ein. Die Blonde mit den zwei Schwertern umfasste sein Handgelenk im Kriegergruß. Diese beiden schienen ihren Mann zu kennen. Nur die dritte hielt sich im Hintergrund. Sie sah sich um und schürzte abfällig die Lippen.

Asla schluckte. Nun war also geschehen, was sie immer befürchtet hatte. Die Elfen waren gekommen, um ihren Mann zu holen.

VON FREMDEN UND FREUNDEN

Vorsichtig zog Lyndwyn an dem Schilfröhrchen in seinem Hals. Es zwickte leicht, dann glitt es aus der Wunde. Sie legte ihm die flache Hand auf die Stelle. Ihre Finger verströmten eine wohltuende Wärme. Drei Tage hatte sie sich damit Zeit gelassen. Die Magierin behauptete, die Reise auf den Albenpfaden habe sie zu sehr erschöpft. Ollowain glaubte ihr kein Wort!

Lyndwyn nahm die Hand zurück und sah ihn erwartungsvoll an. »Du solltest jetzt wieder sprechen können.«

Der Mund des Schwertmeisters war staubtrocken. Er räusperte sich leise. Alle umstanden ihn und sahen ihn an. Er saß auf einem der drei groben Stühle, die es im Haus von Alfadas gab.

Vorsichtig tastete Ollowain über seinen Hals. Lyndwyn hatte die Lederriemen abgenommen. Weder hartes Narbengewebe noch Schorf verrieten, wo sie in seine Kehle geschnitten hatte. Es war, als habe es dieses Schilfrohr nie gegeben. »Es scheint alles verheilt zu sein.« Seine Stimme war rau und erschien ihm fremd.

»Dein Hals muss sich noch ein wenig erholen«, sagte Lyndwyn selbstsicher. »Deine Beschwerden werden bald vorübergehen. Suche nicht danach, ob etwas mit dir nicht stimmt. Du wirst sehen, es kommt alles wieder in Ordnung.«

Ollowain blickte zu der Schlafnische, in der sie der Königin ein Lager bereitet hatten. Nichts kam in Ordnung! Wie konnte sie nur so reden, solange Emerelle in diesem Zustand war! Die Wunden der Herrscherin verheilten, doch lag sie in einem tiefen Schlaf. Nichts vermochte sie zu wecken. Ihr Schlaf erschien dem Schwertmeister wie eine Flucht vor der grausamen Wirklichkeit. Oder war er das Werk Lyndwyns? Er wusste nicht mehr, was er von der Magierin halten sollte. Ohne ihre Hilfe wären sie niemals hierher in Sicherheit gelangt. Und Silwyna? In ihrem Köcher verwahrte sie Pfeile, die aussahen wie jene, die auf Emerelle abgeschossen worden waren. Jede von beiden hatte ihm auf der Flucht das Leben gerettet. Aber wie sollte es weitergehen? Noch immer sahen ihn alle an. Sie erwarteten Entscheidungen, nun, da er ja wieder sprechen konnte.

Ollowain lächelte. »Ich möchte mich bei unseren beiden Gastgebern bedanken«, sagte er ruhig. »Ich bin mir bewusst, wie sehr unsere Anwesenheit den Frieden deiner Familie belastet, Asla. Wir werden gewiss nicht sehr lange bleiben.«

Die Menschentochter sah ihn mit Augen an, in denen keine Herzlichkeit lag. »Die Gesetze der Gastfreundschaft sind uns heilig. Ihr seid willkommen in diesem Haus.«

Ollowain wusste nicht, was er der jungen Frau getan hatte, doch seit dem ersten Tag spürte er den Widerwillen, den Asla gegen sie empfand. Ob Alfadas so dumm gewesen war, ihr von Silwyna zu erzählen? Gewiss nicht.

Doch sie hatten das Leben der Menschenkinder gründlich durcheinander gebracht. Die Leute kamen von weit her, um die seltsamen Gäste zu betrachten, die den Jarl von Firnstayn besuchten. Und Asla musste sie alle bewirten. Der Wintervorrat ihrer Familie schmolz dahin wie Schnee in der Frühlingssonne. Sie hatte allen Grund, wütend zu sein.

»Ich glaube, ich würde jetzt gern ein wenig spazieren gehen. Hättest du etwas dagegen, mich zu begleiten, Alfadas?«

»Nein, Meister. Ganz im Gegenteil.«

Sein Gesicht war noch immer der Spiegel seiner Gefühle. Das hatte Ollowain immer an den Menschen geschätzt. Nur wenige von ihnen konnten sich verstellen.

»Nehmt ihr Kadlin und Ulric mit?« Aslas Worte waren eher ein Befehl als eine Frage. »Und bittet Svenja, dass sie mir für heute Abend noch drei Brote backt. Bringt auch einen Korb voller Äpfel von ihr mit. Dieser Pferdemann frisst einem die Haare vom Kopf!«

»Wie stets sind mir deine Wünsche Befehl«, antwortete Alfadas gut gelaunt, hob Kadlin auf die Schultern und gab seinem Sohn einen Wink mitzukommen. Auch der große, hässliche Hund folgte ihnen.

Solange sie im Dorf waren, wurden sie von neugierigen Blicken verfolgt. Am Fuß des kleinen Hügels, auf dem Alfadas sein Langhaus errichtet hatte, lagerte ein ganzer Trupp von Schaulustigen. Zum Glück wurden sie von Orimedes unterhalten, der gerade ein Fass hochstemmte und daraus trank. Der Kentaur fühlte sich wohl unter den Menschen. Ganz anders Silwyna. Sie war nach dem ersten Abend in die Wälder verschwunden, ohne auch nur ein Wort darüber zu verlieren, warum.

»Du bist der Meister, der meinem Vater das Schwertkämpfen beigebracht hat, nicht wahr?«, fragte Ulric ehrfurchtsvoll.

»Ja. Er war noch jünger als du, da hat man ihn zu mir gebracht. Er war ein sehr guter Schüler.«

»Würdest du mir auch eine Schwertkampflektion erteilen, Meister?«

Ollowain musste lächeln. Einen Augenblick lang sah er wieder den frechen, wissbegierigen Jungen vor sich, der

Alfadas einst gewesen war. Ulric ähnelte seinem Vater sehr. Allerdings war er entschieden respektvoller. »Es wird mir eine Ehre sein, mit dem Sohn meines besten Schülers die Klinge zu kreuzen. Wie ich sehen konnte, verfügst du zu Hause über eine gute Auswahl schöner Schwerter.«

»Die hat mir alle mein Vater geschnitzt!«, erklärte Ulric stolz. »Meistens wenn er Streit mit meiner Mutter hat, schnitzt er mir ein Schwert. Und die beiden streiten sich gern.«

Vielleicht hatte er sich in dem Jungen getäuscht, was den respektvollen Umgang mit Erwachsenen anging, dachte Ollowain amüsiert.

Sie schlenderten den Weg entlang, der auf der Rückseite des Dorfes zum Wald führte. Der Schwertmeister empfand die Welt der Menschenkinder auf schwer in Worte zu fassende Weise als unheimlich. Etwas mit der Luft stimmte hier nicht. Sie verwischte den Blick in die Ferne, und die Ordnung der einfachsten Dinge schien durcheinander geraten zu sein. Die Art, wie die Bäume zueinander standen, oder wie ihr Astwerk wuchs. Selbst das Rascheln der Blätter im Wind klang anders, wenn man genau hinhörte, anders als in Albenmark. Vielleicht lag es daran, dass der Welt der Menschen kaum Magie innewohnte? Vielleicht war es auch ganz natürlich, dass sich Welten voneinander unterschieden. Was wusste er schon von diesen Dingen! Er hatte andere Sorgen.

Ein weites Stück gingen sie schweigend. Nur Ulric rief unsichtbaren Gegnern am Wegesrand Herausforderungen zu und drosch gelegentlich mit seinem Holzschwert auf Büsche und Pilze ein.

»Ist es wirklich so schlimm, wie Yilvina erzählt hat?«, fragte Alfadas unvermittelt.

Ollowain hatte nur stumm dabeigesessen, als seine Gefährtin vom Untergang Vahan Calyds berichtet hatte und vom Kampf mit den Trollen. Der Schnitt in den Hals hatte ihm nicht gestattet zu sprechen, und er war nicht unglücklich gewesen, diese Geschichte nicht erzählen zu müssen.

»Sie hat nicht einmal alles gesagt.«

»Und was wirst du nun tun?«

Ollowain machte eine hilflose Geste. »Ich weiß es nicht. Vielleicht sollte ich in die Snaiwamark. Wahrscheinlich werden sich die Trolle als Nächstes dorthin wenden.«

»Warum glaubst du das?«

»Dort lebt mein Volk. Der Elfenstamm der Normirga. Auch Emerelle gehört zu ihnen. Die Trolle hätten zwei Gründe, sich gegen sie zu wenden. Vermutlich werden sie Emerelle dort suchen, und womöglich steht ihnen der Sinn danach, Blutrache an einem ganzen Volk zu nehmen. Und selbst, wenn das nicht der Fall ist, werden sie ihre alte Heimat zurückerobern wollen. Sie sind aus der Snaiwamark vertrieben worden. Es ist das Land, das die Alben ihnen einst geschenkt haben.«

»Warum sollten sie Blutrache an einem ganzen Volk üben wollen? Was haben sie damit zu tun, was …« Alfadas brach ab.

»Du lebst schon lange wieder unter den Menschen, mein Freund. Du denkst in ihren Maßstäben. Auch wenn die Gräueltaten des letzten Trollkrieges Jahrhunderte zurückliegen, leben noch immer etliche der Elfen, die daran beteiligt waren. Unsere Völker haben einander zu tiefe Verletzungen zugefügt.« Kurz überlegte Ollowain, ob er Alfadas von dem Massaker auf der Shalyn Falah erzählen sollte. Vom Mord am König der Trolle und seinen Herzögen. Er zog es vor zu schweigen. Es war zu beschämend, was in dieser Nacht geschehen war. »Manchmal wird uns unser langes Leben zum Fluch. Die alten Wunden wollen nicht verheilen, weil sie nicht in Vergessenheit geraten können. Du erinnerst dich doch noch an Farodin. Er führt seit über siebenhundert Jahren eine Fehde mit einem Trollherzog. Allein er weiß, wie oft er diesen Troll getötet hat und wie oft der Herzog wiedergeboren wurde, nur um erneut durch Farodins Klinge zu sterben.«

»Du solltest Emerelle nicht zurück nach Albenmark bringen. Nicht solange sie in diesem Zustand ist. Lass sie bei mir. Asla und ich werden uns um sie kümmern.«

»Und ich auch!«, sagte Ulric mit großem Ernst. »Ich kann ihr zu trinken bringen, wenn sie durstig ist. Und ihr Geschichten erzählen, wenn sie sich langweilt.«

Ollowain strich dem Jungen über das Haar. »Ich bin sicher, dass meine Königin dein Angebot sehr zu schätzen wüsste.« Er blickte zu Alfadas. »Aber ich kann euch nicht guten Gewissens eine solche Last aufbürden.«

»Nicht? Du willst sie also mit in das ewige Eis der Snaiwamark nehmen. Dorthin, wo du den nächsten Angriff der Trolle erwartest? Niemand würde sie hier bei mir suchen. Wer würde schon vermuten, dass die mächtige Emerelle in einem bescheidenen Dorf in der Welt der Menschen Unterschlupf sucht. Nenne mir einen Ort, der sicher für Emerelle ist, und ich lasse dich mit ihr ziehen.«

Die Einwände, die Alfadas vortrug, waren nicht von der Hand zu weisen. Und dennoch hatte Ollowain kein gutes Gefühl. Sein Plan war es gewesen, hier für ein paar Tage Unterschlupf zu suchen. Gerade so lange, wie Emerelle brauchte, um wieder zu Kräften zu kommen. Dass sie sich von ihrer Verwundung nicht ohne weiteres erholte, daran hätte er niemals gedacht. Er wusste nicht, was jetzt zu tun war. In seinen Gedankenspielen hatte die Königin hier in Firnstayn bestimmen sollen, wie es weitergeht. »Ich werde darüber noch einmal schlafen«, antwortete Ollowain schließlich.

Der Jarl lächelte breit. »Warum? So zögerlich kenne ich dich nicht. Meine Worte werden morgen noch dieselben sein. Warum also warten?«

»Vielleicht weil ich trotz meines Alters die Hoffnung noch nicht aufgegeben habe, über Nacht zu Weisheit zu gelangen«, entgegnete der Schwertmeister scherzhaft.

Plötzlich blieb der große Hund stehen und knurrte leise. Er sah zu einem Dickicht hinüber. Ollowain konnte dort nichts Verdächtiges erkennen, doch hatte er das Gefühl, dass sie beobachtet wurden. Auch das Kind wirkte verändert. Ulric rieb sich die Arme. »Es ist kalt hier unter den Bäumen.«

»Dann gehen wir eben zum Fjord.«

»Atta, Atta!«, rief Kadlin begeistert, als habe sie verstanden, was ihr Vater gesagt hatte.

»Silwyna?«, rief Alfadas in Richtung des Gebüschs. Doch er bekam keine Antwort.

»Hier hat Opa mit dem Ungeheuer gekämpft«, erklärte Ulric. Der Junge deutete auf den Haselnussbusch. »Dort hat es sich versteckt. Und hier haben sie Opas tote Freunde gefunden.«

»Wer sagt das?«, fragte Alfadas ärgerlich.

»Opa Erek. Er hat mir alles über den Kampf mit dem Manneber erzählt. Erek sagt, dieser Ort sei verflucht, weil hier Opas Freunde gestorben sind. Deshalb ist es hier immer kühl.«

»Und ich sage, dir ist es kalt, weil dein nichtsnutziger Großvater dir Gruselgeschichten über diesen Ort erzählt hat.« Alfadas nahm seinen Sohn bei der Hand. »Wir gehen jetzt.«

Ollowain blickte noch einmal zu dem dichten Haselnussbusch. Dort war etwas. Das konnte er spüren. Auch der Hund war nicht ohne Grund unruhig geworden. Etwas lauerte hier.

War es möglich, dass ihnen die Trolle durch das Labyrinth der Albenpfade gefolgt waren? Nein, die Vorstellung war absurd. Dort hinterließ man keine Spuren.

Mit weit ausholenden Schritten schloss Ollowain zu Alfadas und den Kindern auf. Ulric drosch mit seinem Schwert auf einen jungen Birkenstamm ein und bedachte den Baum dabei mit einem Schwall von Flüchen, von denen einige selbst Orimedes beeindruckt hätten.

»Silwyna war bei dem Haselnussbusch«, sagte Alfadas leise. »Ich kann es immer noch spüren, wenn sie in der Nähe ist. So wie damals … Warum hast du sie mitgebracht?«

Ollowain dachte daran, ihn anzulügen. Aber wem konnte er trauen, wenn nicht ihm? Alfadas war gewiss in kein Komplott gegen Emerelle verwickelt. Also erzählte er ihm, warum sie hier war.

Sie hatten längst den Fjord erreicht, als der Schwertmeister mit seiner Geschichte über die Maurawani und ihre undurchsichtige Rolle während der Flucht endete.

»Sie hat nicht auf die Königin geschossen, da bin ich mir ganz sicher«, sagte der Jarl entschieden. »Das würde sie niemals tun.«

Er war noch genauso gutgläubig wie damals, dachte Ollowain traurig. Es wäre doch weiser gewesen, ihm nichts zu erzählen! »Du hättest auch niemals gedacht, dass sie dich verlassen würde, nicht wahr?«

Alfadas sah überrascht auf. »Was hat das miteinander zu tun?«

»Du hast den größten Teil deines Lebens in Albenmark verbracht, mein Freund. Aber Menschenleben sind kurz. Ich hatte vorübergehende Launen, die länger anhielten. Du kennst uns nicht wirklich. Weißt du, ob sie nicht einen geheimen Groll gegen die Königin hegt?«

Alfadas schüttelte ungläubig den Kopf. »Du bist zu lange Emerelles Leibwächter gewesen, Meister. Du siehst nur noch Intrigen und Verrat, nicht mehr die Wirklichkeit! Die ständige Sorge um die Königin hat dich ausgebrannt. Warum hätte Silwyna dein Leben retten sollen, wenn sie die

Königin ermorden will? Und warum wäre sie dann hier? Sie hätte Emerelle doch wohl leicht nach dem Bienenangriff töten können.«

»Du kannst dich eben nicht in eine Maurawani hineindenken, Menschensohn. Und wer sollte es dir verübeln, wo selbst in Albenmark kaum jemand dieses Volk verschrobener Einzelgänger versteht. Für sie ist das Ganze eine Jagd. Und wenn weder ich noch Emerelle selbst in der Lage sind, sie zu schützen, dann ist die Königin keine infrage kommende Beute mehr. Versuche nicht, sie zu verstehen, Alfadas. Das wäre ein Weg der Schmerzen.«

Die Züge seines Freundes verhärteten sich. Mit seinem kurzen, blonden Bart sah Alfadas eigenartig aus. Älter, härter und menschlicher. »Silwyna wird einen guten Grund gehabt haben, mich zu verlassen. Sie hat ihn mir nie genannt, aber das heißt nicht, dass es ihn nicht gibt.«

So naiv diese Vertrauensseligkeit war, so entwaffnend war sie auch. Wäre die Welt nur tatsächlich so, wie Alfadas sie sehen wollte!

»Warum sie mein Haus wohl so schnell verlassen hat?«, sagte Alfadas tief in Gedanken.

»Vielleicht weil sie einen Wald deinen verräucherten vier Wänden vorzieht?«, entgegnete Ollowain scherzend.

Der Jarl lachte. »Das tut sie ganz gewiss. Außerdem glaube ich, hat sie sofort verstanden, was zwischen mir und Asla ist.«

»Das konnte wohl jeder verstehen, der Augen dafür hatte, dass du ohne Hose herumgelaufen bist.«

Der Menschensohn errötete. »Silwyna ist noch immer wunderschön. Als sie vor mir in der Tür stand, da war es für mich, als wäre sie nur einen Augenblick fort gewesen und nicht zehn Jahre. Ich … Wenn Asla nicht wäre …«

»Aber es gibt Asla nun mal. Und sei froh darum, dass du sie hast. Sie …«

»Sie hat sofort gespürt, dass ich Silwyna kannte«, unterbrach ihn der Jarl. »Dabei habe ich ihr niemals von unserer Liebe erzählt.«

»Hat sie denn nicht gefragt, wie dein Leben am Hof Emerelles verlaufen ist?« Ollowain war überrascht. Er hatte ein anderes Bild von Menschen gehabt. Er stellte sich vor, dass sie nicht sehr feinfühlig waren. Etwa so wie Kentauren. Dass Asla so klug sein könnte, eine Frage nicht zu stellen, deren Antwort sie nicht ertragen könnte, hätte er ihr nicht zugetraut.

»Sie mag es nicht, wenn ich von dieser Zeit erzähle. Ich spüre, wie es an ihr nagt. Sie wird jedes Mal wütend, wenn ich zum Steinkreis hinaufschaue. Aber sie stellt keine Fragen. Asla ist eine wunderbare Frau.« Sie hatten den Rand des Waldes erreicht. Vor ihnen lag ein felsiger Uferabschnitt. Ulric stürmte voraus zum Wasser. Und die kleine Tochter zog ihren Vater an den Haaren und wollte von seinen Schultern herab. »Ich fürchte, ich bin ihr kein guter Gatte«, sagte er leise. »Sie nennt mich oft mein *schöner, fremder Mann*. Ihre Worte sollen ein Scherz sein. Und doch ist es genau das, was sie empfindet. Wir haben zwei Kinder. Wir leben seit acht Jahren zusammen. Und ich bin ihr fremd.«

Ollowain legte seinem Freund die Hand auf den Arm. Schon als kleiner Junge, wenn Alfadas niedergeschlagen gewesen war, weil die jungen Elfen ihm in so vielem überlegen gewesen waren und er trotzdem mit ihnen hatte mithalten wollen, war er zu Ollowain gekommen. Schon damals war es dem Schwertmeister schwer gefallen, ihm einen Rat zu geben. Und heute … Was wusste er von den Herzen der Menschen? Er konnte nur hier sein und zuhören.

Kadlin begann mit ihren kleinen Fäusten auf den Kopf ihres Vaters zu trommeln. Sie gab sich keine Mühe mehr, sich festzuhalten. Sie wollte herunter.

»Wie es scheint, hast du da eine kleine Kriegerin«, scherzte Ollowain, um das Gespräch in eine andere Richtung zu lenken.

Alfadas lächelte matt und setzte seine Tochter ab. »Hier werden Frauen nicht zum Kampf ausgebildet.« Kadlin stampfte wütend mit den Füßen auf und beschwerte sich lautstark, als er sie an einem Zipfel ihres Kleides festhielt, statt sie auf dem von tiefen Spalten durchzogenen Klippenstreifen herumlaufen zu lassen. Böiger Wind drückte das Wasser des Fjords gegen das Ufer. Platschend brachen sich die Wellen in einem Labyrinth aus Höhlen und Spalten. Manchmal schoss überraschend eine Gischtfahne aus dem zerklüfteten Untergrund. Ulric war schon ganz nass. Er stand auf einer Felsnase, die weit in den Fjord hineinreichte, und rief dem König vom dunklen Grund eine Herausforderung entgegen.

Ollowains Blick wanderte über das weite Wasser. Das Wetter war umgeschlagen, der Himmel bedeckt, und Wellen mit kleinen weißen Schaumkronen eilten dem Ufer entgegen. Weit entfernt sah er ein kleines Boot, das mit halb gerefftem Segel gegen den Seegang ankämpfte. Es fröstelte den Elfen. Die Landschaft war von rauer Schönheit. Sie passte zu den Menschen, dachte er. »Gegen wen will dein Sohn denn jetzt kämpfen?«, fragte er. »Wer ist dieser König vom dunklen Grund?«

Alfadas winkte ab. »Nur eine von vielen Geschichten, wie sie sich die Fjordländer gern in langen Winternächten an ihren Feuergruben erzählen.«

»Glaubst du, man könnte sie auch einem Elfen an einem dunklen Herbsttag erzählen?«

Der Jarl sah ihn verwundert an. »Es ist wirklich nichts Besonderes.«

»Zumindest deinen Sohn scheint sie sehr beeindruckt zu haben.«

Ulric stand noch immer auf der Felsnase. Er hielt jetzt sein Holzschwert dem Himmel entgegengestreckt, als habe er gerade einen großen Sieg errungen.

Alfadas musste lächeln. »Ja, es ist die Art von Geschichte, die Kinder, alte Krieger und Narren in ihren Bann schlagen. Vor langer Zeit, als Eisen allein den Waffen der Götter vorbehalten war, regierte an den Fjorden ein stolzer Herrscher, König Osaberg. Viele nannten ihn auch den Goldenen, denn er trug eine schwere Brustplatte ganz aus goldener Bronze. Einen Helm mit Flügeln daran besaß er, ein Kettenhemd, das bis zu den Knien herabreichte, sowie einen großen, runden Schild, auf dem das Bild einer Seeschlange prangte. Er war ein stolzer und ein reicher König. Viele Kriege hatten seine Schatzkammer gefüllt und ihm etliche Feinde beschert. Selbst seine eigenen Fürsten beneideten ihn, denn neben diesem König wurde der Ruhm selbst des tapfersten Kriegers zu Asche. In dieser fernen Zeit fuhren selbst die Herrscher in Booten aus Lederhäuten, so wie es heute noch unsere Fischer tun. Eines Sommers wurden Osaberg und seine Männer auf einer Kriegsfahrt von übermächtigen Feinden gestellt. Es heißt, seine eigenen Fürsten hätten ihren Herrscher verraten. Jedenfalls flohen sie in ihren Booten, noch bevor sie einen Schwertstreich taten. Osaberg und seine letzten Getreuen wurden umzingelt. Sie kämpften mit dem Mut der Verzweiflung, doch die Übermacht der Feinde war zu groß. Der König war der Letzte, der noch focht. Als er sah, dass seine Niederlage unabwendbar war, zerschnitt er mit dem Schwert die lederne Bootshaut und versank in seiner schweren Bronzerüstung im Fjord. Zuletzt rief er seinen Feinden noch zu, er werde wiederkehren, um aus ihren Knochen einen Thron am Grund des Fjords zu errichten. Zwei Tage später sanken die meisten Schiffe der Verräter und der siegreichen Feinde in einem plötzlichen Sturm. Seit jener Zeit, heißt es, wandert König Osaberg rastlos auf dem

Grund der Fjorde umher. Und manchmal steigt er aus dem Wasser, um im Zweikampf den Mut der Tapferen zu erproben oder um Schrecken und Tod unter die Feinde des Fjordlands zu tragen.«

»Vielleicht solltest du deinem Sohn nicht gestatten, nach diesem dunklen Herrscher zu rufen. Hast du keine Angst, dass er ihn erhören könnte?«

Alfadas lachte leise. »Wir sind hier nicht in Albenmark, mein Freund. Es ist nur eine Geschichte. Der König lebt allein in der Vorstellung von Knaben wie Ulric und von ein paar alten Narren. Es gibt solche Geschöpfe nicht in meiner Welt.«

»Und der Manneber?«, wandte Ollowain ein. Er sah das aufgewühlte Wasser des Fjords jetzt mit anderen Augen. Lauerte dort in der Tiefe der Geist eines uralten Kriegerkönigs? »Und was ist mit den Trollen? Einige ihrer Burgen sind kaum dreihundert Meilen von hier entfernt. Ganz zu schweigen von den Verstoßenen aus Albenmark, die sich in deine Welt gerettet haben. Es mag ja sein, dass es diesen König Osaberg nicht gibt. Aber vielleicht lauert ja etwas anderes am Grund des Fjordes.«

»Nein, mein Freund. Mein Schwiegervater ist Fischer. Und sein Vater war es auch. Die Tradition reicht viele Generationen zurück. Sie wissen um alles, was im Fjord lebt. Dort gibt es keinen König. Es ist nur eine Geschichte, mit der man die Kinder erschreckt und sie davon abhält, zu nahe ans Wasser zu gehen.«

Ollowain betrachtete den Jungen. Er war kräftig. Sein blondes Haar hing ihm in langen Strähnen in den Nacken. Auf den rutschigen Felsen hielt er ohne Mühe das Gleichgewicht. Er würde gewiss ein guter Schwertkämpfer werden, wenn Alfadas die Zeit fand, ihn angemessen zu unterrichten. »Dein Sohn scheint sich von dieser Geschichte nicht sonderlich schrecken zu lassen.«

Die Augen des Jarls leuchteten vor Stolz. »Er ist in der Tat sehr mutig. Er wird ein besserer Anführer sein als ich, denn er weiß, wohin sein Herz gehört.«

Wehmütig dachte Ollowain, dass er nie ein Kind gehabt hatte. Er hatte nicht einmal eine Frau auf Dauer an sich binden können. Immer hatte es etwas in seinem Leben gegeben, das ihm dringender erschienen war. Seit Jahrhunderten hatte er sich ganz dem Dienste an Emerelle verschrieben. Und er war zutiefst davon überzeugt, den richtigen Weg gewählt zu haben, so befremdlich ihm einige Entscheidungen der Königin auch erscheinen mochten. Sie blickte Jahrhunderte voraus. Niemand konnte verstehen, was sie bewegte. Sie führte verborgene Kämpfe, um die Albenkinder zu schützen. List, Intrige und Einschüchterung waren oft genug ihre Waffen, und sie halfen Kriege zu vermeiden. Ollowain wusste, dass Emerelle nur das Beste für Albenmark wollte. Auch jetzt … Und doch, wenn er an den Untergang Vahan Calyds dachte, quälten ihn Zweifel. Wie viel hatte die Herrscherin gewusst? Welcher Schrecken in der Zukunft rechtfertigte ein solches Opfer? Er würde es nur erfahren, wenn er ihr weiterhin treu diente. Er musste sie retten und die Geduld haben abzuwarten, was die Zukunft brachte. Für den Augenblick jedoch konnte er nichts tun, als darauf zu hoffen, dass Emerelle bald aus ihrem magischen Schlaf erwachte. Oder … Nein, im Gegenteil! Er hatte die Muße, sich mit anderem zu beschäftigen, solange Emerelle ruhte und nicht bedroht war. Allein könnte er gegen die Trolle in Albenmark nichts ausrichten! Nur die Königin hatte die Autorität, alle Albenkinder zum Krieg zu rufen. Niemand anderem würden die Völker folgen.

Ollowain blickte zu Alfadas und dessen Sohn. So frisch waren die Erinnerungen an die Schwertkampfstunden des Jarls. Es hatte ihm Freude bereitet, den Jungen zu formen, sein Talent wachsen zu sehen. Er lächelte verhalten und nickte dann leicht.

»Es wäre mir eine Ehre, wenn ich Ulric einige Schwertkampflektionen erteilen dürfte. Selbst wenn dein Vater das Schwert als unmännliche Waffe verachtete, war er sehr begabt im Umgang damit. Und mir scheint es, dass auch in deinem Sohn dieses Erbe weiterlebt.«

»Welchen besseren Lehrer könnte Ulric jemals haben? Er wird begeistert sein, wenn ich ihm das sage. Er hält große Stücke auf dich, Ollowain. Ich habe oft von dir erzählt.«

Blut, der ziellos über die Felsnase gestreift war, begann plötzlich laut zu bellen. Er kläffte etwas an, das in einer Spalte verborgen war. Ulric rannte zu dem großen Hund hinüber und winkte dann seinem Vater. »Hier ist etwas … Ein toter Hase. Er sieht seltsam aus.«

Ollowain folgte seinem Freund auf die Felsen hinaus. Inzwischen hatte sich Ulric flach auf den Boden gepresst und stocherte mit seinem Schwert in der Spalte herum. Tief zwischen den Felsen lag ein toter Hase. Er war zusammengeschrumpelt wie eine Dörrpflaume. Sein Fell wies keine Wunden auf.

»Was ist mit dem Hasen passiert, Vater?«

»Das ist nichts Besonderes«, sagte Alfadas leichthin. »Er muss dort hinabgestürzt sein, und dann ist er nicht mehr aus der Spalte herausgekommen. Die Hitze der letzten Tage hat ihn ausgetrocknet. Dort unten kommen Raben und andere Aasfresser nicht an ihn heran. Deshalb hat er sich so gut erhalten.« Der Jarl nahm das Holzschwert seines Sohns, legte sich flach auf den Fels und schaffte es mit ausgestrecktem Arm, den Kadaver herumzudrehen.

Verwundert bemerkte Ollowain, dass keinerlei Maden auf dem Tier zu sehen waren.

»Fühlst du, wie warm die Steine noch sind?«, fragte

Alfadas seinen Sohn. Ulric presste die flache Hand auf den Felsboden und nickte.

»Die Hitze der Mittagsstunden hat sich noch gehalten. Dort unten liegt der Hase wie in einem Ofen. Er ist gänzlich ausgetrocknet und besteht nur noch aus Fell und Knochen.« Blut knurrte, so als würde ihm diese Erklärung nicht gefallen, und Kadlin, die Alfadas endlich losgelassen hatte, fing ebenfalls an zu knurren.

Der Jarl stupste die Kleine leicht an, schnitt eine Grimasse und knurrte zurück. Selbst Ulric machte jetzt bei dem Spiel mit und begann zu bellen. Verwundert sah Ollowain zu. Er würde die Menschen niemals begreifen. Der Elf fühlte sich fehl am Platz und zog sich zurück. Er wollte den anderen den Spaß nicht verderben. Er ging zum Ufer und sah wieder hinaus auf den Fjord. Das Boot, das er vor einer Weile gesehen hatte, war bis auf hundert Schritt herangekommen. Es handelte sich um ein einfaches, fast rundes Fischerboot mit einem Rumpf aus Tierhäuten. Nur ein alter Mann war an Bord. Er winkte ihm und rief etwas, doch der böige Wind verschluckte einen Teil seiner Botschaft. »Alfadas … Dorf … Krieger!«

DIE CHRONIK VON FIRNSTAYN

Im fünften Jahr, in welchem Alfadas Mandredson Jarl von Firnstayn war, kehrten die Elfen zurück. Sie suchten Zuflucht in seiner Halle, dort wo heute die Halle der Könige steht. Und niemand Geringeres als eine Königin begab sich in seinen Schutz. Die Herrin der Albenlande, schwer verwundet und von ihren Feinden vertrieben, besann sich auf ihren Ziehsohn. Doch als sie das Land der Fjorde erreichte, versank sie in einen tiefen Schlaf. Kein Rufen oder Schütteln, ja nicht einmal die Macht der Magie vermochte sie aufzuwecken.

Ihre letzten Worte aber richtete sie an Alfadas Mandredson, den kühnen Herzog des Königs. Und sie bat ihn um Hilfe im Krieg gegen die Thronräuber.

Nun waren die letzten Getreuen Emerelles gestrandet, und sie blieben viele Tage in Firnstayn und sannen in ihrer Verzweiflung, was zu tun sei. Die Kunde von diesen seltsamen Gästen verbreitete sich wie der Wind. Und es dauerte nicht lange, bis König Horsa Starkschild erfuhr, wer da vom Hartungskliff herabgestiegen war.

Da beschloss der alte Recke, noch einmal sein Schlachtross Mjölnak zu satteln, und er ritt den weiten Weg bis Firnstayn. In seinem Gefolge brachte er die berühmtesten aller Heilkundigen mit. Horsa wusste, dass der König die Seele des Landes ist. Und ist der König krank, so muss es auch seinem Land übel ergehen. Mit seinem großen Herzen hatte er entschieden, Emerelle zu helfen, wo er nur konnte. Doch Edelmut erzeugt stets auch Neid und Missgunst. Und wohl niemand ahnte in jenem Herbst, was für ein Unglück sich aus der Tat des Königs noch in selbigem Winter ergeben sollte.

NIEDERGESCHRIEBEN VON HADDU HJEMWAL
BAND II DER TEMPELBIBLIOTHEK ZU FIRNSTAYN, S. 15

KÖNIGLICHE PLÄNE

»Du wirst morgen wieder zurück sein?«, fragte Asla.

Alfadas hatte mit einem Streit gerechnet, doch Asla war erstaunlich umgänglich geblieben. Welche Wahl hatte er auch, wenn der König ihn zu sich befahl?

»Ja, wenn alles gut geht, kann ich schon morgen Abend zurück sein.«

»Hoffentlich. Gäste, die über Tische und Bänke kotzen, wenn sie sich betrunken haben, bin ich ja gewohnt, aber dass man mir neben die Feuerstelle scheißt …« Sie warf dem Kentauren einen bösen Blick zu. Orimedes machte sich gerade nützlich und spaltete Holz. Ihre übrigen Gäste hatten sich in den Schutz des Hauses zurückgezogen. »Was will der König von dir?«

Alfadas seufzte. Schon drei Mal hatte sie ihn das gefragt. »Ich weiß es wirklich nicht. Er hat mich zu sich nach Honnigsvald befohlen. Mehr hat der Bote nicht gesagt. Ich schätze, ihm sind Gerüchte über unsere Gäste zu Ohren gekommen, und er möchte wissen, was es damit auf sich hat.«

»Zieh nicht schon wieder für ihn in den Krieg. Bitte. Ich brauch dich hier.« Sie strich ihm sanft über die Wange. »Alle Zeichen deuten auf einen besonders harten Winter hin. Lass mich nicht allein, wenn die Zeit der Stürme und der Finsternis beginnt.«

Welch eine dumme Furcht! Er nahm sie in den Arm und drückte sie fest an sich. »Keine Sorge. Niemand ist so töricht und führt im Winter Krieg. Horsa wird meine Dienste als sein Heerführer nicht vor dem nächsten Frühjahr einfordern.« Er küsste sie und hoffte, all ihre Sorgen zerstreut zu haben. Dann schwang er sich in den Sattel und ritt den Hügel hinab. Unten grinsten ihn einige Männer an, die die Abschiedsszene beobachtet hatten. Hoffentlich wurde das Wetter bald schlechter. Dann würde die Belagerung seines Langhauses durch diese Gaffer endlich aufhören.

Am Fuß des Hügels drehte er sich noch einmal um. Asla stand in der Tür. Sie trug ihr grünes Festkleid und den feinen roten Umhang, den er ihr im letzten Sommer mitgebracht hatte. Ihr Haar war offen. Der Wind blies ihr eine lange Strähne quer über das Gesicht. Es war golden wie reifes Korn.

Alfadas machte sich Sorgen. Noch nie hatte sie ihn so zärtlich verabschiedet, wenn er zum Königshof ritt. Aber diesmal war es ja auch nur eine Reise von zwei Tagen. Ob sie vielleicht schwanger war? Er sollte mit Lyndwyn reden, wenn er wieder zurück war. Als Heilerin und Magierin konnte sie bestimmt spüren, wenn ein neues Leben in Asla wuchs.

Zufrieden lenkte der Jarl seinen grauen Hengst auf den Weg, der am Ufer des Fjords entlang nach Süden führte. Diesmal würde er bei Asla sein, wenn das Kind kam. Ganz gleich, was der König von ihm verlangte. Jetzt reicht's aber, du Narr, schalt er sich in Gedanken. Du weißt nicht einmal, ob dein Weib ein Kind unter dem Herzen trägt, und planst schon das nächste Jahr.

Sein Blick wanderte über das weite graublaue Wasser des Fjords. Die Wolken hingen tief am Himmel und verschluckten die weißen Bergspitzen in der Ferne. Mit lautem Flattern stürmten Perlhühner aus dem Dickicht am

Waldrand. Sein Grauer scheute und brach seitlich aus. Alfadas spähte ins Dickicht. Dort war etwas. Aber er hatte jetzt keine Zeit, um sich auf die Spielchen von Silwyna einzulassen. Wenn sie ihm etwas zu sagen hatte, dann sollte sie kommen. Schließlich war nicht er es, der dauernd davonlief. Und wenn sie nicht kam, dann sollte sie ihm doch den Buckel herunterrutschen. Er gab dem Hengst die Sporen und trabte davon.

Alfadas spürte ihre Blicke in seinem Rücken. Ob Ollowain Recht hatte mit seinem Verdacht? Das war jetzt nicht seine Sorge, redete er sich ein und spähte doch immer wieder zurück. Warum war sie hier? Konnte sie ihn denn nicht in Frieden lassen? Er ließ den Grauen langsamer gehen. Wenn sie dort am Waldrand war, dann könnte sie ihn nun mit Leichtigkeit einholen. Er wollte wissen, warum sie hier war. Und er musste sich eingestehen, dass sie ihm trotz allem, was geschehen war, nicht egal war. Hatten Asla und die Kinder seine Liebe zu ihr nicht auszulöschen vermocht? Was würde geschehen, wenn sie jetzt aus dem Wald kam? Würde er ihr noch einmal verfallen? Das durfte nicht sein! Sein Leben war hier, in Firnstayn, an der Seite seiner Familie! Er gab dem Grauen die Sporen und preschte davon. Er durfte nicht zulassen, dass die Vergangenheit ihn einholte!

Der Uferweg wurde bald zu einem schmalen Pfad, kaum breiter als ein Wildwechsel. Nur selten verirrten sich Reisende bis nach Firnstayn. Es war das am nördlichsten gelegene Dorf am Fjord. Zu klein, um für Händler von Bedeutung zu sein. Wer schöne Stoffe wollte, ein gutes Pferd oder eiserne Pfeilspitzen, der reiste nach Honnigsvald. Der Ort nannte sich hochtrabend Stadt, weil einige seiner Häuser aus Stein errichtet waren. Gut, es lebten auch zehnmal mehr Menschen dort als in Firnstayn, und doch war Honnigsvald gemessen an den Städten, die Alfadas schon gesehen hatte, nicht mehr als ein Hundedreck. Ein nützlicher Hundedreck. Er sollte Asla etwas mitbringen, wenn die Zeit dazu blieb. Wieder fragte er sich, was der König wohl wollte.

Es begann zu regnen. Alfadas löste den aufgerollten Umhang vom Sattel und schlang ihn sich um die Schultern. Im Dunst der Regenschleier konnte man kaum noch das andere Ufer sehen. Die Welt rückte zusammen. Die fernen Berge waren im Grau des Himmels versunken. Bald war der Jarl trotz des Umhangs völlig durchnässt. Wehmütig dachte er an die wunderbare Kleidung, die man bei den Elfen gefertigt hatte. Stoffe, an denen Regen abperlte wie an Blütenblättern. Man könnte so vieles von ihnen lernen, wenn das Band zwischen ihren Welten ein wenig enger wäre. Doch es lag allein bei den Elfen, darüber zu entscheiden, denn kein Mensch vermochte aus eigener Kraft durch ihre Tore zu gehen. Nur sein Vater Mandred hatte dies einmal auf wundersame Weise geschafft, doch hatte er selbst nie erklären können, wie ihm dies geglückt war.

Der Wald drängte nun fast bis ans Ufer. Wie eine Säulenhalle zogen sich schwarze Fichtenstämme den Hang hinauf. Die unteren Äste waren abgestorben, weil kein Licht sie mehr erreichte. Ein dichtes Polster aus braunen Nadeln bedeckte den Boden und schluckte das Geräusch der Hufe. Der Regen rauschte in den Ästen. Es duftete nach Harz, Moder und Pilzen. Alfadas zog den Kopf ein und lenkte sein Pferd in die dunkle Waldhalle. Zwischen den schmalen, schwarzen Stämmen war er ein wenig vor dem Regen geschützt. Wenn die Sonne vom Himmel verschwand, wurde es schon empfindlich kalt.

Das Haar hing dem Jarl in nassen Strähnen ins Gesicht. Das Leder seines Schwertgurts quietschte leise, wenn er sich bewegte. Wie das Gebein eines toten Riesen stachen Felsen durch das Erdreich. Wo der Weg zu schwierig wurde, musste Alfadas tief in den Wald ausweichen. Manchmal, wenn der Fjord sich in weiten Kehren zwischen den Bergen hindurchwand, kürzte der Jarl den Weg ab. Doch wo immer es möglich war, hielt er sich nahe am Wasser. Er spähte nach den Silberrücken, die die Fluten zerteilten. Nicht mehr lange, und die Salme mussten kommen. Er würde mit Erek hinausfahren und tagelang fischen. Seinen Schwiegervater verließ langsam die Kraft. Die Gicht war ihm in die Knochen gekrochen, so wie es jedem geschah, der sein Leben auf dem Wasser verbrachte. Zu viele Stunden feuchter Kälte hatten ihn zermürbt. Aber wenn die Salme kamen, lebte der Alte wieder auf. Wie durch Zauberei kehrten seine Kräfte dann zurück. Einmal hatte er Alfadas nachts am Feuer erzählt, dass er sich wünsche, von einem starken Fisch hinab auf den Grund des Fjords gezogen zu werden, wenn seine Zeit gekommen sei. Er wolle nicht in einem kalten Herbst am Bluthusten verrecken oder erleben, wie seine alten Knochen brüchig wie modriges Holz wurden. *Ich habe mein Leben lang Fische gefressen, da ist es doch nur gerecht, wenn sie mich zuletzt zum Fressen bekommen. Sollen sie ihren Laich zwischen meine Rippen legen. Ich will ihrer Brut gerne ein schützendes Versteck sein,* so hatte Erek damals gesprochen.

Alfadas mochte den alten Mann. Man konnte den ganzen Tag mit ihm in einem Boot sitzen und kein Wort reden, und doch hatte man sich prächtig verstanden.

Träge flossen die Stunden dahin. Es hörte nicht mehr auf zu regnen. In der Dämmerung stieg Alfadas aus dem Sattel. Es wäre vernünftiger, jetzt nach einem Nachtlager zu suchen. Aber Honnigsvald war nicht mehr fern. Zwei Meilen noch, vielleicht drei.

Wolken und Regen erstickten das Abendrot und verbargen Mond und Sterne. Bald war es so dunkel, dass der Jarl kaum noch sehen konnte, wohin er seine Füße setzte. Immer wieder strauchelte er auf dem breiten Kiesstreifen des Ufers. Er würde den alten König nicht warten lassen. Horsa Starkschild war in den letzten Jahren immer absonderlicher geworden. Wenn man ihn enttäuschte, tat er die seltsamsten Dinge.

Endlich sah Alfadas einen winzigen Lichtpunkt. Er führte ihn zum alten Fährhaus. Mit seinem steilen Dach lag es wie ein großer Fels hoch am Ufer. Neben ihm kauerte ein kleiner Stall. Der Jarl brachte den Grauen ins Trockene und lockerte den Sattelgurt. Sie würden nicht lange verweilen. Das Stroh auf dem Boden war schwarz und sah aus, als habe man es seit vielen Monden nicht mehr ausgewechselt. Kein anderes Pferd war hier untergestellt. Alfadas rieb den Hengst mit einer alten Decke trocken und hängte ihm einen Hafersack um. Die großen, schwarzen Augen des Grauen blinzelten müde. Der Jarl kraulte ihn dicht über der kleinen, fast runden Blesse, wo er es gerne hatte. Mit leisen Worten bedankte er sich dafür, dass er ihn den langen Weg getragen hatte.

Als Alfadas aus dem Stall trat, schob er den Umhang über die linke Schulter zurück, sodass man sein Schwert besser sehen konnte. Neben der Tür zum Fährhaus brannte die Laterne, die ihm den Weg gewiesen hatte. Er klopfte schwer gegen das nasse Holz und trat ein. Stickige Luft schlug ihm entgegen. Der beißende Rauch eines Torffeuers füllte den niedrigen, langen Raum. Ein blonder Kerl mit breiten Schultern saß über einen irdenen Becher gebeugt am Tisch neben dem Feuer. Das Fährhaus hatte einen gemauerten Kamin mit eisernen Bratspießen. Doch der Abzug schien verstopft zu sein, und der Qualm quoll in die Stube.

»Wo ist der Fährmann?«, fragte Alfadas laut.

Der Blonde hob den Kopf. Er hatte wässrige blaue Augen. Seine hängenden Backen, der ungepflegte Schnauzbart und sein fliehendes Kinn ließen ihn mürrisch und selbstmitleidig erscheinen. »Heute geht keine Fähre mehr.«

»Kann ich das vom Fährmann selbst hören?«

Der Mann am Tisch zog eine Grimasse und deutete mit dem Daumen über die Schulter. »Er liegt hinter dem Haus begraben. Er wird dir sicher geduldig zuhören, wenn du dich beschwerst. Diesen Sommer hat ihn der Schlagfluss getroffen, als er am Steuer stand. Er ist über Bord gekippt und versunken wie König Osaberg in seiner goldenen Rüstung. Als sie ihn endlich aus dem Wasser hatten, war nichts mehr zu machen. Die Ältesten aus Honnigsvald haben mich und meine beiden Brüder zu neuen Fährleuten bestimmt, weil wir den verschuldeten Hof unseres Vaters nicht mehr halten konnten. Für ein elendes Kupferstück werde ich dich bei diesem Hundewetter nicht übersetzen.« Er deutete auf die Schlafnischen entlang der Wand. »Du kannst hier übernachten. Auf dem Feuer steht noch ein Rest Suppe. Morgen setz ich dich dann über.«

»Der König erwartet mich«, sagte Alfadas, bemüht, nicht drohend zu klingen. »Glaub mir, ich würde mich auch lieber ans Feuer setzen und warten, dass diese Regennacht endet.«

Ein flüchtiges Lächeln huschte über das Gesicht des Blonden. Ihm war klar, dass er jetzt keine andere Wahl mehr hatte, als den Fremden über den Fjord zu bringen. Aber er hatte die freundliche Geste zur Kenntnis genommen. Nun musterte er Alfadas neugierig. »Du bist der Elfenjarl, nicht wahr? An deiner Seite ... Das ist das berühmte Zauberschwert.«

Er war diese Geschichten so leid! »Ich bin einfach nur ein Jarl, den der König zu sich befohlen hat.«

Der junge Fährmann grinste jetzt breit. Ihm fehlten die oberen Schneidezähne. »Nein, nein. Mir machst du nichts vor. Dieses prächtige Schwert ... Und du bist von Norden gekommen. Du musst der Elfenjarl sein! Man erzählt sich, die Königin der Elfen und ihr ganzer Hofstaat wären in Firnstayn zu Besuch. Sie haben goldene Zelte mitgebracht und wundersame Tiere. Und die Luft ist erfüllt von Zauberei und Bratenduft.« Er sprang auf und ging zu den hintersten beiden Schlafnischen hinüber. »Torad, Mag! Los, raus aus dem Stroh! Wir setzen noch einmal über. Der Elfenjarl ist hier und verlangt, zum König gebracht zu werden.«

Alfadas seufzte. Wahrscheinlich hoffte der Blonde darauf, dass er am anderen Ufer einen Stein aufhob und als Lohn in Gold verwandelte. Die Brüder des Fährmanns zogen sich hastig an. Sie starrten ihn an, als sei er ein dreibeiniges Huhn oder irgendein anderes Wundertier. So wie ihr Bruder hatten sie zerzaustes blondes Haar. Sie schienen etwas jünger als er zu sein. Einem war ein halbmondförmiges, rotes Mal in die Wange gebrannt. Das Zeichen für Diebe. Als der Junge bemerkte, wie Alfadas ihn ansah, drehte er ihm trotzig den Kopf zu, sodass der Jarl die Narbe noch besser sehen konnte.

»Mag hat einen Laib Brot gestohlen, als wir drei Tage lang nichts mehr zu essen hatten«, sagte der Fährmann ungefragt. »Er war so schwach, dass er nicht mehr schnell genug laufen konnte, als sie ihn verfolgten.«

Alfadas bemühte sich, nicht mehr in Richtung des Jungen zu blicken.

Der Blonde legte dem Jarl den Arm um die Schultern und brachte ihn hinaus. »Ich heiße Kodran.« Regen schlug ihnen ins Gesicht.

Alfadas holte seinen Grauen, während die Brüder die Fähre bereitmachten. Es war ein großes, flaches Boot. Zwei Fuhrwerke hätten darauf Platz oder ein ganzer Trupp Reiter. Der Jarl fühlte sich ein wenig verloren, als er an Bord ging. Es war nicht gerecht, dass sich die drei Brüder die ganze Mühe nur für einen Mann machten.

Sie stakten die Fähre vom Anlegeplatz fort. Dann griffen Torad und Mag nach zwei langen Rudern, während Kodran im Heck blieb. Erst als sie ein gutes Stück hinaus auf dem Wasser waren, konnte man am anderen Ufer ein paar Lichter erkennen.

Alfadas zog sich den nassen Umhang enger um die Schultern. Er war zu kurz im Fährhaus gewesen, als dass auch nur ein Faden hätte trocknen können. Aber lange genug, um nun umso mehr zu frieren.

Die Fahrt über den Fjord schien eine Ewigkeit zu dauern. Alfadas hatte ein schlechtes Gewissen, die drei Brüder in die Nacht hinausgejagt zu haben. Er tastete nach seinem Geldbeutel. Das Leder war vom Regen ganz glitschig geworden. Mit spitzen Fingern nestelte er daran herum, bis er endlich die Riemen aufhatte. Dann angelte er eines der schweren Silberstücke aus Aniscans heraus. Es waren schöne Münzen mit einem Pferdekopf auf einer Seite. Sie gehörten zu seiner Beute aus dem letzten Sommer. Asla würde es sicher nicht gutheißen, wenn sie wüsste, wie großmütig er mit dem Geld umging. Aber eifersüchtig seine Münzen zusammenzukratzen, gehörte zu den Dingen, die ihn die Elfen nicht gelehrt hatten.

Der Fährkahn stieß gegen die tauumwickelten Holzstreben des Landungsstegs. Mag sprang von Bord und vertäute das schwere Boot. Dann machte er sich an einem Flaschenzug zu schaffen und klappte eine Zugbrücke auf das flache Deck der Fähre hinab.

Dicke, quer genagelte Bretter sorgten dafür, dass sein Grauer Halt fand, als Alfadas die Rampe hinaufstieg. Der Hengst war sehr nervös. Vom stundenlangen Regen war das Holz so rutschig geworden, als habe man es mit Tran eingeschmiert. Die Hufe des Grauen trommelten schwer auf der Zugbrücke.

Kodran griff in die Zügel und half dem Jarl, das Pferd auf

den Landungssteg zu bringen. »Wirst du morgen zurückmüssen?«, fragte der Fährmann, als sie es geschafft hatten.

Der Jarl nickte.

»Dann bleiben wir hier. Wir schlafen in einem der Bootsschuppen.«

Alfadas drückte dem Fährmann das Silberstück in die Hand. »Ich habe nicht genug Geld, um das zu wechseln«, sagte Kodran mürrisch.

»Dann sagen wir einfach, dass ich für morgen schon mitbezahlt habe.«

»Selbst dann ...«

Alfadas machte eine abwehrende Geste. »Ich habe deinen Bruder mit meinem Blick beleidigt und euch drei aus der warmen Stube gescheucht. Gewähre mir die Gnade, euch nicht nur Ärger zu machen. Ich schätze, das Silber wird für genug Branntwein und Braten reichen, um die Kälte wieder aus euren Knochen zu vertreiben. Und für ein Nachtlager, das bequemer als ein Bootsschuppen ist.«

Kodran grinste breit. »Ich hoffe, du wirst noch öfter nach Honnigsvald gerufen, Elfenjarl.«

Alfadas umfasste das rechte Handgelenk des Fährmanns im Kriegergruß. Kodran zuckte erschrocken zurück, doch der Jarl hielt ihn fest. »Für mich ist dies ein Gruß unter Männern, die ihre Arbeit gut machen. Ganz gleich, ob auf dem Schlachtfeld oder an einem Ruder. Wir sehen uns morgen, Kodran.« Er griff nach den Zügeln des Grauen und schritt den Landungssteg hinauf zur Stadt. Die Pferdehufe machten einen Lärm wie Donnergrollen.

»Wer da?«, rief jemand aus einem Verschlag am Ende des Stegs. Die Blende einer Holzlaterne wurde zurückgezogen. Ein Streifen goldenes Licht schnitt durch die Dunkelheit.

»Jarl Alfadas Mandredson!«

»Du bist noch gekommen? Hier hat keiner mehr mit dir

gerechnet.« Ein alter Mann trat aus dem Unterstand. »Ich bin der Hafenwächter«, erklärte er stolz und ohne sich darum zu scheren, dass wohl niemand außerhalb von Honnigsvald einen einzelnen Holzsteg einen Hafen nennen würde. »Jetzt bringe ich dich hinauf zur Festhalle. Sei vorsichtig, Jarl. Der Regen hat die Wege aufgeweicht. Tritt bloß in keine Pfütze. Manche sind knietief.« Der Nachtwächter führte ihn durch das hölzerne Hafentor ins Weberviertel und dann den Hügel hinauf zur Festhalle der kleinen Stadt. Schon von weitem konnte man den Lärm eines Gelages hören.

Alfadas bestand darauf, seinen Hengst selbst zu den Ställen zu bringen. Erst als er das Pferd gut versorgt wusste, ließ er sich hinauf zum Festsaal führen.

Ein großes Feuer brannte in der Mitte der Halle, und ein Ochse drehte sich auf einem eisernen Spieß. Ringsherum drängten sich auf einfachen Bänken und Tischen dutzende Männer und zechten. Für den König hatte man eine lange hölzerne Plattform errichtet. So saßen er und einige ausgewählte Krieger seines Gefolges höher und waren von überall in der Halle gut zu sehen. Alfadas hatte noch nie Gefallen an Feiern gefunden, bei denen man sich besinnungslos besoff, um am nächsten Morgen in seinem eigenen Erbrochenen zu erwachen. Die ersten Opfer der Freudennacht lagen schon unter den Bänken.

Sklavenmädchen mit eisernen Halsringen eilten geschäftig durch die weite Halle. Die beiden Weiber, die den Bratspieß drehten, hatten bis auf einen Lendenschurz alle Kleider abgelegt. Mit teilnahmslosen Gesichtern ließen sie die Scherze der Betrunkenen über sich ergehen.

Alfadas' nasse Kleider begannen in der stickigen Hitze zu dampfen. Er öffnete die schwere Bronzefibel seines Umhangs und legte ihn sich über den Arm. Dann bahnte er sich einen Weg durch die Reihen der Zecher.

Eine vertraute Melodie drang leise durch den Lärm. Und eine Stimme sang:

»Dort kommt der Jarl vom Firnenstayn
mit seinem Elfenschwerte fein.
Den Held aus vielen Schlachten
die Götter zu uns brachten.«

Es wurde stiller in der Halle. Alfadas hasste solche Auftritte, auch wenn er wusste, dass Veleif, der Skalde des Königs, es gut meinte mit seinen Versen.

Horsa Starkschild erhob sich von seinem Sitz. Er war ein hoch gewachsener alter Mann. Trotz seiner grauen Haare war er noch immer eine kriegerische Erscheinung. Schon in seiner Jugend hatte er durch einen Pfeil ein Auge verloren. Er trug stets eine schwarze Augenbinde, die ihm gemeinsam mit seiner langen Nase und dem schmalen Gesicht etwas Düsteres, Raubvogelartiges gab. Selbst in der Festhalle war Horsa mit einem kurzen Kettenhemd gekleidet. An seinen Armen prangten breite Goldreifen. »Mein Herz wird weit vor Freude, wenn ich dich sehe, Jarl Alfadas Mandredson. Selbst wenn du ausschaust wie ein junger Hund, den man gerade ertränken wollte.« Die Stimme des Königs war laut genug, um selbst Schlachtenlärm zu übertönen. Jeder im Saal hatte seine Worte hören können. Alle Gespräche verstummten.

Der König hob sein schweres, mit Goldbeschlägen verziertes Methorn und hielt es Alfadas entgegen. »Komm und trink, Junge. Das vertreibt die Kälte, und wenn man genug davon bekommen hat, dann hört man die Geister der Ahnen flüstern.«

In all den Jahren unter den Menschen hatte sich Alfadas nicht an diese raue Herzlichkeit gewöhnen können. Jedes Mal, wenn man ihn so empfing, wusste er nicht, was er sagen sollte, und ihm schoss das Blut in die Wangen wie einem Jüngling. Alfadas stieg auf das hölzerne Podest. Unfähig, schlagfertig zu antworten, nahm er einfach nur das Methorn und trank. Dabei ließ er einen guten Teil über seinen Bart rinnen. In dieser Nacht hieß es, einen klaren Kopf zu behalten.

Als er dem alten König das Horn zurückgab, lachte dieser. »Du machst dich, Junge. Du machst dich! Als du zum ersten Mal an meiner Tafel gesessen hast, hast du getrunken wie ein kleines Kätzchen, das an einer Milchschale nippt.« Er stieß grob eine Sklavin zur Seite, die sich vorgebeugt hatte, um sein Methorn nachzufüllen. »Los, macht Platz an der Tafel. Der Junge soll zu meiner Rechten sitzen und mir von den Elfen erzählen, die ihren Hof in Firnstayn aufgeschlagen haben.«

Die übrigen Ehrengäste rückten zusammen, und ein weiterer Stuhl wurde herangebracht. Die meisten der Männer nickten Alfadas freundlich zu. Einige hatten allerdings schon genug getrunken, um ihre Eifersucht und ihren Hass nicht mehr verstecken zu können. Sie beneideten ihn darum, dass er schon mit so jungen Jahren das uneingeschränkte Vertrauen des Königs genoss und den Platz einnahm, auf den sie vielleicht heimlich gehofft hatten. Die Mehrheit jedoch schätzte ihn, denn seine Siege hatten Gold und Sklaven ins Fjordland gebracht und sie alle reicher gemacht.

Alfadas nahm Platz, wie es der König befohlen hatte. »Es ist nicht, wie man dir berichtet hat, Horsa. Emerelle ist nicht mit ihrem Hofstaat gekommen. Sie …«

»Mein Bote hat einen Pferdemann gesehen«, unterbrach ihn Horsa. »Er hat auch gehört, dass die Königin in einer großen Schlacht verwundet wurde. Kämpfen bei den Elfen denn selbst die Weiber?«

Am Tisch des Königs waren alle anderen Gespräche verstummt. Auch in der großen Halle war es sehr still geworden. Alle versuchten, so viel wie möglich von Alfadas' Worten zu erhaschen. Vermutlich hatte jeder hier schon davon gehört, dass Elfen nach Firnstayn gekommen waren.

Der Jarl wollte seinen König nicht belügen, zugleich war ihm aber auch daran gelegen, so wenig wie möglich über die Albenkinder preiszugeben. Er konnte nicht noch mehr Schaulustige in Firnstayn gebrauchen.

»Die Königin Emerelle ist tatsächlich verwundet. Ein heimtückischer Feind hat sie angegriffen, während die Elfen ein großes Fest feierten. Die Festgesellschaft wurde völlig überrascht und zerschlagen. Emerelle musste fliehen. Gewiss wird sie bald ein Heer aufstellen, um Rache für den feigen Überfall zu nehmen.« Alfadas hatte die Ereignisse von Vahan Calyd absichtlich verzerrt und in einfache Worte gekleidet. Er wusste, dass Geschichten von Raubzügen und Blutrache allen in der Halle wohl vertraut waren. So konnte er sich lange Erklärungen sparen.

»Habt ihr das gehört, Kameraden?«, rief Horsa aufgebracht. »Dies tapfere Weib ist das Opfer von Verrat geworden, und sie wendet sich an uns.« Der König richtete sich halb auf und stützte sich dabei mit den Fäusten auf der Tischplatte ab. Atemlose Stille herrschte in der Halle. »Seit der Jarl Mandred die Elfen um Hilfe bat, um den schrecklichen Manneber zu erschlagen, stehen wir in der Schuld des Volkes jenseits der Zaubertore. Sie haben uns ihre besten Krieger geschickt, um zu helfen, wo Menschenmut und Menschenschwerter versagten.« Er machte eine kurze Pause und ließ seinen Blick über die versammelten Männer schweifen. Plötzlich legte er eine Hand ans Ohr. Er runzelte die Stirn, und es schien, als lauschte er auf ein leises, weit entferntes Geräusch.

»Hört ihr das?«, rief Horsa.

Es war so still, dass man die glühenden Scheite in der

langen Feuergrube knistern hören konnte. Niemand in der Festhalle wagte auch nur zu atmen. Ganz leise vernahm Alfadas das Geräusch des Regens auf den Schindeln der Festhalle.

»Norgrimm hat in seiner goldenen Halle das Kriegshorn an seine Lippen gesetzt. Ich höre es rufen!«

»Ich kann es auch hören!«, rief einer der Männer im Festsaal. »Ganz deutlich!«

Alfadas kannte den Mann. Es war Ragni, einer der Leibwächter des Königs. Jetzt riefen auch andere, dass sie das Kriegshorn des Gottes hörten. Was für ein törichter Haufen … Er stutzte. Da war etwas. Es kam vom Fluss her. Leise. Der Wind verzerrte es. Ein Horn. Tief und feierlich erklang sein Rufen. Ein Schauder überlief Alfadas. Es gab keine Götter! Das konnte nicht sein!

Horsa streckte beide Arme weit ausgebreitet der Decke entgegen. »Wir hören dich, Norgrimm! Wir folgen deinem Ruf!«

»Wir folgen deinem Ruf!«, erklang es hundertfach in der Festhalle. Keiner saß mehr auf seinem Platz. Die Männer hatten Schwerter und Äxte ergriffen und schwenkten sie mit ausgestreckten Armen über den Köpfen.

Auch die Ehrengäste rings um Horsa hatten sich erhoben. Alfadas gehörte zu den Letzten, die aufstanden. Er konnte nicht fassen, was hier geschah.

»Als die Elfen uns halfen, war ich noch ein junger Mann, mit einem Bärtchen zart wie Katzenfell. Aber ein Fjordländer vergisst keine Schuld!« Er hob erneut den Kopf, und es schien, als könne er durch die rußschwarzen Deckenbalken bis hinauf zum Sternenhimmel blicken. »Ich habe dich gehört, Norgrimm. Und von dieser Stunde an stehen die Männer des Fjordlands an der Seite der Elfen. Wer mit unseren Freunden im Kriege liegt, der muss auch unsere Klingen fürchten!« Nun zog Horsa sein Schwert und reckte es in die Höhe. »Norgrimm, wir hören dich!«, rief der alte König aus Leibeskräften. »Und wir folgen deinem Ruf, dich zu ehren, uns zum Ruhme!«

Horsa wandte sich abrupt um und blickte auf Alfadas. »Jarl von Firnstayn. Du bist der Mann, der unser Königreich stark gemacht hat. Wann immer ich dich rief, kamst du, mein Schwert zu sein. Ich entkleide dich des Jarltums! Sei von Stund an wieder mein Herzog, mein Heerführer, der Erste unter meinen Kriegern! Führe meine Männer nach Albenmark und raste nicht, bis auch der letzte Feind erschlagen ist. Erst wenn die Schwerter wieder Frieden haben, sei die Stunde gekommen, in der du aufs Neue ein Jarl sein kannst. Dann wollen wir uns hier wieder versammeln, um im Glanze dieser Halle deinen Sieg zu feiern.« Der König trat vor und küsste Alfadas auf die Stirn. Damit war seine Ernennung zum Herzog besiegelt.

Alfadas war wie gelähmt. Was hier geschah, war der blanke Wahnsinn! Aber er konnte dem König vor all den Gästen nicht ins Wort fallen. So wartete er, bis Horsa sein Methorn nahm und trank. Alfadas trat dicht an seinen Herrscher heran und flüsterte ihm ins Ohr: »Mein König, wir können nicht gegen die Feinde Emerelles kämpfen. Es sind Trolle. Jeder Einzelne von ihnen ist so stark wie ein Höhlenbär. Und Emerelle würde ein solches Opfer, das nur in Blut und Tod enden kann, niemals von uns verlangen.«

»Hast du schon mal einen Troll gesehen?«, fragte der König.

»Nein«, gestand Alfadas.

»Dann lass dir von einem alten Kämpen sagen, dass es mit den Kriegern so wie mit den Jägern ist. Mit jedem Jahr, das verstreicht, werden die besiegten Feinde in der Erinnerung mächtiger. Im Übrigen haben meine Jäger durchaus schon Höhlenbären zur Strecke gebracht.« Er wandte sich wieder an die Menge in der Halle, die gebannt zu ihm aufsah. »Sind wir Krieger?«, rief er ihnen entgegen. »Oder Hasenherzen?«

»Wir sind Krieger!«, grölten sie und schlugen sich mit den Fäusten auf die Brust.

»Und was tut ein Krieger, wenn ein Weib kommt und ihn um Hilfe bittet? Wird er kämpfen oder sich eine kluge Entschuldigung ausdenken?«

»Kämpfen! Wir wollen kämpfen!«

Horsa standen Tränen in seinem verbliebenen Auge. »Aus euren Kehlen spricht das Herz des Landes. Ein mutiges Herz, unbezähmbar und ungestüm. Ich bin stolz, euer König zu sein. Ich bin stolz, hier zu stehen! Noch heute Nacht werden Boten in alle Winde reiten. Bis zum entlegensten Hof werden sie ziehen und jeden meiner Recken zu den Waffen rufen. In vier Wochen schon will ich eine Heerschau abhalten, hier am Ufer von Honnigsvald. Und Alfadas, mein Herzog, wird die tausend besten unter allen Kriegern auswählen. Sie sollen durch das Zaubertor zu den Elfen gehen und der Königin ihren Thron zurückerobern.« Horsa schlang Alfadas seinen Arm um die Schultern und zog ihn zu sich heran. »Ein Hoch auf unseren Herzog!«

Die Menge grölte wieder. Sie streckten Alfadas Schwerter und Methörner entgegen. Begeisterung brannte in ihren Augen. Diese verdammten Narren! Sie konnten sich nicht vorstellen, was ein Kampf gegen Trolle bedeutete. Selbst die Elfen fürchteten diese Ungeheuer!

»Morgen wird Herzog Alfadas mich zur Elfenkönigin bringen!«, rief der König. »Ich werde ihr sagen, wie man die tausend stärksten Äxte des Fjordlands einsetzt, und dass sie sich nicht fürchten muss. Sie wird von mir alles bekommen, was sie braucht, um ihren Krieg zu gewinnen.«

Alfadas griff nach seinem Methorn und trank. Um ihn herum tobte der Wahnsinn. Für heute Nacht hatte die Vernunft verloren. Aber vielleicht konnte er Horsa morgen umstimmen, wenn er ihm erklärte, worauf er sich da einließ.

Der König nahm wieder Platz, während Veleif ein kriegerisches Lied anstimmte. »Viele meiner jungen Recken sind unzufrieden«, sagte Horsa leise. »Du siegst zu leicht, Herzog. In diesem Sommer haben uns all unsere Nachbarn Tribut gezahlt, statt mit uns zu kämpfen. Die Jungen müssen sich die Hörner abstoßen, sonst gibt es nur Unruhe im Land. Die Bitte deiner Königin kommt da gerade recht.«

Alfadas wollte widersprechen. Doch als er dem König in sein verbliebenes Auge sah, begriff er, dass der Alte keineswegs betrunken war. Mit den Elfen in den Krieg zu ziehen war keine Narretei, die auf einer Festtagslaune geboren war. Offenbar hatte er schon länger nach einem Anlass für einen Krieg gesucht. Und er würde sich gewiss nicht ausreden lassen, was er heute Nacht verkündet hatte. Schon jetzt begann er die Wirklichkeit so zu verdrehen, wie es ihm gerade gelegen kam. Emerelle hatte ihn nicht um Hilfe gebeten! Wie hätte sie das tun können, wenn sie seit Tagen in tiefer Bewusstlosigkeit lag. Aber jeder im Fjordland würde den Worten Horsas glauben. Sie wollten es glauben, dachte er verzweifelt. Nur so wurden sie Teil einer Geschichte, die wie die Sagas der Skalden klang. Außerdem hatte Norgrimm höchstselbst sie mit seinem Kriegshorn zu den Waffen gerufen. Niemand hier im Saal käme auf die Idee, draußen am Fluss nach einem Mann mit einem Horn zu suchen, der zum Gefolge des Königs gehörte. Horsa, der alte Fuchs, hatte dies alles von Anfang an geplant. Deshalb war es auch so wichtig gewesen, dass sein *Elfenjarl* noch in dieser Nacht erschien. Alfadas seufzte resignierend und hielt sein Methorn hoch, damit es erneut gefüllt wurde. Wäre dies alles nicht geschehen, wenn er die Fährleute nicht hinaus in den Regen getrieben hätte, um ihn überzusetzen?

Solche Grübeleien brachten nichts! Morgen musste er dem König klar machen, gegen welchen Feind er seine Krieger schickte. Wenn die Elfen ihnen den Weg nach Albenmark öffnen würden, dann würde wohl keiner der Fjordländer jemals wiederkehren, auch er nicht. Ganz gleich, wie Alfadas es drehte und wendete, er musste mit ihnen gehen. Ein Herzog, der seinem König den Befehl verweigerte ... Das würde Horsa nicht dulden. Das roch nach Verrat! Alfadas wusste, wenn er hier bliebe, würde er auch nicht überleben. Wahrscheinlich würde Horsa auch Ulric umbringen lassen, damit sein Sohn keine Blutfehde mit dem Königshaus austragen konnte, wenn er zum Mann wurde. Womöglich würde sogar seine ganze Familie ausgelöscht werden.

Horsa lachte über einen Vers des Skalden und hieb mit seiner schweren Faust auf den Tisch. »Guter Mann, dieser Veleif! Der hat eine Zunge wie eine Streitaxt.« Er kniff Alfadas in die Wange. »Es ist gut, dich wieder an meiner Seite zu haben, Jungchen. Ich fühle mich gleich zwanzig Jahre jünger, wenn ich mit dir einen Krieg plane.« Er schob ihm das Stück Braten herüber, das vor ihm auf einer Holzplatte lag. »Iss was, Junge. Du siehst ja aus wie ein Knabe, der seinen ersten Schluck Branntwein genommen hat.«

Alfadas riss ein Stück vom Fleisch ab und begann zu kauen, um nicht reden zu müssen. Die Welt war verrückt! Horsa mochte ihn wie einen eigenen Sohn. Aber wenn er diesen Wahnsinnsbefehl verweigerte, dann würde der König ihn umbringen lassen. So war das hier unter den Menschenkindern des Fjordlands. Und Asla? Würde sie verstehen, dass er keine Wahl hatte?

EIN EINMALIGES ANGEBOT

Alfadas blickte zum Himmel. Die Sonne stand als milchig blasse Scheibe hinter grauen Wolken. Nicht mehr lange, und es war Mittag. Und der König ließ sich immer noch nicht blicken! Der größte Teil des Hofstaats war längst auf den Beinen. Nur Horsa hatte sich noch nicht erhoben, und niemand wagte es, nach einem Zechgelage den Herrscher zu wecken. Allerdings waren schon mehr als ein Dutzend Boten abgeritten, um Horsas Schnapsidee in alle Winde zu tragen. Mit jeder Stunde, die verstrich, wurde es schwerer, das Unglück noch aufzuhalten. Den ganzen Morgen schon zermarterte sich Alfadas den Kopf darüber, wie man einen Rückzieher machen konnte, ohne dass der König sein Gesicht verlor.

Unruhig ging der Jarl vor den Ställen auf und ab. Es war zum Verrücktwerden! Wenn sie nicht bald aufbrachen, würden sie an diesem Tag auf keinen Fall mehr Firnstayn erreichen.

Ein stämmiger Mann mit eisgrauem Haar trat auf den Hof. Er trug einen bunt bestickten blauen Kittel. Der Fremde blickte Alfadas an, als habe er nach ihm gesucht; dabei war sich der Jarl sicher, den Mann noch nie gesehen zu haben.

»Alfadas Mandredson?« Seine Stimme klang entschuldigend.

»Der bin ich.«

Die grünen Augen des Mannes leuchteten auf. »Verzeih, ich kenne dich nur aus Geschichten …«

»Ja, ja. Und ich sehe nicht aus wie der blonde Hüne mit dem Zauberschwert, zu dem mich die Skalden gerne machen.« Alfadas lächelte, um seinen Worten die Schärfe zu nehmen. »Was kann ich für dich tun?«

»Ich bin Sigvald.« Der Fremde streckte ihm fordernd die Hand entgegen. Er hatte einen festen Griff. Seine Hände waren von feinen weißen Narben überzogen. Sigvald roch nach Schmierfett und Holz. »Ich wollte dir ein gutes Geschäft vorschlagen, Jarl. Bei deinem Dorf gibt es doch einen großen Apfelhain. Und jeden Winter kommen Jäger aus Firnstayn und noch tiefer aus den Bergen, um hier in Honnigsvald ihr Fleisch und ihre Felle zu verkaufen, nicht wahr?«

»Um welches Geschäft geht es dir? Willst du mir meine Apfelernte abkaufen? Dann kommst du zu spät.« Der Jarl war nicht in der Stimmung, sich mit irgendeinem dahergelaufenen Händler herumzuschlagen.

»Alles, was ich möchte, ist, dir dein Leben zu erleichtern, Jarl. Ich möchte dir viele Stunden harter Knochenarbeit stehlen.« Sigvald blinzelte verschmitzt. »Deine Apfelhaine liegen doch sicher an den Flanken der Berge, wo sie viel Sonne bekommen und vor dem grimmigen Nordwind geschützt sind. Es heißt, du hättest dieses Frühjahr sogar zwei neue Apfelgärten angelegt.«

Alfadas sah den Mann mit neuem Interesse an. Sigvald hatte sich offensichtlich gut auf dieses Gespräch vorbereitet. »Du willst mich also bestehlen?«

Der Händler schüttelte den Kopf. »Nein, nein, Jarl. Entschuldige, das war ein etwas unglücklicher Scherz. Ich will dir viele schwere Arbeitsstunden abnehmen. Gewiss tragen du und deine Leute die Äpfel in Körben zum Dorf hinab.

Das muss doch eine elende Schinderei sein. Und wenn du neue Haine anpflanzt, dann wird es in Firnstayn vielleicht bald mehr Äpfel geben, als das Dorf braucht. Die könnte man hier in Honnigsvald für gutes Geld verkaufen.«

»Und was willst du mir verkaufen? Tragekörbe?«

Sigvald winkte ab. »Davon habt ihr doch sicher schon reichlich. Nein, ich dachte an etwas, von dem jeder im Dorf Nutzen haben wird. Ein schweres Fuhrwerk.«

Alfadas sah den Mann fassungslos an. Das musste ein Scherz sein! Doch Sigvald blieb völlig ernst.

»Was soll ich mit einem Fuhrwerk? Nach Firnstayn führt nicht einmal ein Weg, der für Reiter unbeschwerlich ist. Wie sollte ich mit einem schweren Fuhrwerk durch die Wälder kommen?«

Sigvald hatte offensichtlich mit diesem Einwand gerechnet. »Ich werde dir eine Straße für Fuhrwerke schenken. Zugegeben, sie wird nur vier oder fünf Monde im Jahr zu nutzen sein, aber dafür übernehme ich alle Kosten, um sie in Stand zu halten.«

Der Mann war verrückt! Auch wenn er auf den ersten Blick ganz normal wirkte.

»Du kannst also zaubern«, sagte Alfadas und bemühte sich, nicht allzu abfällig zu klingen.

»Mich einen Zauberer zu nennen, schmeichelt mir. Wenn du nur eine halbe Stunde mit mir kämst, würde ich dir zeigen, was es mit der Straße nach Firnstayn auf sich hat. Begleite mich in meine Werkstatt. Dort kannst du auch meine wunderschönen Fuhrwerke sehen. Wenn du möchtest, kann ich anspannen lassen, und wir machen eine kurze Ausfahrt.«

Alfadas blickte wieder zum Himmel. Der Tag war gelaufen. Sie würden es ohnehin nicht mehr bis zum Abend nach Hause schaffen. Und vom König war immer noch nichts zu sehen. Also konnte er diesem geschwätzigen Verrückten auch eine halbe Stunde seiner Zeit schenken. Von ihm fühlte er sich zumindest besser unterhalten als von den Saufkumpanen Horsas.

»Also gut, Sigvald. Dann zeig mir mal eine dieser Wunderkutschen, die du gleich mit der dazugehörigen Straße verkaufst.«

»Du wirst es nicht bereuen!«, versicherte der Kaufmann. Er führte ihn von der Festhalle in die kleine Stadt hinab. Die meisten Häuser in Honnigsvald waren einfache Holzhütten. Wind und Wetter hatten das Holz ausgeblichen, sodass sie grau und unansehnlich waren. Ihr häufigster Schmuck waren gekreuzte Giebelbalken, die in Pferdeköpfen endeten oder Drachen zeigten. Entlang der Häuserfassaden waren Planken verlegt. So konnte man halbwegs trockenen Fußes durch die Stadt kommen. An der Hauptstraße, der sie hinab bis zum Hafen folgten, gab es sogar einen kleinen Bach, dessen Ufer durch Holzverschalungen abgesichert waren. Die Anwohner schütteten allen erdenklichen Unrat in das Wasser, und obwohl das meiste davon schnell fortgespült wurde, hing ein übler Geruch nach Fäkalien und Verwesung über der Straße.

Einige Häuser entlang des Weges waren so eingerichtet, dass ihre Vorderfront ganz aus türgroßen Klappläden bestand, die auch bei diesem diesigen Wetter geöffnet waren. So konnte man in die Handwerksstuben hineinsehen. An einem der Läden hingen dutzende Messergriffe aus Rentierhorn oder Walbein auf einem Rahmen. Eine Kürschnerin stellte wunderbare Silberfuchsfelle aus. Alfadas verlangsamte seine Schritte. Asla würde das sicher gefallen. Es war lange her, dass sie beide zum letzten Mal hier gewesen waren. Damals war er zu arm gewesen, um ihr zu schenken, was ihr gefiel. Ein Händler bot alle erdenklichen Sorten von Perlen feil. Weiße mit bunten Mustern, die angeblich aus dem fernen Kandastan stammten, silbrig und rosa schimmernde Perlen aus Muscheln, Bernsteinperlen, die wie versteinertes Sommerlicht glänzten. Glasperlen aus Iskendria und Knochenperlen, bedeckt mit Zauberzeichen aus den undurchdringlichen Wäldern Drusnas.

Alfadas ließ sich Zeit, sah einem Kupferflicker zu und einem Zahnausreißer, der ein regelrechtes Massaker anrichtete, während sein Opfer betrunken grinsend auf einen schweren Holzstuhl gebunden war.

Endlich erreichten sie die Bootsschuppen am Ufer des Fjords. Sigvald brachte ihn zu einer Halle, deren Wände von handgroßen Pockennarben aus abgeplatzter Farbe übersät waren.

»Sei bereit, das Heim eines Zauberers zu betreten«, verkündete der Wagenbauer stolz und führte ihn um den Bau herum zu einem weit geöffneten Tor. Rauch und Wasserdampf kamen ihnen entgegen. Es roch nach glühendem Metall, frischem Hanf und Knochenleim. Rhythmisches Hämmern gab den Takt zu einem zotigen Lied, das gesungen wurde.

»Seht her, Männer! Hier kommt der Held des Königs, Alfadas, der Elfenjarl!« Das Lärmen verstummte.

Alfadas trat durch die Dampfschwaden. In der Halle standen acht Gefährte: Schlitten, Leiterwagen, kleinere und größere Fuhrwerke. An der Hälfte der Fahrzeuge wurde noch gebaut. In der Mitte der Halle stieg Wasserdampf aus einem großen, flachen Kessel. Zwei stämmige Gestalten mühten sich damit ab, über dem Dampf Planken zu biegen, die wohl für einen zerbrechlich aussehenden Reiseschlitten bestimmt waren.

Sigvald brachte den Jarl zu einer schweren Kutsche. Vier mannshohe Speichenräder mit dicken Eichenfelgen trugen das wuchtige Gefährt. Es war fast doppelt so groß wie das Fischerboot seines Schwiegervaters Erek.

Der Kutschbock war gepolstert und mit speckigem braunem Leder bespannt. Rechts und links des Sitzes gab es gleich zwei Bremsstangen. Über der Ladefläche spannte sich eine Plane aus gewachstem Leinen.

»Siehst du die Eisenbeschläge auf den Rädern und die soliden Achsen? Mit einem meiner Fuhrwerke muss dich schweres Gelände nicht schrecken. Die sind solide. Das meiste ist aus gut abgelagerter Eiche gezimmert.« Er klopfte gegen die niedrige Seitenwand der Ladefläche. »Du kannst beide Seitenwände herunterklappen und natürlich auch die Rückwand. Alle Eisenbeschläge sind hier in meiner Werkstatt hergestellt, auch das Zaumzeug. Es gibt nichts an einem Sigvald-Fuhrwerk, das nicht aus dieser Halle stammt. Ich bürge mit meinem Namen für jedes Einzelne dieser Schmuckstücke.«

»Und was ist mit den Straßen, die du zu deinen Kutschen verschenkst?«, wollte Alfadas wissen. »Wer wird die bauen?« Aus den Augenwinkeln sah der Jarl, wie die Handwerker grinsten. Offenbar wussten sie, was kommen würde.

»Wenn du mir bitte folgen würdest.« Sigvald führte ihn zur Rückwand des Schuppens. Dort waren zwei lange, eisenverstärkte Kufen aufgehängt. »Alles, was du brauchst, sind ein paar starke Arme und etwa eine halbe Stunde Zeit. Man kann die Räder vom Fuhrwerk abnehmen und es auf diese Kufen setzen. Es fährt dann wie ein Schlitten. Wie du weißt, ist der Fjord mindestens vier Monde im Jahr von einer dicken Eisschicht bedeckt. Da hast du dann deine Straße. Die Kufen bekommst du geschenkt, wenn du den Wagen kaufst.«

Alfadas musste lauthals lachen. »Du verstehst dein Geschäft, Sigvald.« Der Herzog dachte daran, welche Bereicherung ein solches Gefährt für das Dorf sein könnte. Dann stellte er sich schmunzelnd vor, wie es wohl wäre, mit Asla und den Kindern im Winter eine Schlittenfahrt zu unternehmen. Kadlin würde jauchzen vor Vergnügen.

Und Ulric könnte man sicher für ein kurzes Stück die Zügel überlassen.

Alfadas ging zu einem Schlitten mit zwei Sitzbänken. Das Gefährt hatte einen schön geschnitzten Schwanenhals, und seine Seitenteile waren wie Flügel gestaltet. Wenn er mit so etwas ankam, würde das ganze Dorf über ihn lachen.

»Versucht der kluge Mann nicht stets das Angenehme mit dem Nützlichen zu verbinden?«, fragte der Wagenbauer.

»Du kannst wohl in die Köpfe der Menschen sehen!«

»Nein, Jarl. Ich bin ein aufrichtiger Geschäftsmann. Und mir ist es lieber, du verlässt diesen Schuppen, ohne etwas gekauft zu haben, als dass du etwas kaufst und es hinterher bereust. Dieser Schlitten hier ist für Weibsbilder und Kinder. Ein Mann wie du sollte sich nicht in ein solches Gefährt setzen.« Er deutete hinüber zu dem schweren Fuhrwagen. »Kauf diesen Wagen, und jeder wird seinen Nutzen anerkennen. Und wenn du einfach nur zum Spaß mit ihm herumfährst, machst du dich nicht zum Narren.«

»Nur dass der Fuhrwagen vermutlich drei- oder viermal so teuer ist wie der Schwanenschlitten.«

»Oh, es gibt viele Wege, handelseinig zu werden.« Sigvald strich seine Tunika glatt. »Es heißt, du hast großen Einfluss auf den König. Wenn ich vielleicht die königliche Stellmacherei ...«

»Schweig! Von solchen Geschäften will ich nichts hören! Im Übrigen hätte ich nicht einmal die Pferde oder Ochsen, um solch ein Fuhrwerk zu bespannen.«

Sigvald hob beschwichtigend die Hände. »Bei den Göttern, Jarl, was denkst du von mir? Ich bin ein ehrbarer Mann, und ich weiß, dass du auch einer bist. Ich wollte mir keinesfalls in unlauterer Weise einen Vorteil erschleichen. Und was die Zugtiere angeht, ich hätte vier wunderbare Kaltblüter an der Hand. Allesamt Rote. Ein Gespann wie für einen König. Die Tiere sind von unermüdlicher Kraft. Und ihr Fell ist dicht genug, dass sie auch die härtesten Winter überstehen.«

Alfadas dachte daran, wie die Kutsche bei der Apfelernte von Nutzen sein konnte. Und wenn das Fuhrwerk erst einmal in Firnstayn war, würden sich sicherlich schon bald noch andere Verwendungsmöglichkeiten finden. Die Kaltblüter könnte man nutzen, um Baumstämme aus dem Wald hinab zum Dorf zu schaffen. Bisher war das immer eine elende Plackerei gewesen, denn die paar Ponys, die es im Dorf gab, waren zwar passable Reittiere, aber keinesfalls für solche Arbeiten geeignet. Und sein Grauer, ein Pferd aus den Ställen Emerelles, war viel zu kostbar, um ihn für grobe Arbeiten einzusetzen. Er hatte schon vier Stuten gedeckt, und Alfadas träumte davon, sich mit den Jahren ein Gestüt aufzubauen, das nirgends in der Welt der Menschen seinesgleichen fand.

»Weißt du was, Jarl? Ich mache dir ein rechtschaffenes Angebot. Ich erweise dir keine Gefälligkeit und erwarte auch keine. Wieg mir vier Hufeisen der Kaltblüter mit Gold auf und schick mir in den nächsten drei Wintern je eine Fuhre Äpfel, dann gehören die Kutsche und die Pferde dir. Ich mache keinen Gewinn bei diesem Geschäft.« Er lächelte verschlagen. »Ich würde dich allerdings darum bitten, mir zu gestatten, künftigen Käufern zu sagen, dass du bei mir eine Kutsche erworben hast.«

Alfadas schüttelte den Kopf. Dieser gerissene Gauner! »Dann wärst du also der Stellmacher des Herzogs.«

Sigvald breitete die Arme aus. »So ist die Welt, Alfadas. *Wer* bei mir etwas kauft, wiegt mindestens genauso schwer wie die Güte meiner Arbeit. Ich bin mir sicher, du wirst es nie bereuen, dieses prächtige Fuhrwerk erworben zu haben.«

»Und wie willst du es zu mir nach Firnstayn schaffen? Es dauert noch Wochen, bis der Fjord zufriert.«

»Lass das meine Sorge sein, Herzog. Ich verspreche dir, in spätestens vier Tagen ist der Wagen in deinem Dorf. Mit Pferden, Zaumzeug, Kufen, kurz mit allem, was wir zu bieten haben.«

Alfadas ging zu dem schweren Wagen und strich über das sorgsam geglättete Holz. Er hatte nie zuvor davon geträumt, so eine riesige Kutsche zu besitzen. Aber jetzt beflügelte sie seine Vorstellungskraft. Er würde damit über das Eis jagen! Sie würde ihm viel Freude machen, wenn er es schaffte, dem König seinen Wahnsinnsplan auszureden. »Schick mir einen Kutscher, der mich und mein Weib lehrt, wie man dieses Ding fährt.«

»Selbstverständlich, Herzog. Du wirst sehen, es ist sehr leicht, denn die Kaltblüter sind gut abgerichtet.«

»Warst du gestern Nacht in der Festhalle, Sigvald?«

Der Wagenbauer nickte. »Ja.«

»Dann hast du ja gehört, dass der König einen Krieg plant. Wenn das Fuhrwerk nicht in Firnstayn ist, bevor ich nach Albenmark muss, dann ist unser Geschäft hinfällig.«

Sigvald streckte ihm die Hand entgegen. »Schlag ein, Herzog! So soll es sein.«

Mit einem Händedruck besiegelten sie den Vertrag. Alfadas fühlte sich ein wenig mulmig. Noch nie hatte er etwas so Teures gekauft. Und er war sich darüber im Klaren, dass er die Kutsche nicht wirklich brauchte. Nach der ersten Fahrt wäre Asla sicher auch begeistert, bis dahin hatte er allerdings ein paar schwere Tage vor sich. Vielleicht sollte er ihr erst einmal nichts von seinem Einkauf sagen?

Alfadas dachte an den Perlenladen auf dem Weg zur Festhalle. Er sollte dort etwas für sie besorgen, um sie versöhnlicher zu stimmen.

Nachdenklich verließ er die Werkstatt des Wagenbauers.

Wieder brütete er darüber, wie er dem König sein Vorhaben ausreden konnte. Erst als er vor dem kleinen Perlenladen stand, wurde er sich bewusst, dass er gerade vier Pferde gekauft hatte, die er nicht einmal gesehen hatte! Was war er nur für ein Narr!

Alfadas ließ sich Zeit. Er schlenderte durch die Stadt, machte ein paar Einkäufe und zögerte es hinaus, zur Festhalle zurückzukehren. Schließlich ging er zu den Ställen, um nach seinem Grauen zu sehen. Dort erwartete ihn eine Überraschung.

König Horsa lehnte im Türrahmen des Stalltors und massierte sich die Stirn.

»Verfluchter Met! So oft habe ich mir schon geschworen, die Finger von dem Zeug zu lassen! Mein Kopf fühlt sich an wie ein Amboss, auf den ein Riese eindrischt.« Horsa rülpste. »Glotzt nicht so! Nehmt die Beine in die Hand! Ich habe euch gesagt, was zu tun ist!«

Seine Höflinge beeilten sich, dem König aus den Augen zu kommen. Nur Alfadas blieb. »Du solltest es dir noch einmal überlegen, Horsa. Albenmark ist nicht für Menschen geschaffen.«

»Was ist los mit dir?«, murrte der König. »Hast du Angst, nicht mehr der einzige Mann aus dem Fjordland zu sein, der bei den Albenkindern gewesen ist? Mein Entschluss steht fest! Und komm mir nicht wieder mit Geschichten über Höhlenbären und Trolle. Ein tapferer Krieger kann jeden Gegner überwinden.«

»Du kannst dir nicht vorstellen …«

»O doch, Herzog. Das kann ich sehr gut. Jene, die zurückkommen, werden Krieger sein, denen nichts und niemand in dieser Welt trotzen kann. Mit ihnen werde ich den ganzen Norden besetzen. Und weil sie Helden sind, werden die Elfen ihnen Zauberwaffen schenken. Und da wir den Elfen in der Stunde ihrer höchsten Not geholfen haben, werden sie auf immer in unserer Schuld stehen. Ich werde das alles mit Emerelle besprechen.«

»Mein König, ich …«

Horsa strich sich mit fahriger Geste über die Stirn. »Nein. Vom Reden platzt mir noch der Kopf. Komm mit runter zum Hafen. Sie sind schon dabei, das Schiff zu beladen. Ich fürchte, im Augenblick bin ich nicht ganz in der Verfassung, im Sattel zu sitzen. Wir werden die Fähre nehmen.«

»Welche Fähre?«

Horsa grunzte nur etwas Unverständliches. Dann drehte er sich noch einmal um. »Nimm deinen Gaul mit. Wir haben es eilig.«

Das also war es, dachte Alfadas wütend. Die Maske war gefallen. Horsa wollte ein nordisches Imperium gründen, und er war entschlossen, die Elfen als Verbündete zu gewinnen. Der viele Met hatte ihm wohl endgültig das Hirn vernebelt!

Der Jarl sattelte sein Pferd, und wieder ließ er sich Zeit. Er konnte den Alten nicht aufhalten. Horsa war beliebt unter den Kriegern. Er musste dem König mehr Zeit geben, sich selbst zu zerstören. Er würde nicht zusehen, wie Horsa zum Tyrannen wurde. Und er musste fort, weil dem greisen Herrscher das nur allzu bewusst war. Aber wenn eine Hand voll Männer die Schrecken überlebte, die sie in Albenmark erwarteten, dachte Alfadas, dann hätte er eine Truppe, mit der er den König stürzen konnte. Und vielleicht sah auch die Hilfe der Elfen ganz anders aus, als Horsa erwartete.

Mit verhängtem Zügel ritt Alfadas langsam zum Hafen hinunter. Es hatte wieder zu regnen begonnen. Die Berge auf der anderen Seite des Fjords waren hinter Wolkenschleiern verschwunden. Das offene Wasser erschien nun weit wie das Meer. Wenn Horsa über Bord stürzen würde … Das schwere Kettenhemd, das er stets trug, würde ihm zu einem Ende wie König Osaberg verhelfen.

An der Anlegestelle herrschte einiger Tumult. Der König schien eben erst eingetroffen zu sein. Und auf der Fähre, die am Ufer lag, hatte man ein schweres Fuhrwerk festgezurrt. Einen Augenblick lang musste der Jarl schmunzeln. Sigvald hatte wirklich keine Zeit verloren. Der große Planwagen und vier Rote standen bereits auf dem flachen Fährboot. Das also war der Weg, wie sie nach Firnstayn gelangen sollten. Wen der Wagenbauer wohl bestochen hatte, um sich die einzige Fähre von Honnigsvald ein paar Tage auszuleihen?

»Natürlich war es nie meine Absicht, mich dem König in den Weg zu stellen«, hörte der Jarl die Stimme seines Handelspartners. Sigvald war von drei Kriegern umringt. Einer hatte ihm bedrohlich die Hand auf die Schulter gelegt.

»Was geht hier vor?«, rief Alfadas und drängte seinen Grauen in die Menge.

»Der Bastard will die Fähre des Königs rauben!«, rief einer von Horsas Leibwächtern. »Den sollte man an einen Mühlstein binden und in den Fjord werfen!«

»Dieser *Bastard,* wie du ihn nennst, handelt in meinem Auftrag. Damit machst du mich zum Verantwortlichen am Raub eines Schiffes, das vermeintlich dem König gehört.« Alfadas schwang sich aus dem Sattel. Er streifte seinen weiten Umhang über die linke Schulter, sodass sein Schwert zu sehen war. »Bist du dir sicher, dass du mich einen Räuber nennen willst? Damit zwingst du mich, meine Ehre mit deinem Blut von diesem Vorwurf reinzuwaschen. Aber wahrscheinlich war das ja nur ein Irrtum. Schließlich wissen wir beide, dass dem König nicht die Fähre der Stadt Honnigsvald gehört. Also kann man sie ihm auch nicht stehlen.«

Der Leibwächter wich einen Schritt zurück. »Du machst mir keine Angst, Elfenjarl«, sagte er trotzig. Er zog die breite Axt aus seinem Gürtel. Seine Knöchel wurden weiß, so fest umklammerte er die Waffe. »Von dir lass ich mich nicht zum Lügner reden.«

Ein kurzer Blick, und Alfadas wusste, dass die beiden anderen Leibwächter sich nicht einmischen würden. Er kannte einen der Männer. Ragni hatte ihn auf zweien seiner Kriegszüge begleitet. Der Mann hatte ihn kämpfen sehen.

»Das reicht!« Horsa trat aus dem Kreis der Schaulustigen. »Ulf! Steck deine Axt weg und geh an Bord. Ich schätze es, dass du dich für deinen König schlagen wolltest. Bist ein guter Mann. Aber du hast dir den falschen Gegner ausgesucht. Meinen Herzog brauche ich noch.« Dann fuhr er leiser fort. »Was soll dieser Unfug mit der Kutsche? Lass das Fährboot räumen.«

»Die Kutsche ist ein Geschenk für mein Weib.«

Horsa sah ihn mit seinem verbliebenen Auge durchdringend an. Dann begann er plötzlich zu prusten. »Du schenkst deinem Weib ein schweres Fuhrwerk?«, platzte es aus ihm heraus. »Du bist ja noch verrückter, als ich dachte, mein Elfenjarl. Weiber lieben Tand. Schmuck, schöne Stoffe. Manche mögen auch gute Hausgeräte, einen Kupferkessel, eine Kelle oder einen eisernen Bratspieß. Aber ein Weib, das ein vierspänniges Fuhrwerk als Geschenk schätzt, davon habe ich noch nie gehört. Komm, lass das Ding von der Fähre räumen. Unsere Abreise hat sich lange genug verzögert. Wir passen nicht alle auf das Boot.«

»Hast du schon die praktischen Seiten erwogen, die sich aus der Fracht ergeben?«, fragte Alfadas ruhig. »Unter der Plane der Kutsche wirst du während der Reise im Trockenen sitzen, mein König.« Der Jarl blickte zum verhangenen Himmel hinauf. »Und es scheint ganz so, als könnten wir mit reichlich Regen rechnen. Wir werden heute nicht mehr bis Firnstayn kommen, und entlang der Ufer gibt es kein einziges trockenes Nachtquartier. Bist du nicht aus dem Alter heraus, in dem man mit Begeisterung im Schlamm schläft, mein König?« Um Horsa nicht zu brüskieren, sprach Alfadas so leise, dass ihn die Umstehenden nicht hören konnten. »Wozu brauchst du ein großes Gefolge? Auf dem Fjord wirst du keine Leibwächter benötigen. Ein paar Diener vielleicht und ein oder zwei Berater. Nicht einmal Pferde brauchst du. Vom Ufer bis hinauf zu meinem Haus sind es kaum dreihundert Schritt. Der Platz an Bord der Fähre würde ausreichen, wenn du für ein paar Tage auf einen Teil deines Gefolges verzichten kannst.«

Horsa strich sich nachdenklich über den Bart. »Ich brauche meinen Mundschenk und Dalla.« Er deutete auf ein hübsches, junges Mädchen, das etwas abseits der Männer stand und auf den Fjord hinausblickte. »Weißt du, was die schlimmste Krankheit des Alters ist, Herzog?« Er kratzte sich im Schritt. »Alle Glieder werden dir steif, nur dieses eine nicht mehr. Ich sage dir, Dalla ist eine großartige Heilerin! Sie wird sicher auch der Elfenkönigin gute Dienste leisten.«

Alfadas sah noch einmal zu dem rothaarigen Mädchen. Er bezweifelte, dass Emerelle die Hilfe einer Heilkundigen benötigte, die sich besonders auf steife Glieder verstand. Aber er unterließ es, dem König seine Meinung zu sagen.

»Lasst uns an Bord dieser verfluchten Fähre gehen«, befahl Horsa. »Wenn ich noch länger in diesem kalten Nebel herumstehe, kann ich heute Abend nicht einmal mehr aus eigener Kraft ein Methorn heben. Dalla, nimm dein Gepäck und such Schutz unter der Plane der Kutsche. Ich kümmere mich gleich um dich. Bringt ein paar Felle zum Fuhrwerk. In meinem Alter sitzt man nicht mehr mit dem nackten Arsch auf kalten Brettern.« Der König wählte noch drei Krieger aus, die den Fährleuten beim Rudern helfen sollten. Dann legte das Boot ab. Noch bevor sie außer Sichtweite von Honnigsvald waren, gesellte sich Horsa zur Heilerin.

Alfadas musste wiederum daran denken, dass sich wohl niemand wundern würde, wenn ein betrunkener alter Mann, der nachts aufstand, um sein Wasser abzuschlagen, über Bord fiele. Die Bordwand der Fähre war nicht einmal kniehoch. Und das lose gespannte Seil, das als Handlauf diente, würde den Alten kaum retten, wenn er das Gleichgewicht verlor …

IN DER STILLE DER NACHT

Alfadas fuhr aus dem Schlaf hoch. Etwas an Bord der Fähre hatte sich verändert. Der Jarl lag zwischen den hohen Rädern des Fuhrwerks in eine Decke gehüllt. Er lauschte auf die Geräusche der Nacht. Das Fährboot ankerte in einer kleinen Bucht. Mit Einbruch der Dämmerung hatten es die drei Brüder abgelehnt weiterzufahren. Horsa hatte geflucht und ihnen gedroht, sie ertränken zu lassen. Aber schließlich hatte selbst er sich dem Diktat der Vernunft beugen müssen. Die Fährleute kannten diesen Teil des Fjords nicht. Sie wussten weder um Strömungen noch um verborgene Riffe. Ohne Sicht weiterzufahren, wäre die blanke Unvernunft gewesen.

Veleif hatte versucht, mit seinen Liedern die gereizte Stimmung zu vertreiben. Das Gefolge des Königs war auf den Skalden, Dalla, die *Heilerin,* und Horsas drei Leibwächter zusammengeschmolzen. Nach einem kurzen Mahl hatten sie sich zur Ruhe begeben. So gut es ging … Alfadas und die anderen hatten zwischen den Rädern des Fuhrwerks Schutz vor dem Nieselregen gesucht, der mit der Dämmerung gekommen war. Keinen halben Schritt über ihnen hatte Horsa auf der Pritsche von der Heilerin seine steifen Glieder behandeln lassen. Das Schnaufen und Stöhnen des alten Königs war ihr Nachtlied gewesen. Alfadas hatte erst Ruhe gefunden, als das Getöse in ein kehliges Schnarchen übergegangen war. Der Lärm des Liebesgeplänkels unmittelbar über seinem Kopf hatte ihn erregt. Und das wiederum hatte ihn geärgert, denn er verabscheute das Gehabe des alten Lüstlings.

Alfadas schob die Gedanken beiseite und versuchte, sich auf die Geräusche der Nacht zu konzentrieren. Was hatte sich verändert? Es regnete nicht mehr. Schon lange nicht mehr. Leise spielten die Wellen um das Fährboot. Die Ankertrossen knirschten. Der Jarl lauschte auf den Atem der Männer neben sich. Das Holz des Fuhrwerks knarrte. Der König! Das Schnarchen hatte aufgehört. Horsa erhob sich. Jetzt wurde die Plane zurückgeschlagen. Für einen alten Mann konnte er sich erstaunlich leise bewegen. Alfadas wurde aus Horsa nicht schlau. Es hatte einmal eine Zeit gegeben, da hatte er den Alten offen bewundert. Aber jetzt ... Er musste Horsa von seinem Weg abbringen! Vorsichtig schob der Jarl die Decke zurück. Seine Hände griffen nach dem Rad neben seinem Kopf. Er zog sich unter dem Wagen hervor. Der Atem der übrigen Männer ging noch immer langsam und regelmäßig. Alle schliefen.

Horsa war zum Bug gegangen. Er sah nach Osten. Der König hatte ein schweres Fell um seine Schultern gelegt. Es ließ seine Gestalt massiger erscheinen. Die dürren Beine, die darunter hervorlugten, standen in groteskem Kontrast dazu.

Das Deck war nass vom Regen. Kälte biss Alfadas in die nackten Füße. Das war die Gelegenheit, an die er bei der Abfahrt gedacht hatte. Nur dass Horsa kein Kettenhemd trug. Konnte er schwimmen? Auf jeden Fall würde er lange genug über Wasser bleiben, um alle mit seinem Geschrei zu wecken.

»Du bist noch nie in einer Schlacht verwundet worden, nicht wahr, Alfadas?«, sagte Horsa leise.

Der Jarl war überrascht, dass der Alte ihn gehört hatte. Er trat an die Seite seines Königs.

»Du weißt nicht, wie das ist, zwischen den Verwundeten zu liegen. Nachts ist es nie so wunderbar still wie hier. Sie stöhnen. Manche weinen, oder sie beten leise zu den Göttern oder verfluchen einfach nur ihr Schicksal. Sie kämpfen die Nacht über, denn sie haben Angst vor der Finsternis. Sie warten auf das Morgengrauen mit dem Sterben. Seltsam, nicht wahr?«

»Ja, seltsam«, antwortete der Jarl knapp. Ahnte Horsa etwas?

»Ich bin siebzehnmal im Kampf verletzt worden. Achtmal so schwer, dass ich zwischen ihnen gelegen habe. Die Heiler wollten mich wegbringen, weil ich der König bin. Aber ich habe mich lebendiger gefühlt, wenn um mich herum Männer waren, denen es schlechter ging. Ich hatte die Vorstellung, zwischen ihnen würde mich der Tod übersehen. So ist es auch, wenn ich mit einem jungen Weib im Arm daliege. Dann ist es wieder wie früher … Eine Zeit lang. Ich werde jede Nacht ein oder zwei Mal wach und muss das Wasser abschlagen. Nur wenn ich viel getrunken habe, dann schlafe ich durch. Und erwache in einem nassen Bett.« Er lachte bitter. »Diese Schlacht wirst auch du verlieren, Alfadas. Das Alter kann man nicht besiegen. Es sei denn, man stirbt jung.«

Darum also geht es, dachte der Jarl. »Schickst du mich deshalb nach Albenmark? Um mich vor dem Alter zu bewahren?«

Der König antwortete nicht. Er starrte schweigend auf das Wasser. Irgendwo in der Dunkelheit erklang ein Platschen. Ein springender Fisch?

»Wenn ich Veleif nicht an meinem Hof hätte, gäbe es gewiss schon Lieder über Horsa den Bettnässer«, sagte der König unvermittelt. »Mein Skalde schätzt es, jeden Tag warmes Essen zu bekommen und im Winter einen guten Mantel zu haben. Und seine Lieder sind besser als die der anderen Skalden. Man hört ihm gern zu … Es ist wichtig, solche Dinge in der Hand zu behalten. Im Grunde sollte ich dir dankbar sein für deine Torheit mit dem Wagen, Alfadas. Es ist besser, wenn nur wenige die Elfen gesehen haben.

Ich habe dir durchaus zugehört, Herzog. Ich werde allein zur Königin gehen, damit niemand Zeuge unseres *Gesprächs* wird. Niemand außer dir. Schließlich brauche ich ja einen Übersetzer.«

»Sie wird dir nicht …«

»Ich weiß. Ich sagte doch, ich habe dir zugehört. Sie ist bettlägerig und ohnmächtig. Aber Veleif wird davon singen, dass ihre Schönheit so blendend ist, dass allein ihr Anblick Männer in den Wahnsinn zu treiben vermag. Deshalb hält sie sich seit ihrer Ankunft in deinem Haus verborgen, Herzog. Das ist doch eine viel bessere Geschichte als die Wirklichkeit. Selbst von einer Elfenkönigin auf der Flucht erwartet man, dass sie unnahbar und bedrohlich ist. Du wirst mein Zeuge sein, wie sie uns um Hilfe gebeten hat.«

»Und wenn ich nicht lüge?«

»Dann habe ich einen Skalden, der meine Geschichte erzählt. Bis wir in Honnigsvald sind, wird er ein paar hübsche Verse über Horsa, Alfadas und die Elfenkönigin gedichtet haben. Ich bin mir sicher, sie werden sehr ergreifend sein.«

Der Jarl trat dichter an Horsas Seite. Er legte ihm den Arm um die Schultern. Alfadas fragte sich, ob er stark genug war, Horsa zu erwürgen. Der König musste schon tot sein, wenn er ihn ins Wasser stieß. Er durfte keine Gelegenheit haben zu schreien!

»Ich wünschte, ich hätte einen Sohn wie dich, Alfadas. Bei den Göttern, ich habe meinen Samen weit verteilt! Allein Luth weiß, wie viele Weiber ich besprungen habe. Und trotzdem ist mir nur ein einziger Sohn geboren worden. Du kennst Egil ja. Er ist nicht der Sohn, wie man ihn sich als Vater wünscht. Letzten Sommer hat er eine Magd niedergestochen, weil sie ihm nicht zu Willen sein mochte. Er schwingt gerne große Reden und hält sich für einen begnadeten Schwertkämpfer, dabei lassen seine so genannten Freunde ihn stets siegen. Er ist ein Dreck! Und trotzdem, er ist mein Sohn. Du weißt ja, wie es ist, einen Sohn zu haben, Alfadas. Ganz gleich, was sie tun, als Vater hält man schützend seine Hand über sie.«

Ein klagender Ruf hallte über das Wasser. Im Osten zeichnete eine zarte, grausilberne Linie die Umrisse der Berge nach.

»Ein Eisvogel, der den Morgen grüßt.« Horsa rieb sich über die Arme. »Oft werde ich das nicht mehr hören.«

Unter dem Wagen reckte sich jemand. Alfadas sah, wie sich Mag, der Fährmann mit dem Brandmal auf der Wange, aufrichtete. Der Augenblick war verpasst! »Ich werde deinem Sohn die Treue schwören«, sagte der Jarl.

»Natürlich, das wirst du. Und du meinst es ernst damit. Aber du bist ein guter Mann. Es ist nur eine Frage der Zeit, bis du dich gegen ihn erheben wirst. Wir beide wissen das. Und du bist nicht der einzige gute Mann im Fjordland. Ich werde wirklich meine besten Krieger zu den Elfen schicken. Alle, von denen ich glaube, dass sie das Zeug haben, ein besserer König als Egil zu sein.«

»Das ist verrückt, Horsa. Was geschieht, wenn unsere Nachbarn die Schwäche erkennen und angreifen?«

Der König schnaubte verächtlich. »Unsere Nachbarn … Diese Weiberstaaten. Du hast sie alle in die Schranken verwiesen. Deine Siege, Alfadas, haben Egil Zeit erkauft. Vielleicht wächst er ja in sein Königtum hinein, wenn er nur ein paar Jahre Zeit dazu hat.«

»Und wenn ich mit den Kriegern zurückkehre?«, fragte Alfadas mehr aus Trotz, als dass er daran glaubte.

»Ich habe über deinen Vergleich mit den Höhlenbären nachgedacht, Herzog. Eine einzelne dieser Bestien kann man töten. Aber wenn sie zu Dutzenden angreifen würden, unter dem Kommando eines halbwegs begabten Anführers, und auch noch bewaffnet wären ... Wie sollten Menschen einer solchen Kraft widerstehen, selbst wenn sie den besten aller Herzöge an ihrer Spitze hätten? Die Trolle konnten die Elfen schlagen. Wie solltet ihr da siegen?«

Wieder hallte der Ruf des Eisvogels über das Wasser. Ein klagender, auf- und absteigender Laut. Vom Wagen her war leises Rumoren zu hören. Die Männer erwachten einer nach dem anderen. Mag war aufgestanden und prüfte die Ankertrossen. Über den Bergen glühte das erste Morgenrot. Die schneebedeckten Gipfel spiegelten sich im kristallklaren Wasser des Fjords.

»Ich fürchte, du hast den Augenblick verpasst, Alfadas«, sagte Horsa unvermittelt.

»Wovon sprichst du?«

Der König wandte sich ihm zu. Trauer lag in seinem verbliebenen Auge. »Das wissen wir beide. Ich habe versucht, es dir leicht zu machen. Es wäre kein schlechtes Ende für mich gewesen. Einfach verschwunden zu sein ... Veleif hätte sicher eine gute Saga darum gesponnen. Man kann auch zu ehrenhaft sein, Alfadas.«

DIE SAGA DES HORSA STARKSCHILD

So schön war das Antlitz Emeldas, der Königin aller Elfen, dass sie es vor den Menschen verbarg, weil jeder Mann, der sie sah, vom Liebeswahn ergriffen wurde. Und so befahl sie, ein Zelt auf einem Boot inmitten des Fjords zu errichten, und nur Horsa sollte kommen, denn er war der stärkste und beherrschteste aller Männer. Und sie, die über Schätze ohne Zahl und die Kräfte der Magie gebot, beugte das Knie vor Horsa und bat ihn darum, ihr seine kühnen Recken zu Hilfe zu senden und seinen Herzog, Alfadas.

Horsa hob sie auf, denn sie knien zu sehen, versetzte seinem Herzen einen Stich. Und ihr Atem wie Blütenduft streifte sein Gesicht. Als Emelda aber die Kraft seiner Arme spürte und die Güte in seinen Zügen las, da wurde sie von tiefer Zuneigung zu Horsa ergriffen.

So blieben sie einen Tag und eine Nacht in dem Zelt auf dem Fjord, und man hörte nichts von den beiden. Unruhe überkam die gewappneten Krieger Emeldas, denn noch nie hatte ihre Herrin so lange bei einem Manne verweilt. Als noch eine zweite Nacht verstrichen war und der Ruf des Eisvogels über das Wasser eilte, da wollten sie zu ihrer Königin. Emelda aber kam ihnen zuvor. Auf dem Nebel eilte sie über das Wasser, als sei der Dunst unter ihren Füßen fester Grund, und binnen eines Lidschlags waren sie und die ihren verschwunden.

Als Alfadas zum Zelt ruderte, um nach seinem Herrn zu sehen, da fand er Horsa in tiefem Schlaf. Sein Haar war weiß wie Schnee geworden, seine Haut welk, und Falten durchzogen sein Antlitz. Er hatte den Preis bezahlt für die Begegnung mit der Unsterblichen. Seine Kraft war dahin, gebunden in einem Pakt mit den Elfen, gültig für nun und immerdar.

AUS: DIE SAGA DES HORSA STARKSCHILD,
VON VELEIF SILBERHAND, 72. GESANG

DIE HIMMELSHALLE

Ollowain blickte vom Steinkreis auf dem Hartungskliff hinab zu dem kleinen Dorf, das ihm eine Woche lang eine Zuflucht gewesen war. Er hatte ein schlechtes Gewissen dabei, Emerelle zurückzulassen, aber er konnte das Wagnis nicht eingehen, sie nach Albenmark zu bringen, bevor er nicht wusste, was vor sich ging.

Der Schwertmeister umklammerte Alfadas' Handgelenk im Kriegergruß. »In dreißig Tagen bin ich zurück. Dann können wir das Heer nach Albenmark bringen.« Ollowain forschte im Gesicht seines Ziehsohns nach einer Antwort auf all die Fragen, die seit dem Besuch des Königs zwischen ihnen standen. Alfadas musste doch wissen, was es hieß, ein Heer aus Menschen nach Albenmark zu bringen. Irgendetwas war zwischen dem Jarl und seinem König vorgefallen. So herzlich Alfadas war, so deutlich spürte er die stumme Trauer, die den Menschensohn umhüllte.

»Was ist mit Silwyna?«, fragte der Jarl.

»Sie wollte noch nicht zurückkehren.« Ollowain schüttelte den Kopf. »Sie ist genauso gesprächig wie du. Yilvina wird über die Königin wachen. Sie weicht nicht von Emerelles Seite.«

»Emerelle ist hier in Sicherheit!«

Ollowain dachte an den Menschenkönig und die seltsame Audienz. Er hatte darauf bestanden, an Emerelles

Lager knien zu dürfen, und ihr dann etwas ins Ohr geflüstert. Nur er und Alfadas waren Zeugen dieser seltsamen Szene gewesen. Hinterher hatte Horsa dann seine Gefolgsleute belogen und behauptet, sich ausführlich mit der Königin besprochen zu haben. Sie waren wie Kinder, die Menschen! Mit großen Augen hatten sie an den Lippen ihres Königs gehangen. Seit sie den Kentauren Orimedes gesehen hatten, hätten sie wohl alles geglaubt. Immer wieder hatten sie den Pferdemann berühren wollen.

»Seid ihr fertig?«, fragte Lyndwyn drängend. Goldenes Licht stieg aus dem Fels, und ein Tor öffnete sich. »Kommt schon!«

Alfadas trat einen Schritt zurück. »Auf bald, Schwertmeister.« Er nickte auch Orimedes und Gondoran zu, der auf dem Rücken des Kentauren ritt.

»Auf bald, mein Freund!« Ollowain trat mit einem raschen Schritt ins Licht. Es war fast eine Flucht.

Lyndwyn führte sie nur wenige Schritte weit durch das Nichts, dann traten sie aus einem zweiten Tor. Eine weite, verschneite Hügellandschaft breitete sich vor ihnen aus. Der Wind verfing sich heulend in den Ästen eines abgestorbenen Baumes, der dicht beim Tor stand. Von seinen bleichen Ästen hingen Pferdeschädel und zerschlagene Schilde.

Orimedes begrüßte die Winterlandschaft mit einem Freudenschrei. Dann klopfte er Lyndwyn so kräftig auf die Schulter, dass sie fast mit dem Gesicht voran in den Schnee gestürzt wäre. »Das hast du gut gemacht, Hexe! Noch nie bin ich so schnell hierher zurückgekehrt.«

»Wo sind deine Männer?«, fragte Gondoran ungehalten. Dem Holden klapperten die Zähne. Er streifte sich einen Pelzsack über, den Asla für ihn genäht hatte, ein unförmiges Ding mit Löchern für Kopf und Arme.

Der Kentaur breitete die Arme aus, als wolle er das Land

umfassen. »Irgendwo dort draußen. Mein Volk wandert. Wir bleiben nie lange an einem Ort. Ich werde sie finden. Glaube mir, es wird dir hier gefallen. Den Wind in den Haaren über die Hügel zu galoppieren, das ist wunderbar!«

Gondoran schnitt eine säuerliche Grimasse. »Ich gebe ja zu, ich habe noch nie zuvor Schnee gesehen. Aber mir scheint es so, dass dies die einzige Form von Wasser ist, die mir nicht zusagt.« Er führte die Hände an die Lippen und blies sich auf die klammen Finger.

»Du wirst dich daran gewöhnen.« Der Kentaur trug nicht einmal einen Umhang oder eine Weste. Ihm schien die Kälte nicht das Mindeste auszumachen. Der Atem stand ihm in kleinen Wolken vor dem Mund. Seine Hufe zerstampften den Schnee. »Ich werde meine Krieger in die Snaiwamark bringen. Es wird ein paar Wochen dauern, Ollowain. Man zieht nicht in den Krieg, ohne sich zuvor ordentlich betrunken zu haben. Und jeder der Stämme wird erwarten, dass ich auf ein Fest bleibe.« Der Kentaur grinste breit. »Es werden aufreibende Wochen sein.«

»Wenn du das vorher gesagt hättest, wäre ich in der Welt der Menschen geblieben«, murrte Gondoran. »Mit einem Kentauren inmitten einer Welt aus gefrorenem Wasser von Saufgelage zu Saufgelage zu ziehen! Was mag das Schicksal noch für Proben für mich bereithalten?«

»Hatte ich gesagt, dass wir von Gästen erwarten, dass sie mindestens ein Methorn mit uns leeren? Alles andere wäre eine Beleidigung.«

»Wenn ihr nicht in euren Met pinkelt, werde ich das schon schaffen.«

Orimedes tätschelte dem Holden den Kopf. »Brav. Meine Leute werden viel Spaß mit dir haben, mein Freund.« Dann wandte er sich an Ollowain. »Viel Glück, Schwertmeister. Wir sehen uns in der Snaiwamark!« Mit einem Jauchzen, das wie Pferdewiehern klang, stürmte er den Hang hinab.

»Nun sind wir also allein«, stellte Lyndwyn fest. Sie trug noch immer ihre zerrissenen Kleider von der Flucht. Etwas aus den groben Stoffen der Menschen auf ihrer Haut zu dulden, hatte sie rundweg abgelehnt. Herausfordernd blickte sie Ollowain an. Erwartete sie eine Entschuldigung dafür, dass er sie wie eine Verräterin behandelt hatte?

»Findest du den Weg nach Phylangan?«, fragte er kühl.

»Findet deine Zunge den Weg zum Eingeständnis meiner Unschuld?«, erwiderte sie spitz.

»Du glaubst, ich traue dir, weil du gezwungen warst, der Königin zu helfen?«

»Weißt du, was es heißt zu heilen, Ollowain? Es heißt, die Schmerzen der Verwundeten mitzuerleben. Es war nicht der Ziegelsplitter, der mir auf der Flucht das Bewusstsein raubte. Es war der Schmerz der Königin. Sie hatte dreiundfünfzig Brandverletzungen, sieben gebrochene Knochen, eine durchbohrte Lunge und eine klaffende Wunde in der Brust. Allein die Brustverletzung hätte ausgereicht, sie umzubringen, wäre ich nicht gewesen. Dein Leben habe ich auch gerettet. Was muss ich noch tun, um dich davon zu überzeugen, dass ich nicht das Zeichen zur Beschießung von Vahan Calyd gegeben habe?«

Ollowain sah sie abschätzend an. Sie fror nicht. Lyndwyn musste einen Zauber um sich gelegt habe. Einen dieser verfluchten Zauber, die er niemals erlernt hatte. Und sie musste sich nicht einmal darauf konzentrieren. Es geschah einfach so nebenbei.

»Du müsstest deine Haut abstreifen, damit ich dir vertraue. Du gehörst zur Sippe Shahondins. Er liegt in Fehde mit der Königin. Es ist die Haut, in die du geboren wurdest … Ich werde dir niemals trauen. Und nun bring uns nach Phylangan.«

»Und wenn ich einfach gehe? Ich könnte überall hingehen.«

Der Schwertmeister legte die Hand auf seinen Waffengurt. »Glaubst du, du bist schneller durch das Tor, als mein Messer fliegt, Verräterin?«

»Ich bin eine Magierin. Es wäre mir ein Leichtes, mich vor deiner Klinge zu schützen.« Sie sah ihn herausfordernd an.

»Wollen wir es ausprobieren?«

»Wenn ich sterbe, sitzt du hier fest.« Sie deutete nach Süden. Der Kentaur war nur noch ein kleiner schwarzer Punkt zwischen den verschneiten Hügeln. »Orimedes kann dich nicht mehr sehen. Die Kälte wird dich umbringen, wenn du hier zurückbleibst.«

»Glaubst du, das würde mich von irgendetwas abhalten?«

Lyndwyn senkte den Blick. »Und die Königin? Wer holt Emerelle aus dem Land der Menschen, wenn du stirbst?«

»Orimedes weiß, wo Emerelle ist. Er wird sie retten, wenn ich es nicht mehr kann.«

»Deshalb also hat die Königin dich ausgewählt.«

»Wovon redest du?«

»Von dir, Ollowain«, fuhr ihn die Magierin aufgebracht an. »Es gibt dich gar nicht. Du kennst nur das Ziel, und du opferst alles, um dorthin zu gelangen. Das könnte ich verstehen, wenn du es für dich tun würdest. Aber du bist nur eine leere Hülle. Es gibt eine Sorte Wespen, die legen ihre Eier in andere Insekten. Die Brut zerfrisst diese Wirte langsam von innen heraus. So bist du, Ollowain. Eine leere Hülle, in die Emerelle ihre Eier abgelegt hat. Dich gibt es nicht mehr. Du lebst nur zu ihrem Nutzen.«

»Bist du fertig?«

Sie sah ihn nur wütend an. Oder war da noch etwas anderes in ihrem Blick?

»Bring mich nach Phylangan!«

Sie verbeugte sich wie eine Dienerin. »Wie du befiehlst,

mein Gebieter.« Lyndwyn kniete sich neben den abgestorbenen Baum. Ihre linke Hand tastete über den Schnee. Die Rechte legte sie auf ihr Herz. Die Magierin schloss die Augen.

Ollowain trat dicht an sie heran. Sie war hübsch. Davon durfte er sich nicht blenden lassen! Vor allem war sie die Enkelin Shahondins. Sie war eine Verräterin.

Ein Tor aus warmem, rotem Licht erhob sich. Es hatte die Farbe des Abendrots nach einem klaren Sommertag. »Gehen wir!« Er packte Lyndwyn grob am Handgelenk und trat in das Nichts. Fünf Schritte nur auf dem goldenen Pfad, und sie standen vor einem Tor, das in allen Farben des Regenbogens erstrahlte.

»Das Ziel«, sagte die Magierin.

Ollowain hielt sie noch immer am Handgelenk. Er war ihr ausgeliefert. Von hier aus war es ihm unmöglich zu sagen, ob sie ihn wirklich nach Phylangan gebracht hatte. Ebenso gut mochte das Tor in den Fürstenpalast von Arkadien führen. Mitten in Shahondins Schlangengrube. Es gab nur einen Weg, das herauszufinden. Entschlossen trat er durch das Licht. Ein Abgrund lag vor seinen Füßen. Er stand auf einer Brücke aus milchweißem Stein. Es gab kein Geländer. Der Boden war poliert. Jedes Wasser musste abperlen. Die Shalyn Falah! Das konnte nicht sein! Es gab keinen Albenstern auf der Brücke! Und die Steilklippen dort waren nicht mit Wald bedeckt.

Verwirrt sah der Schwertmeister sich um. Die Brücke ragte nur ein kleines Stück in einen Talkessel hinein, der wohl zwei Meilen oder mehr durchmessen mochte. Die steilen Berghänge waren terrassiert. Die Mauern ahmten Felsstrukturen nach, sodass sie auf den ersten Blick kaum auffielen. Es war ihr eleganter Schwung, der sie verriet. Nach keinem erkennbaren System geordnet, erhoben sich steile Felsnadeln aus dem Tal. Die höchsten schienen bis fast in den Himmel zu reichen. Feine weiße Wasseradern rannen von ihren Spitzen hinab durch gewundene Riefen im blaugrauen Granit. Das ganze Tal wirkte zu harmonisch, um natürlich zu sein. Ollowain kannte es. Fast fünfhundert Jahre waren vergangen, seit er zum letzten Mal hier gewesen war. Die Himmelshalle war damals noch viel kleiner gewesen.

Der Schwertmeister legte den Kopf in den Nacken. Der Himmel über ihren Häuptern war Illusion. Es war durchscheinend blauer Fels, so wie auf der Insel bei Vahan Calyd. Doch hier hatte man alle Metalladern entfernt, um die Illusion noch wirklicher erscheinen zu lassen. Und es gab sogar echte Wolken! Sie hingen unter der durchscheinenden Decke. Die Wolken bewegten sich nur vage, so wie Nebelschleier an einem windstillen Morgen. All das hier war eine riesige Höhle. Das Herz von Phylangan, dem steinernen Garten, der Felsenburg, die am einzigen Pass zur Hochebene von Carandamon wachte. Bei seinem letzten Besuch hatte der Albenstern noch in einer Grotte weit oberhalb der Himmelshalle gelegen. Die Baumeister und Magier der Normirga mussten die Halle gewaltig ausgedehnt haben.

»Bring mich von hier fort«, sagte Lyndwyn leise. Sie zitterte am ganzen Leib. Mit weit aufgerissenen Augen starrte sie in den Abgrund.

Ollowain seufzte. Das hatte ihm gerade noch gefehlt! Er streckte ihr die Hand entgegen. Sie stand nur einen Schritt hinter ihm. »Komm.«

»Ich … Ich kann nicht.« Lyndwyn ging in die Hocke. Sie presste beide Hände fest auf den Boden. Noch immer blickte sie wie gebannt in den Abgrund. »Es ist, als rufe mich die Tiefe«, stammelte sie. »Ich soll springen. Fliegen wie ein Vogel.«

»Schließ deine Augen«, sagte Ollowain. »Du darfst nicht

hinsehen. Ich werde dich hinüberführen. Komm.« Der Schwertmeister ging neben ihr in die Hocke. »Wende deinen Blick ab.«

»Das … der Abgrund, er hält mich gefangen. Ich …«

Er griff unter ihr Kinn und zwang sie, ihm ins Antlitz zu sehen. »Siehst du meine Augen? Verlier dich in diesem Abgrund. Sag mir, welche Farbe sie haben.«

Sie wollte den Kopf wieder zur Seite neigen, doch er hielt ihr Kinn fest. Ihre Haut war klebrig vor Schweiß. Alle Farbe war aus ihrem Gesicht gewichen. »Wie sehen meine Augen aus?«

»Sie sind grün.«

Der Schwertmeister griff sie am Handgelenk. Noch immer presste sie ihre Handflächen auf den Boden. Ihre Finger krümmten sich in dem vergeblichen Versuch, Halt auf dem glatten Stein zu finden.

»Du wirst jetzt aufstehen. Und sieh mir weiter in die Augen! Findest du nicht, dass ›grün‹ eine unangemessene Beschreibung ist? Was für ein Grün ist es? Sieh genauer hin.« Ollowain erhob sich. Er hielt Lyndwyn mit seinem Blick gefangen. Zögerlich richtete sich die Magierin auf.

»Deine Augen haben die Farbe von Moos, wie man es auf den Steinen des versiegelten Albensterns nahe der Shalyn Falah findet. Deine Iris ist eingefasst von einem dünnen, schwarzen Rand. Das Grün ist nicht ebenmäßig. Feine Lichter und Schatten durchziehen es.«

Ollowain ging langsam rückwärts. Lyndwyn folgte ihm mit unsicheren Schritten. Er hielt nun ihre beiden Hände. Er musste in ihr Antlitz sehen, damit sie ihren Blick nicht abwendete. Unter ihnen ging es mehr als zweihundert Schritt in die Tiefe.

»Wenn der Abgrund deiner Pupillen sich weitet, wandelt sich das Grün. Es wird dichter. Dunkler. Ich sehe mein Spiegelbild in deinen Augen. Verzerrt. Eine groteske Kreatur. So finde ich in deinen Augen wohl ein Abbild dessen, was du in mir siehst.«

Lyndwyn war ihm sehr nahe gekommen. Ihr Atem berührte sanft seine Lippen. Sie war schön ... Begehrenswert. Ollowain räusperte sich. Ging es dieser verfluchten Magierin schon wieder so gut, dass sie versuchte, einen Liebeszauber auf ihn zu legen? Hatte sie die Höhenangst nur vorgetäuscht? »Es ist die Krümmung meiner Augäpfel, die dein Spiegelbild verzerrt, Lyndwyn. Nicht mehr und nicht weniger steckt dahinter.«

»Deine Augäpfel sind von makellosem Weiß«, fuhr sie fort, ohne auf seinen Einwand einzugehen. »Es gibt keinen Anflug von Gelb, keine geplatzten Adern, die das Weiß mit obszönem Rot beleidigen. Deine Augenwimpern sind dicht. Sie erheben sich in sanftem Schwung. Manche Elfe würde dich um diese Wimpern beneiden. Sie sind makellos, so wie der Ruf des Wächters der Shalyn Falah. Des Schwertmeisters. Des Vertrauten der Königin, der nur seine Pflicht kennt.«

Ihre Stimme war ein wenig zu dunkel für eine Frauenstimme. Doch gerade das ließ sie in Ollowains Ohren umso sinnlicher klingen. Die Stimme stand in starkem Gegensatz zu den schmalen Lippen. Sie wirkten ungeküsst. Was dachte er denn für einen Unsinn! Auch Lyndwyns Augen waren grün. Doch sie waren von einem lichten Grün, durchsetzt mit goldenen Sprenkeln.

Der Schwertmeister versuchte sich ganz auf seine Schritte zu konzentrieren. Er senkte seinen Blick nicht, doch er verschloss sein Herz vor dem, was er sah. Lyndwyn hatte etwas an sich, das ihn tief berührte und seine Gefühle verwirrte. Sie wusste, wie es war, sich einer Idee zu opfern. Die Vollkommenheit anzustreben. Alle anderen zu überflügeln. Welche Schwäche wollte sie wohl hinter ihrem Ehrgeiz verstecken?

Nein, schon wieder waren seine Gedanken ihr viel zu nah! Sie war eine Verräterin! Achte nur auf die Schritte, ermahnte er sich. Er spürte den festen Stein durch die weiche Sohle seiner Stiefel. Glatt, rutschig war er. Und doch war diese Brücke nicht so tückisch wie die wirkliche Shalyn Falah. Es gab kein Sprühwasser, das den Stein benetzte. Keine böigen Winde, die an den Kleidern zerrten.

»Glaubst du, dass Augen das Fenster zur Seele sein können?«, fragte Lyndwyn.

»Fände ich Gold in deiner Seele?«

»Da du mich für eine Lügnerin und Verräterin hältst, wirst du dir diese Frage wohl selbst beantworten müssen, denn welchen Wert hätten meine Worte für dich?«

Ollowain war überrascht. Sie sagte das nicht vorwurfsvoll. Im Gegenteil. Ihre Stimme klang eher traurig. Sei auf der Hut, ermahnte sich der Schwertmeister. Sie treibt nur ihr Spiel mit dir. Sie will dich einfangen! Dein Misstrauen mit sanften Worten einlullen.

Der Boden knirschte unter Ollowains Schritt. Der Stein war nicht mehr poliert. Er hatte eine raue Oberfläche, auf der die Sohle besseren Halt fand. Der Schwertmeister blickte über die Schulter. Sie hatten die Brücke verlassen. Jemand klatschte.

»Seit mehr als hundert Jahren bin ich der Wächter der Mahdan Falah, und noch nie habe ich jemanden auf diese Weise über die Brücke schreiten sehen.« Ein Elfenkrieger trat hinter einem Rosenbusch hervor. Er trug einen blassgrauen Waffenrock, dessen Säume mit einer dünnen, silbernen Borte abgesetzt waren. Von seinen Schultern wallte ein langer Umhang in dunklem Rot. Er wurde von einer ringförmigen Fibel gehalten, die eine Schlange zeigte, welche sich selbst in den Schwanz biss. Der Schwertgurt und die Lederscheide der Waffe waren vom gleichen Rot wie der Umhang. Ebenso der Pferdeschweif, der den hohen, spitz zulaufenden Helm schmückte, den der Wächter lässig unter seinen Arm geklemmt hatte. Der Elf hatte langes, fast platinblondes Haar, das ihm in Locken auf die Schultern herabfiel. Seine blasse Haut und die ebenmäßigen Züge gaben seinem Antlitz etwas Puppenhaftes. »Ihr seid der Glanz dieses Mondes«, sprach der Wächter mit weicher, einschmeichelnder Stimme. »Es geschieht nur sehr selten, dass jemand durch den Albenstern in die Himmelshalle tritt. Hättet ihr die Freundlichkeit, euch vorzustellen?«

»Ich bin Ollowain, Schwertmeister der Königin Emerelle, und dies ist Lyndwyn, Magierin an Emerelles Hof.«

Der Wächter schürzte die Lippen. »Eure Antwort ist so spröde, wie euer Erscheinungsbild abenteuerlich ist. So sagt mir nun, was euer Begehr ist.« Obwohl der Krieger mit seinen Worten die größtmögliche Distanz hielt, bemerkte Ollowain in seinem Blick eine kaum verhohlene Neugier. Er war sich sicher, dass der Krieger seinen Namen schon gehört hatte. Wer an dieser makabren Kopie der Shalyn Falah wachte, wusste mit Sicherheit, wer über viele Jahrzehnte das Kommando an jener Brücke geführt hatte, die das Vorbild für die Mahdan Falah war.

»Wir wünschen Landoran zu sprechen, den Fürsten der Snaiwamark und der Hochebene von Carandamon. Wir reisen im Dienst unserer Herrin, der Königin Emerelle. Und unser Begehr duldet keinen Aufschub.«

»Gestatte mir, euch darauf hinzuweisen, dass es an mir liegt, über die Dringlichkeit des Begehrens nicht geladener Gäste zu entscheiden. So sehr es dem Fürsten gefällt, mit weit gereisten Gästen zu plaudern, so sehr nehmen ihn auch seine Pflichten in Anspruch. Ich werde ihm einen Boten schicken. Darf ich euch in den Gästepavillon bitten, bis uns eine Antwort erreicht?« Der Wächter klatschte in die Hände, und hinter dem Rosenbusch trat ein Kobold hervor. Der kleine Kerl trug eine graue Livree und schwarze

Stiefel, die mit silbernen Knöpfen verziert waren. Die Farben harmonisierten mit seiner dunklen, olivfarbenen Haut. Das Grau der Livree war gedeckter als jenes, das der Elfenkrieger trug.

»Dolmon, du hast gehört, was unsere Gäste vorgetragen haben. Berichte dem Fürsten bitte davon. Ach …« Der Krieger wandte sich wieder an Ollowain. »Du hast nicht zufällig ein Schreiben, das dich als einen Gefolgsmann der Königin ausweist?«

»Nein. Ehrlich gesagt, ist es das erste Mal, dass man mich aufhält, wenn ich in Diensten der Königin reise. Aber ich sehe ein, dass man Zugeständnisse an die Abgelegenheit von Phylangan machen muss. Inmitten der Wildnis ist natürlich nicht bekannt, wer ein Vertrauter der Königin ist.« Ollowain bemerkte, wie der Kobold hinter dem Rücken seines Herrn grinste.

»Du darfst gehen, Dolmon«, sagte der Wächter. »Und trödele nicht herum!«

»Darf ich auch deinen Namen erfahren?«, fragte Ollowain. »Nur für den Bericht, den ich meiner Königin über meine Reise vorlegen muss. Du wärst erstaunt, wenn du wüsstest, wie buchhalterisch Emerelle in manchen Angelegenheiten ist.«

Der Wächter straffte sich. »Ronardin heiße ich.«

»Sehr schön, Ronardin. Dann geleite uns nun in den Gästepavillon, und sei bitte so diskret, meine Reisegefährtin nicht durch deine Blicke zu brüskieren.« Der Krieger hatte gar nicht in Lyndwyns Richtung geschaut, dennoch erblasste er. Er beeilte sich, ihnen voranzugehen und sie zu einem kleinen Marmorpavillon zu bringen. Von dort aus hatte man einen wunderbaren Blick auf die Himmelshalle und die Mahdan Falah. Die Brücke war der Shalyn Falah in allen Einzelheiten nachempfunden. Nur, dass sie mitten im Schwung im leeren Raum endete. Vom Pavillon aus gesehen, waren ihre weiten Bögen wie Fenster, die die Landschaft zergliederten. Diese Gartenlandschaft zu pflegen, musste unendliche Mühen kosten. Mühen, die vermutlich auf den Schultern unzähliger Kobolde lagen.

Die Himmelshalle mochte größer geworden sein, aber an den wesentlichen Dingen, die die Gesellschaft der Normirga ausmachten, hatte sich nichts verändert. Und Ollowain war erschrocken, wie schnell er zu dem überheblichen Tonfall seines Volkes zurückgefunden hatte. Oder hatte er ihn niemals abgestreift?

Auf einem schmalen Tisch waren auf einer Silberplatte Trauben, Birnen, Äpfel und Nüsse zu einem malerischen Stillleben arrangiert. Eine Kristallkaraffe mit rotem Wein und vier kostbare Gläser rundeten das Bild ab.

Ollowain nahm sich eine große Weintraube und aß sie. Ronardin stand am Eingang des Pavillons und wich jedem Blick aus. Den verleumderischen Vorwurf, Lyndwyn anzüglich angesehen zu haben, hatte er offensichtlich noch nicht verwunden. Er achtete nun peinlich darauf, ihr stets den Rücken zuzuwenden. Der Schwertmeister lächelte. Ronardin musste noch sehr jung sein, sonst wäre ihm bewusst, dass er mit diesem Verhalten den Vorwurf herausforderte, einen Gast nicht mit der gebührenden Aufmerksamkeit zu behandeln.

Der Ausblick in die riesige Höhle mit ihren künstlichen Terrassenwäldern hatte etwas Beruhigendes. Ollowain genoss die süßen Trauben und den mit Honig, Zimt und Nelken veredelten Wein. Es war leicht, sich in Phylangan wohl zu fühlen, wenn man sich den Gesetzen der Normirga fügte.

Lyndwyn hatte sich auf einer Bank niedergelassen. Die Beine weit gespreizt, saß sie in wenig damenhafter Haltung da. Sie hatte sich weit zurückgelehnt. Ihr Gesicht spiegelte Langeweile und Müdigkeit. Auch sie hatte sich eine Traube genommen. In Gedanken verloren, rieb sie eine der Früchte zwischen den Fingern.

Der Pavillon war ein guter Ort, um zu warten. Ollowains Blick wanderte über die Waldterrassen. Er könnte hier Stunden sitzen, ohne des Schauens müde zu werden. Der Anblick der Natur vermag die Seele zu heilen, hatte ihm seine Mutter vor Jahrhunderten erzählt. Damals war er zu ungeduldig gewesen, um sich dieser Wahrheit zu öffnen. Und er war auch zu jung gewesen, um an einer verletzten Seele zu leiden. Erst die Zeit hatte ihn von der Weisheit in den Worten seiner Mutter überzeugt.

»Mein Junge! Es ist schön, dich zu sehen!« Lautlos war Landoran in den Pavillon getreten. Er hatte es schon früher geliebt, überraschend zu erscheinen. Und gleich mit den ersten beiden Worten machte er Ollowain klar, dass sich an ihrem Verhältnis zueinander nichts geändert hatte. Für den Fürsten war er noch immer ein Junge. Aller Ruhm vermochte den Makel nicht aufzuheben, der ihm anhaftete. Was dies anging, waren die Gesetze der Normirga klar und gnadenlos. Wer nicht in der Lage war, sich aus eigener Kraft und völlig mühelos gegen die eisige Kälte des Landes zu schützen, der galt als Kind. Ganz gleich, wie alt er war und was er geleistet hatte. Ihm war verboten, die Felsenburgen ohne Begleitung zu verlassen, denn die eisige Kälte des Landes konnte einen binnen Stunden töten. Doch was auf den ersten Blick wie Fürsorglichkeit erscheinen mochte, war ersonnen, um die Herrschaft der Zauberweber zu stärken. Kein anderes Elfenvolk war so stolz auf seine magischen Kräfte wie die Normirga. Und weil jene, denen diese Gabe nicht geschenkt war, kaum einen Weg aus den Felsenburgen fanden, lernten die übrigen Albenkinder meist nur mächtige Zauberer aus dem Volk des Nordens kennen. Auch stammte die bedeutendste aller Zauberweberinnen, Emerelle, von den Normirga. Dass Ollowain es gelungen war, aus dieser Tyrannei auszubrechen, war vielen seines Volkes unliebsam. Ollowain erinnerte sich, dass auch er die Gabe geerbt hatte. Doch am Tag des Todes seiner Mutter war seine Zauberkraft verloschen. Manchmal dachte der Schwertmeister, dass vielleicht nur der Wille, sich dieser Mächte zu bedienen, in ihm gestorben war. Er sah seinen Vater an, der wie kaum ein anderer das Bild der Normirga unter den Albenkindern verkörperte. Er strahlte Kälte und Macht aus, und es war schwer, seinem Blick standzuhalten.

»Du hast dich auch nicht verändert«, entgegnete Ollowain. Er streckte Landoran die Hand entgegen, um ihn auf Distanz zu halten und eine Umarmung zu verhindern. Landorans Handdruck war fest. Der Fürst hatte silbergraues Haar. Er trug ein langes, fließendes Gewand aus dunkelgrüner Seide. Sein Gesicht wirkte ausgezehrt. Ein dünner, silberner Stirnreif hielt sein langes Haar zurück. Sein Vater war sichtbar gealtert, seit sie einander das letzte Mal begegnet waren. Nur in seinen grauen Augen brannte noch die alte Kraft. Ein Duft nach frischem Grün haftete ihm an, so als habe er eben noch die Zweige eines Rosenbuschs beschnitten.

»Es ist schön zu sehen, dass du nicht zu den Toten gehörst, Junge.« Der Fürst lächelte. »Ich wäre sehr enttäuscht gewesen, wenn die Nachrichten gestimmt hätten.«

»Ich sehe, du bist im Bilde, Fürst.«

»Schlechte Neuigkeiten haben Flügel.« Landoran rupfte ein paar Trauben ab. »Es heißt, die Königin sei tot. Die Trolle haben sie auf einem Platz ausgestellt und alle Überlebenden gezwungen, an ihr vorüberzugehen.«

»Ich nehme an, die Leiche war in keinem sonderlich ansehnlichen Zustand mehr.«

Der Fürst schob sich eine Traube in den Mund. »Sie trug die Schwanenkrone.«

»So einfach ist das? Eine Krone reicht aus, eine Tote zur Königin zu machen?«

»Du weißt, wie das mit Emerelle ist, Junge. Sie hat nicht nur Freunde.« Er blickte flüchtig zu Lyndwyn. »Für manche Fürstengeschlechter ist es in der Tat so einfach.«

»Gilt das auch für ihre eigene Sippe?«

Landoran hob eine Braue. »Was genau willst du? Warum bist du gekommen, Ollowain? Der Weg hierher ist dir doch sicherlich nicht leicht gefallen.«

»Ich wollte dich vor den Trollen warnen. Du weißt, dass sie hierher kommen werden. Es werden gewiss ein paar tausend sein.«

»Leg in Gedanken noch ein paar tausend drauf, und dann verdoppele diese Zahl.« Landoran schob sich eine weitere Traube in den Mund. »Es heißt, es sind zwanzigtausend.«

Ollowain sah ihn verblüfft an. »Das kann nicht sein! So viele …«

»Glaub mir ruhig. Ein Flüchtling hat es mir erzählt. Vor dem Hafen von Vahan Calyd sollen fast hundert Trollschiffe gelegen haben. Und jedes hatte mehr als zweihundert dieser Blut saufenden Ungeheuer an Bord. Die Zeit in der Welt der Menschen scheint ihnen gut bekommen zu sein. Sie haben sich vermehrt wie die Kobolde.«

»Zwanzigtausend?«, wiederholte der Schwertmeister ungläubig. Er versuchte, sich eine solch ungeheure Menge von Trollkriegern vorzustellen. Das war kein Heer mehr. Das war eine Naturgewalt! »Sie werden hierher kommen«, sagte Ollowain noch einmal nachdrücklich. »Wie willst du sie aufhalten, Landoran?«

»Niemand hat jemals die Wälle von Phylangan überwunden! Ihre Heerscharen werden an unseren Festungsmauern zerschellen, wie auch die mächtigste Welle an einer Steilküste zerbricht. Der steinerne Garten wird niemals erobert werden!«

»Nein, wird er nicht? Man hat niemals davon gehört, dass Trolle auf Schiffen fahren! Auch hat man niemals von einem so großen Trollheer gehört. Das Wort *niemals* scheint seine Bedeutung für die Trolle verloren zu haben.«

»Verfällst du jetzt nicht ein wenig in Panik, Junge?«

»Ich hätte mir auch niemals vorstellen können, Vahan Calyd brennen zu sehen!«, entgegnete der Schwertmeister schroff. »Und doch ist es geschehen. Mach nicht den Fehler, in blinder Zuversicht vor dem, was kommen wird, die Augen zu verschließen.«

»Ich war in der Tat ernsthaft beunruhigt, bevor ihr eingetroffen seid«, gab Landoran zu. »Aber ihr habt ja freundlicherweise die Lösung aller Probleme mitgebracht.« Er wandte sich lächelnd an Lyndwyn. »Diese junge, ein wenig unpassend gekleidete Dame, die offensichtlich keine höfische Erziehung genossen hat, wird uns eine unermessliche Hilfe sein. Vor allem das, was sie – für neugierige Blicke so wohl verborgen – um ihren Hals trägt. Als Ronardin dich nach einem Beweis dafür gefragt hat, dass ihr tatsächlich Boten der Königin seid, hättet ihr ihm ruhig eingestehen können, dass Emerelle euch mit ihrem Albenstein geschickt hat. Hast du vielleicht geglaubt, ich würde die Aura seiner Macht nicht spüren? Mit seiner Kraft wird es uns gelingen, alle Bedrohungen zu überwinden.«

Ollowain hätte Lyndwyn ohrfeigen können. Sie hatte der bewusstlosen Königin das kostbarste Artefakt des Elfenvolkes gestohlen. Jenen Stein, der ihnen einst von den Alben geschenkt wurde, bevor die rätselhaften Alten für immer verschwanden. Es hieß, jedes ihrer Völker habe einen solchen Stein erhalten. In ihnen wohnten ungeheure Kräfte. Wer sie weise einsetzte, konnte mit ihrer Hilfe die Welt verändern.

Landoran durfte auf keinen Fall wissen, dass Lyndwyn den Stein gestohlen hatte. Andernfalls hätte er wohl keine

Skrupel, sich seinerseits das kostbare Artefakt anzueignen. »Erkennst du nun die Bedeutung unserer Mission?«, fragte Ollowain herausfordernd. »Emerelle hat Lyndwyn ermächtigt, die Kraft des Albensteins im Sinne der Verteidigung von Phylangan zu nutzen. Die Königin möchte um jeden Preis verhindern, dass sich ein Massaker wie in Vahan Calyd wiederholt.«

»Wo ist Emerelle jetzt?«, fragte der Elfenfürst in beiläufigem Ton.

»An einem Ort, von dem aus sie die Verteidigung Albenmarks vorbereitet.«

»Wäre der beste Ort dafür nicht unsere Festung?«

Schwang eine Unsicherheit in der Stimme des Fürsten mit? Sein Gesicht verriet keinerlei Gefühle. Aber er wirkte angespannt. Er drückte mit Daumen und Zeigefinger auf die letzte Traube in seiner Hand, sodass sie jeden Moment zerplatzen mochte. Als Landoran Ollowains Blick bemerkte, schob er die Frucht in den Mund.

»Emerelle ist keine Kriegerin«, antwortete der Schwertmeister entschieden. Er wusste nicht, was den Fürsten verunsicherte, doch er spürte deutlich, dass er dieses eine Mal die Oberhand gewinnen konnte. Er – der gedemütigte Junge, der vor Jahrhunderten Carandamon verlassen hatte, weil es ihm nicht gelungen war, den Schutzzauber gegen die Kälte zu erlernen – war zurückgekehrt, und er würde dem Fürsten, seinem Vater, seinen Willen aufzwingen! »Der Platz der Königin ist nicht innerhalb der Mauern einer Festung, die bald von zwanzigtausend Trollen bestürmt werden wird. Sie wird versuchen, die Völker Albenmarks im Kampf gegen die alten Feinde zu vereinen. Überall anders wird sie mehr bewirken als hier. An ihrer Stelle hat sie mich geschickt. Ihr Schwert! Ihren ersten Krieger. Im Namen Emerelles fordere ich hiermit das Kommando über Phylangan und alle Truppen, die bis zur Belagerung aus den Felsschlössern von Carandamon herangeführt werden können.«

Eine steile Falte erschien zwischen den Brauen des Fürsten. Einen Augenblick nur. Dann entspannten sich seine Züge, und er brach in herzhaftes Gelächter aus.

»Du, der du nach den Gesetzen unseres Volkes noch ein Kind bist, forderst das Kommando. Das ist absurd! Meine Krieger würden dir nicht folgen, Junge. Und damit nicht genug! Du wagst es, dich das Schwert der Königin zu nennen? Ich weiß, dass du das Kommando über ihre Wachen geführt hast, und ich habe es niemals begriffen. In meinen Augen verdient es kein Krieger in Albenmark weniger als du, diesen Titel zu führen. Ich war Zeuge, wie du die Königin verraten hast, als die Schärfe des Schwerts verlangt wurde!« Er deutete hinaus zu der Brücke, die mitten über dem Abgrund endete. »Du weißt, an welcher Stelle der Albenstern liegt? Dort, wo der König und die Fürsten der Trolle in den Abgrund gestoßen wurden. Dort, wo der Ort deiner Schande ist! Der Platz, an dem du der Königin den Befehl verweigert hast. Erinnerst du dich an die Nacht, in der du dich gegen alle Elfenvölker gestellt hast? Wer das Leben von Trollen verschont, der raubt unseren Frieden!«

»Für mich ist dies der Platz meiner Ehre, Landoran. Ich konnte das Unrecht nicht verhindern. Doch zumindest hatte ich keinen Anteil daran!«

»Was für ein Unrecht? Die Trolle hatten diesen Krieg begonnen. Hast du vergessen, wie sie dein Volk von der Hochebene von Carandamon vertrieben haben? Als es in ganz Albenmark keinen anderen Platz mehr für uns gab als die stickigen, von Fiebern verseuchten Mangroven am Waldmeer? Für mich war die Nacht an der Shalyn Falah nach Jahrhunderten der Triumph der Gerechtigkeit.«

»Du bist verblendet, Landoran. Unser Volk konnte zurück nach Carandamon, dies war Recht. Aber diese Felsenburg hier hat uns niemals gehört. Ebenso wenig wie die Snaiwamark, die den Trollen von den Alben geschenkt wurde. Wir haben dieses Land gestohlen, als wir die Macht dazu hatten. Wir haben seine Fürsten ermordet. In der Nacht auf der Shalyn Falah haben wir Wind gesät, Landoran. Und nun ist die Stunde gekommen, in der wir Sturm ernten werden.«

Der Elfenfürst hatte seine Fassung wiedergefunden. Je mehr Ollowain sich in Rage redete, desto gelassener wirkte Landoran. Er ging wieder hinüber zur Obstplatte und rupfte mit aufreizender Ruhe einige Trauben ab. Dann deutete er hinaus zur Himmelshalle.

»Weißt du, was das hier war, als wir ankamen, Ollowain? Ein Dreckloch. Hier gab es nur ein paar Höhlen, kaum besser als Tierbauten. Es stank nach Fäkalien und räudigem Fell. Nirgends gab es sauberes Wasser. Und nun sieh dir an, was wir daraus gemacht haben! Ja, es gab hier einmal ein paar Höhlen, in denen Trolle gehaust haben. Aber Phylangan, so wie du es nun siehst, der Felsgarten, ist eine Blüte, die dein Volk hat wachsen lassen, Ollowain.«

»Was ich sehe, wenn ich dort hinausblicke, ist der Sieg der Ästhetik über die Ethik. Ich sehe einen Hinrichtungsplatz, der zum landschaftsgestaltenden Mittel wurde. Ich sehe eine Brücke, die ins Leere führt. Damit hast du wahrlich ein Sinnbild für den Weg erschaffen, auf den du unser Volk geführt hast, Landoran!«

Der Fürst lächelte spöttisch. »Schön formuliert für einen Mann des Schwertes, Ollowain. Man merkt dir doch immer noch an, welchem Volk du entwachsen bist. Freilich haftet deiner Argumentation der Makel kindlicher Entrüstung an. Doch was will man von einem Jungen, der nie zum Manne geworden ist, auch anderes erwarten? Alles, was du über die Brücke sagst, zeigt, wie sehr Zorn und Scham dich verblendet haben. Sie ist kein Weg ins Leere. An ihrem Ende liegt ein Albenstern. Der Kundige kann von dort ins Netz der Albenpfade gelangen. So führt dieser Weg also überallhin, wenn man den Mut hat, ihn zu beschreiten.«

»Und er ist ein weit geöffnetes Tor für die Trolle«, mischte sich Lyndwyn plötzlich in das Gespräch ein. »Ich sehe hier keine Verteidigungsanlagen. Was wird geschehen, wenn die Trolle einen Angriff durch den Albenstern wagen?«

»Das ist undenkbar!«, entgegnete Landoran unwirsch.

»Undenkbar? Was glaubst du, wie sie nach Albenmark zurückkehren konnten? Es gibt nur einen Weg, der von der Welt der Menschen hierher führt. Den Weg über die Albenpfade. Sie haben es also schon einmal getan. Warum sollten sie wochenlang die Verteidigungsanlagen von Phylangan bestürmen, wenn es so leicht ist, den steinernen Garten zu erobern?«

»So denken Trolle nicht!«, beharrte der Fürst.

»Du bist ein Schöngeist. Ein Mann, der die völlige Freiheit der Kunst und der Selbstinszenierung über alle Fesseln der Moral und des Geistes verkörpert. Du bist der Schöpfer der Wunder von Vahan Calyd und der Himmelshalle. Glaubst du wirklich, du wüsstest, wie Trolle denken?«, hielt Lyndwyn dagegen.

Der Fürst senkte wie geistesabwesend das Haupt. Die Einwände der Magierin schienen ihn zutiefst berührt zu haben.

Lyndwyn nutzte den Augenblick der Schwäche. »Ich kann verstehen, dass du dich so sehr an die Gesetze deines Volkes gebunden fühlst, dass du dich dem Befehl der Königin widersetzt und Ollowain nicht das Kommando überlassen kannst. Deshalb schlage ich einen Kompromiss vor. Übertrage mir das Kommando. Nach den Gesetzen der Normirga gelte ich als erwachsen, denn ich kann mich mit Leichtigkeit mit meiner Magie gegen die Kälte schützen.

Doch was noch schwerer wiegt, Emerelle hat mir den größten Schatz des Elfenvolkes anvertraut.«

Sie zog unter ihrem zerschlissenen Gewand einen rauen Stein hervor, durchzogen von fünf tiefen Furchen. Er wirkte unscheinbar. Wie ein Stück Bruchstein. Und doch erhoben die fünf Furchen ihn zu einem Schmuckstück, ja zu einem Meisterwerk schlichter Harmonie. Er war auf seine Art vollkommen.

»Glaubst du, du kannst mir das Schicksal von Phylangan anvertrauen, wenn Emerelle mich für würdig befand, mich zur Hüterin des Albensteins zu berufen?«

Ollowain verschlug diese Dreistigkeit die Sprache. Kannte diese Diebin und Verräterin denn keine Scham? Er musste sie aufhalten!

Lyndwyn blickte ihn an. »In allen militärischen Belangen werde ich mich dem Rat des Schwertmeisters anvertrauen. Emerelle wollte, dass er die Verteidigung dieser Festung leitet. Ich werde nur die Stimme sein, die seine Befehle trägt. So muss sich keiner deiner Männer dem Wort eines Kriegers unterwerfen, der in den Augen deines Volkes niemals die Mannbarkeit erlangt hat. Auf diese Weise achten wir die Gesetze der Normirga, und zugleich geschieht Emerelles Wille. Wir …«

Mit ohrenbetäubendem Fauchen schoss eine Fontäne von Wasserdampf aus einem der Quellpfeiler, der sich in der Nähe des Pavillons erhob. Eine dichte weiße Wolke strebte dem falschen Himmel über ihnen entgegen.

Der Fürst war an eine der Säulen des Pavillons getreten. Er wirkte besorgt. Ja, fast schien es, als beschäftige ihn der Dampfausbruch mehr als ihr Streit.

»Dein Vorschlag zeugt von großer Weisheit, Lyndwyn. Ich lege Phylangan in deine Hände, Magierin.«

Ollowain konnte nicht fassen, was geschehen war. Diese Intrigantin hatte es binnen weniger Augenblicke geschafft, mit ihren dreisten Lügen das Kommando über eine riesige Festungsstadt an sich zu reißen. Und er konnte nicht gegen sie einschreiten!

Wenn er verriet, dass Lyndwyn den Albenstein gestohlen hatte, würde Landoran ihn ihr vermutlich einfach abnehmen und erklären, es sei zum höheren Wohle aller, wenn sich das mächtige Artefakt in seiner Obhut befinde.

Ohnmächtig vor Wut blickte der Schwertmeister zu der Dampfwolke, die sich immer weiter ausdehnte. Phylangan hatte die weiße Fahne gehisst, und das Schicksal der Stadt lag nun in den Händen jener Elfe, die auch schon den Untergang von Vahan Calyd herbeigeführt hatte. Und er? Er war genauso hilflos wie damals, als sie den Vogel in den Nachthimmel geschickt und das Signal zur Beschießung des Hafens gegeben hatte.

Nein, nicht ganz. Diesmal wusste er, wo der gefährlichste Feind seines Volkes stand!

VON DER TROLLE NOT

Manche Mären mühen der Worte wunders viel,
Von kühner Krieger Kämpfen, mit List im Blick das Ziel,
Von fröhlich frechen Festen, von kummervollen Klagen,
Da höret nun den Zeugen, nicht den Sänger sagen.

An karger Klippenküste der Elfen Stadt erstrahlte,
Wo sengend Sonne stach, wo Reichtum leuchtend prahlte,
Wo wilde Wellen wogten, da lag der Stolzen Stadt,
Die einst man mit Bedacht Reilimee geheißen hat.
Tapfer trugen Trolle den Krieg vor ihre Mauern.
Wo Kriegerkeulen klangen, da gab es kein Bedauern.

Wo schwarze Schiffe schwammen, der Schnitter schwang sein Blatt,
Da vor der starken Stadt, die man Reilimee geheißen hat.
Tausend Tote türmten sich unter stolzen Zinnen,
Wo Mühen nicht noch Mut halfen zu entrinnen.
Wo Königsklage klang, der Listenreiche tat
den ersten Schritt zur Mauer, die Reilimee umgürtet hat.

Aus dem »Nachtzinnencodex«,
Übersetzt von Bruder Gundaher, Band VI der Tempelbibliothek zu Firnstayn, S. 139

REISSZÄHNE UND RAMMBÖCKE

»Steuerbordruder einholen!«, rief Orgrim aus Leibeskräften, um den Lärm des Gefechtes zu übertönen.

»Steuerbordruder einholen!«, hallte es wie ein Echo aus dem Rumpf der *Geisterwind.* Skanga hatte ihm, dem Schiffeversenker, ihre Galeasse überlassen. Sie war zwar nicht an Bord, was man als Ausdruck eines gewissen Misstrauens verstehen mochte, aber sie hielt ihn für fähig, diesen tollkühnen Angriff durchzuführen, und hatte auch alle Umbauten am Schiff gestattet.

Der schwere Rumpf der *Geisterwind* schwang herum, als nur noch die Backbordruder das Wasser aufwühlten. Auf der Steuerbordseite wurde ein Netz herabgelassen, in das dicke Lumpenbündel geflochten waren. Sie würden den Aufprall gegen die befestigten Hafenmauern abfedern.

Wie Hagelschlag gingen die Pfeile der Verteidiger auf die *Geisterwind* nieder. Die Elfen hatten erkannt, dass die große Galeasse das gefährlichste Schiff in der Angriffsformation war.

Schildträger schirmten Orgrim gegen den Beschuss ab. Der Rudelführer blickte die lange Hafenmauer entlang. Wie zwei ausgebreitete Arme erstreckte sie sich in die türkisfarbene Bucht. Sie schützte den Hafen und seine Schiffe vor schwerer See. Und nun zerschellten an ihr auch die Angriffswellen der Trolle. Dreimal schon waren sie gegen die Stadt angestürmt, und dreimal waren sie zurückgeschlagen worden. Niemand hatte gewusst, wie schwer Reilimee befestigt war, als Branbart den Angriff auf die Elfenstadt beschlossen hatte.

An Land war Reilimee durch einen doppelten Mauergürtel geschützt. Und zur See gab es diese verfluchte Hafenmauer. Fast zehn Schritt erhob sie sich über das Wasser, und alle zwei Schiffslängen gab es Wachtürme, die noch ein gutes Stück höher als die Mauer waren. Die Einfahrt in den Hafen wurde durch zwei kleine Festungen gesichert. Zwischen ihnen spannte sich eine Kette mit armdicken Eisengliedern. Keine der Galeassen hatte diese mächtige Barriere zu zerbrechen vermocht.

Krachend zerbarst ein Schild neben Orgrim. Holz- und Knochensplitter, Blut und Hirn spritzten dem Rudelführer über Brust und Gesicht. Einem seiner Schildträger hatte es den Kopf weggerissen. Der zwei Zoll starke Eichenschild des Kriegers wies ein großes, ausgefranstes Loch auf.

»Du solltest jetzt das Achterdeck verlassen«, riet Boltan und zog sich einen fingerlangen Holzsplitter aus dem Brustmuskel. »Durch die Schildträger werden sie auf dich aufmerksam!« Der Geschützmeister deutete zum nächstgelegenen Turm der Hafenmauer. Hinter den Zinnen sah Orgrim Elfenhelme in der Sonne funkeln.

»Ich bin gespannt, wie diese verdammten Elfenkatapulte aussehen«, brummte Boltan. »Wir haben Vahan Calyd zu schnell erobert. Dort gab es sicher auch schon welche von diesen verfluchten Dingern. Eine Schande, dass wir da alles kurz und klein geschlagen haben.«

»Wir werden die Ersten auf der Mauer sein, und ich verspreche dir, dass du ein paar der Katapulte als Kriegsbeute bekommst. Sie sind ...«

Seine Stimme ging in einem gewaltigen Krachen unter. Holzsplitter jagten über das Achterdeck, Trolle schrien auf.

Einige Krieger wälzten sich in Blutlachen auf dem Deck. Ein weiterer Geschütztreffer hatte ein großes Loch in das Schanzkleid gerissen. Die verdammten Katapulte der Elfen vermochten Steine in waagerechter Schussbahn abzufeuern. Sie waren um ein Vielfaches treffsicherer als die Katapulte, die Orgrim bisher kannte. Die Steinschleudern der Trolle schossen dem Feind Felsbrocken in steilem Bogen entgegen, und selbst so erfahrene Geschützmeister wie Boltan konnten nur grob schätzen, wo die Geschosse einschlagen würden und welchen Schaden sie anrichteten.

Faustgroße Steine prasselten gegen die Hafenmauer. Mit Genugtuung hörte Orgrim die Schreie verwundeter Elfen. König Branbart hatte befohlen, die Verteidiger auf den Mauern mit Steinen zu bewerfen. Kein einziges der Trollschiffe feuerte mehr Brandgeschosse ab.

»Hievt die Reißzähne!«, befahl Orgrim. Die *Geisterwind* war kaum mehr als fünf Schritt von der Hafenmauer entfernt. »Backbordruder einholen! Alle Mann an Deck.«

Der Rudelführer verfolgte gespannt, wie die schweren Enterbrücken mit Flaschenzügen an den Masten hochgezogen wurden. Die Mastkörbe über der ersten Rah waren verstärkt worden. Man hatte Laschen aus dickem Bullenleder angebracht, in denen die Enterbrücken eingehakt werden sollten. Das war jedoch erst möglich, wenn die *Geisterwind* unmittelbar neben der Hafenmauer lag, denn die riesigen Gewichte, die man in die Takelage hievte, würden das Schiff sonst kentern lassen.

In den Wanten und auf den Rahen wimmelte es nur so von Trollen, die unberührt vom Beschuss der Elfen die Vielzahl verschiedener Manöver ausführten, welche den Angriff begleiteten. Jetzt zahlte es sich aus, dass Skanga nur die Besten der Besten an Bord genommen hatte. Mit keiner anderen Schiffsbesatzung hätte Orgrim diesen Angriff durchführen können, ohne ihn vorher wochenlang zu proben.

Brandpfeile gingen auf die *Geisterwind* nieder. Orgrim hatte schon in der vergangenen Nacht die Segel abnehmen lassen, um sein Schiff weniger anfällig gegen diese heimtückischen Geschosse zu machen. Nur von Rudern angetrieben, war die große Galeasse zwar erbärmlich langsam, doch wog die verminderte Brandgefahr diesen Nachteil reichlich auf. Überall auf den Decks standen mit Wasser gefüllte Eimer. Orgrim hatte eigene Löschgruppen aufgestellt, die keine andere Aufgabe in diesem Gefecht hatten, als Brände zu ersticken.

Ein dumpfer Schlag erschütterte die *Geisterwind.* Die Galeasse war längsseits der Hafenmauer gegangen. Von den oberen Mastkörben versuchten Steinwerfer, die Bogenschützen auf der Mauer auszuschalten.

Immer mehr Geschosse prasselten auf die *Geisterwind* ein. Alle Bogenschützen und alle verfügbaren Katapulte in Reichweite schienen nun allein dieses Schiff zum Ziel auserkoren zu haben.

Zufrieden sah Orgrim, dass alle drei Reißzähne einsatzbereit waren. Wie Raubtierzähne sahen die langen Dornen an der Unterseite der Enterbrücken aus. Hölzerne Kiefer, bereit, in die Hafenmauer zu beißen.

»Hisst die Lederwände!«, rief Orgrim. Dann nahm er seinen Schild und stieg vom Achterkastell. Er würde den Angriff über den Hauptmast anführen. Orgrim war fest entschlossen, der erste Troll zu sein, der seinen Fuß auf die Mauern Reilimees setzte.

Torgroße Rahmen wurden an den Rahen hochgezogen. Sie waren mit nassen Lederhäuten bespannt. So würden sie einen Teil der Brandpfeile abfangen, vor allem aber den Beschuss der Entermannschaften erschweren, die in die Masten stiegen.

Der Rudelführer schlang sich den Schild über den Rücken und prüfte, ob sein Kriegshammer sicher im Gürtel saß. »Rauf auf die Mauer! Schlagt diesen jämmerlichen Wichteln die Schädel ein!« Orgrim enterte die Wanten; dutzende Krieger folgten ihm. Die Decks und Masten hallten wider vom Kriegsgeschrei. Zufrieden sah der Rudelführer, wie etliche Pfeile in die Schutzwände schlugen. Sein Plan ging auf! Am Ende der Wanten zog er sich in den Mastkorb. Kräftige Hände halfen ihm hinauf. Fast gleichzeitig hatte Gran den Mastkorb am Vormast erreicht. Dieser Bastard glaubte doch nicht etwa, dass *er* als Erster auf der Festungsmauer stehen würde?

»Die Reißzähne nieder!«, rief Orgrim.

Krachend schlugen die schweren Enterbrücken der *Geisterwind* auf die Zinnen der Hafenmauer. Der Rudelführer schob den Arm durch die Lederschlaufen seines schweren Schildes. Schützend hob er die dicken Eichenbretter vor seine Brust, sodass er gerade noch über den Rand blicken konnte. Er spürte die Unruhe der Krieger hinter sich. Eine Steinkugel aus den merkwürdigen Elfenkatapulten strich dicht über seinen Kopf hinweg und riss Splitter aus dem Hauptmast.

Orgrim zog den Kriegshammer aus seinem Gürtel. Er war entschlossen, den Mauerabschnitt, der vor ihm lag, einzunehmen. Er würde sich seinen Herzogstitel schon verdienen. Und sei es, dass er Herzog so einer verfluchten Elfenstadt wie Reilimee wurde!

Die Enterbrücke vibrierte unter seinen Füßen. Nur wenige Schritte, und er war bei der Mauer. Speere reckten sich ihm entgegen. Er schob sie so mühelos zur Seite, als seien es Schilfrohre. Mit einem Satz war er auf dem Wehrgang. Die Verteidiger standen zu dicht. Sie konnten seinen Hieben nicht ausweichen. Brüllend schwang er den Kriegshammer über seinem Kopf.

Ein Rudelführer der Elfen schrie seinen Männern zu, sich zurückzuziehen. Pfeile schlugen in Orgrims Schild.

Die Verteidiger hier auf der Mauer waren viel weniger geschickt als die Elfenkrieger, die auf dem Schiff der falschen Königin gekämpft hatten. Sie waren nicht minder tapfer, aber sie konnten ihn nicht aufhalten.

Sein schwerer Kriegshammer zerschmetterte Schilde, Helme, Schädel, alles, was ihm in den Weg kam. Mit Schildstößen ließ er Krieger von der Mauer purzeln. Seine Krieger fluchten wütend hinter Orgrim. Sie kamen nicht an ihm vorbei. Der Gang auf der Mauer war so eng, dass gerade einmal zwei Trolle nebeneinander kämpfen konnten, ohne sich gegenseitig zu sehr zu behindern.

Immer schneller ging es voran. Manche Elfen sprangen lieber über die Brustwehr, als unter seinen Streithammer zu geraten. Die hellen Bodenplatten auf der Mauer waren glitschig vom vielen Blut. Möwen kreisten über dem Turm vor ihm. Sie kreischten, als wollten sie die Kämpfenden anspornen.

Orgrim sah, wie sich die Tür des Turms schloss. Die Elfen, die es nicht mehr in Sicherheit geschafft hatten, schrien in Panik. Einige von ihnen warfen ihre Waffen weg und knieten nieder. Elende Feiglinge! Orgrim packte sie und stieß sie zur Seite. Und dann war er bei dem Tor. Breite schwarze Eisenbänder liefen über das graue Holz. Rostspuren zeichneten die Türen wie Streifen aus geronnenem Blut. Es stank nach Fäkalien und Erbrochenem. Der Geruch von Schlachtfeldern.

Orgrim schlug mit aller Kraft auf das Tor ein. Das graue Holz erzitterte. Jeder Treffer hinterließ tiefe Kerben, doch die Tür widerstand.

»Vorsicht, Rudelführer!«

Orgrim riss im Reflex seinen Schild hoch. Etwas wie Wasser troff vom Himmel. Ein ganzer Schwall traf den Schild. Einzelne Tropfen spritzten in sein Gesicht oder fanden ihren Weg durch feine Risse in den Eichenbrettern. Sie brannten auf seiner Haut. Ein schwerer, öliger Geruch und der Gestank von gesottenem Fleisch hingen in der Luft.

Der Krieger unmittelbar hinter ihm hatte weniger Glück gehabt. Er lag auf dem Rücken, seine Arme zuckten hilflos. Sein Gesicht war aufgequollen, graurot und voller Blasen. Er hatte die Augen weit aufgerissen. Sie strahlten weiß wie gekochte Eier aus dem verbrühten Fleisch.

»Schafft Rammböcke her!«, befahl Orgrim. »Die Tore sind zu stark, um sie mit unseren Waffen einzuschlagen.«

Eine Fackel fiel vor die Füße des Rudelführers. Er bückte sich hastig. Schon fraßen sich Flammen in gierigen Schlieren über das Öl. Wütend warf Orgrim die Fackel ins Meer. Er ließ den Schild vom Arm gleiten und erstickte damit die Flammen.

»Steinwerfer! Heizt den Wichteln auf den Türmen ein.« Er wünschte, auch seine Trolle hätten diese starken, waagerecht schießenden Katapulte. Dann könnte man Festungstürme mit solchem Beschuss belegen, dass niemand es mehr wagte, seine Nase zwischen die Zinnen zu stecken.

»Los, wo bleibt der Rammbock! Wollt ihr vielleicht hier auf den Mauern gesotten werden?«

Gellende Schreie ließen den Rudelführer aufblicken. Am anderen Ende des Mauerabschnitts, dort, wo sich der nächste Wachturm erhob, stand der Wehrgang in hellen Flammen. Krieger, die zu lebenden Fackeln geworden waren, taumelten ihren Kameraden entgegen. Hilflos mit den Armen rudernd, umklammerten sie jeden, den sie zu greifen bekamen, und trugen den Tod so weiter in die Reihen jener, die dem kochenden Öl und den Flammen entgangen waren.

Jetzt waren es seine Krieger, die voller Entsetzen von den Mauern sprangen. Ein Flammenmann stürzte auf das Hauptdeck der *Geisterwind*.

Boltan rammte ihm eine Harpune ins Genick, bevor er wieder auf die Beine kommen konnte. Dann erstickten andere das Feuer mit Sand.

»Den Rammbock!«, rief Orgrim wütend. Sie waren dem Sieg so nahe gewesen.

Endlich kam Bewegung in die Männer. Ein dicker Holzstamm wurde auf die Mauer gehievt. Man hatte ihn nicht von Ästen gesäubert, sodass es genügend Griffe gab. Das vordere Ende des Stammes war zugespitzt.

Orgrim verließ die Deckung unter dem Türsturz. Er schob den Kriegshammer in den Gürtel zurück und hob den Schild schützend über den Kopf. »Los, nehmen wir Rache für unsere toten Kameraden!«

Er sah die Mordlust in den Augen seiner Krieger. Viele waren von Brandwunden gezeichnet. Einem Glatzkopf steckten zwei abgebrochene Pfeile in der linken Schulter. Dennoch griff er nach einem Aststrunk und rief: »Rache!«

Auch Brud, Skangas Kundschafter, war unter den Männern, die sich zum neuen Angriff formierten. Schreiend stürmten sie dem Tor entgegen. Wie Donnergrollen rollte das Krachen des Rammbocks über die Mauern. Orgrim hatte das Gefühl, dass ihm alle Armsehnen reißen müssten, als der schwere Holzstamm vom Tor abprallte.

»Los, noch einmal!« Der Baumstamm schnellte vor. Jetzt wurden sie mit einem splitternden Geräusch belohnt. Eine der Planken der Tür war geborsten.

Pfeile fuhren zwischen sie herab. Oben vom Turm unternahmen die Verteidiger einen letzten, verzweifelten Versuch, sie von der Tür zu vertreiben.

»Rache!«, schrien die Trollkrieger. »Rache!« Im Takt zu ihren wütenden Rufen hämmerte der Rammbock vor das Tor. Ging einer der Männer zu Boden, nahm sofort ein neuer seinen Platz ein.

Eine weitere Planke splitterte. Und dann gab eine der

Angeln nach. Das Tor kippte halb nach innen. Orgrim ließ den Rammbock fahren. Er drängte in den Turm.

Eine Schwertklinge schnellte ihm entgegen. Er ließ sich fallen. Holzsplitter zerschrammten seine Brust. Unter seinem Gewicht riss auch die zweite Angel aus der Verankerung in der Mauer. Das Tor stürzte in den Turm.

Der Rudelführer rollte zur Seite, um einem Speerstoß auszuweichen. Die enge Turmkammer war erfüllt von Leibern. Schwere Füße trampelten über ihn hinweg. »Rache!«, hallte ihr Schlachtruf von den Wänden.

Irgendwie schaffte es Orgrim, auf die Beine zu kommen. In dem Gedränge war es unmöglich, seinen Kriegshammer zu schwingen. Neben ihm sank der glatzköpfige Krieger in die Knie. Sein Bauch war der Länge nach aufgeschnitten. Mit beiden Händen versuchte der Sterbende, die vorquellenden Gedärme festzuhalten.

Der Rudelführer sah die blutige Elfenklinge zu einem neuen Stoß vorschnellen. Diesmal zielte sie auf seinen Bauch. Orgrim drehte sich zur Seite, doch diesmal war er zu langsam. Ein langer, flacher Schnitt zog sich über seinen Bauch.

Wütend griff er nach dem Kopf des Schwertkämpfers und schlug ihn mit aller Kraft gegen die Wand. Immer und immer wieder.

Der Kampf ringsherum verebbte. Jemand riss das Tor auf, das auf den nächsten Mauerabschnitt führte, und wurde noch im selben Augenblick zurück in die Turmkammer geschleudert. Wie eine Kinderfaust, die in ein Mäusenest schmettert, zerriss eine unsichtbare Kraft Schilde und Leiber. Triumphierende Sieger wurden binnen eines Augenblicks zu zerschundenen Kadavern.

Vorsichtig blickte Orgrim durch das Tor. Die Elfen hatten eines ihrer geheimnisvollen Geschütze auf der Mauer in Stellung gebracht. In fliegender Hast versuchte die Besatzung, das Katapult nachzuladen. Zwei Krieger wuchteten einen kopfgroßen Stein auf die Führungsschiene. Zwei weitere drehten an den Speichen einer Doppelwinde. Das Geschütz war weniger als fünfzig Schritt entfernt.

Der Rudelführer begann zu laufen. »Rache!«, schrie er seine Angst und seine Wut hinaus. Hinter sich hörte er Schritte. Der Schlachtruf wurde erneut von anderen Kriegern aufgenommen.

Die Arme des Katapults ruckten noch ein letztes Stück nach hinten, dann verharrten sie in tödlicher Spannung. Ein scharfes Klacken erklang. Orgrim warf sich nach vorn. Er spürte den Zugwind, als die Steinkugel nur wenige Zoll über seinem Rücken dahinschoss. Er hörte reißendes Fleisch. Vielstimmiges Geschrei. Sofort stemmte sich der Rudelführer wieder hoch.

Verfluchte Elfen! Sie luden schon wieder nach. Ein neuer Stein wurde auf die Führungsschiene gehoben. Orgrim rannte so schnell ihn seine Beine trugen. Dicht neben ihm war Brud, der Kundschafter. Der Rudelführer zog seinen Kriegshammer aus dem Gürtel.

Ruckend bewegten sich die Arme des Katapults zurück. Nur noch zehn Schritt. Pfeile umschwirrten sie. Ein Schlag traf Orgrim in den Oberschenkel. Doch er rannte weiter. Beißender Schmerz brannte in seiner Brust. Die Katapultarme ruckten noch ein letztes Mal, dann verharrten sie. Noch fünf Schritte.

Die Kriegsmaschine lauerte wie eine zum Zustoßen bereite Viper. Ein Elf mit federgeschmücktem Helm beugte sich vor. Orgrim schleuderte seinen Kriegshammer. Der Helm verwandelte sich in blutiges Blech.

Noch zwei Schritte. Die Geschützbedienung sprang zurück. Die Elfen versuchten, durch das offene Tor in den nächsten Turm zu entkommen.

»Pack das Mistding! Wir verkeilen damit das Tor!«,

schrie er dem Kundschafter zu. Im Schwung ihres Ansturms rissen sie das Katapult mit sich.

Das Tor des Turms schloss sich. Krachend fuhr die Belagerungsmaschine gegen das Holz. Die lange Führungsschiene schob sich zwischen Tor und Mauerfassung. Etwas klackte. Die Katapultarme schnellten vor. Der schwere Stein wurde nach vorn gerissen und zog eine blutige Schneise in die Krieger, die ihnen folgten.

»Nein!«

In blinder Wut trat Orgrim die Tür auf und warf sich auf die Elfen. Wie im Rausch trat und schlug er um sich. Etwas schlitzte seine Wange auf. Ein schwerer Hieb traf sein Knie. Die Kammer füllte sich mit Leibern und der feuchten Hitze frisch vergossenen Blutes. Und dann plötzlich war es vorbei. Nur das leise Stöhnen der Verwundeten und Sterbenden störte die Stille.

Orgrim wankte eine enge Stiege hinauf. Der zweite Turm war genommen! Sie hatten einen ganzen Abschnitt der Mauer erobert. Von der Turmkrone herab sah er, wie die Krieger anderer Schiffe über die Enterbrücken der *Geisterwind* stürmten.

Der Rudelführer stützte sich schwer auf eine Zinne. Die Hafenstadt war riesig. Auch zur See hin schützte sie sich mit einem doppelten Wall. Die Elfen waren noch lange nicht geschlagen. Aber sie hatten ihre erste Niederlage erlitten. »Nie wieder werdet ihr uns von diesem Wall vertreiben«, schwor der Rudelführer erschöpft. »Und nie wieder werden wir Albenmark verlassen.«

DIE FALSCHE SCHLACHT

Der Rudelführer beendete seinen Bericht. Orgrim stützte sich schwer auf den Stumpf einer zerborstenen Säule. Er fühlte sich schwach wie ein Neugeborenes; er hatte während der Kämpfe viel Blut verloren.

Die Herzöge, die Branbart in den Ruinen eines Elfenpalastes um sich versammelt hatte, sahen Orgrim ernst an. Dumgar vom Mordstein nickte anerkennend. Der grauhaarige Mandrag kaute tief in Gedanken an seiner Unterlippe.

Branbart zog die Nase hoch und spuckte in eine Pfütze mit schleimigem Auswurf vor seinen Füßen. »Du hast wieder einmal leichtfertig ein Schiff eingesetzt«, sagte der König düster. »Masten und Aufbauten der *Geisterwind* sind nur noch Trümmer.«

Orgrim konnte es nicht fassen! Was hatte er dem König getan?

»Die *Geisterwind* hat das Katapultfeuer eines ganzen Mauerabschnitts auf sich gezogen. Als die Elfen erkannten, dass wir die größte Gefahr sind, haben sie auf die anderen Schiffe nicht mehr geschossen. Willst du mir vorwerfen, dass mir glückte, was anderen Rudelführern misslungen ist? Wäre es dir lieber, wenn wir noch ein weiteres Mal mit unserem Angriff gescheitert wären?«

»Nimm den Mund nicht zu voll, Welpe!« Branbart war aufgesprungen und deutete drohend mit dem Oberschenkelknochen, den er abgenagt hatte, auf Orgrim. »Du überschätzt dich. Andere Rudelführer haben sich schon über dich beschwert, weil du ihnen ihre besten Seemänner und Krieger weggenommen hast. Du hast gesiegt, weil du das beste aller Rudel befehligst. Und nicht, weil du der Held bist, für den du dich offensichtlich hältst.«

»Sei nicht ungerecht, Branbart«, mischte sich der alte Mandrag ein. »Wir alle wissen, dass es nicht Orgrim ist, der den Rudelführern ihre besten Männer stiehlt. Und er ist ein tapferer Krieger. Er und der Hüne Gran waren als Erste auf der Mauer. Du solltest ihn nicht tadeln, sondern ihm den Ehrenplatz an deiner Tafel anbieten, wie es die Könige unseres Volkes schon seit Anbeginn aller Zeiten mit mutigen Rudelführern getan haben.«

»Willst *du* mir etwa erklären, was ein König zu tun hat? Glaubst du, weil du eine Zeit lang unser Volk geführt hast, wüsstest du, was es ausmacht, ein König zu sein?«, fragte Branbart lauernd.

»Genug davon!«, rief Skanga entschieden. »Du bist der König, keiner zweifelt daran.« Die Schamanin richtete sich auf und trat zwischen die Herzöge. »Es war ein Fehler, Reilimee anzugreifen, Branbart. Sie waren gewarnt. Es war vorherzusehen, dass wir Reilimee nicht so einfach überrennen können wie Vahan Calyd.«

»Misch dich nicht in das Geschäft der Krieger ein!« Branbart schleuderte wütend den Knochen zur Seite. »Vielleicht war es leichtfertig, diesen Kampf zu wagen, aber wir können ihn jetzt nicht mehr abbrechen. Wenn wir hier sieglos abziehen, dann wird das ein Zeichen für alle Völker Albenmarks sein. Sie werden sich ermutigt fühlen, sich uns zu widersetzen. Reilimee muss fallen. Und diesmal werden wir niemanden ziehen lassen! Wenn wir weitersegeln, dann wird die Stadt ein Leichenfeld sein!«

So sehr Orgrim seinen König auch verachtete, musste er

dem zustimmen, was Branbart sagte. Sie durften diesen Kampf nicht verlieren.

»Im Übrigen brauchen wir die Vorräte, die uns die Stadt zu bieten hat. All das Fleisch, die gut gefüllten Lagerhäuser … Die Snaiwamark ist ein karges Land. Ein Heer, so groß wie unseres, kann dort im Winter nicht versorgt werden.« Branbart lächelte Skanga herablassend an. »Erzähl mir nicht, wie man einen Krieg führt, Weib. Du weißt doch, meine Seele ist reich durch die Weisheit vieler Könige.«

»Ja, und in ihr lebt auch die Überheblichkeit vieler Könige weiter. Ich sehe durchaus, welchen Nutzen uns ein Sieg hier bringt. Aber denke an Phylangan. Landoran ist ein verschlagener Elf. Er wird wissen, dass wir kommen. Und mit jedem Tag, den wir hier verlieren, wird er stärker, während unsere Krieger vor den Mauern Reilimees verbluten. Noch ist die Zufahrt in die Walbucht eisfrei, und wir können mit unseren Schiffen weit nach Westen gelangen. Mit jedem Tag, den wir verlieren, wandert die Eisgrenze weiter nach Süden. Wenn die Walbucht erst zugefroren ist, wird sich unser Anmarsch auf Phylangan um hunderte Meilen verlängern. Und jede Meile zehrt an den Kräften unserer Männer, während Landoran stärker und stärker wird.«

Branbart lachte ihr ins Gesicht. »Das ist der Grund, warum Weiber keine Kriege führen. Sie malen sich alles in so düsteren Farben aus, dass sie schon geschlagen sind, bevor es zur ersten Schlacht kommt. Was ist der Sinn deiner Mäkeleien? Was willst du mir sagen?« Sein Blick blieb an Orgrim haften. »Du bist doch ein Held. Der findige Geist, der Brücken in Masten baut, um Mauern zu erstürmen. Was würdest du tun? Ich kenne den Ehrgeiz, der in dir brennt. Nun zeige einmal, dass du die Klugheit hast, die einen Herzog neben seinem Mut auszeichnen sollte.«

Orgrim versuchte sich die Karten der Nordlande in Erinnerung zu rufen, die er vor ihrem Aufbruch nach Albenmark studiert hatte. Phylangan lag am Ende eines langen, vereisten Passes. Von Osten führte nur dieser eine Weg zum steinernen Garten.

»Nun, Welpe, hat es dir die Sprache verschlagen?«, spottete der König. »Ist das alles, was in dir steckt? Schweigen?«

»Zwischen der Walbucht und dem Pass hinauf nach Phylangan liegt ödes Land. Die Elfen glauben, dass wir hier gebunden sind. Wenn vier oder fünf Schiffe die Flotte verlassen und nach Norden zur Walbucht segeln, wird es nicht auffallen. Ich glaube, wir werden sie überraschen können. Mit tausend Kriegern kann ich den Nachschubweg nach Osten abschneiden, bis du mit dem Hauptheer kommst, Branbart.«

»Du willst also den Nachschub abschneiden. Und tausend Krieger würden dir genügen.« Der König zog die Nase hoch und spuckte aus. »Eine solche Streitmacht müsste von einem Herzog angeführt werden. Ist es das, woran du gedacht hast, du heimtückischer Hund?«

»Du hast mich gefragt, was ich tun würde …«

»Schweig, Orgrim! Ich kenne dich! Du willst also fort von hier und deinen eigenen Krieg führen. Das kannst du haben! Ich gebe dir ein Schiff! Zweihundertfünfzig Kämpfer!«

»Das sind zu wenige, mein König!«, warf Mandrag ein. »Wenn die Elfen entdecken, wie schwach seine Streitmacht ist, dann werden sie ihn aufreiben.«

»Noch ein ungefragter Rat, alter Mann.« Branbart fuhr zu dem Greis herum. »Du solltest den Welpen begleiten. Er scheint dir ja sehr am Herzen zu liegen.«

»Mir liegen all unsere Männer am Herzen«, entgegnete Mandrag eisig. »Nur ein Tor verschwendet die Leben von Kriegern.«

»Na, dann steckt eure beiden Schlauköpfe zusammen

und seht zu, wie ihr eure Aufgabe erledigt. Brücken an Masten zu nageln, wird diesmal nicht genügen, fürchte ich.«

Orgrim war aufgewühlt. Seine Gefühle schwankten zwischen Zorn und Stolz. Der König verlangte schier Unmögliches. Aber hatte es vor ein paar Tagen nicht auch so ausgesehen, als sei es unmöglich, die Seemauer Reilimees von Schiffen aus zu erstürmen? Jetzt hatte er ein eigenes Kommando weit ab vom Heer. Wenn er seine Aufgabe gut machte, dann würde ihm nicht einmal Branbart den Herzogstitel verwehren können.

»Er wird die *Geisterwind* nehmen«, entschied Skanga in einem Tonfall, der keinen Widerspruch duldete. »Und Birga soll ihn begleiten. Sie wird herausfinden, wie man sich in Phylangan auf die Schlacht vorbereitet.«

Birga galt als Ziehtochter Skangas, und ihr Ruf war fast so übel wie der der Schamanin. Birga war so hässlich, dass sie angeblich noch nie ein Mann berührt hatte. Und das, obwohl manche Krieger sogar mit hohlen Baumstämmen rammelten, um sich ihrer überschüssigen Säfte zu entledigen.

Die Vorstellung, dass diese Vettel künftig immer in seiner Nähe wäre, ließ Orgrim erschaudern.

LEIDENSCHAFT

Ollowain trat in blendendes Weiß. Sanft glitt die stoffbespannte Tür hinter ihm zu. Das Gemach, das man ihm in der Felsenburg zugewiesen hatte, verwirrte das Auge. Alles hier war weiß. Die Wände, das große Lager. Selbst die Barinsteine, die in den Fels eingelassen waren, spendeten weißes Licht. Sie waren so geschickt angebracht, dass er keinen Schatten warf.

Im ganzen Raum gab es keine scharfen Kanten. Die Wände gingen in sanftem Schwung in die Decken über. Das Bett war ein langes Oval. Selbst die Tür, durch die Ollowain eingetreten war, war rund. Das milchig weiße Licht trug dazu bei, die Konturen zu verwischen.

Der Schwertmeister hörte gleichmäßig Wasser plätschern. Müde sah er sich um. Sein Gemach war groß, und es war offensichtlich ganz darauf angelegt, die Sinne zu verwirren. Er schnallte seinen Schwertgurt ab und legte ihn auf sein Lager. Dann sah er sich aufmerksam um. Es dauerte eine Weile, bis er einen weißen Vorhang in einer Wandnische fand. Dahinter lag ein Bad. Auch dieser Raum war ganz in Weiß gehalten. Auf dem Wasser trieben Lotusblüten und Rosenblätter. Das Becken war in den Fels eingelassen und schien nicht sehr tief zu sein. Blasser Dampf stieg vom Wasser auf und strich Ollowain sanft über das Gesicht. Der Grund des Beckens war unregelmäßig gestaltet und forderte dazu auf, sich lang hinzustrecken. Neben dem Bassin stand ein niedriger, marmorner Massagetisch. Eine mit Leder gepolsterte ovale Öffnung lud dazu ein, den Kopf hineinzubetten. Die feuchtwarme Luft des Bades war vom Geruch exotischer Blüten geschwängert. Der Duft machte träge und schläfrig.

Ollowain kehrte zu dem Lager zurück. Er streifte die grob gewobenen Kleider ab, die ihm Alfadas geschenkt hatte, und streckte sich auf der Decke aus Schneehasenfellen aus. Wunderbar zart streichelten die Pelze seine Haut.

Nach dem Treffen im Pavillon hatte Landoran darauf bestanden, sie vor den Rat der Ältesten zu führen. Auch diese hatten ohne Umschweife zugestimmt, als es darum ging, Lyndwyn die Befehlsgewalt über Phylangan zu übertragen. Dieses Übermaß an Vertrauen passte so gar nicht zu seinem Volk, dachte Ollowain. Nie zuvor hatten sie sich jemandem unterworfen. Sie lehnten es auch seit Jahrhunderten ab, zum Fest der Lichter zu kommen, um dort Emerelle als Königin zu huldigen. Und nun beugten sie sich dem vermeintlichen Befehl der Herrscherin. Etwas stimmte hier nicht!

Selbst darüber, ein kleines Heer aus der Welt der Menschen als Waffenbrüder im Kampf gegen die Trolle zu dulden, war nicht lange polemisiert worden. In der Debatte war es allein um Nebensächlichkeiten gegangen wie etwa, was Menschen denn aßen oder wie man genügend Amulette aufbieten könnte, um sie vor der tödlichen Kälte der Snaiwamark zu schützen. Allerdings hatte Landoran es rundheraus abgelehnt, dass die Fjordländer Phylangan durch den Albenstern in der Himmelshalle betraten. Er wollte, dass sie ein Tor, etwa dreihundert Meilen entfernt, in den Ausläufern der Slanga-Berge nutzten. Ein kleiner Trupp Elfen sollte sie dort erwarten und hinauf auf die Eisebene führen, von wo aus sie nach Phylangan segeln würden. Landoran erläuterte, es sei klüger, wenn die Menschen zunächst nur wenige Elfen sahen, um sich an sie zu gewöhnen. Und sie sollten das Land kennen lernen, in dem sie Krieg führen würden. Auch wollte man versuchen, sich schon auf der Eisebene mit den Kentauren zu vereinen. All dies klang sinnvoll, und doch hatte Ollowain das Gefühl, dass der Fürst nur Vorwände suchte, um sie möglichst lange von Phylangan fern zu halten.

Und der ganze Rat hatte Lyndwyn hofiert. Immer wieder musste sie den Albenstein zeigen. Und sie hatte drei oder vier Mal die erlogene Geschichte erzählt, wie Emerelle ihr den Stein anvertraut hatte. Waren sie alle blind? Oder vertrauten sie Lyndwyn, weil sie mit ihm gekommen war, dem aufrichtigen Krieger? Wieder und wieder kreisten seine Gedanken um diese Fragen.

Etwas drückte sanft auf seine Schläfen. Er war eingeschlafen. Hände legten sich zärtlich auf seine Wangen, glitten in seinen Nacken und begannen die verspannten Muskeln zu kneten.

Ollowain schlug die Augen auf. Über ihn beugte sich ein blasses Frauengesicht. Die Iris ihrer Augen war rot wie Blut. Das Haar streng zurückgesteckt, schneeweiß. Auch ihre Haut war von makellosem Weiß, sah man von den dünnen blauen Adern ab, die sich darunter abzeichneten. Ollowain hatte die Elfe noch nie zuvor gesehen. »Wer bist du?«

»Lysilla, aus dem Volk der Normirga«, sagte sie ruhig, während sie weiter seinen Nacken massierte.

Träumte er noch? Ollowain sah sich unsicher um. Die weiße Kammer war wie für ihn geschaffen. Zu vollkommen, um Wirklichkeit zu sein? Obwohl … Landoran wusste vielleicht noch, mit welcher Besessenheit er als Kind die Farbe Weiß verehrt hatte. Eine Zeit lang wollte er sogar nur weiße Nahrung zu sich nehmen.

Ollowain spannte den Nacken, um Lysilla, die hinter ihm stand, besser sehen zu können. Sie trug ein enges, blütenweißes Wickelkleid. Er musste lächeln. Das war ein Traum!

»Du willst mich also ansehen. Verspann dich nicht! Sag etwas!« Lysilla trat seitlich ans Bett. Ihre Hände legten sich angenehm warm auf seine Brust. Kurz presste sie seine Brustwarzen zwischen Daumen und Zeigefinger. Ein wohlig-warmes Schaudern durchlief Ollowain. Schon griffen ihre Hände nach seinem Hals. War das doch kein Traum?

»Wer schickt dich?«

»Niemand. Sie haben von dir erzählt, Ollowain. Aber niemand schickt mich.« Ihre Hände strichen über seine Augen. »Sieh mich nicht an. Sieh gar nichts an! Fühle nur. Solange du die Augen aufhältst, kannst du nicht frei sein.«

Ollowain gehorchte ihr zögernd. Lysillas Hände glitten wieder in seinen Nacken. Sie waren kräftig. Auf ihrer rechten Hand spürte er Schwielen. Die Haut ihrer Linken war weich. Er wusste, was das bedeutete. Er kannte nur eine Art von Arbeit, die allein der rechten Hand Schwielen einbrachte. Ollowain schlug die Augen auf und wollte sich aufsetzen, doch Lysilla drückte ihn zurück.

»Du bist Kriegerin, nicht wahr? Schwertkämpferin.«

Sie lachte. »Ich wäre nicht so vermessen, mich so zu nennen. Im Schwertkampf bin ich Schülerin. In dem, was ich gerade tue, bin ich besser, jedenfalls wenn man sich an meine Anweisungen hält.«

»Warum soll ich die Augen schließen?«, fragte Ollowain misstrauisch.

»Du wirst dich dann besser entspannen können. Und selbst die höflichen Lügner können es nicht wirklich lange ertragen, mir ins Antlitz zu sehen. Meine Augen … Sie beunruhigen die anderen. Etwas anderes zu sagen, ist höflicher Unsinn.«

Sie hatte Recht. Die dunkelrote Iris ihrer Augen war unheimlich. Ihr Blick eindringlich, abschätzend … sinnlich?

»Warum tust du das?«

Ihre Finger strichen über seine Lippen. »Frag nicht. Willst du etwas Wunderschönes erleben? Ein oder zwei vollkommene Stunden? Dann frag nicht.«

»Aber …«

»Vertrau mir. Worte zerstören die Schönheit des Augenblicks.« Sie nahm seine Hand. »Steh auf. Komm mit mir.« Lysilla ging hinüber in das Badegemach. Auf dem Boden standen Kristallfläschchen, die eben noch nicht dort gewesen waren. Noch immer lag der berauschend fremde Geruch in der feuchtwarmen Luft.

Sie deutete auf die Steinbank. »Leg dich dorthin. Es wird dir gefallen.«

Ollowain gehorchte. Er war neugierig. Nie zuvor hatte er jemanden wie Lysilla getroffen.

Der Stein des Marmortischs war erstaunlich warm. Er bettete sein Gesicht auf das Lederpolster. Etwas Öliges troff auf seinen Rücken. Dann waren da wieder ihre Hände. Kraftvoll und zärtlich. Geschickt massierte sie die verspannten Muskeln seines Nackens. Ihre Hände glitten seinen Rücken hinab. Sie beugte sich vor. Lysillas Leib berührte ihn. Sie trug kein Kleid mehr!

»Dreh dich um«, hauchte sie sanft.

Eine Strähne ihres Haars hatte sich gelöst und fiel ihr über die Schulter. Lysilla hatte kleine Brüste wie eine Kriegerin. Die Muskeln ihres rechten Arms waren stärker ausgeprägt. Was tat er? Er betrachtete sie mit den Augen eines Schwertkampflehrers.

Lysilla beugte sich wieder vor. Sie hob den Gürtel ihres Kleides auf. »Lass mich deine Augen verbinden, sonst kann der Zauber nicht gelingen.« Sie lächelte geheimnisvoll. »Hör auf zu denken. Fühle einfach nur noch.«

Ollowain ließ es geschehen. Sie legte den Stoff des Gürtels doppelt und zog die Augenbinde straff an. »Lausche auf das Rauschen des Wassers.« Lysilla legte ihm eine Hand auf die Brust, die zweite unter den Nacken, dann drückte sie ihn sanft nach hinten. Öl troff auf seine Brust. Ihre Finger spielten mit seinen Brustwarzen. Dann waren sie zwischen seinen Schenkeln. Sie umschloss seine Hoden. Ihr Griff wurde fester, bis ein süßer Schmerz ihn aufstöhnen ließ.

Ollowain fühlte sich schwindelig, obwohl er lag. Nun tasteten ihre Hände über seinen Bauch. Er bäumte sich auf, stöhnte. Es war, als zeichne sie Spuren aus Flammen auf seine Haut. Er wollte, dass ihre Finger wieder tiefer glitten. Und zugleich wollte er nicht, dass sie aufhörte mit dem, was sie gerade tat. Lysillas Haut fühlte sich weicher an. Das musste das Öl sein.

»Komm ins Wasser, ich führe dich.« Sie griff nach seiner Hand.

Willig setzte er sich auf. Sie nahm seine zweite Hand. Er ließ sich vom Marmortisch rutschen. Der Steinboden war kühl. Das Schwindelgefühl wurde stärker. Sich so völlig anzuvertrauen, war ein neues Gefühl für ihn. Unter den Wohlgerüchen, die dem Wasser entstiegen, musste ein Rauschmittel sein, vermutete er.

»Vorsicht, jetzt kommt eine Stufe.«

Ollowain lachte verlegen. Er war nicht mehr Herr seiner Sinne. Lysillas Stimme erklang neben ihm. Dabei ging sie doch vor ihm! Sie hielt ihn noch immer mit beiden Händen.

Schmeichlerisch warmes Wasser umfasste seine Knöchel. Sich behutsam mit den Füßen vortastend, stieg er tiefer in das Becken, bis ihm das Wasser bis über die Hüften reichte.

Lysilla zog ihn zu sich heran. Ihre Brüste drückten sich

gegen ihn. Ollowain spürte ihre Erregung. Die Schenkel der Elfe umklammerten seine Hüften. Ihre Lippen fanden einander. Er überschüttete sie mit leidenschaftlichen Küssen. Ollowain grub seine Zähne in das weiche Fleisch ihres Nackens, liebkoste ihre Brüste, tauchte unter und erkundete mit seiner Zunge verborgenste Winkel.

Lysilla zog ihn hinüber in seichteres Wasser. Ihr Liebesspiel wurde wilder. Wie kämpfende Wildkatzen fielen sie übereinander her. Ollowain widerstand der Versuchung, die Augenbinde abzunehmen. Obwohl sie längst von Wasser durchtränkt war, verbarg sie noch immer seine leidenschaftliche Gespielin vor seinen Blicken. Nie zuvor hatte er so etwas getan. In all den Jahrhunderten seines Lebens! Was hatte er versäumt! Und nie zuvor hatte er sich einer Elfe, die er erst eine Stunde kannte, hingegeben.

Seine bisherigen Liebesaffären waren stets ein langsames Herantasten gewesen. Eine scheue Suche nach Beweisen dafür, dass seine Zuneigung erwidert wurde, immer bereit, sich in jedem Augenblick in die trügerische Sicherheit der Einsamkeit zurückzuziehen.

Lysillas Leib erzitterte. Sie stieß ein langes, wollüstiges Stöhnen aus. Ihr Atem strich über sein Gesicht. Dann plötzlich biss sie ihm in die Unterlippe. Der metallische Geschmack von Blut füllte seinen Mund.

Ollowain bäumte sich auf. Lysillas Hände liebkosten seine Brust. Kein Wort hatten sie gesprochen, seit sie ins Wasser gestiegen waren. Die Sprache der Leidenschaft allein vermochte auszudrücken, was kein Wort hätte sagen können.

Lysillas Biss hatte Ollowain erschreckt und ihn doch noch weiter in Ekstase getrieben. Ihre Hände schienen jetzt überall zu sein. Sie diktierte ihm den Rhythmus ihrer Liebe, und er genoss es. Ollowain zögerte den Augenblick hinaus ... Den kurzen Moment des Verfließens.

Ganz gleich, wo ihre Finger über seine Haut glitten, er antwortete mit einem Erschaudern. Sein Leib schien ganz ihr zu gehören. Sie ließ ihn aufjauchzen oder sehnsüchtig nach der nächsten Berührung hungern. Und dann gab sie ihn frei, beendete die süße Folter. Er schrie auf, wieder und wieder. Bäumte sich auf und umklammerte sie. Ineinander verschlungen saßen sie im Wasser. Zu erschöpft zu neuer Leidenschaft. Ihre Hände streichelten seinen Rücken, so wie man es bei einem Kind tat, das man umarmte und trösten wollte.

Der Zauber war verflogen. Ihre Berührung setzte seinen Leib nicht mehr in Flammen. Sie war angenehm. Beruhigend. Langsam fand er zu seinem Verstand zurück. Eine warnende Stimme durchdrang den verebbenden Sog der Lust. Etwas stimmte nicht. Hatte die ganze Zeit über nicht gestimmt. Lysillas rechte Hand. Dort waren keine Schwielen mehr!

Erschrocken griff Ollowain nach der Binde und riss sie herab. Durch das Gitterwerk nasser, schwarzer Haarsträhnen sahen ihn lindgrüne Augen mit goldenen Sprenkeln an. Lyndwyns Augen!

»Das war der einzige Weg«, sagte sie leise. »Wir wären uns nie näher als auf der Brücke gekommen, als wir einander in die Augen sahen. Dein Verstand hätte dein Herz zum Schweigen gebracht.«

Ollowain konnte immer noch nicht fassen, was geschehen war. »Lysilla, wie …«

»Sie fand es … interessant. Landoran hatte beschlossen, sie dir zu schicken. Sie sollte dich massieren und … aufmuntern. Das waren seine Worte. Er sagte etwas davon, dass du ganz versessen auf alles bist, das die Farbe des Schnees hat. Deshalb Lysilla. Landoran scheint dich sehr gut zu kennen … Er weiß alles über dich. Ich konnte den Gedanken nicht ertragen, dass Lysilla dich …« Sie stockte.

»Für sie wäre es nur ein Spiel gewesen. Sie findet dich eben interessant. Ich … Ich habe sie überredet …«

Ollowain fühlte sich, als wäre er nackt in einen Schneesturm geraten. Obwohl es drückend warm war, schlang er die Arme um die Brust. Er konnte nicht glauben, was geschehen war. Und dass er es nicht bemerkt hatte! Was war nur mit ihm los? »Womit hast du Lysilla überredet?«, fragte er leise, zu verletzt, um barsch oder gar ausfallend zu werden.

»Sie wollen etwas von mir. Ich darf nicht darüber sprechen. Es ist kein Verrat. Ein Geheimnis …«

»Was?«

Lyndwyn erhob sich. »Ich darf es dir nicht sagen.« Sie strich sich das nasse Haar aus dem Gesicht. »Ich bereue es nicht, Ollowain. Es war richtig. Wenn du auf dein Herz hören könntest, dann wüsstest du es auch.«

»Was? Dass ich eine Verräterin und Diebin begehre? Du hast den größten Schatz unseres Volkes gestohlen! Und heute haben dich deine Lügen zur Herrin von Phylangan gemacht und mich …« Er fand keine Worte. Sie hatte ihn sich einfach genommen, so wie den Albenstein.

»Emerelle wäre noch in Vahan Calyd gestorben, wenn ich die Macht des Steins nicht genutzt hätte. Ich war zu schwach, um sie allein mit meiner Kraft zu heilen. Ich habe es versucht! Es hat mich fast umgebracht. Du hast es doch gesehen! Der Zauber mit dem Lichtvogel hatte meine Kräfte erschöpft. Was glaubst du, wie ich euch alle heilen konnte …«

»Mich hast du mit einem Dolchstoß in die Kehle geheilt. Was sollte das? Waren auch die Kräfte des Albensteins erschöpft, als die Reihe an mir war?«

Sie schüttelte den Kopf. Tränen standen in ihren Augen. »Wenn ich jemanden auf magische Weise heile, der mit dem Tod ringt, dann greife ich nach seinem Innersten. Ich teile seine Schmerzen, und manchmal erschließt sich mir seine Seele. Danach hatte ich mich gesehnt ... Aber es sollte nicht auf diese Weise geschehen. Dich zu kennen, sollte dein Geschenk an mich sein.«

»Schöne Worte«, sagte Ollowain bitter. »Ich wünschte nur, sie wären nicht von einer Diebin gesprochen. Wie sollte ich dir glauben, nachdem du mich auf diese Weise erobert hast?«

Sie senkte den Kopf. »Ja, wie solltest du mir glauben, mein weißer Ritter. Mein Vater hat mir die Geschichte von der Shalyn Falah erzählt. Wie du gegen die Trolle gekämpft und wie du dich geweigert hast, ihre Fürsten zu ermorden. Er hatte tiefen Respekt vor dir.«

»Natürlich«, schnaubte Ollowain. »Deine Familie schätzt jeden, der sich der Königin widersetzt.«

»Das war noch, bevor die Fehde mit Emerelle begann. Und so sehr ich sie verachtet habe, so sehr habe ich dich immer bewundert. Ich habe es vermieden, dir jemals zu begegnen, um meine Mädchenträume von dem weißen Ritter der Shalyn Falah zu behalten. Erst in Vahan Calyd habe ich dich gesehen. Ich war im Gedränge, auf der Straße, als man auf Emerelle geschossen hat. Und ich habe mitbekommen, wie du die Königin mit deinem Leib geschützt hast. In diesem Augenblick wusste ich, dass du tatsächlich so warst wie in meinen Träumen. Und ich konnte nicht mehr tun, worum mein Großvater mich gebeten hatte. Du musstest dir nie Sorgen machen, dass ich dich nach Arkadien entführen würde, wenn wir über die Albenpfade gingen. Ich kann dorthin nicht mehr zurück! Emerelle sollte sterben, nachdem sie sich gekrönt hatte. Und mein Lichtvogel sollte das Achterdeck so ausleuchten, dass mein Bruder sie nicht verfehlen konnte. Und wäre dies doch geschehen, hätte ich sie töten sollen. Aber ... Ich konnte es nicht mehr, nachdem ich dich gesehen hatte. Ich habe mich so vor die Königin gestellt, dass mein Leib sie vor dem Pfeil meines Bruders abschirmte. Und ich habe den Lichtvogel hinaus auf die See fliegen lassen. Es war kein Signal an die Trolle und ihre Schiffe. Versteh mich nicht falsch, ich habe Emerelle noch immer verachtet. Aber ich konnte mich nicht unter deinen Augen an ihrer Ermordung beteiligen. Ich …« Sie lachte. »So kindisch es ist … Nachdem du wirklich so warst, wie ich es mir immer vorgestellt hatte, wollte ich dir gefallen. Um jeden Preis. Ich wollte die deine sein.«

Ollowain sah sie fassungslos an. Konnte er ihr jetzt glauben? Er hatte mit seinem Misstrauen also die ganze Zeit Recht gehabt. Und zugleich hatte er sich geirrt. »Ich sollte dich nicht noch einmal in die Nähe Emerelles lassen.«

»Das musst du entscheiden. Als ich sie geheilt habe, bin ich ihrer Seele sehr nahe gewesen. Sie ist schrecklich, Ollowain.« Sie schauderte, und der Schwertmeister hatte einen Augenblick lang das Gefühl, als habe ein Schatten ihre Seele berührt. Lyndwyn war eine Intrigantin, und er traute ihren allzu kindlichen Liebesschwüren nicht, aber die Begegnung mit Emerelles Seele schien ihr wirklich Angst gemacht zu haben.

»Du kennst die Herrin nicht, der du dienst«, fuhr die Magierin fort. »Sie ist wahrlich eine Normirga. Jede Ethik oder Moral unterwirft sie einem einzigen Gedanken: Sie will Albenmark beschützen. Irgendwo jenseits der Albenpfade versteckt sich ein schrecklicher Feind, der selbst Emerelle Angst macht. Ihr Denken ist so sehr darauf ausgerichtet, ihn zu besiegen, dass sie jedes Opfer für dieses Ziel erbringt. Sie wusste, das Vahan Calyd angegriffen würde. Sie wusste auch, dass sie sehr schwer verletzt werden würde. Sie hat all dies in Kauf genommen, damit die Pfade, die in die Zukunft führen, nicht durcheinander geraten. Denn ob wir einst den alten Feind besiegen oder ob Albenmark vollkommen zerstört werden wird, hängt vom Leben einiger weniger ab. Und davon, wie der Krieg gegen die Trolle verläuft. Emerelle wollte, dass die Trolle in Vahan Calyd siegen.« Sie hielt inne und sah ihn direkt an. Ollowain schluckte. »Sie hat die Stadt geopfert und damit tausende Albenkinder! Ich habe sie geheilt. Ihr Körper weist keine Wunde mehr auf. Aber ihre Seele ist ein Hort unendlicher Qualen. Es gibt nur einen Grund, warum sie nicht erwacht: Sie flüchtet vor dem, was sie getan hat!«

Nun schüttelte Ollowain entschieden den Kopf. »Das sind die Lügen einer Diebin und Mörderin!«

Lyndwyn sah ihn lange an. Ihre Augen waren wunderschön. Sie schienen so unschuldig.

»Ich weiß, dass du mich als Verräterin sehen musst, um weiterhin der weiße Ritter von der Shalyn Falah zu sein.« Sie erhob sich und watete durch das seichte Becken.

Ihr Anblick erregte ihn. »Wohin gehst du?«, fragte Ollowain gereizt.

»Ich werde nun meinen Preis für das eine Mal zahlen, dass ich dich wirklich getäuscht habe. Du weißt ja, man sagt: Leidenschaft ist das, was Leiden schafft. Lebe wohl, mein weißer Ritter.« Sie trat durch die Tür und verließ das Bad.

Ollowain betrachtete die Augenbinde, die vor ihm im Wasser trieb. Er fühlte sich immer noch blind. Unfähig zu sagen, was Trug und was Wirklichkeit war. Hatte sie ihn belogen? Hatte Emerelle von dem Angriff der Trolle auf Vahan Calyd gewusst? Die seltsame Sänfte schien Lyndwyns Worte zu bestätigen. Zumindest schien Emerelle gewusst zu haben, dass sie in dieser Nacht fliehen musste und ein Boot brauchen würde. Auch wenn er ihre Beweggründe im Augenblick nicht verstehen konnte, war er sich gewiss, dass Emerelle stets nur zum besten Albenmarks handeln würde.

»Lyndwyn?«

Er bekam keine Antwort. Sie hatte wohl Recht. Sehenden Auges hätte er sich niemals auf eine Affäre mit ihr eingelassen. Es hatte sich alles so richtig angefühlt. So vollkommen … Nie zuvor hatte er so leidenschaftlich eine Frau geliebt. Und auch ihre Leidenschaft schien nicht vorgetäuscht gewesen zu sein. Stimmte ihre Geschichte? Immer wieder gingen ihm ihre Worte durch den Sinn: *Leidenschaft ist das, was Leiden schafft.*

EIN GESPRÄCH IN DER NACHT

Das Wissen um das, was kommen musste, ließ Alfadas keine Ruhe. Er hatte sogar überlegt, Asla und die Kinder nach Albenmark mitzunehmen und dort vor den Trollen davonzulaufen. Doch wohin sollte er gehen als Mensch unter Albenkindern? Zu viele kannten ihn. Wer würde den Ziehsohn Emerelles aufnehmen, wenn die Trolle die Königin verfolgten? Wie Alfadas es auch drehte und wendete, seine Lage war hoffnungslos. Wenn Asla in Firnstayn blieb, dann war sie wenigstens unter Freunden. In dem Dorf, in dem sie aufgewachsen war, würde sie noch am leichtesten darüber hinwegkommen, wenn er nicht wiederkehrte.

Es war dunkel, als Alfadas den schmalen Weg zum Fjord hinabging. Eine unscheinbare Hütte nahe dem Wasser war sein Ziel. Hinter dem dünn geschabten Leder, das das einzige Sonnenloch in den Wänden gegen den Wind abschirmte, brannte gelbes Licht.

Unschlüssig blieb der Jarl kurz vor der Hütte stehen. Tat er das Richtige? Er legte den Kopf in den Nacken, um nach den Sternen zu sehen, als wüssten sie eine Antwort. In weiten Bögen zog das geisterhaft grüne Feenlicht über den Himmel. Wehmütig dachte Alfadas an die Märchen, die ihm sein Vater auf ihrer gemeinsamen Reise über solche Nächte erzählt hatte. Dann kamen die Elfen und Trolle in die Welt der Menschen, hieß es. Für diesen Herbst waren die Märchen Wirklichkeit geworden. Und seine Freundschaft zu den Elfen hatte ihm kein Glück gebracht.

Alfadas trat entschlossen vor die Tür der kleinen Hütte. Er musste die Dinge in dieser Welt in Ordnung bringen, bevor er nach Albenmark ging. Hinter der Tür hörte er Kalf summen und geschäftig rumoren. Als Alfadas klopfte, verstummte die Melodie. Die Tür schwang auf. Kalf sah ihn überrascht an. Der stattlich gebaute Fischer kam langsam in die Jahre. Sein langes blondes Haar war an den Schläfen ein gutes Stück zurückgewichen. Fältchen hatten sich um seine Augen und Mundwinkel eingenistet. Alfadas wusste, dass er nicht gerade der liebste Gast des Fischers war, dennoch wurde er freundlich hereingebeten. Verlegen räumte Kalf einige Kleider zur Seite, die auf dem Boden verstreut lagen.

Die kleine Hütte verströmte einen intensiven Fischgeruch. Auf dem Tisch lagen drei schlanke, silberne Leiber. Ihre Bäuche waren aufgeschlitzt. Kalf hatte damit begonnen, die Schuppen abzuschaben.

»Die ersten Salme«, stellte Alfadas überrascht fest.

Kalf grinste wie ein kleiner Junge, dem ein Streich gelungen war. »In diesem Jahr sind sie dir durchgegangen, Jarl. Sie kamen mit der Dämmerung den Fjord hoch. Noch sind es nur einzelne. Die ersten Späher des großen Fischzugs.«

Eifersüchtig betracht Alfadas die Salme. Die Silberernte hatte begonnen, und er musste fort. Abertausende Salme würden in den nächsten zwei Wochen den Fjord hoch ziehen und weiterwandern, die kleinen Flüsse und Bäche hinauf in die Berge. Sie brachten dem Dorf eine zweite Ernte. Ihr zartes rotes Fleisch würde Firnstayn über den Winter bringen. Schon morgen würden die Feuer in den dunklen Räucherschuppen entfacht werden.

Alfadas ließ sich auf einem Schemel nieder. Es hieß, wer den ersten Salm fing, dem stünde ein gutes Jahr bevor. Er war also bei dem richtigen Mann.

»Geht es gut mit den Kindern?«, fragte Kalf unbeholfen.

»Ja … Nein.« Alfadas rückte seinen Schwertgurt zurecht. Der Griff der Waffe drückte unangenehm in seine Seite. »Es geht den Kindern gut, aber mir geht es schlecht. Ich versuche, es sie nicht merken zu lassen. Ulric werde ich morgen mit mir nehmen, wenn ich nach Honnigsvald reite, um das Heer zu formen. Ich möchte den Jungen noch um mich haben. Kadlin ist zu klein … Und Asla kann nicht fort von hier. Die Salme … Das Dorf braucht in den nächsten zwei Wochen jedes Paar Hände, das arbeiten kann.« Er starrte trübsinnig in das halb herabgebrannte Feuer. »Ich wünschte, ich könnte auch hier sein.«

Kalf nahm sein Messer und zerlegte einen der großen Salme. Er schob die großen Fischstücke auf Spieße und hängte sie über das Feuer. Beide Männer schwiegen. Zischend troff Fett in die Glut.

Alfadas wusste zu schätzen, dass der Fischer ihn nicht mit Fragen bedrängte. Kalf holte einen Kanten altbackenes Brot aus einem Leinenbeutel und legte es auf den Tisch. Dann füllte er einen schlichten hölzernen Becher aus einem Krug.

»Ich bin wegen Asla hier«, brach der Jarl das Schweigen.

Die klaren, blauen Augen des Fischers verengten sich. »So.« Das war alles, was er dazu sagte.

Alfadas wusste, wäre er nicht in jenem Spätsommer vor acht Jahren nach Firnstayn gekommen, dann hätte Asla sich für Kalf entschieden. Der Fischer war damals Jarl. Und Kalf war beliebt im Dorf, obwohl … oder vielleicht auch gerade weil er jemand war, der gemeinhin nicht viele Worte machte.

Der Zauber des Fremden hatte Asla in den Bann geschlagen, als Alfadas mit seinem Vater und den Elfen gekommen war. Nacht für Nacht hatte sie an seinen Lippen gehangen, wenn er am Ufer am Feuer saß und allen Neugierigen von den Abenteuern erzählte, die er mit Mandred und den Elfen erlebt hatte.

Inzwischen war der Zauber des Fremden zu ihrem Fluch geworden, dachte Alfadas bitter. Das war es, was zwischen ihm und seinem Weib stand. Mehr noch als die langen Kriegszüge im Dienste des Königs, die ihn oft für viele Monde in die Ferne führten.

»Wirst du nach Asla sehen?« Alfadas sprach sehr leise. Es kostete ihn große Überwindung, die Worte überhaupt herauszubringen.

Kalf liebte Asla noch immer. Er hätte jede junge Frau im Dorf haben können. Selbst jetzt noch, wo er langsam in die Jahre kam. Seine Beliebtheit war ungebrochen, auch wenn sie ihn nicht mehr zum Jarl wählten.

Aber der Fischer hatte es vorgezogen, allein zu bleiben. Alfadas war sich sicher, wenn es Asla nicht gegeben hätte, wären sie beide Freunde geworden. Er empfand großen Respekt vor Kalf, auch wenn er es nicht schätzte, ihn bei seinem Haus zu sehen.

Kalf sah ihn eindringlich an. »Asla ist ein Weib, das sehr gut auf sich allein Acht geben kann, Jarl. Du weißt das.«

»Ich war noch nie im Winter weg.« Alfadas dachte daran, wie er in den letzten Jahren während der dunklen Tage am Feuer gesessen und geschnitzt hatte. Oder wie er mit Ulric über Tische und Bänke getobt war, um wilde Holzschwertduelle auszutragen. Der Winter hatte stets die Wunden des Sommers geheilt. Ganze Nächte hatte er mit Asla im Arm dagelegen und auf das Heulen des Sturmwinds gelauscht. Und sie hatten sich geliebt. Fast jede Nacht. Im Winter hatte er ihr der Mann sein können, den sie sich wünschte.

»Es wird schwer sein für Ulric.« Alfadas' Stimme klang rau wie manchmal morgens, wenn er in der Nacht zuvor zu viel Met getrunken hatte. »Er hat sich auf den Winter mit mir gefreut. Ich hatte ihm versprochen, ihn mit in die Berge auf die Jagd zu nehmen. Wirst du ihm das Jagen beibringen, Kalf?«

Der Fischer lächelte freundlich. »Man lernt das Jagen nicht in einem einzigen Winter. Ich nehme ihn gern mit auf die Pirsch … Aber gräme dich nicht. Du wirst dem Jungen noch eine Menge beibringen können, wenn du wiederkommst.« Kalf nahm einen der Spieße vom Feuer und legte ihn vor dem Jarl auf den Tisch. »Diesmal hast du nicht den ersten Salm des Herbstes gefangen, aber es würde mich freuen, wenn du als Erster von der Silberernte kosten würdest.«

Alfadas wusste die Geste zu schätzen. Vorsichtig biss er vom heißen Fisch ab. Er war köstlich saftig. Fett rann dem Jarl von den Mundwinkeln.

Auch Kalf aß nun. »Wird ein gutes Jahr für Fische«, verkündete er auf beiden Backen kauend.

Alfadas nickte stumm. Hatte Kalf die Andeutung mit der Jagd nicht verstanden? Kein Mann am Fjord würde einen anderen darum bitten, seinen Sohn die Kunst der Jagd zu lehren, es sei denn …

Er kam wohl nicht umhin, klare Worte zu sprechen! Andeutungen waren hier fehl am Platz. Er würde keine Ruhe finden, wenn er sich nicht sicher sein konnte, dass Kalf ihn verstanden hatte.

»Jeder Sieg wird mit Toten erkauft«, sagte er unvermittelt.

Kalf sah ihn einfach nur an und aß weiter.

»Wenn mir etwas zustößt, dann möchte ich, dass du nach meiner Familie siehst! Ich weiß, wenn du meinen Sohn aufziehen würdest, würde er ein guter, aufrechter Mann werden. Asla denkt sicher genauso.«

Kalf legte seinen Fischspieß zur Seite. »Du bist der beste Schwertkämpfer des Fjordlands. Wer sollte dich bezwingen?«

»Dort, wo wir hingehen werden, war ich nicht mehr als ein begabter Schüler. Gegen die Trolle in den Krieg zu ziehen, das ist so aberwitzig, als würde ich dir befehlen, eine stürzende Eiche aufzufangen. Ganz gleich, wie geschickt und stark du bist, der riesige Stamm wird dich zermalmen, wenn du ihm im Weg bist. So wird es sein, wenn wir uns den Trollen in den Weg stellen.«

Kalf runzelte die Stirn. »Das musst du dem König sagen.«

»Er weiß es.«

Der Fischer schüttelte den Kopf. »Das macht doch keinen Sinn.«

»Er will mich loswerden, Kalf. Mich und viele andere Krieger.«

»Du bist nie besiegt worden, Jarl. Warum sollte er dich in den Tod schicken? Er würde sich selbst schaden, wenn er dich opfert. Ich bin sicher, du wirst wiederkehren.«

Alfadas seufzte. Kalf hätte allen Grund, nicht unglücklich zu sein, wenn er nicht wiederkehrte. Schließlich war er es gewesen, der das Leben des Fischers aus der Bahn gebracht hatte. Und jetzt versuchte Kalf, ihm Mut zu machen. Er war der richtige Mann!

»Ich weiß, dass du Asla noch immer liebst.«

»Was hat das mit deinem Krieg zu tun?«

»Wenn sie Hilfe braucht, dann sei für sie und die Kinder da. Das ist alles, worum ich dich bitten möchte.«

»Das war ich immer schon«, entgegnete er sanft.

Der Tonfall, in dem Kalf das sagte, versetzte Alfadas einen Stich. »Und du hast schon Recht. Ich bin verdammt schwer umzubringen. Vergiss das nicht.«

Der Fischer lächelte entwaffnend. »Nicht ich bin der Mann, den du davon überzeugen musst.«

Alfadas hatte einen Kloß im Hals. Dieser verdammte Mistkerl! Er hatte doch allen Grund, sich seinen Tod zu wünschen. Der Jarl öffnete den Lederbeutel an seinem Gürtel und legte einen verschrumpelten Vogelfuß, groß wie eine Kinderhand, auf den Tisch. Ein langer Riemen war daran befestigt.

»Was ist das?«, fragte Kalf verwundert.

»Das Geheimnis, warum die Fische bei mir besser beißen als bei dir. Er ist aus Albenmark. Ich habe ihn von meinem Vater. Der hat ihn einem Pferdemann abgeschwatzt. Ich weiß nicht, zu welchem Vogel dieser Fuß gehört, aber er vermag Fische anzulocken. Man muss ihn nur ins Wasser hängen, still stehen und ein wenig warten.«

Kalf nahm den Fuß, drehte ihn zwischen den Fingern und sah ihn sich von allen Seiten an. »Und ich hatte schon mit den Göttern gehadert, weil du auch noch ein besserer Fischer warst als ich. Hoffe nicht darauf, dass ich ihn dir zurückgebe, wenn du im nächsten Frühjahr wiederkehrst.«

Kalfs Zuversicht hatte etwas Ansteckendes. »Ich werde mir einfach einen neuen Vogelfuß aus Albenmark mitbringen. Glaube nicht, dass ich dich kampflos zum König der Fischer werden lasse.« Der Jarl lachte. Aber plötzlich war die Angst wieder da. Wie ein großer Eisklumpen saß sie in seinem Bauch.

REBELLEN, BAUERN UND AUFRECHTE

»Da ist wieder diese Frau«, sagte Ulric leise. Der Junge saß vor Alfadas im Sattel und deutete auf die schlanke Gestalt, die ein Stück voraus halb verborgen im Schatten einer Birke stand. Alfadas und Ulric hatten Honnigsvald fast erreicht. Den ganzen langen Weg über war ihnen Silwyna gefolgt.

»Wie kann sie so schnell sein wie wir auf einem Pferd?«

»Sie ist eine Maurawani«, erklärte Alfadas. »Silwyna gehört zu einem Elfenvolk, das in den Wäldern lebt. Sie hat viel Geschick darin, Abkürzungen zu finden, und wir haben uns ja auch nicht gerade beeilt.«

»Diesmal läuft sie nicht fort, Vater. Was will sie von uns?«

»Das werden wir sie fragen.« Die Elfe wartete, an den bleichen Birkenstamm gelehnt. Ihr schwerer Zopf lag ihr wie eine Schlange um den Hals. Sie trug jetzt eine Hose und ein Hemd aus hellem Hirschleder. Die zerrissenen Kleider, mit denen sie ins Fjordland gekommen war, waren verschwunden. Wehmütig dachte Alfadas daran, dass sie ihm einst auch einmal ein Lederhemd geschenkt hatte. Es hatte Fransen gehabt, die verhinderten, dass Wasser durch die Nähte drang. So unendlich lange schien es her zu sein, dass sie gemeinsam durch die Wälder Albenmarks gestreift waren.

»Du hältst dich gut im Sattel, Junge«, sagte die Elfe freundlich.

»Mein Vater wird mir ein Pony schenken, wenn wir in Honnigsvald sind«, erklärte Ulric stolz. »Warum folgst du uns? Und warum bist du nicht bei deiner Königin wie Yilvina?«

»Ich werde deinem Vater helfen, wenn er die Krieger aussucht, die mit ihm gehen. Außerdem sollen sie schon einmal eine Elfe gesehen haben, bevor sie in mein Land kommen. Und was die Königin betrifft, ist eine Leibwächterin mehr als genug für jemanden, der im Haus eines Freundes ruht. Wir würden deine Eltern beleidigen, wenn stets bewaffnete Wachen um die Königin stünden. Schließlich sind wir hier doch nicht unter Feinden.«

Ulric nickte kurz. »Warum kämpfen bei euch die Frauen? Bei uns gibt es so etwas nicht.«

Für einen Augenblick wirkte die Maurawani brüskiert. »Unter uns Elfen gibt es so wenige Männer, dass sie ohne die Hilfe der Frauen nicht siegen können«, antwortete sie schließlich spitz.

»Führt ihr denn viele Kriege?«

»Es reicht, Ulric. Es ist unhöflich, jemanden so auszufragen.«

»Lass ihn nur. Dein Sohn möchte mich halt kennen lernen.« Silwyna ging mit langen Schritten neben ihnen her, während sie weiter einem schmalen Wildwechsel durch den Wald folgten. Die Bäume hatten ein Feuerwerk der Farben entfacht. Jeder Luftzug ließ tausende Blätter herabregnen. Rot, Purpur und Gold umspielte sie. Der Wald feierte ein letztes Fest, bevor die lange Zeit der Dunkelheit und der Stürme begann.

Alfadas war überrascht, wie geduldig Silwyna auf alle Fragen seines Sohnes antwortete. Sie hatte sich verändert. Äußerlich merkte man ihr nichts an … Oder war er es, der sich verändert hatte? Sah er sie mit anderen Augen? Es gab eine Zeit, da hatte er sie gehasst. Sie hatte ihn gelehrt, was es hieß zu leiden. Und trotz allem war sie noch immer seinem Herzen nahe. Sie zu sehen reichte, um all die lang begrabenen Gefühle wiederzubeleben.

»Mein Großvater erzählt, es gebe Elfen, die wie Eichhörnchen auf den Bäumen laufen können«, sagte Ulric. »Stimmt das?«

»Mein Schwiegervater ist ein geschwätziger Greis«, entschuldigte sich Alfadas.

»Mir scheint, der Junge weiß mehr von Albenmark als du, obwohl er die Wunder meiner Welt nie gesehen hat.«

»Ja, Großvater kennt so viele Geschichten!«, bestätigte Ulric begeistert. »Wenn Vater nicht zu Hause ist, kommt er jeden Abend und erzählt uns von der Königin und Elfen, von Großvater Mandred, den Pferdemännern und von Trollen.«

Er musste mit Erek reden, dachte Alfadas wütend. Es hatte einen Grund, wenn er selbst seinen Kindern nie von Albenmark berichtete, so sehr sie ihn auch bedrängten. Er wollte nicht die Sehnsucht nach dieser fernen Welt in ihre Herzen pflanzen. Sie sollten nicht so wie er immer wieder zum Steinkreis auf dem Hartungskliff blicken und von einer Welt träumen, die sie aus eigener Kraft nicht erreichen konnten.

»Möchtest du erleben, wie es ist, auf den Wipfeln der Bäume zu laufen, Ulric?«, fragte Silwyna.

»Du würdest mich mitnehmen?«

»Wenn du dir zutraust, auf meinem Rücken zu reiten. Dein Vater muss es natürlich erlauben.«

Alfadas seufzte. Wie sollte er es jetzt noch verbieten! Die Maurawani sah ihn mit ihren Wolfsaugen an. Er hatte den Eindruck, dass es ihr viel bedeuten würde, mit seinem Sohn in die Bäume zu steigen. Ob sie Asla um ihre Kinder beneidete? Der Jarl dachte an einige der unschönen Geschichten, die man sich über die Elfen erzählte. Dass sie Kinder stahlen. Auch ihn hatten sie geholt. Würde Silwyna so etwas tun? Es gab einmal eine Zeit, da hatte er geglaubt, in ihren Augen lesen zu können, sie zu kennen. Jetzt wusste er es besser.

»Bitte, Vater! Sag doch ja«, drängte Ulric.

»Wir sehen uns unten am Fjord«, brummte er schließlich. Die Elfen waren ihn damals nicht ohne Grund holen gekommen. Sein eigener Vater, Mandred, hatte ihn an Emerelle verkauft. Silwyna würde gut auf Ulric Acht geben.

Die Elfe reichte ihm ihren Bogen, den Köcher und die Jagdtasche, die sie über die Schulter geschlungen trug. Voller Begeisterung kletterte Ulric auf ihren Rücken. Er schlang seine Beine um ihre Hüften und legte ihr die Arme um den Hals.

»Du solltest deiner Mutter nichts von diesem Ausflug erzählen«, ermahnte ihn Alfadas.

Ulric grinste verschwörerisch.

»Mach dir keine Sorgen, ihm wird nichts geschehen«, sagte Silwyna in der Sprache ihres Volkes. »Ich bringe ihn dir wohlbehalten zurück.«

Es war ein seltsames Gefühl, Ulric mit der Elfe ziehen zu sehen. Mit jener Frau, die Alfadas einmal bis zum Wahnsinn geliebt hatte. Sie lief mit dem Jungen in den Wald hinein und war binnen Augenblicken verschwunden.

Langsam lenkte der Jarl seinen Grauen den Hang abwärts, dem Fjordufer entgegen. Es dauerte fast eine halbe Stunde, bis er das Wasser erreichte. Ulric und Silwyna erwarteten ihn schon. Sein Sohn kam ihm strahlend entgegengelaufen. Er wirkte jedoch ein wenig blass. »Wir haben ein Eichhörnchen überholt«, jubelte er. »Und jede Menge Nester haben wir gesehen. Silwyna hat mit einem Raben gesprochen.«

Alfadas zog seinen Sohn vor sich in den Sattel und gab der Elfe ihre Waffen zurück. Silwyna wirkte bedrückt. »Einen guten Jungen hast du da großgezogen«, sagte sie, sonst nichts.

Eine Stunde später erreichten sie die Fähre und ließen sich nach Honnigsvald übersetzen. Die drei Brüder, denen Alfadas beim letzten Mal begegnet war, waren verschwunden. Eine geschwätzige Alte ruderte sie in einem flachen Nachen über den Fjord. Verstohlen blickte Alfadas in die dunklen Fluten. Tief unter dem Kiel des Bootes schimmerte es silbern. Hunderte Fische schwammen nach Norden.

Am anderen Ufer hatte sich eine Menschenmenge versammelt. Ein großer, vierschrötiger Krieger mit kurz geschorenem Haar stand auf einem Felsblock und sprach zu denen, die dem Ruf des Königs gefolgt waren. Der Jarl kannte den Mann. Es war Ragni, einer der Leibwächter des Königs. Der Krieger winkte ihm zu.

»Dort kommt der Herzog! Seht ihn euch an! So sieht ein Sieger aus!«

Alle drehten sich um. Alfadas erkannte einige altgediente Kämpen in der Menge, Gefährten vergangener Kriegszüge. Doch es waren auch viele Männer dabei, die als Waffen nur umgeschmiedete Sensen, Hämmer oder Äxte trugen. Verarmte Bauern, Tagelöhner, Handwerker, die ihre Geschäfte verloren hatten. Junge Männer, die das Abenteuer suchten, Laufburschen. Auch die drei Brüder von der Fähre waren unter ihnen. Das war kein Heer. Es war eine Versammlung der Hoffnungslosen, jener, die im Fjordland unter dem alternden König Horsa nichts mehr zu gewinnen hatten.

»Werden die alle auf dich hören, Vater?«

»Das hoffe ich doch.« Alfadas schwang sich aus dem Sattel, gab Silwyna die Zügel und sagte dann in ihrer Sprache:

»Geh mit dem Kleinen zum Wald dort drüben. Ich möchte nicht, dass er hört, was ich den Männern zu sagen habe.«

Die Elfe nickte. Alfadas musterte sein *Heer.* Kaum siebenhundert Mann hatten sich hier versammelt, schätzte er. Ihm fiel eine Gruppe von Kriegern auf, die in Ketten gelegt war. Ein schwarzhaariger Kerl, dem ein Schwertstreich die Nase zerschnitten hatte, war die auffälligste Gestalt unter ihnen. Noch ein alter Bekannter, dachte der Jarl. »Na, Lambi. Hattest du wieder einmal Ärger mit den Weibern?« Die Männer ringsherum grinsten.

»Wenn der König Weiber geschickt hätte, um mich herzubitten, dann wäre das hier nicht nötig gewesen.« Er hob die Hände, sodass man die schweren Eisenringe sehen konnte, mit denen er gefesselt war. »Lass mich laufen, Alfadas. Dann werde ich den grünen Jungs hier auch nicht erzählen, was ein Winterfeldzug bedeutet.«

»Wenn ich dich gehen ließe, hätte ich die Kampfkraft meines Heers halbiert«, entgegnete der Jarl leichthin. »Wir wollen doch nicht, dass es dieser prächtigen Truppe so ergeht wie deiner Nase. Wie konnte das nur passieren?«

»Die Bastarde des Königs haben mich im Schlaf erwischt!« Er deutete auf Ragni. »Und diese schwanzlose Memme hat sie angeführt.«

»Er hat sich einem Befehl des Königs widersetzt!«, entgegnete Ragni. »Er hat es herausgefordert. Seine Güter sind eingezogen. Wenn er hier bleibt, wird er gehängt. Er sollte Horsa dankbar sein, dass er mit dir gehen darf.«

»Und was machst du hier, Ragni?«

»Horsa hat mich zum Kriegsjarl berufen. Wenn ich wiederkehre, werde ich einen großen Hof bekommen. Ich soll dir als Unterführer zur Seite stehen.«

»So sei es!« Dich hat das alte Schlitzohr billig bekommen, dachte Alfadas bei sich. Er stieg auf den Felsklotz, damit alle Männer ihn sehen konnten.

»Jeder von euch, der schon einmal in einer Schlacht gekämpft hat, hebe jetzt den Schwertarm.« Das Ergebnis war niederschmetternd. Nicht einmal jeder Zehnte meldete sich. Und ein großer Teil der erfahrenen Krieger war in Ketten hierher gebracht worden. Die Angeketteten würden niemals auf Ragni hören. Auch die Habenichtse würden dem Leibwächter, den man mit einem Titel und dem Versprechen auf Land eingefangen hatte, nur mit halbem Herzen folgen. Er brauchte noch mehr Unterführer, und er musste ein Zeichen setzen, um der Truppe mehr Zusammenhalt zu geben.

»Schaffst du es, mit einer halben Nase auf diesen Felsen zu klettern, Lambi?«

»Ich schaffe es sogar, dir dort oben in den Arsch zu treten, wenn du noch ein Wort über meine Nase verlierst, Herzog!«

Alfadas streckte ihm die Hand entgegen und zog ihn auf den Stein. »Darf ich euch Lambi, *über dessen Nase man nicht spricht,* einen eurer Kriegsjarls vorstellen! Ich kenne ihn als guten Kämpfer und klugen Anführer. Hört auf das, was er herausbringt, wenn er gerade mal nicht flucht. Das könnte eines Tages euer Leben retten.«

»Ich glaube nicht, dass ich eine gute Wahl bin.« Lambi machte sich nicht die Umstände, leiser als sonst zu reden. »Ihr könnt es alle gerne hören: Ich verspreche unserem Herzog, dass ich abhauen werde, sobald ich Gelegenheit dazu habe. Wer freiwillig nach Albenmark geht, um dort gegen riesenhafte Trolle zu kämpfen, der muss wahnsinnig sein!«

Alfadas klopfte ihm auf die Schulter. »Wie ihr hört, ist unser neuer Kriegsjarl ein Freund des offenen Wortes. Deshalb hat er auch eine offene Antwort verdient. Du wirst als der erste Kriegsjarl in die Geschichte des Fjordlands eingehen, der seine Männer in Ketten ausbildet und in Ketten zum Schlachtfeld geführt wird. Aber glaubt mir, davon abgesehen ist Lambi ein zuverlässiger Mann, wenn ihr ihm kein Geld leiht, ihn nicht mit der Frau, die ihr begehrt, allein lasst, oder ihm dummerweise den Rücken zudreht.«

Ein Teil der Männer lachte. Vermutlich jene, die Lambi noch nicht kannten und glaubten, er habe gerade einen Scherz gemacht, dachte Alfadas. »Mag von Honnigsvald, komm herauf zu uns. Auch du wirst einer meiner Kriegsjarls sein.«

Der junge Fährmann war offensichtlich nicht begeistert von seiner Beförderung. Seine beiden Brüder schoben ihn nach vorne. Als er endlich auf dem Fels neben Alfadas stand, hatte Mag einen hochroten Kopf. Wie eine Maus die Katze, so starrte er die Menge an.

»Wie ihr seht, ist Mag kein großer Redner. Manche von euch mögen sich auch fragen: Was hat dieser junge Kerl, dass wir uns von ihm etwas sagen lassen sollen? Die Antwort darauf ist einfach. Seht in sein Gesicht. Seht den Halbmond dort!«

Mag fuhr zu Alfadas herum. Blanker Zorn stand ihm in den Augen. »Ich brech dir …«

Der Jarl beachtete ihn nicht. »Wir alle müssen lernen, Männer wie Mag zu werden. Für mich ist der Halbmond, den er trägt, nicht das Schandmal des Diebes, es ist ein Ehrenzeichen. Er wurde gebranntmarkt, weil er Brot für sich und seine Brüder gestohlen hat. Er wusste, welches Wagnis er einging. Er wusste, dass er nicht die Kraft hatte davonzulaufen, wenn man ihn erwischte! Und dennoch hat er es getan. Ich möchte, dass ihr werdet wie er! Dass ihr für eure Waffenbrüder ohne zu zögern jedes Wagnis eingeht. Wenn jeder Mann in diesem Heer diesen Mut hat, dann werden einige wenige von uns es vielleicht schaffen, aus Albenmark zurückzukehren. Ich werde euch nichts vormachen, Männer.« Er ließ den Blick über die bunt zusammengewürfelte Schar wandern. »Abgesehen von ein paar verdienten Kriegern wie Lambi seid ihr alle freiwillig hier. Wenn ihr mit mir nach Albenmark geht, dann wird vielleicht einer von zehn überleben. Vielleicht werden wir auch alle verrecken. Und ich kann euch nicht einmal versprechen, dass ihr dort reich werdet. Wir werden gegen Trolle kämpfen. Diese Ungeheuer horten keine Schätze. Dafür werden sie euch bei lebendigem Leib fressen, wenn sie euch zu fassen bekommen. Ihr alle habt sicher schon Geschichten über Elfen gehört. Sie sind Wunderwesen. Kein Mensch kann sie im Kampf besiegen. Das stimmt. Morgen werde ich euch eine Elfe zeigen. In ihrem Volk gilt sie als unvergleichliche Bogenschützin und schlechte Schwertkämpferin. Und doch wette ich, dass sich hier auf dem Platz höchstens ein oder zwei Krieger finden, die es mit ihr im Schwertkampf aufnehmen können.«

»Ich wette, dass ich sie grün und blau prügeln werde, wenn du mir meine netten Armreife abnimmst!«, rief Lambi.

Einige Männer lachten. Alfadas war zufrieden. Kerle wie Lambi fanden immer schnell Gefolgschaft. »Gut, mein Freund, ich nehme die Wette an. Wenn du die Elfe Silwyna im Übungskampf besiegst, dann nehme ich dir die Ketten ab, und du kannst dich davonmachen. Aber vergiss nicht, dass der König dir ein Halsband aus Hanf versprochen hat, wenn du nicht nach Albenmark gehst.«

»Ich kenne Horsa als einen Mann, der viel verspricht und wenig hält. Wenn ich so dumm bin, mich noch einmal von seinen Häschern schnappen zu lassen, dann habe ich es nicht besser verdient, als zu hängen. Sollte es deine zarte Elfe aber schaffen, mich zu besiegen – vielleicht weil ich mich in ihren wunderschönen Augen verliere und zu kämpfen vergesse –, dann verspreche ich, keinen Fluchtversuch zu unternehmen, solange wir in Honnigsvald sind.« Lambi griff sich mit beiden Händen in den Schritt und ließ dabei seine Hüften kreisen. »Wo sind die Skalden? Hört her, das wird besser als jede Heldensage, die Geschichte von Lambi und dem Elfenmädchen. Nun, Herzog, schlägst du auf diese Wette ein? Oder willst du dein zartes Elfenmädchen vielleicht doch lieber vor einem echten Fjordländer verstecken?«

Alfadas streckte ihm die Hand entgegen, und der Kriegsjarl schlug klatschend ein. »Ich hoffe, dass du, zumindest was Wetten angeht, ein Ehrenmann bist.«

Lambi grinste breit. »Ich verspreche dir, du wirst es herausfinden.«

Rebellen, Bauern und ein paar Aufrechte – welch ein Heer, dachte Alfadas. Sie sollten wissen, was auf sie zukam. Wenigstens das! »Morgen werdet ihr sehen, wie Elfen kämpfen. Ihr werdet beeindruckt sein. Doch diese Elfen, denen kaum einer von uns gleichkommt, haben schon viele Schlachten gegen die Trolle verloren. Sie fürchten sie als schreckliche Feinde. Ein Troll hat die Stärke von vier oder fünf Männern. Wer den Fehler macht, einen ihrer Hiebe zu parieren, der wird zerschmettert. Sie kennen keine Furcht. Wenn fünf von euch es schaffen, in einer Gruppe zusammen zu kämpfen und sich gegenseitig zu schützen, dann seid ihr dem Troll gerade einmal gleichwertig. Diese Ungeheuer sind fast doppelt so groß wie wir. Die Kälte des Winters macht ihnen nichts aus, und sie kämpfen darum, ihre alte Heimat zurückzuerobern. Wenn man uns nach Albenmark schickt, dann ist es so, als steckte man ein Kind in einen Bärenkäfig, kehrte ihm den Rücken und käme erst am nächsten Tag vorbei, um zu sehen, was geschehen ist.« Keiner der Männer am Ufer lachte mehr. Sie waren verstört. Manche starrten Alfadas mit weit offenen Mündern fassungslos an. Eine solche Rede hatte niemand erwartet.

»Für heute entlasse ich euch«, sagte Alfadas. »Überdenkt meine Worte. Allen, die morgen nicht mehr wiederkommen, werde ich gewiss nicht gram sein. Sie sind keine Feiglinge, sondern haben allein ihre Weisheit bewiesen. Wer dennoch kommt, der sollte sich in dieser Nacht Gedanken machen, wie wir schwachen Menschen die Trolle töten können. Denkt daran: Steht ein Troll erst vor euch, dann seid ihr tot. Und nun geht!«

»Du wirst morgen an einem leeren Strand warten«, sagte Ragni verärgert. »Was soll das? Der König wird sehr wütend sein, wenn er davon hört.«

»Ich glaube nicht, dass der Herzog sie so schnell loswird, Ragni«, entgegnete Mag. »Ich kenne diese Männer. Sie wissen, was für ein elendes Leben sie im Fjordland führen. Selbst eine verschwindend kleine Aussicht, reich zu werden, ist mehr, als sie hier haben.«

Wenn Mag sich nicht irrte, dann würden morgen möglicherweise sogar noch mehr Männer hier am Strand stehen, um in eine neue Welt aufzubrechen. Er musste einen noch drastischeren Weg finden, um ihnen zu zeigen, was geschehen würde, überlegte Alfadas. Schließlich wandte er sich an den jungen Fährmann.

»Kannst du in den nächsten paar Tagen ein Dutzend Stiere auftreiben? Ich möchte sie gern kaufen. Wir sollten einen Teil unseres Proviants selbst besorgen und nicht alles den Elfen überlassen.«

DER KLEINE RAT

»Wo ist Lyndwyn?«

Niemand antwortete Ollowain. Der kleine Rat von Phylangan hatte sich im Pavillon bei der Mahdan Falah versammelt. Die Gesichter der Elfen waren wie Masken. Niemand schien sich angesprochen zu fühlen.

Als sich das Schweigen immer mehr in die Länge zog, erbarmte sich schließlich Landoran zu einer Antwort. »Sie ist unabkömmlich. Lyndwyn wünscht dir eine gute Reise.«

»Wie sollte ich ohne sie gehen?«, fragte der Schwertmeister gereizt. Seit zehn Tagen hatte sich Lyndwyn nicht mehr blicken lassen. Seit sie ihn geliebt hatte. Der Gedanke daran weckte einen süßen Schmerz. Hatte sie ihn geliebt? Oder war auch dies nur Teil eines raffinierten Plans? Sie schien tatsächlich als Herrin von Phylangan anerkannt zu werden. Ollowain hatte erlebt, wie auf ihren Befehl hin alle anderen Siedlungen der Normirga in der Snaiwamark aufgegeben worden waren. Alle Elfen, die einen Beitrag zur Verteidigung leisten konnten, blieben in Phylangan; die übrigen wurden zu den Felsschlössern auf der Hochebene von Carandamon geschickt. Es war klug, Siedlungen aufzugeben, die man ohnehin nicht verteidigen konnte, und stattdessen seine Kräfte an einem Punkt zu sammeln. Ollowain hätte erwartet, dass sie ihn um Rat fragte, schließlich war er ihr militärischer Berater. Angeblich … Aber sie zeigte sich nicht mehr.

Wieder blickte Ollowain in die ausdruckslosen Gesichter. Der Rat hatte Freude daran, ihn zu demütigen, ihm seinen Makel vor Augen zu führen! »Ich kann das Tor nicht öffnen. Ohne Lyndwyn kann ich die Albenpfade nicht betreten. Und wie soll ich das Heer der Menschen hierher bringen, wenn sie mir nicht hilft?«

»Du sollst das Heer der Menschen nicht hierher, sondern in die Slanga-Berge bringen«, verbesserte ihn Landoran in aufreizender Ruhe. »In zwanzig Tagen wird Lyndwyn ein Tor zum Albenstern bei Firnstayn öffnen. Sie wird dich und die Menschen sicher hierher zurückgeleiten. Bis dahin wirst du dich mit den Diensten Lysillas begnügen müssen. Sie ist eine erfahrene Magierin. Gemeinsam mit Ronardin wird sie dir helfen, die Menschen auf ihre Ankunft in Albenmark und auf den Krieg vorzubereiten.«

»Es ist nicht in Emerelles Sinn, dass der Albenstein hier zurückbleibt. Ich verlange die Herausgabe des Artefakts!«

Landoran hob missbilligend eine Braue. Diesen abfälligen Gestus hatte Ollowain schon als Kind bei ihm gehasst!

»Ich glaube nicht, dass du entscheiden kannst, was in Emerelles Sinn ist, zumal die Königin nicht über die besonderen Gegebenheiten unterrichtet ist. Wäre sie hier, so würde sie gutheißen, was wir tun.«

Ollowain war fassungslos. Das übertraf das übliche Maß von Landorans Überheblichkeiten bei weitem! Der Schwertmeister kannte den Sprecher des Rates gut genug, um zu wissen, dass Widerstand im Augenblick zwecklos war. Landoran würde nicht zögern, ihn unter Arrest stellen zu lassen, wenn er gegen dessen Entscheidungen aufbegehrte.

»Ich füge mich der Weisheit des Rates«, log Ollowain glattzüngig. Wenn er wiederkam, dann würde er ein Heer hinter sich haben. Selbst wenn es nur Menschen waren, stellten sie eine Macht dar, über die Landoran nicht einfach hinweggehen konnte.

Einen Augenblick lang wirkte Landoran überrascht. Dann hatte er sich wieder unter Kontrolle. »Ich werde veranlassen, dass deine Abreise so schnell wie möglich erfolgen kann. Du sollst ein Pferd und eine Rüstung von uns bekommen, damit du das Volk der Normirga angemessen vertreten kannst.«

Ollowain nickte. Bei der Flucht hatte er seine Rüstung verloren. Als ein Krieger sollte er mehr als nur ein Hemd tragen, auch wenn es dabei lediglich um Eitelkeiten ging, denn gegen die wuchtigen Keulenhiebe der Trolle würde ihn keine Rüstung schützen.

»Wir haben Boten zur Mehrheit aller Albenvölker geschickt. Wenn Elfen, Kentauren, Lamassu und all unsere anderen Brüdervölker uns in unserem Kampf unterstützen, dann werden wir die Trolle mit Leichtigkeit besiegen.« Sein Vater lächelte dünn. »Das Angebot der Menschenkinder ist militärisch vielleicht fragwürdig, aber diplomatisch ist es von unschätzbarem Wert. Sie beschämen die übrigen Albenvölker, indem sie uns unterstützen. So könnte es sein, dass sie zum Kern eines großen Bündnisses werden.«

Ollowain wurde es immer wärmer. Er spürte, wie sich Schweißtropfen auf seiner Stirn bildeten. Die Luft in der Himmelshalle erschien ihm seltsam drückend. Den Mitgliedern des Rates schien das nichts auszumachen. Oder ging es nur ihm so? Verfluchte Zauberei! Er würde seinem Vater zutrauen, dass er es im Pavillon wärmer werden ließ, nur um ihn zu erniedrigen. Hier vor den Ältesten zu stehen, benässt vom Schweiß, das war fast so peinlich, als könne er sein Wasser nicht halten. Sie machten ihn zum Kind!

»Hast du noch irgendwelche Vorschläge oder gar Einwände?«, fragte Landoran arglos.

»Nein!« Ollowain wollte nur noch so schnell wie möglich aus dem Pavillon heraus.

Der Rat beendete seine Sitzung. Schweigend zogen seine Mitglieder davon. Es waren ungewöhnlich wenige, dachte Ollowain bei sich. Wo waren die anderen? Und was war mit Lyndwyn geschehen?

Der Schwertmeister ging zur Brücke hinüber. Auch außerhalb des Pavillons kam es ihm schwül vor. Sein Blick schweifte über das weite Tal. Die Bäume litten so wie er. Ihre Blätter hingen schlaff von den Ästen. Etwa eine halbe Meile entfernt stieg eine weiße Dampfwolke aus einem der Pfeiler.

Ollowain trocknete sich mit dem Ärmel die Stirn. Wenn er aus der Welt der Menschen zurückkehrte, würde er herausfinden, was hier vor sich ging!

STANGENBEILE UND SPIESSE

Alfadas zog den Stützriemen seines Schildes über die Schulter und nickte Lambi zu. Der verstümmelte Krieger reckte seinen Knüppel hoch. »Seid ihr bereit, ihr götterverfluchten Hurensöhne?«

Statt zu antworten, schlugen sich die Krieger mit den Knüppeln auf die Schilde. Etwas mehr als fünfzig waren es mittlerweile. Erfahrene Kämpen, die schon etliche Schlachten geschlagen hatten. Nur war der größte Teil von ihnen nicht freiwillig hier! Alfadas hatte ihnen die Ketten abnehmen lassen, damit sie während der langen Übungsstunden besser kämpfen konnten, aber die eisernen Fuß- und Beinreifen hatten sie behalten. Und jede Nacht wurden sie in ihrem Quartier angekettet.

»Macht ihnen Angst!«, rief Lambi. Der ehemalige Jarl hatte es überraschend leicht aufgenommen, als Silwyna ihn im Schwertkampf besiegt hatte. Noch überraschter war Alfadas, dass Lambi tatsächlich noch keinen Fluchtversuch unternommen hatte. Solange er ihn unter Kontrolle hielt, würden sich auch die übrigen Krieger fügen. Zumindest diejenigen, die nicht freiwillig hier waren.

»Macht mehr Krach!«, schrie Lambi und drosch auf seinen Schild ein. »Und geht nicht so dicht beieinander. Vergesst nicht, wir sind riesige Ungeheuer, die darauf brennen, ein paar Bauernschädel einzuschlagen. Wir sind nicht hier, um uns unsere Ärsche aneinander zu reiben. Das könnt ihr diese Nacht wieder machen, wenn sie uns im Stall anketten!«

Die Krieger mochten seinen derben Humor. Sie lachten und folgten seinem Befehl. Ihre Reihe fächerte weiter auf. Alle waren sie mit Lederpanzern oder Kettenhemden, Schilden und Helmen gewappnet wie zur Schlacht. Doch statt Äxten und Schwertern trugen sie nur schwere Knüppel. Sie zogen über den Kies des Ufers der Formation der Bauern entgegen. Silwyna, Mag und ein halbes Dutzend andere führten dort das Kommando. Fluchend versuchten sie die Bauern in Formation zu halten. Die ersten vier Reihen waren mit fünf Schritt langen Spießen bewaffnet. Fast fünfhundert Mann. Darauf folgten zwei Reihen mit Männern, die Stangenbeile trugen. Isleif, ein Schmied aus irgendeinem Dorf, von dem Alfadas noch nie zuvor gehört hatte, hatte diese neuartige Waffe ersonnen. Man nahm ein Beil, setzte es auf eine zwei Schritt lange Stange und versah die Spitze der Stange mit einem eisernen Dorn. Mit diesen Beilen konnte man zuschlagen, bevor man in Reichweite der Trollkeulen geriet. Alle Schmiede in Honnigsvald waren derzeit damit beschäftigt, Stangenbeile zu fertigen.

Der dritte Block in der Bauernformation bestand aus Bogenschützen. Sie sollten über die Köpfe ihrer Kameraden hinweg schießen.

»Schießt!«, erklang die klare Stimme Silwynas. Surren erfüllte die Luft. Alfadas riss im Reflex seinen Schild hoch. Doch die Mühe hätte er sich sparen können. Die mit Lumpen umwickelten Pfeile schlugen ein ganzes Stück vor ihnen in den Kies.

Es waren nur noch zwanzig Schritt bis zu den Spießträgern der vordersten Reihe.

»Lauft!«, schrie Lambi.

Im selben Augenblick senkten sich die langen Piken. Obwohl Mag und seine Leute das Manöver schon seit Tagen übten, geriet ihre Formation in Unordnung.

Eine zweite Salve Pfeile verfehlte die Angreifer. Diesmal hatten die Bogenschützen zu weit geschossen. Mit ohrenbetäubendem Krachen prallten die Krieger in die Pikenformation. Eigentlich sollten die Verteidiger mehrere Speerspitzen auf jeden Angreifer richten, doch sie gerieten hoffnungslos durcheinander.

Alfadas drückte zwei Piken mit seinem Schild zur Seite. Dadurch, dass die Bauern vier Reihen tief standen, bedrohten ihn immer noch etliche Stahlspitzen. Wütend drosch er auf eine Pike ein. Einige der Krieger rechts und links von ihm gingen zu Boden. Die Bauern aus der vierten Reihe hatten lange Haken an den Speerblättern angebracht und angelten damit nach den Fersen der Angreifer.

Lambi hatte sich bis zu den Bauern vorgearbeitet. In bester Laune stieß er den Männern seinen Knüppel vor die Brust. »Du bist tot!«, rief er. »Und du bist tot! Und noch ein totes Bäuerlein für meine Festtafel!«

Etliche der Pikenträger ließen ihre Waffen fallen, die nicht mehr zur Verteidigung taugten, wenn die Angreifer erst einmal am Speerblatt vorbei waren. Sie rannten in die Männer mit den Stangenbeilen, die vorgehen sollten, sobald die Pikenformation zu zerbrechen drohte.

Mag versuchte mit wütenden Rufen seine Männer auf ihren Posten zu halten. Lambis Krieger schlugen sich lachend ihren Weg durch das hilflose Menschenknäuel. Wenigstens hatte Silwyna ihre Bogenschützen noch unter Kontrolle. Sie zogen sich wohlgeordnet zurück.

Alfadas schob zwei Männer zur Seite und griff nach dem Horn an seinem Gürtel. Ein lang gezogenes Signal war das Zeichen, die Schlacht zu beenden. Die Kämpfenden trennten sich voneinander. Einige Männer bluteten; im Rausch des Gefechts hatten sie sich nicht mehr zügeln können. Der Herzog nahm das billigend in Kauf. Wer einen Knüppel über den Scheitel gezogen bekommen hatte, würde beim nächsten Mal vielleicht besser seine Stellung halten. Oder er würde noch schneller davonlaufen.

Stöhnend ließen sich die Krieger entlang des Ufers nieder. Es war ein sonniger Tag. Auf dem Fjord wimmelte es nur so von Booten. Auch bei Honnigsvald war die Flusssilberernte in vollem Gange. Die ganze Stadt atmete den würzigen Duft der Räucherhäuser. Kaum jemand hatte Zeit, sich die Übungen am Flussufer anzusehen.

Alfadas ging zu dem Felsen, von dem aus Ulric der Schlacht zugesehen hatte. Sein Sohn empfing ihn mit stolzem Lächeln.

»Du hast wieder gewonnen, Vater! Niemand kann dich und deine Krieger aufhalten.«

»Tja, so sieht es aus.« Der Herzog legte seinen Schild ab und öffnete den Kinnriemen seines Helms. Müde griff er nach der Wasserflasche, die Ulric gehütet hatte. Jeder dieser *Siege* ließ seine Hoffnung sinken, lebend aus Albenmark zurückzukommen.

»Stimmt etwas nicht, Vater?«, fragte Ulric plötzlich besorgt.

Was sollte er seinem Jungen darauf sagen? Alles stimmte nicht! »Wir werden noch sehr viel üben müssen, bis mein Heer gut kämpft.«

Ulric nickte. »Bleibe lieber in der Nähe von Lambi und den anderen Kriegern. Sie kämpfen besser.«

»Ich danke dir für deinen Rat, mein Sohn«, sagte er ernst. Er hatte viel zu wenig Zeit mit Ulric verbracht. Es wäre klüger gewesen, ihn gar nicht mitzubringen. Doch der Junge genoss es, unter den Kriegern zu sein. Für ihn war die Reise ein großes Abenteuer. »Was glaubst du denn, wer der beste Schwertkämpfer ist?«

Ulric deutete zu den Bogenschützen. »Silwyna. Niemand wird so gut auf dich achten wie sie!«

Die Antwort versetzte Alfadas einen Stich. Ahnte sein Sohn etwas? »Ist sie wirklich so gut?«

Der Junge nickte. »Ich habe ihr zugesehen. Du warst doch dabei, als sie Lambi besiegte. Erst hat sie so getan, als könne sie seine Hiebe nur mit Mühe parieren. Er hat sich müde gekämpft. Und dann plötzlich … Ich konnte gar nicht so schnell gucken, wie sie ihn entwaffnet hat. Es war, als habe sie eine falsche Haut abgestreift. Plötzlich war sie jemand ganz anderes. Wie eine Katze, die mit einer Maus spielt und sie dann plötzlich tötet. Ich finde ihre Augen unheimlich. Gut, dass sie deine Freundin ist. Sonst würde ich mich vor ihr fürchten.«

Alfadas war erleichtert, als er diese Argumente hörte. Und zugleich war er stolz auf seinen Sohn. Der Vergleich mit der Katze hatte ihm gut gefallen. So war Silwyna wirklich! Elegant, unberechenbar, tödlich. In ihr lebte etwas Wildes, dem er nie nahe gekommen war. Und oft hatte er gedacht, dass es diese ursprüngliche Kraft war, das Animalische in ihr, das sie zurück in die Wälder gerufen hatte. Sie konnte nicht anders!

Der Herzog schreckte auf. Plötzlich war es still geworden. Das Murmeln der erschöpften Männer war verstummt. Drei Reiter kamen das Ufer des Fjords entlang. Und obwohl Alfadas am Hof Emerelles aufgewachsen war, stockte auch ihm der Atem. Es war, als seien drei Gestalten aus den Sagen der Alten plötzlich in die Welt der Menschen getreten. Zwei der Reiter waren in makelloses Weiß gekleidet. Sie saßen auf Schimmeln, schlanken und zugleich starken Pferden. Rennern, die dem Wind davonlaufen konnten. Der Dritte ritt einen Grauen. Die Farben seiner Gewänder waren grau und weinrot.

Sie alle trugen Brustplatten, die funkelten, als seien sie

aus Silber und Gold gefertigt. Gleißend brach sich das Licht auf den Helmen. Weite Umhänge bauschten sich hinter ihnen, und von den Helmen flatterte Rosshaar im Wind. Jede ihrer Bewegungen wirkte majestätisch. Kein Mensch würde je so vollendet im Sattel sitzen, konnte so sehr eins sein mit den Bewegungen der Rosse.

Atemlos sahen alle zu, wie die geheimnisvollen Reiter näher kamen und direkt auf Alfadas zuhielten. Der Herzog erkannte seinen Lehrmeister, auch wenn dessen Gesicht hinter dem Helm mit dem Nasenschutz und den weit herabgezogenen Wangenklappen fast völlig verborgen blieb.

Die drei zügelten ihre Rosse kaum anderthalb Schritt vor ihm. Ulric drückte sich an Alfadas' Seite.

Der Anführer der Reiter saß ab und kniete überraschend vor dem Herzog nieder. »Ich grüße dich, Alfadas Mandredson! Mein Volk schickt mich, um dir zu Diensten zu sein. Wir sollen helfen, deine Krieger auszubilden, um sie nach Albenmark zu führen, wenn die Zeit gekommen ist.«

Alfadas war der Auftritt seines Fechtmeisters und Ziehvaters unangenehm. Er packte Ollowain bei den Schultern. »Du solltest nicht vor mir knien«, sagte er leise. »Ein Meister kniet nicht vor seinem Schüler.«

Der Elf antwortete darauf nicht, doch erhob er sich. Dem Herzog war klar, was diese Geste zu bedeuten hatte. Sie sollte seine Stellung unter den Menschen stärken. Alle sollten sehen, dass selbst die unheimlichen Elfenkrieger dem Feldherrn Alfadas Mandredson Respekt erwiesen.

»Es tut gut, dich zu sehen, Alfadas«, sagte Ollowain leise und drückte seinen Arm. Der Schwertmeister wandte sich den beiden anderen Elfen zu. »Darf ich vorstellen, Lysilla und Ronardin.«

Die beiden waren inzwischen ebenfalls abgesessen und hatten die Helme abgenommen. Die Elfe streckte Alfadas die Hand entgegen. Als er ihr in die Augen sah, zuckte er unwillkürlich ein wenig zurück. Sie lächelte amüsiert. Offensichtlich reagierten nicht nur Menschen so auf sie. Lysilla hatte etwas Unnahbares, Unheimliches. Ihr Händedruck war fest und kühl. Ganz anders Ronardin. Er wirkte herzlich und neugierig. Seine Augen wanderten rastlos hin und her, begierig, sich nichts von der Welt der Menschen entgehen zu lassen.

Alfadas unterrichtete die Elfen über den Stand der Ausbildung. Lysilla und Ronardin blieben völlig ungerührt, als er ihnen davon erzählte, dass die Mehrheit der Männer keine Krieger waren und ihr Wert in einer Schlacht, vorsichtig ausgedrückt, zweifelhaft war. Ollowain hingegen war seine Betroffenheit deutlich anzusehen.

In den folgenden Tagen war es vor allem der Schwertmeister, der all sein Können und seinen Erfindungsreichtum daransetzte, die Menschen so gut wie möglich auszubilden. Er ließ Puppen aus Weidenruten flechten, die so groß wie ein Troll waren und doch zugleich so leicht, dass ein einziger Mann sie ohne Mühe heben konnte. Immer wieder ließ er die erfahrenen Krieger unter diese Puppen schlüpfen und gegen die Formation der Pikenträger anstürmen. So wollte er erreichen, dass nicht allein der Anblick der Trolle die Menschen schon völlig demoralisierte. Auch wurde er nicht müde, jedem Einzelnen zu erklären, wo ihre riesigen Gegner am verwundbarsten waren.

Ronardin und Lysilla unterrichteten die etwa hundert erfahrenen Krieger. Und sie schafften es, fast alle davon zu überzeugen, ihre Rüstungen und Schilde abzulegen, da der beste Schutz gegen Trolle die Beweglichkeit war.

Alfadas widmete sich vor allem den Pikenträgern. Immer wieder erklärte er, wie wichtig es war, sich nicht als eine starre Wand aus langen Speeren zu verstehen. Sie sollten ihre Waffen gezielt auf einzelne Angreifer ausrichten, um sie mit möglichst vielen Speerblättern zu verwunden. Auch sollten sie die Piken schräg gegen den Boden stemmen und mit einem Fuß abstützen, weil kein Mann der Welt die Kraft hätte, dem Aufprall eines Trolls standzuhalten. Gerade was dies anging, hoffte Alfadas auf die Lehren, die seine Männer aus dem letzten Übungsgefecht ziehen würden.

Abends, wenn die Freiwilligen sich von den Strapazen des Tages erholen konnten, wurden die Unterführer zusammengerufen und erhielten in der Festhalle von Honnigsvald noch zusätzliche Unterweisungen. Silwyna erzählte von den verschiedenen Völkern Albenmarks und davon, welche Geschöpfe sie schon bald treffen würden. Lysilla und Ronardin versuchten, sie auf die Härte des Winters in der Snaiwamark vorzubereiten und wie sie sich bald auf wunderbare Weise gegen die Kälte schützen würden. Sie erzählten von Eisseglern, den Tücken der Gletscherspalten und malten auf große Holztafeln Karten der Snaiwamark und der angrenzenden Regionen. Auch zeichneten sie Pläne der Festung Phylangan auf und markierten darauf die Quartiere, die man für die Menschen vorgesehen hatte, sowie die Stellungen, die man den Männern des Fjordlands zur Verteidigung zuweisen wollte.

Alfadas war froh, wenn er dazu kam, vier oder fünf Stunden Schlaf zu finden. Ulric hielt sich, obwohl er sein Pony bekommen hatte, fast immer an seiner Seite. Begierig lauschte er abends allem, was er über Albenmark erfahren konnte, ja manchmal wagte er es sogar, den Kriegsrat mit Fragen zu unterbrechen.

Bis zuletzt trafen jeden Tag neue Freiwillige ein. Alfadas konnte es nicht fassen: Trotz all der abschreckenden Geschichten, die er in Umlauf gebracht hatte, riss der Zustrom der Verzweifelten, die bereit waren, alles zu riskieren, nicht ab. Da sie nicht mehr richtig ausgebildet werden konnten, wurden die Neulinge zu den Bogenschützen und den Kämpfern mit den Stangenbeilen geschickt. Unter den Pikenieren wollte der Herzog niemanden dulden, der seinen Mut nicht in all den mühsamen Übungsstunden der letzten beiden Wochen bewiesen hatte. Ein einziger Mann in der vordersten Reihe, der seine Waffe fortwarf, konnte eine Lücke öffnen, die den Untergang aller bedeutete.

Endlich kam der Tag der letzten Probe. Der Kriegsjarl Mag hatte es tatsächlich geschafft, zehn Stiere aufzutreiben. Doch selbst er ahnte nicht, was Alfadas beabsichtigte.

Es war kalt an diesem Morgen. Dunst stieg vom Fjord auf und hing gleich weißen Bärten im Wald an den nahen Hängen. Mit dem ersten Tageslicht war ihre Truppe ausmarschiert. Alfadas stand wieder auf seinem Felsen. Ulric hielt er an seiner Seite. Alle Übrigen gingen unten entlang des Ufers in Stellung. Die Manöver der verschiedenen Einheiten liefen überraschend gut an diesem Morgen. Pikeniere, Stangenbeilkämpfer und Bogenschützen stellten sich mit dem Rücken zum Fjord auf. Auf den Flanken platzierte Alfadas je einen Trupp aus fünfzig erfahrenen Kriegern. Ragni und Lambi befehligten diese beiden Kriegereinheiten. Sie sollten die Männer vor Angriffen von der Seite abschirmen.

Alle unten am Ufer wussten, dass Alfadas für diesen Morgen eine abschließende Probe vorgesehen hatte. Danach sollte es ein Fest geben, und am nächsten Tag würde das kleine Heer in Richtung Firnstayn abrücken. Der Herzog hatte Schaulustigen verboten, sich am Ufer einzufinden. Wer zusehen wollte, der musste dies von einem Boot aus tun. Zum ersten Mal waren an alle Männer scharfe Waffen ausgeteilt worden.

Es war gut, dass ein Block aus neunhundert Mann die Einheiten von Lambi und Ragni trennte. Zwischen den beiden Kriegern hatte sich in den letzten Tagen eine tödliche

Rivalität entwickelt. Ragni hatte die Königstreuen um sich gesammelt und Lambi all jene, die man in Ketten nach Honnigsvald gebracht hatte. Bisher war es Alfadas gelungen, diese Rivalität zu nutzen, um beide Gruppen zu Höchstleistungen anzuspornen. Doch inzwischen war das Verhältnis zwischen den Kriegerbanden so schlecht, dass der Herzog befürchtete, sie würden sich gegenseitig an die Kehle gehen, wenn sie nur die Gelegenheit dazu hätten.

»Männer!«, rief Alfadas. Sein Atem stand ihm in weißen Wolken vor dem Mund. »An diesem Morgen wird sich zeigen, was ihr gelernt habt. Vorbei sind die Zeiten, in denen ihr gegen Weidenmänner und freundlich gesonnene Knüppelschwinger gekämpft habt. Hier und jetzt werdet ihr einem Feind aus Fleisch und Blut entgegentreten. Einem Gegner, so ungestüm und unbarmherzig, wie die Trolle es sind. Er lauert im Wald und wartet darauf, euer Blut zu vergießen. Dies ist nun die allerletzte Gelegenheit, die Truppe zu verlassen.« Der Herzog löste ein mit Silber eingefasstes Signalhorn von seinem Gürtel und hielt es hoch über seinen Kopf. Dann deutete er damit auf den dunklen Wald jenseits des Uferstreifens.

»Wenn ich dreimal ins Horn stoße, dann werden unsere Feinde aus der Dunkelheit brechen. Und so wie ihr in Albenmark nicht gegen menschliche Gegner kämpfen werdet, so werdet ihr auch hier gegen einen Feind bestehen müssen, der nicht von eurer Art ist.«

Wie um seine Worte zu unterstreichen, erklang aus dem Wald ein lang gezogenes Heulen. Ein Laut, fast wie Wolfsheulen und doch anders. Alfadas musste sich sehr beherrschen, um nicht zu lächeln. Silwyna machte ihre Arbeit wirklich gut!

Ulric hatte seine kleinen Hände in Alfadas' Waffenrock gekrallt. »Uns kann hier oben nichts geschehen«, sagte der Herzog leise.

Am Ufer war es totenstill geworden. Unruhe hatte die Männer gepackt. Außer den Elfen wusste niemand, was bei dieser letzten Probe geschehen würde. Die langen Nebelbänke am Ufer waren dichter geworden. Seine Männer würden erst im allerletzten Augenblick erkennen, was sie angriff.

Von der Flanke, auf der Lambis Krieger standen, erklang trotziges Gelächter. Der Rebell hatte seine Leute gut im Griff. Ihr Lachen wirkte sich auch auf die übrigen Kämpfer aus. Die Spannung ließ ein wenig nach.

»Gibt es also keinen, der gehen möchte?«, fragte Alfadas erneut. »Dies ist die letzte Gelegenheit. Wer nach diesem Morgen mein Heer verlässt, den werde ich gnadenlos jagen. Jeder soll sich auf den Mann an seiner Seite verlassen können. Feigheit und Verrat darf keinen Platz in unserer Mitte haben, denn dann sind wir in Albenmark dem Tode geweiht. Wessen Herz also zu schwach ist, der soll gehen! Nicht jeder ist dazu geschaffen, ein Krieger zu sein. Und jetzt zu gehen, erfordert kaum weniger Mut, als dem Feind ins Auge zu blicken. Spottet also nicht über jene, die uns verlassen wollen.«

»Darf ich auch gehen?«, erklang die unverkennbare Stimme Lambis. »Ich bin mutig genug, mich selbst einen Feigling zu nennen, auch wenn ich niemand anderem raten möchte, so von mir zu reden.«

»Du hast deine Gelegenheit, dich zu verabschieden, verwirkt, als du von einem Weibsbild im Schwertkampf besiegt worden bist, Lambi, *über dessen Nase man nicht redet.*«

Alfadas' Worte wurden mit Gelächter aufgenommen.

»Ein Elfenweibsbild, bitteschön!«, rief Lambi beleidigt. »Ein Weibsbild, das tausend Jahre üben musste, um den großen Lambi besiegen zu können!«

Der Herzog überging die Worte des Kriegsjarls. »Also gibt es jemanden, der gehen möchte?« Das Gelächter verebbte. Tatsächlich legten etwa dreißig Männer die Waffen nieder und gingen zur Stadt zurück. Alfadas war überrascht, Kodran, den Ältesten der drei Brüder vom Fährboot, unter ihnen zu sehen.

Als jene, die der Mut verlassen hatte, im Morgendunst verschwunden waren, hob der Herzog sein Horn an die Lippen. Drei kurze, bellende Signale forderten den verborgenen Feind im Wald. Als Antwort erklang noch einmal das lang gezogene Heulen, diesmal begleitet vom Geräusch brechender Äste. Etwas Großes bahnte sich seinen Weg durchs Unterholz.

»Senkt die Piken!«, befahl Ollowain mit ruhiger Stimme. Gemeinsam mit Ronardin stand er in der vordersten Reihe, während Lysilla Lambi und seine Krieger beaufsichtigte.

»Pfeile heraus!«, rief Mag bei den Bogenschützen. Ihm war die Anspannung deutlich anzuhören.

Ein dichtes Nebelband lag zwischen dem Wald und dem Ufer. Plötzlich erbebte der Boden. Kies knirschte. Schwere Hufe donnerten vor ihnen. Selbst Alfadas konnte von seiner erhöhten Position aus nicht erkennen, was dort heranstürmte. Obwohl er freilich genau wusste, wer sie angriff.

Die Gesichter der Männer in seiner Nähe waren aschfahl. Trotz der Kälte stand ihnen der blanke Schweiß auf der Stirn. Dann brach ein großer, gehörnter Schädel aus dem Nebelgrau. Das Splittern von Piken und das Schreien von stürzenden Männern hallte über den Uferstreifen. Pfeile flogen dem unsichtbaren Gegner entgegen. Lautes Brüllen erklang als Antwort.

Eine massige, schwarze Gestalt war in die Pikenformation eingebrochen. Stangenbeilträger stürmten vor. Ihre schweren Klingen zerhackten Schultern und Schädel des Stieres. Dunkles Blut quoll über den grauen Kies. Breite Wunden klafften im Fleisch des Stiers.

Schon kamen die nächsten Bullen heran. Lambis Männer gingen brüllend zum Gegenangriff über. Eine Windbö zerteilte den Nebel. Schließlich waren nur noch drei Stiere auf den Beinen. Pfeile steckten ihnen im Rücken. Sie scheuten vor dem Kriegsgebrüll von Lambis Männern zurück.

Sieben Stiere lagen von Piken durchbohrt im Kies. Als die Männer erkannten, gegen was sie kämpften, drängten alle vor. Die Formation zerbrach, und die letzten Stiere wurden erbarmungslos niedergehauen.

Alfadas war zufrieden. Sein Heer hatte sich besser geschlagen, als er erwartet hatte. Keiner der Stiere war bis zum Wasser des Fjords durchgebrochen, alle Männer waren auf ihren Posten geblieben. Als Nächstes würden sie jedoch lernen müssen, dass sie ihre Schlachtreihe nicht so schnell zersplittern durften, wenn der Sieg nahe schien.

Vom Waldrand winkte Silwyna. Alfadas setzte sein Horn an die Lippen. Noch einmal ließ er drei kurze, bellende Signale erklingen. Das Geschrei der Männer verstummte.

»Heute wollen wir es wie unsere künftigen Feinde halten und die besiegten Gegner fressen«, rief er seinen Kriegern zu. »Ihr habt gut gekämpft! Nun vergnügt euch. Morgen, bei Sonnenaufgang, werden wir nach Firnstayn marschieren.«

HEIMAT

Orgrim spähte in den Dunst. Er hörte das Rumoren der Gletscher. Große Eisbrocken trieben am Rumpf vorbei. Sie waren tief in die Walbucht vorgestoßen, doch seine Karten waren ungenau. Er konnte nicht bestimmen, wo sie sich befanden.

Nicht mehr lange, und die Morgensonne würde die Nebelschleier zerreißen. Sie waren der Küste sehr nahe. Die *Geisterwind* machte nur langsame Fahrt. Die halbe Nacht hindurch hatte er dem Lied der Gletscher gelauscht. Dem dumpfen Getöse, mit dem sich Eisbrocken lösten und ins Wasser stürzten. Keiner an Bord hatte in dieser Nacht ein Auge zugetan. Alle seine Krieger und Seeleute hatten irgendeinen Grund gefunden, sich an Deck aufzuhalten. Und dieses eine Mal hatte er es ihnen durchgehen lassen. Ging es ihm doch selbst nicht anders als ihnen. Ganz nahe, jenseits des Nebels, lag das Land, aus dem sein Volk seit mehr als siebenhundert Jahren vertrieben war. Mandrag war der Einzige an Bord, der ihre Heimat schon einmal gesehen hatte. Selbst Birga, die Schamanin, war in der Welt der Menschen geboren worden. Und nun waren sie die Ersten, die heimkehrten! Branbart hatte ihn mit dieser Aufgabe bestrafen wollen, doch alle an Bord der *Geisterwind* sahen sich als Auserwählte. Sie würden die Ersten sein, die von den Normirga aßen! Orgrim war sich sicher, dass er den Elfen einige empfindliche Schlappen beibringen konnte, wenn sich Branbart nur nicht zu lange mit der Eroberung Reilimees aufhielt.

Laute Rufe schreckten den Rudelführer aus seinen Tagträumen. Neben dem Rumpf der *Geisterwind* zerteilten große schwarze Finnen das graue Wasser. Mörderwale! Es waren Jäger, so wie sie. Räuber, die selbst einen Troll mit einem einzigen Biss zu töten vermochten. Mit ihrer schwarzweißen Zeichnung waren sie schön anzuschauen. Sie gaben der Galeasse ein Ehrengeleit. Das war ein gutes Omen! Er blickte hinüber zu Birga, die sich wie stets etwas abseits hielt. Die Schamanin stützte sich schwer auf ihren Knochenstab. Sie schien auf seinen Blick gewartet zu haben und nickte, als wüsste sie schon, was er fragen wollte.

»Ein gutes Zeichen! Die Geister unserer Ahnen erwarten uns.« Birga hatte eine rauchige, angenehme Stimme. Wie Skanga ging sie leicht gebeugt. Orgrim wusste nicht, wie alt die Schamanin war, doch musste sie viel jünger als ihre Ziehmeisterin sein. Im ganzen Volk der Trolle gab es nur eine Hand voll, die so alt wie Mandrag waren. Es geschah nur selten, dass jemand mehr als hundert Winter überlebte. Und niemand war wie Skanga. Von ihr flüsterte man, sie sei alt wie die Zeit und eines der ersten Geschöpfe der Alben.

Birga trug ein Gewand aus einander überlappenden Leder- und Fellstreifen. Sie hatte hunderte davon zu einem Kleid vernäht. Jeder Streifen stammte von einem anderen Tier. Manche waren auch aus Troll- oder Menschenhaut. Die Schamanin hatte eine Kapuze über den Kopf gezogen. Ihre Hände waren unter schmutzigen Bandagen verborgen. Und ihr Antlitz versteckte sich hinter der Gesichtshaut eines der früheren Lieblingsweiber des Königs. Birga hatte sie der Hure abgezogen, weil sie versucht hatte, Branbart einen Bastard unterzuschieben.

Die Schamanin, die sich ganz in Häute kleidete, zeigte nicht das kleinste Stück ihrer eigenen Haut. Unzählige Gerüchte machten über sie die Runde. Es hieß, sie habe ein dichtes Fell wie ein Hund, Schuppen wie ein Fisch, oder sie sei von Kopf bis Fuß mit Zauberrunen tätowiert, die ihr erlaubten, Gedanken zu lesen, solange sie die Runen vor allen Blicken verbergen konnte. Orgrim wusste mit Sicherheit, dass er nicht versuchen würde, dem Geheimnis der Schamanin auf den Grund zu gehen. Sie hatte etwas an sich, das ihn frieren ließ, wenn er in ihre kalten, grauen Augen blickte. Es bereitete Birga Freude, andere zu quälen. Und sie hatte eine ganz besondere Art, jeden zum Sprechen zu bringen … Auch die Hure des Königs hatte zum Schluss alles erzählt.

»Dort!«, schrie ein Ausguck und deutete nach Westen. »Ich sehe Berge!«

Der Rudelführer wandte sich abrupt um. Die Nebelschleier zerrissen. Für einen Augenblick waren sie wie von Zauberhand hinweggefegt. Orgrim sah einen weißblauen Gletscher, der auf breiter Front in die Walbucht drängte. Das Eis war von tiefen Riefen durchzogen. Dunkle, waagerecht verlaufende Bänder gliederten die steil aufragende Eiswand. Sie mochte achtzig oder neunzig Schritt in die Höhe reichen und verlor sich auf beiden Seiten im Nebel.

Noch während Orgrim zusah, löste sich ein turmgroßes Eisstück aus dem Gletscher und stürzte mit Getöse in die See. Die *Geisterwind* hob und senkte sich. Einige Mann stürzten nieder und rollten über die Planken. Das Schiff schlingerte gefährlich, Brecher schlugen auf das Deck. Orgrim wurde klar, wie leichtfertig es gewesen war, so dicht unter der Küste zu segeln. Ein kalbender Gletscher könnte ihr Schiff zum Kentern bringen. Er gab dem Steuermann ein Zeichen, mehr Abstand zu der Eisfront zu halten.

»Das ist die Drachenzunge«, murmelte Mandrag halblaut. Dann deutete er in den Nebel. »Dort vorne muss der Knochenfelsen liegen. An seinem Fuß gab es früher ein Dorf. Die Hütten waren aus Walkiefern gebaut. Von dort aus bin ich mit meinem Vater im Winter aufs Eis hinausgegangen, um Eisbären zu jagen. Man hat sie in der Nähe der Atemlöcher gefunden, dort, wo die Robben zum Luftholen auftauchen. Das Eis war rot von Blut, wo ein Bär erfolgreich gejagt hatte. Und die Robben hatten keine Wahl, als dort hervorzukommen. Selbst wenn sie wussten, dass ein Räuber auf sie wartete. Sie wären sonst unter dem Eis erstickt.« Dem Alten standen Tränen in den Augen. »Frisches Bärenfleisch schmeckt köstlich.«

Ein großer, grauer Berg erschien im Dunst. Er ragte weit in die Bucht hinaus. Auf seiner Leeseite lag ein guter Ankerplatz. Die *Geisterwind* wäre dort vor den Winterstürmen geschützt.

»Sollen wir hier unser Lager errichten?«, fragte der Rudelführer.

Mandrag kaute eine Weile nachdenklich auf seiner Lippe. Endlich schüttelte er den Kopf. »Nein. Wir sollten noch ein ganzes Stück nach Norden segeln. Dort gibt es breite Kiesstrände. Wir müssen die *Geisterwind* für den Winter auf den Strand ziehen. Sie kann nicht im Wasser bleiben. Das Eis würde den Schiffsrumpf zerdrücken. Mein Vater hat mir einmal von einem Elfenschiff erzählt, dem es so ergangen war. Sie stellen im Winter ihre Schiffe auf wuchtige Kufen. Damit können sie schnell wie der Wind auf dem Eis dahinjagen.«

Orgrim überlegte, ob es Sinn machte, die *Geisterwind* auf Kufen zu stellen. Vielleicht, wenn man das Schiff hinauf zu den Hochplateaus brachte. Aber man würde hunderte Trolle brauchen, um die Galeasse über das Küstengebirge zu transportieren. Vielleicht sollte er mit Boltan einmal darüber reden. Der Geschützmeister war ein steter

Quell ungewöhnlicher Ideen. Er hatte auch die Lastschlitten ersonnen, die fest verzurrt im Laderaum der Galeasse auf ihren ersten Einsatz warteten. Mit ihrer Hilfe würden sie den Elfen eine tödliche Überraschung bereiten.

»Bring das Schiff noch etwa fünfzig Meilen die Küste hinauf«, riet Mandrag. »Wir sollten unser Lager nahe dem Eingang zum Swelm-Tal errichten. Von dort ist es nur ein Tagesmarsch zur Wolfsgrube. Früher war das nur eine kleine Bergfestung. Ich glaube nicht, dass dort sehr viele Elfen leben. Mit etwas Glück können wir sie überrumpeln.«

Orgrim ließ seinen Blick über die Küstenlinie wandern, die sich immer deutlicher im Nebel abzeichnete. Es war eine wunderbar wilde Felslandschaft. Die ferne Heimat, die seit Generationen nur noch in Erzählungen weitergelebt hatte. Eine frische Brise kam von See und vertrieb die letzten Nebelbänke. Der Rudelführer strich sich über seine nackten Oberarme. Er liebte es, den Biss des Windes auf seiner Haut zu spüren.

Jetzt war die Farbe der Felsen deutlich im hellen Morgenlicht zu erkennen. Sie waren vom gleichen Grau wie seine Haut. Schmunzelnd erinnerte er sich an eine Geschichte aus seiner Kinderzeit. Darin hieß es, der rebellischste unter den Alben, der größte Held aus dem Krieg gegen die Devanthar, habe die ersten Trolle aus dem Felsen dieser Berge geschlagen und ihnen Leben eingehaucht.

Orgrim strich über seine raue Haut. Die Geschichte war leicht zu glauben, wenn man diese Küste sah.

Sie waren nach Hause zurückgekehrt!

DER FLUCHPFEIL

Das Zelt des Königs war hell erleuchtet. Der kalte Herbstwind riss an dem roten Stoff und ließ die Flammen der Fackeln tanzen. Es war mitten in der Nacht, und Alfadas schäumte vor Wut. Horsa hatte ihn aus den Armen Aslas gerissen und zu sich befohlen.

Der König, sein Hof und die gewaltige Eskorte, die ihn begleitete, lagerten außerhalb des Dorfes. Auch der Großteil des Heeres aus Honnigsvald musste die Nacht im Freien verbringen, da Firnstayn bei weitem nicht genügend Quartiere für so viele Gäste zu bieten hatte. Dutzende Lagerfeuer leuchteten entlang des Fjords. Alfadas konnte sich gut vorstellen, wie seine Männer, in ihre dünnen Decken gehüllt, darauf warteten, dass die Nacht endlich vorüber ging. Wie sie in die Glut ihrer Feuer starrten und sich ausmalten, was der morgige Tag wohl bringen würde.

Ein weiter Kreis von Wachen umgab das Zelt des Königs. Sie standen gerade weit genug entfernt, um nicht hören zu können, was drinnen besprochen wurde. Horsa hatte mehr als zweihundert Krieger mitgebracht. Für eine Eskorte waren das bei weitem zu viele. Der König hatte verkündet, er habe keine Mühen gescheut, um seine tapfersten Recken zu verabschieden, wenn sie nach Albenmark gingen. Und auch sein Skalde Veleif hatte viele schöne Worte gefunden, um die Männer einzulullen. Gerade die Bauern und Handwerker, jene Männer, denen die Ungerechtigkeit im Reich Horsas alles genommen hatte, waren von dieser Geste besonders gerührt gewesen. Eine Nacht lang durften sie sich bedeutend fühlen. Sie glaubten wirklich, der König sei nur um ihretwillen gekommen. Verdammter alter Fuchs, dachte Alfadas. Du verstehst dein Geschäft noch immer gut. Er hatte Ollowain mitgenommen, weil er fürchtete, allein sei er gegen die Schmeicheleien und Intrigen Horsas nicht gefeit.

Die Wachen winkten sie beide durch, ohne Fragen zu stellen. Horsa war allein in seinem Zelt. Er stand neben einer Pfanne mit glühenden Kohlen. Der König hielt seine Hände über die Glut, streckte sie und ballte sie zu Fäusten. »Ich hasse dieses nasskalte Herbstwetter. Alle Glieder tun mir weh in Nächten wie diesen.« Er wies sie mit einem Kopfnicken an, am Tisch Platz zu nehmen, der die Mitte des Zeltes beherrschte. Eine Platte mit Brot und kaltem Hühnerfleisch hatte Horsa kaum angerührt.

Gegenüber dem Eingang stand ein schweres Bett mit einem schön geschnitzten hölzernen Rahmen. Ein Berg von Pelzen türmte sich auf dem Lager.

»Warum hast du mich rufen lassen?«, fragte Alfadas kühl. Er wünschte die unwillkommene Unterredung so schnell wie möglich hinter sich zu bringen.

»Ragni hat mir von der Ausbildung deiner Männer erzählt.« Horsas Tonfall war nicht zu entnehmen, ob dies ein Lob oder ein Tadel sein sollte.

»Sie werden sich gut schlagen«, entgegnete der Herzog.

»Ich könnte dir noch einige meiner Reiter mitgeben.«

Was wollte der Alte? Alfadas stand nicht der Sinn nach solchen Spielchen. Doch musste er seine Ungeduld beherrschen! Allein schon wegen Asla und der Kinder.

»Wir würden die Pferde deiner Reiter nicht versorgen können«, mischte sich Ollowain ein. »Wir müssen über eine weite Eisebene marschieren. Die Tiere würden dort zu Grunde gehen.«

»Aber eine ganze Herde Schafe könnt ihr versorgen?« Der König ballte die Hände wieder zu Fäusten.

»Die werden wir essen«, sagte der Elf lächelnd. »Für sie müssen wir kein Futter mitnehmen.«

Horsa nickte. »Wie ich sehe, wurde der Feldzug sorgfältig vorbereitet. Du wirst diesen Trollen sicher viel Ärger machen, Alfadas.« Der König rieb sich seine leere Augenhöhle und setzte sich dann zu ihnen an den Tisch. Horsas Atem stank nach saurem Wein.

Der König ignorierte Ollowain geflissentlich. Vielleicht, weil er Angst vor ihm hatte, dachte Alfadas. War Horsa wirklich so naiv zu glauben, dass der Schwertmeister nicht wusste, welche Intrige gesponnen wurde? Oder vertraute er darauf, dass es dem Elfen gleichgültig war, solange er Krieger für die kommenden Schlachten bekam?

»Ich gestehe, ich mache mir auch Sorgen«, fuhr Horsa fort. »Wer soll sich um den Schutz Emerelles kümmern? Und wer soll sie versorgen? Es gibt keine Heilerin hier im Dorf, nur einen fetten alten Priester.«

»Deine Sorge um Emerelle ehrt dich, König«, entgegnete Ollowain glattzüngig. »Doch im Haus meines Freundes Alfadas genießt Emerelle alle Hilfe, die wir ihr zuteil werden lassen können. Ich sehe keinen Grund, die Königin den Strapazen einer langen Reise an deinen Hof auszusetzen.«

»Reden wir nicht weiter um den heißen Brei herum!«, polterte Horsa los. »Ich weiß, dass du mich hintergehen willst, Alfadas! Wäre ich nicht hier, du würdest vielleicht nicht einmal durch das Tor auf dem Hartungskliff ziehen. Du lauerst auf meinen Thron. Und dein Heer aus Habenichtsen und Verrätern wie Lambi ist dir völlig ergeben. Selbst wenn du morgen gehst, wer sagt mir, dass du nicht übermorgen schon zurückkehrst?«

Alfadas sah Horsa fassungslos an. Jetzt war der Alte wirklich wahnsinnig geworden! »Verzeih, aber es war doch deine Idee, ein Heer aufzustellen, in dem du die Unzufriedenen sammelst, und mich mit ihnen nach Albenmark zu schicken, um dort gegen die Trolle zu kämpfen.«

»Das war es nicht!«, grollte der König. »Du und deine Elfenfreunde, ihr habt meine Gutmütigkeit ausgenutzt und mich dazu verführt. Aber ich durchschaue euren Plan jetzt. Es gibt gar keinen Krieg mit den Trollen in Albenmark! Welchen Beweis hätte ich auch dafür, außer eurem Wort? Ihr habt gewusst, dass ich sofort meine Hilfe anbieten würde, wenn ich die Geschichte von der vertriebenen Elfenkönigin höre. Und so habt ihr mich dazu gebracht, dass ich dir das Heer verschafft habe, Alfadas, mit dem du meinem Sohn den Thron rauben willst.«

»So ist es nicht!«, beteuerte Alfadas verzweifelt. »Höre auf dein Herz, und du wirst wissen, dass du von mir nichts zu befürchten hast.«

»Das habe ich in der Tat nicht, wenn du nach Albenmark gehst. Und damit ich ganz sicher bin, dass du nicht wiederkommst, werde ich Asla und deine Kinder mit nach Gonthabu nehmen. Und auch diese schlafende Elfe. Ich sehe wohl, dass sie eine bedeutende Persönlichkeit ist. Ich erkenne eine Fürstin, wenn ich ihr begegne. Wenn ich nie wieder von dir höre, Alfadas, dann wird es ihnen allen gut gehen.«

Der Herzog legte seine Hand auf den Schwertgriff. »War es nicht sehr unklug, uns Verräter in dein Zelt zu rufen?«

Horsa sah ihn finster an. »Ich bin auf jeden Verrat gefasst. Dein Haus ist umstellt, Alfadas. Wenn mir etwas geschieht, dann stirbt deine Familie. Und deine Bauernkrieger werden von meinen Männern im Schlaf überrumpelt.« Unvermittelt wich sein Zorn, und der König wirkte nur noch traurig. »Geh, Alfadas, und komm nicht wieder. Das ist alles, was ich von dir will. Und glaub nicht, dass ich nicht wüsste, dass ich der Schurke in dieser Saga bin. Du weißt ja, unsere Heldengeschichten enden immer tragisch und blutig. So ist das im Fjordland. Deshalb hoffe nicht, ich würde zögern, deine Familie ermorden zu lassen, wenn du dich mir widersetzt.«

»Kennst du die Geschichte von Nazirluma und Aileen?«, fragte Ollowain in einem Tonfall, in dem ein Märchenerzähler zu Kindern sprach.

Alfadas fragte sich, ob der Elf den Ernst der Lage nicht begriff.

Horsa winkte ab. »Dieser Kinderkram tut jetzt nichts zur Sache. Ich werde morgen deine Familie mitnehmen, Alfadas. Sorge dafür, dass hier im Dorf niemand Widerstand leistet. Ich würde nur ungern ein Blutbad anrichten.« Er wandte sich Ollowain zu. »Und du. Mach der Leibwächterin deiner Königin klar, dass selbst die allerbeste Schwertkämpferin gegen zweihundert Krieger nur unterliegen kann.«

»Wenn dir am Leben deines Sohns gelegen ist, Horsa, dann solltest du dir lieber meine Geschichte anhören.« Der Schwertmeister trug seine Worte höflich, aber mit Nachdruck vor. »Was gibt es Schlimmeres, als vor dem Grab seines Kindes zu stehen?«

»Mein Sohn ist nicht einmal hier!«, schnaubte Horsa. »Und ich werde dir und deiner Brut nicht verraten, wo er steckt. Er ist außerhalb eurer Reichweite!« Seinen Worten zum Trotz wirkte der Alte unruhig. Alfadas hätte gewettet, dass der König gelogen hatte und Egil irgendwo ganz in der Nähe steckte.

»Bist du sicher? Kannst du dir leisten, dich zu irren, Horsa?«, fragte Ollowain. »Soweit ich weiß, hast du nur diesen einen Sohn.«

Alfadas sah aus den Augenwinkeln, wie sich etwas unter

den Pelzen auf dem Nachtlager des Königs bewegte. Er wollte schon sein Schwert ziehen, als er erkannte, dass Dalla, die *Heilerin,* dort lag. Sie schien sich im Schlaf bewegt zu haben.

Ollowains Ruhe machte dem König offensichtlich mehr Angst als der Zorn seines Herzogs. »Dann erzähl deine verfluchte Geschichte, Elf! Aber glaube nicht, das würde etwas ändern. Ich habe alles bedacht!«

»Natürlich!« Der Schwertmeister lehnte sich auf seinem Sitz zurück. »Nazirluma war einer der größten Zauberer seiner Zeit. Er war der König des geheimnisvollen Volkes der Lamassu, und die Geschichten, die man sich von ihm erzählt, sind ohne Zahl. So sollen ihn seine kräftigen Schwingen in einer einzigen Nacht über die weiße See getragen haben, obwohl selbst das schnellste Schiff drei Wochen braucht, um diesen Ozean zu überqueren. Er war berühmt für seine hintersinnigen Rätsel, und mancher Zauber, den er wob, wirkt noch immer fort, obwohl Nazirluma seit mehr als zweitausend Jahren tot ist. Gewiss würde man noch heute in den allerhöchsten Tönen von diesem außergewöhnlichen Weisen sprechen, wäre ihm nicht in seinem Alter die Elfe Aileen aus dem Volk der Maurawan begegnet. Sie kam nach Kandastan an seinen Königshof, als dort ein großes Bogenschützenturnier ausgetragen wurde. Obwohl Aileen im Wettkampf nicht obsiegte, erregte sie die Aufmerksamkeit des alten Königs, denn sie war von großer Schönheit. Als Nazirluma sie sah, wurde er von blinder Liebe ergriffen. Er ersann wunderbare Metaphern auf ihre Schönheit, ja, er dichtete einen Gesang aus über hundert Strophen, den er ihr höchstselbst vortrug. Er minnte um sie wie ein Jüngling, der zum ersten Mal sein Herz zu verschenken hat. Zunächst nahm Aileen seine Geschenke an, denn sie hielt das Liebeswerben des Königs für einen Scherz. Um sie in ihrem Irrtum zu verstehen, solltest du wissen, dass ein Lamassu den Leib eines großen Stiers hat. Aus seinen Flanken aber wachsen ihm weite Adlerschwingen, stark genug, ihn selbst auf den höchsten aller Berge zu tragen. Nur sein Haupt gleicht dem eines Elfen … Oder eigentlich eher sogar dem eines Menschen, denn die Gesichter der Lamassu sind stets von wuchtigen Bärten gerahmt. Einige Zeit verstrich, bis Aileen begriff, dass der König es mit seinem Werben tatsächlich ernst meinte. Nun sind die Maurawan bekannt dafür, dass sie ihr Herz auf der Zunge tragen und dass sie sich gern sehr bildhaft ausdrücken. Und so geschah es, dass Aileen dem König Nazirluma vor seinem Hofstaat ins Gesicht sagte, eher würde sie sich mit einem Wolf paaren als mit einem altersschwachen Stier.

Es heißt, Liebe und Hass seien zwei Seiten derselben Münze. Und so blind Nazirluma in seiner Liebe war, so maßlos war er in seinem gekränkten Stolz. Kaum hatte Aileen die hohe Halle des Herrschers verlassen, da befahl er seinen Leibwächtern, die Elfe zu ergreifen und sie die Freuden der Liebe durch einen Lamassu zu lehren, bis sie ihr Leben dabei aushauchte. Und zu ihrer Schande taten die Krieger, wie ihnen geheißen.

Aileen vermochte drei Pfeile zu verschießen, bevor sie ergriffen wurde. Mit zweien streckte sie zwei der großen Lamassu nieder. Der dritte aber war ein Gry-na-Lah, ein Fluchpfeil, und ihn schickte sie senkrecht in den Himmel hinauf, denn sie wusste wohl, wer ihr die Krieger geschickt hatte. So hatte sie Nazirlumas Namen auf den Schaft eines Pfeils geschrieben und das Geschoss mit einem Zauber belegt. So lange sollte der Pfeil im Himmel verborgen fliegen, bis er einen Weg zu seinem Ziel fand.

Als Nazirluma wieder zu Sinnen kam, war es zu spät, seine Mörder zurückzurufen. Als ein Weiser kannte der König die Maurawan, ihre Magie und ihre Waffen wohl.

Und so begab er sich in eine Kammer, die keine Fenster hatte und in die weder ein Kamin noch ein Luftschacht führte. Drei Türen musste man durchschreiten, um in diese Kammer zu gelangen, und der König befahl, dass niemals mehr als eine der Türen geöffnet sein dürfe. Nazirluma verbrachte achtundfünfzig Tage in seinem selbst gewählten Gefängnis, und mit der Zeit wuchs seine Zuversicht, dass der Zauber auf dem Gry-na-Lah seine Kraft verloren hatte. Auch seine Diener wurden nachlässig, denn sie spürten wohl, wie die Furcht ihres Herrn wich. So befahl Nazirluma am achtundfünfzigsten Tage, dass man ihm ein Bad richten möge. Seine Diener schleppten viele Krüge mit Wasser in den prächtigen Kerker, und bei der Plackerei geschah es, dass sie nur die äußerste der drei Türen verschlossen hielten. Diese aber war weniger sorgfältig als die anderen beiden gearbeitet, und in ihr fand sich ein Astloch, so klein, dass ich gerade einmal meinen kleinen Finger hindurchstecken könnte. Diesen Weg wählte der Pfeil und bohrte sich in das Herz Nazirlumas. Und der König verblutete in seinem Bade.«

Horsa stand der blanke Schweiß auf der Stirn, als Ollowain seine Geschichte beendete. »Was willst du mir damit sagen, Elf?«

Der Schwertmeister breitete die Hände aus. »Ist das so schwer zu verstehen? Yilvina, die Leibwächterin unserer Königin, führt stets Pfeil und Bogen bei sich. Und auf einem ihrer Pfeile steht der Name deines Sohnes Egil.«

Horsa sprang auf und wollte dem Elfen an die Kehle gehen, doch Ollowain wich dem Angriff mit Leichtigkeit aus. Ein Tritt in die Kniekehle brachte den Alten zu Fall. Nun setzte ihm der Elf den Fuß auf die Brust und drückte Horsa in den Staub. Dies alles geschah so schnell, dass Alfadas keine Gelegenheit fand einzuschreiten. Und ihm war es auch nur recht, Horsa im Staub liegen zu sehen.

»Es tut mir Leid, dass dies hier nötig war«, sagte Ollowain betrübt. »Schließlich sind wir Verbündete im Kampf gegen die Trolle. Nun höre mir zu, König. Deine Drohung gegen Emerelle und gegen die Familie meines Freundes Alfadas betrachte ich als eine Verirrung. Sie war nur ein Wahn, wie er einen in der dunkelsten Stunde der Nacht überkommen mag, wenn man dem Wein überreichlich zugesprochen hat. Ich kenne Alfadas so gut, wie ich mein eigenes Herz kenne. Und ich verspreche dir, der Herzog würde niemals einen Verrat an dir begehen.«

Die Worte seines Ziehvaters beschämten Alfadas. Er musste an die Nacht auf dem Floß denken. Hatten die Jahre in der Welt der Menschen ihn so sehr verändert?

»Ich bin bereit, alles zu vergessen, was heute Nacht gesprochen wurde«, fuhr Ollowain fort. »Ich habe dein Zelt als dein Verbündeter betreten, König Horsa. Es liegt nun bei dir, ob ich es auch als dein Verbündeter verlassen werde.« Der Schwertmeister nahm seinen Fuß von der Brust des Königs und trat einen Schritt zurück.

Horsa atmete schwer. Es kostete ihn einige Mühe, sich aufzusetzen. Sein verbliebenes Auge war blutunterlaufen. »Ich habe wohl zu viel getrunken«, stieß er gepresst hervor.

»Ich sehe, wie dich die Sorge um deinen Sohn zerfrisst. Ich vermag nicht darüber zu urteilen, ob deine Ängste begründet sind oder nicht, König.« Ollowain reichte Horsa die Hand. Und zu Alfadas' Überraschung griff der Alte danach und ließ sich aufhelfen.

»Es gibt nur eine Macht im Fjordland, welche die Treue des Herzogs zu deinem Thron zu brechen vermag«, sagte der Elf ernst. »Und diese Macht bist du, Horsa. Bedenke dies bei allem, was du tust.«

Der massige alte Mann und der schlanke, hoch gewachsene Elf standen einander gegenüber. In Alfadas' Augen verkörperte Ollowain all das, was Horsa verloren hatte. Jugend, Selbstbewusstsein und Weisheit. War sich der König dessen ebenso bewusst? In seinem Blick lag eine Sehnsucht, als sähe er am Horizont den Glanz der Götterhallen. Tränen traten in sein verbliebenes Auge.

»Ich glaube, ich habe auch den tieferen Sinn der Geschichte von deinem Stierkönig verstanden. Ich danke dir dafür, dass du mir das Auge geöffnet hast«, sagte der König mit brüchiger Stimme. Dann blickte er zu seinem Herzog. »Ich wünsche dir Glück für deinen Feldzug, Alfadas. Und ich hoffe, wir werden uns wiedersehen. Brauchst du noch weitere Männer? Ich könnte dir einen Teil meiner Eskorte mitgeben.«

Der Herzog traute seinen Ohren kaum. Zu plötzlich erschien ihm dieser Sinneswandel. Oder hatte Ollowain den König vielleicht mit einem Zauber belegt?

»Ich nehme nur Freiwillige mit«, sagte er entschieden. »Männer, die noch keine Familie gegründet haben.«

»Es sind gute Krieger.« Horsa wischte sich über sein Auge. »Du kennst viele von ihnen.«

Dich dachte ich auch einmal zu kennen, ging es Alfadas durch den Kopf. »Fragen wir sie morgen vor dem Tor. Gestattest du nun, dass wir uns zurückziehen?«

Offenbar tief in Gedanken, nickte der alte König knapp.

Als sie außer Hörweite der Wachen waren, musste Alfadas Gewissheit haben.

»Hast du ihn verzaubert, Ollowain?«

»Nein, ich habe nur versucht, ihn an den Mann zu erinnern, der er einmal war.«

»Ich glaube, es ist eher der Gry-na-Lah, der ihn nachdenklich gemacht hat. Die Fluchpfeile gehören zu den Geheimnissen der Maurawan, nicht wahr?«

Ollowain lachte leise. »Ja, in der Tat. Sie sind so geheim, dass nicht einmal die Maurawan selbst um sie wissen.

Glaubst du, Emerelle würde noch leben, wenn es solche Pfeile gäbe? Wir hätten keine Fürsten und Könige mehr. Die Adelshäuser hätten sich längst gegenseitig ausgelöscht. Keine Blutfehde könnte jemals beigelegt werden, wenn es solche Pfeile wirklich gäbe. Ich habe die Geschichte von Nazirluma und Aileen erfunden. Sie sollte Horsa Angst machen. Aber der Alte hat mich überrascht. Ich glaube, er hat noch etwas anderes verstanden. Seinem Tod kann er nicht entgehen. Zu leben ist eine Schlacht, die wir letzten Endes alle verlieren. Aber es liegt ein Stück weit in unserer Hand, wie man uns in Erinnerung behält. Horsa ist im Grunde seines Herzens ein guter Mann. Er möchte nicht, dass man sich an ihn als einen Tyrannen erinnert. Und wenn er seinem Sohn eine solche Bürde hinterlässt, würde er es noch schwerer haben. Wer möchte schon vom Spross eines Tyrannen beherrscht werden? All jene, die einen Groll auf seinen Vater haben, aber dessen Stärke fürchten, werden sich gegen Egil erheben.«

»Ich hoffe nur, dass Horsas Weisheit länger als eine Nacht währt«, entgegnete Alfadas skeptisch. »Mir wäre es lieber, Yilvina hätte tatsächlich einen Gry-na-Lah.«

»Unterschätze Yilvina nicht«, ermahnte ihn der Schwertmeister. »Ich glaube nicht, dass es einen Menschen gibt, der sie umbringen könnte. Sie wird auch auf deine Familie Acht geben. Und dazu braucht sie keinen Fluchpfeil.«

Die beiden hatten das Langhaus des Herzogs erreicht. »Ich glaube nicht, dass ich in dieser Nacht noch schlafen werde«, sagte der Elf unvermittelt und verabschiedete sich. Alfadas sah ihm nach, bis die Dunkelheit Ollowain verschluckte. Wollte er das Zelt des Königs beobachten?

Entschlossen, die letzten Stunden bei seiner Familie nicht mit dumpfem Grübeln zu vergeuden, trat Alfadas in das Langhaus. Der vertraute Geruch von Rauch empfing ihn. Bald brannten ihm die Augen. Er fluchte leise. Die

Glut in der Feuergrube reichte nicht, die Finsternis zu vertreiben, doch spendete sie gerade genug Licht, um den großen Raum zu durchqueren und nicht auf die einquartierten Gäste zu treten, die in Decken gerollt überall auf dem Boden lagen.

Leise klirrte eine Kette. Alfadas verharrte. Es war nur Lambi oder einer seiner Männer, die sich im Schlaf bewegt hatten. Die rebellischsten seiner Krieger hatte der Herzog vorsichtshalber in sein eigenes Haus eingeladen – auch um sie vor den Männern des Königs zu schützen.

Alfadas wartete, bis sich seine Augen an das rötliche Zwielicht gewöhnt hatten. Dann schlich er zwischen den Schlafenden hindurch zu den Nischen entlang der Wand. Vor Kadlins Lager wachte Blut. Der Herzog sah, wie sich das Licht in den schwarzen Augen des großen Hundes spiegelte. Blut regte sich nicht und gab keinen Laut von sich, doch entging ihm nichts, was im Langhaus geschah. Und wehe dem, der versuchte, sich Kadlin auf mehr als einen Schritt zu nähern.

Alfadas tätschelte Blut über seinen massigen Schädel. Der Hund reagierte nicht. Weder durch ein freundliches Knurren noch indem er sich wie andere Hunde auf die Seite rollte, um sich den Bauch kraulen zu lassen. Angespannt beobachtete er die Schläfer und zuckte einmal kurz, als irgendwo in der Dunkelheit jemand leise im Schlaf vor sich hin murmelte. Erst als Alfadas sich aufrichtete, um nach Kadlin zu sehen, drückte Blut ihm kurz seine feuchte Schnauze in die Hand.

Alfadas dachte an den Abend zurück. Fast jeder der Männer, die hier schliefen, hatte schon getötet. Es waren hartgesottene Burschen. Unter normalen Umständen hätte er sie nicht unter seinem Dach haben wollen. Für die Regeln der Ehrenhaftigkeit, die er seinem Sohn beizubringen versuchte, hätten sie nur Spott übrig. Ehrenhaft war es zu siegen. Wie, das war ihnen gleich. Sie waren schlechte Gesellschaft in friedlichen Zeiten. Und genau die richtigen Männer, um mit ihnen in eine aussichtslose Schlacht zu ziehen. Vielleicht hatte Horsa Recht damit, sie loswerden zu wollen. Das Fjordland sah friedlichen Zeiten entgegen. Es gab keine Feinde. Diese Männer würden Störenfriede sein. Auch Blut hatte das gemerkt. Seit sie im Haus waren, hatte er weder gefressen noch getrunken. Er hatte sie nicht aus den Augen gelassen. Keinen Herzschlag lang. Die Krieger hatten die Gefahr bemerkt, die von dem großen schwarzen Hund ausging. Sie hatten gespürt, dass er ohne Vorwarnung auf sie losgehen würde, sobald sie den kleinsten Fehler machten, und dass diese Bestie ihnen mit einem einzigen Biss die Kehle herausreißen würde. Lambi und seine Kumpanen waren ruhig gewesen, hatten sich nicht betrunken und respektvollen Abstand zu Blut gehalten.

Alfadas kraulte den großen Hund hinter den Ohren. Es war gut zu wissen, dass Blut im Haus war. Er würde auf Asla und die Kinder achten.

Vorsichtig zog der Herzog den Vorhang zur Seite und spähte in Kadlins Schlafnische. Die Kleine hatte ihre Decke fortgestrampelt, streckte den Hintern empor und drückte ihren Kopf in das moosgefüllte Kissen. Dabei machte sie ein ernstes Gesicht, wie sie es manchmal tat, wenn sie etwas Wichtiges zu erklären versuchte. Alfadas musste schmunzeln. Es war ihm ein Rätsel, wie man in dieser Stellung schlafen konnte. Doch Kadlin atmete tief und regelmäßig. Vorsichtig zog er ihre Decke hoch. Dann sah er ihr beim Schlafen zu. Er wollte dieses Bild tief in seine Erinnerung einbrennen. Es sollte sein geheimer Schatz sein in den dunklen Stunden, die da kommen würden.

Endlich riss er sich los, um auch nach Ulric zu sehen. Auch sein Junge lag in tiefem Schlaf. Er drückte den Dolch an sich, den Ollowain ihm geschenkt hatte. Es war eine lange, schlanke Waffe, fast schon ein kurzes Schwert. In die silberne Scheide waren kleine Türkissplitter eingefasst. Ulric hatte sie gezählt. Es waren dreiundachtzig. Der Griff war aus Walbein geschnitten und zeigte zwei Löwen, die auf ihren Hinterbeinen standen und sich in tödlicher Umklammerung hielten. Beide hatten einander die Fänge ins Genick geschlagen. Der Dolch wäre ein Geschenk für einen König gewesen. Seit Ulric ihn bekommen hatte, trug er ihn ständig mit sich herum. Und in Anbetracht der Gäste dieser Nacht war es sicherlich klüger, dieses kostbare Stück nicht herumliegen zu lassen. Eines Tages würde sein Sohn ein guter Krieger sein, dachte der Herzog. Und sicher würde er sich dann darüber ärgern, dass man sich erzählte, er habe einen verzauberten Elfendolch, dem er seine Kraft und sein Geschick verdanke.

Er strich dem Jungen sanft durch das zerzauste Haar. Ulric regte sich unruhig im Schlaf. Vorsichtig zog Alfadas sich zurück, legte die Kleider ab und schlüpfte in die Schlafnische, die er sich mit Asla teilte.

»Was hat der alte Bock von dir gewollt?«, fragte sie leise, nachdem er den Wollvorhang zugezogen hatte.

»Er macht sich Sorgen darum, dass ich ihn bei der Aufteilung der Kriegsbeute betrügen könnte. Horsa ist überzeugt, dass wir alle mit Schätzen beladen zurückkommen werden«, log Alfadas, während er sich fröstelnd unter die Decke drängte. Die Nacht war eisig. Bald schon würde der erste Schnee kommen. Er dachte an die Männer, die draußen am Ufer bei den Feuern kauerten. In Albenmark würden sie nicht mehr frieren.

»Und was wirst du mir mitbringen? Noch eine Kutsche?«

»Ist etwas mit der Kutsche nicht in Ordnung?« Er schlang seinen Arm um sie und zog sie zu sich heran. Ihr Leib war angenehm warm.

Asla schüttelte sich. »Das ist ja, als sei der Winter in

mein Bett gekrochen.« Sie drehte sich um und küsste ihn sanft auf die Stirn. »Komm zu mir zurück aus Albenmark, das ist das einzige Geschenk, das ich mir von dir wünsche.«

Wieder hatte er das Gefühl, als sei sein Magen voller Eis. Ahnte sie etwas? »Die Elfen bauen sehr schöne Kutschen«, sagte er, um von etwas anderem zu sprechen.

Asla versetzte ihm einen Knuff. »Willst du eine Kutscherin aus mir machen? Bin ich vielleicht einem deiner Geheimnisse auf der Spur? Schätzt du Elfen, die gern auf dem Bock sitzen?«

Alfadas zog sie auf sich. »Eigentlich bevorzuge ich wilde Reiterinnen.« Aslas langes Haar strich ihm über das Gesicht. Ihre Hände spannten sich um seine Schultern.

»Es gäbe doch etwas, das ich mir wünsche. Diese selbstgefällige, dunkelhaarige Ziege, von der du wolltest, dass sie meinen Bauch betastet ... Lündin, oder so. Sie hatte ein kleines Glasfläschchen. Darin war ein wunderbar duftendes Wasser. Ich habe sie einmal beobachtet, wie sie ein wenig davon auf ihren Hals getupft hat. Sie roch danach wie ein Blumengarten. Es wurde einem ganz behaglich bei diesem Duft. So etwas hätte ich auch gerne.«

Alfadas vergrub seinen Kopf zwischen ihren Brüsten. »Ich mag den Geruch deiner Haut. Kein Duftwasser könnte mich so berauschen.«

Sie schob sich auf seinen Schoß. »Du bist ein schlechter Lügner. Ich kenne keinen Mann, der sich so oft wäscht wie du. Warum solltest du meinen Geruch schätzen, wenn du deinen eigenen nicht ertragen kannst?«

»Wenn wir uns geliebt haben, wasche ich mich manchmal tagelang nicht.« Er zog sie zu sich herab und küsste sie. Wenn sie einander liebten, dann war alles wie in jenem wundervollen ersten Jahr. Jedenfalls solange Asla ihn nicht neckte. Damals hatte sie ihn zu sehr bewundert, um ihre

Späße mit ihm zu treiben. Was wohl hinter ihrem Wunsch steckte? Duftwasser! Er mochte ihren Geruch wirklich! Es war zu dunkel in der Schlafnische, um irgendetwas sehen zu können. Aber er war sich sicher, dass sie jetzt grinste. Sie wollte ihn mit ihrem Wunsch foppen!

Asla rieb sich sanft an ihm. Wohliges Schaudern durchlief seinen Leib. Das Eis in seinem Magen war verschwunden.

»Wirst du mir meinen Wunsch erfüllen?« Sie erhob sich ein wenig.

»Ich werde dir eine ganze Sammlung von Duftwasser mitbringen!«

Wieder rieb sie sich an ihm. »Ein Fläschchen reicht mir. Dann würde ich dir auch verzeihen, wenn du noch eine Kutsche anschleppst.« Ihre Wärme umschloss ihn. Alfadas biss sich auf die Lippen. Er wollte nicht, dass die Männer draußen in der Halle ihn vor Lust stöhnen hörten.

Asla begann sich in langsamem Rhythmus zu bewegen. Ihre Wärme umfloss ihn und trug ihn davon. Fort von Horsa und all seinen Sorgen. Sie liebten sich so leidenschaftlich wie schon lange nicht mehr, und als sie später, den Kopf auf seine Brust gesenkt, einschlief, schwor er sich, dass er zurückkommen würde. Ganz gleich, was auch geschehen mochte. Das war sein letzter Gedanke, bevor er einschlief.

In seinen Träumen belästigte ihn Ole. Er hatte einen Hund mitgebracht, so groß wie ein Pferd, und wollte ihn an Asla verkaufen.

ABSCHIED

Ollowain griff nach der Hand der schlafenden Königin.

»Sie ist immer noch kalt«, sagte Yilvina. »Seit Lyndwyn ihren Zauber gewirkt hat, will die Wärme nicht mehr in ihre Glieder zurückkehren. Ich kann ihr nichts zu essen geben und kaum einmal etwas zu trinken. Sie atmet nur ganz flach. Manchmal denke ich, sie ist wie eine dieser kleinen Eidechsen, die für den Winter erstarren und im ersten Frühlingslicht erwachen.«

Die Brandwunden im Antlitz der Herrscherin waren völlig ausgeheilt. Es waren keinerlei Narben zurückgeblieben. Der Schwertmeister musste an Lyndwyns Worte denken. Floh die Königin vor ihren Taten? Wollte sie nicht erwachen? Er kannte Emerelle schon sehr lange. Vor dem Schicksal davonzulaufen, sah ihr nicht ähnlich.

»Wie geht es dir?« Ollowain blickte zu Yilvina auf.

Die Kriegerin lächelte müde. »Das Leben hier ist nicht gerade sehr aufregend. Ich verlasse niemals das Haus. Nachts schlafe ich vor dem Lager der Königin. Ich bin immer in ihrer Nähe, für den Fall, dass sie plötzlich erwacht.«

»Du solltest dich nicht einsperren«, drängte Ollowain.

»Ich habe versprochen, über Emerelle zu wachen«, beharrte Yilvina.

»Aber hier gibt es keine Feinde.«

»Und dieser König?«, entgegnete sie. »Ich traue ihm

nicht. Sein Angebot, Emerelle an seinen Hof nach Gonthabu zu bringen, erschien mir ganz so, als habe er darüber nachgedacht, unsere Herrin als Geisel zu nehmen.«

»Er wird dich nicht noch einmal bedrängen.« Ollowain dachte an die vergangene Nacht. Er hatte den König lange beobachtet. Der Alte hatte zusätzliche Lichter aufgestellt. Sein Schattenriss war deutlich durch die Zeltwände zu sehen gewesen. Horsa hatte bis zum Morgengrauen reglos an seinem Tisch gesessen. Dann hatte er seine Wachen antreten lassen und eine ergreifende Rede über die Flüchtigkeit der Jugend und den ewigen Ruhm tapferer Taten gehalten. Horsa war ein Säufer und ein Hurenbock. Ein Machtmensch, der kaum von Skrupeln geplagt wurde. Aber trotz all dieser Fehler hatte er auch Charisma, und er kannte seine Fjordländer. Jedes seiner Worte hatte sie mitten ins Herz getroffen. Zuletzt hatten sie alle mit Alfadas ziehen wollen, doch er hatte es nur hundert von ihnen gestattet, sich dem Heer des Herzogs anzuschließen.

Der Heereszug war schon vor Stunden aufgebrochen. Ollowain war zurückgeblieben, um von seiner Königin ungestört Abschied zu nehmen. Ein wenig hatte ihn auch die Hoffnung getrieben, Emerelle werde vielleicht erwachen, wenn er an ihrem Lager kniete und leise auf sie einsprach. Doch die Herrscherin lag nach wie vor wie tot in dem Bett, das Asla ihr bereitet hatte.

Ollowain verabschiedete sich von Yilvina mit dem Kriegergruß. Selbst hier im Haus hatte die Elfe ihre beiden Schwerter nicht abgelegt. Die Waffengurte der Klingen kreuzten sich über ihrer Brust. Auch sie trug nun Kleider der Menschen. Doch Ollowain hatte ihr ein Kettenhemd und Armschienen aus Phylangan mitgebracht, damit sie wieder wie eine adlige Kriegerin aussah. Mit den kurz geschorenen Haaren und ihren hohen Wangenknochen hatte das Gesicht der Schwertkämpferin etwas Abweisendes. Sie wirkte kalt und unnahbar. Hoffentlich würde ihre spröde Art Asla nicht reizen. Es war nicht ganz einfach, mit Yilvina auszukommen. Vielleicht war sie zu sehr Kriegerin? Schon ihr Blick hatte etwas Herausforderndes.

»Möge dein Weg dich nach Albenmark zurückführen«, sagte Ollowain.

»Nur an der Seite der Königin«, erwiderte sie knapp.

Der Schwertmeister wusste, das Yilvina keinen Wert auf höfliche Floskeln legte. Schweigend ging er hinaus und stieg in den Sattel. Sein prächtiger Schimmel brachte ihn um den Fjord bis fast zum Gipfel des Hartungskliffs. Erst als sie ein Geröllfeld erreichten, stieg der Schwertmeister ab und führte den Hengst am Zügel weiter.

Sein Weg führte ihn vorbei an Kindern und Greisen. Alle waren aufgebrochen, um zu sehen, wie das magische Tor sich öffnen würde. Kalf trug eine alte Frau auf dem Rücken, die zu schwach war, den Berghang noch aus eigener Kraft zu erklimmen. Ollowain sah eine Frau, die ein Mädchen mit wunderschönen braunen Augen auf den Armen trug. Das Kind mochte fünf oder sechs Jahre alt sein. Die Mutter redete unablässig auf die Kleine ein. Sie beschrieb das Blau des Fjords und wie winzig klein die Hütten von hier oben aussahen. Jetzt erst begriff der Schwertmeister. Die Augen des Mädchens standen still. Sie blickten ins Leere. Die Kleine war blind.

Er würde die Menschen niemals begreifen. Die Szene rührte ihn, auch wenn seine Vernunft sich dagegen sperrte. Es war Unsinn zu glauben, dass sie ihrer Tochter auch nur einen Bruchteil der Wunder dieser Welt beschreiben könnte. Aber es war achtenswert zu sehen, wie sie gegen das Schicksal aufbegehrte! Nicht bereit war hinzunehmen, dass ihre Tochter ausgeschlossen war.

Er ging eine Weile neben der Frau und lauschte ihren unbeholfenen Worten. Sie beschrieb auch ihn. Nannte ihn einen dünnen weißen Mann mit goldenem Haar. Ollowain erlaubte, dass das Mädchen nach seinen Haaren tastete und über sein Gesicht. Er ließ es auch seinen Hengst streicheln, versuchte ihr seinerseits etwas zu erzählen und wunderte sich, wie hilflos seine Worte klangen, als er nun beschreiben wollte, was vor ihnen lag. Die kahle Felskuppe, auf der sich gleich den Zacken einer Krone ein Kreis aus Steinen erhob.

Inmitten des Steinkreises stand Alfadas. Der Wind spielte mit dem roten Wollumhang des Kriegers. Alle blickten auf ihn. Sein Sohn Ulric, der sein braunes Pony am Zügel hielt. Asla, deren Gesicht ganz blass war.

Kadlin drehte ihre Finger im Fell von Blut. Der alte Luthpriester Gundar kaute an etwas und versuchte, es sich nicht anmerken zu lassen.

Horsa hatte die Hände in die Hüften gestützt und gab sich Mühe, königlich auszusehen, doch man merkte ihm dennoch seine Ungeduld an. Überall auf dem Hang und dem Plateau standen die Männer, die mit Alfadas gehen wollten. Lambi und seine Gefährten waren noch immer in Ketten geschlagen. Ollowain sah die beiden Brüder von der Fähre und Ole, der auf jemanden einredete, der sich ganz offensichtlich nicht mit dem Hundehändler unterhalten wollte.

Die Krieger des Herzogs waren eine abgerissene Schar. Sie trugen aufgerollte Decken, die sie sich wie große Würste über Brust und Rücken gebunden hatten. Jeder war mit Taschen und Flaschen behängt, Notvorräten für Albenmark, falls etwas Unvorhergesehenes geschah. Ihre Augen leuchteten. Sie erwarteten nicht weniger als ein Wunder.

Unruhig blickte Ollowain zum Himmel. Die Mittagsstunde war verstrichen. Eigentlich sollte sich das Tor zu den Slanga-Bergen schon geöffnet haben.

Wind strich über den Fjord und zerbrach den Spiegel des

Wassers. Eine Möwe zog über sie hinweg und lugte neugierig auf all die Menschen herab. Ollowain schien es so, als fürchte der Vogel, dem Kreis aus stehenden Steinen zu nahe zu kommen. Er flog in weitem Bogen um die Bergkuppe herum.

Plötzlich schoss eine Säule aus purpurnem Licht vor dem Herzog aus dem Boden. Sie wuchs und wurde breiter, bis ein Karren mühelos durch das Licht hätte fahren können.

Alfadas hob beide Arme. Das leise Murmeln der Wartenden verstummte. Nur das Rauschen des Windes und der ferne Schrei der Möwe störten die Stille.

»Dies ist das Tor, das uns in eine Welt der Wunder und der Schrecken führen wird. Schreitet durch das Purpurlicht, und eure Vergangenheit wird von euch abfallen wie welke Schlangenhaut, wenn ihr es denn wollt. Vielleicht erwartet uns jenseits des Tores Finsternis. Vielleicht gelangen wir mit einem einzigen Schritt in die Slanga-Berge. Wenn ihr vor euch einen goldenen Pfad seht, dann folgt ihm und weicht nicht mal um ein Haarbreit von ihm ab, sonst werdet ihr auf immer im Dunkel verloren sein. Und wenn euch nun der Mut sinkt und ihr Angst habt vor dem letzten Schritt, so grämt euch nicht. Jeder, der hier auf diesem Felsen mit mir steht, ist ein Held. Denkt an die Geschichten der Skalden, an die ruhmreichen Recken vergangener Zeiten. Ihr alle seid mir bis an den Rand der Welt gefolgt. Und selbst von den kühnsten Kriegern des Fjordlands hat es vor euch nur eine Hand voll gewagt, so weit zu gehen. Ganz gleich, ob ihr Fischer, Händler oder Fährleute seid: Ihr steht den Helden der Vergangenheit in nichts nach. Schon jetzt habt ihr euren Platz in den Liedern, die dereinst in den Hallen der Könige gesungen werden. Ich verneige mein Haupt vor euch und bin stolz, an eurer Seite zu sein.« Der Herzog verneigte sich tatsächlich. Eine Böe blies ihm sein langes Haar ins Gesicht, als er sich wieder aufrichtete. Wilde Entschlossenheit spiegelte sich in seinem Antlitz. »Asla, ich liebe dich, und ich werde zu dir zurückkehren, ganz gleich, was auch geschehen mag.« Er sagte das in einem ruhigen, feierlichen Tonfall, so als lege er einen Eid ab. Dann wandte der Herzog sich um, und mit einem Schritt verschwand er in dem gleißenden Licht.

Lysilla trat an Ollowains Seite. Sie lächelte spöttisch und sprach ihn in der Sprache ihres Volkes an. »Ein wenig pathetisch, diese Menschen.«

»Verlangen große Gefühle nicht auch nach großen Gesten?« Der Schwertmeister hielt ihren Blick einen Moment lang gefangen. Er lächelte nicht. Dann sah er hinüber zu Silwyna. Ollowain wusste, dass die letzten Worte des Herzogs ebensosehr ihr gegolten hatten wie Asla. Doch das Gesicht der Jägerin zeigte keine Regung.

AUF DER SCHWELLE

Vahelmin wusste nicht, wie viel Zeit vergangen war, seit Skangas Blutmagie ihn in eine ihr hörige Bestie verwandelt hatte. Tage, Wochen oder vielleicht doch nur Stunden? Im Nichts gab es kein Maß für das Verstreichen der Zeit.

Manchmal hoffte Vahelmin plötzlich zu erwachen, um zu sehen, dass all dies nur ein schrecklicher Traum war. Aber da war diese andere Kreatur … Der Quell der dunklen Gedanken. Dieses Geschöpf war tief in ihm. Was immer er dachte, es hatte seinen Anteil daran. Wenn er hoffte, bald zu erwachen, konnte er fühlen, wie sich die Bestie in ihm regte, um sich in Erinnerung zu bringen und all seine Träume Asche werden zu lassen.

Jegliche Gedanken der dunklen Kreatur drehten sich um Licht. Und doch schrak sie vor den goldenen Pfaden zurück, die sich in weiten Abständen durch das Nichts zogen. Vahelmin hatte der Bestie mühsam beibringen müssen, dass sie diese Pfade nun begehen konnten, dass der Bann, der die anderen Geschöpfe der Dunkelheit von den Albenpfaden fern hielt, für sie nicht mehr galt.

Dafür lehrte die Bestie ihn, wie man sich im Nichts bewegte. Hier gab es kein Oben oder Unten, keinen sicheren Grund, über den man schritt. Vom ersten Augenblick an hatte Vahelmin im Nichts das Gefühl gehabt zu fallen. Ein endloser Sturz in einen bodenlosen Abgrund …

Und die Kreatur in ihm hatte sich an seiner Angst erfreut. Das Nichts war eine Welt ohne Licht, ohne Gerüche, ohne Wind, den man auf der Haut spürte. Sie war schrecklicher als jeder Kerker, denn man war eingesperrt mit sich und seinen Gefühlen, ohne dass es einen Sinneseindruck gab, der einen auch nur einen Herzschlag lang ablenkte. An diesem Ort war es ein Fest, sich an der Angst eines anderen zu laben. Die Kreatur ließ ihn die Grenze zum Wahnsinn erreichen. Vielleicht hatte er sie sogar überschritten … Dann erst lehrte sein dunkler Bruder ihn, sich zu bewegen. Das heißt, zuallererst versuchte das Wesen, ihm begreiflich zu machen, dass er nicht stürzte. In einer Welt ohne Horizont, ohne Landmarken, an denen man sich orientieren konnte, ohne Berge und Täler gab es auch keinen Boden, auf dem man jemals hätte aufschlagen können. Er stürzte nur in seiner Vorstellung, weil es nichts gab, an dem er seinen Standort in der Welt verankern konnte.

Seit Vahelmin das begriffen hatte, vermochte er seine Angst zu überwinden. Er lernte, sich kraft seiner Gedanken zu bewegen. Das Netz der Albenpfade gab dem Nichts eine Struktur. Es schuf Koordinaten im weglosen Abgrund.

Die Kreatur, mit der Skanga ihn verschmolzen hatte, fürchtete die Albenpfade wie der ungehorsame Hund die Peitsche seines Herrn. Die Bestie wagte es nicht, die Pfade zu betreten, und doch belauerte sie die magischen Wege ständig. Sie spürte Eindringlinge, wie eine Spinne es spürt, wenn etwas ihr Netz berührt. Binnen eines Augenblicks – so kam es Vahelmin zumindest vor – waren sie dort, wo sich etwas im Netz bewegte. Lauernd umlagerten sie dann mit anderen Geschöpfen der Finsternis den Albenpfad und warteten darauf, dass einer der Eindringlinge den Fehler machte, den sicheren Weg zu verlassen.

Verließ man den Pfad, dann verblasste das goldene Licht sofort. Vom Nichts aus betrachtet, war das goldene Netz unsichtbar. Man spürte es, wenn man ihm sehr nahe kam, aber es half einem nicht, sich in der Dunkelheit zu orientieren. Die Bestie in Vahelmin fürchtete die Kraft, mit denen die Alben einst ihre Wege umgeben hatten. Doch jetzt, wo sie beide eins waren, vermochten sie die Schutzzauber mühelos zu durchdringen. Diesmal war es Vahelmin, der sich an den Ängsten seines dunklen Seelenbruders weidete, als er ihn auf die Pfade aus Licht führte.

Erst als sie in das Netz eindrangen, erinnerte sich Vahelmin, dass sie jemanden suchten. Eine Elfe ... Die Königin! Doch er vermochte keine Spur von Emerelle zu finden. Auch die Erinnerung an Shahondin kehrte zurück. Waren sie nicht gemeinsam in das Netz gegangen? Warum hatte sein Vater ihn verlassen? Hatte er die Spur der Herrscherin gefunden?

Getrieben vom Ehrgeiz, hinter Shahondin nicht zurückzustehen, lernte Vahelmin, dass er das Nichts verlassen konnte. Dort, wo sich viele Albenpfade in einem Stern kreuzten, war es leicht, der Finsternis zu entkommen. Als er zum ersten Mal ausbrach, gelangte er an einen Ort voller Licht und Sand. Er stand inmitten eines weiten, schwarzen Basaltkreises. Neugierig streifte er durch das Sandmeer. Doch es gab hier keine Beute zu machen. Das Land war tot, und so kehrte er ins Nichts zurück.

Anschließend wagte er mehrere kleine Ausflüge, um seine Fähigkeiten zu erproben. Wahllos trat er durch Albensterne, blieb aber nie lange. Hier tötete er einen Hasen, dort ein kleines Reh. Erst als es ihn in eine winterliche Steppenlandschaft verschlug, verspürte er Lust, länger zu bleiben. Seine weiße, durchscheinende Gestalt verschmolz hier völlig mit dem Hintergrund. Im Gegensatz zu Raubtieren schien er auch keinerlei Geruch zu verströmen. Ohne Mühe konnte er sich einer Yakherde nähern und unter den Tieren wildern. Seine Kiefer stießen auf keinerlei Widerstand, wenn er sie in die Flanken der Bullen stieß. Und ohne Mühe zerrte er das Licht aus den Tieren. Es war köstlich, den Todeskampf zu schmecken. Dem Verfall des Lebens zuzusehen und die Panik in den Augen der anderen Tiere zu erblicken, die nicht begriffen, was gerade geschah. Das Licht sättigte ihn nicht wirklich. Aber zu morden bereitete ihm Freude. Oder war es sein dunkler Bruder, der sich freute?

Eines Abends schlich er sich an ein Kentaurenlager heran und ermordete eine Stute, die gerade ihr Junges gebar. Als Jäger in jener fernen Zeit, in der er noch ein Elf gewesen war, hatte er niemals ein trächtiges Tier erlegt. Das war gegen alle Gesetze der Jagd. Nun bereitete es ihm tiefe Befriedigung, gegen jene Gesetze zu verstoßen. Er hatte das wehrlose Junge getötet, als es noch durch die Nabelschnur mit der Mutter verbunden war. Und die Kentaurenstute war mit ihrem Kind in den Armen verendet. Fast genauso erregend war es gewesen, dem Wahnsinn des tobenden Vaters beizuwohnen, als er betrunken in das Zelt gekommen war. Er hatte mit seinen Kumpanen bereits die Geburt seines Kindes gefeiert. In seiner Raserei hatte er versucht, sich zu entleiben.

Nach der Jagd kehrte Vahelmin stets in das Nichts zurück. Es war für ihn wie eine riesige, grenzenlose Höhle. Das Refugium des Raubtiers. Auch hoffte er immer noch darauf, eine Spur der Königin zu finden. Skanga war sich so sicher gewesen, dass sie Emerelle aufspüren würden. Vielleicht musste er nur darauf warten, dass die Königin erneut das Netz der Albenpfade betrat? Er würde spüren, wenn sie hierher kam. Und dann würde er ihr Licht rauben! Ein sengender Schmerz durchfuhr ihn. Die Königin war nicht seine Beute. Seine Glieder schienen zerreißen zu wollen. Noch einmal durchlebte er die Nacht der Verwandlung, den Augenblick, in dem Skanga ihm seinen Leib geraubt hatte. Er war ihr Hund! Und es war ihm verboten, der Königin ein Leid zuzufügen. Sie war Skangas Beute! Und wenn er ein guter Hund war, dann durfte er vielleicht eines Tages auch wieder ein Elf sein.

Ein fernes Beben schreckte ihn aus seinen Erinnerungen. Etwas Großes bewegte sich durch das Netz. Ein Gedanke nur, und er war bei dem Pfad, den ein geöffnetes Tor in Schwingungen versetzt hatte. Hunderte Menschen waren auf dem Weg durch das Nichts. Sie verströmten den Geruch der Angst. Vahelmin ergötzte sich eine Zeit lang daran, dann durchbrach er den Schutzbann des Albenpfades und begann unter seinen wehrlosen Opfern zu wildern. Dabei ging er vorsichtig vor. Manche trugen Kettenhemden, und das Eisen brannte, wenn er es berührte. Die meisten jedoch waren ohne Rüstung und nur mit einer Axt oder einem Speer bewaffnet. Sie zu töten war leicht.

Die Bestie in ihm hielt ein Festmahl, und er gab sich ihren Gelüsten willig hin. Ein Dutzend oder mehr Leiber welkten, als er ihr Licht stahl. Ihr Entsetzen versüßte die Morde. Doch ganz gleich, wie viele er tötete, seinen Hunger vermochten sie kaum zu stillen. Es war wie ein Muschelessen. Man schlürfte die Meeresfrüchte, und doch gewann man jeder einzelnen nur einen flüchtigen Moment des Genusses ab, bevor man die leeren Schalen fortwarf.

Der Strom der Menschen wollte kein Ende nehmen. Bald gefiel es Vahelmin, nur noch von ihnen zu naschen, ihnen lediglich einen Teil ihrer Lebenskraft zu stehlen. Angst konnte so wunderbar vielfältig schmecken! Manche Männer, die ihn sahen, gerieten in Panik und flohen von dem Albenpfad. Sie wurden zum Schmaus der Schattengestalten, die jenseits des Schutzbanns lauerten.

Woher die Menschen wohl kamen? Seine Neugier besiegte den Hunger der Bestie. Vahelmin folgte dem Strom der Menschen zu seinem Ursprung. Sie traten bei einem großen Albenstern ins Nichts. Er verließ den Pfad und legte sich auf die Lauer. Die Bestie spürte, dass dort draußen noch viele Menschen waren. Sie wollte hinaus, wollte Panik verbreiten und sich an dem Schrecken weiden. Doch Vahelmin dachte an die Eisenwaffen. Jenseits des Tores würden die Menschen auf sicherem Boden kämpfen. Wenn sie ihren ersten Schrecken überwunden hatten, würden sie ihn vielleicht ernsthaft verletzen. Er musste sie überraschen. Ihnen auflauern, wenn sich die Versammlung in kleinere Gruppen auflöste. Er malte sich aus, wie er das Grauen in ihre Dörfer tragen würde. Nur ein wenig Geduld, dann konnte er ungefährdet die Schwelle in die Welt der Menschen überschreiten! Es würde eine vergnügliche Jagd werden!

EINE NEUE WELT

Alfadas ging von Mann zu Mann. Die meisten hatten gar nicht mitbekommen, dass etwas auf dem Weg durch das Nichts geschehen war. Unsicher blickten sie sich in der neuen Welt um. Sie waren in ein tief verschneites Tal gelangt. Ringsherum erhoben sich sanft ansteigende, bewaldete Hügel. Die Elfen hatten einige seidene Zelte aufgeschlagen, und farbenprächtige Banner knatterten im Wind. Über ihnen spannte sich ein klarer blauer Himmel. Die Sonne stand im Zenit, doch sie spendete keine Wärme. Eisiger Wind fuhr über die Lichtung, und er trug Eiskristalle, fein wie Staub, mit sich. Alfadas rieb sich die Hände. Die Kälte ging ihm durch Mark und Bein. Doch noch tiefer berührte ihn das Entsetzen. Er blickte zu dem großen, grauen Menhir, der den Ort markierte, an dem sich die Albenpfade kreuzten. Verschlungene Kreismuster waren in den Stein geschlagen. Sah man sie länger an, so begannen die Linien vor den Augen zu tanzen. Alfadas wandte den Blick ab. Was war geschehen? Mit seinem Vater und Ollowain war er mehrmals durch solche Tore gegangen, als sie nach Noroelles Sohn gesucht hatten. Stets hatten sie Angst gehabt, das Gefüge der Zeit könnte sich verschieben. Aber dass man auf den Pfaden angegriffen werden konnte, davon hatte er nie gehört.

Ganz in der Nähe kauerte Mag im Schnee. Er redete auf

seinen jüngeren Bruder ein. Der Fährmann hatte Torad eine Hand auf die Schulter gelegt. Sein Bruder hielt das Gesicht in den Händen vergraben.

»Etwas Eiskaltes hat in meine Brust gegriffen. Ich konnte es nur ganz kurz sehen.« Torad schluchzte. »Ich … Es war etwas Großes, Weißes. Es war plötzlich da. Ich konnte gar nichts tun. Der Mann vor mir ist zur Seite gesprungen und in der Finsternis verschwunden. Es war …« Er hob den Kopf. Sein blondes Haar war schütter geworden. Falten durchzogen sein Gesicht. Er sah aus wie ein Mann, der schon vierzig Sommer gesehen hatte.

Alfadas wusste, dass Torad erst sechzehn war. Er wandte sich ab. Niemand hatte ihm sagen können, was auf dem Albenpfad geschehen war. Selbst die Elfen wirkten verunsichert. Immer wieder hatten sie behauptet, dass die Pfade der Alten sicher vor den Angriffen der Geschöpfe der Finsternis waren. Die Wahrheit sah anders aus, dachte Alfadas bitter.

Ragni kam auf ihn zugeeilt. »Ich habe mit allen Kriegsjarls gesprochen. Wir haben siebzehn Männer verloren. Und mehr als zwanzig sind …« Er sah den Herzog hilfesuchend an, als fände er keine Worte für das, was geschehen war. »Mehr als zwanzig sind verändert«, sagte er schließlich. »Es gibt noch ein Problem. Glaubst du, die Elfen können das Tor noch einmal öffnen?«

»Warum?«

»Komm mit mir. Ich habe sie in eines der Zelte gebracht, damit niemand merkt, was geschehen ist. Jemand hat sich uns angeschlossen …« Der Jarl sah sich besorgt um. »Wir werden große Schwierigkeiten bekommen.«

»Könntest du mir vielleicht …«

Statt einer Antwort griff Ragni den Herzog beim Arm und zog ihn mit sich. »Es darf auf keinen Fall bekannt werden. Lambi und seine Halsabschneider würden ihn umbringen.« Der Kriegsjarl zog ihn in ein Zelt. Dort warteten Dalla, die Heilerin des Königs, Veleif, Horsas Skalde und ein Krieger. Das Gesicht des dritten Mannes verbarg sich im Schatten seiner tief in die Stirn gezogenen Kapuze.

»Was soll das?«, fragte Alfadas gereizt. Er begriff, was Ragni meinte. Horsa würde es gewiss so auffassen, dass er ihm seinen Skalden und seine Bettgefährtin gestohlen hatte.

»Mein König braucht meine Dienste nicht weiter, hat er mir heute Morgen erklärt.« Dalla hatte himmelblaue Augen. Sie sah den Herzog fest an. »Du weißt, warum! Das Gespräch gestern Nacht hat ihn verändert. Und es ist gut so. Ich möchte meine Dienste deinen Männern anbieten.«

Ragni grinste anzüglich. »Das hättest du mir auch gleich sagen können.«

»Nicht diese Dienste! Mir ist gleich, was du von mir denkst, aber ich bin keine Hure! Ich habe Horsa geliebt. Und ich tauge zu mehr als nur dazu, einem Mann im Bett Vergnügen zu bereiten! Ich kann schwere Blutungen stillen, tiefe Wunden vernähen und das Gleichgewicht der Säfte wiederherstellen, wenn deine Krieger erkranken.«

»Das Gleichgewicht meiner Säfte bringt dein Anblick ganz schön durcheinander.«

»Genug, Ragni!«, fuhr Alfadas den Kriegsjarl scharf an. »Keiner hier wird Hand an dieses Weib legen. Sie ist willkommen, nun, wo sie bei uns ist.« Er wandte sich an Veleif. »Und du, Skalde? Was führt dich hierher?«

Der Dichter lächelte entschuldigend. »Ich fürchte, meine Absichten sind eigennütziger. Ich konnte es nicht mehr länger ertragen, für Horsa Lügengeschichten zu verbreiten. Dieser Feldzug ist die größte Heldengeschichte seit vielen Generationen. Ich muss einfach dabei sein. Du wirst Geschichte machen, Alfadas, und ich werde sie in schöne

Worte fassen, damit künftige Generationen sich ein Beispiel an deinem Mut und deiner Kühnheit nehmen. Keine zwei Stunden bin ich bei deinem Heer, und schon habe ich mehr Wunderbares erlebt als in den vierzig Jahren zuvor. Ich bin auf einem goldenen Pfad durch die Dunkelheit geschritten, in einem Heerlager der Elfen, und deine Krieger erzählen von einem Geisterpferd, das ihnen begegnet ist. Ich werde eine Saga über dich verfassen, Alfadas Elfensohn.«

Der Herzog zuckte innerlich zusammen, als er den verhassten Beinamen hörte. Er konnte Veleif nicht zurückschicken. Lyndwyn, die das Tor geöffnet hatte, war unmittelbar nach der Ankunft des Heeres gemeinsam mit dem größten Teil der Elfen, die das Lager aufgebaut hatten, wieder verschwunden. Es gab kein Zurück mehr. Aber das wusste der Skalde ja nicht.

»Ich bin kein Freund von Lügen und schamlosen Übertreibungen, Veleif, und ich bin geneigt, dich zurück auf den Pfad aus Licht zu schicken. Vielleicht begegnest du dort dem Geisterpferd. Nun geh hinaus und sieh dir die Männer an, die diese Bestie angegriffen hat. Sieh dir an, wie es ist, binnen eines Augenblicks um Jahrzehnte zu altern. Beweise dich als ein wahrhaft großer Skalde. Singe das Lied der Wahrheit.«

»Ich singe immer ...«

Alfadas schnitt ihm mit einer harschen Geste das Wort ab. »Ich weiß, was du für Horsa getan hast. Ich war dabei, als er die Elfenkönigin traf, und es geschah nicht in einem Zelt auf einem Floß!«

»Der König hat mir aufgetragen, was ich dichten soll. Ich habe es nicht gern getan. Du weißt doch ...«

»Ich weiß, dass ich dich an dem Tag zurückschicken werde, an dem du noch einmal solche Lügen verbreitest. Geh hinaus, Veleif! Sieh der Wirklichkeit ins Antlitz. Kleide sie in all ihrer Schrecklichkeit und Pracht in Worte. Du bist entlassen.«

Der Skalde sah ihn empört an. Mit wehendem Umhang verließ er das Zelt. Alfadas wandte sich nun an den vermummten Krieger. »Und wer bist du?«

»Egil Horsason.« Er schlug die Kapuze zurück.

Der Herzog sah den jungen Mann entsetzt an. Horsas Sohn! Als hätte er nicht schon genug Sorgen.

Egils Gesicht war schmal und feiner geschnitten als das seines Vaters. Seine blauen Augen hatten etwas Fiebriges und waren von dunklen Ringen umgeben. Er trug ein kostbares, engmaschiges Kettenhemd und fein gewobene Kleider. Nur sein Umhang war aus grober Wolle wie bei den einfachen Kriegern des Heeres.

»Weiß dein Vater, dass du hier bist?«

Egil schüttelte den Kopf. »Natürlich nicht, er hätte mich niemals ziehen lassen. Er behandelt mich wie einen Sklaven und tut alles, um mich zu demütigen.«

Alfadas wusste nicht, was er sagen sollte. Er hielt nicht viel von Egil. Er hatte nur Schlechtes über ihn gehört. »Warum bist du mitgekommen?«

»Um mich als Krieger zu bewähren. Ich werde eines Tages über das Fjordland herrschen, aber ich weiß sehr wohl, dass viele der Jarls mich verachten. Ich war niemals auf einem deiner Kriegszüge, Herzog. Nie konnte ich mich als Krieger beweisen. Ich will mir die Achtung der Männer verdienen, deshalb bin ich hier.«

Der Herzog sah zu Ragni. »Ich nehme ihn zu meinen Männern«, sagte der Kriegsjarl.

»Das ist kein guter Gedanke.« Alfadas seufzte. »Ich werde Lambi und seinen Kriegern gleich die Ketten abnehmen lassen. Ich kann keine gefesselten Kämpfer gebrauchen. Dir ist klar, dass sie dich aufmerksam beobachten werden, Ragni? Ihnen wird nichts entgehen, was um dich herum geschieht. Sie würden Egil umbringen, nur damit du bei Horsa in Ungnade fällst.« Alfadas wandte sich an den Königssohn. »Du wirst bei den Viehtreibern mitgehen, die unsere Schafe hüten. Dort kennt dich keiner, und du bist in Sicherheit. Ragni, besorge dem Jungen Kleider, die dieser Aufgabe angemessen sind. Es gibt keine Viehtreiber in Kettenhemd und feinem Tuch.«

»Du kannst doch nicht …«, begann Egil, brach aber ab, als Alfadas ihn zornig anblickte.

»Was kann ich nicht? Dir Befehle erteilen? Ich bin der Herzog. Mein Wort ist hier Gesetz. Du willst ein Krieger sein? Dann lerne zu gehorchen! Das ist die erste Tugend eines Kriegers. Respekt muss man sich verdienen, Egil, der wird einem nicht in die Wiege gelegt. Erzähle niemandem, wer du bist. Lass deine Taten für dich sprechen, und wenn du Glück hast und die nächsten Wochen überlebst, dann wirst du als geachteter Mann ins Fjordland zurückkehren. Und solltest du gegen mich aufbegehren, dann sei dir sicher, dass ich dich wie jeden anderen Mann behandeln werde. Ich wollte keinen Königssohn hier haben und werde mich so verhalten, als gäbe es dich nicht. Von nun an heißt du Ralf! Dalla! Du hast weder gesehen noch gehört, was hier vor sich gegangen ist!«

Die Heilerin nickte stumm. Wütend verließ Alfadas das Zelt. Was bildete sich dieser unreife Trottel ein? Und wie würde Horsa reagieren, wenn er begriff, wo sein Sohn war?

»Herzog?« Ollowain kam ihm entgegen. »Graf Fenryl wünscht dich zu sprechen. Er möchte das Lager abbrechen lassen.«

»Warum hat er es so eilig?«

»Eine Karawane ist vom Rosenberg nach Phylangan unterwegs. Sie haben ihre Heimat verlassen, weil wir die kleinen Siedlungen der Snaiwamark nicht verteidigen können. Fenryl wünscht, dass wir uns mit den Flüchtlingen vereinen, denn sie haben nur eine sehr kleine Eskorte. Der Graf möchte sich nicht in deine Entscheidungen einmischen, aber seine Frau und sein Kind sind bei den Flüchtlingen.«

»Wie weit sind sie entfernt?«, fragte Alfadas. Jetzt, wo sein Zorn über Egil verrauchte, spürte er wieder die Kälte. Fröstelnd rieb er sich die Arme.

»Wir könnten sie etwa drei Tagesmärsche entfernt von hier treffen. Das würde nur einen kleinen Umweg bedeuten. Auch die Flüchtlinge müssen nach Phylangan. Es ist der einzige Weg zur Hochebene von Carandamon.«

»Gut, dann suchen wir die Flüchtlinge. Es ist besser für die Männer, wenn wir schnell aufbrechen. Sie sollten keine Zeit haben, um darüber nachzudenken, was auf dem Weg durch das Tor geschehen ist.« Alfadas begannen die Zähne zu klappern.

»Du solltest die Kälte nicht unterschätzen, mein Freund. Sie wird dich umbringen. Komm mit!«

Ollowain brachte ihn hinter die Zelte in einen Bereich des Lagers, wo dicht an dicht die Lastschlitten der Elfen standen. Mehr als zweihundert Wolfshunde kauerten hier im Schnee. Sie waren nicht angepflockt und beunruhigend ruhig. Mit aufmerksamen Blicken verfolgten sie jeden, der in ihre Nähe kam.

Ein Stück weiter hatte Lambi seine Männer um sich geschart. Der Kriegsjarl stand auf einem der Schlitten und hielt eine Rede.

»Ich hoffe, ihr habt mich verstanden, ihr hirnlosen Hurenböcke. Die Elfen haben uns diese Amulette nur geliehen! Wenn ihr sie verliert, oder, was ich eher glaube, versucht, sie zu stehlen, dann habt ihr mehr Ärger, als ihr schlucken könnt! Die Amulette schützen euch vor der Kälte des Landes. Das ist irgendeine Art von Magie. Legt sie an, und ihr könnt in einer Schneewehe vögeln gehen, ohne dass euch die Arschbacken zusammenfrieren. Ihr braucht keine Decken oder Kleider mehr, um euch vor der Kälte zu schützen.

Aber werdet mir nicht übermütig. Diese Amulette schützen euch allein vor der Kälte, vor sonst nichts! So, und jetzt kommt her und holt sie euch. Und vergesst nicht, wir werden sie zurückgeben, sobald wir Albenmark verlassen. Und wenn ein Troll einem eurer Freunde den Schädel zermatscht, sich jemand die Gedärme auskotzt oder beim Scheißen vom Schlag getroffen wird, dann nehmt ihm sein Amulett ab. Wir müssen sie alle zurückgeben! Und ich meine wirklich alle!«

Die Krieger drängten sich um Lambi, der aus einem kleinen Silberkästchen die kostbaren Kleinode herausnahm. Die Amulette sahen wie sehr dünne Goldmünzen aus. Alfadas war überrascht, wie schlicht sie gehalten waren. Ihre einzige Verzierung waren ein paar Wellenlinien, ein Sonnenrad oder ein kleiner Rubinsplitter. Sie alle hingen an schlichten roten Lederschnüren.

Einer der Krieger, ein dicker Kerl mit rotem Backenbart, kam auf Lambi zugestampft. Er hatte sein Amulett an seine Pelzmütze gebunden.

»Mein Zauber ist kaputt«, schnaufte er.

»Du musst ihn auf der nackten Haut tragen«, mischte sich Ollowain ein. »Wenn das Amulett deinen Leib nicht berührt, kann es seine Kraft nicht entfalten.«

Lambi blickte zu dem Elfen. »Verdammt, das hatte ich ganz vergessen.« Er wandte sich noch einmal an seine Männer. »Habt ihr gehört? Tragt das Elfengold auf der nackten Haut, sonst wirkt der Zauber nicht.«

»Egal wo?«, fragte der Bärtige grinsend.

»Meinetwegen steck dir dein Amulett sonst wo hin, wenn du Spaß dabei hast. Aber wenn du es mir zurückgibst, und es stinkt, dann quetsch ich dir die Eier, bis du es mir blitzblank geleckt hast.«

Der Bärtige lachte. »Habt ihr das gehört, Leute? Unser Kriegsjarl will mir an die Eier. Hoffen wir, dass er bald eine willige Elfe findet, die sich an dem Ding in seinem Gesicht, über das man nicht spricht, nicht stört, sonst wird der geile Bock uns noch der Reihe nach bespringen.«

»Reden die manchmal auch von was anderem?«, fragte Ollowain in seiner Muttersprache.

Alfadas lächelte. »Erfundene Heldentaten lieben sie fast ebenso. Würden sie für jede Lüge ein Kupferstück bekommen, wären sie allesamt reich wie Könige.«

»Und denen willst du die Ketten abnehmen lassen?«

»Machst du dir Sorgen, dass sie einer Elfe zu nahe treten könnten?«

Jetzt war es Ollowain, der lächelte.

»Wenn sie ihre schmutzigen Finger nach einer Elfe ausstrecken, dann können sie diese Finger hinterher einzeln im Schnee aufsammeln gehen. Was glaubst du, was Lysilla oder Silwyna mit diesen Kerlen machen, wenn sie ihnen zu nahe treten?«

»Wir werden mit einigen Männern Probleme bekommen, wenn sie zu lange keine Frau haben«, entgegnete Alfadas ernst. »Aber das soll nicht die Sorge dieses Tages sein. Verteilen auch die anderen Kriegsjarls die Schutzamulette an ihre Männer?«

»Es geschieht alles so, wie du es geplant hast, Alfadas«, versicherte Ollowain.

Beruhigt trat der Herzog zu Lambi und nahm sich eines der Elfenamulette aus dem Silberkästchen. Kaum hielt er das verzauberte Goldstück in der Hand, durchfloss ihn wohlige Wärme.

Wie viel Macht musste man haben, um so etwas zu erschaffen, dachte er. Und wie viel Weisheit musste ein Volk besitzen, um diese Macht nicht zur Erschaffung von Waffen zu nutzen …

All die Zauberschwerter, die die Skalden seines Volkes den Elfen so gerne andichteten, könnten sie gewiss Wirklichkeit werden lassen, wenn sie es nur wollten. Und im Augenblick wünschte er sich, sie hätten es getan. Alfadas wusste, dass sie jede Waffe im Kampf gegen die Trolle brauchen würden.

Selbst die Elfen mussten das begriffen haben, warum sonst nahmen sie die Hilfe von Menschen an?

DIE WOLFSGRUBE

Orgrim ging zwischen blühenden Sträuchern und Bäumen umher und schüttelte verständnislos den Kopf.

»Nutzlos!«, sagte er verärgert, und Mandrag nickte zustimmend. Die große Haupthöhle der Wolfsgrube, ihrer einstigen Felsenburg, war in einen Blumengarten verwandelt. Obwohl es mitten im Winter war, schmückte sich die Natur mit überbordender Farbenpracht. Und es war unangenehm warm. Hier in dieser Höhle herrschte Frühling. Es war nicht richtig, den unabänderlichen Lauf der Jahreszeiten auf diese Weise zu verhöhnen. Gegen die Natur konnte man sich nicht auflehnen. Sie würde immer siegen. Wer klug war, lebte nach ihren Gesetzen. Jeder Troll wusste das!

»Nichts ist mehr so wie früher«, sagte Mandrag bitter. »Wie mag es erst in der Königsburg aussehen, wenn sie hier schon jede Ordnung der Dinge so verdreht haben!« Er löste seinen Streitkolben vom Gürtel und stapfte mit schweren Schritten hinüber zur Statue eines überheblich lächelnden Elfenfürsten. Ein wuchtiger Hieb zerschmetterte die Marmornase. Wieder und wieder hämmerte er mit der schweren Waffe auf den Stein und löschte die Gesichtszüge des Elfen aus, bis schließlich der Kopf der Statue wegbrach und in ein Rosenbeet rollte.

Orgrim und sein Gefolge sahen dem Alten schweigend

zu – der hünenhafte Gran, Birga, die Schamanin, und Boltan, der Geschützmeister. Sie alle konnten Mandrags Zorn nachfühlen. Mit dem Einzug in die Wolfsgrube war die Ernüchterung gekommen. Keine ihrer Felsenburgen würde noch so aussehen wie früher. Die Elfen hatten alles verdorben! Sie hatten Jahrhunderte Zeit gehabt, jegliche Erinnerung an das Volk der Trolle auszulöschen, und zumindest hier in der Wolfsgrube hatten sie gründliche Arbeit geleistet. Die Wandgemälde aus Ruß und Blut waren verschwunden, ebenso die Runensteine und die kleinen Felsnischen, in denen man sich mit einem Weib vergnügen konnte, während die Alten beim Feuer saßen und redeten. Alles fort! Stattdessen gab es weite Höhlen mit Gärten, deren Decken in Zauberlicht erstrahlten, Paläste mit Zimmern über Zimmern und allerorten Wasser in Teichen, Becken und Brunnen.

Boltan hatte seine Wange an eine der großen Steinstelen gepresst, die überall im Blumengarten aufragten. »Darinnen fließt Wasser«, sagte er überrascht. Plötzlich erhellte ein strahlendes Lächeln sein Gesicht. »Sie nutzen die Geysire. Der Fels hier ist ganz warm. Deshalb konnten sie im Winter einen Frühlingsgarten erschaffen. Es ist keine Magie!«

Birga stampfte ärgerlich mit ihrem Knochenstab auf den Boden. »Red nicht über Dinge, von denen du nichts verstehst, Geschützmeister! Hier ist überall Magie. Jegliche natürliche Ordnung ist gestört. Sie haben allem hier ihren Willen aufgedrückt!« Die Schamanin zeigte zur Höhlendecke. »Was glaubst du, wie man Fels dazu bringt, taghell zu leuchten? Und wie haben sie all die Höhlen erschaffen? Magie, Magie, Magie!« Sie legte eine Hand auf die geschändete Statue. »Selbst hier fühle ich Magie. Sie haben den Stein weich gemacht, bis sie ihn mit bloßen Händen formen konnten, so wie man feuchten Lehm formt und in eine Gestalt zwingt. Das Land wird uns helfen, die Normirga zu vertreiben. Es ist der Elfen überdrüssig. Es wird sie abschütteln, wie ein Hund Flöhe abschüttelt.«

Orgrim war anderer Meinung, aber er hütete sich, Birga zu widersprechen. Der Rudelführer wusste, dass es klüger war, wenn man ein wenig nachhalf, die Normirga zu vertreiben. Sie hatten hier über Jahrhunderte gelebt, und das Land hatte sie geduldet. Warum sollte sich das jetzt plötzlich ändern?

Ihre Späher hatten die Wolfsgrube am Vortag verlassen vorgefunden. Kein Elf war in der Felsenfestung. Doch überall fand man Spuren, die auf einen überhasteten Aufbruch hinwiesen. Einen halbfertigen Wandteppich, der noch in den Webrahmen gespannt war. Frisch erlegtes Wild, das in den kühlen Höhlen nahe dem Eingang zur Wolfsgrube aufgehängt war, um auszubluten und gehäutet zu werden. All dies sprach eine deutliche Sprache. Die Normirga waren gewarnt. Man wusste, dass sie kamen. Dabei hatte Orgrim sich alle Mühe gegeben, ihren Anmarsch durch das Swelm-Tal in größter Heimlichkeit durchzuführen. Sie waren nur bei Nacht marschiert, wenn nicht einmal das Geisterlicht am Himmel tanzte, und hatten sich während der kurzen Tagesstunden in dichten Wäldern versteckt. Die Kundschafter hatten sich während eines Schneesturms an die Festung herangepirscht. Und doch hatten sie alles verlassen vorgefunden. Fast schien es, als hätten die Elfen auf wunderbare Weise gespürt, dass die Trolle in ihre Heimat zurückgekehrt waren. Der Aufbruchsbefehl musste an jenem Tag gegeben worden sein, als die *Geisterwind* am Eingang zum Swelm-Tal vor Anker gegangen war.

Der Rudelführer stieg eine Treppe zwischen den Gartenterrassen hinab und sah sich nach dem großen Tisch um, der ihm schon am Vorabend aufgefallen war. Beinahe strauchelte Orgrim. Fluchend griff er nach einer der Steinstelen, die in weiten Abständen die Treppe säumten. Die Stufen waren viel zu niedrig und zu schmal. Für Trolle waren diese Treppen die reinsten Stolperfallen.

Der seltsame Marmortisch stand inmitten einer Laube aus Rosenranken. Blutrote Blütenblätter lagen auf dem schneeweißen Stein verstreut. Unangenehm süßlicher Geruch hing in der Luft. Orgrim rümpfte die Nase und wischte dann die Blätter von dem Tisch. Die Platte war uneben. Gewundene Linien waren in den Stein gegraben, und an vielen Stellen schien es, als sei er erst gar nicht richtig geglättet worden. Das Ganze ergab kein Muster, im Gegenteil, es wirkte völlig willkürlich. Zunächst hatte Orgrim gedacht, die Platte sei noch nicht fertig bearbeitet gewesen, und war gegangen. Dann hatte er von der Treppe aus noch einmal zurückgeblickt. Es hatte des Abstands bedurft, um zu begreifen, was er dort sah. Es war eine Karte! Jeder Berg war sorgfältig ausmodelliert. Er hatte die Küstenlinie der Walbucht und die Bergketten erkannt, die das Swelm-Tal einfassten.

Fluchend kam Mandrag die Treppen hinab. »Das also ist der Kartentisch, von dem du mir erzählt hast!« Der alte Troll stützte sich schwer schnaufend auf die Marmorplatte. »So muss das Land wohl für einen Vogel aussehen, wenn er nur hoch genug fliegt.« Mandrag studierte den Plan kurz und deutete auf einen einzelnen Berg. »Das hier ist die Wolfsgrube.« Er spannte sich und wies dann auf einen viel größeren Berg, der einen Pass versperrte. »Dies ist das Ziel unserer Träume, der Königsstein, die größte und schönste unserer Burgen. Von dort haben unsere Ahnen über die Snaiwamark geherrscht.«

»In diesem Winter noch wird Branbart seinen alten Thron wiederbekommen«, sagte Orgrim begeistert. »Der Königsstein liegt viel näher, als ich dachte.«

»Da irrst du, mein Junge.« Der Alte fuhr mit seinem Finger über die Steinplatte und machte einen weiten Bogen um die flachen Ausläufer einer Bergkette. »Dies ist der Weg, den wir nehmen müssen. Von hier aus sind es acht oder neun Tage.«

Orgrim ließ seine Finger über die unebenen Berge gleiten. »Was ist hier? Man könnte den Weg zum Königsstein halbieren, wenn man durch die Berge geht. Sie scheinen nicht besonders hoch zu sein, falls diese Karte stimmt. Was lässt dich vor ihnen zurückschrecken?«

»Die Maurawan! Das hier sind die südlichsten Ausläufer der Slanga-Berge. Es ist ihr Land. Ein Wald aus himmelhohen Eichen wächst dort. Selbst im kurzen Sommer bleibt es in ihrem Reich unter den Bäumen immer dunkel. Kaum ein Lichtstrahl vermag das dichte Laubdach zu durchdringen. Und die Pfade in diesem Wald sind verhext. Sie führen dich in die Irre. Man kann tagelang im Kreis laufen, ohne es zu merken …« Er räusperte sich. »Das geschieht, wenn man Glück hat. Hat man Pech, dann steckt einem, kaum dass man den Wald betritt, der Pfeil eines Maurawan im Nacken. Es heißt, die Bäume selbst seien die Verbündeten dieses Elfenvolkes, und sie würden sie vor allen neugierigen Blicken verbergen. Die Maurawan sind ständig um einen herum, wenn man den Wald betritt. Doch sehen kann man sie nur, wenn sie auch gesehen werden wollen.«

»Sind sie nicht das Kleinste aller Elfenvölker, Mandrag? Wie lange könnten sie dem Zorn unserer Rudel widerstehen?«

»Die Antwort ist leicht. Solange es Bäume gibt, auf denen sie sich verstecken können, du vorwitziger Welpe. Mit den Maurawan wird man nie eine offene Feldschlacht austragen. Sie locken dich in ihren Wald, wenn sie kämpfen wollen, doch selbst dort stellen sie sich nicht. Schnell wie der Wind laufen sie auf den Ästen der großen Bäume. Und wenn man gerade denkt, man wäre diesen Plagegeistern entgangen, dann fällt der nächste Mann in deiner Nähe. Diese elenden Wichte sind stolz darauf, niemals mehr als einen Pfeil verschießen zu müssen, um zu töten – ganz gleich, was sie jagen. Sich in diesen Wald zu wagen, heißt nur, sinnlos Krieger zu opfern. Ich hoffe inständig, Branbart hat die Weisheit, ihn zu meiden.«

Schweigend betrachteten die beiden die Karte. Die Slanga-Berge schoben sich wie ein riesiger Keil in das Gebiet der Snaiwamark. Ganz am Rand der Karte erhob sich ein einzelner Berg über alle anderen.

»Was ist das für ein Ort?«, fragte Orgrim neugierig.

»Das Albenhaupt.« Mandrag schlug hastig ein Schutzzeichen. »Dieser Ort ist verflucht. Der Berg verbirgt seinen Gipfel stets in den Wolken. Niemand, der dorthin wollte, ist je zurückgekehrt.«

»Rudelführer!« Brud, der Anführer der Kundschafter, kam quer durch den Garten gelaufen. Er trug ein eisverkrustetes Fell um die Schultern, und sein Gesicht war dunkel verfärbt von der Kälte. Orgrim hatte ihn gestern ausgeschickt, um den Elfen nachzusetzen, die aus der Wolfsgrube geflohen waren.

Schnaufend kam Brud neben dem Kartentisch zum Stehen. »Wir haben die Flüchtlinge aufgespürt. Es sind ein paar hundert. Und sie haben kaum Krieger dabei. Sie rücken nur langsam vor; ich glaube nicht, dass sie schon wissen, wo wir stehen.«

Orgrim sah den Kundschafter verwundert an. Warum hatten die Elfen so plötzlich die Wolfsgrube verlassen, wenn sie keine Ahnung hatten, wie nah ihre Feinde schon waren? »Haben sie deine Männer entdeckt?«

»Natürlich nicht!«, rief Brud beleidigt.

»Wo genau sind die Elfen?« Er deutete auf den Tisch. »Sieh dir das hier an, das ist eine Karte. Hier ist die Wolfsgrube, und dort ist die Bucht, in der die *Geisterwind* liegt. Findest du dich zurecht?«

Der Kundschafter sah sich eine Zeit lang die Tischplatte an und stieß dabei immer wieder leise Grunzlaute aus. »Was für eine wunderbare Karte! Sie stimmt genau. Wir sollten sie mitnehmen. Selbst die Berge sind so gearbeitet, wie sie wirklich aussehen.« Er deutete auf einen kleinen Höcker mit einer sternförmigen Einbuchtung in seiner Flanke. »Hier in dieser Felsmulde haben wir letzte Nacht für drei Stunden gerastet.«

»Wo sind die Elfen?«, drängte Orgrim.

»Hier!« Brud deutete mitten auf eine Ebene. »Sie bewegen sich in dieser Richtung. Sie wollen ohne Zweifel zum Königsstein.«

Das war eine gute Gelegenheit für einen billigen Sieg, dachte Orgrim begeistert. Vielleicht waren unter den Elfen auch einige bedeutende Persönlichkeiten, die man als Geiseln nehmen konnte, um später die Verteidiger des Königssteins zu erpressen. »Wo würden wir sie einholen, wenn wir sofort aufbrechen? Bedenke, dass die Lastschlitten unseren Vormarsch etwas verlangsamen werden.«

Brud maß mit seinen Fingern den Abstand zum jetzigen Standort der Elfen ab und überlegte kurz. Dann deutete er auf einen Punkt, der nahe einer flachen Hügelkette lag. »Hier würden wir sie erreichen. Selbst mit den schweren Schlitten wirst du in drei Tagen dort sein, Rudelführer.«

Orgrim dachte kurz nach. Am liebsten würde er möglichst viele Elfen hierher zurückbringen. Sie könnten als Sklaven dienen und helfen, die Wolfsgrube wieder, so gut es ging, in ihren früheren Zustand zu versetzen. Und sie wären ein netter Fleischvorrat. »Wie sieht die Karawane aus?«

»Einige Krieger reiten auf Pferden. Ich weiß nicht, wie die Viecher die Kälte überstehen. Die meisten reisen auf Schlitten. Manche dieser Gefährte haben sogar Segel. Es gibt auch eine große Lastkolonne aus Yaks. Sie sind es, die die Elfen so langsam machen. Viele Kobolddiener sind dabei, die für die Normirga die groben Arbeiten erledigen. Etliche Elfen fahren in schönen Schlitten mit Silberglöckchen. Man kann sie schon von weitem hören. Auch ein paar Hundeschlitten habe ich gesehen. Es ist ein sehr bunter Haufen. Der Zug erstreckt sich über mehr als zwei Meilen.«

»Würdest du dir zutrauen, sie von ihrem Weg abzudrängen, ohne dich in eine richtige Schlacht verwickeln zu lassen, Brud?«

Der Kundschafter nahm sich Zeit, bevor er antwortete, was Orgrim gut gefiel.

»Ich würde mindestens fünfzig weitere Krieger brauchen, Rudelführer. Aber ich glaube, ich könnte sie täuschen. Wahrscheinlich werden sie in Panik geraten, sobald sie die ersten Trolle sehen.« Er grinste breit. »So wie die sich aufführen, können sie nicht ahnen, dass wir ihnen schon im Nacken sitzen.«

Orgrim deutete auf einen kleinen Einschnitt in der Hügelkette. »Hier scheint es ein breites Tal zu geben, das sich quer durch die Hügel zieht. Dränge sie dorthin ab. Wir werden sie da erwarten. Wenn sie zwischen uns und deinen Männern in der Klemme sitzen, werden die feigen Wichte sich sicherlich ergeben. Wir sehen uns in drei Tagen auf dem Schlachtfeld!«

EIN SCHATZ AUF VIER BEINEN

Draußen war etwas! Ole griff nach Köcher und Bogen, die neben der Tür lehnten. Seine Hunde waren unruhig. Nicht wie damals, als die verfluchten Elfen gekommen waren. Aber sie liefen in ihren Käfigen auf und ab. Irgendetwas schlich ums Haus oder war nahe am Waldrand. Diesmal würde er sich nicht überraschen lassen, dachte Ole wütend. Und er würde auch nicht nur einen Knüppel mitnehmen!

Vielleicht war es ja auch die ganze Zauberei droben auf dem Hartungskliff, die die Hunde verrückt machte. Aber es war besser nachzusehen, bevor wieder jemand in seiner Tür stand. Er streifte die Schärpe mit den Peitschen über, warf sich den Köcher über die Schulter und nahm den Bogen.

Die Dämmerung war längst vorüber, doch es wurde nicht richtig dunkel. Wieder tanzte das geisterhafte Feenlicht über den Himmel. Sein grüner Schein vertiefte die Schatten, aber im offenen Gelände konnte man ganz gut sehen.

Rings um das Haus war nichts. Ole ging zu den Ställen. Ruhelos strichen die Hunde entlang der Wände der großen Kisten, die er für sie gezimmert hatte.

»Mörder! Schädelbeißer!«, rief er scharf. Er zeigte den beiden Bluthunden die Peitschen, damit sie sich erinnerten, wer ihr Herr war. »Los, wir machen eine Runde!«

Kurz überlegte er, die Hunde an lange Lederleinen zu legen. Dann verwarf er es. Im Dorf wusste jeder, dass es nicht klug war, sich bei Nacht in die Nähe seines Hauses zu wagen. Ole war noch immer wütend wegen des Nachmittags. Dass dieser Halbelfenbastard vom König feierlich verabschiedet worden war! Sah denn niemand, was für ein aufgeblasener Wichtigtuer dieser Alfadas war? Wenn *er* ein Zauberschwert von den Elfen hätte, dachte Ole, dann könnte er auch ein Herzog sein! Dieses ganze Gerede von Helden und unsterblichem Ruhm fand Ole zum Kotzen. Die meisten dieser angeblichen Helden würden sich vor Angst in die Hosen machen, wenn sie nachts einem seiner Hunde begegnen würden.

»Schädelbeißer, was machst du da? Raus mit dir!« Der Bluthund drückte sich flach auf den Boden der Kiste, obwohl die Tür weit offen stand. Wütend drosch Ole mit der Peitsche auf den Hund ein. Die Eisendornen zerrissen dem Schisser das Fell. Blut troff von den gedrehten Lederschnüren. Widerstrebend kroch der Hund aus seiner Holzkiste und blickte hasserfüllt auf.

»Brauchst du noch eine Abreibung, Kläffer?« Ole hob drohend die Peitsche.

Der Hund duckte sich, ließ ihn aber nicht aus den Augen. So war es gut, dachte Ole. Sollten sie ihn nur fürchten! Das würde bessere Hunde aus ihnen machen. Da sie ihm nichts tun konnten, würden sie mit all ihrer Wut über jeden herfallen, der sich sonst in die Nähe wagte.

»Na, Mörder. Du hast es schon gelernt, nicht wahr? Versuchst erst gar nicht mehr, dich mir zu widersetzen. Kluger Hund! Los jetzt! Sucht!« Er ließ die Peitsche durch die Luft knallen. »Zeigt mir, was euch so unruhig macht!«

Schädelbeißer antwortete mit einem tiefen, kehligen Knurren, während Mörder sofort loslief. Mörder war nicht ganz so riesig wie die anderen Hunde. Er hatte ein kurzes rostbraunes Fell und eine lange Schnauze. Er sah viel zu nett aus, um ihn als Bärenbeißer zu verkaufen. Aber er war mutig und gehorchte. Es waren nur wenige Prügel nötig gewesen, um ihn zu erziehen.

Schädelbeißer war da ganz anders. Er stammte aus demselben götterverfluchten Wurf wie Blut. Diese verdammte Brut hatte zwar alle äußeren Merkmale von Bestien, aber die Hunde waren so störrisch, dass man sie kaum beherrschen konnte. Und dann noch die Sache mit Kadlin! Ole wurde jetzt noch ganz schlecht, wenn er daran dachte, wie dieser Scheißkläffer das kleine Mädchen abgeschleckt hatte. Blut hatte genau gewußt, was er da tat. Er und sein Bruder Schädelbeißer waren zu klug für Hunde. Selbst die Peitsche half da nicht. Vor ihnen musste man stets auf der Hut sein. Sie wollten sich einfach nicht unterwerfen. Aber er war noch mit jedem Hund fertig geworden, dachte Ole stolz. Wenn sie zurück waren, würde er Schädelbeißer durchprügeln, bis ihm das zottelige schwarze Fell in Fetzen herabhing. Er würde schon sehen, wer hier den stärkeren Willen hatte!

Sie waren dem Waldrand bis auf zwanzig Schritt nahe gekommen. Mörder stand wie angewurzelt und starrte in das dichte Unterholz. Ole nahm einen Pfeil aus dem Köcher und pirschte vorwärts. Da war etwas. Eine große, helle Gestalt. Zu groß für ein Reh. Es war weiß! Beim Schwanze Luths! Das musste eine weiße Elchkuh sein. Ein Vermögen auf vier Beinen! Weiße Elche waren so selten, dass man nur einmal in hundert Jahren einen fand. So hieß es jedenfalls. Das mochte übertrieben sein, Tatsache aber war, dass ein solches Fell eines Königs würdig war.

Ole malte sich aus, wie er Horsa hinterhereilen würde. Mit etwas Glück könnte er den Herrscher in Honnigsvald einholen. Seine Abreise hatte sich verzögert. Irgendetwas war geschehen, was den König in Wut versetzt hatte. Er hatte seine Männer in alle Winde geschickt, so als sollten sie etwas suchen. Ob er vielleicht Gerüchte über die weiße Elchkuh gehört hatte?

Wie dem auch sei, dieses eine Mal leuchtete der Glücksstern ihm, Ole von Firnstayn! Von dem Geld für das Fell könnte er einen ganzen Mond lang in Honnigsvald saufen und huren!

»Los, Mörder, Schädelbeißer! Treibt die Kuh da heraus!« Ihre Beute hatte sie bemerkt und zog sich tiefer in den Wald zurück. Ole fluchte. Du entkommst mir nicht, schwor er sich.

»Luth hat dich nur für mich geschickt«, sagte er leise und so freundlich, dass sich Schädelbeißer misstrauisch nach ihm umsah, weil er diesen Tonfall von ihm nicht kannte. »Bleib stehen! Ganz gleich, wohin du läufst, ich kriege dich. Also erspar uns allen die Rennerei und bleib stehen.«

Mörder stürmte mit großem Eifer in den Wald. Kläffend versuchte er, der Elchkuh den Weg abzuschneiden. Ole hatte seine liebe Not, dem Hund ins Unterholz zu folgen. Die Elchkuh hingegen schien sich ohne Mühe ihren Pfad durch das Dickicht zu bahnen. Dabei war sie so geschickt, dass sie sich nicht durch den Lärm brechender Äste verriet. Ole blieb mehrmals stehen und lauschte. Er hörte zwar, wie sich Mörders wütendes Kläffen weiter entfernte, aber er hörte nicht das Knacken von Ästen, das ein so schweres Tier wie ein Elch eigentlich verursachen müsste. Auch vermochte Ole nicht die Fährte der Elchkuh aufzuspüren. Es war wie verhext.

Hin und wieder fand der Hundezüchter Pfotenabdrücke von Mörder im schlammigen Waldboden. Guter Hund! Er würde ein großes Lendenstück abbekommen. Hoffentlich stellte er die Kuh nicht allein und ruinierte durch seine Attacken das kostbare Fell!

Inzwischen war es still geworden. Der Lärm der Verfolgung war verklungen. Ole fluchte stumm in sich hinein. Mit jedem Augenblick, der verstrich, ohne dass er die Elchkuh hörte, wurde es wahrscheinlicher, dass sie ihm entkommen war.

Seine Jagd hatte ihn tief in den Wald geführt. Nicht weit entfernt erkannte er eine Gruppe von Felsblöcken, die von Jägern gern als Lagerplatz genutzt wurde. Ole überlegte, ob er dort ein Feuer entfachen sollte, um im ersten Morgenlicht zurückzukehren. Der Weg durch den dunklen Wald war recht beschwerlich, wenn man nicht vom Jagdfieber vorangepeitscht wurde.

»Schädelbeißer?« Der störrische Hund war im Unterholz verschwunden. Die meiste Zeit über hatte er sich ganz in Oles Nähe gehalten.

Der Jäger blies sich auf die Hände. Sie waren dunkel vor Kälte. Er lehnte seinen Bogen an einen Baum und klopfte sich mit den Händen vor die Brust. Er hatte die Waffe so fest gehalten, dass seine Finger ganz verkrampft waren.

»Schädelbeißer! Bei Fuß! Wo steckst du Mistvieh?« Nichts regte sich. Hatte der Hund die Gelegenheit genutzt auszureißen? Ole stapfte zu den Steinen hinüber. Der Wald war hier weniger dicht, sodass man gut den Himmel sehen konnte. Einzelne Sterne leuchteten hell hinter den Schleiern aus grünem Feenlicht. Die Felsen hatten eine graugrüne Färbung. Die alte Feuerstelle wirkte wie eine schwärende Wunde im Waldboden. Es war totenstill. Nicht der leiseste Luftzug ließ die kahlen Äste wispern.

Misstrauisch sah Ole sich um. Etwas stimmte nicht! Der Lagerplatz lud in dieser Nacht nicht zum Verweilen ein. Unschlüssig, ob er bleiben sollte, bückte er sich, um nach der Felsnische zu sehen, in der stets ein Vorrat trockenen Holzes lag. Es war eine längliche Höhlung, die wohl einst ein längst versiegter Wasserlauf aus dem Fels gewaschen hatte. Bei schwerem Regen oder Sturm konnte dort ein einzelner schlanker Mann Zuflucht vor dem Wüten der Elemente finden. Wer immer den Rastplatz nutzte, lagerte dort einen Vorrat frisches Bruchholz ein, bevor er weiterzog, damit auch der nächste Wanderer ein Lagerfeuer anzünden konnte.

Ole griff in die Spalte und fuhr augenblicklich zurück. Er hatte etwas Trockenes, Pelziges berührt! Rasch zog er seinen langen Jagddolch und wartete ab. Was immer dort im Spalt verborgen lag, rührte sich nicht. Vielleicht hatte nur ein Jäger seinen Wasserschlauch zurückgelassen oder eine Jagdtasche aus Fell. Es war albern, sich so aufzuführen!

Ole sah sich unsicher um. Niemand war in der Nähe. Endlich fasste er sich ein Herz und griff noch einmal in den Spalt. Er zerrte an dem Ding, bis es mit einem Ruck freikam und vor ihm auf den Boden purzelte. Ein vertrockneter und völlig verschrumpelter Tierkadaver lag vor ihm. Die Lefzen waren hochgezogen und gaben den Blick auf lange Fänge frei, die im Feenlicht grünlich schimmerten. Erst als Ole das Würgehalsband erkannte, begriff er, was da vor ihm lag.

»Mörder?«, flüsterte er und strich über das kurze Fell. Der Hund wirkte jetzt viel kleiner. Etwas hatte ihm das Fleisch von den Knochen geschmolzen, bis nur noch Haut und Gebein übrig waren.

Offensichtlich hatte Mörder noch gelebt, als er in der flachen Höhlung Zuflucht gesucht hatte. Der Hund hatte die Läufe eng an den Leib gezogen. Seine Schnauze war zur Verteidigung bereit vorgereckt. Doch wovor hatte er sich dort versteckt?

Hätte Ole den Hund nicht vor wenig mehr als einer Stunde noch gesehen, er hätte Stein und Bein darauf geschworen, dass vor ihm der Kadaver eines Tieres lag, das schon seit vielen Wochen tot war. Mörder fühlte sich noch warm an. Was immer ihn getötet hatte, musste ganz in der Nähe sein!

Ole spürte, dass er beobachtet wurde. Etwas war hinter ihm. Er hatte ein leises Geräusch gehört. Es klang wie das Kratzen einer Pfote auf Stein. Ruckartig drehte der Hundezüchter sich um, den Dolch abwehrbereit erhoben. Zwischen den Felsen stand Schädelbeißer. Der große Hund hob witternd den Kopf. Nie war Ole so froh gewesen, dieses störrische Mistvieh zu sehen!

»Wir sollten von hier verschwinden, mein Feiner. Wir möchten doch nicht so enden wie Mörder!«

Der große Hund sah ihn abschätzend an. Seine Augen waren wie schwarze Seen. Im Zwielicht sah man deutlich die breiten Narben auf seiner Schnauze. Schädelbeißer stieß einen kurzen Schnauber aus, dann drehte er sich um und machte sich davon.

»Du kannst doch nicht einfach abhauen, du Missgeburt!« Ole lief dem Hund hinterher. Erst als der Lagerplatz schon ein ganzes Stück hinter ihm lag, fiel ihm auf, dass er seinen Bogen zurückgelassen hatte.

Schädelbeißer war längst im Unterholz verschwunden. Dornenranken zerrten an Oles Kleidern. Was für eine verfluchte Nacht! Wahrscheinlich waren Feen oder andere magische Geschöpfe heimlich durch das Tor gekommen, um nun unter den Fjordländern ihr Unwesen zu treiben.

Unschlüssig, was zu tun war, blieb der Hundezüchter stehen. Der Wald zog sich hier eine Bergflanke hinauf. An manchen Stellen brach blanker Fels durch den Boden. Hinter ihm ging es ziemlich steil bergab. Wurzeln, halb im Laub versteckt, waren tückische Fußangeln. Es war verrückt, mitten in der Nacht und ohne Licht hier herumzulaufen.

Gerade am Rand seines Gesichtsfeldes fiel ihm ein matter Schein auf. Ole drehte sich um. Das waren ganz sicher

Feen! Er kannte sich aus, hatte alle Geschichten über diese bösartigen kleinen Verwandten der Elfen gehört. Einsame Wanderer zu foppen, war ihre Lieblingsbeschäftigung.

»Mich kriegt ihr nicht!«, murmelte der Hundezüchter leise. »Mich nicht!«

Da war es wieder! Etwas huschte lautlos zwischen den Bäumen hindurch. Und dann schob sich ein massiger, weißer Leib hinter einem Gebüsch hervor. Die Elchkuh! Sie musste durch eine Bodensenke gelaufen sein! Das war des Rätsels Lösung! Hier gab es keine Feen. Nur einen völlig verängstigten Hundezüchter. Ole lachte leise. Das Feenlicht ließ ihn Geister sehen! Das wusste jedes Kind. Die Menschen wurden ganz närrisch, wenn die grünen Lichter über den Himmel zogen. Sein Glück hatte zu ihm zurückgefunden. Es gab keinen Grund, sich zu ängstigen. Er … Ole hätte laut losfluchen mögen. Sein Bogen! Luth hatte wohl beschlossen, ihn zu verhöhnen! Ohne Bogen konnte er der Elchkuh nichts tun. Sie würde kaum brav stehen bleiben, wenn er zu ihr hinüberging, um ihr mit seinem Jagddolch die Kehle durchzuschneiden. Aber vielleicht ließ sie ihn nahe genug kommen, dass er den Dolch werfen konnte? Wenn die Elchkuh erst einmal verwundet war, dann würde er sie leichter verfolgen können.

Vorsichtig pirschte Ole sich heran. Er schaffte es, sich auf zehn Schritt seiner Beute zu nähern, ohne dass die Elchkuh auch nur den Kopf in seine Richtung wandte. Der Wind blies ihm entgegen. Sie konnte keine Witterung von ihm aufnehmen! Meinte es Luth doch gut mit ihm?

Die Elchkuh stand hinter einem Dickicht aus Dornenranken. Mit einem Hechtsprung könnte er vielleicht auf ihren Rücken gelangen und ihr den Dolch an den Nackenwirbeln vorbei ins Hirn stoßen. So wäre das Vieh sofort tot, und sein Fell würde kaum mit Blut besudelt. Ole war sich darüber im Klaren, dass dies nicht die Art war, wie man

Elche jagte, und dass ein so tolldreister Angriff wenig Aussicht auf Erfolg hatte. Aber vielleicht war ihm ja das Glück hold! Werfen konnte er seinen Dolch immer noch.

Noch fünf Schritt. Zoll um Zoll schob er sich vorwärts. Jetzt nur keinen Fehler machen! Ein knackender Ast, ein Stein, gegen den er stieß und der den Hang hinabrollte, eine Kleinigkeit reichte schon, um die Jagd zu verderben.

Noch zwei Schritte. Ole hatte fast den Rand des Dornengestrüpps erreicht. Er spannte sich, bereit zum Sprung. Noch immer hielt die Elchkuh den Kopf gesenkt. Sie ahnte nichts von ihrem Schicksal.

Der Hundezüchter grinste. Das Dickicht war niedrig. Es reichte ihm kaum über die Knie. Die Elchkuh musste auf der anderen Seite in einem Graben stehen. Ole stieß sich ab. Im selben Augenblick sah die Elchkuh auf. Ihr Kopf war seltsam. Zu schlank. Und ihre Zähne … Mit einem Satz wich das Tier zur Seite aus. Unglaublich schnell.

Oles Herz setzte einen Schlag lang aus. Hinter dem Dornendickicht war kein Graben! Sich überschlagend, stürzte er eine steile, mit Felstrümmern übersäte Böschung hinab. Unfähig, seinen Sturz abzubremsen, schlug er gegen Baumstämme und Steine. Es fühlte sich an, als dresche eine ganze Räuberbande mit Knüppeln auf ihn ein. Er ließ seinen kostbaren Dolch fahren und versuchte mit seinen Händen so gut es ging den Kopf zu schützen. Ein Stoß in den Rücken presste ihm die Luft aus den Lungen. Er konnte nicht mehr atmen. Immer schneller überschlug er sich. Seine Nase blutete. Plötzlich packte etwas seinen linken Fuß. Mit einem mörderischen Ruck endete der Sturz. Er wurde halb herumgerissen. Sein Schienbein schlug auf etwas Hartes. Deutlich hörte er ein trockenes Knacken. Sengender Schmerz durchfuhr sein Bein. Er schrie seine Pein in den Wald hinaus. Es war, als habe ihn eine Axt getroffen. Tränen rannen ihm über die Wangen, ihm wurde übel. Er versuchte sich aufzurichten, doch sein Fuß steckte noch immer fest. Er hatte sich in einer Wurzel verfangen. Grelle Lichter tanzten vor Oles Augen. Er konnte nur undeutlich erkennen, was mit seinem Bein war. Ein gebrochener Ast schien sich durch seinen Unterschenkel gebohrt zu haben.

Ole hechelte vor Schmerz. Endlich schaffte er es, sich aufzusetzen. Er musste diesen verdammten Ast aus der Wunde ziehen und sie dann mit dem Gürtel abbinden. Sein Bein war merkwürdig verdreht. Der Fuß steckte in einem seltsamen Winkel in der Wurzelschlinge fest. Bei dem Anblick übermannte ihn eine neue Welle von Übelkeit. Er schloss die Augen, griff mit beiden Händen nach dem verfluchten Ast und zog mit aller Kraft daran. Der Schmerz traf ihn wie ein Peitschenhieb. Ole brüllte wie ein Tier. Keuchte, weinte. Es war, als habe man ihm eine glühende Eisenstange ins Bein gestoßen. Durch einen Tränenschleier starrte er auf seine blutverschmierten Hände und dann auf das Bein. Das war kein Ast, der aus dem zerschundenen Fleisch ragte. Es war sein Schienbeinknochen!

Plötzlich wurde es kälter. Vor ihm stand die Elchkuh am Steilhang. Nein … Jetzt erkannte Ole seinen Irrtum. Dieses Geschöpf war so groß wie eine Elchkuh, aber das war schon alles, was es mit einem Elch gemein hatte. Sein Kopf erinnerte an einen riesigen Hundekopf. Fingerlange Reißzähne säumten die Kiefer. Und es war durchscheinend. Blasses, geisterhaftes Licht ging von ihm aus.

Eine Zeit lang stand die Kreatur einfach nur dort und blickte auf ihn hinab. Ole hatte den Eindruck, dass dieses Geistertier sich an seinen Schmerzen weidete. Endlich senkte es den Kopf und kam ein wenig näher.

Seine Kiefer schnappten nach dem verletzten Bein. Es fühlte sich an, als berühre ihn eisiger Winterwind. Die Zähne versanken in seinem Fleisch, ohne es zu verletzen.

Etwas Goldenes schimmerte zwischen den Fängen. Die Bestie riss den Kopf zurück. Sie zerrte etwas aus ihm heraus. Eine Schlange? Nein, es sah eher wie eine Nabelschnur aus goldenem Licht aus.

Alle Gelenke begannen ihm zu schmerzen. Halb ohnmächtig tastete Ole nach der Schärpe mit den Peitschen. Immer brennender wurde der Schmerz in seinen Gliedern. Gleichzeitig überkam ihn eine Mattigkeit, als sei er seit Tagen ohne Schlaf. Er musste all seine Willensstärke aufbieten, um eine Peitsche aus den Lederschlaufen der Schärpe zu ziehen.

»Alles, was wie ein Hund aussieht, hat Angst vor mir.« Seine Stimme war nur ein heiseres Flüstern. Sie klang wie die eines Greises. Die Bestie blickte kurz auf. Mit mattem Schwung ließ Ole die Peitschenschnur nach der Schnauze der Kreatur schnellen. Es gab ein zischendes Geräusch, als gieße man Wasser in die Glut. Die Peitschenschnur fuhr durch den geisterhaften Leib der Bestie hindurch. Kleine Funken glommen auf. Die Kreatur machte einen erschrockenen Satz zurück und stieß ein klägliches Jaulen aus. Dann stürmte sie davon und war binnen Augenblicken zwischen den Bäumen verschwunden.

»Ich hatte es dir doch gesagt! Ich werde mit jedem Hund fertig«, murmelte Ole, dann sank er zurück. Er fühlte sich schwach wie ein alter Mann. Klopfender Schmerz marterte sein Bein. Er versuchte erneut, sich aufzurichten, doch seine Kräfte versagten. Ole wusste, dass es aussichtslos war, hier um Hilfe zu rufen. Niemand würde ihn hören.

Wie eine Ausgeburt der Nacht stand Schädelbeißer plötzlich vor ihm. Der große, schwarze Hund musterte ihn mit kaltem Blick. Dann stieß sein unförmiger Kopf vor. Er schnappte nach dem Knochen, der aus der offenen Wunde klaffte. Mit wütendem Knurren riss er das Bein hin und her.

Oles Stimme überschlug sich in schrillem Kreischen. Er

hörte den Knochen zwischen den riesigen Fängen knacken. Blut spritzte ihm ins Gesicht. Er wünschte sich, ohnmächtig zu werden, doch der Schmerz peitschte ihn auf.

Schädelbeißers Schnauze hatte sich tief ins Fleisch gegraben. Noch etwas knackte in der Wunde. Der große Hund stemmte seine Vorderpfoten mit aller Kraft ins weiche Erdreich. Plötzlich gab es einen Ruck, Schädelbeißer geriet aus dem Gleichgewicht. Er hatte das Bein durchgebissen. Ohne Ole aus den Augen zu lassen, kauerte er sich nieder und riss das Fleisch von den Knochen. Blut hatte sich in den tiefen Narben auf seiner Schnauze gesammelt und ließ sie wie frische Wunden erscheinen.

Oles Schreie hatten nichts Menschliches mehr. Seine Finger klammerten sich in den Waldboden. Er versuchte, sich fortzuschleppen, auch wenn er wusste, dass er dem Bluthund nicht entkommen konnte und das schaurige Mahl noch lange nicht beendet war.

VON FALKEN UND WÖLFEN

Alfadas blickte den langen, gewundenen Weg hinab, dem sie nun schon seit Stunden folgten. Anderthalb Tage war das Heer fast nur bergauf gestiegen. Zunächst noch durch Wälder, an sanft ansteigenden Bergflanken vorbei, doch bald darauf wurde der Weg immer härter. Er wand sich in engen Kehren zwischen schroffen Felsen hindurch, und zuletzt ging es eine Steilwand hinauf, gefangen zwischen den Himmeln. Auf der linken Seite gab es einen Abgrund, so tief, dass sie das Gefühl hatten, selbst schon im Himmel zu sein. Rechts ragte die steile Felswand auf, und über ihnen lag wieder strahlend blauer Himmel. Manche Männer hatten die Nerven verloren, und man hatte ihnen die Augen verbunden, weil sie den Anblick der Tiefe nicht ertragen konnten. Drei lagen gefesselt auf den Hundeschlitten, weil sie nicht mehr weitergehen wollten. War es die Schönheit des Landes, das sich zu ihren Füßen ausbreitete, die ihnen den Verstand raubte? Diese Welt fühlte sich so anders an … Und dazu kamen noch die Amulette, die dem Winter seine Härte nahmen. Es war ein Ort, der nicht für Menschen geschaffen war. Allein der Tod erlaubte einem, für immer hier zu bleiben.

Alfadas wischte sich den Schweiß von der Stirn. Weit über ihm ertönte erneut der helle Klang der Eispickel. Immer wieder versperrten funkelnde Eiskaskaden den Weg.

Die Elfen hatten einen Voraustrupp losgeschickt, der diese Hindernisse beseitigte. Graf Fenryl war ein fähiger Anführer. Und er hatte sich den Menschen gegenüber erstaunlich aufgeschlossen gezeigt. Bislang klappte es recht gut mit dem Nebeneinander der verschiedenen Völker. Wenigstens diese Sorge war unnötig gewesen, dachte Alfadas. Er war auch überzeugt, dass es kein Zufall war, wenn sie bald auf die Flüchtlinge träfen. Diese Zusammenkunft war sicher von vornherein beabsichtigt gewesen. So konnten sich die Menschen als Beschützer fühlen. Gegen wen sollten sie die Elfenflüchtlinge hier auf dem Eis schon verteidigen? Die Flotte der Trolle war noch hunderte Meilen entfernt, hatte Graf Fenryl Alfadas verraten. Diese Flüchtlinge brauchten gar keine Eskorte. Jedem der Elfen musste das klar sein. Der Herzog hoffte, dass seine Männer diese List nicht durchschauten. Sie würden es wahrscheinlich so auffassen, dass man sie wie Kinder behandelte.

Mit Getöse stürzten Eisbrocken über die Klippe. Alfadas sah, wie sie in der Tiefe die grauen Klippen streiften und in einen Schleier silbern funkelnder Splitter gehüllt im Abgrund verschwanden. Voraus erklang ein Hornsignal. Der Weg war wieder frei. Langsam setzte sich der lange Zug aus Elfen, Menschen und Hundeschlitten wieder in Bewegung.

Es war beklemmend, durch eine Winterlandschaft zu marschieren und keinerlei Kälte zu spüren. Wind schlug Alfadas ins Gesicht und zerrte an seinem schweren, roten Umhang, aber er biss ihm nicht in die Haut, so wie es sein sollte. Dem Winter war der Stachel genommen. Ohne Zweifel war es angenehmer. Alfadas sah sehr wohl den Raureif im Pelz der Hunde, und er konnte sich vorstellen, wie mörderisch die Kälte sein musste. Wahrscheinlich würde sich sein Atem als Eis in seinem Bart verfangen, wenn er dieses Amulett nicht hätte. Die Kälte würde sein kleines Heer auszehren und die Schwächsten unter den

Männern womöglich sogar umbringen. Es war also gut, wenn die Elfen sie schützten. Und doch blieb das Gefühl, dass es nicht richtig war, durch eine Welt aus Eis und Schnee zu wandern und dabei den Winter nicht zu spüren.

Alfadas stieg über einen Felsbrocken hinweg, der auf dem Weg lag. Es ging ihm zu gut, wenn er jetzt schon Zeit fand, sich darüber Gedanken zu machen, dass ihnen eine Mühsal erspart blieb. Der Pfad, der aus dem Felsen geschlagen war, wurde immer enger. Wie lange es wohl gedauert haben mochte, diesen Weg die Klippe hinauf zu bauen? Nirgends sah er die Spuren von Spitzhaken. Er schien natürlich gewachsen zu sein. Aber kein Steilhang wuchs mit einem passenden Weg! Wahrscheinlich hatte Magie diesen gewundenen Pfad erschaffen.

Alfadas blickte zurück zu den bewaldeten Bergen, die sie hinter sich gelassen hatten. Dies also war die Heimat von Silwyna. Nie zuvor war er in den Slanga-Bergen gewesen. Sie galten als wilder, ungastlicher Ort. Nirgends gab es so viele beseelte Bäume wie dort. Viele Geschichten rankten sich um diesen Wald. Es hieß, die Magie sei so stark, dass es immer wieder zu plötzlichen magischen Phänomenen kam. So wie man in einem Gewittersturm nie wusste, wo ein Blitz einschlagen würde, so konnte man in dem verwunschenen Wald niemals sicher sein, nicht zum Opfer ungelenkter Magie zu werden. Silwyna hatte ihm viele Geschichten erzählt, in denen Fremde über Nacht von wild wuchernden Dornenranken erwürgt worden waren. So mancher Wanderer wurde von einem Wahn befallen, der ihn fortan im Kreis umhergehen ließ. Hin und wieder entzog der Wald seinen Besuchern gar die Lebenskraft, und sie wurden in einer einzigen Nacht zu Greisen. So war das Land ebenso gefährlich und unberechenbar wie seine Bewohner. Niemand, der seine Sinne beisammen hatte, ging freiwillig dorthin.

Silwyna hatte ihn in den letzten beiden Tagen gemieden. Offensichtlich hatte sie seine Abschiedsworte, die er in der Welt der Menschen zu Asla gesagt hatte, richtig verstanden. Er war in Albenmark, weil er dazu gezwungen war, und er wollte in seine Heimat zurückkehren. Das Band zwischen der Elfe und ihm war zerschnitten. Und nicht er war es gewesen, der es durchtrennt hatte. Sie sollte sich nur keine Hoffnungen machen!

Alfadas rutschte und musste sich an der Felswand abstützen, um nicht zu stürzen. Der Weg war vereist. Ihr Voraustrupp hatte zwar Asche von ihrem letzten Lagerfeuer und Sand gestreut, doch das war nur ein Notbehelf.

Nie zuvor war er so hoch in die Berge gestiegen. Kein Baum und kein Strauch gedieh hier mehr. Wieder dachte er daran, dass Menschen an diesem Ort fehl am Platz waren. Er war zu schön ... Ohne dass er es wollte, drängte sich die Maurawani in seine Gedanken. Er sollte lieber darauf achten, wohin er seine Füße setzte, statt über sie zu grübeln. Sie sollte keinen Platz mehr in seinem Kopf haben! Warum nur schaffte er es nicht, sich von ihr zu lösen? Er hatte eine Frau, die ihn liebte, und zwei wunderbare Kinder! Was konnte ihm Silwyna im Vergleich bieten? Nur Enttäuschungen!

Sein Blick schweifte wieder über das wilde Bergland, das sie hinter sich ließen. Die Tiefe des Abgrunds hatte etwas Unheimliches. Sie zog ihn an. Alfadas musste dagegen ankämpfen, nicht zu nahe heranzugehen. Ob es den anderen Männern auch so erging? Wenn man so hoch gestiegen und dem Himmel so nah war, fühlte man sich wie ein Vogel. Es war fast, als fliege man.

Außerdem zehrte der Aufstieg in ungewohntem Maße an seinen Kräften. Sein Atem ging keuchend, obwohl er nur ein langsames Schritttempo angeschlagen hatte. Etwas raubte ihm die Luft. Und den anderen Männern um ihn herum ging es ähnlich. Da war ein Stöhnen und Keuchen, als kämpfe sich ein Heer aus Greisen den Berg hinauf.

Der Herzog blickte auf. Fünfzig Schritt noch, dann kam eine enge Kehre. Einige der Männer gingen sehr dicht am Abgrund entlang. Die neue Welt und der Zauber, der sie gegen die Kälte schützte, machten sie übermütig. Andere marschierten fast nackt und hatten sich ihre Körper mit grotesken Fratzen bemalt, um wie Berserker auszusehen. Er würde eine Rede halten müssen, bevor sie morgen das Lager abbrachen. Dieser Übermut konnte zu nichts Gutem führen.

Ein Schrei schreckte den Herzog auf. Kaum zwei Armlängen entfernt stürzte ein Mann an ihm vorbei. Seine blauen Augen waren weit aufgerissen und glänzten. Die Arme ausgebreitet wie Vogelschwingen stürzte er in die Tiefe.

Jetzt trat auch Alfadas dicht an den Wegrand. Ein ganzes Stück tiefer sah er den Unglücklichen gegen die Felswand schlagen. Blut spritzte auf. Der Mann fiel weiter, bis er im Dunst tief unter ihnen verschwand. Während Alfadas noch immer in den Abgrund starrte, ertönte ein zweiter Schrei. Schriller und wilder. Mit angelegten Flügeln stürzte ein schneeweißer Falke aus dem Himmel. Auch er verschwand im Nebel am Fuß der Steilwand.

Beklommen trat der Herzog einen Schritt zurück. »Vorwärts!« Die ganze Kolonne hatte angehalten. Mit einigen barschen Worten trieb er die Männer voran. Er tat es auch, um nicht über den Toten nachdenken zu müssen. Er hatte den Namen des Mannes vergessen, aber er konnte sich noch gut erinnern, wie er in Honnigsvald zu ihm gekommen war. Zunächst war er sehr zurückhaltend gewesen, doch dann hatte er sich immer mehr in Begeisterung geredet. Er war der Schmied gewesen, der die Stangenbeile ersonnen hatte.

Was Alfadas am meisten beschäftigte, war der Gesichtsausdruck des Mannes. Der Schmied war nicht gestürzt, er war gesprungen. Und er hatte dabei glücklich gewirkt!

Der Herzog blickte den Weg entlang. Eine Stunde noch, vielleicht ein wenig länger, dann hatten sie die Steilwand bezwungen. Was immer den Schmied gepackt hatte, hoffentlich ergriff es nicht noch mehr Männer!

Alfadas hatte sich verschätzt. Es vergingen mehr als zwei Stunden, bis sie die Steilwand hinter sich gelassen hatten und auf eine weite Ebene gelangten. Während der Herzog die Männer in Gruppen formierte, sobald sie den Steilweg verließen, kamen Ollowain und Graf Fenryl zu ihm. Die beiden Elfen in ihren weißen Gewändern verschwammen fast mit dem Hintergrund der verschneiten Ebene.

Fenryl hatte warme, hellbraune Augen. Seine vollen Lippen und sein ungebändigtes, lockiges Haar, ließen ihn weniger abweisend und kühl erscheinen als die übrigen Elfen. Er trug einen weißen Waffenrock von schlichter Eleganz und einen Seidenmantel, der sich schon beim leisesten Lufthauch bauschte. Erst auf den zweiten Blick fiel Alfadas der Falknerhandschuh an Fenryls linker Hand auf.

»Herzog, es wird bald dunkel werden«, begann der Graf, ohne sich mit höflichen Floskeln aufzuhalten. »Ich würde vorschlagen, dass wir das Heer bis nach Einbruch der Dunkelheit marschieren lassen, um noch ein gutes Stück Weg zwischen uns und den Abgrund zu bringen. Ich mache mir Sorgen.«

»Warum?« Alfadas musterte den Elfen scharf. Hatte er ihm etwas verheimlicht?

»Es ist die Luft. Sie ist in der Höhe anders. Den meisten Elfen macht das nichts aus. Nur unser Atem geht schneller, wenn wir uns anstrengen. Aber bei deinen Männern … Ich weiß nicht, wie es ihnen ergehen wird. Bei Kobolden ist bekannt, dass manche in einen Rausch verfallen und nicht mehr Herr ihrer Sinne sind. Sie haben Halluzinationen und bilden sich die seltsamsten Dinge ein.«

»Zum Beispiel, dass sie fliegen können?«, fragte Alfadas scharf.

Ollowain wich verlegen seinem Blick aus. Der Graf aber nickte. »Ja, das ist schon vorgekommen.«

»Das hättet ihr mir vorher sagen müssen!«

»Wir dachten, es würde euch Menschen nichts ausmachen, weil ihr so viel größer und kräftiger seid.«

»Gibt es noch etwas, wovon du glaubst, dass es meinen Männern nichts ausmachen wird, Graf? Ich wäre dir dankbar, wenn du mir in Zukunft beizeiten sagen könntest, wenn du um irgendwelche *Kleinigkeiten* weißt, die möglicherweise das Leben meiner Männer bedrohen.« Alfadas war immer lauter geworden, und einige der Krieger sahen sich schon nach ihnen um. Sie hatten in der Sprache der Elfen gesprochen, sodass die Fjordländer sie nicht verstehen konnten. Veleif Silberhand blickte neugierig zu ihnen herüber. Auch Lambi war auf sie aufmerksam geworden.

»Würdest du bitte deine Stimme senken, Alfadas?« Ollowain hatte beschwichtigend die Hände gehoben.

»Gibt es noch mehr Probleme, die mit irgendwelchen Hoffnungen von eurer Seite verbunden sind?«, beharrte Alfadas. Es fiel ihm schwer, nicht wieder laut zu werden.

»Das Licht auf dem Eis«, warf Ollowain ein. »Es kann einen blind machen.«

»Das ist nur vorübergehend«, meinte Fenryl rasch. »Wir bedenken sehr wohl, was für deine Männer gut und wichtig ist. Das Licht auf dem Eis stellt keine Gefahr dar, nur eine Unannehmlichkeit. Wir kennen das von den Kentauren und Faunen. Den Kobolden macht es nichts aus. Man kann leicht etwas dagegen tun. Deine Männer müssen nur Augenbinden aus Leder tragen, in die man schmale Sehschlitze schneidet. So sind die Augen geschützt.«

Alfadas blickte zum Himmel. In der letzten Stunde waren Wolken aufgezogen. Die Sonne stand tief am Horizont. Bald würde es dunkel werden. Für heute bestand keine Gefahr mehr, schneeblind zu werden. Er hatte schon davon gehört. Jäger, die sich im Winter weit in den Norden wagten, erzählten davon. Diese Blindheit konnte Tage dauern.

»Ich werde mich darum kümmern, dass sich meine Männer schützen. Sollte ich sonst noch etwas wissen?«

Der Graf lächelte. »Verzeih mir. Ich hätte an den Umstand mit der dünnen Luft denken sollen. Allerdings habe keine Erfahrung mit euch Menschen.« Er hielt inne. »Es gibt da noch etwas. Falls wir in einen Schneesturm geraten, schärfe deinen Männern ein, dass sie dort stehen bleiben, wo uns das Unwetter überrascht. Die Amulette werden sie vor der Kälte schützen. Doch man verliert im Schneetreiben sehr leicht die Orientierung. Die Marschkolonne würde auseinander gerissen und in alle Winde zerstreut werden. Es ist wichtig, im Sturm einfach auszuharren. Wenn ein solches Ereignis eintritt, übernehme ich vorübergehend die Befehlsgewalt. Mein Gefolge wird deinen Männern sagen, was zu tun ist.«

»Was soll das heißen? Ich verliere das Kommando, wenn es anfängt zu schneien?«

»Nur wenn ein Sturm aufzieht«, versuchte Ollowain ihn zu beschwichtigen. »Du kannst dir nicht vorstellen, was für eine vernichtende Naturgewalt ein Eissturm hier auf der Ebene sein kann. Wenn man keinen Schutz findet, wird man einfach fortgerissen.«

Alfadas sah nicht ein, warum er sich jetzt schon Fenryls Forderungen fügen sollte. »Das entscheiden wir, falls wir in einen Sturm geraten.« Er deutete in Richtung der Wolken. »Steht uns denn ein Sturm bevor?«

»Nein, nur Schneetreiben.« Fenryl hob unvermittelt den

linken Arm. Ein weißer Falke landete auf seiner Hand. Im Schnabel hielt er ein blutverschmiertes Schutzamulett.

Alfadas sah den Vogel fassungslos an. »Das ist von … dem Schmied. Dem Mann, der von der Klippe stürzte. Du hast den Vogel darauf abgerichtet, die Amulette zurückzuholen! Du hast gewusst, was passieren würde!«

»Nein, nein, nein!« Graf Fenryl schüttelte entschieden den Kopf. »Ich habe Schneeschwinge lediglich darauf abgerichtet, verlorene Amulette zurückzuholen. Sie sind sehr kostbar, Alfadas, und es dauert lange, ein solches Amulett zu erschaffen. Wir müssen sie zurückhaben, für unsere Kinder! Sie sind nicht einfach zu ersetzen. Ich habe damit gerechnet, dass es Tote geben wird, die man vielleicht nicht ohne weiteres bergen kann. Deshalb habe ich meinen Falken mitgenommen. Ich kann nicht in die Zukunft sehen, Herzog! Ich wusste ebenso wenig wie du, ob jemand beim Aufstieg sterben würde. Doch auch ganz ohne Zauberei war mir klar, dass es auf jeden Fall Verluste geben musste. So verhält es sich nun einmal in einem Krieg!«

Alfadas wandte sich ab und ging wortlos davon. Der Graf hatte Recht. Es war nur vernünftig, was er tat. Und doch machte es dem Herzog zu schaffen, dass sich der Elf wohlweislich auf den Tod der Menschen vorbereitet hatte. Ihn, Alfadas, hatten die ersten Toten unvorbereitet getroffen.

Ihm wurde bewusst, wie lange er aus Albenmark fort gewesen war. Und zugleich fragte er sich erschrocken, ob man ihn in Firnstayn vielleicht so sah, wie er jetzt den Grafen Fenryl empfand. Dessen vorausschauendes Planen war sicher nützlich. Aber darauf vorbereitet zu sein, wie man schwer zu erreichenden Leichen die Amulette wieder abnahm, das erschien Alfadas zutiefst unmenschlich. Sein Fehler! Was erwartete er schon von Elfen! Wie sollten sie menschlich sein?

»Was ist mit dir?« Ollowain war ihm gefolgt.

»Nichts!« Alfadas winkte müde ab. Er wollte nur allein sein, soweit es als Herzog inmitten seines Heerzuges möglich war.

»Graf Fenryl möchte wissen, ob er dich in irgendeiner Weise beleidigt hat. Wenn dem so ist, will er sich bei dir entschuldigen.«

»Ich muss über einige Dinge nachdenken. Richte dem Grafen aus, dass alles in Ordnung ist.« Das war gelogen, doch Alfadas hatte nicht die Kraft, mit dem Elfen eine Debatte über etwas zu führen, das man ihm nicht begreiflich machen könnte. Die Sache mit dem Falken ... Sie war logisch, und sie entsetzte ihn dennoch!

Alfadas marschierte mit den Männern. Wie alle anderen trug er eine Tasche mit Notvorräten und lehnte es ab, auf einem der wenigen Pferde zu reiten. Es machte ihm zu schaffen, dass er sich an den Namen des Schmieds nicht erinnern konnte. Er redete mit den einfachen Bauern, die nie zuvor ein Land gesehen hatten, das nur aus Eis und Felsen bestand. Ein Land, in dem niemals etwas wachsen würde und um das man dennoch Krieg führte. Er sprach mit den jungen Kriegern aus der Leibwache des Königs, die sich ihnen zuletzt noch angeschlossen hatten. Sie brannten auf ihre erste Schlacht und versteckten ihre Angst hinter Prahlerei.

Am liebsten war Alfadas bei Lambi und dessen Männern. Der Kriegsjarl schaffte es, stets mit einer Rüstung aus grimmigem Humor gewappnet zu sein. Er vermittelte seinen Kriegern den Eindruck, dass ihn nichts umwerfen könnte. Das machte ihnen Mut. Man glaubte irgendwie, dass es nicht so schlimm kommen könnte, wenn er in der Nähe war.

Alfadas wünschte sich, er wäre mehr wie Lambi. Die Männer seines Heeres hielten ihn, ihren Herzog, für unbesiegbar. Das war ein zerbrechlicher Ruhm. Er wäre lieber der Mann, der selbst in der Niederlage noch einen dreckigen Witz über seine Feinde machen konnte und die Zuversicht verbreitete, dass der nächste Kampf besser laufen würde. Die erste Niederlage würde das Vertrauen seiner Männer in ihn auslöschen. Und wie sollte man gegen Trolle siegen?

Alfadas behielt seine Gedanken für sich. Er wanderte weiter und half dabei, das Lager einzurichten. Sie spannten Schutzwände gegen den Wind. Auf dem blanken Eis war es unmöglich, ein Lagerfeuer zu entzünden. Doch die Elfen stellten große Kupferschalen auf Stelzbeinen auf, in denen sie Feuer entfachten. Obwohl niemand fror, sammelten sich die Menschen in Scharen um die wenigen Feuerschalen. Ihr Licht war das Versprechen, dass die Dunkelheit vorübergehen würde.

Alfadas gab den Befehl, einige der Schafe zu schlachten. Allein der Bratenduft hob schon die Stimmung unter den Männern. Sie schnitten das Fleisch in breite Streifen und warfen es in die Glut der Feuerschalen, bis es eine dunkle Kruste bekam.

Der Herzog beobachtete, wie Ronardin, der Brückenwächter aus Phylangan, ihnen mit einer Mischung aus Faszination und Abscheu zusah. Er hatte gewiss in all den Jahrhunderten seines Lebens noch kein Stück Fleisch gegessen, das außen schwarz verbrannt war und im Inneren noch roh und blutig.

Die Elfen verteilten leichten Apfelwein, der nicht zu Kopf stieg und doch köstlich schmeckte. Auch reichten sie Kräuterbrot herum, Trockenfleisch und ein wenig Honig.

An einem der Feuer hörte Alfadas Veleifs Stimme. Der Skalde sang ein Lied von einem Jäger, der in einsamer Winternacht auf Pirsch ging, um seine Familie vor dem Hungertod zu bewahren. Zwei Strophen nur brauchte er, und es war in weitem Umkreis still geworden. Selbst das derbe Lachen von Lambis Männern verstummte.

Alfadas entfernte sich ein wenig vom Lager. Er floh vor den Gedanken an Asla und die Kinder. Wenn sie siegen sollten, dann musste er so sein wie Graf Fenryl. Er musste vorausdenken. Die Moral der Männer würden Lambi und Veleif schon hochhalten. Seine Aufgabe war es, kühl zu kalkulieren, wie sie Feinde überwinden könnten, denen Menschen eigentlich nicht gewachsen waren. Es war gut, dass sie zunächst nur eine Festung verteidigen mussten, deren Mauern sie vor dem Nahkampf mit den Trollen bewahrten.

Plötzlich geriet der Schnee vor ihm in Bewegung. Eine Gestalt löste sich aus dem Weiß, gut getarnt durch einen schweren, weißen Wollumhang. Silwyna.

»Warum bist du nicht im Lager?«, fragte Alfadas überrascht.

»Ein Blick ins Feuer verdirbt die Nachtsicht.«

»Brauchen wir denn jemanden, der in dieser Nacht über uns wacht? Fenryl sagt, die Trolle seien noch weit entfernt.«

Silwyna schnaubte verächtlich. »Er ist nur ein Normirga. Ich bin eine Maurawani, und ich weiß, dass ein Jäger, der seine Beute unterschätzt, selbst nichts anderes ist als Beute. In Vahan Calyd dachten auch alle, sie seien in Sicherheit. Nun weiß ich, dass die Trolle nach Albenmark zurückgekehrt sind. Und ich weiß, dass sie in ihre alte Heimat wollen. Das sind zwei gute Gründe, sich in der Snaiwamark nicht einfach an ein Feuer zu legen und zu schlafen.«

Alfadas dachte daran, wie nahe sie sich einmal gewesen waren. »Du bist immer auf der Hut, nicht wahr? Was habe ich damals getan, dass du mich verlassen hast?«

»Hier sind nicht Zeit und Ort, um darüber zu reden«, sagte sie barsch und trat in die Dunkelheit.

»Wird es jemals eine Zeit und einen Ort für eine Aussprache geben?«, rief er ihr wütend hinterher. Sein Zorn galt nicht nur ihr. Ebenso wütend war er darüber, dass nur wenige Worte mit ihr genügten, um ihn so sehr aus der Fassung zu bringen.

Silwyna blieb stehen. Langsam drehte sie sich um. »Du sprichst wahr, Menschensohn. Es wird niemals leicht sein, über das zu sprechen, was war. Und in wenigen Wochen sind wir vielleicht beide schon tot. Du hast ein Recht darauf, es zu wissen. Was glaubst du, warum ich zu dir in die Andere Welt gekommen bin?«

Das war noch eine Frage, die sich Alfadas in den vergangenen Wochen oft gestellt hatte. Und er hatte keine Antwort darauf gefunden.

»Vielleicht, weil Ollowain dich darum gebeten hat?«

Sie stand jetzt dicht vor ihm. »Nein«, sagte sie lächelnd. »Das würde er niemals tun. Im Gegenteil, er hatte Sorge, mich mitzunehmen, denn er fürchtete, mein Anblick würde dich wütend machen.« Ihre Wolfsaugen hielten seinen Blick gefangen. Sie war noch immer wunderschön. Jedenfalls für ihn.

»Ich bin in die Andere Welt gegangen, um zu sehen, was für ein Vater du bist. Ich wusste, dass du ein Weib hast. Und ich dachte mir, dass du auch Kinder haben würdest. Ich wollte sie sehen ... Wollte wissen, wie du sie großziehst. Wie du zu ihnen bist. Wie sie dich ansehen.«

Alfadas spürte einen dicken Kloß im Hals aufsteigen. Er dachte an Ulric, wie er ihm mit ernstem Blick zuhörte, wenn er ihm davon erzählte, wie man ehrenhaft kämpfte. Und an Kadlin, deren überschwängliches Lachen jeden Zorn über all die kleinen Katastrophen, in die sie einen verwickelte, sofort verrauchen ließ.

»Du hast noch einen Sohn, Alfadas«, sagte die Elfe leise. »Er heißt Melvyn.«

Das konnte nicht sein! Ihre Worte trafen ihn wie ein

Schlag. Sein Mund wurde trocken. »Menschen und Elfen können keine gemeinsamen Kinder zeugen.« Er vermochte kaum zu sprechen.

»Ja, so sagt man. Es ist ... unnatürlich? Er wurde in Liebe gezeugt. Ist das unnatürlich?«

Plötzlich packte Alfadas wieder die Wut. »Wieso bist du fortgelaufen? Warum hast du nichts gesagt? Du hast ihn mir gestohlen. Warum erzählst du mir von einem Kind, das ich niemals sehen werde?«

Ebenso plötzlich, wie die Wut gekommen war, verging sie auch wieder. Er musste an all die einsamen Stunden seiner Kindheit denken, in denen er sich einen Vater gewünscht hatte. Ollowain hatte sich wirklich alle Mühe gegeben ... Aber einen Vater zu haben war etwas anderes.

»Ich musste es tun. Wegen Emerelle.« Silwynas Lippen zitterten. »Noroelles Sohn. Er war auch ein Kind, das nicht hätte gezeugt werden dürfen. Ein Bastard, der nur zur Hälfte ein Elf war. Sie hatte seinen Tod befohlen. Und sie hat Noroelle bis ans Ende aller Tage verbannt. Du weißt ...«

»Ja ...« Alfadas' Stimme war nur noch ein verzweifeltes Krächzen. Er wusste, was geschehen war. Hatte er doch zu denen gehört, die Noroelles Sohn schließlich gefunden hatten. Er hatte nachfühlen können, warum Farodin und Nuramon den Befehl ihrer Königin verweigert hatten.

»Ich hatte Angst, Emerelle würde auch unser Kind zum Tode verurteilen.« Silwynas Stimme überschlug sich, so schnell sprach sie jetzt. Alfadas ahnte, wie lange sie sich danach gesehnt haben musste, endlich darüber zu reden. »Meine Liebe zu dir ist niemals verloschen. Und doch konnte ich dir nichts sagen. Du hättest mich nicht ziehen lassen. Und wärst du mit mir gekommen, dann wäre unser Geheimnis entdeckt worden. Du warst viel zu eng mit dem Hof verbunden, um einfach mit mir in die Wildnis der Slanga-Berge zu gehen. Emerelle hätte herausgefunden, was geschehen war. Aber da niemand etwas wusste und ich eines Morgens ohne Abschiedswort verschwunden war, dachten sich alle, die launische Maurawani sei einfach nur dem Ruf der Wildnis gefolgt. Und sie habe sich nicht darum geschert, ob sie das Herz des Menschensohns gebrochen habe ... Ich weiß, dass die anderen Elfen so über mein Volk denken. Und sicherlich war bei Hof niemand überrascht über mein Verschwinden.«

»Nein«, gestand Alfadas. Er erinnerte sich, dass selbst die kalte, unnahbare Emerelle versucht hatte, ihn zu trösten. Die Maurawan seien wie der Wind, hatte sie damals gesagt, und einfach nicht dazu geschaffen, an einem Ort zu verweilen. Geholfen hatte ihm das nicht. Erst die Begegnung mit seinem Vater hatte ihn wieder aufleben lassen. Ihn auf die Jagd nach Noroelles Sohn zu begleiten, war ein willkommener Anlass gewesen, den Hof der Königin zu meiden, wo ihn alles an Silwyna erinnert hatte. Ja, er hatte sogar Albenmark verlassen und war nie wieder zurückgekehrt.

»Wie ist er, mein Sohn?«, fragte er und versuchte sich ein Kind vorzustellen, in dem seine und Silwynas Züge miteinander verschmolzen.

»Er hat meine Augen«, sagte sie lächelnd. Sie strich ihm durch das Haar. »Und deine Ohren hat er. Das ärgert ihn. Er hält es für einen Makel, dass seine Ohren anders aussehen als meine oder die der Wölfe. Ich habe es ihm nicht ausreden können.«

»Warum vergleicht er sich mit Wölfen?« Alfadas sah sie verwirrt an.

»Wölfe kümmern sich sehr gut um ihre Welpen. Das ganze Rudel achtet auf die Jungen. Und wenn dem Muttertier etwas geschieht, dann ziehen die anderen Weibchen des Rudels den Wurf groß.«

Der Herzog brauchte einen Augenblick, bis er begriff, was sie ihm damit sagen wollte. »Du ... Du hast meinen

Sohn zu einem Wolfsrudel gegeben? Das ist … Sag, dass das nicht wahr ist!«

»So war es nicht. Ich bin zum Rudel gegangen und ein Teil davon geworden. Ich habe mit ihnen gejagt und gelebt. Ich habe Melvyn nicht fortgegeben. Ich war fast immer dort.«

»Du hast ihn unter Wölfen großgezogen!« Alfadas konnte nicht fassen, was er da hörte. »Unter Tieren!«

»Diese Tiere haben ihn nie wie ein Halbblut behandelt, obwohl er so verschieden von ihnen ist. Aus dem Wurf, mit dem er aufgewachsen ist, lebt nur noch eine alte Wölfin. Sie alle haben ihn als ihren Bruder angenommen, und er hat seinen festen Platz im Rudel. Den hätte er nirgendwo anders gehabt! Ich wagte ihn nicht einmal meinem Volk zu zeigen, denn ich wusste nicht, ob sie Emerelle zugestimmt hätten. Es hat nie zuvor einen Jungen gegeben, der halb Mensch und halb Elf ist. Vielleicht hätten auch die Maurawan beschlossen, ihn zu töten. Deshalb habe ich mich in die Wälder am Fuß des Albenhaupts zurückgezogen. Dorthin kommt niemand! Der Ort gilt als verflucht. Niemand in meinem Volk hat deswegen Fragen gestellt. Es ist nicht ungewöhnlich, wenn sich einer von uns in die Einsamkeit flüchtet. Das konnten sie akzeptieren … Aber das Kind? Vielleicht hätten sie ihn angenommen? Ich weiß es nicht. Von ihm zu erzählen, hätte bedeutet, mit Melvyns Leben zu spielen.«

Alfadas versuchte, sich einen Säugling vorzustellen, der zwischen Wolfswelpen lag. »Sie hätten ihn zerfleischen können. Ein Kind, das inmitten eines Wolfsrudels in Sicherheit ist … Wie konntest du nur auf die Idee kommen, ein Kind zwischen reißende Bestien zu setzen? Bist du so kaltherzig? Ist dir sein Leben gleichgültig?«

»Du weißt nicht, worüber du sprichst.« Silwyna sah ihn enttäuscht an. »Du willst mir gar nicht zuhören, nicht wahr? Er interessiert dich nicht.«

»Wie kannst du das sagen? Er ist mein Sohn! Er … Hat er mehr von mir als nur die Ohren?«

Die Elfe lächelte mild. »Ja, viel mehr. Er fragt immer wieder nach dir. Deshalb bin ich nach Vahan Calyd gegangen. Ich wollte Ollowain treffen und ihn darum bitten, dass er mir hilft, in die Welt der Menschen zu gelangen.« Sie schüttelte den Kopf. »Doch stattdessen hatte er eine Bitte. Er beauftragte mich, über jene Frau zu wachen, die ich unter allen Geschöpfen Albenmarks am meisten fürchtete. Emerelle, um deretwillen ich in die Wildnis geflohen war.«

Alfadas sah sich um, ob sie immer noch allein waren. Dann erst wagte er zu fragen: »Warst du es? Hast du auf die Königin geschossen?«

Silwyna sah ihn lange an, ohne zu antworten. Mit jedem Herzschlag, der verstrich, wurde Alfadas unsicherer. Das passte nicht zu der Maurawani! Früher war sie immer geradeheraus gewesen. Ihre Antworten kamen ohne Rücksicht. Und sie sprach immer die Wahrheit, ganz gleich, ob sie sich oder anderen damit schadete. Rang sie jetzt mit einer Lüge?

»Ich habe nicht auf Emerelle geschossen«, sagte sie schließlich. »Sie ist die Königin. Ich darf sie nicht töten. Und dennoch hätte Ollowain niemanden finden können, der schlechter geeignet war, auf Emerelle zu achten. Ich habe den Schützen entdeckt, der sie auf dem Achterdeck ihres Schiffes töten wollte. Und ich habe nichts gegen ihn unternommen. Sie ist eine Gefahr für unser Kind, Alfadas. Ich kann sie nicht beschützen!«

»Aber du hast ihnen doch bei der Flucht aus der Stadt geholfen. Du hast …« Alfadas stockte.

»Ich habe Ollowain geholfen, denn ich vertraute darauf, dass er einen Weg aus dem Inferno finden würde. Und das hat er ja schließlich auch. Es ging mir nicht um die Königin. Ich wollte überleben, und … ich wollte zu dir gelangen.«

»Aber indem du Ollowain geholfen hast, hast du auch Emerelle gerettet«, beharrte Alfadas, der einfach nicht wahrhaben wollte, dass Silwyna sich gegen die Königin gestellt hatte.

»Das mag schon sein«, entgegnete die Maurawani ruhig. »Aber es zählt nichts, denn es war nicht meine Absicht, der Königin zu helfen. Und sie sollte besser niemals auf meine Hilfe rechnen.«

»Weiß Ollowain davon?«

»Das muss er nicht. Er misstraut mir. Und er tut gut daran.«

Alfadas konnte Silwynas Gefühle nicht wirklich begreifen. Sie hasste Emerelle und fürchtete um ihr Kind. Sie beschütze die Königin nicht, unternahm von sich aus aber auch keinen Versuch, ihr ein Leid zuzufügen. »Wo ist mein Sohn jetzt? Hast du ihn bei den Wölfen gelassen? Und wie alt ist er? Er ist doch nicht etwa immer noch bei diesem Berg, der so einen üblen Ruf hat, dass sich nicht einmal die Maurawan in seine Nähe wagen.«

»*Unser* Sohn erlebt seinen zwölften Winter. Und er ist in Sicherheit unter den Wölfen. Sie würden sich für ihn zerfleischen lassen. Ich ...« Ihr versagte die Stimme. Sie wandte ihr Gesicht ab. »Ich kann niemandem trauen.«

Alfadas trat dicht an sie heran und strich ihr sanft über die Wange. »Mir kannst du vertrauen.« Sie zu berühren ließ all seine Wut verfliegen, und es geschah, wovor er sich am meisten gefürchtet hatte. All die Bilder jenes halben Jahres, das sie gehabt hatten, traten überdeutlich in seine Erinnerung zurück. Es war das erste Mal in seinem Leben gewesen, dass er sich glücklich gefühlt hatte.

Erst Asla hatte die tiefe Wunde heilen können, die Silwyna ihm geschlagen hatte, als sie plötzlich verschwunden war. Er hatte die Maurawani verflucht. Und er hatte sie gesucht, Wochen um Wochen. Doch schon am ersten

Tag seiner Suche hatte er gewusst, dass er Silwyna niemals finden könnte, es sei denn, sie wollte es. Als er die Suche schließlich aufgegeben hatte, hatte er versucht, sie zumindest zu verstehen. Doch auch das war ihm nicht gelungen. Niemand begriff die Maurawan, hieß es immer, und zuletzt hatte er sich dieser Meinung gefügt. Und dann war sein Vater gekommen. Mit ihm zu reiten und alles hinter sich zu lassen, was an Silwyna erinnerte, war ihm nur willkommen gewesen. Und so hatte er zu Asla gefunden. Sie hatte ihn geliebt, vom ersten Tag an. Und er?

Asla hatte ihm gut getan. Bei ihr hatte er Frieden gefunden. Doch jedes Mal, wenn er hinauf zur steinernen Krone des Hartungskliffs geblickt hatte, war er sich bewusst gewesen, was er Asla angetan hatte. Sie hatte die Lücke füllen müssen, die Silwyna hinterlassen hatte. Er liebte seine Frau … Aber es war eine andere Art von Liebe, als er sie für die Elfe empfand.

Silwyna küsste ihn. Es war nur eine flüchtige Berührung und doch voller Leidenschaft.

»Ich werde dir nicht im Wege stehen«, sagte sie mit heiserer Stimme. Dann verschwand sie mit eiligen Schritten in die Nacht.

BEGEGNUNG IM STURM

In der vergangenen Nacht hatte er kaum Schlaf gefunden, und sie waren lange vor Morgengrauen wieder aufgebrochen. Dichtes Schneetreiben verbarg die Ebene vor ihren Blicken und ließ die Welt auf einen wenige Schritt weiten Fleck zusammenschrumpfen.

Alfadas dachte an Asla. Er war all die Jahre glücklich mit ihr gewesen. Auch wenn er die Erinnerung an Albenmark nicht hatte abschütteln können. Hatte er sich etwas vorgemacht? Er wünschte, er hätte das Gespräch letzte Nacht nicht eingefordert. Jetzt marschierte er inmitten der Kolonne seiner Männer. Ein verlorener schwarzer Fleck in einer langen Reihe schwarzer Flecken. Er starrte auf den Umhang des Mannes, der vor ihm ging. Der Wind zerrte an dem zerschlissenen Stoff. Schnee sammelte sich in den tiefen Falten auf den Schultern. Das einzig Gute an diesem elenden Wetter war, dass ihnen die Schneebrillen erspart blieben. Wenn man diese Lederstreifen mit den schmalen Schlitzen darin über den Augen trug, machte es keinen großen Unterschied mehr, ob man tatsächlich blind war.

Jeden Moment wartete er darauf, dass ein Bote von Graf Fenryl kam und ihn aufforderte, das Kommando zu übergeben. Wie dicht musste das Schneetreiben noch werden, bis der Elfenfürst eine Gefahr darin sah? Es wäre klüger, die Männer anhalten zu lassen. Der Herzog starrte auf den

Rücken des Mannes vor ihm. Wenn er die Falten des Umhangs nicht mehr deutlich erkennen könnte, würde er den Befehl geben stehen zu bleiben, ganz gleich, ob der Graf noch zögerte.

Alfadas tastete über seine Brust, dort, wo er unter seinem Kettenhemd und der gepolsterten Lederweste das Amulett der Elfen trug. Ohne diese kleinen verzauberten Goldstücke wäre wohl die Hälfte seiner Männer in der vergangenen Nacht erfroren.

Egal, wie schlecht es im Augenblick vielleicht für die Elfen aussah, wer solche Wunder vollbringen konnte, der würde niemals von einem Haufen ungewaschener Trolle besiegt werden. Sie mussten gewinnen, so wie es immer gewesen war!

Mag schloss zu ihm auf. Der Umhang des Kriegsjarls war von Schnee verkrustet. Er ging leicht vorgebeugt und stemmte sich gegen den Wind.

Alfadas blinzelte ihm zu. Der Schnee stach dem Herzog wie tausend winzige Dolche ins Gesicht. »Ist alles in Ordnung?« Er musste fast schreien, um das Heulen des Windes zu übertönen.

»Ja«, antwortete der ehemalige Fährmann. Dann schüttelte er plötzlich den Kopf. »Nein! Meine Männer haben mich etwas gefragt, und ich weiß keine Antwort darauf. Deshalb will ich dir die Frage stellen. Werden auch wir, die Bauern, Fischer und Handwerker, in die Hallen Norgrimms eingehen, wenn wir heldenhaft kämpfen? In den alten Geschichten sind es Jarls, Könige oder zumindest berühmte Krieger, die Norgrimm zu sich ruft.« Er holte tief Luft. »Und können wir von hier aus, so weit vom Fjordland entfernt, einen Weg in seine goldene Halle finden?«

»Wir werden ihn lehren, dass Mut nichts damit zu tun hat, welchem Stand man angehört«, sagte Alfadas. Er konnte Mag ansehen, dass ihn die Antwort nicht zufrieden stellte. »Bist du jemals einem begegnet, der aus den goldenen Hallen zurückgekehrt ist, um von ihnen zu berichten?«

Der junge Kriegsjarl blickte ärgerlich auf. »Natürlich nicht! Die Helden werden mit Norgrimm ins Fjordland kommen, wenn die letzte aller Schlachten geschlagen wird. Vorher gibt es kein Zurück.«

»Woher wissen wir dann von dem ewigen Fest der Krieger und der prächtigen Halle des Kriegsgottes? Nur von seinen Priestern und von den Skalden, die uns von den Helden erzählen. Wir haben unseren eigenen Skalden. Und Veleif Silberhand gilt als der Beste seiner Zunft. Er wird eine großartige Saga über uns schreiben. Und ich verspreche dir, in dieser Heldensaga werden alle, die tapfer gekämpft haben, ihren Weg zu Norgrimm finden.«

Mag runzelte die Stirn. »Aber ist das die Wahrheit?«

»Wer, außer Luth, dem Schicksalsweber, kennt schon die Wahrheit? Ich weiß nicht, ob es die goldenen Hallen der Götter gibt, Mag. Doch eins weiß ich mit Sicherheit: Wenn Veleif ins Fjordland zurückkehrt, dann werden noch die Enkel unserer Enkel von den Männern erzählen, die auszogen, um an der Seite der Elfen zu fechten. Mehr Ruhm haben auch König Osaberg und all die anderen Helden nicht errungen. Die Geschichten von ihnen haben ihren Tod überlebt. Vielleicht ist es das, was die goldenen Hallen ausmacht. Dort ist, wer nicht in Vergessenheit gerät.«

Mag klopfte sich den vereisten Schnee von den Schultern. »Man sagt, du glaubst nicht an die Götter. Vielleicht hätte ich jemand anderen um Rat fragen sollen.«

»Du fragst nicht wegen deiner Männer, nicht wahr? Du bist wegen deines Bruders Torad gekommen.«

Mag sah den Herzog überrascht an. Schließlich nickte er. »Kann man immer so leicht in meinem Herzen lesen?«

»Ist es eine Schande, die Wahrheit nicht verbergen zu können?«

Der junge Kriegsjarl seufzte. »Es ist wohl leichter, den Wind mit Händen zu fangen, als von dir eine eindeutige Antwort zu bekommen, Herzog.«

»Nur wenn du mich etwas fragst, worauf du die Antwort schon in deinem Herzen trägst.« Alfadas musste schmunzeln. Er konnte die Verzweiflung des jungen Kriegsjarls gut nachvollziehen. Er selbst hatte einst dutzende Gespräche wie dieses mit seinem Schwertmeister und Ziehvater geführt. Damals war er es gewesen, der an den Antworten schier verzweifelt war. Erst die Jahre hatten ihn gelehrt, dass sie mehr gewesen waren als nur Ausflüchte vor unbequemen Fragen. Und er hatte gelernt, der Stimme seines Herzens zu folgen. Jedenfalls meistens.

Lysilla, die weißhaarige Elfe, tauchte wie ein Geist aus dem Schneetreiben auf. Tief über die Mähne ihres Schimmels gebeugt, preschte sie an ihnen vorbei.

»Sie sind unheimlich«, sagte Mag. Er sprach so leise, dass der Sturm fast seine Worte verschlang. »Seit wir auf dem goldenen Pfad waren, hat mein Bruder schreckliche Angst vor dem Tod. Er fürchtet, dass er wie die Dunkelheit ist, durch die wir gegangen sind: ein endloser Schrecken.«

Alfadas zögerte kurz, dann entschloss er sich zu lügen. »Wir alle haben den Pfad aus goldenem Licht gesehen, als wir durch die Finsternis gingen. Diesen Pfad gibt es in unser aller Leben. Großmut, Tapferkeit und unser Sinn für Gerechtigkeit sind die Wegweiser auf diesem Pfad. Wenn wir ihn niemals verlassen, dann wird er uns aus dem Leben hinaus zu den Hallen der Götter führen, so wie uns der goldene Pfad durch die Finsternis in die Welt der Albenkinder führte.«

Mag nickte ernsthaft. Er wirkte erleichtert.

Alfadas fühlte sich elend dabei, voller Inbrunst über etwas zu reden, wovon er nicht wirklich überzeugt war. Mag hingegen schien völlig vergessen zu haben, dass er ihm eben noch vorgeworfen hatte, nicht an die Götter zu glauben. Doch wer wusste schon eine ehrliche Antwort? Was nach dem Tod kam, war allein eine Frage des Glaubens.

»Herzog!« Ollowain galoppierte die Kolonne entlang.

»Hier!« Alfadas trat aus der Reihe der Marschierenden.

Der Schwertmeister parierte sein Pferd und sprang aus dem Sattel. »Sie sind hier. Keine halbe Meile voraus. Die Trolle! Es hat begonnen.«

Einige der Männer blieben stehen und blickten zu ihnen hinüber. Alfadas war sich jedoch sicher, dass sie im Sturmgeheul nicht verstehen konnten, was gesprochen wurde. »Wie viele sind es?«

»Ich weiß es nicht. Lysilla hat sie entdeckt. Sie greifen die Elfen vom Rosenberg an. Wir müssen ihnen helfen.«

Alfadas' Gedanken überschlugen sich. Alles war anders, als er es geplant hatte.

»Haltet die Kolonne an«, schrie er den Marschierenden zu. »Ruft alle Kriegsjarls!«

Sein Plan war es gewesen, die Trolle durch einen Pfeilhagel gegen einen Wall aus Piken anstürmen zu lassen, doch nun hatte sich alles ins Gegenteil verkehrt. Sie würden angreifen müssen. Und das schnell! Bogenschützen hatten im dichten Schneetreiben keinen Wert. Ebenso die große Formation der Pikenträger. Für einen Angriff auf einen unsichtbaren Gegner waren sie zu schwerfällig.

Als sich die Unterführer versammelten, befahl er den Bogenschützen und den Pikenträgern, eine Verteidigungslinie zu bilden, um den übrigen Truppen einen Rückhalt zu geben. Die Männer mit den Stangenbeilen und die Schwertkämpfer ließ er in lockerer Linie antreten. Sie würden den Angriff führen, und die Elfen sollten sich entlang der Schlachtreihe verteilen, um ihre Waffenbrüder, so gut es ging, zu unterstützen.

Graf Fenryl stand bei den Unterführern und beobachtete

scheinbar gelassen, wie Alfadas' Befehle ausgeführt wurden. Eine Ewigkeit schien zu vergehen, bis sich die Schlachtreihe formiert hatte. Man musste sehr genau hinsehen, um zu bemerken, wie sich Fenryls Hand um seinen Schwertgriff schloss und wieder entspannte. Immer und immer wieder. Irgendwo dort draußen im Schneetreiben waren seine Frau und sein Kind. Und ihm blieb nichts übrig, als zu warten, bis die Menschen bereit waren.

Alfadas schritt die ganze Reihe der Männer ab, bevor er den Befehl zum Angriff gab. Ihr erstes Gefecht durfte kein Fehlschlag werden. Die Moral der Krieger würde sich nie wieder davon erholen. Die Männer von Lambi und Ragni bildeten die erste lockere Reihe. Darauf folgten die jungen Krieger aus Horsas Leibwache. Dann erst kamen die Kämpfer mit den Stangenbeilen.

Der Herzog zog sein Schwert. Das Schneetreiben erlaubte ihm gerade einmal zehn Schritt weit zu sehen. Er hatte seinen Männern verboten, irgendwelche Hornsignale zu geben. Ihr Angriff sollte die Trolle völlig überraschen. Alfadas ließ sein Schwert einmal in blitzendem Bogen über seinem Kopf kreisen, dann deutete er nach vorn und ging los. Lambi gesellte sich an seine Seite. »Du erwartest hoffentlich nicht, dass wir sie behandeln wie die Stiere.«

Der Herzog sah den Jarl verständnislos an. »Was meinst du?«

Sein Kamerad grinste. »Selbst wenn du mich in Ketten legen lässt, werde ich keinen dieser Trolle fressen, nachdem ich ihn geschlachtet habe.«

Einige Männer, die den Jarl gehört hatten, lächelten. Selbst Alfadas fühlte sich ein wenig entspannter.

»Ich glaube, ich werde mit ihnen machen, was mein Vater mit ausgesuchten Feinden getan hat: ihnen die Leber herausschneiden und sie an die Hunde verfüttern.«

Lambi schüttelte missbilligend den Kopf. »Das hier sind

keine fjordländischen Straßenköter«, sagte er tadelnd. »Ich sehe geradezu vor mir, wie die sich die Seele aus dem Leib kotzen werden, krank auf den Schlitten liegen und man uns an ihrer Stelle in die Geschirre spannt. Ich glaube, es ist besser für uns alle, wenn manche Angewohnheiten deines alten Herrn in Vergessenheit geraten. Auch wenn er verflucht noch mal der Held ist, der den Manneber erschlagen hat.«

Alfadas machte einen weiten Schritt über eine kleine Gestalt hinweg, die im Schnee lag. Ein Kobold. Seine toten Augen starrten zum Himmel. In der Faust hielt er ein Messer. Wie mutig musste man sein, um sich mit solch einer jämmerlichen Waffe einem Feind zu stellen, der sieben Mal größer war als man selbst!

Vor ihnen erklang Kampflärm, doch der Feind war immer noch nicht zu sehen. Das Schneetreiben verhüllte das Schlachtfeld vor ihrem Blick und gab nur einzelne Szenen des Grauens preis. Alfadas wich einem umgestürzten Schlitten aus. Eine graue Stute hing noch im Geschirr. Ein Schlag in den Rücken hatte ihre Wirbelsäule zerbrochen. Die Hinterläufe lagen grotesk verdreht auf dem Eis. Leise wiehernd versuchte das Tier, sich auf die Vorderbeine zu stemmen. Mit seinen verzweifelten Anstrengungen hatte es sich schon wund gescheuert. Der Herzog strich der Stute durch die Mähne und sprach beruhigend auf sie ein. Mit einem sanften Schnitt öffnete er die dick hervortretenden Schlagadern an ihrem Hals. Nun würde sie nicht mehr lange leiden.

Hinter dem Schlitten lag ein Elf. Er war unter das umstürzende Gefährt geraten. Sein Brustkorb war zerschmettert. Schnee hatte sich in seinen weit aufgerissenen Augen und in den Nasenlöchern gesammelt. Nicht mehr lange, und das Leichentuch des Winters würde ihn völlig zudecken.

»Könnte ich dich um etwas bitten«, fragte Lambi mit rauer Stimme.

Der Herzog blickte auf. »Was?«

»Wenn ich verwundet werde, dann kümmere dich bitte nicht um mich.« Der Krieger lächelte schief. »Ich möchte schließlich nicht, dass es mir wie diesem Gaul ergeht.«

Alfadas nickte sanft. »Hast du auch Angst?«

Vor ihnen erklang ein langer, urtümlicher Schrei. Fast wie das Brüllen eines Bären, der nach dem Winterschlaf den Frühling begrüßte. Auch Waffenklirren war zu hören.

Lambi rieb sich über seine verstümmelte Nase. »Natürlich habe ich Angst. Ich mach mir fast in die Hosen. Ich wünschte, es würde endlich losgehen. So schlimm wie ich sie mir vorstelle, können die Trolle gar nicht sein. Sie endlich vor mir zu haben, wird eine Erleichterung sein.«

»Du bist sicher, dass ich keine Trollleber an die Hunde verfüttern sollte?«

Lambi zog eine Grimasse. »Könntest du mit den blutrünstigen Geschichten über deinen Vater eine Pause machen, bis wir das hier hinter uns haben? Es wird dich vielleicht überraschen, Herzog, aber bevor es zu einer Schlacht kommt, habe ich immer einen sehr empfindlichen Magen.«

Alfadas blickte ihn betroffen an. »Wirklich?«

Lambi nickte ernst. »Ja. Etwa so empfindlich wie der Magen eines Bluthunds, der gerade die Eingeweide eines Hirschs verschlingt.« Der Kriegsjarl brach in schallendes Gelächter aus. »Sehe ich vielleicht aus wie ein Mann, der in den Schnee kotzt, nur weil ihm ein bisschen Blut auf die Klinge spritzt?«

Vor ihnen lag eine zerbrochene Truhe. Der Wind zerrte an einem hauchzarten Kleid, das sich im zersplitterten Holz verfangen hatte. Kisten, Fässer und sogar Möbelstücke, die auf dem Eis verstreut lagen, zeugten davon, wie die Elfen verzweifelt versucht hatten, ihre Schlitten zu erleichtern, um den Trollen zu entkommen.

Lambi hob den zarten Stoff an seine zerstörte Nase und schnupperte daran. »Köstlich!«, rief er Alfadas zu.

Eine Elfe in einem lindgrünen Kleid taumelte ihnen entgegen. Ihr rotes Haar war zerzaust, die Augen weit vor Panik. Von einem ihrer langen, spitzen Ohren rann ein dünner Faden Blut ihren Hals hinab.

»Bei den Göttern! Luth hat meine geheimsten Wünsche erhört!«, rief Lambi und eilte der Elfe entgegen. Plötzlich übertönte ein röhrender Schrei den Gesang des Windes. Eine riesige Gestalt schälte sich aus dem weißen Schneegestöber. Sie war mehr als drei Schritt groß und trug nur einen Schurz aus schmutzigen Fellen. Die Haut war grau und erinnerte an Felsgestein. Und wie einem Felsen so schien auch diesem Monstrum die tödliche Kälte nicht das Mindeste auszumachen. Einen Augenblick wirkte der Troll überrascht. Dann hob er seine Keule, stieß einen markerschütternden Schrei aus und stürmte geradewegs auf Lambi zu.

Der kleine Krieger ließ sich flach auf den Boden fallen und entging so dem ersten wuchtigen Hieb. Alfadas starrte den Troll wie versteinert an. Nichts, was er je über diese grässlichen Ungeheuer gehört hatte, kam der Wirklichkeit auch nur entfernt nahe. Auch die anderen Männer ringsherum waren erstarrt. Entsetzt blickten sie dem Tod entgegen.

Lambi rollte sich verzweifelt zur Seite. Nur wenige Fingerbreit neben seinem Kopf hämmerte die große Keule auf das Eis. Der Kriegsjarl hatte seine Waffe verloren. Hilflos rollte er hin und her und versuchte den Hieben zu entgehen.

Endlich schaffte Alfadas es, den Schrecken zu überwinden. Sein Freund würde sterben.

»Hierher, du dreckige Missgeburt!«, schrie er.

Der Troll wandte ruckartig den Kopf. Sein schmaler, lippenloser Mund verzog sich zu einem Lächeln. Der Herzog stürmte vor und unterlief die Keule des Hünen. Seine Klinge bohrte sich tief in den Oberschenkel des Trolls, doch sein Gegner grunzte nur. Ein Schlag mit der Rückhand traf Alfadas ins Gesicht. Es war bloß eine Ohrfeige, aber die Ohrfeige eines Riesen. Der Herzog wurde von den Beinen gerissen und segelte ein gutes Stück durch die Luft. Sein Schwert steckte immer noch im Bein des Trolls.

Das Ungeheuer stürmte nun den anderen Kriegern entgegen. Ein Keulenschwung ließ den Schädel eines Stangenbeilträgers zerplatzen. Stöhnend kam Alfadas auf die Beine.

»Greift ihn als Gruppe an!«, schrie er. »Sonst wird er euch einen nach dem anderen töten!«

»Nimm das hier!« Lambi hatte sich aufgerappelt, zog eine Axt aus seinem Gürtel und warf sie Alfadas zu. Geschickt fing der Herzog die Waffe aus der Luft und stürzte sich wieder in den Kampf. Aus den Augenwinkeln sah er, dass Lambi ihm folgte; er war nur noch mit einem Messer bewaffnet.

Die Stangenbeile der Krieger zuckten vor und zurück. An den Spitzen der Waffen waren lange, vierkantige Eisendornen. Sie drangen dem Troll in Arme und Brust, vermochten ihn aber nicht schwer zu verwunden. Der Hüne ließ seine Keule kreisen und zersplitterte die Schäfte der Waffen, wenn die Krieger nicht schnell genug zurücksprangen. Er brüllte etwas in einer tiefen kehligen Sprache. Ob er wohl Angst hatte?, fragte sich Alfadas.

Lambi schlich sich von hinten an den Troll und stieß ihm seinen Dolch tief in die Kniekehle. Mit einem schrillen Schrei sackte das Ungeheuer seitlich zusammen. Stangenbeile fuhren nieder. Die breiten Axtklingen schlugen klaffende Wunden in Schultern und Rücken des Trolls. Noch im Todeskampf schaffte es das Ungeheuer, nach einer der Waffen zu schnappen. Er zog den blonden Krieger, der sie führte, mit einem Ruck zu sich heran und zerschmetterte ihm mit einem Kopfstoß den Brustkorb.

Ein weiterer Hieb traf den Troll in den Nacken. Alfadas konnte das Splittern von Knochen hören. Die Arme weit ausgebreitet, sank der Hüne nach vorn und begrub den sterbenden Krieger unter seinem Leib.

Alfadas trat vor und zog sein Schwert aus dem Oberschenkel des Trolls. Der Herzog sah sich um. Zwei seiner Männer waren tot, zwei weitere so schwer verletzt, dass sie lange nicht mehr würden kämpfen können.

»Sieg!«, schrie Lambi. »Sieg! Sie sind auch nur aus Fleisch und Blut, wenn auch aus verdammt viel von beidem.«

»Still!«, rief Alfadas. Das Wüten des Sturms hatte nachgelassen. Deutlich war ein kehliger Ruf zu hören. Rechts und links von ihnen erklang Schlachtenlärm. Todesschreie.

»Dorthin!« Der Herzog stürmte dem Geschrei entgegen. Sie fanden zwei weitere Trolle, die ein Blutbad unter den Kriegern aus dem Fjordland angerichtet hatten.

Ronardin, der Wächter der Mahdan Falah, versuchte die beiden Trolle von einem Verletzten abzulenken, der verzweifelt über den Boden robbte.

Ohne zu zögern stürmte Alfadas vor. Sein Schwert beschrieb einen funkelnden Halbkreis. Er zog einem der Trolle eine blutige Linie quer über den Rücken. Im selben Augenblick schepperte Metall. Ronardin ging von einem Kriegshammer getroffen in die Knie. Seine Brustplatte war tief eingedellt. Blut quoll dem Elfen von den Lippen. Er zielte mit einem kraftlosen Hieb nach dem Knie seines Gegners. Ein zweiter Treffer prellte ihm das Schwert aus der Hand.

»Heh, Steinhaut«, brüllte Lambi. »Deine Schwester macht für jeden die Beine breit!«

»Er versteht dich nicht!«, rief Alfadas und wich knapp einem tiefen Schlag seines Gegners aus. »Lass den Unsinn!«

Der Troll mit dem Kriegshammer ließ von Ronardin ab und wandte sich um. Seine Brust und seine Beine waren voller blutiger Handabdrücke. An einem Knochenhaken an seinem Gürtel hing ein breiter Streifen Fleisch.

»Wenn der Tonfall stimmt, muss man die Worte nicht verstehen«, rief Lambi zurück. Er fuchtelte wild mit seinem Schwert. »Komm her, du Riese, und ich erzähl dir, wie es so ist, wenn man bei deiner Schwester liegt.«

Alfadas duckte sich unter einen verlassenen Schlitten, um einem Hieb zu entgehen. Sein Gegner trug Hosen aus hellem Leder. An seinem Gürtel hingen eine Bogentasche und ein Köcher. Ein Hieb seiner Steinaxt zersplitterte die Sitzbänke des Schlittens.

Der Herzog rollte sich zwischen den Kufen hindurch. Einen Moment lang war das zierliche Gefährt zwischen ihnen, dann riss der Troll es mit einem wütenden Schrei hoch und stemmte es über den Kopf.

Alfadas begann zu laufen. Als er einen zweiten Schrei hörte, warf er sich nach links. Auf dem Eis dahinschlitternd, prallte er hart gegen eine bronzebeschlagene Kiste. Der Schlitten verfehlte ihn nur knapp. Trümmer flogen durch die Luft. Eine verbogene Kufe prallte dicht neben Alfadas gegen die Kiste. Der Hechtsprung hatte ihm das Leben gerettet.

Ein Schatten erhob sich über dem Herzog. Nein, der Sprung hatte sein Leben nur um ein paar Herzschläge verlängert. Der Troll stand breitbeinig über ihm. Alfadas versuchte einen geraden Stoß und zielte auf das Gemächt des Hünen. Ein mörderischer Schlag ging auf ihn nieder, ihm wurde das Schwert aus der Hand geprellt. Der Troll hatte ihn mit einem geschickten Rückhandhieb entwaffnet.

Grinsend hob der Hüne seine Steinaxt. Plötzlich wuchs ein Pfeilschaft aus seinem rechten Auge. Der Troll zitterte. Dunkles Blut rann ihm über die Wange und sammelte sich in seinem Mundwinkel. Er grinste noch immer.

Schlanke Hände griffen nach Alfadas und zerrten ihn zur Seite. Der Herzog konnte nicht den Blick von seinem Gegner wenden. Die Hand mit der Steinaxt öffnete sich. Die schwere Waffe fiel auf das Eis.

»Es ist vorbei«, sagte eine vertraute Stimme. Ollowain!

»Danke«, stieß Alfadas atemlos hervor. Der Troll begann zu schwanken. Sein unverletztes Auge war starr auf den Herzog gerichtet. Plötzlich sackte der Hüne nach vorn. Einen Moment lang lag er reglos. Dann streckte sich seine Rechte nach der Axt. Die Fingerspitzen berührten den Schaft der Waffe. Er stieß einen tiefen Seufzer aus. Dann regte er sich nicht mehr.

»Bedanke dich nicht bei mir«, sagte Ollowain sanft. »Sie hat dich gerettet.« Er deutete zu einer schlanken, weiß gewandeten Gestalt, die einen langen Jagdbogen hielt. Silwyna. Die Elfe stand bei Lambi, der sich schwer atmend auf die Trümmer des Schlittens stützte. Der zweite Troll war verschwunden.

Ollowain kniete neben Ronardin nieder und ergriff dessen Hand. Das Gesicht des Wächters der Mahdan Falah war so weiß wie der Schnee rings herum, die Lippen rot vom Blut.

»Sie sind nicht über die Brücke gekommen, nicht wahr?« Seine braunen Augen hielten den Schwertmeister gefangen.

»Die Brücke ist nicht gefallen«, sagte Ollowain mit fester Stimme. »Du hast deine Aufgabe gut gemacht.«

Schaumiges Blut perlte von den Lippen des Elfen.

»Bitte … Die Königin hat die Dame geschickt, um Phylangan zu retten. Bitte sie um Verzeihung. Ich wollte sie mit meinen Blicken nicht beleidigen.« Ronardin versuchte sich aufzurichten, doch Ollowain drückte ihn sanft nieder.

»Sie war dir niemals böse, mein Freund. Und nun ruh dich aus. Wir werden dich zurück zum steinernen Garten bringen, damit du weiter über die Brücke wachst.«

»Sie dürfen nicht …« Ronardins Augen weiteten sich. »Du musst …«

Ollowain verharrte noch einen Augenblick, dann faltete er die Hände des Toten über dessen Brust.

»Was hatte das zu bedeuten?«, fragte Alfadas verwundert.

»Er glaubte wohl, dass er auf der Mahdan Falah gekämpft hat. Er war ihr Wächter, viele Jahre lang.«

Der Sturm hatte sich gelegt. Es fiel nur noch wenig Schnee. Vor ihnen zeichneten sich schlanke Gestalten im Weiß ab. Kutschen und Schlitten kamen ihnen entgegen. Die Flüchtlinge vom Rosenberg.

Die Menschenkrieger brachen in Jubel aus. Sie hatten gesiegt! Lambi kam heran und klopfte dem Herzog auf die Schulter. »Denen haben wir ganz schön in den Arsch getreten, nicht wahr?«

Alfadas nickte erschöpft. »Das Bündnis hat seine erste Probe bestanden. Das ist ein gutes Omen. Wir konnten die Elfen retten, zumindest diese dort.«

Lambi lachte. »Was heißt hier *zumindest diese dort.* Das war erst der Anfang. Wir folgen den Trollen in die Hügel und erledigen sie. Ich habe mit diesem Kerl mit den blutigen Händen auf seinem Wanst noch eine Rechnung zu begleichen. Man schubst mich nicht ungestraft herum.«

Der Herzog spürte, wie das Eis unter seinen Füßen erbebte. Erhielt der Feind Verstärkung? Diese Schlacht war noch nicht gewonnen!

DIE SCHLACHT AUF DEM EIS

»Sie haben uns überrascht, Rudelführer«, sagte Brud zerknirscht. »Wir sind völlig überrumpelt worden.«

Der Anführer der Kundschafter kniete vor Orgrim und erwartete offensichtlich, bestraft zu werden. »Lass es gut sein. Das konnte niemand ahnen. Es war klüger, die Krieger hierher zurückzubringen, als sie in einem ehrenhaften, aber sinnlosen Kampf zu opfern.« Der Rudelführer blickte auf die Ebene hinaus. Weit entfernt formte sich eine breite, schwarze Linie auf dem Eis. Es sah ganz so aus, als machten sie sich für einen Angriff bereit.

»Du bist dir sicher, dass es Menschen waren?«

Der Kundschafter nickte. »Ja. Und es hatte den Anschein, als seien sie darauf vorbereitet gewesen, gegen uns zu kämpfen.«

»Unsinn!«, fluchte Gran. »Sie haben uns überrascht, und sie hatten Glück.« Der riesige Krieger nahm einen Streifen blutigen Fleischs vom Haken an seinem Gürtel und biss ein großes Stück heraus. »Wir sollten hinunter und ihnen die Schädel einschlagen«, forderte er auf beiden Backen kauend. »Du hast hier mehr als zweihundert kampferprobte Krieger, Rudelführer. Wir werden sie in Stücke hauen, wenn wir angreifen. Es sind nur Menschen. Sie können uns nicht widerstehen!«

»Warum glaubst du, sie wären auf einen Kampf mit uns

vorbereitet gewesen, Brud?« Orgrim sah den Anführer der Kundschafter forschend an. Versuchte er seine Niederlage in entschuldigende Lügen zu kleiden?

»Sie schienen nicht überrascht zu sein, als sie auf uns stießen. Und einige von ihnen trugen seltsame Waffen. Beile auf langen Stangen. Damit können sie uns angreifen, ohne in die Nähe unserer Keulen zu kommen.«

»Was hältst du davon, Mandrag?«

Der alte Troll blickte lange auf die Ebene hinaus, bevor er antwortete. »Ich denke, dass die Elfen sehr verzweifelt sind, wenn sie Menschen als Verbündete aufbieten müssen.«

Orgrim nickte anerkennend. Aus dieser Warte hatte er die Sache noch gar nicht betrachtet.

»Wir sollten einen dieser Menschen fangen«, mischte sich Birga ein. »Ich bin sicher, er würde mir alles erzählen.«

»Die Frage ist nur, wer ihn verstehen wird?«

Die Augen der Schamanin musterten Orgrim kühl. »Vergiss nicht, wer ich bin, Welpe. Ich kann in tausend Zungen reden, wenn ich es denn will. Ich verstehe das Geflüster der Bäume und lausche dem Geschwätz der Raben auf den Schlachtfeldern. Verschaff mir einen dieser Menschen, und ich werde dir sagen, woher sie kommen und warum sie hier sind.«

»Ich wollte dich nicht beleidigen«, beeilte sich Orgrim zu sagen. Er wünschte, der hässlichen Vettel ins Antlitz sehen zu können, um in ihren Zügen zu lesen. Doch wie stets war ihr Gesicht hinter einer Ledermaske verborgen.

»Seht nur, auf der Ebene tut sich was.«

Boltans Worte boten eine willkommene Gelegenheit, sich von Birga abzuwenden. Orgrim beschirmte seine Augen mit der Hand. Die Wolken hatten sich verzogen. Speerspitzen funkelten in der Sonne.

»Reiter.«

»Nein, Kentauren!«, verbesserte ihn Brud. »Etwa dreihundert, würde ich sagen.«

Gran lachte. »Noch mehr Schlachtvieh. Lass uns von den Hügeln steigen und sie in Streifen schneiden.«

»Nein«, entschied Orgrim.

»Hat dich der Mut verlassen, nur weil unsere Kundschafter von ein paar Menschen überrascht wurden?«, stichelte Gran. »Lass die Krieger nach unten, und du wirst sehen, diesmal werden wir siegen.«

»Bist du nicht auch aus dem Gefecht geflohen?«, fragte der Rudelführer lächelnd.

Gran grunzte verächtlich. »Ich bin nicht geflohen. Ich bin dem Befehl zum Rückzug gefolgt. Ein guter Krieger muss gehorchen.«

»Und ein guter Anführer schuldet seinen Kriegern Siege«, entgegnete Orgrim. »Die Ankunft der Kentauren hat das Gleichgewicht verschoben. Wenn wir hinuntersteigen und kämpfen, dann werden wir im besten Fall einen Sieg erringen, der uns sehr hohe Verluste bringt. Vielleicht werden wir auch ganz vernichtet. Bleiben wir aber hier oben, dann können wir nur gewinnen.«

»Das klingt wie die Rede eines Feiglings!« Gran drehte sich zu Orgrims Gefolge um. »Ich kann nur gewinnen, wenn ich auf dem Hintern sitzen bleibe und nichts tue.« Er äffte die Stimme des Rudelführers nach. »Wisst ihr, was wir auf jeden Fall verlieren, wenn wir diesem Befehl folgen? Unsere Ehre und unseren Stolz als Krieger.«

»Gehörte dein Verstand zu den Opfern des kleinen Scharmützels vorhin?«, fragte Orgrim scharf. Er verfluchte den Tag, an dem er sich entschieden hatte, Gran an Bord der *Geisterwind* zu holen. »Bleiben wir hier auf dem Hügel, dann zwingen wir den Feind, in jedem Fall eine ungünstige Entscheidung zu treffen. Greift er an, dann wird er viel schwerere Verluste haben, als wenn er sich gegen einen

Angriff von uns verteidigt. Bleibt er dort unten auf der Ebene und wartet ab, was wir tun, dann binden wir ein ganzes Heer, das mit Sicherheit eine andere Aufgabe hat, als uns zu beobachten. Ziehen sie sich zurück, dann ist das schlecht für die Moral ihrer Krieger, denn es wird so aussehen, als liefen sie vor uns davon. Und wer einmal geflüchtet ist, der wird es wieder tun. Im Übrigen würde Brud ihnen folgen und dafür sorgen, dass sie keine einzige ruhige Nacht verbringen. Geht das in deinen Schädel?«

»Mir gefällt es nicht, auf diese Weise Schlachten zu entscheiden«, murrte Gran. »Das ist eines Kriegers unwürdig.«

»Würde ist etwas, über das jeder einzelne Krieger meines Rudels durch seine eigenen Taten entscheidet. Die Würde des Rudelführers liegt darin zu siegen.«

»Gut gesprochen«, pflichtete ihm Birga überraschend bei. »Du solltest jetzt dein Maul halten, Gran.«

Auf der Ebene kam Bewegung in die Formation der Gegner. Die Kentauren schwenkten auf den rechten Flügel, während in der Mitte ein dichter Block aus Kriegern gebildet wurde, über deren Häuptern Speerspitzen funkelten. Die linke Flanke der Feinde schien ihr Schwachpunkt zu sein. Dort gab es nur zwei kleine Kriegergruppen.

»Sind deine Männer bereit?«, fragte Orgrim den Geschützmeister Boltan.

Der Rudelführer betrachtete zufrieden die Aufstellung seiner Truppen. Das Gefecht war zwar anders verlaufen als erwartet, aber die Elfen und ihre Verbündeten würden ihm trotzdem in die Falle gehen. Der lange Zug von Flüchtlingen hatte sich neu formiert und floh vom Schlachtfeld. Aber wenn er in der nächsten Stunde siegte, dann würde er sie schon wieder einholen.

Seine Krieger standen in einer langen Doppelreihe auf dem Kamm eines Hügels. Hinter ihnen warteten acht der neuartigen Katapulte, die sie bei den Kämpfen um Reilimee erbeutet hatten. Von der Ebene aus konnte man die Geschütze nicht sehen. Ihre erste Salve würde den Feind völlig überraschend treffen.

Zufrieden betrachtete Orgrim die Beutewaffen. Boltan hatte die Katapulte auf schwere Holzfüße aufgebockt, damit sie für Trolle bequemer zu bedienen waren. Auch die Spannhebel der Zugwinden waren verstärkt worden. Die Katapulte verschossen Steine so groß wie Elfenköpfe. Die Steine wurden über eine hölzerne Führungsschiene gezogen, wenn man einen Sperrhebel löste. Die Katapultarme waren aus Silberstahl. Sie steckten in zwei Trommeln, in denen sich etwas befand, das wie gegeneinander verdrillte Seile aussah. Die Bronzetrommeln schützten die Seile vor Feuchtigkeit. Orgrim hatte daneben gestanden, als der Geschützmeister so eine Trommel geöffnet hatte. Er hatte herausfinden wollen, was für die außergewöhnliche Spannkraft der Katapulte verantwortlich war. Als er die verdrillten Taue gelöst hatte, hatte er die Trommel zerstört. Einer seiner Helfer war dabei von den herauspeitschenden Sehnen geköpft worden. Der Geschützmeister konnte diese Trommeln mit den Seilen weder nachbauen, noch sie begreifen. Auf weitere Untersuchungen verzichtete Boltan aus Angst, am Ende über gar kein einsatzfähiges Katapult mehr zu verfügen.

Stattdessen hatte er sich Gedanken über Munition gemacht. Die Elfen verschossen schöne, rund geschliffene Steinkugeln. Sie waren aufwändig herzustellen. Für einen Feldzug waren sie nicht zweckmäßig, weil sie zu schwer zu ersetzen waren und zu viel wogen, wenn man sie in ausreichender Zahl mitführte.

Boltan hatte Holzformen geschnitzt, in denen man Kugeln aus Eis herstellte. In der Kälte der Snaiwamark würden sie nicht schmelzen, und verschossene Kugeln konnten binnen weniger Stunden ersetzt werden. Sicherlich taugten die Eiskugeln nicht viel, wenn man Schiffe oder Festungen beschoss. Aber gegen weiche Ziele, wie etwa die Leiber von Elfen, waren sie genauso tödlich wie Steinkugeln.

Als sie in der Walbucht angelandet waren, hatte man die Geschütze auf Lastschlitten verladen. Es hatte einige Mühe bereitet, die Schlitten über das Küstengebirge zu schaffen, aber Orgrim war überzeugt, dass sich die Strapazen bezahlt machen würden.

Der Rudelführer beobachtete, wie die Formation seiner Feinde vorrückte. Deutlich konnte man nun die Speere des großen Menschenhaufens in der Mitte der Schlachtlinie erkennen. Sie waren ungewöhnlich lang. Orgrim hatte solche Speere noch nie zuvor gesehen. Offensichtlich hatten sich die Menschen Gedanken darüber gemacht, wie sie ihre mangelnde Stärke im Kampf gegen die Trolle ausgleichen konnten. Er durfte sie nicht zu nahe herankommen lassen!

»Ziele zunächst auf die Kentauren!«, rief Orgrim seinem Geschützmeister zu.

Sein Gefährte nickte. Die Katapulte, die in einer Reihe auf dem Kamm des Hügels standen, wurden leicht zur Seite geschwenkt und neu ausgerichtet.

Eine Wolke von Pfeilen prasselte auf seine Männer nieder. Hinter den Speerträgern hatten sich Bogenschützen verborgen, die nun die Schlachtreihe der Trolle unter Beschuss nahmen.

Orgrim hob den schweren Holzschild auf, der vor ihm im Schnee lag, und schob seinen linken Arm durch die breiten Lederschlaufen. Dann gab er den Hornbläsern ein Zeichen. Zwei lang gezogene Rufe ertönten. Die Schlachtreihe der Trolle bewegte sich um zehn Schritt nach vorne und verharrte.

Stolz erfüllte Orgrim. Seine Krieger waren die Besten im

Heer Branbarts. Kaum eine andere Trolltruppe hätte man wieder zum Halten bringen können, wenn sie sich erst einmal in Richtung des Feindes bewegte.

Eine zweite Wolke von Pfeilen ging auf seine Männer nieder. Die allermeisten Geschosse bohrten sich wirkungslos in die großen Schilde der Krieger.

Die Katapulte beantworteten das Feuer: Silbrig funkelnde Kugeln zersprangen auf dem Eis. Die erste Salve schlug dicht vor den Kentauren ein. Eissplitter sirrten zwischen den Beinen der Pferdemänner. Etliche strauchelten. Ihre Formation geriet durcheinander. Schon peitschte ihnen die nächste Salve entgegen. Diesmal hatte Boltan seine Männer ein wenig höher zielen lassen. Die Kugeln schlugen blutige Schneisen, doch sie fachten auch die Kampfeswut der Kentauren an.

In wildem Galopp drängten sie vor und ließen die Schlachtreihe der Menschen hinter sich zurück. Ein einzelner Hornstoß war für die Trolle das Kommando vorzugehen.

Orgrim nahm seinen Platz zwischen den Kriegern ein. Zischend zog eine weitere Salve über ihre Köpfe hinweg. Diesmal war der dichte Block aus Speerträgern das Ziel. Der Beschuss der Bogenschützen hatte aufgehört. Die Kentauren versperrten ihnen die Sicht.

Mit ohrenbetäubendem Krachen prallten die beiden Schlachtreihen aufeinander. Etliche Trolle wurden umgerissen. Die Hufe der Kentauren zerstampften die Gestürzten. Die Luft hallte wider von Geschrei und Waffengeklirr.

In der dichten Formation konnte Orgrim mit seinem Kriegshammer nicht richtig ausholen. Er rammte dem Kentauren vor sich den Hammerkopf gegen die Brust. Der bärtige Pferdemann brach in die Knie. Ein Stoß mit dem Schaft des Hammers traf ihn dicht über dem Ohr. Er ging vollends nieder. Orgrim setzte ihm die Kante seines Schildes auf den

Hals und drückte zu. Sein Gewicht reichte aus, um dem sterbenden Krieger fast den Kopf von den Schultern zu trennen.

Ein anderer Kentaur nutzte aus, dass Orgrim seine Deckung geöffnet hatte. Ein Speerstoß traf den Rudelführer in den Oberarm. Das schmale Blatt der Waffe zog eine blutige Furche in sein Fleisch. Mit einem Ruck riss Orgrim seinen Schild hoch und zersplitterte den Speerschaft. Dann ließ er seinen Kriegshammer fallen und griff nach der Waffe seines Gegners. Mühelos entrang er dem Kentauren den Speer. Er drehte den Schaft zwischen den Fingern und stieß dem Pferdemann das zersplitterte Ende in die Brust.

Die Reihen der Kentauren begannen zu wanken. Ihre Hufe fanden auf dem Eis kaum Halt. Die Trolle drängten sie zurück, und plötzlich brach Panik unter den Pferdemännern aus. Orgrim sah einen schwarzbärtigen Kerl mit einem Langschwert, der fluchend versuchte, die Reihe zusammenzuhalten. Doch schließlich musste auch er sich in das Unvermeidliche fügen. Der Angriff war zurückgeschlagen.

Die Trolle ringsherum schrien den Flüchtenden Beleidigungen hinterher und machten sich über die Verwundeten her.

Auch die Menschen hatten sich zurückgezogen, um dem Feuer der Katapulte zu entgehen. Überall auf dem Eis lagen Tote.

MUT

Alfadas hatte seine Truppen im Eilmarsch von der Hügelgruppe fortgeführt. Gegen die Stellung mit den Katapulten anzustürmen war Selbstmord. Die Kentauren hatte er nicht mehr aufhalten können, und sie hatten einen hohen Preis für ihren Übermut bezahlt. Es war richtig gewesen, die Schlacht abzubrechen. All seine Pläne hatten sich ins Gegenteil verkehrt. Es sollten die Trolle sein, die unter tödlichem Beschuss gegen ihre Formation aus Piken anstürmten. Doch der Feldherr der Feinde hatte sie gezwungen, ihn anzugreifen. Wer dieser Kerl wohl war?, fragte sich Alfadas, und er musste sich eingestehen, ein völlig falsches Bild von den Trollen gehabt zu haben. Bisher waren sie für ihn so etwas wie Raubtiere gewesen. Geschöpfe, die allein ihren Instinkten folgten. Doch wer immer auf der anderen Seite das Kommando hatte, verstand es zu denken. Obwohl der Angriff ihn überrascht haben musste, hatte er es geschafft, alles zu seinem Vorteil zu wenden.

Der Rückzug erschütterte die Moral der Menschen. Sicher, sie hatten den Flüchtlingszug der Elfen vor den Trollen gerettet, aber sie waren auch vor dem Feind geflohen, den zu bekämpfen sie so viele Mühen auf sich genommen hatten. Alfadas wusste, dass er zu seinen Männern sprechen musste. So wie es nun aussah, waren all die langen, harten Tage der Ausbildung vergebens gewesen, und sie standen einem Feind gegenüber, der sie niedermetzelte, ohne dass es überhaupt zu einem Nahkampf kam. Die Nacht durfte nicht verstreichen, ohne dass er den Mut seiner Männer wieder festigte!

Wie an den Abenden zuvor hatten sie ihr Lager mit Planen aus schwerem Segeltuch abgespannt, um sich gegen den Wind zu schützen, und einige Feuerbecken aufgestellt. Auch die Flüchtlinge richteten sich für die Nacht ein. Einige Kinder beobachteten neugierig die Menschen. Manche brachten kleine Geschenke, um sich für ihre Rettung zu bedanken. Doch kaum jemand vermochte sich mit den Fremden zu verständigen.

Alfadas wollte gerade auf einen Schlitten steigen, um seinen Männern eine ermutigende Rede zu halten, als Lambi ihn am Arm zurückhielt.

»Tu das nicht, Feldherr. Du triffst die richtigen Entscheidungen, und du bist niemandem Erklärungen schuldig. Du schadest dir, wenn du dich jetzt entschuldigst.«

»Aber es muss etwas gesagt werden«, beharrte Alfadas. »Sie dürfen sich nicht für Verlierer halten.«

Lambi rieb sich seine verstümmelte Nase. »So wie ich das sehe, hast du uns durch deine Befehle vor einer Niederlage bewahrt. Lass mich eine Rede halten. Ich werde den Jungs schon die Köpfe zurechtrücken. Vertrau mir!«

Alfadas zögerte. Wenn ein Halunke wie Lambi die Worte *vertrau mir* aussprach, dann bewirkte er damit genau das Gegenteil. Und der Kriegsjarl schien sich dessen bewusst zu sein.

Lächelnd musterte er Lambi, als könne dieser in seinen Gedanken lesen. »Rede«, sagte er schließlich. Sie würden hier nur überleben, wenn sie taten, was Lambi eingefordert hatte: einander vertrauen.

Durch die Katapulte der Trolle waren siebenunddreißig Krieger gefallen. Das hatte tiefe Wunden im Vertrauen der

Männer hinterlassen. Vielleicht war Lambi ja der geeignete Heiler? Die Krieger unter seinem Kommando hatten den Rückzug jedenfalls locker weggesteckt. Sie lachten bereits wieder an ihren Feuern.

Der Kriegsjarl stieg auf einen der Schlitten. Er räusperte sich, doch nur wenige Männer beachteten ihn. Es war schlimmer, als Alfadas erwartet hatte. Die meisten Krieger starrten einfach nur in die Flammen. Sie wollten nichts hören.

»Eigentlich hatte ich vor, euch von einem Weib zu erzählen, das darauf wartet, flachgelegt zu werden«, rief Lambi lachend. »Aber ich sehe schon, dass ich diese Arbeit allein erledigen muss.«

»Willst du vielleicht die Hure des Königs versteigern?«

Der Kriegsjarl lachte. »Nein, ich spreche von einem Weib, das so launisch ist, dass unser alter König es bestimmt nicht mehr reiten könnte. Die Rede ist hier von Svanlaug, Norgrimms Tochter, der Herrin des Sieges. Sie hat uns allen heute ins Angesicht gelacht, aber wenn ich euch so um die Feuer stehen sehe, dann wähne ich mich in einem Heer von Blinden. Hat denn keiner von euch dieses herrliche Weib gesehen?«

»Einen Haufen Feiglinge habe ich gesehen, die sich davongeschlichen haben«, rief eine dunkle Stimme aus der Deckung der Menge.

»Du hast Recht, Mann! Reden wir über Feiglinge und nicht über Weiber. Ich will ehrlich zu euch sein. Von Svanlaug habe ich nur gesprochen, damit ihr eure Ohren aufreißt. Oder glaubt ihr, Lambi würde euch verraten, wo man dieses prächtige, dralle Weibsbild trifft? Dorthin würde ich mich allein auf den Weg machen, denn wenn ich Svanlaug treffe, kann ich nicht ein paar hundert geile Böcke im Nacken gebrauchen, die obendrein noch ihre Nasen haben und neben mir so liebreizend aussehen wie die Titten einer

Jungfrau! Sprechen wir also jetzt von Feiglingen! Auch ich bin heute den größten Feiglingen begegnet, denen ich je als Krieger gegenüberstand. Und ich meine wirklich den *größten,* denn neben diesen grauen Riesen sehen wir ja aus wie Kinder. Ich sag euch, ich hatte die Hosen voll, als ich den Ersten von denen im Schneetreiben gesehen habe.«

»Du hättest sie seitdem mal wechseln sollen, alter Stinker«, warf der rotbärtige Krieger aus Lambis Gefolge ein. Einige Männer lachten. Die Spannung begann sich zu lösen.

»Heh, ich dachte, heute stehe ich vor Norgrimm! Und vor einen Gott trete ich lieber mit voller Hose als ohne Hose. Dass sich Männer in ihrem letzten Gefecht mal gehen lassen, ist dem Herrn der Schlachten gewiss nicht neu. Aber wenn ich ohne Hosen vor ihm aufgetaucht wäre, dann hätte er vielleicht vermutet, ich hätte in einem Liebesgeplänkel den Löffel abgegeben.«

»Da hättest du aber eine blinde Hure finden müssen!«, rief Ragni spöttisch.

Lambi griff sich mit großer Geste an die Brust. »Glaubst du, nur weil ich der tödlichste Krieger in diesem Sauhaufen bin, hätte ich kein Herz, Jarl? Solche Scherze verletzen mich. Aber ich verzeihe dir, denn deinen Worten entnehme ich, dass du, was die Ringkämpfe der Liebe angeht, noch ein grüner Junge sein musst. Sonst wüsstest du, dass man sehr viel Spaß haben kann, ohne dass man sich dabei ins Antlitz sehen muss.«

»Hör auf, von Weibern zu quatschen, Lambi, und sieh der Wahrheit ins Auge!«, blaffte Ragni wütend. »Für mich sind die Feiglinge diejenigen, die sich mit eingekniffenem Schwanz vom Schlachtfeld verziehen.«

Lambi griff sich ans Gemächt. »Also bei mir ist hier noch alles in Ordnung, Alter. Nichts verkniffen oder abgeklemmt. Überhaupt frage ich mich, ob wir heute am selben Ort waren. Ich war dabei, als ein Mann, der vor ein paar

Wochen noch ein Bäckergehilfe war, einem Troll fast den Kopf abgehackt hat. Ich habe hunderte Männer gesehen, die mutig vorgestürmt sind, obwohl sie wussten, dass im Schneetreiben ein schrecklicher Feind auf sie lauert.« Er fasste sich an die Stirn. »Ach ja, ich hätte es fast vergessen. Ich habe auch noch einen Trupp Trolle gesehen. Es müssen mehr als zweihundert gewesen sein. Sie standen auf einem Hügel, von dem sie sich nicht heruntergetraut haben. Sie sind größer als Höhlenbären, und sie haben sich nicht hinab auf eine Ebene getraut, die von ehemaligen Bäckergesellen, Bauern und Fährleuten verteidigt wurde. Wir haben dort unten gestanden und auf sie gewartet. Und was haben sie getan? Aus der Ferne mit Steinen nach uns geschossen. Das war alles, wozu ihr Mut reichte.«

»Und dann sind diese mutigen Männer abgehauen«, rief Ragni.

Lambi breitete in verzweifelter Geste die Arme aus. »Oh, Luth, was habe ich dir getan? Warum schickst du in steter Folge Trottel in mein Leben und so selten hübsche Frauen? Was hat es mit Mut zu tun, sich als Zielscheibe für Trolle hinzustellen, Ragni? Den Göttern sei Dank, dass unser Feldherr mit mehr Verstand gesegnet ist als manche seiner Kriegsjarls! Ich fühle mich nicht als Feigling, weil ich nicht darauf gewartet habe, bis mir ein paar Trolle die Rübe wegschießen. Wären wir dort stehen geblieben, dann hätten wir den Trollen einen Sieg geschenkt.« Lambi deutete hinaus in die Dunkelheit. »Aber wo sind sie, die vermeintlichen Sieger? Sie trauen sich nicht, uns zu folgen, diese *tapferen* Steinhäute. Und dann seht euch einmal weiter um. Ich sehe dutzende von Elfenweibern, Kindern und Alten. Die Beute der Trolle. Wir haben sie ihnen entrissen! Kann derjenige der Verlierer sein, der mit der Kriegsbeute vom Feld zieht?«

»Nein!«, rief jemand in der Menge. »Nein!«, fielen sogleich weitere Stimmen ein. »Nein!«

Lambi breitete die Arme aus, um die Menge zum Schweigen zu bringen. »Vielleicht schicken sie uns ein paar Späher hinterher, die durch die Nacht schleichen, um uns Angst zu machen. Das ist die Art der Feiglinge, die das helle Tageslicht fürchten. Meinen Respekt haben die Trolle erst wieder, wenn sie sich uns zur Schlacht stellen. Bevor sie sich nicht so nahe an uns herantrauen, dass wir das Weiße in ihren Augen sehen, spucke ich auf diese Schisser!« Der Kriegsjarl zog geräuschvoll die Nase hoch und spuckte in den Schnee. Dann sah er sich grinsend um. »Den Schlaueren unter euch ist sicher schon aufgefallen, dass ich ein ziemlich respektloser Geselle bin. Und ich bin verdammt froh, dass ich Kriegsjarl bin, denn ich mag es nicht, anderen Männern nach der Pfeife zu tanzen. Nur für einen gilt das nicht. Für den Mann, der es geschafft hat, aus einem Haufen von Halunken und Tagelöhnern ein Heer zu machen, vor dem Trolle Angst haben. Bis heute war ich davon überzeugt, dass der Tag, an dem wir auf das Trollheer treffen, das eine ganze Elfenstadt ausgelöscht hat, mein letzter Tag sein würde.« Lambi deutete auf Ragni. »Ich weiß, du kannst mich nicht leiden, Kriegsjarl. Aber ich wette, was diese eine Sache angeht, waren wir heute Morgen noch derselben Meinung. Und du, Veleif Silberhand, du hast bestimmt nicht anders gedacht. Oder du, Rolf Svertarm. Oder du, Yngwar!«

Bis auf das leise Knistern der Feuer war es totenstill. Viele Männer nickten gedankenverloren. Lambi schwieg ein paar Herzschläge lang, um seine Worte wirken zu lassen.

»Wenn ich das nächste Mal den Trollen gegenüberstehe, dann sollen sie zu hören bekommen, dass ihre Ängste einen Namen haben. Sie sollen wissen, wer der Mann ist, der ihnen den Schneid für einen Angriff genommen hat. Dieser Name soll mein Schlachtruf sein, und ich will, dass sie zittern, wenn sie ihn hören. Alfadas Trollschlächter!

Los, lasst ihn die Trolle hören, die jetzt vielleicht heimlich um unser Lager schleichen!« Lambi zog sein Schwert und reckte es dem Himmel entgegen. »Alfadas Trollschlächter!«

Hundertfach wurde der Ruf des Kriegsjarls aufgenommen. Die Männer drängten sich um den Herzog. Immer wieder erklang ihr neuer Schlachtruf, und schließlich hoben sie Alfadas auf ihre Schultern. Auch Lambi wurde von der Menge gepackt und emporgehoben. Immer weiter peitschte er die Männer mit seinem Schlachtruf auf, und Alfadas schien es, als sei eine Ewigkeit vergangen, bis sich die aufgewühlte Menge wieder beruhigte.

Dutzende Männer luden den Herzog ein, mit ihnen zu trinken, und fast bis zur Morgendämmerung ging er von Feuer zu Feuer, um mit ihnen zu sprechen. Und sie alle brannten darauf, wieder gegen die Trolle zu kämpfen. Zuletzt suchte Alfadas nach Lambi. Er fand ihn schließlich etwas abseits im Windschatten eines Schlittens liegend. Der Kriegsjarl hielt einen halb leeren Weinschlauch im Arm und schlief.

Der Herzog betrachtete ihn schweigend, und er fragte sich, womit ihn der kleine Krieger wohl als Nächstes überraschen würde. Plötzlich schlug Lambi die Augen auf. Er blinzelte schlaftrunken.

»Du findest wohl keine Ruhe in dieser Nacht.«

Alfadas nickte. »Ich frage mich, ob das alles nur schöne Worte waren oder ob du wirklich glaubst, was du den Männern erzählt hast.«

Lambi grinste schelmisch. »Was soll ich glauben? Dass Svanlaug uns ins Gesicht lacht? Die Herrin des Sieges ist eine Hure. Man weiß nie, in wessen Bett sie sich legen wird.«

»Du weißt, dass ich nicht davon rede.«

Lambi setzte sich auf. Sein Atem roch nach süßem Wein, doch seine Stimme war ganz klar. »Es macht einen guten

Feldherrn aus, dass er weiß, welchen Mann er zu welcher Zeit an welcher Stelle am besten einsetzt. Und es macht einen sehr guten Feldherrn aus, dass er diesen Mann nicht aufhält, wenn er von sich aus entscheidet, dass seine Zeit gekommen ist.«

»Du musst mir nicht schmeicheln, Kriegsjarl.«

Lambi stieß ein kurzes, bellendes Lachen aus. »Sehe ich vielleicht aus wie ein Schmeichler und Speichellecker, Feldherr? Lerne, der Wahrheit ins Auge zu sehen. Und enttäusche mich nicht. Du bist der Mann, der dafür sorgen wird, dass wir den Trollen so heftig in den Hintern treten werden, dass sie unsere Schuhsohlen auf der Zunge schmecken. Ich glaube an dich, Alfadas.«

DAS LETZTE AUFGEBOT

Landoran, der Fürst der Snaiwamark und von Carandamon, beobachtete den Boten, der mit festem Schritt über die Mahdan Falah eilte. Sandowas war der letzte Gesandte, der nach Phylangan zurückkehrte. Der Elfenfürst erwartete ihn in dem kleinen Pavillon nahe der Brücke.

Kies knirschte unter den Schritten des Boten. Als er eintrat, kniete er nieder und schlug schwungvoll seinen langen Umhang zurück. Sandowas hatte goldblondes Haar, das von einem silbernen Stirnreif gehalten wurde. Er trug Wildlederstiefel, die ihm bis über die Knie reichten, und ein dunkelgrünes Wams, das mit Perlen bestickt war. Sein roter Umhang hatte einen breiten Goldsaum.

Etwas zu üppig, dachte Landoran beiläufig, als er den jungen Elf betrachtete. Auch das Schwert und den Dolch, deren Handschutz einer Muschel nachempfunden war, erachtete er als zu protzig. Doch wie so vieles war wohl auch der Geschmack eine Frage des Alters. Kurz überlegte der Elfenfürst, ob Sandowas wohl der Richtige für die Mission im Herzland gewesen war. Auf der anderen Seite war sie sehr einfach gewesen. Und auch die Jungen mussten irgendwann damit beginnen, Erfahrungen zu sammeln.

»Was hast du mir zu berichten?«, fragte Landoran, ohne sich mit langen Willkommensfloskeln aufzuhalten.

»Aus dem Herzland dürfen wir keine Unterstützung

erwarten. Solange nichts über den Aufenthalt der Königin bekannt ist, regiert Meister Alvias. Er befürchtet einen Angriff auf die Burg. Deshalb kann er niemanden entbehren.«

»Weiß er denn nicht, dass die Flotte der Trolle nach Norden segelt?«, fragte der Fürst ärgerlich.

Sandowas breitete hilflos die Hände aus. »Er weiß es sehr wohl. Hunderte Flüchtlinge sind über die Albenpfade ins Herzland gekommen, kurz bevor Reilimee fiel. Die Seegarde hat sich bis auf den letzten Mann geopfert, um so lange wie möglich den Weg zum Tor im Muschelturm offen zu halten. Die Trolle haben in Reilimee noch schlimmer gewütet als in Vahan Calyd. Nur wer es zum Muschelturm schaffte, ist ihrem Blutdurst entgangen.«

»Ist Meister Alvias denn nicht klar, dass wir uns mit aller Kraft gegen die Flut dieser Ungeheuer stemmen müssen? Wenn wir jeder für uns allein kämpfen, dann werden wir alle untergehen. Nur vereint können wir Branbart und seine Mordbrenner besiegen und wieder aus Albenmark vertreiben.«

Sandowas erlaubte es sich unpassenderweise zu lächeln. »Der Hofmeister der Königin verlangte von mir, dass ich dir ausrichte, wir sollten all unsere Krieger zu seiner Verstärkung schicken. Er meint, da die Trolle nun in der Lage seien, selbst an Bord von Schiffen die Albenpfade zu passieren, sage die Richtung, in die sie segeln, gar nichts mehr aus. Sie könnten jederzeit überall erscheinen. Und er ist fest davon überzeugt, ihr nächstes Ziel werde Emerelles Burg sein.«

Ärgerlicherweise war diese Argumentation nicht ganz von der Hand zu weisen, dachte Landoran. Besorgt sah der Fürst zur Mahdan Falah. Noch immer arbeiteten die Felsformer an dem mächtigen Festungsturm, der das Ende der Brücke sichern sollte. Das Bauwerk zerstörte die Harmonie der Himmelshalle. Schon jetzt war der Turm fast zwanzig

Schritte hoch. Zweihundert Bogen- und Armbrustschützen sollten seine Besatzung sein. Wenn die Trolle es tatsächlich wagten, durch den Albenstern der Mahdan Falah zu treten, dann würde ihnen ein Sturm von Pfeilen entgegenschlagen. Die Brücke sollte rot von ihrem Blut sein. In Strömen würde es die schneeweißen Pfeiler hinabrinnen.

Landoran seufzte. Vielleicht war auch alles vergebens. Er blickte hinab zu den hunderten von Kobolden, die die Gärten der Himmelshalle bewässerten. Unter der Höhlendecke hatten sich dunkle Wolken gesammelt. Es war so schwül wie in den Mangroven bei Vahan Calyd. Nicht einmal die Kraft des Albensteins hatte eine Wende gebracht.

Sandowas räusperte sich leise.

»Ja?«

»Ist es mir erlaubt, eine Frage zu stellen, mein Fürst?«

Landoran lächelte amüsiert. »Nachdem du mir nun schon eine erste Frage gestellt hast, ohne meine Erlaubnis abzuwarten, sei dir auch eine zweite gewährt.«

Der Gesandte errötete. »Ich … Was ist mit den übrigen Völkern? Wer wird uns Hilfe schicken?«

»Die Kentauren haben den alten Bund zwischen uns nicht vergessen. Aber wie hilfreich sind Pferdemänner schon bei der Verteidigung einer Festung? Vielleicht werden uns auch einige Maurawan helfen. Doch weiß man nie, was ihnen durch den Kopf geht oder wem sie sich verbunden fühlen. Das Heer der Menschen wird bald Phylangan erreichen. Auf weitere Verbündete brauchen wir nicht zu hoffen.«

»Aber all die Brudervölker? Sie können doch nicht …«

»Auch Branbart hat Gesandte geschickt«, unterbrach der Fürst den jungen Elfen. »Die Trolle haben sich sehr verändert, seit wir sie aus Albenmark vertrieben haben. Alle Grausamkeiten in Vahan Calyd und Reilimee hat Branbart sehr bewusst begangen. Es war sein Ansinnen, die Saat der Angst zu säen. Und sie hat überreichlich Früchte getragen. Seine Gesandten versprechen, dass sich außer uns, Normirga und Emerelle niemand vor dem Zorn der Trolle fürchten müsse. Wer immer aber die Königin und ihre Sippe unterstützt, dem wird es ergehen wie unseren Brüdern in Reilimee.« Landoran verzog die Lippen zu einem spöttischen Lächeln. »Einige unserer Elfenbrüder hatten immerhin den Anstand, sich hinter der Lüge zu verschanzen, dass keine Entscheidung getroffen werden könne, bis nicht über die Nachfolge ihrer toten Fürsten entschieden sei. Andere waren so offen zu sagen, dass sie nicht für die Fehden Emerelles und unseres Volkes bluten wollen. Wir werden Phylangan also allein mithilfe der Menschen und Kentauren halten müssen. Wir sind das letzte Aufgebot.«

»Können wir denn siegen, mein Fürst?«

Landoran lachte. »Dies ist die stärkste Festung des Nordens. So zahlreich die Trolle auch sein mögen, es kommen nur vier von ihnen auf einen Krieger von uns.«

Sandowas erbleichte. Offenbar stellte er sich gerade vor, wie er sich im Kampf gegen vier Trolle schlagen würde.

»Uns hilft die Stärke unserer Mauern, Junge. Wahrscheinlich werden die Trolle nicht einmal bis zum Schneehafen vordringen. Außerdem weiß jeder von uns, dass Carandamon so gut wie schutzlos sein wird, wenn Phylangan fällt. Branbart hat geschworen, unser Volk zu vernichten. Das hätte er nicht tun sollen. Jeder, der hier kämpft, weiß, dass es kein Zurück gibt. Der steinerne Garten wird nicht fallen!«

»Wo wird mein Schwert gebraucht?«, fragte der junge Gesandte trotzig.

»Melde dich im Schneehafen. Dort werden die Vorbereitungen zur Verteidigung organisiert. Du darfst nun gehen, Sandowas.«

Der junge Elf verneigte sich noch einmal kurz, dann eilte er davon.

Landoran blickte zu den dunklen Wolken unter der Decke der Himmelshalle und dachte daran, um wie viel unerbittlicher die Kraft war, gegen die Lyndwyn ankämpfte. Am Ende würde es vielleicht sie allein sein, die darüber entschied, ob Phylangan vernichtet wurde.

DER SCHNEEHAFEN

Einen halben Tag schon marschierten sie über Gletschereis durch das weite Tal. Die Berge rückten langsam näher zusammen. Am Ende des Tals verbanden sie sich zu einem in den Himmel ragenden steinernen Sperrriegel. Durch die schmalen Sehschlitze der Schneebrille konnte man stets nur einen kleinen Ausschnitt des gewaltigen Bergpanoramas betrachten. Die Sonne funkelte auf den schneebedeckten Hängen und dem graublauen Gletschereis. Der lange Heereszug watete durch Licht. Diese Helligkeit und Pracht war einfach zu viel für menschliche Augen. Den Elfen machte es nichts aus. Doch schienen sie auch keinen Blick mehr für die Wunder der Bergwelt zu haben.

Alfadas war erleichtert, bald Phylangan zu erreichen. Es war gekommen, wie Lambi vorhergesagt hatte. Mehrfach hatten kleine Gruppen von Trollen bei Nacht Überfälle gewagt. Doch stets waren sie leicht zurückzuschlagen gewesen. Vorgestern allerdings waren zwei Wachposten spurlos verschwunden. Das passte nicht zum Schema der anderen Überfälle. Silwyna hatte versucht, den Trollen nachzuspüren, doch starker Schneefall hatte alle Spuren ausgelöscht, und auch die Patrouillen der Kentauren hatten weder die Leichen der Wachposten ausfindig gemacht noch die Trolle, die für diesen Angriff verantwortlich gewesen sein mussten.

Alfadas trat aus der Marschkolonne und erklomm einen sanften Hügel, der sich wie eine große Beule aus dem Gletschereis schob. Die Welt auf einen kleinen Sehschlitz reduziert zu haben, störte ihn immer mehr. Doch er widerstand der Versuchung, die Schneebrille abzunehmen. Ein paar Stunden noch, dann hatten sie die Sicherheit der Felsenburg erreicht.

Sein Blick wanderte zum Horizont. Er konnte nicht begreifen, dass die Trolle keinen neuen Versuch unternommen hatten, sie anzugreifen. Seit der Schlacht rechnete er jeden Augenblick mit einem weiteren Kampf. Was hielt sie zurück? Waren sie zu schwach? Hatte Lambi am Ende Recht mit seiner feurigen Rede?

Auch wenn kein Angriff erfolgte, fühlte sich der Feldherr ständig beobachtet. Nicht allein von seinen Leuten und den Elfen. Irgendetwas lauerte im Eis. Es war nie sehr weit entfernt, und dennoch entzog es sich seinem Blick. Er hatte mit Ollowain darüber gesprochen, und der Elf hatte ihm anvertraut, dass es ihm ganz ähnlich ging. Etwas belauerte sie. Vielleicht waren es ja nur die Späher der Trolle? Aber eine innere Stimme mahnte Alfadas, dass dort draußen noch etwas anderes, Heimtückischeres war.

Alfadas blickte zum Ende des Tals. Nur ein paar Meilen noch. Die Felswände ragten dort fast senkrecht auf. Es waren natürliche Mauern, höher als ein Mensch sie jemals hätte bauen können. Einige breite Felsnasen ragten gleich halbrunden Türmen aus der Steilwand. Schnee lag auf schmalen Simsen und in Spalten. Es gab keinen Weg dort hinauf. Die Snaiwamark endete mit diesem Tal. Jenseits der Berge lag die Hochebene von Carandamon. Die Elfen konnten diese Festung nicht aufgeben. Im Osten war sie der einzige Zugang zu der Hochebene. Ging die Festung verloren, dann lag die Hochebene fast schutzlos da. Die Felsburgen von Carandamon waren viel kleiner und nicht darauf ausgelegt, gegen einen entschlossenen Angreifer verteidigt zu werden.

Der Herzog dachte zurück an die Abendstunden in Honnigsvald, als Lysilla von der Festung erzählt hatte. Von den himmelhohen Hallen, dem Labyrinth aus Gängen, den beiden großen Häfen, die es gab, und von all den anderen Wundern.

Alfadas stieg den Hügel hinab und gesellte sich zu den Schäfern, die ihren Zug begleiteten. Die kleine Herde war arg zusammengeschmolzen. Es waren weniger als hundert Tiere geblieben. Sie waren abgemagert und erschöpft. Der Herzog scherzte mit den Männern und ging nach einer Weile zu Egil.

»Nun, Ralf«, sprach er ihn mit seinem falschen Namen an. »Die Arbeit der Schäfer endet bald. Was möchtest du als Nächstes tun?«

Horsas Sohn sah sich sorgsam um. Erst als er sich vergewissert hatte, dass niemand in Hörweite war, antwortete er. »Ich bin jahrelang im Schwertkampf ausgebildet worden. Bitte nimm mich unter die Krieger auf.«

»Die anderen Schäfer reden gut von dir. Du hast es geschafft, dir ihren Respekt zu verdienen. Sie ahnen, dass du von Stand bist. Du kannst deine Herkunft nicht leugnen. Die Art, wie du redest, dein Wissen, selbst wie du dich bewegst, all dies verrät dich. Aber sie haben dein Geheimnis gehütet. Willst du diese Männer verlassen?«

Egil seufzte. »Sollte nicht jeder das tun, was er am besten kann?«

»Und du bist dir sicher, dass du schon herausgefunden hast, was du am besten kannst? Mich plagen selbst heute Zweifel, ob ich den richtigen Weg in meinem Leben eingeschlagen habe.«

Der Königssohn lachte. »Das ist nicht dein Ernst, Alfadas. Du bist ein unvergleichlicher Schwertkämpfer. Kein

Mann im Fjordland kann es mit dir aufnehmen. Und auch als Feldherr bist du berühmt. Wie kannst du da zweifeln?«

Der Herzog lächelte. »Hier gilt das nichts. Unter Elfen bin ich als Schwertkämpfer allenfalls Mittelmaß. Aber vielleicht wäre ich ein unvergleichlicher Fischer oder Jäger geworden. Was ich dir sagen will, Egil, ist, dass du dir Zeit lassen sollst. Wie du dich als Krieger schlägst, weißt du schon. Aber kannst du ein Freund sein? Die anderen Schäfer wissen nicht, wer du wirklich bist. Genieße diese Freiheit! Wenn du eines Tages auf dem Thron deines Vaters sitzt, dann wirst du dir nie mehr sicher sein, wer ein Freund ist und wer ein Schmeichler, der allein auf seinen Vorteil bedacht ist. Und du tust gut daran, misstrauisch zu sein, denn Könige haben sehr wenige Freunde.«

Egil blickte zu den anderen Schäfern. Es waren nur fünf Männer. Hartgesottene Burschen. Sonne und Wind hatten ihre Gesichter dunkel und kantig gemacht. »Was werden sie tun, wenn wir in der Elfenburg sind?«

»Ich werde sie fragen. Aber ich habe in der Tat schon Pläne mit ihnen. Es gibt eine Waffe, deren Gebrauch leicht zu erlernen ist und die nicht weniger tödlich als ein Schwert ist. Ich möchte sie auf der Felsenburg im Gebrauch dieser Waffe unterweisen lassen. Willst du bei ihnen bleiben?«

Horsas Sohn blickte verlegen auf seine schneeverkrusteten Stiefel. »Ich weiß es nicht.«

Der Herzog klopfte ihm auf die Schultern. »Hör nicht auf deinen Verstand. Hör auf dein Herz. Du hast mich angenehm überrascht in den letzten Tagen. Ich hätte darauf gewettet, dass ich mit dir nichts als Ärger haben würde. Ich vertraue dir, du wirst die richtige Wahl treffen.«

Alfadas ließ sich weiter zum Ende der Kolonne zurückfallen. Auf den Hundeschlitten lagen die Verwundeten der Schlacht. Dalla war bei ihnen. Allein der Anblick einer

Menschenfrau schien bei den meisten der Männer Wunder zu bewirken. Auch Veleif verbrachte viel Zeit mit den Verletzten. Er ließ sie von ihrem Leben erzählen. Der Skalde hatte den Ehrgeiz entwickelt, jeden Mann und dessen Geschichte zu kennen.

Veleif ging gestützt auf einen Stab aus hellem Holz. Er trug ein feines Leinenhemd, das er wohl von einem Elfen bekommen hatte. Sein langes graues Haar hing offen herab, und der Winterwind spielte mit den Strähnen. Auf dem Rücken, sicher in Leder gehüllt, trug er seine Laute. Wie bei allen verbarg auch bei ihm ein breites Lederband die Augen. Er wirkte mürrisch.

»Nun, Vater der Lieder, ist heute kein guter Tag?«, scherzte der Herzog.

Der Barde deutete voraus auf die steile Felswand. »Wie sollte ich gute Laune haben? Ich habe mit dieser Schneefrau gesprochen, Lysilla. Sie hat mir von den prächtigen Elfenburgen weiter im Süden erzählt und von dem Schloss Emerelles mit seinem Garten voller verzauberter Bäume. Und wohin verschlägt es mich? Zu einem Felsennest, das den Liebreiz eines verlassenen Adlerhorsts hat! Was soll ich über den steinernen Garten dichten? Hier erinnert gar nichts an die prächtigen Elfenschlösser unserer Märchen.«

»Sei mit deiner Meinung nicht so schnell bei der Hand. Warte ab! Ich bin sicher, die Elfen werden dich noch überraschen.«

Veleif rückte dichter an Alfadas heran. »Etwas ist hier«, flüsterte er. »Die meisten Männer sind nicht feinsinnig genug, um es zu spüren. Hast du es bemerkt?«

Alfadas wollte nicht, dass diese Geschichte weitere Kreise zog. Er zuckte mit den Schultern. »Die Elfen sagen, die Luft sei hier so dünn, dass uns der Verstand Dinge vorgaukelt, die nicht wirklich sind. Ich bin geneigt, ihnen zu glauben. Sie kennen ihr Land.«

Der Skalde strich sich eine Haarsträhne aus dem Gesicht. »Leuten Dinge vorzugaukeln, ist mein tägliches Geschäft. Dünne Luft ...« Er lachte. »Ich weiß, was ich weiß!«

Plötzlich hallte das Tal wider vom feierlichen Klang goldener Luren, großer Hörner, deren Münder wie Drachen- oder Pferdeköpfe gestaltet waren. Im Berghang vor ihnen klaffte ein Spalt, der weiter und weiter wuchs, als öffne ein riesiges Ungeheuer seinen Schlund. Daraus strahlte ein blausilbernes Licht, das der Helligkeit der Sonne gleichkam, ohne die Augen zu blenden.

Mit knirschenden Kufen hielt ein Eissegler neben ihnen. Ollowain winkte Alfadas zu. »Du solltest an der Spitze des Zuges nach Phylangan einziehen, so wie es sich für einen Feldherrn gehört.«

»Magst du mitkommen, Dichter?«

Endlich strahlte ein Lächeln auf Veleifs Gesicht. »Vielleicht hast du, was die Überraschungen angeht, doch Recht.«

Die beiden stiegen auf die stählerne Kufe des Eisseglers, und Ollowain zog sie zu sich hoch. Das seltsame Gefährt sah aus wie ein Schlitten, auf den man einen schlanken Mast gesetzt hatte. Man steuerte es mit einem Hebel, der vorn am Bug saß. Er erlaubte, die Stellung der Kufen zu verändern. So konnte man bremsen oder weite Kurven fahren. Der Segler war kaum fünf Schritt lang. Es gab keine Seitenwände, an denen man sich hätte festhalten können. Breite Lederlaschen an Deck gaben den Füßen Halt. Zusätzlich musste man sich an Taue klammern. Eine Eisseglerfahrt war wie ein Ritt auf einem fliegenden Pfeil.

»Halt dich gut fest!«, mahnte Alfadas den Skalden.

Der Herzog schob seine Füße in ein Paar Lederschlaufen und griff mit beiden Händen nach einem Haltetau. Das große, dreieckige Segel schwenkte in den Wind, und mit einem Ruck setzte sich das Gefährt in Bewegung. Wie im

Fluge schoss es an der Kolonne der Flüchtlinge entlang. Der Fahrtwind brannte ihnen auf den Gesichtern, während sie dem blausilbernen Licht entgegeneilten. Alfadas schwankte zwischen Begeisterung und Angst. Schnell wie ein Vogel zu sein, war wunderbar. Aber wenn er durch eine Unachtsamkeit über Bord ginge … Auf dem harten Eis würde er sich alle Knochen brechen!

Eine Unebenheit im Boden ließ den Eissegler einen Sprung machen. Veleif stieß einen schrillen Schrei aus. Der Skalde war begeistert! Er wagte es sogar, ein Halteseil loszulassen und den Truppen zuzuwinken. Verdammter Bastard! Wie würde es aussehen, wenn er hinter dem Dichter zurückstünde?

Alfadas winkte mit beiden Armen. Hoffentlich reichten die Bodenlaschen allein, ihn zu halten. Die Fahrt war wie ein Rausch! Das Gefühl für die Geschwindigkeit ging langsam verloren. Ob man wohl auf so einem Segler herumlaufen konnte, wenn man sich an die Geschwindigkeit gewöhnte? Ulric und Kadlin würde es sicher gefallen, mit so einem Boot eine Fahrt über den vereisten Fjord zu machen.

Der Herzog blickte nach vorn. Sie hatten ihr Ziel fast erreicht. Am Tor der Bergfestung erwartete sie ein hoch gewachsener Elf auf einem Schimmel. Das weiße Haar fiel ihm bis auf die Schultern. Er trug ein langes Gewand in der Farbe von frischem Rahm. Das Gesicht des Elfen wirkte abgezehrt. Nie war Alfadas einem Mann begegnet, der so müde aussah. Eine Ehrengarde begleitete den Fürsten von Phylangan. Krieger in weißen Waffenröcken mit langen silbernen Kettenhemden flankierten das Tor und bildeten eine weite Gasse in die große Höhle, die sich geöffnet hatte.

Ollowain bremste den Eissegler ab und drehte das Segel aus dem Wind. Hufschlag erklang. Orimedes, Lysilla und Fenryl preschten heran.

»Ich heiße euch im steinernen Garten willkommen«,

sagte der Elfenfürst feierlich und machte die Andeutung einer Verbeugung.

Alfadas sah, wie selbst Männer, die weit entfernt standen, aufblickten, obwohl Landoran nur leise gesprochen hatte. Vielleicht lag es am Tal, vielleicht hatte der Elf auch einen Zauber gewirkt. Jedenfalls hatte der Herzog den Eindruck, dass ein jeder Landoran verstehen konnte, obwohl er in der Zunge seines Volkes sprach.

»Ich danke unseren Verbündeten, den Menschen und den Kentauren, die mit ihrem Mut Leid und Tod von meinen Brüdern und Schwestern abgewendet haben. Und ich trauere mit euch um eure Gefährten, die für ihre Tapferkeit mit dem Leben bezahlt haben. So kehrt nun ein in unsere lichten Hallen und bettet eure müden Häupter zur Ruhe. Und wenn der Tag kommt, an dem euer Mut erneut auf die Probe gestellt wird, dann wisset, dass der steinerne Garten noch nie erobert werden konnte. Ganz gleich wie stark die Angreifer auch scheinen mögen, sie müssen erst den Berg bezwingen, bevor sie mit uns kämpfen können. Und was ist selbst ein Troll im Vergleich zu einem Berg?«

Alfadas wünschte im Stillen, der Fürst hätte mit seiner Rede ein wenig mehr Lambis Ton getroffen. Sicherlich waren es freundliche Willkommensworte, doch sie lösten keine sonderliche Begeisterung aus.

Er sah sich in der Halle um. Ollowain hatte ihm davon erzählt; er hatte gesagt, sie würden zunächst in den Schneehafen gelangen, wenn sie über den Gletscher nach Phylangan reisten. So sehr sich der Schwertmeister auch bemüht hatte, ihm die Halle zu beschreiben, hatte sich Alfadas' Verstand dagegen gesträubt, sich einen Hafen in einem Berg vorzustellen. Nun sah er sich staunend um, denn einen Ort wie diesen hatte er selbst in Albenmark noch nicht gesehen.

Der Schneehafen war eine Höhle, so weit, dass man vergaß, ins Innere eines Berges getreten zu sein. Die Normirga hatten einen seltsamen Zauber gewirkt, der die Höhlendecke verschwinden ließ. Stattdessen gab es dort ein unstetes, blausilbernes Licht, das flackerte wie eine Fackel im Sturm. Es ließ Menschen und Elfen blasser erscheinen, als sie wirklich waren. Und der Atem, der ihnen in hellen Wolken vor den Mündern stand, bekam etwas Unwirkliches, Magisches.

Der Boden der weiten Halle bestand aus zerschrammtem Eis, und die fernen Wände schienen von Raureif und Eisblumen bedeckt zu sein. Am nördlichen Ende lagen steinerne Hafenmolen. Mächtige Eissegler, groß wie Handelsschiffe, lagen dort vertäut. Manche von ihnen hatten drei Masten. Ihre Segel waren gerefft, und von der Takelage und den Rahen hingen lange Eiszapfen, als seien diese Schiffe des ewigen Winters schon lange nicht mehr ausgelaufen.

Entlang der Piers warteten Ladekräne mit haushohen, hölzernen Laufrädern. Dunkle Öffnungen im Felsen mochten zu Lagerhallen führen.

So wie Delfine zuweilen von kleineren Fischen begleitet wurden, so waren auch diese großen Eissegler umlagert von kleineren Booten, die aussahen wie jenes, auf dem Alfadas in den Schneehafen gekommen war. Ihre Masten standen dicht wie ein Wald. Alfadas schätzte, dass es fast hundert sein mussten.

Auf der anderen Seite der weiten Halle fand sich ein Fuhrpark von Schlitten in allen Formen und Größen. Einige waren so riesig, dass Alfadas sich nicht vorstellen konnte, welche Tiere sie wohl ziehen mochten.

Landorans Rede war von feierlicher Stille unterstrichen worden, doch als nun die Flüchtlinge vom Rosenberg in den Schneehafen kamen, erklang in der weiten Felshalle bald ein Lärmen, wie es Alfadas aus der Königsstadt

Gonthabu kannte, wenn dort im späten Frühjahr Händler aus aller Herren Länder eintrafen. Hunderte Kobolde halfen, die Schlitten und kleinen Eissegler zu entladen. Und während Familien sich begrüßten und die Elfen einander in beredtem Schweigen umarmten, veranstalteten die Kobolde einen ohrenbetäubenden Lärm mit Zupfgeigen, seltsamen Blasinstrumenten und Handtrommeln. Ein Zauberer unterhielt die Kinder mit wirbelnden bunten Lichtern und wurde mit schallendem Gelächter belohnt.

Der Einmarsch der Menschen verlief erstaunlich geordnet. Die Kriegsjarls hatten ihre Gruppen in Fünferreihen aufgestellt und dafür gesorgt, dass jeder Mann seine Waffen polierte. Doch all diese Mühen mochten nicht über das abgerissene Aussehen der Verbündeten aus dem Fjordland hinwegtäuschen.

Die Männer sahen sich mit großen Augen um. Sie nahmen entlang der Eissegler Aufstellung, wo sie niemandem im Wege waren.

Nur Lambis Truppe schlenderte lässig in den Schneehafen. Sie hielten sich an keine Formation und gaben sich etwa so diszipliniert wie ein Haufen Seeleute, die nach wochenlanger Fahrt endlich das Hurenviertel einer Hafenstadt betreten durften.

Alfadas wandte sich an den Elfenfürsten, der an der Seite Ollowains den Auftritt von Lambi und seinen Männern mit feierlicher Gelassenheit ertrug.

»Wozu dienen die großen Segler dort?«

»Wir haben sie benutzt, um Versorgungsgüter, die von der Walbucht zum Rosenberg geschafft wurden, über die große Eisebene zu bringen. In den letzten Jahren lief allerdings der Großteil unseres Handels über das Windland, und er wurde von den Yak-Karawanen der Kentauren bestritten. Die Schiffe waren lange nicht mehr im Einsatz. Warum fragst du, Menschensohn?«

»Würdest du mir drei der Segler überlassen?«

Landoran runzelte ärgerlich die Stirn. »Ich wüsste nicht, welchen Nutzen du davon haben solltest. Du kannst gern drei Schiffe haben, doch kann ich keinen Windsänger unter dein Kommando stellen. Sie sind im Augenblick unabkömmlich. Ohne einen dieser Zauberer ist es nicht zu verantworten, eines der Schiffe auf die Ebene zu bringen. Sie wären den Launen des Winters hilflos ausgeliefert.«

»Würdest du mir denn einige Männer überstellen, die meine Krieger in der Bedienung der Schiffe unterrichten?«, beharrte Alfadas.

Landoran maß ihn nun mit eisigem Blick. »Ich vermag keinen Nutzen darin zu erkennen, den Umgang mit Eisseglern zu erlernen, die diesen Hafen nicht verlassen werden.«

»Schick mir die Männer, und ich werde dich beim Kriegsrat, den Ollowain in zwei Stunden einberufen wird, über das taktische Vorgehen im Kampf gegen einen überlegenen Feind belehren, der sich auf eine Belagerung vorbereitet«, entgegnete Alfadas kühl. Verdammter Bastard, dachte er bei sich. Mit dir werde ich noch viel Freude haben.

Landoran atmete tief aus und straffte sich. Einen kurzen Augenblick lang hatte es so ausgesehen, als werde er die Fassung verlieren, doch nun hatte er sich offensichtlich wieder in der Gewalt. »Was soll das heißen? Was für ein Kriegsrat?«

Alfadas antwortete, noch bevor Ollowain ein Wort herausbrachte. »Wenn ich richtig unterrichtet bin, führt Lyndwyn das Kommando über Phylangan, auch wenn sie uns nicht die Gunst erweist, uns hier zu begrüßen. Sie hat Ollowain den Befehl in allen militärischen Belangen überlassen. Und wie du sicherlich einsehen wirst, ist es angeraten, dass sich die Befehlshaber unseres Bündnisses schnellstmöglich zu einem Kriegsrat versammeln.« Alfadas wusste um das angespannte Verhältnis zwischen dem Schwertmeister und dessen Vater. Er warf Ollowain einen flehenden Blick zu und hoffte, dass er sich auf diese Intrige einlassen würde. Es war wichtig, dass von Anfang an feststand, wer in Phylangan das Kommando hatte.

»Ihr, die ihr euch nicht einmal aus eigener Kraft gegen die Kälte zu schützen vermögt, seid nach den Gesetzen meines Volkes Kinder«, erklärte Landoran herablassend. »Kein erwachsener Normirga wird bereit sein, sich euren Launen zu fügen.«

»Glaubst du nicht, dass es unklug ist, auf allen Gesetzen unseres Volkes zu beharren, wenn drei Völker in Freundschaft Seite an Seite fechten sollten, Vater?«, fragte Ollowain. »Was denkst du, wie lange das Bündnis währt, wenn nur das Wort *erwachsener* Normirga zählt?«

»Der Kriegsrat wird in zwei Stunden im Perlensaal zusammentreten«, entschied Landoran harsch. »Hier ist nicht der Ort für einen Streit. Nur Kinder können sich so wenig beherrschen, dass sie ihre Meinungsverschiedenheiten in die Öffentlichkeit tragen.«

Der Fürst klopfte seinem Schimmel sanft auf den Hals und ritt dann zu den Flüchtlingen hinüber. Lysilla folgte ihm und bedachte Ollowain und Alfadas mit einem süffisanten Lächeln.

»Eingebildeter alter Sack«, murrte Orimedes. »Was glaubt der wohl, wer seine Festung verteidigt, wenn wir Kinderchen uns entschließen zu gehen?«

»In einem Punkt hat er Recht, mein Freund«, erwiderte Alfadas. »Streiten sollten wir uns, wenn der Kriegsrat tagt. Es ist schlecht für die Moral der Truppen, wenn sie sehen, wie *einig* wir uns sind.«

»Herzog?« Graf Fenryl war abgesessen und kam zu ihm hinüber. »Ich stehe tief in deiner Schuld, Menschensohn. Dank dir sind meine Frau und mein Kind, ja meine ganze

Sippe am Leben. Auch unter den Meinen gibt es Windsänger. Ich werde sie deinem Befehl unterstellen, ebenso wie die beiden Lastenschiffe, die unter der Fahne des Rosenbergs segeln.«

Alfadas winkte ab. »Du schuldest mir nichts. Und ich möchte nicht, dass du um meinetwillen in Streit mit deinem Fürsten gerätst.«

Fenryl wollte davon nichts hören. »Ich vertraue deinem Urteilsvermögen als Feldherr. Die Normirga wurden schon einmal von den Trollen vertrieben. Ich bin überzeugt, dass es besser für mein Volk ist, wenn diesmal jemand anderes den Oberbefehl führt. Du hast doch einen Plan, nicht wahr? Sag mir, was du brauchst, und ich sorge dafür, dass du es bekommen wirst.«

Der Herzog überlegte kurz, ob er die Entscheidung im Kriegsrat abwarten sollte. Doch es zählte jede Stunde, die sie noch hatten, bevor die Hauptstreitmacht der Trolle eintraf.

»Besorge mir alle Windsänger, die du finden kannst. Außerdem brauche ich Zimmerleute und die Schmiede, die die Kufen für die Eissegler gefertigt haben. Und dazu Männer, die keine Angst haben, sich einem Feind zu stellen, der uns hundert zu eins überlegen sein wird.«

VON BARTWICHSE UND VOM TOD

Shahondin beobachtete, wie die lange Kolonne in der Höhle verschwand. War sie hier? Die Erschütterung der Albenpfade hatte ihn angezogen, als das Heer der Menschen durch das Nichts marschierte. Als er Ollowain entdeckte, wusste er, dass er endlich auf der richtigen Spur war. Dort, wo der Schwertmeister war, konnte die Königin nicht fern sein. Er musste Ollowain nur folgen. Über kurz oder lang würde er ihn schon zu Emerelle führen.

Die Bestie in Shahondin winselte um Futter. Der Fürst streckte sich. Sein Leib war fast völlig in einer Schneewehe verborgen. Nur sein großer Kopf ragte hervor. Ärgerlich wurde sich der Elf ein weiteres Mal bewusst, dass er keinen Körper mehr hatte. An alles andere hatte er sich gewöhnt, doch diese Geistgestalt war ihm lästig. Von der Bestie in ihm war kaum mehr etwas geblieben. Wie ein schwacher, glimmender Funke in einem seit Stunden verloschenen Feuer regte sich noch ein winziger Rest des Bewusstseins dieser seltsamen Kreatur. Zwei Tage hatte sich Shahondin ihr gebeugt, um von ihr zu lernen. Dann hatte er ihre Existenz so gut wie ausgelöscht. Was glaubte diese dreckige Trollschamanin eigentlich? Dass er, Shahondin, Fürst von Arkadien, sich von einer primitiven Bestie beherrschen ließe? Er war älter als die meisten Wälder Albenmarks. Dieses Trollweib hatte ihn nur bezwingen können, weil sie einen Albenstein besaß. Wäre da nicht diese geborgte Macht gewesen, sie hätte als sabbernde Idiotin geendet. Er hätte ihren Verstand in dem Moment ausgelöscht, in dem sie den seinen berührte. Doch dieser verfluchte Stein war wie ein unüberwindlicher Schild gewesen. Also hatte er sich Skanga fügen müssen.

Die Bestie tief in ihm heulte auf vor Hunger. Welch ein törichtes Geschöpf! Eine körperlose Geistgestalt brauchte kein Fressen. Es sättigte ihn nicht, wenn er irgendeinem Geschöpf aus Fleisch und Blut sein Lebenslicht nahm. Es bereitete ihm lediglich Vergnügen. Zwei Mal hatte er diesem Trieb nachgegeben. Er hatte einen Troll gestellt, der als Späher den Menschen nachgesetzt hatte. Und das zweite Mal waren es ein Elfenweib und dessen drei Kinder gewesen. Inmitten des Schneetreibens, als die Trolle den Elfenzug überfallen hatten, war er auf ihren Schlitten gesprungen und hatte sie gemordet. Kinder zu töten, war eine besondere Freude. Ihr Licht war reiner.

Vor den Menschen hütete er sich jedoch. Jeder von ihnen führte Eisen mit sich, und wenn es nur ein Messer war oder die Spitze eines Speeres. Etwas in der Art, wie sie das Metall verarbeiteten, war zutiefst widernatürlich. Es störte den Fluss der Magie. Shahondin hatte eine der Waffen berührt, die auf dem Schlachtfeld zurückgeblieben waren. Vorsichtig, mit ausgestreckter Pfote. Und er hatte mit sengendem Schmerz bezahlt, so als habe er ins Herz einer blauen Flamme gegriffen. Es hatte etwas von der Essenz gestohlen, aus der sein magischer Leib bestand. Das Eisen der Menschen könnte ihn töten. Er musste sich vor ihm hüten! Zum Glück konnte er es schon von Weitem spüren. Es hinterließ eine Disharmonie im Gefüge der Welt. Alles in Albenmark war von Magie durchdrungen. Ihre unsichtbaren Muster waren gestört, wo ein Mensch mit seinen Eisenwaffen entlang ging. Shahondin wunderte sich darüber, dass die Elfen es nicht bemerkten. Vielleicht waren seine Sinne in jenem Leib, in den Skanga ihn gezwungen hatte, auch unendlich feiner. Er war ein Geschöpf der Magie und in weitaus stärkerem Maße mit dem magischen Teil der Welt verbunden, als er es als Elf gewesen war. So konnte er sich vor den Waffen der Menschen hüten, solange er die Bestie in sich in Schach hielt. Er ahnte, dass diese Kreatur in ihrer Gier zu morden jede Vorsicht fahren lassen würde.

Shahondin dachte an den Anführer der Trolle. Ein erstaunlich fähiger Wilder! Der Fürst erinnerte sich, dass Orgrim Zeuge gewesen war, als Skanga ihn verwandelt hatte. Die Trolle waren keine Bedrohung. Sie verabscheuten Waffen aus Eisen, ja aus jeglichem Metall. Dennoch waren sie gut darin, Menschen niederzumachen.

Der Blick des Elfenfürsten wanderte über die himmelragenden Felswände. Die Trolle würden mit sehr viel Blut bezahlen, wenn sie versuchten, Phylangan zu erstürmen. Vielleicht konnte er ihnen helfen? Es sollte ein Leichtes für ihn sein, Angst in die Herzen der Verteidiger zu tragen.

Er ging auf den Fels zu, und sein Leib glitt in den Stein hinein. Dunkelheit umfing ihn. Er ließ sich vom Netz der magischen Muster leiten und spürte, wie es weit über ihm verzerrt war. Die Normirga brachen sich nicht mit Gewalt ihren Weg durch den Stein. Sie hatten ihn auf magische Weise verformt, wo sie Tunnel und Kammern in den Berg getrieben hatten.

Shahondin ließ sich durch das Felsgestein nach oben treiben und erkundete die verborgene Festungsanlage. Parallel zum Gletscher war ein langer Tunnel in den Berghang gegraben, der den Eisstrom flankierte. Die breiten Felsnasen, die sich aus dem Steilhang schoben, waren wie Türme mit mehreren übereinander liegenden Stockwerken versehen. Schießscharten, die man mit Holzläden verschlossen hatte, waren zur Tarnung außen mit einem Grobputz bestrichen, der dem gewachsenen Fels zum Verwechseln ähnlich sah.

Auf den verschiedenen Ebenen der Türme in den Felsvorsprüngen standen sogar Katapulte bereit, die hinab auf das Eis zielten. Ein einziger Tunnel verband die Stellungen miteinander. Shahondin entdeckte Zugvorrichtungen, die es erlaubten, Abschnitte des Tunnels mit dicken Granitplatten zu blockieren. An anderer Stelle waren Vorräte aus Bruchstein und Steinmehl angelegt. Rührte man das Steinmehl mit Wasser an und vermengte es dann mit Bruchgestein, entstand ein leicht zu verarbeitendes Baumaterial, das schnell aushärtete. Über Nacht konnte man damit Tunnelabschnitte verfüllen. Sich dort hindurchzuarbeiten, wäre nicht weniger mühsam, als sich gleich einen Weg durch den gewachsenen Fels zu schlagen.

Der Elfenfürst glitt in seiner geisterhaften Tiergestalt aus dem Felsen heraus und betrachtete eingehend die Steilwand auf der anderen Seite des Tals. Im letzten Abendlicht entdeckte er regelmäßige Schatten im Gestein. Auch diese Seite war also mit Verteidigungsanlagen versehen. Wenn die Trolle den Gletscher hinaufstürmten, würden sie schon lange, bevor sie das Tor zum Schneehafen erreichten, in ein mörderisches Kreuzfeuer geraten. Skanga sollte das wissen! Ein unbedachter Sturmangriff würde hunderte, ja vielleicht sogar tausende Tote fordern. Selbst der Verbindungstunnel, der dicht unter der Felsoberfläche verlief, wies etliche Schießscharten auf. Auch hier konnten Bogenschützen postiert werden.

Shahondin ließ sich wieder in den Fels gleiten. Er wich einer verzweigten Erzader aus und mied die Höhlen und den Tunnel. Nur ab und zu wagte er einen Blick aus dem Fels hinaus, stets darauf bedacht, nicht entdeckt zu werden.

Vor allem Kobolde bemannten die Verteidigungsstellungen. Dass es in einer Elfenstadt viel mehr Kobolde als Elfen gab, war nicht ungewöhnlich. Doch je länger Shahondin die Verteidigungsanlagen ausspähte, desto mehr wunderte er sich. In Phylangan schien dieses Missverhältnis besonders ausgeprägt zu sein. Zuletzt erklärte er es sich damit, dass vermutlich ein Großteil der Elfen unten im Schneehafen versammelt war, um den Menschen einen eindrucksvollen Empfang zu bereiten.

Der Elfenfürst fand eine verlassene Vorratskammer, in der nur noch einige Pfeilbündel lagen. Er empfand es als angenehmer, sich in einer Höhle aufzuhalten. Nüchtern betrachtet, war es egal, wo er war, da er keinen stofflichen Körper hatte. Dennoch fühlte er sich innerhalb der Felswände unwohl. Es würde wohl lange dauern, bis er sich an seinen Geisterleib gewöhnt hätte. Und er hatte keinesfalls die Absicht, ihn lange genug zu behalten, um sich damit abzufinden! Ob Emerelle wohl irgendwo innerhalb der Festung war? Die Normirga waren ihr Volk. Wohin sonst hätte sie fliehen sollen? Und Ollowain war hier! Gleichzeitig war Phylangan die stärkste Festung des Nordens. Nirgendwo sonst wäre sie so sicher wie hier. Andererseits war dies auch der Platz, an dem man zuallererst nach ihr suchen würde.

Noch drängender war die Antwort auf eine andere Frage. Shahondin war sich sicher, dass ihm ein Verrat an den Normirga keine schlaflosen Nächte bereiten würde. Doch war es klug, die Trolle zu früh darüber zu unterrichten, was sie hier erwartete? Wenn tausende ihrer Krieger im Kreuzfeuer auf dem Gletscher verbluteten, wäre ihr Heer anschließend zu schwach, um noch weiteren Schaden in Albenmark anrichten zu können. Sollte allerdings Skanga durch einen dummen Zufall während der Kämpfe sterben, dann wäre er auf immer in diesem Geisterleib gefangen, überlegte Shahondin. Und wie würde die Schamanin sich verhalten, wenn sie durchschaute, dass er das Massaker hatte kommen sehen, ohne die Trolle zu warnen? Ihm blieb wohl keine Wahl, als nach Skanga zu suchen.

Die Verteidigungsanlagen in den Bergen entlang des Gletschers hatten einen entscheidenden Schwachpunkt. Dass alle Vorratskammern, Truppenquartiere und Kampfstellungen wie Perlen auf einer Schnur an einem einzigen Tunnel aufgereiht lagen, konnte zur tödlichen Falle werden. Schaffte man es, den Anfang des Tunnels zu blockieren, dann saßen all diese Truppen fest. Man musste nur einen anderen Weg in den Steinernen Garten finden als jenen über den Gletscher.

Shahondin glitt wieder in die Felswand. Er folgte dem Tunnel, der langsam anstieg. Obwohl er ein wenig Abstand hielt, fühlte er deutlich die Störung im Fels, den Nachhall der magischen Kräfte, die von den Normirga eingesetzt worden waren, um diesen Teil der Festung zu erschaffen. Endlich erreichte er eine kleine Kammer, von der aus eine Tür hinaus auf einen Aussichtspunkt führte. Hier endete der Tunnel, mehr als eine Meile entfernt vom Tor zum Schneehafen.

Vorsichtig schob Shahondin sich aus der Wand. Die Wachstube war nur von einer einzelnen Öllampe beleuchtet. In einer weiten Nische befand sich ein wuchtiges Katapult. Neben dem Geschütz standen einige Schemel. So würden auch Kobolde die Winde und den Sperrhebel bedienen können, um das Geschütz zu spannen und abzufeuern. Von seinen Abmessungen her war es für den Einsatz durch Elfen ausgelegt.

Neben dem Geschütz stand eine Reihe von Tonkrügen, die zum Teil mit Leinenstreifen umwickelt waren. Die Münder der Gefäße hatte man sorgfältig verschlossen und mit Wachssiegeln versehen. Neugierig schnupperte der

Fürst daran. Ein scharfer Geruch stach ihm in die Nase. Brandgeschosse!

Ein Schnaufen, gefolgt von einem leisen Gurgeln ließ Shahondin herumfahren. An der gegenüberliegenden Wand standen fünf Etagenbetten, die mit dicken, braunen Wolldecken verhängt waren. Der muffige Geruch von zu lange getragenen Kleidern hing in der Luft. Dazu kam ein hauchzarter Duft von Bartwichse. Ein großer Tisch mit Stühlen und zwei langen Kisten, die auch als Sitzbänke dienten, füllte den hinteren Teil der Kammer.

Neugierig streckte Shahondin seinen Kopf durch einen der Bettvorhänge. Ein Kobold lag dort zusammengerollt in voller Bekleidung und schnarchte. Der Elf ließ der Bestie in sich freien Lauf. Er fühlte sich wie ein Außenstehender, als sie das Lebenslicht des Kobolds fraß. Die kleine Gestalt schrumpfte zusammen. Seine Haut spannte sich straff über dem Schädel. Er starb im Schlaf.

Die Bestie glitt hinauf in das obere Bett. Der Kobold hier saß aufrecht, mit dem Rücken gegen die Wand gelehnt. Er hatte eine Decke um sich geschlungen und sich einen breiten Stoffstreifen ins Gesicht gebunden. Einen Herzschlag lang dachte Shahondin, sein Opfer sei wach, ja es habe ihn aus unerfindlichen Gründen sogar erwartet. Er beobachtete, wie sich die Brust des Kobolds regelmäßig hob und senkte. Der kleine Kerl rührte sich nicht. Auch er schlief. Der Geruch nach Bartwichse war hier viel intensiver. Jetzt begriff der Elf, was er sah. Der Kobold hatte seine Bartenden hochgezwirbelt und sich ein Stützband umgebunden, um den kunstvoll gestalteten Schnauzer im Schlaf nicht aus der Form zu bringen. Vielleicht wollte er sich nach dem Wachdienst mit einem Weibsbild treffen und mit dem stolzen Schnauzbart Eindruck machen. Vielleicht wäre es amüsant, ihm das Leben zu schenken? Wie würde er sich wohl verhalten, wenn er als einziger Überlebender zwischen all seinen toten Kameraden erwachte? Wäre er vor Angst wie gelähmt? Würde er laut schreiend davonlaufen? Und würde er sich den Rest seines Lebens fragen, warum er überlebt hatte? Darauf, dass sein hochgebundener Schnauzbart ihn gerettet hatte, würde er gewiss niemals kommen.

Die Bestie in Shahondin rebellierte. Sie hatte keinen Sinn für solch boshafte Scherze. Sie wollte töten! Voller Verachtung unterdrückte der Elf das tumbe Geschöpf und machte sich über die übrigen Schlafenden her. Acht Kobolde ermordete die Bestie. Keiner von ihnen erwachte. Sie gingen vom Schlaf hinüber ins ewige Dunkel, ohne zu ahnen, was mit ihnen geschah.

Zufrieden zog sich Shahondin in den dunkelsten Winkel der Kammer zurück. Er war neugierig zu sehen, was geschehen würde, wenn man den Wachraum voller Toter entdeckte und den Kobold mit dem stolzen Schnauzbart, der niemandem erklären könnte, was geschehen war. Auf diese Weise zu töten war viel befriedigender, als nur wahllos mordend durch die Festung zu ziehen. Der Fürst begann Pläne zu schmieden, wie seine nächsten Opfer enden sollten. Er würde das Töten zu einer Kunst erheben. Und sein Applaus wäre das Entsetzen, das sich in der Bergfestung ausbreitete. Als unsichtbarer, namenloser Todbringer wäre er ungleich entsetzlicher als das Trollheer, das sich bald vor den Toren der Festung sammeln würde.

DAS BUCH DER FÄDEN

7. Tag des Wolfsmondes. Heute hat uns Alfadas verlassen. Es war ein Tag von feierlicher Traurigkeit. Hinter dem Tor aus Licht lag eine schreckliche Dunkelheit. Ich hätte es nicht durchschreiten wollen. Möge Luth dem Herzog und seinen Männern beistehen. König Horsa wollte nicht in unserem Dorf verweilen. Er hat uns noch in der Abenddämmerung verlassen.

9. Tag des Wolfsmondes. Kalf hat Ole, den Hundezüchter, tief im Wald gefunden. Wie es scheint, wurde Ole von seinen eigenen Bestien angegriffen. Er ist fürchterlich zugerichtet. Er spricht wirr. Ich habe seine Wunden gesäubert. Asla hat ihn in ihrem Haus aufgenommen, um ihn zu versorgen. Der große schwarze Hund musste ausgesperrt werden.

11. Tag des Wolfmondes. Der Fischer Galti ist verschwunden. Man hat sein Boot verlassen am westlichen Ufer gefunden.

12. Tag des Wolfsmondes. Erek hat mit einigen Männern des Dorfes die Hunde in Oles Zwingern erschlagen. Zwei der Bestien fehlen. Asla hat die Männer bedroht, ihrem Hund ja kein Leid zu tun. Ich konnte den Streit nur mit Mühe schlichten.

13. Tag des Wolfsmondes. Früh am Morgen sind zwei Sklavinnen, Fredegund und Usa, verschwunden. Am Abend traf sich der Dorfrat. In allen Gesichtern war Angst.

14. Tag des Wolfsmondes. Die Leiche einer alten Frau wurde angespült. Sie trägt Usas Kleider. Niemand weiß sich das zu erklären. Viele suchen meine Hilfe, doch weiß ich diesen Faden Luths nicht zu deuten.

15. Tag des Wolfsmondes. Eine seltsame Seuche hat Ereks Ziegen dahingerafft. Man hat sie ausgezehrt bis auf Haut und Knochen im Stall gefunden. Oles Fieber wird schlimmer. Er spricht immer wieder von einer weißen Elchkuh.

16. Tag des Wolfsmondes. Solveig ist vom Reisigsammeln im Wald nicht zurückgekehrt. Der Rat hat beschlossen, dass niemand mehr das Dorf verlassen soll. Asla hat sich gegen den Willen der Männer durchgesetzt.

17. Tag des Wolfsmondes. Kalf hat einen der vermissten Bluthunde im Wald gestellt und getötet.

18. Tag des Wolfmondes. Eine Treibjagd, um den zweiten ausgebrochenen Bluthund zu stellen, blieb ohne Erfolg.

21. Tag des Wolfsmondes. Seit fünf Tagen gab es keinen Unglücksfall mehr. Langsam weicht die Angst. Luth sei Dank!

AUS: DAS BUCH DER FÄDEN, EINE CHRONIK FIRNSTAYNS,
VERFASST VON GUNDAR DEM LUTHPRIESTER
BAND VII DER TEMPELBIBLIOTHEK ZU FIRNSTAYN, S.83

DAS WOLFSPFERD

Missmutig schlüpfte Halgard in ihre gefütterten Pelzstiefel. Das Mädchen hasste es, so früh am Morgen aus dem Bett geholt zu werden. Am Abend zuvor waren sie lange in Aslas Haus gewesen. Das ganze Dorf hatte sich dort versammelt. Gundar hatte zu ihnen gesprochen und mit ihnen gemeinsam gebetet. Halgard liebte die kräftige, warme Stimme des alten Mannes. Sie war für sie wie Sonnenlicht auf dem Gesicht: einfach behaglich.

Müde rieb sie sich den Schlaf aus den Augen.

»Nun mach schon!«, hetzte ihre Mutter und drückte ihr ein Stück hartes Brot in die Hand. »Trödel nicht so herum. Ich bin schon seit einer Stunde auf und murre schließlich auch nicht!« Ihre Mutter half ihr, die breiten Lederschlingen des geflochtenen Wäschekorbs über die Schultern zu streifen. Dann bettete sie den Umhang warm über ihren Leib und den Korb. Mutter musste ihn vor das Feuer gehängt haben. Mit einem Seufzer rieb Halgard ihre Wange über den Wollstoff. Wenn sie doch nur noch ein bisschen in ihrem Bett bleiben könnte!

Knarrend ging die Tür auf. Der kalte Atem des Fjords drang in die kleine Hütte. Halgard tastete sich am Tisch entlang und stieß sich ihr Knie an der Bank. Mutter hatte sie schon wieder von der Stelle gerückt!

»Weißer Nebel steigt die Ufer hinauf«, sagte ihre Mutter

mit leiernder Stimme. »Es sieht aus, als seien die Wolken vom Himmel hinabgestiegen.«

Halgard zog die Tür hinter sich zu und folgte der Stimme, die unablässig beschrieb, was sie sah. Wie schon hunderte Male zuvor wünschte Halgard sich, Mutter würde von Dingen sprechen, die sie begreifen konnte. Aber sie machte sich keine Gedanken. Halgard konnte sich Wolken nicht wirklich vorstellen. Es mussten große Dinger sein, die über den Himmel liefen, obwohl sie keine Beine hatten. Man konnte sie wohl deutlich sehen, obwohl man sie nicht anfassen konnte. Und was war weiß? Nur ein Wort ohne Inhalt! Wie so viele Wörter, die Mutter bei ihren endlosen Beschreibungen aufsagte.

Der Weg, dem sie folgten, war weich und schlammig. Halgard mochte das schmatzende Geräusch, das ihre Stiefel machten, wenn es geregnet hatte. Dann hörte es sich so an, als gäben ihre Füße der Erde bei jedem Schritt einen nassen, übermütigen Kuss.

»Hinter dem Regenfass an der Ecke von Ereks Hütte lauert wieder die schwarze Katze. Es sieht aus, als habe sie auf uns gewartet. Seltsam, dass sie hier fast jeden Morgen steht.« Mutters Schritte verharrten. »Wehe, wenn ich dich dabei erwische, dass du sie fütterst!« Ihre Stimme klang ein wenig anders. Sie musste sich umgedreht haben. »Wir haben selbst nicht genug zu beißen! Wir müssen nicht noch irgendwelches Viehzeug durchfüttern!«

Halgard biss in ihren Brotkanten und zuckte mit den Schultern. Mit Mutter zu reden, war sinnlos. Sie wurde schneller wieder friedlich, wenn man einfach gar nichts sagte.

»Katzen können sich gut alleine versorgen!« Mutter ging weiter.

Die Katze strich leise schnurrend um Halgards Beine. Es war ein wunderbares Gefühl. Das Mädchen beugte sich vor und tastete nach dem zarten Fell. Die Katze drückte ihr schnurrend den Kopf in die Hand und leckte ihre Finger.

»Heute hab ich leider keinen Fisch«, flüsterte das Mädchen. »Vielleicht morgen wieder.« Sie brach ein kleines Stück von ihrem Brot ab und hielt es der Katze hin. Halgard wusste, dass ihre kleine Freundin Brot nicht sonderlich mochte. Aber etwas anderes hatte sie nun einmal nicht. Und sie wagte es auch nicht, ihr gar nichts zu geben, denn sie hatte Angst, dass die Katze vielleicht nicht mehr auf sie warten würde, wenn sie einmal kein Futter bekam.

»Wo steckst du?«, rief Mutter.

»Bis morgen.« Halgard tätschelte der Katze noch einmal über den Kopf und beeilte sich, ihrer Mutter zu folgen. Deren Schritte knirschten schon auf dem Kies. Sie hörte das Scharren des schweren Korbs auf Stein und den Seufzer, den Mutter jedes Mal ausstieß, wenn sie ihre Last abstellte.

»Es ist noch ganz dunkel«, erklärte Mutter. »Die Sonne versteckt sich noch hinter den Bergen. Der Wind rührt im Nebel.«

Für mich ist es immer *ganz dunkel,* dachte Halgard wütend und wünschte sich, ihre Mutter würde mit diesen endlosen Selbstgesprächen aufhören.

Als hätte sie den Gedanken gehört, hielt sie tatsächlich den Mund. Wäsche raschelte leise. Mutter würde sie jetzt in kleine Haufen sortieren und mit Steinen beschweren, bevor sie mit der Arbeit begann. Halgards Gedanken schweiften ab zu jenen wunderbaren Tagen, als sie noch nicht jeden Morgen vor der Sonne aufgestanden waren. Damals, als Vater noch bei ihnen war. Im Frühjahr des letzten Jahres war er mit dem Jarl auf einen Kriegszug gegangen und nicht mehr wiedergekommen. Seitdem wohnte der Hunger bei ihnen.

Halgard dachte oft an ihren Vater. Seine Stimme hatte immer ein wenig heiser geklungen. Seine großen, knochigen Hände hatten ihr oft über das Haar gestrichen. Dann hatte sie geschnurrt wie eine kleine Katze.

Abends, wenn sie nicht schlafen konnte, lauschte sie hinaus. Und immer noch hoffte sie, irgendwann seine vertrauten Schritte zu hören. Er war so groß und stark gewesen. Wer hätte ihn denn umbringen können? Er war nur verloren gegangen! Bestimmt würde er eines Tages wiederkommen. Es musste nur jemanden geben, der noch daran glaubte! Mutter glaubte nicht daran. Sie war so entsetzlich dickköpfig! Halgard hatte selbst gehört, wie Jarl Alfadas ihrer Mutter angeboten hatte, für sie zu sorgen. Aber sie wollte das nicht. Stattdessen holte sie Aslas Wäsche und wusch sie frühmorgens am Fjord. Auch ein paar anderen Frauen machte sie die Wäsche. Dafür bekam sie Brot und Käse und manchmal auch etwas Fleisch. Mutter mochte es nicht, wenn ihr die anderen Frauen beim Waschen zusahen. Sie tat so, als hätte sich nichts verändert, seitdem Vater nicht wiedergekommen war. Dabei wussten alle im Dorf, was für eine Arbeit sie machte.

»Träumst du wieder?«, herrschte Mutter sie an. Und dann war da das verhasste Geräusch. Das satte Klatschen eines nassen Wäschestücks, das vor ihr auf den Waschstein fiel. Widerwillig tastete Halgard danach. Nach Größe und Gewicht musste es ein Hemd sein. Die Kälte biss ihr in die Hände. Sie mühte sich ab, den nassen Stoff, so gut es ging, auszuwringen, während Mutter schon das nächste Wäschestück in den Fjord tauchte und über den rauen Fels rieb.

Nach so einem Morgen wollten ihre Hände nicht einmal über einem Feuer wieder richtig warm werden. Halgard stöhnte. All ihre Wut ließ sie an der Wäsche aus. Sie drehte sie und spürte, wie das eisige Wasser ihre Finger entlangrann. Die Kälte fraß sich bis tief in ihre Knochen hinein. Am besten war es dann, weit weg zu reisen. In Gedanken in so weite Ferne zu gehen, dass man gar nichts mehr spürte.

Asla war nett. Manchmal steckte ihr die Frau des Jarls einen Honigkuchen zu, wenn Mutter die Wäsche hinaufbrachte. Das musste aber immer heimlich geschehen, denn Mutter nahm außer dem vereinbarten Lohn nichts an. Sie war so verdammt stur!

Wenn sie Mutter nicht helfen musste, dann spielte sie oft mit Ulric. Das war ein bisschen langweilig, weil er immer dasselbe spielen wollte. Sie war eine wunderschöne Prinzessin, die von einem Ungeheuer entführt worden war, das sie mit Käse und Brot zum Frühstück fressen wollte. Und er war der Held, der sie befreite und das Ungeheuer erschlug. Danach gingen sie oft zu Asla, und es gab wirklich etwas zu essen. Allein das war es wert, das blöde Spiel immer wieder mitzumachen.

Gestern hatte Ulric ihr erlaubt, seinen Zauberdolch zu berühren. Er hatte ihn von dem Elfenprinzen geschenkt bekommen. Es war wohl derselbe, der am Hartungskliff zu ihr gesprochen hatte, dachte Halgard. Seine Stimme war sehr seltsam gewesen. Halgard hatte die ganze Zeit über geglaubt, gleich wolle er singen. Sein Haar hatte sich wunderbar angefühlt. So weich wie Katzenhaar, nur dass es viel länger war. Er hatte auch gut gerochen. Gar nicht nach Schweiß oder Zwiebeln oder Met wie die anderen Männer, die sie manchmal auf den Arm nahmen.

Das Mädchen schreckte aus ihren Gedanken. Etwas fehlte. Eine ganze Weile schon! Das Geräusch, wie Mutter die Wäsche über den Fels rieb.

»Mutter?«

»Still!«, zischte es neben ihr. Mutters Stimme war voller Angst. Halgard lauschte. Sie konnte viel besser hören als irgendwer sonst im Dorf. Sie hielt den Atem an. Da war das stete Flüstern der Wellen, die nach den Kieseln am Ufer tasteten und sich wieder zurückzogen. Das Geräusch des Windes, der über den Fjord heraneilte und durch die Äste der Bäume am Ufer strich. Sie hörte auch ihr Herz klopfen und das leise Rauschen ihres Blutes. Und … Ja, da war noch etwas! Ein hölzernes Knarren, begleitet von einem regelmäßigen Platschen. Ein Boot war draußen auf dem Wasser. Aber es war noch ein ganzes Stück entfernt. Wenn es immer noch nebelig war, würde Mutter es kaum sehen können.

»Ist es das Boot?«, fragte sie leise.

»Nein, es ist …« Mutters Kleider raschelten. »Steh auf! Lauf! Es hat uns gesehen! Es kommt!« Mutter packte sie und zerrte sie hoch. »Lauf!«

Stolpernd kam Halgard auf die Beine. Sie konnte nicht laufen! Mutter wusste das doch. Wenn sie lief, verlor sie die Orientierung. Und sie stolperte dauernd!

»Der Weg ist vor dir. Geradeaus!« Mutters Atem ging keuchend. »Am Ufer entlang. Wir müssen zum Priester! Nur er kann uns helfen. Schnell! Da ist nichts im Weg! Mach schon!«

Sie waren auf dem Lehmpfad. Wieder schmatzten die Schritte. Doch diesmal schien der Lehm sie festhalten zu wollen. Und er war so entsetzlich glitschig. Sie rutschte und konnte sich mit rudernden Armen gerade noch fangen. Hinter ihnen war kein Geräusch! Nichts konnte sich so lautlos bewegen! »Wovor laufen wir fort?«

»Das Tier! Mach schnell. Bitte, Halgard, bleib nicht stehen! Es ist aus dem Wasser gekommen. Seine Zähne … Lauf! Bei allen Göttern, lauf!«

Halgard mühte sich ab, so gut sie konnte. Mutter beschrieb ihr den Weg. Sie blieb immer dicht hinter ihr, obwohl Mutter sie leicht hätte überholen können.

Halgard stieß gegen einen Stein. Diesmal konnte sie sich nicht mehr fangen. Der Länge nach stürzte sie auf den aufgeweichten Weg. Kalter Schlamm spritzte ihr ins Gesicht. Sie begann zu weinen. Sie konnte doch nicht laufen!

»Hoch! Hoch mit dir, mein kleines Täubchen.«

Halgard wurde emporgerissen. Dann spürte sie Mutters Atem auf dem Gesicht. »Du läufst jetzt zu Gundar und holst ihn. Ich halte das Tier auf. Es ist nicht mehr weit bis zur Hütte.«

»Was ist das?«, fragte sie schluchzend.

»Es ist groß wie ein Pferd. Aber es hat Zähne wie ein Wolf. Und es sieht aus wie Nebel. Jetzt geh! Schnell! Halt dich geradeaus, bis du die Schatten der Weiden spürst. Und dann nach links. Du kennst den Weg! Von den Weiden sind es nur noch zwanzig Schritt.«

»Warum höre ich es nicht?«

»Weil es wie Nebel ist!« Mutters Stimme klang nach mühsam zurückgehaltenen Tränen. »Frag nicht mehr. Lauf jetzt. Bitte! Gleich ist es hier.«

Halgard ging so schnell sie konnte. Der Wind vom Fjord schnitt durch ihre nassen Kleider. Sie zitterte am ganzen Leib. Ängstlich lauschte sie auf jedes Geräusch. Als sie die Weiden erreichte, hörte sie einen leisen Schrei. »Mutter?«

Halgard konnte die Bäume nicht sehen, aber sie spürte ihre Nähe. Es war, als seien jetzt noch dunklere Schatten in der Finsternis, die sie immer umgab. Und sie hörte, wie die dünnen Äste im Wind gegeneinander schlugen.

Sie hielt sich links. Plötzlich war da kein Schlamm mehr. Sie hatte den Weg verloren. Hastig drehte sie sich und ging ein Stück zurück, doch sie fand nicht mehr zum Weg. Wenn wenigstens die Sonne da wäre! Das Licht auf ihrem Gesicht würde ihr helfen, sich zu orientieren.

Der Wind war eingeschlafen. Jetzt hörte sie nicht einmal die Äste der Weiden. Sie konnte nicht weit von Gundars Haus fort sein. Halgard rief seinen Namen. Hoffentlich war er schon wach! Sie wusste, dass der alte Mann gerne lange schlief.

Kurz überlegte sie, ob sie weitergehen sollte. Doch dann würde sie sich nur noch mehr verirren. Und wenn sie zu weit vom Haus des Priesters entfernt war, dann könnte er sie nicht mehr hören. Es war besser, einfach stehen zu bleiben und zu rufen!

Plötzlich wurde es kälter. Sie spürte keinen Wind auf dem Gesicht. Etwas stieß in ihre Brust. Ihre Rippen wurden wie Eis. So wie die Knochen in ihren Fingern, wenn sie zu lange das Wasser aus der Wäsche gewrungen hatte.

Ganz leise hörte Halgard das Knarren einer Tür.

Sie zitterte so sehr, dass sie nicht mehr zu stehen vermochte. Sie konnte auch nicht mehr rufen. Ihre Zähne klapperten so laut wie die Knochenrassel, die ihr Vater ihr einmal geschenkt hatte.

»Halgard, bist du das?«, erklang die warme Stimme des Priesters. Ja, sie war wie der Sommer, dachte das Mädchen. Wie der Sommer.

Da waren Schritte in nassem Gras.

»Halgard? Bei allen Göttern!«

DIE GÖTTERPEITSCHE

»Was kann das gewesen sein? Keine Kreatur aus meiner Welt tut Kindern so etwas an!« Asla flüsterte, aber das nahm ihren Worten nichts an Schärfe.

»Ich kenne auch in meiner Welt kein Wesen …« Yilvinas Stimme brach. »Ich weiß nicht, was es war. Wirklich nicht.«

Tränen standen dem Priester in den Augen. Er hatte Halgard nur an ihrer Mantelbrosche erkannt, als er sie im feuchten Gras gefunden hatte.

Bei allen Göttern, was hatten sie nur getan, dass ein solches Strafgericht über das Dorf gekommen war? In Augenblicken wie diesem zweifelte er an der Weisheit Luths. War das Mädchen nicht gestraft genug? Sie hatte ihren Vater verloren. Sie war blind. Und nun das! Ihr Gesicht war welk wie das einer Greisin. Dunkle Altersflecken zeichneten Wangen und Stirn. Und das Haar der Kleinen war schlohweiß. Gundar ließ den Vorhang vor der Bettnische niedersinken. Das Mädchen lag in tiefem Schlaf. Er war froh, der Kleinen nicht mehr ins Antlitz sehen zu müssen. Ein Kind sollte so nicht aussehen, dachte er voller Zorn. Wer konnte einem kleinen Mädchen so etwas antun?

Halgard wusste noch nicht, was mit ihr geschehen war. Sie war sehr müde gewesen. Allerdings hatte sie sich über ihre raue Stimme gewundert, die ihr ganz fremd erschien.

Gundar schluckte, als er an die Lügen dachte, die er Halgard ins Ohr geflüstert hatte. Er hatte nicht den Mut gehabt, ihr die Wahrheit zu sagen. Sie wusste auch nicht, dass ihre Mutter tot war.

Der Luthpriester ging zum Tisch, der dicht bei der Feuergrube stand, und ließ sich mit einem Seufzer nieder. Asla stellte ihm eine Schüssel mit dampfender Fischbrühe hin, doch er schob sie von sich. Er konnte jetzt nicht essen.

Hätte er nur gestern geschwiegen! Dann wäre dem Mädchen nicht die Jugend gestohlen worden, und Alfeid, ihre Mutter, würde noch leben.

»Es muss ein Geist sein«, sagte Yilvina. »Es gab keine Spuren. Weder auf dem schlammigen Pfad noch im Gras. Und es tötet, ohne Blut zu vergießen.«

Gundar betrachtete die Maserung des Holztischs. Ja, an einen Geist hatte er auch schon gedacht. Aber woher sollte der kommen?

Er hatte seine Bibliothek aus immerhin drei Büchern zu Rate gezogen, aber keine Antwort gefunden, die zu den Vorfällen im Dorf passen wollte. Nur im *Buch der Omen* hatten einige wenige Zeilen über Geister gestanden. Es kam dann zu Erscheinungen, wenn jemand verstarb, der eine wichtige Angelegenheit in seinem Leben nicht hatte vollenden können. Meistens ging es dabei um Rache oder Liebe.

Manches Mal wurde ein Geist auch zur Heimsuchung der Lebenden von den Göttern geschickt. Aber es gab keinen Frevel, den die Götter strafen mussten. Als Priester hätte er es gewusst, falls ein Gottesfrevel geschehen wäre, der eine solche Strafe verdiente. Das hätte ihm nicht verborgen bleiben können!

Auch war im Dorf den ganzen Spätsommer über niemand gestorben. Es gab niemanden, der zum Geist hätte werden können. Erst seit diese Kreatur ihr Unwesen trieb, war der Tod in Firnstayn zum steten Gast geworden.

Also mussten sie doch die Götter erzürnt haben, überlegte Gundar. Aber wodurch? Weil sie das Tor in die Welt der Elfen geöffnet hatten? Fest stand, dass ihre Probleme erst nach dem Abschied von Alfadas und seinem Heer begonnen hatten. War das ein Zufall? War vielleicht etwas durch das Tor gekommen?

»Gibt es in Albenmark Geister?«, fragte Gundar.

»Nein«, entgegnete die Elfe entschieden. Sie hatte sich wieder auf dem Schemel neben dem Lager der bewusstlosen Königin niedergelassen. Wie ein nimmermüder Wachhund hockte sie dort nun schon seit Wochen, bereit, ihr Leben für Emerelle zu geben.

In einem Haus, in dem nur eine Mutter mit zwei Kindern und ein Schwerverletzter lebten, der sich wohl nie mehr von seinem Bett erheben würde, erschien ihm ihr Gebaren reichlich übertrieben.

»Die Alben, unsere Urahnen, haben alle Geschöpfe der Finsternis vertrieben«, fuhr Yilvina fort. »Die Devanthar und die Yingiz. Sie alle sind tot oder auf ewig in die Finsternis zwischen den Welten gebannt.«

Asla hatte sich zu Gundar an den Tisch gesetzt. Sie riss ein neues Leinentuch in Streifen.

»Was sind das für Wesen? Dämonen? Ich bin nur eine Fischerstochter«, setzte sie leicht gereizt nach. »Mir muss man solche Namen erklären.«

»Verzeih meinen Fehler.« Yilvina erhob sich, ging zur Feuergrube hinüber und stocherte mit einem Stecken in der Glut.

Einen Augenblick erschien es Gundar, als wolle die Elfe nicht antworten. Als sie dann doch sprach, tat sie es nur zögerlich und stockend. Sie schien jedes ihrer Worte sorgsam abzuwägen. Hatte sie Angst, die alten Schrecken lebendig werden zu lassen, indem sie darüber redete?

»Die Devanthar hassten jede Form der Ordnung. Wann

immer etwas vollendet war, mussten sie es zerstören, um etwas Neues zu erschaffen. Ordnung war für sie der Stillstand aller Dinge. Besser kann ich es nicht erklären, denn das Volk der Devanthar wurde vor sehr langer Zeit von den Alben vernichtet.

Die Alben waren es, die alle Welten und Völker erschufen, die wir heute kennen. Und um ihre Schöpfung zu schützen, mussten sie die Devanthar vernichten. So gewaltig war dieser Kampf, dass eine Welt dabei zerbrach. Der Anblick der Schrecken dieses Krieges verletzte viele der Alben zutiefst in ihrer Seele. Damals begannen sie Albenmark zu verlassen oder sich in die Einsamkeit zurückzuziehen. Sie suchten Orte wie das Albenhaupt, um für Jahrhunderte in Abgeschiedenheit zu meditieren.

Mit den Yingiz war es anders. Dies waren Geschöpfe aus reiner Boshaftigkeit, die sich allein am Leid anderer zu erfreuen vermochten. Sie wurden in die Dunkelheit zwischen den Welten vertrieben.«

»Das ist es!«, rief Gundar. Jetzt bekam ihr Feind endlich ein Gesicht. »So ein Geschöpf der Dunkelheit muss durch das Tor in unsere Welt geschlüpft sein!«

»Das ist ausgeschlossen!« Yilvina zerbrach den Stecken und warf ihn in die Glut. »Die Alben haben die Tore und auch die Pfade durch das Nichts mit starken Schutzzaubern umgeben. Noch nie ist ein Yingiz zurückgekehrt. Wir wissen nicht einmal mehr, wie sie ausgesehen haben. Es muss etwas anderes sein, was das Dorf belagert. Gibt es denn hier in der Anderen Welt keine Geister?«

Gundar nickte zögernd. »Doch. Auch wenn ich noch nie einen gesehen habe.«

»Etwas aus Fleisch und Blut hat Halgard jedenfalls nicht angegriffen. Davon hätte ich Spuren gefunden! Es muss ein Geist sein!«, beharrte die Elfe. »Glaube mir, ich bin eine erfahrene Jägerin.«

Ole wand sich stöhnend auf seinem Lager. Da war er wieder … Dieser Geruch, der Gestank eines offenen Grabes. Gundar nahm einen Tannenzweig und warf ihn ins Feuer. Knisternd verglühten die trockenen Nadeln. Weißer, angenehm duftender Rauch breitete sich aus.

Es war sinnlos, mit der Elfe zu reden. Sie würde niemals einsehen wollen, dass diese Morde vielleicht doch etwas mit ihr oder der Königin zu tun haben könnten.

Asla erhob sich und sah zu Gundar hinüber. Ein stummer Hilfeschrei lag in ihrem Blick. Sie sammelte die Leinenstreifen auf und ging hinüber zu Oles Lager.

Der Priester nahm die irdene Flasche auf dem Tisch und füllte sich einen Becher. Hastig stürzte er den Apfelschnaps herunter. Er brannte in der Kehle. Gundar traten Tränen in die Augen. Dann ging er hinüber zu Asla. Als sie die Decke vor der Bettnische zur Seite zog, wurde ihm übel. Durchdringender Verwesungsgeruch schlug ihnen entgegen.

Ole hatte die Augen weit aufgerissen, doch er erkannte sie nicht. Seine Augäpfel waren nach oben gerollt, sodass man nur noch das Weiße sah. Kalter Schweiß stand ihm auf der Stirn.

Asla tupfte ihrem Onkel mit einem Tuch über das welke Gesicht. Ole blinzelte dabei nicht einmal.

Dann schlug sie die Bettdecke zurück. Die Verbände an Oles Beinstümpfen waren mit bräunlichem Sekret durchtränkt. Asla nahm ein Messer und begann die Leinenstreifen zu zerschneiden. Sie packte mit spitzen Fingern zu und versuchte ihren Onkel so wenig wie möglich zu berühren.

»Blaue Funken …«, murmelte Ole und begann zu kichern.

»Ruhig, Onkel, ruhig.« Asla strich ihm über die Stirn.

»Die Götterpeitsche …« Der Hundezüchter stieß einen tiefen Seufzer aus. »Götter …«

Asla sah zu Gundar auf. »Jetzt.«

Der Priester lehnte sich vor und drückte Ole mit beiden Händen auf dessen Lager. Im selben Augenblick zog Asla die Verbände ab. Der Stoff klebte an den offenen Wunden. Ole schrie wie ein Tier und versuchte sich aufzubäumen. Dunkler Eiter troff aus dem fauligen Fleisch.

Gundar atmete nur noch flach durch den Mund. Der Gestank war atemberaubend. Er musste wegsehen und hatte Mühe, seine Übelkeit zu unterdrücken.

Asla arbeitete hastig. Sie wusch die Wunden mit Branntwein aus. Ihr Onkel lag jetzt ganz still. Er war ohnmächtig geworden. Wie dürre Äste ragten zwei Knochen aus dem zerfetzten Fleisch. Die Haut der Oberschenkel war unnatürlich weiß. Deutlich hoben sich die Adern ab, entzündete rote Linien, die sich zu den Leisten hinaufzogen.

Asla wickelte frisches Leinen um die Beinstümpfe. Dunkle Flecken tränkten das Tuch.

Der Priester blickte der jungen Frau ins Gesicht. Er konzentrierte sich auf die feinen Fältchen, die ihre Augen rahmten. Sie war immer noch schön. Ihr goldenes Haar hing ihr in einem schweren Zopf über die Schulter. Gundar verstand, dass Kalf sie einfach nicht vergessen konnte.

Asla wechselte auch die Verbände an den Handstümpfen. Ihr Onkel lag noch immer in tiefer Bewusstlosigkeit. Was hatte er gemeint, als er von einer *Götterpeitsche* sprach?

Gundar hielt den Blick fest auf Aslas Gesicht gerichtet. Feine Schweißperlchen bildeten sich auf ihrer Stirn und benetzten ihre Augenbrauen. Endlich war sie fertig. Mit fahriger Geste wischte sie sich über die Stirn. Dann raffte sie die besudelten Verbände zusammen, warf sie in die Feuergrube und legte noch ein paar Tannenzweige darüber.

Gundar stand auf und schenkte sich noch einen Becher Branntwein ein. Seine Zunge fühlte sich pelzig an. Er hatte einen unangenehmen Geschmack im Mund, so als habe er von brackigem Wasser getrunken.

»Gibst du mir auch etwas?«, fragte Asla.

Sie stand über einen Eimer gebeugt und schrubbte sich mit einer Bürste. Als sie sich an den Tisch setzte, leuchteten ihre Hände feuerrot.

»Hat Kalf nicht eine von Oles Peitschen mitgebracht?«

»Sogar zwei«, entgegnete Asla matt. »Sie lagen dort, wo er meinen Onkel gefunden hat.«

»Darf ich die einmal sehen?«

»Es sind nur seine Hundepeitschen. Diese grässlichen Dinger mit den Dornen drin. Du kennst sie doch.«

»Bitte.«

»Ich bin müde ...« Sie deutete auf eine eisenbeschlagene Kiste. »Dort drinnen liegen sie. Was willst du damit?«

Statt zu antworten, ging der Priester zu der Truhe. Yilvina folgte ihm mit neugierigen Blicken. Die beiden Peitschen lagen auf einem geflickten blauen Kinderkleid. Vorsichtig ließ der Priester eine der langen Lederschnüre durch die Finger gleiten. Erst vor kurzem waren mit hellen Lederriemen neue Metallstücke eingeflochten worden. Gundar prüfte eins nach dem anderen. Die Eisenteile, die von Anfang an zur Peitsche gehört hatten, waren nur mit dünnem Flugrost überzogen. Rieb man daran, glänzte das Metall sofort wieder silbrig. Die neuen Stücke sahen ganz anders aus. Hier hatte der Rost sich tief hineingefressen.

Gundar betrachtete eine Messerspitze, von deren Schnittkante das Metall in Schichten abgeblättert war. Sie sah nun gestuft aus, als sei das Messer einmal aus vielen dünnen Eisenschichten zusammengefügt worden. Der Priester fand Ringe von Kettenhemden, Nägel, ein Stück von einem Pferdegeschirr. Überall war die Oberfläche körnig. Wind und Wetter hatten lange an diesen Metallstücken genagt. Er erinnerte sich an ein kurzes Gespräch, das er mit Ole geführt hatte. Der Hundezüchter hatte gemeint, er habe eine Pilgerreise gemacht und wolle nun mit Luths Hilfe seine Hunde das Gehorchen lehren. Gundar hatte das damals nicht ernst genommen …

Hastig stand der Priester auf und schob sich die Peitschen in den Gürtel.

»Und?«, fragte Asla.

»Er hat sich an den Göttern versündigt! Yilvina hat Recht. Die Bestie kommt nicht aus Albenmark oder dem Nichts. Ich hätte es wissen müssen! Die Leichen schreien es heraus, wer diese Strafe geschickt hat. Sie schreien es heraus!«

VERFOLGT

Gundar hatte den Fjord schon ein gutes Stück hinter sich gelassen und stieg in die Berge hinauf. Es war derselbe Weg, den Mandred einst mit seinen Elfenfreunden gegangen war, als sie den Manneber verfolgt hatten. Der alte Priester hoffte, dass er nicht bis hinauf zur Höhle des Luth gehen musste. Ole war ein fauler Bursche! Er hatte sich sicher nicht die Mühe gemacht, für seinen Frevel bis zum Pass hinaufzusteigen.

Gundar blieb ruckartig stehen und sah sich um. Er hatte das Gefühl, dass ihm jemand folgte. Angestrengt blinzelte er in das Schneetreiben. »Dort draußen ist nichts«, sagte er halblaut. Es tat gut, in der Stille der Berge die eigene Stimme zu hören. »Es droht keine Gefahr! Ich bin ein heiliger Mann!« Die letzten Worte hatte er etwas lauter gesprochen. Nicht um etwaige Verfolger zu beeindrucken. Nur um die eigene Stimme zu hören, log er sich vor und wusste es doch besser. Er war kein Mann für die Wildnis. Er fühlte sich dort wohl, wo stets ein regenfestes Dach in der Nähe war und eine Aussicht auf mindestens zwei warme Mahlzeiten am Tag bestand.

Kalf hatte ihm angeboten, ihn zu begleiten, doch Gundar wollte allein sein. Er musste zu sich finden. Wie hatte er nur so lange brauchen können, um das eindeutige Zeichen zu erkennen! Alle Opfer außer Ole waren in unnatürlicher Geschwindigkeit gealtert. Der Priester dachte an Alfeid, die Wäscherin. Sie war eine junge Frau gewesen. Als man sie fand, war ihr Körper ausgezehrt wie der einer Greisin, die weit über ihre Zeit hinaus gelebt hatte. Und Halgard … Gundar mochte gar nicht an das arme Mädchen denken. Es war keine Gnade, dass sie noch lebte. Ein Kind im Leib einer alten Frau. Wie konnte Luth nur so grausam sein! Der Schicksalsweber hatte einen geisterhaften Henker geschickt, der die Schicksalsfäden seiner Opfer aufwickelte, sodass ihr Leben binnen Augenblicken verstrich. Diese Todesfälle sollten ein Zeichen sein!

Gundar legte einen Schritt zu. Er hätte schneller begreifen müssen, was vor sich ging. Doch die Ereignisse der letzten Wochen hatten ihn blind gemacht. Zu viel war geschehen! Die Elfenkönigin, die Zuflucht suchte, Horsa, der König des Fjordlands, der gleich zweimal das Dorf besuchte. Der Zug durch das Elfentor. Das Heer.

Ole, dieser Narr, hatte die Eisenmänner bestohlen und damit den Zorn Luths auf Firnstayn herabgerufen. Gundar dachte an seinen Abschied. Er hatte die Leute im Dorf beschworen, ihre Häuser nicht zu verlassen, und auf alle Türschwellen Schutzzeichen mit Ruß und Kreide gemalt. Luth konnte sie doch nicht alle bestrafen, nur weil einer von ihnen gefehlt hatte! Keuchend mühte sich Gundar den Pfad hinauf. Der Schnee knirschte leise unter seinen Schritten. Es war ein freundliches, beruhigendes Geräusch. Wasser drang durch die Nähte. Er hätte seine Stiefel besser einfetten müssen. Seine Füße waren schon ganz nass. Nicht mehr lange, dann würde der Wehrberghof kommen. Dort konnte er über Nacht bleiben. Morgen sollte er sich mit mehr Sorgfalt um seine Stiefel kümmern!

Gundar blieb abrupt stehen. Hatte er da Schritte hinter sich gehört? Er drehte sich um. Das Schneetreiben war dichter geworden. Er sah nichts außer wirbelndem Weiß.

Der Sturm löschte vor der Zeit das Tageslicht. Gundar fluchte. Wenn er vom Weg abkam oder am Hof vorbeilief, dann war er in ernsten Schwierigkeiten. Seine Füße würden in den nassen Stiefeln erfrieren. Er hätte Kalfs Hilfe annehmen sollen!

Wieder blickte der Priester zurück. War da ein weißer Schemen? Gundar beschleunigte seine Schritte. Jemand starrte ihn an! Er spürte das ganz deutlich! Vorsichtig strich er mit der Hand über den Lederbeutel an seinem Gürtel. »Ich bringe dir zurück, was dir gehört, Luth«, flüsterte er. »Bitte gedulde dich noch einen Tag. Jeder im Dorf hat etwas Eisen gegeben, um dir zu opfern. Verzeih ihnen! Sie können nichts für Oles Taten.«

Gundar musste an Halgard denken. Die Erinnerung machte ihn zornig. Wie hatte Luth so etwas tun können? Was hatte das blinde Mädchen mit Ole zu schaffen? Fast vierzig Jahre war Gundar seinem Gott ein treuer Diener gewesen, aber in der letzten Nacht waren ihm zum ersten Mal Zweifel gekommen. Ein Gott, der einen so blindwütigen Rächer schickte, das war nicht der Luth, von dessen Weisheit er in all den Jahrzehnten gepredigt hatte! In diesen Taten konnte der Priester kein sinnfälliges Muster erkennen. Sie waren einfach nur grausam.

Schritte! Jetzt hatte Gundar sie ganz deutlich gehört. Was erwartete er auch? Er verdammte Luth, wenn auch nur im Geiste. Dem Schicksalsweber würde das nicht verborgen bleiben. Der Priester drehte sich um.

»Schick ihn schon, deinen Mörder!«, rief er ins Schneegestöber. Er stemmte die Hände in die Hüften. »Komm schon, bring es zu Ende! Ich stehe hier und warte!«

Was tat er da? War er denn wahnsinnig? »Lass mich das gestohlene Eisen zurückbringen«, sagte er in versöhnlicherem Ton. »Und dann nimm mich als Opfer. Ich bin es, der neben Ole Schuld auf sich geladen hat. Verschone mein Dorf.«

Nicht weit entfernt wieherte ein Pferd. Der Wehrberghof. War er schon so nahe? Gundar ging weiter. War das ein Zeichen Luths? Wollte der Gott ihm den Weg zum Hof weisen? Gundar hielt sich ein wenig mehr nach links und schritt mit neuer Zuversicht aus.

Schon nach einem kurzen Wegstück zeichnete sich der Schemen eines Hügels im Schneetreiben ab. Dem Priester war klar, dass er am Hügel vorbeigelaufen wäre, hätte er nicht die Richtung geändert, nachdem er das Wiehern gehört hatte. Der Wehrberg, auf dem Thorfinns Gehöft lag, war von drei Ringen aus halb verfallenen Erdwällen umgeben. Vor langer Zeit hatte es hier wohl einmal eine Siedlung gegeben. Jetzt kauerte dicht unter der Kuppe im Windschatten nur noch der große Wehrberghof.

Gundar folgte dem alten Weg, der zwischen den Erdwällen hinaufführte. Es roch nach Rauch. Der Gedanke an ein Feuer und eine Schüssel mit warmem Brei ließ das Herz des Priesters schneller schlagen.

Im Schneetreiben sah der Giebel des Langhauses rabenschwarz aus. Zwei Drachenköpfe mit weit aufgerissenen Kiefern schmückten ihn. Die Rückseite des Hauses war ein Stück in den Hügel hineingebaut. Stall und Stube waren unter einem einzigen langen Dach vereint, nur eine dünne Holzwand trennte beide. Die dicken Erdwände und die Wärme, die von der Feuergrube bis zum Stall abstrahlte, hielten den schlimmsten Frost von den Tieren fern.

Gundar klopfte an die schwere Holztür. Nichts rührte sich. Der Wind hatte aufgefrischt. Der Priester drückte die Tür auf. Seltsam, dass zum Abend kein Riegel vorgelegt war. Er trat in die winzige Stiefelkammer. Ein dicker Wollvorhang trennte sie vom Wohnhaus. Auf einem Schemel brannte eine Öllampe.

»Thorfinn? Audhild?« An die Namen der drei Kinder erinnerte er sich nicht mehr. Die Familie kam einfach zu selten ins Dorf hinab. Gundar war zuversichtlich, dass sie ihm wieder einfallen würden, wenn er die Kleinen erst einmal sah.

Es kam keine Antwort. Vielleicht waren sie im Stall und hörten ihn nicht. Er schloss die Tür und kratzte mit dem Schabholz, das am Schemel lehnte, die verharschte Schneekruste von seinen Stiefeln. Dann klopfte er leise vor sich hin summend den Schnee von seinen Kleidern.

Endlich schob er den Vorhang zur Seite und trat in die Stube. Es war angenehm warm. Frische Binsen waren auf den Boden gestreut. Ein Feuer glomm in einer mit Steinen eingefassten Grube in der Mitte der Stube. Darüber hing ein schwerer Kupferkessel an einem Eisenhaken. Es roch angebrannt. Ein leise blubberndes Geräusch war zu hören. Auf dem Tisch standen fünf Holzschüsseln. Ein Tonbecher am Ende der Tafel war umgestürzt. Wie Blut schimmerte eine Weinlache auf dem Holz. Es zeigte sich keine Menschenseele.

»Thorfinn? Audhild?« Wieder gab es keine Antwort. Sie hätten ihn eigentlich im Stall hören müssen! Gundar trat zur Feuergrube, nahm einen alten Lappen und hob den Kessel zur Seite. Hirsebrei. Er rührte um. Schwarze Krusten stiegen in dem Brei nach oben. Was war hier los? War da ein Geräusch? Gundar blickte zur Decke. Schwere, schwarze Balken stützten das Dach. Flüchtig glaubte er etwas Weißes zu sehen. Doch im unsteten roten Licht der Feuergrube war es unmöglich zu sagen, ob da oben tatsächlich etwas war.

Gundar schüttelte den Kopf. Für all das würde es eine ganz einfache Erklärung geben! Und was sollte schon zwischen den Dachbalken sein!

»Thorfinn? Audhild?« Vielleicht waren die beiden mit den Kindern draußen. Einer verirrten Ziege nachjagen … Der Priester blickte zu der Tür, die von der Stube zum Stall führte. Sie stand einen Spalt weit offen.

Gundar ging zurück zur Stiefelkammer und holte die Öllampe. Das Licht weit vorgestreckt, wagte er sich in den Stall. Hier war es stockfinster. Ein paar Federn lagen im Lichtkreis der Lampe. Schmutziges Stroh. Ein umgestürzter Eimer.

Der Priester wagte sich einen Schritt vor. Braune Äste? Er hob die Lampe höher. Der Kadaver eines Pferdes lag mitten im Stall. Seine Läufe waren nur noch Haut und Knochen. Jede Rippe konnte man am ausgezehrten Leib sehen. Gundar schluckte. Bitte nicht auch hier, Luth, dachte er verzweifelt. Bitte!

Hinter einer brusthohen Holzwand lugte ein Stiefel hervor. Mit klopfenden Herzen trat Gundar über das Pferd hinweg. Dort lag Thorfinn! Sein schmales Gesicht war in einer Maske des Grauens erstarrt. Direkt neben ihm lag Audhild, sein Weib. Die Röcke waren ihr hochgerutscht, als sie versucht hatte, vor etwas davonzukriechen. Ihre dürren Beine erinnerten an das bleiche Treibholz, das man am Ufer des Fjords fand.

Thorfinn hielt noch eine hölzerne Forke in der Hand, mit der er vergeblich versucht hatte, etwas zu vertreiben. »Bitte nicht auch die Kinder«, flüsterte Gundar und trat in den hinteren Teil des Stalls. Die Flamme der Öllampe flackerte. Der Priester fühlte einen leichten Luftzug auf dem Gesicht. Es war schneidend kalt.

Gundar machte einen Bogen um totes Federvieh, das auf dem Boden lag. Er fand auch zwei Ziegen. Sie alle hatten sich in den hintersten Teil des Stalls gedrängt. Und dann entdeckte er Thorfinns ältesten Sohn. Der blonde Junge war zwölf Sommer alt gewesen. Jetzt fiel Gundar auch wieder sein Name ein: Finn. Er lehnte zusammengesunken an der Tür, die seitlich aus dem Stall führte. Seine Hände drückten noch immer gegen das graue Holz. Die Tür hatte sich nur einen schmalen Spalt breit geöffnet. Schnee wehte in den Stall.

Gundar kniete neben dem Jungen nieder. Probehalber drückte er gegen die Tür. Sie bewegte sich kaum einen Zoll. Der Priester hob die Lampe an und spähte durch den Spalt nach draußen. Eine Schneewehe hatte die Tür versperrt. Der Schnee lag hüfthoch. Selbst ein kräftiger Mann hätte diese Tür nicht öffnen können.

Finns Augen starrten in die Dunkelheit. Gundar wollte ihm die Lider zudrücken, um dem Blick zu entgehen, doch die trockene Haut zerriss.

Wo waren die anderen? Aesa, so hieß die Tochter. Und Tofi, der Jüngste. Der tote Junge blickte zum Schlitten hinüber … Gundar schluckte. Er hatte Angst vor dem, was er finden würde. Mit weichen Knien ging er hinüber. Eine bunte Pferdedecke lag über der Sitzbank. Darunter malten sich undeutliche Umrisse ab.

Mit einem Ruck zog er die Decke zurück. Dort lag nur das Pferdegeschirr. Vielleicht waren die Kinder ja entkommen. »Aesa! Tofi! Ich bin es, Gundar, der Priester aus Firnstayn. Ihr braucht euch nicht mehr zu fürchten.«

Gundar lauschte in die Dunkelheit. Der Sturmwind fing sich heulend unter dem Dachgiebel. Holz klapperte. Der Priester fuhr erschrocken herum. Etwas war in der Scheune!

»Wer dort?«

Wieder fuhr eine Bö heulend unter den Giebel. Ganz leise war ein heiseres Geräusch zu hören. Ein Flüstern!

Gundar stand der Atem vor dem Mund, so kalt war es. Die Hand, mit der er die Öllampe hielt, zitterte. Schatten tanzten über die Wände des Stalls.

Der Priester begann leise zu beten. Schritt um Schritt ging er zurück. Die Forke! Sie war Thorfinns Händen entglitten. Jemand musste daran gestoßen sein.

»Im Namen des Schicksalswebers, komm heraus!«

Da war wieder dieses Flüstern. Vor seinen Füßen! Thorfinns Mund zuckte. Die Lippen waren vertrocknet und so weit zurückgezogen, dass man die gelben Zähne des Bauern sehen konnte. Heisere Laute entrangen sich seiner Kehle. Thorfinns himmelblaue Augen waren auf Gundar gerichtet.

»Kin…«

Gundar beugte sich vor, um ihn besser verstehen zu können.

»Kinder … das Licht … Ich sehe …«

»Schone deine Kräfte, Thorfinn. Ich bringe dich zum Feuer.« Der Priester versuchte, den Bauern auf die Arme zu nehmen.

Thorfinns Hand schnellte vor. Sie umkrallte Gundars Linke. Die Haut war dünn wie fein geschabtes Pergament. Deutlich konnte Gundar die Knochen spüren. Es fühlte sich an, als habe ihn eine Hand aus einem Grab gepackt. Er wollte sie abstreifen, doch Thorfinn bot all seine Kräfte auf, ihn zu halten.

»Lebensfaden … fressen … Wolfspferd.«

»Ein Wolfspferd?«

»Die Tür … Es geht hindurch … Einfach hindurch …«

»Wo sind deine Kinder?«

Ein Zittern durchlief den ausgemergelten Körper. »Einfach hindurch …« Über Thorfinns Wange rann eine einzelne Träne. Seine Gesichtszüge entspannten sich. Er schien seinen Frieden gefunden zu haben. »Sie warten auf …«

»Ich bring dich hinunter zum Dorf«, flüsterte Gundar hilflos.

Ein Röcheln kam tief aus der Brust des Sterbenden. Seine Hand löste sich aus der Umklammerung. Die Augen verloren ihren Glanz.

»Mögen die Götter dir auf dem Weg durch die Dunkelheit leuchten, dir ihre Hallen öffnen und dich zum Gast bei ihrem ewigen Fest machen, denn du warst ihnen ein treuer Diener und deine Seele ist …«

Thorfinn bäumte sich auf. Wieder spiegelte sich unsägliches Entsetzen in seinem Antlitz, als sei er auf der Reise in die ewige Nacht noch einmal dem Schrecken begegnet, der den Wehrberghof heimgesucht hatte. Sein Mund öffnete sich. Verzweifelt versuchte der Bauer noch etwas zu sagen. Sein ausgezehrter Leib spannte sich und sackte dann plötzlich zurück. Thorfinns Lebenslicht war endgültig verloschen.

Die kleine Flamme der Öllampe blakte und begann zu schrumpfen. Bald war sie nur noch ein winziger Funken. Gundar versuchte sie mit den Händen vor der Zugluft zu beschirmen. Vorsichtig stellte er die Lampe auf den Boden. Rotes Licht sickerte durch den Türspalt zur Stube.

Gundar kniete nieder und betete inbrünstig, dass das Licht nicht ganz verlöschen möge. Es waren nur wenige Schritte bis zur Tür, aber die Dunkelheit erschien ihm wie ein endloser Abgrund. Nicht einmal als Kind hatte er solch eine Angst vor der Finsternis gehabt. Er war sich sicher, dass dort das Wolfspferd lauerte. Sobald es ganz dunkel war, würde es ihn holen kommen. Nur der ersterbende Lichtfunke schützte ihn noch!

Gundar versuchte gegen die Angst anzukämpfen. Das Tier musste fort sein, redete er sich ein. Sonst hätte es ihn schon längst angegriffen. Aber es konnte nicht weit sein … Er dachte an die angebrannte Suppe. Es war weniger als eine halbe Stunde her, dass die Familie von der Stube in den Stall geflüchtet war. Ängstlich blickte Gundar in die Dunkelheit. War es noch hier?

Der Sturm hatte nachgelassen. Die kleine Flamme auf dem Docht flackerte nicht mehr. Langsam gewann sie wieder an Kraft. Der Lichtkreis, den sie ins Dunkel schnitt, wuchs mit jedem Herzschlag. Und dann sah Gundar sie.

Die beiden Kinder! Aesa hielt Tofi schützend in den Armen. Die zwei hatten sich unter dem großen Schlitten versteckt.

Tofi hatte seinen Kopf an Aesas Schulter gedrückt. Sie waren tot. Dem Priester schossen Tränen in die Augen. Er weinte lautlos. Hilflos ballte er eine Faust und biss hinein. Wozu gab es Götter, wenn sie so etwas geschehen ließen!

War da ein Geräusch? Das leise Knirschen von Schritten im Schnee? Kam der Mörder zurück?

»Komm in die Stube!«, schrie der Priester in seinem Zorn heraus. »Ich erwarte dich!«

Kaum waren die Worte über seine Lippen, da taten sie ihm schon Leid. Was hatte er getan! Mit zitternden Fingern tastete er nach dem Messer an seinem Gürtel. Es war eine schmale, kaum handlange Klinge. Sein Leben lang hatte er sie nur dazu benutzt, Fleisch zu schneiden und Fische auszunehmen. Er hatte noch nie gekämpft. Er war Priester! Es war an ihm, unsinnige Kämpfe zu verhindern.

Gundar raffte sich auf. Wenn die Bestie schon kam, dann wollte er ihr wenigstens im Hellen entgegentreten. Er blickte ein letztes Mal zu den toten Kindern. Sich zu verstecken wäre sinnlos. Hastig ging er hinüber zur Tür, die in die gute Stube führte. Dort legte er den Riegel vor. Dann warf er dünne Scheite auf die Glut, bis eine helle Flamme emporschoss.

Aus der Stiefelkammer klangen Geräusche. Etwas machte sich dort zu schaffen. Der schwere Wollvorhang, der den kleinen Raum von der Stube trennte, bewegte sich.

Gundar hob das Messer schützend vor die Brust. Die Bestie endlich zu sehen, hätte vielleicht etwas Erlösendes.

Der Stoff zerteilte sich. Eine kleine, weiß gekleidete Gestalt trat ein. Gundar hatte noch Tränen in den Augen, er blinzelte.

Es war Ulric!

»Was machst du denn hier?« Gundar ließ das Messer sinken.

»Ich … ich wollte dir helfen. Ich … Du wirst mich jetzt nicht mehr wegschicken, nicht?« Alfadas' Sohn sprach hastig und vermied es, dem Priester in die Augen zu sehen. »Draußen ist es schon ganz dunkel. Ich kann heute nicht mehr zurück ins Dorf! Ich … Ich wollte im Stall übernachten, damit du mich nicht bemerkst. Aber du hast wohl meine Schritte gehört, nicht wahr?«

Gundar ließ sich auf der schweren Holzbank neben dem Tisch nieder. »Warum bist du mir gefolgt?«

»Ich werde mit dir gegen das Ungeheuer kämpfen«, sagte der Junge voller Inbrunst. »Wenn wir es erschlagen haben, dann geht es Halgard wieder gut. Das ist doch immer so, nicht wahr? Wenn die Krieger das Ungeheuer töten, wird alles wieder gut.«

Gundar fühlte einen Kloß im Hals aufsteigen. Was sollte er dem Jungen sagen? Dass es nie mehr gut würde für Halgard? Vielleicht konnten Wunder nur geschehen, wenn man an sie glaubte. Was mit dem Mädchen geschehen war, war schließlich auch ein Wunder. Wenn auch ein böses. »Weiß deine Mutter, dass du hier bist?«

Ulric schüttelte den Kopf. »Sie hätte das niemals erlaubt. Aber ich musste es tun.« Alfadas' Sohn trug einen dicken Mantel aus fast weißem Leder. Er hatte eine Kapuze und war von innen mit Schaffell gefüttert. Auch seine Stiefel waren aus hellem Leder. Kein Wunder, dass sich der Junge so gut im Schnee hatte verstecken können.

Ulric knöpfte den Mantel auf. An seinem Gürtel trug er einen langen Dolch. »Das ist mein Zauberschwert«, erklärte er stolz. »Die Elfen haben es geschmiedet. Damit werden wir jedes Ungeheuer besiegen können, Gundar. Weißt du, Halgard, sie ist meine Prinzessin. Ich habe sie immer schon beschützt. Im Dorf sagen sie, dass du ausgezogen bist, um uns zu erlösen. Ich werde an deiner Seite sein. Ich werde mit dir kämpfen.«

Der Priester sah den Jungen fassungslos an. Er meinte jedes Wort ernst, das er sprach. Er glaubte wirklich, er könne Halgard erlösen. Aber durfte er ihn mitnehmen? Was geschah, wenn sie dem Ungeheuer tatsächlich begegneten? Doch konnte das nicht auch im Dorf geschehen? Und wenn er Ulric zurückbrachte, würde er dann noch einmal den Mut finden, hier heraufzukommen? Jetzt, da er wusste, dass die Bestie auch hier oben war?

Ulric sah ihn jetzt an. Er konnte den Jungen nicht zurückschicken. »Sei mein Kampfgefährte bei dieser Queste.« Gundar war überrascht, wie rau seine Stimme klang. Der Junge hatte eine Tür in eine Welt geöffnet, die ihm lange verschlossen gewesen war. Eine Welt, in der der Glaube, dass am Ende alles gut werden würde, noch nicht von Jahrzehnten bitterer Erfahrungen gemordet war.

Die Scheite, die Gundar in die Glut geworfen hatte, waren halb herabgebrannt. Die Dunkelheit kehrte wieder in die Winkel der Stube zurück, als sie am langen Tisch Platz nahmen. Der Priester schöpfte ihnen zwei Teller Hirsebrei aus dem Kessel, und er fand etwas altes Brot.

»Wo sind Thorfinn und seine Familie?«, fragte Ulric unvermittelt, als er sein Brot in den Brei tunkte.

Gundar atmete tief aus. Konnte er ihm die Wahrheit sagen? Würde eine Lüge nicht die Tür wieder zuschlagen, die der Junge ihm gerade geöffnet hatte? »Sie sind gegangen«, sagte er schließlich ausweichend.

»Wohin? Im Sturm dürfen sie doch nicht draußen bleiben.«

»Sie sind tot, Ulric. Ein Wolfspferd ... Eine Geistergestalt ... Sie war hier. Die Kreatur, die auch Halgard beinahe getötet hätte.«

Der Junge legte den Brotkanten auf den Tisch zurück.

»Das Tier hat sie alle getötet?«, fragte er ganz leise. »Auch die Kinder?«

Gundar nickte. »Ja, auch die Kinder.« Er schob die Schüssel von sich. Das wäre ihr Abendessen gewesen. Er konnte nicht mehr …

»Wo sind sie?« Ulric rückte näher. Schließlich legte Gundar dem Jungen den Arm um die Schultern und zog ihn ganz zu sich heran. »Sie sind in der Scheune. Wir können sie jetzt nicht begraben. Ich werde sie holen lassen, wenn wir wieder im Dorf sind.«

»Sehen sie alle aus wie Alfeid?«

»Ja.«

»Es ist gut, dass Halgard ihre Mutter so nicht sehen konnte. Sie sah so …« Ulric begann plötzlich zu schluchzen.

Gundar drückte den Jungen fest an sich. Auch er war den Tränen nahe.

Schließlich schoben sie den Tisch und die Sitzbank zur Seite. Auf dem binsenbedeckten Boden breiteten sie dicht bei der Feuerstelle ihre Mäntel aus. In den Betten der Toten konnten sie nicht schlafen. Es kam ihnen unrecht vor.

Schweigend lagen sie nebeneinander und lauschten dem Knistern des Feuers und dem Sturm.

»Siehst du es auch?«, flüsterte Ulric. »Dort oben, ganz in der Ecke. Es sitzt auf dem Dachbalken und beobachtet uns.« Seine Stimme zitterte. »Ist es das? Das Wolfspferd?«

Gundar blinzelte. Da war tatsächlich etwas Weißes. Ein Kopf? Die Worte Thorfinns kamen ihm wieder in den Sinn. Es geht hindurch … Einfach hindurch … Saß die Bestie auf dem Dach und hatte ihren Kopf durch die Schindeln hindurchgeschoben, um sie zu beobachten? Gundar blinzelte. Er konnte einfach nicht deutlich sehen. Er schlug den Mantel zurück, sprang auf und warf eine Hand voll Holzspäne in die Glut. Eine Ewigkeit schien zu vergehen, bis helle Flammen emporschlugen.

Ulric hatte seinen Dolch gezogen, bereit, jeden Augenblick zuzustoßen. Der Junge schien keine Furcht zu kennen. Unvermittelt brach er in lautstarkes Gelächter aus. »Da sitzt ein Huhn!«

Gundar kniff die Augen zusammen. Tatsächlich! Dort lauerte kein Geist. Ein verschrecktes Huhn drückte sich ganz am Ende des Balkens gegen die Dachschräge. Es musste durch den offenen Türspalt aus dem Stall geflüchtet sein. Der Priester fiel in Ulrics Lachen ein. Es war befreiend. Vielleicht konnten sie ja wirklich siegen, und es wurde alles wieder gut, wenn sie den geschändeten Eisenmann fanden und für Oles Frevel um Vergebung baten.

Sie legten sich wieder hin. Bald war der Junge eingeschlafen. Gundar stützte sich auf den Ellenbogen auf und betrachtete Ulric. Der Kleine lächelte.

Der alte Priester streckte sich und rollte sich in seinen Mantel. Ob er wohl auch noch manchmal im Schlaf lächelte? Was für ein törichter Gedanke, dachte er müde. Und wer sollte ihm schon beim Schlafen zusehen?

Vom Feuer war nur ein mattes Glühen geblieben. Im Dunkel hinter dem Tisch regte sich etwas. Eine Spinne mit einem Leib groß wie ein Schwein sah zu ihnen hinüber. Ihre Kiefer klickten leise. Nein, sie sprach: »Bei der Spinne unter dem Regenbogen liegt mein Geschenk für dich.«

FREUNDSCHAFT UND TOTE FISCHE

Ollowain hatte den großen See in der Mitte der Himmelshalle erreicht und blickte zur Mahdan Falah hinauf. Wo war sie geblieben? Ganz gleich, wen er nach Lyndwyn fragte, man wich ihm aus oder antwortete mit einem Schulterzucken. Sie war nicht fern. Sie hatte Phylangan nicht verlassen. Er konnte spüren, dass sie in der Nähe war. Manchmal träumte er sogar von ihr.

Welch ein Unsinn! Er hatte keinerlei magische Begabung. Wie sollte er spüren, dass sie in der Nähe war? Wunschdenken! Er wollte einfach nicht wahrhaben, dass sie ihn betrogen hatte. Sie hatte den Albenstein gestohlen und sich davongemacht.

Ollowain ahnte, dass auch dies nicht stimmte. Wieder blickte er zur Brücke hinauf. Was würde er dafür geben, noch einmal mit ihr dort oben zu stehen. Ihr tief in die Augen zu sehen. Den sanften Druck ihrer Hände zu spüren. In seinem Herzen fühlte er, dass sie ihn nicht betrogen hatte. Landoran wusste, wo sie war. Sie hatte sich auf irgendeinen törichten Handel mit seinem Vater eingelassen, damit er ihr half, ihn zu verführen. Wäre sie doch nur zu ihm gekommen, ohne Lysilla vorzuschicken!

Ollowain strich über die schneeweißen Lotusblüten, die am Ufer wuchsen. Schwerer Blütenduft lag über dem Wasser. Es war drückend heiß. Lyndwyn hatte Recht gehabt.

Er hätte sie niemals zu sich gelassen. Sie hatte ihm die Augen verbinden müssen, damit er der Stimme seines Herzens folgen konnte. Was für ein Narr war er doch gewesen!

Hufschlag ließ Ollowain aufhorchen. Orimedes kam den Weg zum Ufer hinab. Er trug einen Weinschlauch über der Schulter und hielt zwei schwere, silberne Pokale in Händen. »Na, weißer Ritter, du bist nicht leicht zu finden. Hilfst du mir, einen Wein zu vernichten, der auf keinen Fall Kriegsbeute der Trolle werden sollte?«

»Du glaubst also auch, dass die Trolle siegen werden?«

Der Kentaur hob die Brauen. »Du etwa nicht? Die Frage ist doch nicht, ob die Trolle siegen werden. Das steht außer Zweifel. Fraglich ist allein, wie lange wir uns halten werden.« Er hob den Weinschlauch. »Deshalb sollten wir das hier vernichten.«

»Vielleicht solltest du mit deinen Männern gehen? Noch ist Zeit dazu. Welchen Sinn macht es, hier in einem aussichtslosen Kampf zu sterben?«

Orimedes öffnete den Weinschlauch und füllte die Silberpokale. »Du bleibst doch auch.«

»Es ist mein Volk. Ich habe keine Wahl und …« Er dachte an Lyndwyn. Er würde sie nicht im Stich lassen. Der Albenstein durfte nicht in die Hände der Trolle fallen. Er musste in der Nähe der Magierin bleiben!

»Und?«, setzte Orimedes nach und reichte ihm einen der Weinpokale. »Ich hoffe, du erweist mir die Ehre, mit einem Barbaren wie mir anzustoßen.«

Ollowain nahm den Pokal. »Du bist kein …«

Der Kentaur stieß klirrend mit ihm an. Wein spritzte auf, benetzte Ollowains Ärmel und tropfte vom Stoff ab, ohne auch nur die geringste Spur zu hinterlassen. »Erzähl mir nichts, Elf. Ich weiß genau, was du von mir und meinesgleichen hältst. Du kannst niemanden leiden, der deiner Königin schon mal in den Ballsaal geschissen hat.« Der

Kentaur grinste breit. »Es tut mir ja auch Leid, aber manche Dinge sind einfach stärker als ich.« Plötzlich wurde er ernst. »Ich bin gekommen, um mich bei dir zu bedanken. Ohne dich wäre ich in Vahan Calyd gestorben.«

Der Schwertmeister winkte ab. »Wir beide haben nur der Königin gedient.«

»Red kein dummes Zeug. Du warst bereit, dein Leben zu opfern, als wir aus den Zisternen gekommen sind. Und du hast mir Emerelles Leben anvertraut, obwohl ich doch ein ungehobelter Barbar bin. Ich kenne genug Elfen, um zu wissen, dass die meisten sich anders entschieden hätten. Sie hätten mich und meine Männer gegen die Trolle geschickt, statt uns die Königin anzuvertrauen. Das war einer der stolzesten Augenblicke meines Lebens. Und darauf trinken wir jetzt!«

Orimedes hob den Pokal an seine Lippen, und Ollowain tat es ihm gleich. Der Wein schmeckte lieblich. Das Aroma der Trauben hatte sich gut gehalten und war durch Waldbeeren und einen Hauch von Honig verfeinert worden. »Es wäre wirklich eine Schande, wenn dieser Wein von Trollen gesoffen würde.«

Orimedes nickte zufrieden. »Sag ich doch. Was hältst du von den Menschen? Also, die Sache mit den Schiffen ist doch ziemlich verrückt. Ich weiß, dass du Alfadas großgezogen hast, aber sein Plan ... Auf so eine Idee käme ich nicht einmal, wenn ich stockbesoffen wäre.«

Ollowain dachte an den Streit, den es im Kriegsrat um die Eissegler gegeben hatte. Aber letzten Endes war es Alfadas gelungen, sich durchzusetzen. »Ich denke, das Gute an seinem Plan ist, dass er so verrückt ist, dass die Trolle niemals damit rechnen werden, was auf sie zukommt.«

Orimedes lachte, und ein Schauer feiner Weinspritzer schlug dem Elfen ins Gesicht. »Ein Hund käme auch niemals auf die Idee, dass einer der Flöhe in seinem Pelz beschlossen haben könnte, ihn umzubringen. Und wenn er es wüsste, wäre er vermutlich nicht sonderlich beunruhigt.«

Ollowain nahm einen tiefen Schluck vom Wein und behielt ihn im Mund, um das Aroma voll auszukosten. Orimedes hatte schon Recht mit seinen Einwänden. Aber wenn Alfadas' Plan glückte, dann würde Phylangan erst gar nicht belagert. Das war das Wagnis wert.

»Komm, leer den Pokal bis zur Neige!«, ermutigte ihn der Kentaur. »Der Wein macht keinen schweren Kopf.«

Aber vielleicht half er zu vergessen ... Ollowain blickte zur Brücke hinauf, dann umfasste er das Silber mit beiden Händen und trank.

Orimedes versetzte ihm einen freundschaftlichen Knuff. »Ich muss dir was gestehen. Ich habe dich hintergangen.« Der Kentaur lächelte verschwörerisch. »Ich weiß, dass meinem Volk der Ruf vorauseilt, wir seien eine versoffene Bande von Raubeinen. Ein wenig Wahres ist da vielleicht dran ... Aber unsere Trinkgelage haben feste Regeln. Wenn zwei Männer vom selben Wein bis zur Neige trinken, dann sind sie fortan Freunde und keine Fremden mehr.«

Der Kentaur beugte sich vor und schloss den völlig überraschten Ollowain in die Arme. »Da das nun geklärt wäre, kannst du dich mir ruhig anvertrauen. Und sei dir gewiss, eher würde ich mir die Zunge abbeißen, als eines deiner Geheimnisse zu verraten.«

Ollowain sah den Kentaurenfürsten verwirrt an. »Wovon redest du?«

»Ich bin vielleicht ein Barbar, aber ich bin nicht blind. Du bist nicht mehr der Mann, den ich am Albenstern in Windland verlassen habe. Etwas nagt an dir. Lass es heraus! Zu trinken und zu reden hilft. Vertrau mir. Hör auf den Rat eines berüchtigten Säufers und Schwätzers.« Orimedes schenkte ihm nach.

Der Elf musste lächeln. Vielleicht stimmte es ja, was sein

neuer Freund sagte. Und selbst wenn nicht. Für alle hier in der Festung waren die Tage gezählt.

»Es liegt an Lyndwyn … Sie … Sie hat die Flucht genutzt, um Emerelle den Albenstein zu stehlen. Und sie … Es ist …« Er suchte verzweifelt nach den richtigen Worten, um zu beschreiben, was er sich selbst immer noch nicht erklären konnte.

»Verdammte Hexe!«, murrte sein neuer Freund. »Ich wusste gleich, dass man der nicht trauen kann.«

»Ich habe mich in sie verliebt.«

Orimedes verschluckte sich. Hechelnd rang er um Atem. Dann herrschte einen Augenblick lang betretene Stille. »Tja …«, sagte er schließlich vorsichtig. »Manchmal sind es gerade die Hexen, die uns den Kopf verdrehen. Habt ihr denn schon einmal … Du weißt schon.« Er machte eine obszöne Geste.

»Ja«, sagte Ollowain knapp. »Und wir haben uns gestritten. Seitdem habe ich sie nicht mehr gesehen.« Er erzählte dem Kentauren die ganze Geschichte. Und tatsächlich war es so, dass es half, von Lyndwyn zu reden. Er fühlte das, was jenseits aller Täuschungen wahrhaftig war. Und er fühlte einen Schmerz, den er nicht in Worte zu fassen vermochte. »Ich versuche, sie zu vergessen, aber … Sie hat mein Herz berührt. Ich …«

Orimedes legte ihm sanft die Hand auf die Schulter. »Ich fürchte, du bist verloren, mein Freund.« Er lächelte verstehend. »Du bist verliebt. Suche sie, das ist das Einzige, was du jetzt noch tun kannst.«

»Aber wo?«, rief der Elf verzweifelt.

»Landoran wird es wissen.«

Ollowain dachte an seine Jugend. An die Enttäuschung in den Augen seines Vaters, als er nicht zu zaubern vermocht hatte, so sehr er sich auch bemüht hatte. Er war nicht der Sohn, den der Fürst der Normirga sich gewünscht hatte. Und sein Vater hatte ihn das nur zu deutlich spüren lassen. Landoran würde ihm niemals helfen! »Phylangan birgt ein Geheimnis. Es geschieht etwas, das die Normirga vor uns verbergen. Und mein Vater hat Lyndwyn in diese Sache hineingezogen.«

Der Kentaur strich sich nachdenklich über den Bart. »Meine Männer sind ein wenig durch den Berg gelaufen. Man muss ja schließlich wissen, was man verteidigt«, sagte er entschuldigend.

»Und man muss wissen, wo die Weinvorräte lagern.«

Orimedes lachte laut auf. »Ich sehe, wir sind verwandte Seelen. Vor dem Himmelshafen gibt es eine große Treppe. Wenn man sie eine Weile hinabsteigt, kommt man an einen Ort, an dem drei Wachen den Weg versperren. Ich denke, du wirst finden, was du suchst, wenn du es schaffst, an ihnen vorbeizukommen.«

»Du meinst, sie halten Lyndwyn gefangen? Das ist unmöglich, Orimedes. Sie besitzt den Albenstein und ist eine Zauberin. Niemand in diesem Berg könnte sie gegen ihren Willen festhalten.«

»Und wenn sie freiwillig dort unten ist?«, gab der Kentaur zu bedenken. »Sie …«

»Was?«

Orimedes stand wie versteinert. Mit offenem Mund blickte er auf den See. Wie in Trance hob er den Arm und deutete auf das Wasser. »Die Fische. Sieh nur!«

Geisterhaft blasse Fischleiber stiegen aus den dunklen Tiefen des Sees an die Oberfläche. Leblos trieben sie mit den weißen Bäuchen nach oben in der sanften Dünung. Bald waren es hunderte.

»Was geschieht da?« Orimedes wich ein Stück vom Ufer zurück, als fürchte er, das Los der Fische zu teilen. »Der See! Er muss vergiftet sein. Es werden immer mehr. Alles ist tot!«

Ollowain blickte auf das grüne Wasser. Es hatte fast die Farbe von Lyndwyns Augen. Diese wunderbaren grünen Augen mit den goldenen Sprenkeln darin!

Den Kentaur schüttelte ihn. »Was ist das?«

»Lyndwyn …« Ollowain blinzelte. Der Bann war gebrochen. »Bleib hier. Achte darauf, dass niemand aus dem See trinkt. Ich hole Hilfe.«

DIE SPINNE UNTER DEM REGENBOGEN

Gundar kniete sich vor dem Götterbild in den Schnee. Ole hatte es tatsächlich gewagt! Dies hier war der Ort, an dem seine Pilgerfahrt im Wahn geendet hatte.

Der Priester tastete über die raue Oberfläche des Holzes. Man hatte das Bildnis des Luth aus einem dicken Eichenstamm geschlagen. Der Kopf mit seinen wulstigen Augenbrauen war gut ausgearbeitet, doch unterhalb der Schultern hatte der Künstler nur vage die Formen des Körpers angedeutet. Und das Wenige war längst unter einem Panzer miteinander verbackener, rostiger Eisenstücke verschwunden. Da fanden sich Nägel, Bruchstücke von zerbrochenen Klingen, Ringe, Blechstücke, ein Hufeisen. Entlang der Passstrasse gab es ein Dutzend oder mehr dieser Götterbilder. Jeder Reisende opferte an ihnen ein Stück altes Eisen und bat den Schicksalsweber um Schutz für den Weg über die Berge. So kleideten sich die Statuen über die Jahrhunderte in einen Panzer aus Eisen und Rost. Man nannte sie *Eisenmänner.*

Ulric hatte den Hammer mit dem Steinkopf gepackt, der neben der Statue auf einem flachen Felsen lag. Mit all seiner Kraft trieb der Junge einen Nagel in den Fuß des Götterbildes.

Gundar betrachtete noch immer die Lücken, die in den Rostmantel der Statue gebrochen waren. Was hatte Ole dazu gebracht, einen Gott zu berauben?

»Wird Luth uns schützen?«, fragte Ulric und legte den Hammer zurück.

»Dein Onkel hat den Schicksalsweber erzürnt«, antwortete der Priester ernst. »Beten wir, dass wir Luth gnädig stimmen können.«

»Aber wir bringen doch alles zurück. Ist es dann nicht wieder gut?«

Gundar seufzte. »Vielleicht.« Er öffnete den Lederbeutel mit den rostigen Eisenstücken, die Ole in seine Peitschenschnüre eingeflochten hatte. Dann nahm der Priester den Hammer und versuchte, sie vorsichtig wieder in das Holz zu treiben.

»Gundar?« Ulric rieb sich die Hände, die rot vor Kälte waren. »Wenn ich meinen Zauberdolch in den Eisenmann stoße, wird Luth Halgard dann wieder ganz gesund machen?«

Der Priester hielt in seiner Arbeit inne und blickte zum Himmel. Was sollte er auf diese Frage nur antworten? »Der Dolch ist dein größter Schatz, nicht wahr?«

Der Junge nickte.

»Und du würdest ihn für Halgard opfern?«

»Wenn Luth sie wieder gesund macht.«

»Es ist nicht die Art des Schicksalswebers, uns zu berauben. Ich bin mir sicher, Luth hat gehört, was für ein Opfer du bringen würdest. Und er weiß, dass du mit reinem Herzen sprichst. Behalte den Dolch. Luth war es, der den Pfad deines Lebens so knüpfte, dass du den Schwertmeister der Elfen trafst und dass Ollowain dir dieses Geschenk machte. Der Dolch ist also auch ein Geschenk Luths an dich. Und Geschenke gibt man nicht zurück. Damit würdest du den Gott beleidigen.«

»Ich wollte ihn nicht kränken«, sagte Ulric zerknirscht. »Manchmal ist es sehr schwer, die Götter zu verstehen. Gut, dass du da bist und erklären kannst, was sie wollen.«

Gundar schluckte. »Ja«, sagte er leise. Er dachte daran, wie oft er selbst im Zweifel war. Das Vertrauen des Kindes tröstete ihn. Und zugleich war es ihm eine Bürde. Er durfte Ulric nicht enttäuschen! Hoffentlich würde dieses Wolfspferd verschwinden.

Der Priester starrte in die großen Augen der Statue. Gelassen erwiderte der Gott seinen Blick. Luth hatte ihm den Traum in der letzten Nacht geschickt. Spinnen wachten über den goldenen Palast des Gottes. Und manchmal halfen sie ihm auch beim Weben der Schicksalsfäden.

»Ich habe dir doch von meinem Traum erzählt, Ulric. Suche für mich nach einem Regenbogen. Luth wird ihn uns als ein Zeichen schicken, wenn er mit uns versöhnt ist.«

Der Junge blickte zweifelnd in den strahlend blauen Winterhimmel. Keine Wolke zeigte sich. Es war viel zu kalt, um mit Regen rechnen zu können. Woher sollte da ein Regenbogen kommen? Gundar war sich bewusst, dass sie auf ein Wunder warteten.

Der Priester nahm seine Arbeit wieder auf und versuchte, die gestohlenen Eisenstücke ins Holz zu bringen, ohne dass sie zerbrachen. Er hatte auch einen kleinen Tiegel mit klebrigem Fichtenharz mitgebracht. Ihn benutzte er, wenn ihm etwas zu zerbrechlich erschien, um es Hammerschlägen auszusetzen.

Die Arbeit ging nur schleppend voran. Aus den Augenwinkeln sah er, wie Ulric den Engpass des Bergweges untersuchte. Er sah sich die kahlen Büsche an und suchte nach Spuren im Schnee oder auf den Felsen.

Nachdem Gundar mit dem gestohlenen Eisen fertig war, öffnete er einen zweiten Beutel. Jeder Bewohner Firnstayns hatte ihm ein kleines Geschenk für Luth mitgegeben. Unermüdlich hämmerte er und blickte sich kaum noch nach dem Jungen um.

Plötzlich ließ ein schriller Ruf ihn aufschrecken. »Da ist

sie!« Ulric hüpfte wie eine junge Ziege, die nach einem langen Winter zum ersten Mal wieder aus dem Stall kommt. »Der Schicksalsweber hat uns sein Zeichen geschickt! Komm, Gundar. Komm schnell! Hier ist der Regenbogen. Und ich sehe auch die Spinne!«

Gundar sah einen bunten Lichtfleck auf der grauen Felswand gegenüber dem Eisenmann tanzen. Ungläubig staunend stand er auf. Seine alten Knochen knirschten, und die Knie taten ihm weh. Hinkend ging er zu dem Jungen hinüber.

»Sieh nur, Gundar! Dort auf dem Felsen. Man muss sehr genau hinsehen. Direkt unter dem Regenbogen!«

Der Priester blinzelte und rieb sich die Augen. Dann trat er noch näher an die schroffe Felswand. Seine Finger tasteten über die schwachen Linien, als forderten sie einen Beweis für das undeutliche Bild, das sich seinen Augen bot. Fast verwittert war dort eine Spinne in den Fels geritzt, nicht größer als sein Handteller. Und über der Spinne stand ein gekrümmter Lichtfleck, der in allen Regenbogenfarben schimmerte. »Die Spinne unter dem Regenbogen«, flüsterte Gundar. Sein Herz machte einen Satz. Das war ein Zeichen seines Gottes! Wie hatte er nur jemals an Luth zweifeln können! Ihr Opfer war angenommen.

Der Priester blickte den Pass hinauf. Die Sonne stand schon tief zwischen den Bergen. Ein funkelnder Eiszapfen, der von einem Fichtenzweig hing, erregte Gundars Aufmerksamkeit. Lag dort der Ursprung des Regenbogens? Doch was scherte ihn das! Luth hatte ihm ein Zeichen gegeben. Das war alles, was zählte.

»Lass mich den Schnee zur Seite räumen«, bat Ulric aufgeregt. »Was für ein Geschenk mag sich dort erbergen?«

Gundar breitete lächelnd die Arme aus. »Woher soll ich das wissen?« Selig blickte er zum Himmel. Ein Geschenk Luths! Der Schicksalsweber ehrte ihn über alle Maßen.

»Ich komme hier nicht mehr weiter.« Ulric hatte den Schnee mit bloßen Händen zur Seite geschaufelt. Doch nun war er auf eine Schicht aus mit Eis verklebten welken Blättern gestoßen.

»Vielleicht liegt das Geschenk an uns ja schon sehr lange hier. Dann ist es mit dem Laub der verstreichenden Jahre bedeckt. Vielleicht ist es sogar eingegraben? Glaubst du, du kannst hier ein Feuer machen, damit der Boden auftaut?«

»Ich habe keinen Feuerstein und auch keinen Zunder«, sagte der Junge traurig.

»Aber ich. Such einfach ein wenig welkes Gras und trockene Ästchen. Vielleicht auch einen dicken Ast, den wir als Grabstock nehmen können.« Gundar blickte wieder zum Himmel. Die Sonne stand schon sehr tief. Sie würden es nicht vor Einbruch der Dämmerung zurück zum Wehrberghof schaffen. Wenn sie ihren Schatz heute noch heben wollten, dann müssten sie hier oben übernachten. Bei so klarem Himmel würde es sehr kalt werden. Der Priester deutete auf eine Gruppe Fichten, die von Dickicht umgeben waren. »Lass uns dort drüben ein Nachtlager vorbereiten. Dort sind wir vor dem Wind geschützt, und es gibt einen großen Felsen, der die Wärme des Feuers zurückstrahlt. Zuallererst müssen wir dort einen Holzvorrat anlegen, der uns über die Nacht bringt. Dann können wir hier weitermachen. Kannst du uns Holz suchen, Ulric? Ich muss noch einige der Opfergaben in den Eisenmann schlagen.«

Ulric nickte begeistert und lief los.

Zwei Stunden später schoben sie mit Stöcken die Glut an der Felswand zur Seite. Ulric hatte ein wenig übertrieben und ein Feuer entfacht, auf dem man einen Ochsen hätte braten können. Das welke Laub war zu Asche geworden. Gundar war unruhig. Zu spät erst war ihm aufgegangen, dass Luths Geschenk rettungslos verloren war, sollte es brennbar gewesen sein.

Ulric stieß seinen Grabstock mit aller Kraft in den Boden. Es bereitete einige Mühe, das mit Humus durchsetzte Geröll zu bewegen. Der Priester hielt eine Fackel, um dem Jungen zu leuchten. Ohne sich zu schonen, arbeitete Ulric und kniete bald in einer flachen Grube. Manchmal half Gundar ihm, wenn es galt, einen größeren Stein freizuhebeln.

»Hier ist ein Spalt!«

»Darf ich sehen?« Der Priester beugte sich weit vor. Alfadas' Sohn hatte einen fingerbreiten Riss am Fuß der Felswand freigelegt. Davor lag eine Gruppe faustgroßer Steine. »Die Steine dort sehen seltsam aus. Als hätte man sie aufgeschichtet.«

Ulric nahm sich einen dünnen Ast aus den Resten des verloschenen Feuers und schob ihn in den Felsspalt. »Da geht es tief runter! Vielleicht finden wir eine Schatzhöhle?«

Gundar musste lächeln. Er hatte keine rechte Vorstellung von dem Geschenk, das der Gott ihnen gemacht haben mochte, aber an eine Schatzhöhle glaubte er keinesfalls. Er zwängte seinen Grabstock in den Spalt. Mit einem Ruck hebelte er die Steine zur Seite.

Ulric war eifrig dabei, die Felsbrocken aus der flachen Mulde zu werfen. Je tiefer sie gruben, desto breiter wurde der Spalt. Schließlich konnte Ulric einen Arm hineinstecken. Er legte sich flach auf den Bauch und angelte mit seinen Fingern in dem Versteck. »Da unten ist etwas Glitschiges.«

»Kannst du es hochziehen?«

»Es ist schwer. Ich kann es nicht richtig greifen. Es rutscht mir immer wieder zwischen den Fingern hindurch.« Ulric richtete sich wieder auf. Sein weißer Mantel war ganz mit Schmutz bedeckt.

Schweigend gruben sie tiefer, bis die Öffnung weit genug

wurde, dass Gundar seinen Arm hineinstecken konnte. Seine Finger ertasteten etwas Kaltes, Rutschiges. Modergeruch stieg aus dem Versteck. Als der Priester den geheimnisvollen Schatz endlich fest zu packen bekam, musste er all seine Kraft aufbieten, um ihn emporzuziehen.

Luths Geschenk war in schimmeliges Leder gehüllt. Etwas darin klirrte leise, als Gundar seinen Fund auf den Boden legte. Offenbar war das Leder einmal sehr sorgfältig eingeölt worden. Dort, wo keine Schimmelflecken waren, schimmerte es noch immer feucht.

»Willst du es nicht aufmachen?«, fragte Ulric ungeduldig.

Gundar schüttelte bedächtig den Kopf. Er hatte eine Ahnung, was er im Leder eingeschlagen finden würde, doch konnte er sich nicht vorstellen, was er als Priester damit anfangen sollte.

Wie es schien, schickte Luth ihn in den Krieg. Aber gegen wen? Mochte es sein, dass das Wolfspferd gar nicht vom Schicksalsweber gesandt worden war?

»Gehen wir hinüber zu unserem Nachtlager und legen dort neues Holz ins Feuer. Wir wollen unseren Schatz doch bei Licht betrachten.«

DAS LOGBUCH DES EISSEGLERS ROSENZORN

1. Tag der Reise, Vormittag: *Lange vor Morgengrauen wurde der Kriegsrat einberufen. Ein ungünstiges Omen überschattet den Tag unseres Aufbruchs aus dem Schneehafen von Phylangan. Alle Fische im See der Himmelshalle sind verendet. Es gibt keine Erklärung für dieses Ereignis, genauso wenig wie für die toten Kobolde, die man vor drei Tagen gefunden hat. Ein unsichtbarer Feind scheint sich in die Felsenburg eingeschlichen zu haben.*

Nachmittag: *Die* Rosenzorn *riecht nach frischer Farbe. Wie die* Weidenwind *und die* Schwertwal *wurde der Eissegler weiß gestrichen, damit er in der Eislandschaft schwerer zu entdecken ist. Der Menschenfürst Alfadas ist an Bord gekommen. Er wird das kleine Geschwader führen. Sein Bordoffizier ist eine Gestalt, der die halbe Nase fehlt. Außer mir sind nur noch sieben Elfen an Bord. Auf den beiden anderen Schiffen sieht es ähnlich aus. Auf Befehl des Herzogs wurden zahlreiche Veränderungen vorgenommen. Schwere Windenarmbrüste sind auf die Reling aufgesetzt. Und entlang des Rumpfes schmiegen sich lange Metallblätter, die aus stählernen Schiffskufen geschmiedet wurden. Die Menschen an Bord sind ein verwegener und ungewaschener Haufen. Obwohl ich nur als Windsänger die Flottille begleite, kann ich es nicht lassen, das Logbuch zu führen wie einst in glücklicheren Zeiten.*

Abend: *Die Flotte hat in der Dämmerung den Schneehafen verlassen. Der Abschied ist mir schwer gefallen. Shaleen befürchtet, dass ich nicht wiederkehren werde. Ich habe sie gebeten, an Bord des nächsten Eisseglers, der aus dem Himmelshafen ausläuft, Phylangan zu verlassen. Drohendes Unheil liegt über der Felsenburg wie ein alles erstickender Schatten.*

2. Tag der Reise, Vormittag: *Die Segler machen gute Fahrt. Wir hoffen, bis zur Mittagsstunde die Hügel zu erreichen, bei denen wir das Trollheer zuletzt gesichtet haben.*

Nachmittag: *Die Trolle sind verschwunden. Alfadas lässt drei kleine Eissegler aussetzen, die uns als Späher vorauseilen sollen. Die Flottille bewegt sich mit langsamer Fahrt in östliche Richtung.*

Abend: *Einer der kleinen Eissegler ist nicht zurückgekehrt. Es herrscht Unruhe unter den Menschen. Sie sehnen sich nach einem Kampf. Ich habe Alfadas angeboten, morgen im ersten Tageslicht mit meinem Falken Schneeschwinge zu reisen, um nach dem vermissten Boot zu suchen.*

3. Tag der Reise, Vormittag: *Ich entdecke das Wrack des Eisseglers. Das Boot scheint mit hoher Geschwindigkeit in raues Gelände gefahren zu sein. Unbegreiflich! Obwohl überall Blutspuren im Schnee sind, sind keine Leichen zu finden.*

Nachmittag: *Wir haben einen Späher der Trolle entdeckt. Nachdem wir ihn mit den Schiffen weit über eine Meile über das Eis gehetzt haben, geht Lysilla, die Schiffsführerin der* Weidenwind*, von Bord und tötet ihn mit obszöner Leichtigkeit. Ich weiß nicht, ob ich sie als Meisterin im Schwertkampf bewundern oder als Mörderin eines hoffnungslos unterlegenen Gegners verachten soll. Die Flottille hält weiter östlichen Kurs. Alfadas sieht davon ab noch einmal die kleinen Eissegler einzusetzen. Stattdessen bittet er mich, mit meinem Falken zu fliegen.*

Abend: *Habe zwei weitere Späher der Trolle entdeckt, denen wir jedoch ausweichen können. Der Wind weht stetig aus Nordwest. Wir machen gute Fahrt.*

4. Tag der Reise, Vormittag: *Alfadas bittet mich, mit Schneeschwinge nach Osten bis zur Walbucht zu fliegen. Wir sind nicht mehr weit vom Rosenberg entfernt.*

Später Nachmittag: *Die Trolle sind in der Walbucht gelandet. Ihr Heer marschiert das Tal zum Rosenberg hinauf. Die Kolonne reicht von Horizont zu Horizont. Ich soll noch einmal fliegen und auskundschaften, wo sich ihr König befindet. Ich habe ein ungutes Gefühl …*

Niedergeschrieben von Fenryl, Graf von Rosenberg
Windsänger der Rosenzorn
im 786. Jahr der Rückkehr

KRIEGSRAT

Orgrim blickte auf den endlosen Zug, der das Swelm-Tal hinaufkam. Stolz erfüllte sein Herz. Sie waren wie eine Lawine aus Fleisch! Nichts, das sich ihnen in den Weg stellte, würde sie aufhalten können.

Ein schriller Schrei ließ ihn herumfahren. Birga heftete einen langen Hautstreifen auf den türgroßen Schild, den sie vor ihrem Opfer in den Schnee gerammt hatte. Der Menschenkrieger, den sie verhörte, war nackt auf einen zweiten Schild gebunden. Von seiner Brust und den Oberschenkeln hatte die Schamanin breite Hautstreifen abgezogen. Sie ging schnell vor, anders als bei den Elfen. Es erforderte keine große Kunstfertigkeit, um den Willen eines Menschen zu brechen.

Branbart und die übrigen Fürsten der Trolle standen um die Schamanin versammelt und sahen ihr wie gebannt zu. Auch Skanga war dort. Sie hatte sich auf einem Bündel alter Felle niedergelassen. Ihre Augen waren geschlossen, doch Orgrim kannte sie gut genug, um zu wissen, dass sie nicht schlief.

»Und, was sagt der Kerl?«, fragte Branbart neugierig. »Woher kommen sie?«

Die Schamanin redete in einer seltsam zischelnd klingenden Sprache auf den Krieger ein. Er antwortete stoßweise. Was für Weichlinge! Sie hatten bisher nur zwei

Menschen lebend fangen können. Der Erste war schon bei einer leichten Befragung verreckt. Den Zweiten hatten sie aufgehoben, um ihn in Anwesenheit des Königs zu verhören. Orgrim wusste, dass Branbart solche Schauspiele schätzte.

»Der Mann sagt, er kommt aus einer großen Stadt, die Honnigsvald heißt. Sie scheint von einem mächtigen Erdwall umgeben zu sein.«

»Honnigsvald?« Der König sprach das Wort langsam aus, als koste er den fremden Klang auf seiner Zunge wie ein gutes Stück Fleisch. »Wo ist das?«

»Die Stadt gehört zum Fjordland. Ein alter König regiert dort.«

Branbart machte eine ärgerliche Geste. »Ich kenne das Fjordland. In meiner Jugend war ich auf Jagdausflügen in den Bergen im Norden dieses Königreichs. Die Menschen dort glauben, sie könnten uns von den Pässen fern halten, wenn sie Holzmänner aufstellen, die mit Eisen gespickt sind.« Er zog geräuschvoll die Nase hoch und spuckte aus. »Diese Narren! Wir haben sie jahrzehntelang verschont, und das ist der Dank. Honnigsvald soll brennen! Und dem alten König ziehst du die Haut ab und schickst sie mir! Ihnen wird es noch Leid tun, dass sie dem Elfengewürm ihre jämmerlichen Krieger geschickt haben.« Er trat dicht an den Gefesselten heran und blickte ihm ins Gesicht. »Hörst du mich, du feiger, kleiner Scheißer? Die Stadt, die dich geboren hat, werde ich verbrennen. Jede jämmerliche Hütte werde ich abfackeln lassen. Der Schnee in deiner Heimat wird unter Asche verschwinden. Euch Menschen wird es wie jedem ergehen, der den Normirga hilft!« Er zog die Nase hoch und spuckte dem Mann einen Schleimklumpen in die offene Wunde über seinem Herzen. »Lästige kleine Läuse!« Branbart legte seine Hand auf das Gesicht des Menschen. Es verschwand gänzlich unter der großen, grauen Pranke.

»Mein König, es ist nicht klug …«, wandte Orgrim ein.
»Erzähl mir nichts über Klugheit, du neunmalkluger Versager!«
Der Mensch stieß einen schrillen Schrei aus. Sein Schädel knirschte. Die Adern auf Branbarts Arm traten hervor, seine Muskeln zeichneten sich deutlich ab. Der Herrscher zitterte vor Anstrengung. Blut spritzte auf. Zufrieden lächelnd trat er zurück und betrachtete den kopflosen Kadaver, während er seine blutige Hand lässig an seiner Hose abwischte.
»Man kann sie wie Läuse zerquetschen.« Dumgar, der Herzog vom Mordstein, grinste. »Hundert von uns könnten wohl ein ganzes Menschenreich auslöschen.«
»Ich habe schon Läuse zwischen den Fingern gehabt, die mehr Widerstand leisteten«, murmelte Branbart, und seine Herzöge lachten.
Orgrim dachte an den Heerhaufen mit den langen Speeren. Sie hatten keine Ahnung, diese Speichellecker! Für ihre Dummheit und Überheblichkeit würden ihre Krieger mit Blut bezahlen.
»Du erinnerst mich da an etwas, Dumgar!« Branbart drehte sich zu Orgrim um. »Mein Freund, der Schiffeversenker, hat es wieder einmal geschafft, unserem Heer Schande zu bereiten. Wie mir zu Ohren kam, hat der Feigling sich auf einem Hügel verschanzt und keine Anstalten gemacht, die Weichschädel und ihre Elfenfreunde zu verfolgen, als sie geflohen sind.«
Orgrim traute seinen Ohren nicht! Er hatte getan, was vernünftig war, und er hatte seinen Gegnern eine blutige Niederlage beigebracht, als sie versucht hatten, den Hügel zu stürmen. Sie waren die Feiglinge, die davongelaufen waren! Wie konnte dieser alte Bastard die Wahrheit nur derart verdrehen!
»Orgrim! Ich entziehe dir dein Kommando als Rudelführer!«

Orgrim legte die Hand auf den schweren Kriegshammer in seinem Gürtel. Er sollte dieser Narrenposse ein Ende machen!

»Man kann das auch ganz anders sehen«, erklang Skangas leise Stimme. »Bis auf den Königsstein haben die Elfen alle Felsenburgen fluchtartig verlassen. Man könnte also sagen, dass Orgrim mit nur zweihundertfünfzig Kriegern die Snaiwamark erobert hat. Nie zuvor hat ein Troll einen eindrucksvolleren Sieg über die Normirga errungen.«

»Misch dich nicht in die Geschäfte des Krieges ein, Weib!«, schrie Branbart auf. »Ich weiß, warum du diesen kleinen Welpen beschützt. Man hat dich gesehen, Alte. Es stimmt doch wohl, dass du nach der Schlacht von Vahan Calyd eine Nacht mit ihm allein in einer Höhle verbracht hast.« Der König lachte anzüglich. »War er so gut, dass du ihm immer noch bei jeder Gelegenheit die Stange hältst?« Branbart sah sich Beifall heischend um, doch keiner seiner Herzöge wagte es, über Skanga zu lachen.

»Große Könige benutzen ihren Kopf zum Denken, Branbart, und nicht das kleine Ding, das zwischen ihren Beinen hängt. Aber seit du den Schlag vor den Kopf bekommen hast, scheinst du jedes Mal, wenn du die Nase hochziehst, ein Stück deines Verstandes mit auszuspucken. Orgrim ist der Krieger, der im Verlauf des Feldzugs die größten Erfolge für dich errungen hat. Oder ist jemand hier anderer Meinung?« Skanga sah die versammelten Herzöge einen nach dem anderen an. Niemand wagte es, ihr zu widersprechen. »Orgrim war als Erster hier. Er hat die Wolfsgrube besetzt, ganz gleich, ob er nun kämpfen musste oder nicht. Allein seine Anwesenheit hat genügt, um die Elfen in solchen Schrecken zu versetzen, dass sie alle Felsenburgen bis auf den Königsstein aufgegeben haben. Und was wird ihm das bringen? Dein Freund Dumgar vom Mordstein wird die Wolfsgrube übernehmen, ebenso wie den Mordstein, weil er als Wiedergeborener das Recht hat, seine alten Besitztümer einzufordern. Und der Lohn des Mannes, der dies alles vollbracht hat, wird es sein, dass du ihm den Titel des Rudelführers nimmst? Trottel! Schick deine Herzöge los, und die Eroberung des Königssteins wird ein ähnliches Massaker werden wie der völlig unnütze Kriegszug gegen Reilimee!« Sie deutete hinab auf die marschierenden Truppen. »Fast viertausend deiner Männer sind vor der Hafenstadt verblutet. Und wer war der Krieger, der als Erster auf den Mauern von Reilimee stand?« Wieder sah sie herausfordernd zu den Herzögen. »War einer deiner Fürsten darunter?«

Orgrim lächelte. Er nahm die Hand von seiner Waffe. Es mochte sein, dass er vielleicht niemals seinen Herzogstitel errang, aber mit Skanga als Verbündeter fühlte er sich stärker als der ganze Kriegsrat des Königs.

»Weiber haben noch nie Einsicht in die Notwendigkeiten eines Kriegszugs gehabt«, wandte Branbart lahm ein. »Doch weil ich dich dennoch ehre, große Schamanin, werde ich dich weiterhin in meinem Rat dulden. Wir sollten nun darüber reden, wie lange es dauern wird, unsere Krieger bis zum Königsstein marschieren zu lassen …«

Orgrim wandte sich ab und blickte wieder das weite Tal hinab. Zwischen den marschierenden Trollen hatte er riesige Gestalten entdeckt. Mammuts! In der Welt der Menschen waren diese Geschöpfe sehr selten. Aber in den alten Geschichten über die Snaiwamark hieß es, dass dort einst große Herden von Mammuts gelebt hatten und auch Wollnashörner sehr verbreitet gewesen waren.

Nun erstand die Welt dieser Geschichten um sie herum wieder. Orgrim fühlte sich glücklich. Wie ungerecht Branbart ihn auch behandelte, er hatte Teil an etwas Großem, an der Rückeroberung ihrer alten Heimat. Und er und seine Krieger waren die Ersten, die ihren Fuß in dieses Sagenland gesetzt hatten. Allein deshalb schon würde er selbst einmal eine Sagengestalt sein, ganz gleich, was Branbart noch gegen ihn unternahm. Wenn sie die Weiber aus den Felsenburgen in der Anderen Welt holten, würden etliche bei ihm liegen wollen. Er würde der Vater vieler Welpen werden!

Zufrieden beobachtete er, wie die Wildrufer die Mammuts auf das letzte, steile Wegstück führten. Er hatte diese Jäger und Kundschafter schon immer bewundert. Sie wurden mit der besonderen Gabe geboren, selbst über weite Entfernung ein geistiges Band zu Wildtieren knüpfen, sie anlocken und ihnen ihren Willen aufzwingen zu können. Ein Rudel, dem ein Wildrufer angehörte, musste niemals Hunger leiden!

Die Maurawan hassten die Wildrufer. Soweit Orgrim wusste, besaßen die Elfen die Gabe des Wildrufens nicht. Sie waren der Meinung, dass der Jäger seiner Beute stunden- oder tagelang hinterherlaufen sollte. Dass eine Jagd so viel einfacher sein konnte, wollten sie nicht hinnehmen. In vergangenen Zeiten hatten die Maurawan immer wieder ihre Wälder verlassen, um die Wildrufer der Snaiwamark zu suchen und zu töten. Angeblich, weil sie auch Wild aus ihren Wäldern herbeiriefen. Aber an dieses gewaltige Heer würden sich die Maurawan nicht heranwagen. Hier gab es keine Deckung wie in ihren Wäldern. Keine Möglichkeit, feige aus dem Hinterhalt einen Pfeil abzuschießen. Und wenn sie es dennoch wagten, würden sie dem gerechten Zorn hunderter wütender Trolle niemals entgehen.

Die ersten Mammuts erreichten die Hochebene. Sie waren mit Bündeln von Lebensmitteln, Waffen, Brennholz und aller nur erdenklichen Ausrüstung beladen. Manche zogen auch wuchtige Schlitten.

Zufrieden erkannte Orgrim, dass man noch weitere Kriegsgeräte der Elfen mitgebracht hatte. Sobald das Heer den Königsstein erreichte, würde man die Mammuts schlachten. Hatten sie erst einmal alle Lasten in die Eiswüste gebracht, wäre ihr letzter Nutzen, die Mägen hunderter hungriger Trolle zu füllen.

Auf manchen der Gepäckbündel kauerten dick in Pelze und Decken gehüllte Kobolde. Sie würden all jene Arbeiten verrichten, für die man kleine, flinke Finger benötigte. Und in den Felsenburgen würden sie nützliche Diener abgeben.

Die Vergangenheit kehrte zurück, dachte Orgrim zufrieden und rieb sich fröstelnd die Arme. Etwas hatte sich verändert ... Plötzlich war da eine unnatürliche Kälte, die bis tief ins Mark der Knochen schnitt. Eine Kälte, die nichts mit dem Winter zu tun hatte!

Alarmiert wandte er sich um. Branbart hatte mitten in seinem endlosen Vortrag über den Angriff auf den Königsstein innegehalten. Auch Birga wirkte beunruhigt. Nur Skanga hatte wieder ihre Augen geschlossen und tat so, als schlafe sie.

Plötzlich schob sich aus dem Eis vor den Füßen des Königs ein geisterhafter Tierkopf. Branbart machte erschrocken einen Satz zurück und strauchelte. Dumgar schlug mit seiner Keule nach der Kreatur, die sich aus dem Eis schob, doch seine Waffe glitt wirkungslos durch die Geistergestalt hindurch.

Jetzt erkannte Orgrim, was dort vor ihnen stand. Während alle Herzöge erschraken und selbst Birga zurückwich, bewahrte er die Ruhe, auch wenn sein Herz beim Anblick dieses widernatürlichen Geschöpfs wild wie eine Kriegstrommel schlug.

»Ich grüße dich, Fürst Shahondin«, erklang Skangas leise Stimme. »Bringst du mir die Nachricht, die dich wieder in dein Fleisch kleiden wird?«

»Ich bringe Nachrichten, die viele Trollkrieger davor

bewahren werden, ihr Fleisch abzulegen«, entgegnete der Elfenfürst spitz. Seine Stimme erklang in Orgrims Kopf. Der Troll griff sich an die Stirn. Wie war dieser verdammte Elf, oder was immer er jetzt war, in seinen Verstand gekommen? Auch die übrigen Krieger im Rat des Königs wirkten bestürzt.

»Dies ist die einzige Art, auf die unser Freund zu uns sprechen kann«, beruhigte sie Skanga. »Nun berichte uns, Shahondin.«

Der Elf beschrieb in allen Einzelheiten die Verteidigungsanlagen von Phylangan und welche Truppen sie besetzt hielten. Als er seinen Vortrag beendete, war es totenstill. Selbst Branbart schien klar zu sein, welch schreckliche Opfer ein Angriff auf den Königsstein verlangen würde.

Mit Schaudern erinnerte Orgrim sich an das Blutbad auf den Mauern von Reilimee. Und nun würden sie ein enges Tal stürmen, das von Dutzenden Elfenkatapulten und einigen hundert Armbrustschützen gesichert wurde. Und sie würden ein Tor einrammen müssen, das darauf ausgelegt war, selbst Trollen zu widerstehen.

»Wir brauchen Rammböcke, die von Mammuts geschleppt werden«, sagte Branbart. »Damit werden wir selbst das Tor vom Königsstein öffnen können.«

»Aber die riesigen Baumstämme für solche Rammen könnten wir nur aus den Wäldern der Slanga-Berge holen«, wandte Dumgar ein. »Die Maurawan werden wie wilde Hornissen über uns herfallen.«

»Hast du Angst vor Hornissenstichen?«, fragte Branbart verächtlich. »Vielleicht hat Skanga Recht, und ich sollte es mir noch einmal überlegen, dir deine alten Felsenburgen zurückzugeben.«

»Kannst du die Tore nicht von innen öffnen?« Mandrag wandte sich direkt an den Elfenfürsten.

Shahondin ging auf den Ältesten zu und blieb dicht vor

dem Greis stehen. Plötzlich schnellte sein Kopf vor, und er drang in den Leib Mandrags. Fast augenblicklich zog er sich zurück. Der Alte ächzte und griff nach seinem Herzen. Seine Lippen hatten sich blaugrau verfärbt, und seine Beine zitterten.

»Ich kann nach nichts greifen, was von fester Form ist«, erklang die unheimliche Stimme des Elfenfürsten in Orgrims Kopf. *»Solange ich in dieser Gestalt gefangen bin, werde ich keine Hilfe dabei sein, die Tore zu öffnen. Ich gleite durch die Zugketten und Hebel hindurch. Wenn ich meinen Leib zurückbekäme, wäre das freilich etwas anderes.«*

»Ich lasse nicht mit mir feilschen«, entgegnete Skanga scharf. »Du weißt, was du mir schuldest. Es gibt keinen anderen Weg für dich!«

»Gib mir fünfhundert Krieger, und *ich* werde dir die Tore des Königssteins von innen öffnen, Branbart«, forderte Orgrim. Er hatte die Schilderungen des Elfen aufmerksam verfolgt und war überrascht, welche Schwächen die Festung aufwies.

»Du willst durch den Albenstern gehen?«, fragte Shahondin. *»Er liegt auf einer Brücke, die über einem Abgrund endet. Am anderen Ende steht ein Festungsturm. Dort gibt es kein Durchkommen.«*

»Fünfhundert Krieger, mein König«, forderte Orgrim. »Wenn du Glück hast, dann wirst du mich für immer los. Und wenn ich dir die Tore öffne, dann machst du mich zum Herzog.«

Branbart knetete nachdenklich sein Kinn. Plötzlich erhellte ein Lächeln seine Züge.

»Gut, ich nehme dein Angebot an! Öffne mir die Tore des Königssteins, und du wirst bekommen, was du dir so sehr wünschst.«

»Du schickst deine Männer in den sicheren Tod.« Der

Elfenfürst trat dicht an Orgrim heran. Ein eisiger Hauch streifte den Troll. *»Der Geruch des Todes haftet dir jetzt schon an.«*

»Das ist der Geruch der Feinde, die ich erschlagen habe.« Orgrim wandte sich an Skanga. »Du musst mich und meine Männer sicher über die Albenpfade führen. Und du, Elf, wirst mir alle Fragen beantworten. Ich muss genau wissen, wie es in der Festung aussieht. Heute Nacht noch werde ich meine Männer aussuchen.« Er blickte zum Himmel. Die Dämmerung tauchte den Horizont in blutiges Rot. Hoch über ihren Köpfen zog ein einsamer Schneefalke seine Kreise.

KALTER ATEM

Asla stand in der Tür des Langhauses und stemmte die Hände in die Hüften. Wenn Ulric zurück war, würde er eine Tracht Prügel bekommen, die er bis ans Ende seiner Tage nicht vergessen würde! Und Kalf brauchte sich hier in nächster Zeit auch nicht blicken zu lassen!

»Sei gnädig zu ihnen, Firn«, flüsterte sie. Mit der Dämmerung hatte erneut Schneefall eingesetzt. Ulric und Gundar waren seit drei Tagen überfällig. Kalf war sich sicher, dass sie im Wehrberghof Zuflucht vor dem Unwetter gesucht hatten. Zwei Tage lang hatte es ohne Unterbrechung gestürmt. Wer von diesem Unwetter ohne ausreichenden Schutz in den Bergen überrascht worden war, der hätte jämmerlich erfrieren müssen.

Aslas Finger krallten sich in den Stoff ihres Kleides. Alfadas würde auch eine Abreibung bekommen, sobald er zurück war. Er hatte dem Jungen diese Flausen in den Kopf gesetzt!

Asla hatte vor fünf Tagen Kalf darum gebeten, ihren Jungen zu suchen. Der Fischer war Ulrics Fährte zum Pass in die Berge hinauf gefolgt. Er hatte beobachtet, wie Ulric im Wehrberghof Zuflucht fand. Dorthin führten auch die Spuren Gundars. Doch statt Ulric zu holen, war Kalf allein zurückgekehrt und hatte erzählt, es sei wichtig für den Jungen, dieses Abenteuer zu bestehen.

Asla atmete tief aus. Sie waren alle verrückt, die Männer! Ulric war sieben! Er hatte sich nicht allein in den Bergen herumzutreiben, und das wusste er auch genau.

Yilvina trat an ihre Seite und spähte in die Dämmerung.

»Siehst du ihn?«, fragte Asla.

»Nein. Aber der Priester wird schon auf deinen Sohn aufpassen. Er ist ein vernünftiger Mann.«

Es gibt keine vernünftigen Männer, dachte Asla wütend und kehrte ins Langhaus zurück. Nach dem Ausflug an die frische Luft empfand sie die stickige Wärme des Langhauses als bedrückend. Ihre Augen tränten vom Rauch des Feuers. Sie zog den Vorhang zur Stiefelkammer hinter der Tür zu.

Ole stank fürchterlich. Selbst der Rauch vermochte den Verwesungsgeruch nicht mehr zu vertreiben. Ihr Onkel hatte hohes Fieber. Er erwachte nur noch selten. Nichts würde ihn mehr retten. In den kurzen Augenblicken, in denen er zur Besinnung kam, wimmerte er vor Schmerzen. Und er verfluchte einen Elch, der ihn betrogen hatte.

Asla sah kurz nach Kadlin. Die Kleine lag in ihrer Schlafnische und hielt die Strohpuppe an ihre Brust gedrückt, die Yilvina für sie gemacht hatte. Asla beobachtete die Elfe aus den Augenwinkeln. Yilvina verharrte völlig bewegungslos, so als sei sie aus Holz geschnitzt und nicht aus Fleisch und Blut. Sie hatte etwas Unheimliches an sich. In ihrer Gegenwart fühlte sich Asla plump und unbeholfen. Und hässlich … Wenn nur Emerelle endlich erwachen würde! Die Königin würde gewiss darauf bestehen, so schnell wie möglich nach Albenmark zurückzukehren.

Blut hob seinen schweren Kopf und schnaubte leise. Sie hatte den Hund wieder ins Haus geholt, als vor drei Tagen der Sturm aufgezogen war. Mit einer starken Leine war er an einen der Stützbalken nahe am Eingang angebunden. Der Hund hatte nicht versucht, das dicke Hanfseil zu zerkauen. Er war ihr dankbar dafür, wieder in der warmen Stube zu sein, glaubte Asla. Hier konnte auch Kadlin mit ihm spielen. Dennoch blickte er ständig zu der Butze hinüber, in der Ole lag. Der Hund schien auf den Tod seines Peinigers zu warten.

Plötzlich richtete Blut die Ohren auf. Er sprang auf und blickte zu dem schweren Vorhang, hinter dem die Stiefelkammer lag.

Quietschend schwang die Haustür auf. Sofort war auch Asla auf den Beinen. »Ulric?«

Ein stoppelbärtiges Gesicht schob sich durch den Vorhang. Erek, ihr Vater.

»Ich war es Leid, zu Hause die Decke anzustarren, Mädchen.« Er rieb sich die rot gefrorenen Hände, trat in die Stube und hängte seinen abgewetzten Pelzmantel an einen Haken nahe der Feuerstelle. »Hast du eine Schale Suppe, Mädel?« Er ließ sich mit einem Seufzer am Tisch nieder und starrte dann ungerührt in Yilvinas Richtung. »Nichts wärmt die alten Knochen so gut wie der Anblick einer holden Maid. Du hast mir noch immer nicht erzählt, ob zu Hause ein Liebster auf dich wartet. Ich bin zwar nicht mehr der hübscheste Mann im Dorf, aber dafür bin ich sehr erfahren.« Er grinste frech. »Glaub mir, das gleicht einiges aus.«

»Vater!« Asla stellte eine Schüssel mit Hirsebrei vor ihm auf den Tisch. Im Grunde mochte sie es, wenn er seine schamlosen Späße mit der unnahbaren Elfe trieb. Aber unter ihrem Dach konnte sie das nicht dulden. »Was würde Mutter sagen, wenn sie dich jetzt hören könnte.«

Erek legte seine roten Hände um die Suppenschüssel. »Deine Mutter mochte es ganz gern, wenn ich schlüpfrige Späße machte.« Er nickte in Yilvinas Richtung. »Und ich glaube, meine hübsche Freundin dort drüben mag es auch. Jedenfalls hat sie noch nie protestiert.«

Auch jetzt reagierte die Elfe nicht auf die Worte des Alten. Plötzlich schämte sich Asla. Die Königin und ihre Leibwächterin waren gewiss keine Gäste, wie man sie sich wünschte, aber auch für sie galten die alten Gesetze der Gastfreundschaft. Es war unverzeihlich zu dulden, dass ihr Vater Fremde bedrängte, die unter ihrem Dach Zuflucht gesucht hatten.

»Es reicht jetzt, Erek!«, sagte sie leise, aber mit Nachdruck. »Lass sie in Ruhe, oder du zwingst mich, dir die Tür zu weisen.«

Ihr Vater sah überrascht auf. Hatte er etwa geglaubt, er täte ihr einen Gefallen? Sie hätte früher etwas unternehmen sollen!

Draußen wieherten die Pferde. Bevor der Schnee kam, hatten sie nur einen grob gezimmerten Stall an der Rückseite des Langhauses errichten können. Was hatte sich Alfadas nur dabei gedacht! Sie war nicht darauf vorbereitet, vier riesige Pferde über den Winter zu bringen. Im ganzen Dorf hatte sie Futter zusammenkaufen müssen. Und wozu? Ein einziges Mal hatte sie die große Kutsche angeschirrt und eine kurze Ausfahrt gemacht. Und für diesen Spaß bezahlte sie jeden Tag mit zusätzlicher Arbeit! Wenn dieser Nichtsnutz wenigstens hier wäre! Dann würde sie *ihn* durch den Sturm hinaus zum Stall schicken. Ihre Augen wurden feucht. Ja, wenn er doch nur hier wäre …

Blut sprang auf. Knurrend fixierte er die Rückwand des Hauses. Wieder wieherten die Pferde. Ein Donnerschlag erklang. Nein … Eines der Tiere hatte wohl mit seinen schweren Hufen vor die Stallwand getreten. Was war dort los? Asla griff nach ihrem Umhang. Sie musste hinaus und nachsehen.

Kadlin schlug den Vorhang ihrer Schlafnische zur Seite. Ein Schwall kalter Luft drang in die Stube. Blut begann wie wahnsinnig zu kläffen und zerrte verzweifelt an dem Seil, mit dem er angebunden war.

»Mama …« Die Kleine begann zu weinen. Ihr Gesicht war rot vor Kälte. Hatte sie wieder ein Loch in die Polster aus Moos und Lehm gekratzt, mit denen die Fugen zwischen den schweren Balken des Langhauses abgedichtet waren? Asla beugte sich vor und nahm sie auf den Arm. Sie war so kalt, als hätte sie in ihrem Nachthemdchen draußen im Sturm gestanden. Asla stand der Atem vor dem Mund, als sie Kadlin aus der Butze hob.

Ein kurzes Zischen war trotz des Gekläffs von Blut deutlich zu hören. Yilvina hatte ihre beiden Schwerter gezogen. »Geh zur Seite, Menschentochter!«

Jetzt begann Halgard in ihrer Schlafnische leise zu wimmern. Erek holte das greise Mädchen und nahm es auf den Arm.

Yilvina schob vorsichtig mit einer Schwertklinge den Vorhang von Kadlins Butze zurück. Der Stoff knackte leise. Die Wolldecke war auf der Innenseite von Raureif überzogen. Die Schlafnische war leer.

»Was geht hier vor?« Asla rieb Kadlin die Hände, damit die Kleine wieder warm wurde. Ihre Lippen waren ganz dunkel vor Kälte. Sie schaffte das Mädchen zur Feuergrube hinüber, in der dunkelrot die Holzscheite glühten.

Yilvina sah sich misstrauisch um. Die Elfe hielt noch immer die blanken Schwerter in Händen. Sie drehte sich langsam auf der Stelle. Worauf wartete sie? Hier war doch niemand. Der einzige Weg ins Haus führte durch die kleine Stiefelkammer.

Blut hatte aufgehört zu bellen. Sein Nackenfell sträubte sich. Er hatte die Ohren steil aufgerichtet und seinen Schwanz zwischen die Hinterbeine geklemmt. Plötzlich wurde die Glut in der Feuergrube dunkler. Etwas Weißes schob sich zwischen den Holzscheiten hindurch. Kurz hielt Asla es für zähen Rauch, dann erkannte sie einen Tierkopf. Blut jaulte und kämpfte gegen seine Leine an.

Asla nahm sich Kadlin und wich von der Feuergrube zurück. Ein Wolfskopf, groß wie der Schädel eines Pferdes, erhob sich aus der Glut. Blasses Licht umspielte ihn. Die Reißzähne waren lang wie Dolche. Immer größer wurde das Ungeheuer, das sich aus der Feuergrube erhob. Gleichzeitig erstarb das matte Glühen der Holzscheite. Es wurde dunkler, und eisige Kälte breitete sich aus.

Yilvina griff wie ein Falke im Sturzflug an. Sie wirbelte um die geisterhafte Gestalt herum. Ihre Klingen verschwammen zu funkelnden Lichtbahnen. Wieder und wieder schnitten sie durch den Leib der Bestie, doch die blieb völlig unbeeindruckt.

Mit einem Salto rückwärts wich die Elfe den schnappenden Kiefern aus. Sie landete dicht neben Blut. Ein Schwerthieb zerschnitt das Seil, das den großen Hund zurückhielt.

Mit drohendem Knurren stakste Blut dem unheimlichen Geschöpf entgegen. Seine Schritte waren ungelenk. Er kämpfte gegen die eigene Angst an.

Die Bestie hatte sich nun ganz aus dem Feuer erhoben. Sie war groß wie ein Pferd, und schlank, ja abgemagert. Asla griff nach der schweren Holzkelle im Suppenkessel. Damit bewaffnet fühlte sie sich ein wenig besser, obwohl sie gesehen hatte, wie nutzlos Yilvinas Schwerter gewesen waren. Die Elfe hatte sich bis vor das Lager zurückgezogen, auf dem ihre Königin schlief.

Ein leises Geräusch ließ Asla herumfahren. Ole schob den Vorhang seiner Schlafnische mit seinem Armstumpf zurück. Sein Gesicht war unheimlich blass. Dunkel glänzten seine fiebrigen Augen. »Die Elchkuh!« Stöhnend versuchte er sich aufzurichten. Mit dem Armstumpf tastete er neben sich. »Nehmt die Götterpeitsche. Vertreibt sie!« Die letzten Worte waren ein schriller Schrei. Hektisch suchte er nach der Peitsche. Er konnte die zerschnittenen Lederriemen nicht sehen, die noch immer dicht bei der Feuergrube lagen, dort, wo Gundar die gestohlenen Gaben an die Eisenmänner herausgeschnitten hatte. Es gab keine Peitschen mehr!

Die Kreatur wandte den Kopf in Oles Richtung. Ihre Lefzen zogen sich zurück, was wie ein gieriges Lächeln wirkte. Überraschend schnell war das Geisterpferd bei Oles Schlafnische. Sein Kopf stieß hinab in Oles Brust.

Asla hörte ein leises Knistern wie von Pergament. Kurz glaubte sie etwas Goldenes zu sehen. Blut war stehen geblieben.

Asla gab Erek ein Zeichen, ihr zu folgen. Vorsichtig schlich sie in Richtung der Stiefelkammer. Ihr Vater hatte verstanden. Er hielt Halgard fest eine Hand auf den Mund gepresst, damit das blinde Mädchen nicht plötzlich etwas sagte.

Gedankenschnell fuhr die Kreatur herum. Blut sprang sie an und glitt einfach durch den geisterhaften Körper hindurch. Das Wolfspferd versperrte ihnen den einzigen Weg hinaus.

Noch einmal griff Yilvina an. Doch erneut glitten ihre Schwertklingen wirkungslos durch den Leib der Bestie.

Eine Stimme drängte sich in Aslas Gedanken. Sie sprach gedehnt. Die Worte waren wie behäbig tropfendes Wachs. »Ich suche das Licht. Es strahlt besonders hell unter deinem Herzen. Bleib stehen. Es tut nicht weh.«

Asla wollte die Schöpfkelle heben, doch sie war wie gelähmt. Kadlin begann zu weinen und drückte sich dicht an sie.

Langsam kam das Geisterpferd näher. Blut verstellte ihm den Weg. Mit einem beiläufigen Bissen zerrte die Kreatur etwas Goldenes aus dem großen Hund. Er jaulte auf und krümmte sich zusammen.

Asla hörte ihr Haar knistern, so kalt war es. Jetzt war das Geisterpferd nur noch einen Schritt entfernt.

DER WEG IN DIE TIEFE

»Wir dürfen dich nicht durchlassen.«

Ollowain trat einen Schritt zurück und maß die drei Wachen mit abschätzendem Blick. Die beiden Männer und die Frau trugen nur leichte Leinenrüstungen. Sie strahlten das Selbstbewusstsein erfahrener Krieger aus.

»Ihr wisst, wer ich bin?«, fragte Ollowain.

»Der Sohn des Fürsten«, antwortete die Frau.

»Der Befehlshaber aller Truppen in Phylangan«, entgegnete der Schwertmeister scharf. »Ihr werdet euch im Schneehafen melden. Dort wird man euch eine sinnvollere Aufgabe zuweisen, als eine Treppe mitten im Berg zu bewachen.«

»Mit Verlaub, Schwertmeister. Wir gehören zur persönlichen Wache deines Vaters Landoran. Er ist der Einzige, von dem wir Befehle entgegennehmen.«

Ollowain klatschte in die Hände. Hufschlag und kaum hörbare Schritte erklangen weiter oben auf der Wendeltreppe. Orimedes und einige seiner Kentaurenkrieger erschienen auf dem breiten Treppenabsatz. »Dies ist der Fürst vom Windland«, erklärte Ollowain knapp. »Ich berufe ihn als meinen Zeugen, dass ihr mir in einer Festung, die sich auf eine Belagerung vorbereitet, den Befehl verweigert.« Die Schritte auf der Treppe waren jetzt deutlicher zu hören.

»Schwertmeister!« Die Elfe ballte die Rechte zur Faust und streckte die Finger wieder. Dann legte sie die Hand auf den Schwertgriff. »Du kannst uns nicht dafür tadeln, dass wir unseren Befehlen gehorchen. Wir unterstehen allein deinem Vater.«

Ollowain wandte sich an den Kentaurenfürsten. »Wer sich den Befehlen des Militärkommandanten von Phylangan nicht fügt, ist für mich ein Meuterer. Würdest du die drei freundlicherweise über die Beschlüsse des Kriegsrates aufklären? Offenbar haben sie Schwierigkeiten, mich zu verstehen!«

Sein Kentaurenfreund musterte die drei Elfen voller Abscheu. »Ich finde, du hast schon viel zu viele Worte gemacht. Du solltest mit ihnen verfahren wie mit den Meuterern im Waldmeer. Einfach kurzen Prozess machen. Ich werde das im Kriegsrat decken, falls dort über solche Kleinigkeiten überhaupt gesprochen werden sollte.«

Eine Truppe von zehn Kobolden mit schweren Windenarmbrüsten erreichte das Ende der Treppe. Sie nahmen in Zweierreihe auf den unteren Stufen Aufstellung. Die Stützstöcke der Armbrüste scharrten auf dem grauen Stein. Quietschend betätigten die Kobolde die Stahlwinden und spannten ihre Waffen.

Die Elfe, die bisher das Wort geführt hatte, leckte sich nervös die Lippen. »Du kannst doch nicht …«

»O doch, er kann«, unterbrach sie Orimedes. »Und er tut das nicht zum ersten Mal.«

Die Kobolde legten Bolzen auf ihre Armbrüste. Einige sahen zweifelnd zu Ollowain. Lange würde dieses Spiel nicht mehr gut gehen.

»Was liegt am Ende der Treppe?«, fragte der Schwertmeister eisig.

Die Wachen sahen einander beklommen an. Schließlich antwortete einer der Männer. »Die Hallen des Feuers. Wir dürfen niemanden dort hinablassen. So hat es Landoran befohlen.«

Es war drückend heiß auf der Treppe. Sie führte durch massiven Fels tief hinab zum Herzen des Berges. Ollowain spürte, wie sich ein einzelner Schweißtropfen auf seiner Stirn bildete. Er wischte ihn mit dem Handrücken fort. »Ich biete euch Folgendes an. Ihr lasst mich passieren, und ich überzeuge mich mit eigenen Augen davon, dass die Hallen des Feuers so bedeutend sind, dass wir um ihretwillen auf erfahrene Krieger verzichten, die für die Verteidigung der äußeren Festungsanlagen benötigt werden. Bis ich zurückkehre, steht ihr nur unter Arrest. Mein Gefolge wird euch bewachen.« Er sah kurz in Richtung der Kobolde. »Die Bolzen zurück in die Köcher!«, befahl er harsch.

Augenscheinlich erleichtert, kamen die Armbrustschützen dem Befehl nach. Auch die Wachen atmeten auf. »Du hättest nicht auf uns schießen lassen, nicht wahr?«, fragte die Elfe.

»Warum nicht?« Ollowain hob eine Braue – eine Geste, die er einst wochenlang eingeübt hatte, um alle Stimmungen zwischen herablassender Verwunderung und kaum beherrschtem Ärger ausdrücken zu können. »Glaubst du, das Volk, in dem ich nichts gelte, steht mir so nahe, dass ich sein Blut nicht vergießen würde, wenn es die Disziplin in dieser Festung erfordert?«

Die Elfe sah ihn unverwandt an. Sie wartete wohl auf ein Lächeln, das seine Worte entschärfte. Mit jedem Herzschlag, der verstrich, wirkte sie angespannter.

»Gebt den Weg frei!«, befahl Ollowain.

Die beiden Krieger gehorchten.

»Wie heißt der Älteste deiner Sippe?«, fuhr der Schwertmeister die Kriegerin an.

»Senwyn.«

»Senwyn aus der Sippe der Farangel?«

»Ja, er ist …«

»Ich weiß, wer er ist, Mädchen. Er hat im letzten Trollkrieg unter meinem Befehl auf der Shalyn Falah gekämpft. Er ist ein ausgezeichneter Krieger. Ihm musste ich nie erklären, dass im Krieg der Gehorsam der Vater des Sieges ist.«

Die Elfe senkte beschämt die Augen und ließ ihn passieren.

Ollowains Stimmung schwankte zwischen Wut und Enttäuschung, als er tiefer die Treppe hinabstieg. Es war nicht das erste Mal, dass er in einem schier aussichtlosen Kampf den Befehl führte. Aber auch die letzte Hoffnung auf einen Sieg schwand, wenn hinter seinem Rücken Intrigen gesponnen wurden und er nicht darauf zählen durfte, dass ihm jeder Verteidiger bedingungslos vertraute. Doch was hätte er von seinem Vater anderes erwarten sollen! Misstrauen und Enttäuschungen, das war neben ihrem Blut das Einzige, was sie miteinander verband.

Ollowain hatte unter den Kobolden von Phylangan einiges über die Festung in Erfahrung gebracht. Etliche scheinbar harmlose Fragen bildeten die Steine eines Mosaiks, das sich zu einem erschreckenden Bild fügte. Fast zwei Drittel der kampffähigen Bewohner der Festungsanlage waren verschwunden. Sie schienen den Berg nicht verlassen zu haben. Auch viele Kobolde waren zu einem geheimnisvollen Dienst in der Tiefe abkommandiert. Und niemand war zurückgekehrt, um zu berichten.

Je weiter der Schwertmeister die Treppe hinabstieg, desto heißer wurde es. Der Geruch warmer Steine lag bedrückend in der Luft. Hier unten herrschte eine trockene Hitze, ganz anders als oben in der weiten Himmelshalle, wo es unerträglich schwül geworden war.

Ollowain traf auf keine weiteren Wachen. Kein Gang mündete auf die Wendeltreppe. In regelmäßigen Abständen fanden sich halbrunde Absätze, wo steinerne Sitzbänke zur Rast einluden. Hier waren die Wände mit schönen Fresken geschmückt, die Berglandschaften und weite Wolkenfelder zeigten. Manche der Bilder waren derart vollkommen, dass es dem flüchtigen Betrachter so erscheinen mochte, als blicke er durch eine Öffnung im Fels auf ein Tal. Sie ließen vergessen, dass man sich tief unter einem Berg befand.

Große Barinsteine in den Wänden tauchten die Treppe in ein weiches, blauweißes Licht, das an Sonnenlicht an einem diesigen Morgen erinnerte. Manchmal konnte man in den Wänden Wasser rauschen hören. Ollowain erinnerte sich an die Erzählungen Gondorans, des Holden, der sie durch die Zisternen von Vahan Calyd geführt hatte. Dort hatten die Normirga einst eine magische Pumpe gleich einem steinernen Herzen erschaffen, die das Wasser unter der Stadt in ständiger Bewegung hielt. Hier schien es, verborgen im Felsgestein, ein ähnliches Wunderwerk zu geben.

Endlich endete die Treppe in einer weiten Halle. Rote Säulen, deren unregelmäßige Oberfläche an Baumrinde erinnerte, mündeten in Kapitelle, aus denen sich geschwungene Stützstreben wie Äste verzweigten, um schließlich in dichtem goldenem Blattwerk zu enden. Die Halle war ein Wald aus Stein und Gold. Vom Treppenabsatz konnte der Schwertmeister keine Wände sehen, die diesen künstlichen Wald eingrenzten. Irgendwo voraus erklang das Echo von schlurfenden Schritten. Ollowain folgte dem Geräusch, das alle paar Augenblicke aus einer anderen Richtung zu kommen schien.

Unstetes, rötliches Licht flackerte zwischen den Säulen, heißer Nebel trieb durch den steinernen Wald. Der Schwertmeister erreichte einen marmornen Brunnen. Fontänen kochenden Wassers sprühten aus stilisierten, goldenen Blüten. Ollowains Kleidung war durchgeschwitzt und klebte ihm auf der Haut.

Eiligen Schrittes schlug er einen Bogen um den Brunnen. Jetzt sah er in der Ferne eine Gruppe weiß gewandeter Elfen. Erschöpft, die Häupter gesenkt, zogen sie wie Geister durch den steinernen Wald. Keiner von ihnen bemerkte Ollowain.

Der Schwertmeister trat hinter eine der Säulen und verbarg sich, bis die Gestalten außer Sicht waren. Dann machte er sich auf in die Richtung, aus der sie gekommen waren. Bald fand er sich inmitten heißer Wasserschwaden. Ringsherum zischten Brunnen. Der Dampf brannte auf seinem Gesicht. Immer unerträglicher wurde die Hitze. Endlich fand er eine Wand und folgte ihr bis zu einem weiten Torbogen, der mit goldenen Blumenornamenten eingefasst war.

Durch das Tor gelangte der Schwertmeister auf eine Terrasse, von der aus man in eine wohl zweihundert Schritt weite Höhle blickte. Wände und Decke waren hier aus schwarzem Basalt, der ganz in seinem natürlichen Zustand belassen worden war. Nur den Boden der Höhle hatte man geglättet. Hier waren Platten aus rotem Stein in den Basalt eingelassen, die sich zu wirbelnden Flammenmustern fügten. Sie tanzten um eine große, goldene Scheibe, welche die Mitte des Höhlenbodens einnahm. Dort kauerte eine weiß gewandete Gestalt mit rabenschwarzem Haar. Sie hielt beide Hände fest auf die goldene Scheibe gepresst und hatte den Kopf gesenkt. Obwohl Ollowain das Gesicht nicht erkennen konnte, sagte ihm sein Herz, dass er Lyndwyn gefunden hatte.

Um die Zauberin herum knieten weit über hundert andere Elfen. Sie alle trugen Weiß, so wie Lyndwyn. Sie hatten sich auf den roten Bodenplatten niedergelassen, dort wo sich Flammenzungen überschnitten. Die Hände auf den Stein gepresst und den Kopf gesenkt, schienen sie in tiefer Meditation entrückt. Ollowain spürte die gewaltigen magischen Kräfte, die hier wirkten. Es herrschte eine Spannung wie an einem Gewitterabend, kurz bevor der erste Blitz niederfuhr.

Dicht über dem Boden zerfloss die Luft zu glasigen Schlieren, die in der Hitze tanzten. Zwischen den Elfen eilten Kobolde hin und her. Sie tupften den Knienden mit feuchten Schwämmen über die Gesichter.

In die Höhlenwand waren breite Bänke eingelassen. Dort saßen vereinzelt Elfen, die sich bereithielten, um erschöpfte Zauberer abzulösen. Sie erfrischten sich mit Obst und Getränken, die in eisgekühlten Karaffen herbeigetragen wurden.

Ollowains Mund war staubtrocken. Warum hatten die Normirga eine Höhle angelegt, in der eine so unnatürliche Hitze herrschte? Und was ging dort unten vor sich?

Unvermittelt riss einer der Elfen seinen Kopf in den Nacken. Sein Mund war weit geöffnet wie zu einem Schrei, doch kein Laut kam über seine Lippen. Eine helle Flamme schlug aus seinem Rachen. Er schien von innen heraus zu leuchten wie eine rote Laterne. Immer greller wurde der Feuerschein. Jetzt brachen auch Flammen aus den Augen. Der Elf sackte in sich zusammen. Sein weißes Gewand fing Feuer. Feine Ascheflocken stiegen mit der heißen Luft zur Höhlendecke empor. Dann war das grausige Schauspiel vorbei. Von dem Elfen war nichts geblieben als die Asche, die in der Luft wirbelte.

Niemand in der Höhle schien besondere Notiz von dem Vorfall zu nehmen. Die in sich versunkenen Elfen hatten den Sterbenden nicht einmal eines Blickes gewürdigt.

Eine junge Magierin mit langem blondem Haar erhob sich unter den Wartenden auf den Steinbänken und nahm den Platz des Toten ein. Sie kniete nieder und senkte schicksalsergeben den Kopf.

»Wie ich sehe, hast du also den Weg zur Halle des Feuers gefunden«, erklang eine wohl vertraute Stimme hinter Ollowain. Der Schwertmeister musste sich nicht umdrehen, um zu wissen, wer dort stand. Landoran trat nun neben ihn und blickte hinab zur Versammlung der Todgeweihten.

»Was geht dort unten vor sich?«, fragte Ollowain aufgewühlt.

»Sie kämpfen um Phylangan, so wie deine Truppen bald oben auf den Wehrgängen kämpfen werden.«

Der Schwertmeister kniff die Augen zusammen und schüttelte den Kopf. Das Bild des brennenden Elfen suchte ihn heim. Er hatte schon Männer brennen sehen. Die Schreckensbilder aus Vahan Calyd überfielen ihn. Der Sog des Feuers … Was geschah hier? Wieder war da das Feuer!

»Du musst von hier fort, Junge.«

Zum ersten Mal klang die Anrede aus Landorans Mund väterlich und nicht abschätzig. Junge!

»Komm!« Der Fürst der Normirga griff ihn sanft bei den Schultern. »Komm, ich werde dir alles erklären, aber du musst fort von hier. An diesem Ort kannst du nicht siegen, Schwertmeister.«

Lyndwyn! Sie hielt den Kopf gesenkt. Wenn sie doch nur zu ihm aufsehen würde. Niemand in der Höhle blickte nach oben. Die Aufmerksamkeit aller galt allein dem Boden unter ihren Füßen.

»Wir werden reden, mein Sohn.«

»Aber Lyndwyn … Sie darf nicht …« Wieder war da das Bild des brennenden Elfen.

»Sie kann nicht fort. Wenn sie geht, dann ist es so, als würdest du den Schlussstein aus einem Torbogen herausreißen. Alles wird zusammenbrechen. Lyndwyn und der Albenstein können nicht von hier fort!«

VAHELMIN IST DEIN NAME!

Gundars Atem ging pfeifend. Sein Herz schien ihm aus der Brust springen zu wollen. Er war ein alter Mann! Er konnte das nicht! Zwei Tage lang hatte sie dieser verdammte Sturm auf dem Wehrberghof festgehalten. Zwei Tage neben den Leichen! Und zwei Tage, in denen ihn dieser Traum heimgesucht hatte, sobald er nur die Augen schloss … Dann sah er Firnstayn, so als fliege er wie ein Vogel darüber hinweg. Und er landete auf dem Giebel des Langhauses. Das Haus des Jarls! Hinter den Bergen war gerade erst die Sonne versunken. Zwischen den Holzschindeln des Daches kroch eine Spinne hervor. Sie wuchs und wuchs … Und sie sprach zu ihm: »›Vahelmin ist dein Name!‹ Das musst du ihm sagen. Und dass er dein Licht rauben muss, wenn er wieder sein will, was er einst war. ›Vahelmin ist dein Name!‹ Vergiss das nicht. Und komm nicht zu spät!«

Gundar blinzelte sich den Schnee aus den Augen. Er lief an seiner Hütte vorbei. Was hatte Luth ihm nur für eine Last aufgebürdet! Er war ein alter Mann und kein Krieger!

Und dann war da noch der zweite Traum. Er hatte Ulric im Schnee zurückgelassen. Du musst es tun, hatte eine Stimme in seinem Kopf geflüstert. Das Leben des Jungen ist verwirkt. Du musst es tun!

Dieser Albtraum war nun Wirklichkeit geworden. Ulric war gestolpert. Es war auf dem letzten Stück des Passweges geschehen. Der Junge hatte sich den Fuß verstaucht. Er hatte nicht weitergehen können. Gundar hatte gebettelt und gefleht, und Ulric hatte es tapfer versucht, aber er hatte nicht mehr laufen können. Zum ersten Mal in seinem Leben hatte der alte Priester ein Kind angeschrien. Er hätte Ulric doch nicht zurücklassen können! Dunkle Wolken waren über den Bergen im Norden gestanden. Der nächste Sturm war heraufgezogen. Zwei Stunden waren es noch bis Firnstayn gewesen. Und zwei weitere Stunden zurück, wenn er sofort Hilfe geschickt hätte. Zu lange, um ein Kind mitten auf einem verschneiten Hang zurückzulassen. Schon vor Sonnenaufgang hatten sie den Wehrberghof verlassen. Und sie waren so schnell gegangen, wie sie nur konnten.

Ulric war unter seinem Mantel genauso verschwitzt gewesen wie Gundar. Den Jungen mitten im Schneefeld im Stich zu lassen, wo er vier Stunden still sitzen würde … Das hätte geheißen, ihn dem sicheren Frosttod auszuliefern.

Nun presste Gundar Ulric dicht an sich. Der alte Priester taumelte. Nur die Wut, dieses Schicksal nicht anzunehmen, trieb ihn noch vorwärts. Er schloss die Augen und stapfte einfach nur weiter. Jetzt musste er nur noch den Hügel hinauf. Fünfzig Schritt. Der Junge war leicht. Viel leichter als das Geschenk Luths, das sie aus der Felsspalte gezogen hatten. Diese Gabe schnürte ihm die Luft ab. Alles tat ihm weh. Sein Atem war nur noch ein verzweifeltes Japsen wie bei einem Jagdhund, der seine Beute bis ans Ende seiner Kräfte verfolgt hatte.

Gundar musste lächeln. Es gefiel ihm, sich vorzustellen, der Jagdhund Luths zu sein. Aber ein Jagdhund am Ende seiner Kräfte … Was hatte die Stimme im Traum gesagt?

»Vahelmin ist dein Name.«

»Was ist?«, fragte Ulric. »Von wem redest du?«

Gundar lehnte mit dem Kopf an der Tür zum Langhaus. Er war den Hügel hinauf! Er konnte sich gar nicht erinnern, wie er den Weg hinaufgekommen war. Keuchend setzte er den Jungen ab.

»Von wem redest du?« Ulric stützte sich an der Wand ab. Schnee klebte in großen, weißen Pocken auf dem Holz.

Gundar wollte erleichtert aufatmen, doch eine eiserne Klammer umschloss sein Herz. Das Göttergeschenk erdrückte ihn! Er durfte nicht aufgeben.

»Bitte, Luth!«, stieß er hervor. »Bitte, gib mir Kraft!«

Gundar drückte die Tür auf. Stickige Wärme und der Geruch eines Feuers aus Buchenholz schlugen ihm entgegen. Er schob den schweren Vorhang der Stiefelkammer zur Seite und strauchelte fast. Seine Finger krallten sich in den groben Stoff. Da war es! Das Untier! Es stand dicht vor Asla. Die Hausherrin hatte eine Holzkelle erhoben und wollte auf die Geistgestalt einschlagen.

»Vahelmin ist dein Name!«, krächzte Gundar.

Die Schreckenskreatur drehte sich um. Ihr Kopf sah wirklich ein wenig wie ein Wolfskopf aus. Einen Lidschlag lang sah ihn das Ungeheuer an, und Gundar erschauderte unter dem Blick bis ins Mark. Dies war die Gestalt gewordene Finsternis. Das Böse!

Das Wolfspferd wandte sich wieder ab. Es schnappte nach Aslas Bauch!

»Vahelmin ist dein Name!« Der Vorhang glitt durch Gundars Finger. Er brach in die Knie. »Mein Licht musst du rauben, wenn du wieder sein willst, was du einst warst. Erinnere dich! Vahelmin ist dein Name!«, keuchte der Priester mit seinem letzten Atem.

Ulric drängte an ihm vorbei. Er hielt den Elfendolch mit beiden Händen umklammert und humpelte in die Stube.

Das Wolfspferd drehte sich um. Mit einem Satz durchmaß es den Raum. Sein Leib glitt durch den Jungen hindurch, der zu Boden stürzte. Gundar breitete die Arme aus. Er blickte in den weit klaffenden Kiefer der Bestie. Dolchlange Zähne fuhren in seine Brust. Das eiserne Band um sein Herz zersprang. Kälte durchdrang ihn. Seine Barthaare knisterten. Blaues Licht umgab ihn. Ein seltsamer Geruch, wie nach einem Gewitter, war in der Luft. Das blaue Licht war jetzt verschwunden. Der Geist auch.

Gundar blickte zur Decke der Stiefelkammer. Er musste nach hinten gestürzt sein, aber er konnte sich nicht erinnern, wie er auf den Boden geschlagen war.

Aslas Gesicht schob sich über ihn. Sie war wirklich eine schöne Frau ... Der Priester fühlte keine Erschöpfung mehr. Jetzt war auch die Elfe bei ihm. Wenn er ja ein wenig jünger wäre ... Sie öffnete sein Wams!

Jemand schob ihm eine Decke unter den Nacken. Sein Kopf kippte nach hinten. Jetzt konnte er die Elfe nicht mehr sehen. Nein ... plötzlich war sie wieder über ihm. Ihre Lippen berührten einander. Das hätte er sich niemals träumen lassen, von einer Elfe geküsst zu werden! Sie wollte sich sicher dafür bedanken, dass er ihre Königin gerettet hatte. Das verfluchte Wolfspferd hätte sicher alle im Langhaus umgebracht.

»Was ist denn das?« Das war Aslas Stimme, dachte Gundar.

»Er hat ein rostiges Kettenhemd an. Los, hilf mir, Erek. Wir müssen es ausziehen.«

Die Elfe beugte sich wieder dicht über ihn hinab. Sie hielt eine Wange an seinen Mund. Dann richtete sie sich ein wenig auf und sah ihn mit ihren wunderbaren dunklen Augen an.

»Er atmet nicht mehr.« Die Elfe sprach die Worte in einem lieblichen Singsang. Gundar wollte schmunzeln, doch er war zu müde. Was für schöne Augen! Und die Pupillen. Schwarz wie Holzkohle. Sie schienen ihn aufsaugen zu wollen. Ja … Es wurde schwarz. Fiel er? Nein. Da war ein Licht. Ein Langhaus, ganz aus Gold. Was für eine prächtige Halle! Die großen Flügeltore standen weit offen. Gundar hörte das fröhliche Lärmen einer Festgesellschaft. Und der Geruch von Braten stieg ihm in die Nase. Wasser lief ihm im Munde zusammen. Er hatte viel zu lange schon nicht mehr vernünftig gegessen!

Es würde gut sein, an der Tafel Platz zu nehmen, zu essen und dann ein wenig auszuruhen.

DAS GEBÄNDIGTE FEUER

Landoran hatte ihn durch den steinernen Wald zurück zur Treppe geführt. Der Fürst hätte die Halle des Feuers wohl gerne noch weiter hinter sich gelassen, doch am Treppenabsatz blieb Ollowain stehen.

»Genug!« Bis hierher hatten sie keine Worte gewechselt. Was mit beredtem Schweigen begonnen hatte und mit dem Gefühl, dass sein Vater tatsächlich sein Bestes wollte, als er ihn von den Zauberern fortführte, wuchs sich langsam zu der beklemmenden Stille aus, die seit dem rätselhaften Tod seiner Mutter zwischen ihnen herrschte. »Was geschieht dort in der Halle des Feuers?«

Landoran wirkte noch erschöpfter als sonst. Er ließ sich auf einer steinernen Bank nieder, lehnte sich mit dem Rücken an die Felswand und verschränkte seine Arme vor der Brust. »Was glaubst du, warum du dich in deiner Kindheit in den Felsenburgen von Carandamon nie mit einem Zauber vor der Kälte schützen musstest? Tief unter dem Eis liegt flüssiges Feuer. Und solange unser Volk in diesem Land des ewigen Eises lebt, nutzen wir die Kraft des verborgenen Feuers. Wir erschaffen Geysire und fangen das kochende Wasser in einem Netz von Röhren auf, das hinter den Felswänden verborgen liegt. Und in den großen Hallen haben wir Pfeiler oder ausgehöhlte Säulen errichtet. Die Wärme aus dem Innern der Erde strahlt so bis in den letzten Winkel unserer Felsenburgen. Doch das Spiel mit dem Feuer hat seine Tücken. Es ist ein wenig wie das Zusammenleben mit einer Katze. Sie schenkt dir behagliche Augenblicke, ja manchmal wiegt sie dich sogar in dem trügerischen Gefühl, dass du sie verstehst und ihr Handeln vorausahnen kannst. Und dann, wenn du dich ihrer sicher fühlst, beißt sie dich plötzlich, oder sie schlägt ihre Krallen in dein Fleisch, ohne dass du zu begreifen vermagst, warum sie das getan hat. So ist es auch mit dem Feuer im Herzen der Erde. Jahrhundertelang hat es uns gewärmt. Nun will es uns verbrennen.«

»Ich weiß besser als die meisten unseres Volkes, was es heißt zu frieren!«, entgegnete Ollowain gereizt. »Und ich wusste schon als Kind, woher die Wärme in den Wänden der Felsenburgen von Carandamon kommt! Mir musst du das nicht erzählen, Vater! Ich habe hier auch einmal gelebt. Was ist hier in Phylangan anders? Die Halle des Feuers, so etwas gibt es doch in keiner anderen Felsenburg.«

»Der Steinerne Garten ist Teil eines alten Vulkans. Tief unter unseren Füßen gibt es eine große Höhle voll flüssigem Fels. Sie steht unter Druck, und die Lava drängt in einem verschütteten Schlot nach oben.« Landoran seufzte müde. »Der ganze Berg ist mit einem Netzwerk von Rissen und Spalten durchzogen. Ganz abgesehen von den Röhren, die wir in den Fels getrieben haben, um die Wärme der Tiefe zu nutzen. Nun steigen dort Gase auf. Kochendes Wasser schießt aus den Pfeilern in der Himmelshalle, und Schwefel ist in den See dort aufgestiegen, um alles Leben zu vergiften. Doch all dies ist nur das Vorspiel. Unter unseren Füßen baut sich eine Kraft auf, die den ganzen Berg zerreißen könnte.«

Der Schwertmeister hörte seinem Vater mit wachsendem Entsetzen zu. Diese Neuigkeiten übertrafen seine schlimmsten Erwartungen. Die müde Ruhe seines Vaters reizte ihn bis aufs Blut. Wie konnte er nur dort sitzen, erschöpft, doch offensichtlich selbstzufrieden? Man musste Phylangan verlassen, solange noch Zeit dazu blieb! »Wann werden wir damit beginnen, die Truppen über den Himmelshafen auszuschiffen?«

»Du willst aufgeben?« Landoran blickte fassungslos zu ihm auf. »Die prächtigste aller Felsenburgen der Vernichtung überlassen? Zweimal schon waren wir in ähnlicher Lage und mussten gegen das Feuer ankämpfen. Wir haben es jedes Mal geschafft. Wir werden die Gefahr auch diesmal überstehen!«

»So wie jener Magier, der in Flammen aufging.«

»Man muss Opfer bringen«, entgegnete der Fürst kühl. »Das sollte dir als Krieger doch wohl nicht fremd sein. Oder hast du noch nie Truppen in einer Schlacht in den sicheren Tod geschickt, um dir Zeit zu erkaufen und letztlich einen glorreichen Sieg zu erringen?«

Ollowain fragte sich, wie viel sein Vater wohl über ihn wusste. Diese Frage war kein Zufall! »Zumindest würde ich einen solchen Sieg nicht glorreich nennen.«

»Erzähl mir nichts, Junge! Wenn du wirklich so denken würdest, dann hättest du dich niemals mit Leib und Seele der Kriegskunst verschrieben. Wer Heere in Schlachten führt, der weiß um den Preis des Sieges. Der Magier, der dort unten verbrannte, hieß Taenor. Er war nur mäßig begabt. Wie wir sehen konnten, ist er nicht ins Mondlicht gegangen. Er wird also wiedergeboren werden. Vielleicht in einen Leib, in dem er größere Kräfte entfalten kann. Was bedeutet solch ein Tod anderes als das Geschenk des Neuanfangs?«

»Und was geschieht mit den Kobolden, den Kentauren oder den Menschen? Sie alle dürfen nicht auf ein neues Leben hoffen. Sie sind dein Einsatz im Spiel mit dem Feuer. Wie kannst du das tun?«

Landoran lächelte verächtlich. »Ich habe niemanden gezwungen, hier für uns zu kämpfen. Sie sind gekommen, und ich nehme ihre Hilfe dankbar an. Ja, ich gestehe sogar, ich bin auf sie angewiesen, denn unser Volk hätte nicht die Kraft, gleichzeitig hier unten und auf den Mauern zu kämpfen.«

»Du musst ihnen die Wahrheit sagen!«, beharrte Ollowain.

»Warum? Sie können nichts an dem ändern, was hier unten geschieht. Wenn sie es wissen, dann schwächt es nur die Kampfkraft der Wankelmütigen. Ich verschweige es zu ihrem Schutz.«

»Dann muss es wenigstens der Kriegsrat wissen.«

»Eine Versammlung, in der dein Menschenfreund solche Gestalten wie den Kerl mit der halben Nase um sich geschart hat? Nein, Ollowain. Es ist schon schlimm genug, dass wir auf die Hilfe von Menschensöhnen angewiesen sind. Wir werden nicht auch noch unsere Geheimnisse mit ihnen teilen. Dieser Kerl – Lambi, nicht wahr –, er würde es seinen Kriegern sagen. Und dann wissen es binnen zwei Tagen alle, und eine Panik bricht aus. Verrate, was in der Halle des Feuers geschieht, und Phylangan wird fallen, noch bevor der erste Troll vor unseren Toren steht.«

Ollowain atmete schwer aus. Die Einwände seines Vaters waren nicht von der Hand zu weisen. »Es ist nicht richtig, seine Verbündeten zu belügen«, sagte er leise.

»Aber wir belügen doch niemanden.« Landoran hatte einen väterlich tröstenden Ton angeschlagen, als spräche er zu einem Kind. »Wir verschweigen etwas. Ja! Aber was ist schon dabei? Weißt du alles über die Krieger, die für dich kämpfen? Das ist die Bürde der Anführer. Wir sehen weiter als die meisten, die uns dienen. Wir haben ein tieferes Verständnis um die Welt, um alle Dinge, die um uns herum geschehen. Und um jene zu schützen, die wir führen, dürfen wir nicht all unser Wissen mit ihnen teilen. All seine Geheimnisse preisgeben, das tut im Übrigen niemand.«

Ollowain machte eine ärgerliche Geste. »Was scheren mich die Geheimnisse eines beliebigen Menschensohns? Sie bedrohen nicht mein Leben! Du kannst das nicht miteinander vergleichen!«

»Komm mir nicht mit diesem ritterlichen Unsinn!«, entgegnete Landoran. »Abgesehen davon stimme ich dir sogar zu. Wir sollten die Menschen und uns nicht miteinander vergleichen. Sie werden uns niemals begreifen, Alfadas und seine Krieger. Versteh mich nicht falsch. Ich mache ihnen daraus keinen Vorwurf. Ich gehe sogar weiter. Es wäre mein Fehler, wenn ich von ihnen ein Verständnis verlangte, zu dem sie einfach nicht fähig sind. Also behellige ich sie gar nicht erst mit Einsichten, die ihnen im günstigsten Fall unheimlich wären. Ich weiß ja nicht einmal, wie ich dir, der du noch nie einen Zauber gewirkt hast, erklären kann, was in der Halle des Feuers vor sich geht.«

»Das habe ich erwartet. Wenn wir miteinander reden, kommen wir immer irgendwann zu diesem Punkt.« Ollowain wandte sich ab und ging zum Treppenabsatz. Es war immer dasselbe. Jeder Streit mit seinem Vater führte letztlich dazu, dass Landoran ihm vorhielt, nicht zaubern zu können. Es fehlte nur noch, dass er jetzt auch ihn in seine üblichen Überlegungen über Menschen und andere einfältige Geschöpfe einbezog, die niemals vom Quell wahrer Weisheit kosten würden.

»Lauf nicht davon, Dickkopf. Du nennst dich Krieger, ja Schwertmeister? Stelle dich der Wahrheit! Wie würdest du einem Blinden das Tageslicht erklären?«, rief ihm der Fürst aufgebracht nach. »Manche Erfahrungen muss man teilen, denn sie sind nicht in Worte zu fassen. Oder könntest du mir sagen, was dich mit Lyndwyn verbindet? Ich sehe in dein Herz, mein Sohn … Bitte, lauf jetzt nicht davon.«

Ollowain blieb auf der ersten Stufe stehen.

»Ich weiß nicht, wie ich dir etwas begreiflich machen soll, was du nie erfahren hast.« Landoran war aufgestanden. Erschöpft stützte er sich mit einer Hand an der Wand ab. Zum allerersten Mal sah Ollowain seinen Vater vom Alter gezeichnet. Er war zu entkräftet, um es noch verbergen zu können.

»Ich würde dir niemals vorhalten, wenn ich nicht verstehen kann, was du sagst, Vater. Was uns trennt, ist, dass du es nicht einmal versucht hast.«

»Also gut ... Die Magie ... Es beginnt damit, dass du dich in eine tiefe Meditation versenkst. Du versuchst, dein Gefängnis aus Fleisch hinter dir zu lassen und in dir das zu finden, was unsterblich ist. Und wenn es dir gelingt, dann ist es wie eine zweite Geburt. Du hast das Gefühl, aus deinem Leib zu fahren. Du betrachtest dich von außen. Kleinliche Bedürfnisse wie Hunger und Durst berühren dich nicht länger. Du hast keinen Leib mehr, der dir mit seiner Unzulänglichkeit Pflichten über Pflichten diktiert. Es ist ein überwältigendes Gefühl von Freiheit, das dich überkommt. Und dann hörst du das Singen der Welt. Und du fühlst es auch, so seltsam sich das anhören mag, wenn ich von einem Lied spreche. Du wirst dir der Kraft der Magie bewusst, von der alles durchdrungen ist. Losgelöst von deinem Leib, vermagst du die reinsten Zauber zu wirken, denn du kannst eins werden mit dieser geheimnisvollen Kraft, mit ihr schwingen. Von außen betrachtet, sieht man jedoch nur deinen kauernden Körper. Wem nie das innere, das magische Auge geöffnet wurde, der vermag dich nicht zu sehen, wenn du deinen Leib verlassen hast.« Landoran war sehr blass geworden. Er sprach abgehackt, aber mit großer Leidenschaft.

»Wenn du unten in der Halle des Feuers bist, dann hörst du eine Stimme rufen, sobald du deinen Leib verlässt. Sie erteilt keinen Befehl, und doch ist es unmöglich, sich ihr zu widersetzen. Es zieht dich hinab, dorthin, wo das ewige Feuer tief unter diesen Bergen glüht. Und plötzlich wirst du Teil von etwas Großem … Die Hochstimmungen, Ängste und Liebeserinnerungen aus hundert Leben überfluten dich. Du bist verwirrt, und dann fügt sich plötzlich alles. Du gehörst zu einem großen Chor. Das, was dich ausmacht, wird zu einem winzigen Erinnerungsfunken, der fast verblasst neben der großen Melodie, von der du nun ein Teil bist. Lyndwyn leitet diesen Chor. Sie führt jede Stimme an ihren Platz. Nie zuvor habe ich eine Elfe getroffen, die so jung schon eine solche Meisterschaft in der Zauberkunst erlangt hat. Und der Albenstein vervielfacht ihre Kräfte noch. Alle, selbst die mächtigsten Zauberweber, fügen sich ihr, denn wir spüren, dass es richtig ist. Selbst ich habe mich vollkommen ihrer Weisheit unterworfen und singe ihr Lied, wenn ich meinen Platz in der Halle des Feuers einnehme. So schaffen wir es, glühendes Gestein erkalten zu lassen und den Druck zu mildern, der sich angestaut hat. Doch die Kraft, gegen die wir uns stellen, lässt sich an nichts messen, was dir vertraut ist.«

Ollowain musste an Taenor denken, den Elfen, der verbrannt war. Was sein Vater erzählt hatte, hörte sich so harmonisch und friedlich an … Doch er hatte mit eigenen Augen gesehen, dass die Wirklichkeit anders war. Landoran sagte ihm also wieder einmal nicht alles. »Was bringt einen dabei um, wenn man nur ein Lied singt?«, fragte er zynisch.

»Es ist die Angst. Du verlässt deinen Körper, und obwohl du alles Fleisch hinter dir gelassen hast, kannst du dich immer noch erschöpfen. Es ist eine geistige Müdigkeit. Und dann ist da die Glut. Du nimmst sie in dir auf, um sie besser zu verstehen. Du musst mit ihr verschmelzen, um sie unterdrücken zu können. Wenn dich aber Angst packt und du plötzlich in deinen Leib zurückkehrst, dann wirst du von innen heraus verbrennen, denn du trägst einen Teil des Feuers mit dir. Wenn wir bewusst heimkehren in unsere Leiber, dann geschieht das sehr langsam. Wir müssen uns aus dem großen Lied lösen, was sehr traurig macht. Und dann müssen wir wieder zu dem Erinnerungsfunken finden, in dem weiterglüht, was uns als einzelne Geschöpfe ausmacht. Wenn wir uns dann der Helligkeit bewusst werden, in der unser eigenes Licht brennt, können wir wieder eins sein mit unserem Leib. Überstürzen wir aber die Rückkehr, und ist die Flamme, in der unsere Seelen brennen, noch zu heiß, dann wird sie unseren Körper vernichten. So erging es Taenor. Dies geschieht jedoch seltener, seit Lyndwyn das große Lied dirigiert.«

»Was heißt selten? Wie viele Tote haben wir zu beklagen?«

»Als ich das große Lied gesungen habe, hatten wir zwei oder drei … Verluste, jeden Tag. Mit Lyndwyn meist nur einen, manchmal auch keinen. Sie achtet sehr gut auf den Chor der Zaubernden.«

Ollowain sah seinen Vater forschend an. Sagte er die Wahrheit? Sein Gesicht war eine gefühllose Maske. Das Einzige, was man daran ablesen konnte, war seine unendliche Müdigkeit. »Und genau in dem Augenblick, in dem ich erscheine, stirbt einer der Sänger? Welch eigenartiger Zufall!«

Zorn funkelte in Landorans Augen, auch wenn er sonst ganz ruhig blieb. »Eigentlich nicht. Es gibt ein sehr starkes Band zwischen dir und Lyndwyn. Ich sagte ja, dass wir unsere Gefühle teilen, wenn sich alle Zaubersänger zu der großen Symphonie vereinen. Ich konnte fühlen, was sie für dich empfindet. Wie sehr sie sich danach sehnt, von dir geliebt zu werden, und wie sie deine Verachtung fürchtet. Lyndwyn ist sehr empfindsam. Sie wird gespürt haben, dass du in die Halle des Feuers gekommen bist. Das war ein Grund, warum ich nicht wollte, dass du hier hinabsteigst. Deine Anwesenheit lenkt sie ab.«

»Du bist noch immer ein Meister der Worte. Jetzt unterstellst du mir also, dass ich an Taenors Tod schuldig bin. Wie kann man die Wirklichkeit nur so verdrehen!«

»Ich unterstelle nichts. Das tust du gerade, um deinen Frieden zu bewahren. Ich nenne die Dinge, wie sie sind. Es ist auffällig, dass in dem Augenblick, in dem du auf der Terrasse standest, ein Sänger starb. Es kann an dir gelegen haben, es mag auch ein Zufall gewesen sein. Ich habe damit zu leben gelernt, dass unsere große Aufgabe Opfer verlangt. Deinen Frieden kannst du nur selbst finden. Hasse mich für das, was ich sage. Das ist dir ja ein wohl vertrautes Gefühl. Mich berührt das nicht mehr.«

»Das hat dich noch nie berührt, Vater. Mach dir doch nichts vor. Du bist wie dieses Land. Ein Eisblock! Und wer sich nicht mit Zauberei vor deiner Kälte schützen kann, den bringt sie um oder vertreibt sie.«

Landoran hatte sich wieder zurückgelehnt und die Augen geschlossen. »Glaube nicht, dass du zu ermessen vermagst, wie es in meinem Inneren aussieht. Ich kenne die Namen jedes Zaubersängers und jeder Zaubersängerin, die unten in der Halle des Feuers gestorben sind. Ich kann dir die Namen all jener nennen, die ihr Leben ließen, als wir die letzten beiden Male gegen das Feuer gekämpft haben. Hier in Phylangan werden in einem fruchtbaren Jahr drei Kinder geboren. Die Siege über das Feuer lassen mein Volk verlöschen. Glaube nicht, dass mich das kalt lässt.«

»Und warum gibst du Phylangan nicht einfach auf?«

»Weil dann alle, die im Kampf gegen das Feuer ihr Leben verloren haben, vergebens gestorben wären. Wir werden auch diesmal siegen. Durch Lyndwyn und den Albenstein ist unsere Macht größer denn je.« Der Elfenfürst hielt die

Augen weiterhin geschlossen. Seine Stimme klang tonlos, als wiederhole er eine Litanei, die er schon so oft dahergesagt hatte, dass ihre Worte abgenutzt und ohne Bedeutung waren.

»Ich werde unser Volk nicht deinem grenzenlosen Ehrgeiz opfern. Verlasse dich darauf, dass ich von nun an sehr genau beobachte, was in der Halle des Feuers geschieht. Und ich werde Phylangan aufgeben und alle Verteidiger auf die Hochebene von Carandamon zurückziehen, sobald ich den Verdacht habe, dass Lyndwyn den Kampf gegen das Feuer verliert. Und ich werde auch sie und den Albenstein vor dir retten.«

Landoran schlug die Augen auf. »Ich habe damit gerechnet, dass du die Normirga hintergehen wirst. Du hast dein Volk schon zu lange verlassen, um es noch verstehen zu können. Ich werde auf deinen Verrat vorbereitet sein, Ollowain. Fürchte diesen Tag!«

KLINGENTANZ

Das Feenlicht verblasste am Nachthimmel, als die drei schweren Eissegler langsam Fahrt aufnahmen. Ragni und Lysilla waren gerade erst an Bord ihrer Schiffe zurückgekehrt. Alfadas hatte ihnen beiden noch einmal seinen Plan eingeschärft. Er wollte keine Schlacht, sondern nur einen Überfall. Die Trolle sollten sich in den nächsten Tagen keinen Augenblick mehr sicher fühlen, wenn sie über die weite Eisebene marschierten. Verärgert dachte der Herzog an seinen Streit mit Landoran. Es war ein Fehler, sich hinter den Befestigungen von Phylangan zu verkriechen. Bis zur Stunde ihres Aufbruchs noch hatte Alfadas versucht, den engstirnigen Fürsten davon zu überzeugen, einen Krieg der Eissegler zu wagen. So viele Schiffe standen im Schneehafen. Wenn man sie so wie die *Rosenzorn*, die *Weidenwind* und die *Schwertwal* umbaute, müsste man nicht einfach in der Festung sitzen und darauf warten, was die Trolle unternehmen würden. Er hasste es zu warten!

Alfadas musste lächeln. Seine Krieger hielten ihn für einen ruhigen, beherrschten Mann. Wie wenig sie ihn kannten!

Der Herzog umklammerte einen der Haltegriffe an der Reling. Scharfer Fahrtwind schnitt ihm ins Gesicht. Mit jedem Herzschlag erhöhte sich die Geschwindigkeit der *Rosenzorn*. Die Götter waren ihnen hold an diesem Morgen, insbesondere Firn, der Herr des Winters. Er hatte ihnen einen klaren Himmel und einen stetigen Westwind geschenkt. Das war alles, was sie brauchten, um sich mit einer hundertfachen Übermacht anzulegen.

Das Eis spritzte unter den scharfen Kufen hinweg. Manchmal ruckte das schwere Schiff, wenn ein größerer Eisklumpen zermahlen wurde. Noch immer beschleunigte die *Rosenzorn* ihre Fahrt. Dichtauf folgten die *Weidenwind* und die *Schwertwal*. Alle drei Schiffe hatten jeden Fetzen Segel gesetzt. Die Masten knarrten leise unter dem Druck des Windes. Raureif splitterte von den eingeölten Tauen, wenn sie sich spannten.

Die feinen Unebenheiten auf der weiten Eisfläche ließen das Deck sanft erzittern. Alfadas liebte die Geschwindigkeit. Die Ängste, die er während seiner ersten kurzen Eisseglerfahrt empfunden hatte, waren längst vergessen. Jetzt berauschte er sich daran, schnell wie ein Falke über das Eis dahinzuschießen.

Alle an Bord waren auf Posten, bereit für das Gefecht. Auf der Reling waren zu beiden Seiten zehn schwere Windenarmbrüste aufgesetzt, und im Bug stand ein schwenkbares Katapult gefechtsbereit. Die Männer an der Reling hatten breite Ledergurte um ihre Hüften geschlungen, um während der Schlacht nicht von den Beinen gerissen zu werden. Kobolde, Menschen und Elfen fieberten dem Kampf entgegen. Alle an Bord glaubten an seine Idee und waren überzeugt, dass sie siegen würden.

Fenryl stand neben Alfadas am Ruder. Der Elfengraf spähte mit zusammengekniffenen Augen auf das schillernde Eis hinaus. Es war an der Zeit, die Schneebrillen anzulegen. Noch zeigte sich im Osten nur ein schmaler Silberstreif am Horizont, doch bald schon würde die tief stehende Sonne sie blind machen.

Alfadas drehte das Gesicht aus dem Fahrtwind und

blickte zu Lambi und Veleif, die mit ihm auf dem Achterdeck standen. Der Jarl verstand ihn, ohne dass er etwas zu sagen brauchte. Er wickelte den geschlitzten Lederstreifen von seinem Gürtel und band ihn sich vor die Augen. Dann rief er mit Donnerstimme: »Heh, ihr verschnarchten Hurenböcke. Die Schneebrillen auf, oder ich komm runter, um euch den Hintern aufzureißen und euch das, was ich da finde, frühstücken zu lassen.«

»Das ist doch wohl nicht sein Ernst!«, rief Fenryl, der inzwischen einige Worte ihrer Sprache verstand. »Ich finde, es ist jetzt kein guter Zeitpunkt zum Frühstücken.«

Alfadas verknotete die Riemen der Schneebrille hinter seinem Kopf. »Das ist metaphorisch gemeint«, erwiderte er in der Muttersprache des Fürsten. »Der Jarl spricht gern in farbigen Bildern.«

»Er macht gar nicht den Eindruck, ein ...«

»Feind in Sicht!«, brüllte Mag vom Ausguck.

Jetzt sah auch Alfadas die dünne, schwarze Linie am Horizont. »Alles gefechtsklar!«, rief er mit ruhiger Stimme.

Die Schützen legten Bolzen in die Armbrüste. Zwei Elfen standen im Bug bereit, um mit einem schweren Hebel ihre geheime Waffe zu entsichern, wenn es an der Zeit dazu war. Alfadas fühlte sich plötzlich unwohl. Hatte er wirklich alles bedacht? Oder führte er gerade drei Schiffe in die sichere Vernichtung?

Die Linie am Horizont nahm überraschend schnell Konturen an. Deutlich konnte Alfadas nun eine Marschkolonne und einen Lagerbereich erkennen. Fenryl korrigierte leicht den Kurs, sodass sie auf das Feldlager einschwenkten.

Der Herzog blickte über die Schulter. Die *Weidenwind* und die *Schwertwal* folgten dem Manöver.

Noch dreihundert Schritt, dann erreichten sie das Lager. Alfadas trat an die Reling und legte einen Sicherungsgurt an.

»So, Jungs, die Ohren anlegen, die Eier einklemmen und durch!«, brüllte Lambi über das Pfeifen des Fahrtwinds hinweg.

Noch hundert Schritt! Die meisten Trolle starrten einfach nur verblüfft den drei Eisseglern entgegen. Sie ahnten nichts von der Gefahr.

Alfadas gab mit dem rechten Arm das vereinbarte Zeichen. Die Elfen auf dem Vordeck legten den schweren Hebel um. Mit scharfem Klacken schnellten die langen Kufenblätter vor, die seitlich des Rumpfs angebracht waren. Sie hatten niemals das Eis berühren sollen! In rechtem Winkel standen sie wie riesige Sensen vom Schiffsrumpf ab, bereit, ihre blutige Ernte einzubringen.

Die Armbrustschützen begannen zu schießen. Surrend wurden die Winden aufgezogen, um die stählernen Arme erneut zu spannen. Mehrere Trolle reagierten auf sie und warfen Keulen und Steinäxte nach dem Schiff.

Es gab einen leichten Ruck. Blut spritzte die Bordwand entlang. Alfadas blickte auf die verstümmelten Rümpfe, die hinter ihnen auf dem Eis lagen. Leicht versetzt und dreifach übereinander gestaffelt, hatten die Sichelklingen ihre Opfer in Höhe der Knie, der Leibesmitte und dicht unter dem Kopf getroffen. Die zerschnittenen Körper lagen auf zehn Schritt verteilt auf dem Eis.

Schon ruckte das Schiff wieder. Alfadas sah, wie Lysilla die *Weidenwind* auf einen besonders mörderischen Kurs brachte. Sie erwischte mit den Backbordklingen die Spitze einer Marschkolonne. Abgetrennte Gliedmaßen wirbelten nur so durch die Luft. Schon nach wenigen Schritt musste sie seitlich ausscheren, weil sie drohte, zu sehr an Fahrt zu verlieren. Der Rumpf der *Weidenwind* troff von Blut. Es war bis über die Reling hinauf in die Gesichter der Bordschützen gespritzt. Nur Lysilla stand noch in makellosem Weiß auf dem Achterdeck und rief mit klarer Stimme ihre Befehle.

Die *Rosenzorn* machte einen Satz. Ihre Kufen kreischten auf dem Eis. Der Segler setzte über eine Senke hinweg. Einen Herzschlag lang schwebte das große Schiff. Alfadas biss die Zähne zusammen und klammerte sich an der Reling fest. Dann gab es einen Schlag. Der Herzog wurde hart gegen die Bordwand geschleudert. Seine Beine gaben nach. Nur der Ledergurt verhinderte, dass er zu Boden gerissen wurde.

»Legt euch gefälligst nicht schlafen, ihr faules Gesindel!«, keifte Lambi. Eine der Armbrüste war aus der Verankerung gerissen. Ein Kobold hing halb über der Reling in seinem Gurt gefangen.

Lambi selbst rieb sich über die geprellten Rippen und fluchte leise.

»Dort!«, rief Fenryl. »Das ist der Ort.« Er deutete zu einer Stelle dicht am Klippenrand. Zwei große Holzschilde waren hier in den Schnee gerammt. Von einem hing etwas wie helle Stoffstreifen herab.

»Dort hatten sich gestern ihre Anführer versammelt.«

Alfadas fluchte. Jetzt konnte er dort niemanden entdecken, der aussah, als sei er von Bedeutung. Fenryl hatte ihnen gestern die Hauptleute der Trolle genau beschrieben. Sie waren fort.

Mit einem Seufzer blickte Alfadas auf das riesige Lager, das sich über mehrere Meilen entlang der Mündung des Passwegs erstreckte. Er hatte gehofft, einen buchstäblichen Enthauptungsschlag gegen das Heer der Trolle zu führen. Er wollte mithilfe der Eissegler mitten im Heerlager die Anführer niedermetzeln. Von einem solchen Schlag hätte sich der Feind womöglich auf Wochen nicht erholt. So hätten sie die Zeit gewonnen, ein großes Bündnis unter den übrigen Völkern der Albenkinder zu schmieden. Vielleicht wäre der Krieg damit sogar ganz beendet worden.

»Siehst du die Packschlitten?«, schrie Alfadas, bemüht, den Schlachtenlärm zu übertönen.

Fenryl nahm sich Zeit, das unübersichtliche Schlachtfeld zu mustern. Überall lagen Stapel mit Versorgungsgütern, Kriegsbeute und allerlei Plunder, den das Heer mit sich schleppte. Der Graf steuerte den schweren Segler mit ruhiger Hand zwischen den tödlichen Hindernissen hindurch. Klemmte sich ein Rundholz oder etwas Ähnliches vor die Kufen des Eisseglers und bremste ihn, dann mochten die Trolle auf die Idee kommen, die *Rosenzorn* zu entern. Ihre Geschwindigkeit war ihr bester Schutz.

Beklommen blickte Alfadas auf das Gewühl ringsherum. Sie waren inmitten von tausenden von Trollen. Trotz der steifen Brise verloren die Segler langsam an Fahrt. Zu viele Leiber gerieten in die Sichelblätter. Es war an der Zeit, hier zu verschwinden. Sie hatten nicht erreicht, was sie wollten, aber die Trolle würden gewiss noch lange an ihren Besuch denken!

»Dort drüben«, rief Fenryl und deutete auf einen flachen Hügel, auf dessen Kuppe etliche Schlitten standen. Eine Gruppe Trolle war damit beschäftigt, die Planen über der Ladung zurückzuschlagen. »Das sind sie! Die Geschütze!«

»Kommen wir den Hang hinauf?«, fragte der Herzog, obwohl er die Antwort schon ahnte.

»Am Hang verlieren wir zu viel Schwung. Denk nicht einmal daran! Wir würden direkt vor den Geschützen stehen bleiben.«

»Wer hat diesen ungewaschenen Bastarden beigebracht, Geschütze zu bedienen?«, fluchte Lambi.

Alfadas beobachtete, wie die Trolle auf dem Hügel die Katapulte gefechtsklar machten. Ein Teil dieser Horde war erschütternd diszipliniert. »Abdrehen! Schnell! Den roten Wimpel hoch!«, rief er zum Hauptdeck hinab. Wenn der Wimpel vom Hauptmast flatterte, war dies das Zeichen für die *Weidenwind* und die *Schwertwal,* den Angriff abzubrechen und sich zurückzuziehen.

Ein Kobold öffnete die Truhe, die am Hauptmast festgelascht war. Er kramte zwischen den verschiedenen Fahnentüchern, bis er endlich den roten Wimpel fand.

Ein erstes Geschoss stanzte ein rundes Loch in das Hauptsegel. Fluchend blickte Alfadas zu dem Hügel. Würde ihm der Troll, der diese Katapulte befehligte, denn jedes Mal in die Suppe spucken?

»Viele solcher Treffer können wir uns nicht leisten«, rief Fenryl vom Ruder herüber. »Jedes Loch in den Segeln macht uns langsamer.«

»Ich weiß!«, schnauzte Alfadas zurück. Er brauchte jetzt keine Belehrungen! Wieder blickte er zum Hügel. Er war so nah und doch unerreichbar. »Kurs West-Süd-West! Wir brechen den Angriff ab.«

Die Kufen des Seglers knirschten. Feine Eiskristalle sprühten über Deck. Das Schiff neigte sich bedenklich zur Seite. Alfadas klammerte sich an die Reling. Einen Herzschlag lang fuhr der Segler nur auf einer einzigen Kufe. Der Kobold bei der Flaggenkiste rollte über Deck und schlug hart gegen das Schanzkleid. Fluchend zog er sich hoch. Er schüttelte benommen den Kopf – und war plötzlich verschwunden. Dort, wo er eben noch am Schanzkleid gelehnt hatte, klaffte ein gezacktes Loch.

»Ich fürchte, Norgrimm wischt sich jetzt mit unserem Signalwimpel den Hintern ab!«, rief Lambi aufgebracht. »Ich hasse die Scherze der Götter!«

»Bleib auf Kurs!«, befahl Alfadas dem Elfen. »Die anderen werden uns auch ohne ein Signal folgen.«

Steinkugeln umschwirrten die *Rosenzorn.* »Offenbar haben sie Schwierigkeiten, etwas zu treffen, das sich schneller bewegt als ein Block Speerträger«, spottete Lambi.

Alfadas sah, wie einige der Steinkugeln Trolle töteten.

Sie werden bald aufhören zu schießen, dachte er in grimmiger Genugtuung. Lysilla folgte ihnen, doch Ragni lief einen anderen Kurs. Das Hauptsegel der *Schwertwal* war von sieben oder acht Kugeln getroffen. Der Segler verlor an Fahrt. Und jetzt machte er auch noch ein waghalsiges Wendemanöver. Der Jarl winkte seinen Leuten mit beiden Armen. Dann ging er hinüber zum Ruder.

An Bord des Schiffes herrschte heilloses Durcheinander. Die Männer in den Masten seilten sich ab. Alle schienen zum Achterdeck zu wollen. Und dann begannen sie zu springen. Alfadas konnte nicht glauben, was er sah. Elfen, Kobolde und Menschen verließen das sichere Schiff, während sie inmitten des Heerlagers ihrer Feinde waren. Sie sprangen über das Heck, um den mörderischen Sicheln am Rumpf zu entgehen.

»Wenden!«, rief der Herzog wütend.

Fenryl hatte gesehen, was um die *Schwertwal* herum geschah. Er zog das Ruder herum, doch der Eissegler hatte einen großen Wendekreis. Die Segel flatterten im Wind, und die *Rosenzorn* verlor gefährlich an Fahrt.

Lambi stieß einem Troll, der versuchte, über die Reling zu steigen, sein Schwert in den Hals. »Gebt unseren Jungs auf dem Eis Deckung. Und zeigt mir, dass ihr schneller nachladen könnt als ein paar gichtkranke Großmütter!«, feuerte er die Armbrustschützen an.

Alfadas' Gedanken überschlugen sich. Die Gestrandeten zu retten, war ein selbstmörderisches Unternehmen. Aber er konnte sie doch nicht einfach diesen Menschenfressern überlassen! »Legt die Sicheln an den Rumpf! Macht Seile klar, um unsere Kameraden an Bord zu nehmen!«

Sofort bemannten einige Krieger das große Spill am Bug. Über Seilwinden wurden die tödlichen Sicheln gespannt. Langsam bewegten sich die Sichelblätter der Bordwand entgegen. Sie waren mit Spannwinden verbunden. Binnen eines Herzschlags konnte man sie wieder vorschnellen lassen, doch sie zu spannen, erforderte große Kraft.

Unter den Trollen erhob sich Jubelgeschrei. In hellen Scharen stürmten sie den Männern auf dem Eis entgegen, während Ragni die *Schwertwal* in Richtung der Klippen steuerte. Sein Schiff hatte wieder an Fahrt aufgenommen. Die Trolle, denen er entgegenhielt, warfen sich zu Boden, um den tödlichen Sichelklingen zu entkommen.

Die Lage der Männer auf dem Eis hingegen wurde immer verzweifelter. Sie waren von Trollen umringt und setzten sich verbissen zur Wehr.

»Nimm Fahrt weg!«, rief Alfadas Fenryl zu.

Der Elf sah ihn zweifelnd an, gehorchte aber dem Befehl. Wenn sie zu schnell waren, würde kaum einer es schaffen, nach den Rettungsseilen zu greifen. Waren sie aber zu langsam, dann würden die Trolle in Scharen versuchen, die *Rosenzorn* zu entern.

Alfadas griff nach einem der Rettungsseile. Er band es sich um die Hüften und vergewisserte sich, dass ein Ende sicher an der Reling vertäut war. Wenn er auf dem geschwungenen Stützbalken der Kufen balancierte, war er wenigstens nicht dazu verdammt, dem Massaker an seinen Männern einfach nur zuzusehen. Es war leichter, nach einer ausgestreckten Hand zu greifen als nach einem Seil, das auf dem Eis hin und her schlingerte.

Plötzlich war Lambi an seiner Seite. »Das machst du nicht allein!« Auch er schlang sich ein Seil um die Hüften. »Lieber geh ich mit dir zusammen drauf, als deiner Frau erzählen zu müssen, dass du verreckt bist, weil du mitten in einer Schlacht ein Tänzchen auf den Kufen eines fahrenden Eisseglers aufgeführt hast. Ich wünschte, ich wäre dir nie begegnet, du Irrer!« Ein Lächeln nahm Lambis Worten die Schärfe. Dann schwang er sich als Erster über das Schanzkleid. Alfadas folgte ihm.

Die Sichelklingen der *Rosenzorn* lagen nun wieder eng an die Bordwand geschmiegt. Alfadas blickte auf die stählerne Kufe hinab, die mit drohendem Sirren über das Eis schrammte. Sie war nicht breiter als die Schneide eines Schwertes. Handbreite Holzbögen verbanden die Kufen mit dem Schiffsleib. Der Herzog hangelte sich ein Stück an der Reling entlang und ließ sich dann auf einem der Bögen nieder. Er umklammerte das Holz mit den Beinen und verhakte seine Füße ineinander, um einen besseren Halt zu haben. Hoffentlich würde Asla nie davon erfahren, dachte er. Noch einmal prüfte er den Sitz des Sicherungsseils um seine Hüften.

Die *Rosenzorn* hatte stark an Fahrt verloren. Sie bewegte sich nicht mehr schneller als ein laufender Mann und hielt geradewegs auf ein dichtes Knäuel von Trollen zu.

»Heho, ihr riesigen Dreckfresser«, schrie der Jarl. »Hier kommt Lambi, um euch die Ärsche zu streicheln.« Wie Alfadas saß er rittlings auf einem der Stützbögen. Er streckte sich weit vor und winkte den Trollen mit der Linken.

Ein nackter Trollkrieger mit einem Streithammer kam seitlich auf den Eissegler zugelaufen. Er hatte den Blick fest auf Alfadas gerichtet. Mit Leichtigkeit hielt der Troll mit dem Segler mit und schloss sogar immer dichter auf. Dabei ließ er den Kriegshammer über seinem Kopf kreisen.

Alfadas wurde sich bewusst, wie wenig Spielraum er hatte, einem Schlag auszuweichen, wenn er sich nicht von seinem Sitzplatz fallen lassen wollte. Er blickte zu den Stahlkufen hinab, die zischend über das Eis glitten. Sie waren rot von gefrorenem Blut. Sich fallen zu lassen, wäre keine gute Idee!

Plötzlich wurde der Troll in vollem Lauf nach hinten gerissen. Ein dunkler Armbrustbolzen ragte ihm dicht über der Nase aus der Stirn.

Veleif beugte sich über die Bordwand. »Ich habe allen

Armbrustschützen befohlen, auf dich und Lambi aufzupassen. Wir werden …« Die Worte des Skalden gingen in wildem Geschrei unter. Die *Rosenzorn* stieß in den Pulk der Trolle hinein. Auch wenn die Sichelblätter eingezogen waren, riss der Rumpf des Seglers etliche Feinde zu Boden. Alfadas sah, wie die messerscharfen Kufen einem Krieger beide Beine abtrennten.

Der Herzog duckte sich unter einem Axthieb. Dem Angreifer wurde die Waffe aus der Hand gerissen, als sich deren Schneide in das Holz der Bordwand fraß. Warmes Blut spritzte Alfadas von den Kufen ins Gesicht. Blinzelnd versuchte er zu erkennen, was vor dem Rumpf vor sich ging. Ein letztes Häuflein Überlebender stand Rücken an Rücken beisammen. Die Trolle hatten sich ein wenig zurückgezogen, um sich vor den Kufen der Eissegler in Sicherheit zu bringen.

Ein Schatten zog an der *Rosenzorn* vorbei. Die *Weidenwind* war ebenfalls zur Rettung der Überlebenden eingetroffen. Sie machte jedoch noch wesentlich mehr Fahrt. Lysilla und zwei andere Elfen, die Alfadas nicht kannte, hatten sich Seile umgebunden und stützten sich mit beiden Beinen schräg gegen die Bordwand. Lysilla deckte ihre Gefährten mit zwei wirbelnden Schwertklingen. Mit einem lässigen Hieb prellte sie einen Wurfspeer aus seiner Flugbahn und versetzte einem Troll, der seine Hände nach ihr ausstreckte, einen zielsicheren Stich ins Auge. Dann waren sie bei den Überlebenden.

Kräftige Hände umklammerten einander. Lysilla ließ ihre Waffen fallen und zog einen verwundeten Elfen an Bord.

Alfadas wandte seinen Blick ab, um den Moment, in dem er zupacken musste, nicht zu verpassen. Über ihm war das scharfe Klacken der Armbrüste zu hören, mit denen seine Besatzung die Trolle auf Abstand hielt.

Unter den Überlebenden, die ihnen jetzt mit verzweifelt ausgestreckten Händen entgegenliefen, erkannte der Herzog Egil Horsason, den Sohn des Königs. Der junge Mann stützte zwei Verwundete.

Die ersten Krieger erreichten Alfadas. Er griff nach ausgestreckten Händen, er zog die Fliehenden zu sich heran und half ihnen, nach den Tauen zu greifen, die von der Bordwand hingen. Wer ein Tau zu packen bekam, war binnen Augenblicken an Bord gezogen. Wie Ertrinkende klammerten sich die Männer an Alfadas. Einige wurden vom Eissegler mitgeschleift.

Obwohl das Schiff so langsam fuhr, war es immer noch zu schnell für die Verwundeten. Der Herzog sah Männer, die hilflos schreiend ihre Hände emporreckten. Humpelnd oder gar kriechend strebten sie der *Rosenzorn* entgegen.

Egil half seinen beiden Kameraden, Seile zu ergreifen. Dann ließ er sich zurückfallen und eilte noch einmal hinaus auf das Eis. Er war unverletzt. Der Königssohn packte einen der Verwundeten. Mit einem Ruck wuchtete er ihn sich auf die Schultern und begann zu laufen.

Lambi winkte ihm zu. »Lass ihn liegen, du Trottel! Du schaffst es nicht.«

Die Trolle bewarfen die beiden Schiffe nun mit Eisbrocken. Ein dunkelhaariger Elf wurde in den Rücken getroffen. Der Schlag ließ ihn Alfadas in die Arme taumeln. Das Albenkind hustete ihm warmes Blut ins Gesicht. Alfadas stemmte ihn hoch. Hände griffen über die Reling und zerrten ihn hinauf.

Egil rannte indessen, so schnell ihn seine Beine trugen, und Norgrimm selbst schien seine schützende Hand über den Königssohn zu halten. Kein Geschoss traf ihn. Langsam holte er auf.

Alfadas reckte sich so weit zurück wie nur irgend möglich. Ein paar Zoll trennten sie noch. Egil streckte seine

Rechte vor. Ihre Fingerspitzen berührten sich. Er griff um Alfadas' Handgelenk. Sein Gesicht war verzerrt vor Anstrengung. »Nimm ihn!«, keuchte er und schob die Hand des Herzogs hoch, sodass er den Gürtel des Verwundeten zu packen bekam. »Ich schaff es schon!«

Alfadas fluchte. Er zerrte am Gürtel und warf sich zugleich zurück. Über ihm zerspritzte ein Eisklumpen an der Bordwand. Kalte Splitter trafen ihn im Nacken. Hastig schlang er ein Seilende um den Gürtel des Verletzten. Der Mann wurde hochgezogen.

Egil war ein wenig zurückgefallen. Sein Atem ging keuchend. Das Gesicht des Königssohns war rot vor Anstrengung.

»Los, Mann. Du schaffst es!«, feuerte Alfadas ihn an.

Wieder berührten sich ihre Fingerspitzen. Alfadas streckte sich verzweifelt. Egil war am Ende. Ihre Hände verloren einander. Alfadas warf sich nach vorne. Das Sicherungsseil würde ihn schon halten. Wenn er Egil zu packen bekam, würde man sie beide gemeinsam hochziehen.

Ihre Hände verkrallten ineinander. Alfadas stürzte zwischen die Kufen auf das Eis. Im Fallen riss er Egil mit sich. Der Herzog drehte sich. Verzweifelt hielt er den Königssohn fest. Er sah die Axt in der Bordwand. Über ihr pendelte ein ausgefranstes Seil im Fahrtwind.

Der Rumpf des Eisseglers glitt über ihn hinweg. Alfadas versuchte, mit der Linken eine der Querstangen zu umfassen, auf denen der Schiffsrumpf auflag. In Todesangst schlossen sich seine Finger um das vereiste Holz. Halb kniend wurde er nun über das Eis gezogen. Mit der Rechten hielt er noch immer Egils Hand.

»Greif nach meinem Gürtel!«, schrie er. »Ich brauche beide Hände, sonst kann ich uns nicht halten!« Langsam glitten seine Finger von dem Rundholz ab.

Alfadas' Muskeln waren zum Zerreißen gespannt. Er

wollte Egil näher an sich heranziehen, damit dieser besser nach dem Schwertgurt greifen konnte.

Etwas berührte leicht die Schulter des Herzogs. Weiße Schemen glitten an ihnen vorbei. Unebenheiten im Eis! Ein Eisbrocken schrammte an Alfadas' Knie entlang. Er stöhnte vor Schmerz. Er konnte nicht mehr! Das Rundholz, an das er sich klammerte, war zu dick, um es ganz zu umgreifen.

Egil sah zu ihm auf. Er hielt sich mit der Linken an Alfadas' Hose fest. Der junge Krieger lächelte. »Es war richtig, mit dir zu gehen, Herzog. Jetzt rette dich!« Mit diesen Worten ließ er los.

»Nein!« Alfadas schrie aus Leibeskräften. Aber es war sinnlos. Er konnte Egil nicht mehr retten.

Zitternd vor Schmerz und Erschöpfung, griff Alfadas auch mit der zweiten Hand nach der Querstange. Zwischen den Holzstreben hindurch konnte er sehen, wie Egil sich aufrichtete, als das Schiff über ihn hinweggeglitten war. Der Königssohn zog sein Schwert. Ein Troll mit einem Kriegshammer kam auf ihn zugerannt. Egil lief ihm entgegen und verschwand aus Alfadas' Gesichtsfeld.

Griff um Griff hangelte sich Alfadas an der Stange entlang zur Seite. Wenn er es schaffte, zurück an Deck zu kommen, würde er dem Schiff befehlen zu wenden. Vielleicht hielt Egil ja lange genug durch. Er konnte ihn doch nicht einfach zurücklassen!

Alfadas hakte seine Fersen an der Stützstrebe ein, um zusätzlichen Halt zu haben. Eisblöcke zischten seitlich an ihm vorbei. Der Segler gewann jeden Augenblick mehr an Fahrt. Alfadas blickte zum Bug. Es war nur eine Frage der Zeit, bis er unter dem Segler weggerissen wurde. Verzweifelt sah er sich nach einer Möglichkeit um zu entkommen. Der einzige Weg hinauf führte über die Holzbögen, die Stahlkufen und Schiffsrumpf miteinander verbanden.

Breite Balken trennten das Quergestänge unter dem Schiff von den Seitenbögen.

Alfadas versteifte seinen Rücken und streckte die Arme vor. Für einen Augenblick hing er mit dem Kopf nach unten, nur noch mit den eingehakten Fersen an der Querstange. Weit hinter sich auf dem Eis sah er Egil fallen. Der Troll schlug zu. Es war vorbei.

Erschöpft schaffte es Alfadas, den Stützbogen zu packen. Mit letzter Kraft zog er sich hinüber. Einer der Armbrustschützen entdeckte ihn. Starke Hände packten den Herzog, und er wurde zurück an Bord gezogen.

Lambi lächelte ihn an. »Ich wusste doch, dass du an dem Schiff klebst wie ein Floh auf 'nem Hundearsch. Du hast uns ganz schön erschreckt, Mistkerl.« Er reichte dem Herzog die Hand. »Komm hoch und sieh dir an, was Ragni macht, dieser verdammte Bastard.«

Noch ganz benommen trat Alfadas an die Reling. Die *Schwertwal* raste in voller Fahrt den Passweg hinab und pflügte sich einen blutigen Weg durch die Marschkolonne, die zum Hochplateau marschierte. Es gab dort keine Möglichkeit, dem Eissegler auszuweichen. Plötzlich rammte die *Schwertwal* einen großen Lastschlitten, neigte sich zur Seite und überschlug sich dann. Die Masten wurden zerfetzt. Und noch immer rutschte der schwere Holzrumpf weiter.

»Nie hat ein einzelner Mann so viele Trolle getötet«, sagte Veleif ehrfürchtig.

»Er hat seine Mannschaft dafür geopfert, der Dreckskerl. Für mich ist er kein Held!«, stellte Alfadas klar.

»Opferst nicht auch du in der Schlacht mit jedem deiner Befehle Männer für den Sieg?«, fragte der Skalde. »Hat Ragni etwas anderes getan als du?«

Alfadas fehlten die Worte. Erschöpft wandte er sich ab. Sieben Mann hatten sie retten können. »Wie viele haben es an Bord der *Weidenwind* geschafft?«

Lambi zuckte mit den Schultern. »Ich glaube nur drei oder vier. Mehr als siebzig sind auf dem Eis geblieben. Wer war der Kerl, der die Verwundeten geschleppt hat? Ich hab sein Gesicht schon einmal gesehen. Aber ich erinnere mich nicht mehr, wo.«

»Man konnte ihm im Gefolge König Horsas begegnen.«

Der Jarl runzelte die Stirn. Dann klappte ihm der Kiefer herunter. »Das war …«

»Ja, das war Egil Horsason. Ich wünschte, ich hätte ihm das Kommando über die *Schwertwal* gegeben. Er hätte seine Männer nicht seinem Ruhm geopfert. Und vielleicht wäre er eines Tages ein großer König geworden.« Alfadas winkte dem Elfengrafen am Ruder. »Bring uns zurück nach Phylangan.«

»Du hast uns heute zu einem großen Sieg geführt!«, sagte Lambi ungewohnt feierlich. »Und du hast Egil einen Platz an Norgrimms Festtafel verschafft. Der Junge, den ich heute gesehen habe, hatte mit dem großmäuligen Hurenbock, der einmal Horsas Sohn war, nicht mehr viel gemein.«

ZWEI HERZEN

Asla blickte hinab in die tiefe Grube, die man in den vereisten Boden geschlagen hatte. Die halbe Nacht hindurch hatte sie das Geräusch der Hacke gehört, die mit dem steinharten Erdreich kämpfte. Isleif, ein großer, dunkelhaariger Einödbauer, in dessen Schopf sich erstes Silber einnistete, trug Oles Leichnam vom Langhaus herab. Er war ein Freund ihres Vaters Erek und der Einzige, der sich für diesen letzten Weg Oles gefunden hatte. Niemand aus dem Dorf war gekommen, um dem Hundezüchter ein Ehrengeleit zu geben. Allein Asla, die Kinder und Erek standen bei dem offenen Grab.

Oles Leib war ausgezehrt und dürr. Er wog nicht schwer in Isleifs Armen. Hell leuchtete der Pflock, der aus der Brust des Toten ragte. Sie waren in der Morgendämmerung gekommen … Jene Besorgten, die fürchteten, Ole würde wegen seines schrecklichen Todes keine Ruhe finden. Sie hatten den Pflock schon mitgebracht. Er war aus hellem Eschenholz geschnitten. Ohne sich auf Ereks Einwände einzulassen, hatten sie den Holzpflock in die Brust seines Bruders getrieben. Dorthin, wo einmal sein Herz gesessen hatte, wenn er denn jemals eins gehabt hatte. In dem Augenblick, als sie dies getan hatten, hatte Blut ein schauerliches Geheul angestimmt. Asla war sich sicher, dass man noch den ganzen Winter darüber flüstern würde.

Isleif stieg vorsichtig in das Grab hinab. Er drückte den Leichnam an sich wie eine Mutter, die ein großes Kind auf ihren Armen trug. Noch im Tode wirkten Oles Züge gequält. Nie würde man erfahren, was er getan hatte, dachte Asla. Wofür die Götter ihn und das Dorf so grausam bestraft hatten. Alle waren sich darin einig, dass er den riesigen Geisterhund herbeigerufen hatte. Damit, dass man ihn so grässlich verstümmelt im Wald gefunden hatte, hatten die Morde begonnen.

Asla hielt Kadlin auf dem Arm. Das kleine Mädchen spielte mit ihrem Haar. Über warmen Wollsachen trug sie das dünne blaue Leinenkleid, das ihr Vater so sehr liebte. Darin hatte sie laufen gelernt. Sehnsüchtig dachte Asla an die warmen Sommertage, als Alfadas mit ihr zum Kiesstrand gegangen war und sie beide der Kleinen zugesehen hatten, wie sie schwankend über den Kies gelaufen war. Was würde der nächste Sommer bringen? Würde sie ihren Mann je wieder sehen? Sie blickte zu Ulric. Der Junge hatte die Lippen zu einem schmalen Strich zusammengepresst. Er wirkte sehr ernst, gar nicht mehr wie ein Kind.

Isleif legte Oles Leib vorsichtig auf den Grund der Grube. Etwas Schnee, dünn wie Mehlreste auf einem Backtisch, lag im Grab. Der große Einödbauer drehte den Leichnam mit dem Gesicht in den Schmutz. Er blickte entschuldigend auf. »So haben sie es verlangt«, sagte er leise.

»Ich weiß«, erwiderte Erek heiser.

Asla seufzte. Das war die Art, wie man Tote beerdigte, von denen man fürchtete, sie könnten Wiedergänger werden. Wenn sie in ihrem Grab erwachten und versuchten, sich ihren Weg zurück in die Welt der Lebenden zu bahnen, würden sie sich nur noch tiefer ins Erdreich wühlen. Es hieß zwar auch, ein Eschenpflock im Herzen würde genügen, einen Toten auf immer im Grab zu halten, aber den Dorfältesten war das nicht sicher genug.

Asla dachte daran, wie ihr Ole, als sie noch ein kleines Mädchen gewesen war, einmal einen weiß-braunen Welpen geschenkt hatte. In ihrer Kindheit hatte sie ihren Onkel geliebt. Er war nicht immer so gewesen wie in den letzten Jahren. Vielleicht, wenn er ein Weib gefunden hätte ... Einsamkeit frisst das Herz auf, dachte sie bitter. Sie wusste es nur zu gut! So viele Nächte lag sie schon allein in ihrer Butze. Der Geruch von Alfadas, der ihr vorgaukelte, er würde noch neben ihr liegen, wenn sie sich in ihre Decke rollte, verging langsam. Bald wäre er ganz aus ihrem Leben verschwunden.

Isleif zog sich aus dem Grab und senkte die schweren Felsbrocken, die man herangekarrt hatte, in die Grube. Obwohl er sich bemühte, vorsichtig zu sein, hörte Asla Oles Knochen knacken, als die Steine seinen Leichnam trafen. Im Dorf wollte man wirklich ganz sichergehen, dass ihr Onkel diese Grube nie wieder verlassen würde, dachte die junge Frau. Sie sah zu ihrem Vater. Erek hatte keine Träne für seinen jüngeren Bruder vergossen, doch die Lippen des alten Fischers zitterten, als er zusah, wie der Gefährte seiner Kindheit unter den Steinen verschwand. Ihr Vater hatte sich immer für Ole verantwortlich gefühlt. Stets war er für seinen jüngeren Bruder eingetreten, wenn es im Dorf wieder einmal Ärger gegeben hatte. Er hatte ihn sogar dann noch verteidigt, wenn er genau gewusst hatte, dass Ole im Unrecht gewesen war. Asla strich Ulric durch das blonde Haar. Ob er eines Tages genauso bedingungslos für seine kleine Schwester einstehen würde?

Ihr Blick blieb an dem schlichten Stein haften, der neben der frisch aufgeworfenen Erde aufragte. Erek hatte sich gestern den Rücken krumm geschleppt, um ihn vom Ufer hinauf ins Langhaus zu bringen. Die halbe Nacht hatte er mit einem alten Nagel an dem Stein herumgekratzt, um einen Hundekopf hineinzuritzen. Er wollte nicht, dass in Vergessenheit geriet, an welchem Ort sein Bruder ruhte.

»Mutter, wann gehen wir zu Gundar?«, fragte Ulric verlegen.

Asla sah zu Erek. Ihr Vater nickte knapp. Sie war aus der letzten Pflicht gegen Ole entlassen.

Traurig ging Asla mit den Kindern zum Grab des Priesters hinüber. Sie stand tief in Gundars Schuld, und es würde nie mehr eine Gelegenheit geben, ihm dafür zu danken. Er hatte Ulric gerettet. Ihr Junge hatte ihr erzählt, wie Gundar ihn den weiten Weg hinab zum Dorf getragen hatte. Asla wusste, dass dies weit über die Kräfte des alten Mannes gegangen war.

Der flache Grabhügel des Priesters war von dünnen Ruten umstanden. Man hatte besonders gerade gewachsene Äste ausgewählt und sie mit Stoffstreifen geschmückt, die leise im Winterwind raschelten. Jeder, der an Gundars Grab kam, um ihm die letzte Ehre zu erweisen, band einen Streifen Stoff an eine der Ruten. Einen Stein gab es noch nicht für ihn. Vielleicht hatte er keinen gewollt? Oder jemand gab sich besondere Mühe, einen schönen Schmuckstein für Gundars letzte Ruhestätte zu schaffen, und hatte seine Arbeit noch nicht vollendet.

Asla kniete nieder, um dem alten Priester in stummem Gebet zu danken. Gestern, als er beigesetzt worden war, hatte sie nicht kommen können. Bei Männern wie Ole, bei denen man nicht darauf vertraute, ob sie wirklich im Grab blieben, wurde die Pflicht der Totenwache sehr genau genommen. Und niemand hatte ihr diese Bürde abnehmen wollen. Selbst ihr Vater nicht. Erek war viel zu erschüttert gewesen, um zuverlässig zu sein. Unsichere Tote wurden inmitten der Wohnstube aufgebahrt. Man steckte ihnen eine große Kerze zwischen die gefalteten Hände und ließ sie dann einen Tag und eine Nacht lang nicht aus den Augen. Damit wollte man ganz sicher gehen, dass sie sich nicht mehr regten. So hatte Asla nicht zu dem Begräbnis des Priesters kommen können.

Ihr einziger Trost war, dass sie mitgeholfen hatte, ihn für seine Beerdigung herzurichten, weil sein Leichnam in ihrem Haus gelegen hatte. Sie hatte das schwere Kettenhemd von seinem fülligen Leib gestreift. Dann war Gundar in seine besten Gewänder gekleidet worden, und sie hatte sorgfältig sein Haar und seinen Bart gekämmt.

Ulric nahm den Stoffstreifen, den er um den Gürtel gewickelt trug. Er war zwei Finger breit. Die Schmuckborte seiner schönsten Tunika. Er hatte darauf bestanden, Gundar dieses Geschenk zu machen. Tränen rannen ihm über die Wangen, als er den Stoff an eine der langen Ruten band. Doch er schluchzte nicht.

Kadlin spielte im Schnee, während Asla für sie einen Streifen ihres dünnen Sommerkleids um einen Ast band. Fröstelnd zog sich die junge Frau ihren weiten roten Umhang um die Schultern. Alfadas hatte ihn ihr von einem seiner Beutezüge mitgebracht. Angeblich hatte er einmal der Tochter eines Königs gehört. Der Umhang war aus schwerer, dunkelrot gefärbter Wolle gefertigt. Kein Knötchen fand sich in dem Stoff. Oft hatte Asla sich gefragt, wie man Wollfäden so fein spinnen konnte. Ihre Gabe an Gundar hatte sie von diesem Mantel geschnitten.

»Ich hoffe, du hast einen Platz an einer reich gedeckten Tafel gefunden«, sagte sie mit schwerer Stimme. »So vieles hätte ich dir gern noch gesagt. Du hast mir meinen Sohn zurückgebracht. Das werde ich dir bis ans Ende meiner Tage nicht vergessen.«

Plötzlich trat jemand in hellen braunen Stiefeln neben Asla. Sie hatte keine Schritte im Schnee gehört. War sie denn so tief in Gedanken gewesen? Asla blickte auf. Neben ihr stand Yilvina.

»Glaubst du, dass auch ich sein Grab schmücken darf?«, fragte sie mit jenem seltsamen Akzent, der ihren Worten stets einen singenden Unterton gab. »Er hat mir das Leben gerettet.« Ihr Gesicht blieb ausdruckslos, während sie sprach.

Was sie wohl fühlte?, fragte sich Asla. Scham, weil ausgerechnet ein Menschensohn sie und die Königin vor dem Ungeheuer bewahrt hatte? Oder Dankbarkeit?

»Ich glaube, Gundar würde sich freuen, wenn er wüsste, dass auch du ihn in freundlicher Erinnerung behalten wirst.«

»Das weiß ich«, entgegnete die Elfe.

Ihre selbstsichere Antwort ärgerte Asla.

»Meine Sorge ist, dass es unter den Menschen des Dorfes schlecht aufgenommen wird, wenn ich den Toten nach eurem Brauch ehre.«

»Für die anderen kann ich nicht sprechen«, entgegnete Asla kühl. »Aber mich beleidigst du nicht, wenn du Gundar Respekt erweist.«

Die Elfe neigte den Kopf. Eine Weile betrachtete sie gedankenverloren das Grab. Schließlich zog sie ihren Dolch, schnitt einen Stoffstreifen von ihrem Umhang und knotete ihn an einen der Äste. »Ich war ihm sehr nahe, als er starb.«

Asla dachte an den Kuss, den die Elfe dem sterbenden Priester gegeben hatte. Yilvinas Verhalten war ihr sonderbar vorgekommen, aber nicht falsch. Sie hatte nicht verstanden, was da geschehen war, aber sie hatte gespürt, dass die Elfe um Gundars Leben gekämpft hatte.

»Die Wände seines Herzens waren so dünn wie Pergament. Sein Gott muss eine schützende Hand über ihn gehalten haben. Eigentlich hätte er schon lange nicht mehr leben dürfen. Ein üppiges Mahl, ein Spaziergang am Fjord. All das hätte schon genügen können, ihn zu töten. Er hat deinen

Jungen sehr gemocht. Dass er Ulric getragen hat, war nicht sein Tod. Und auch nicht der Biss des Geisterhundes. Seine Zeit war gekommen. Er ist in Frieden gegangen.«

Asla biss sich auf die Lippen. Sie wollte etwas sagen, doch ein Kloß im Hals erstickte ihre Stimme. Woher wusste Yilvina um die Vorwürfe, die sie sich machte? Bisher hatte sie geglaubt, dass die Elfenkriegerin sich um nichts anderes als das Wohlergehen ihrer Königin kümmerte. Sie wirkte immer so kalt und teilnahmslos. Und doch hatte sie mit scharfem Blick erkannt, was Asla das Herz aufwühlte.

Yilvina griff nach Ulrics Hand. »Lasst uns hinauf ins Haus gehen. Gundar schätzt es eher, wenn man bei einem guten Essen an ihn denkt, als wenn man es frierend an seinem Grab tut.«

STEINERNE ZEIT

… Fast noch unerträglicher als die Kämpfe, die folgen sollten, war die Zeit des Wartens. Elf Tage vergingen, bis die Trolle vor Phylangan aufzogen. Tage voller Zuversichtlichkeit und Anspannung. Wir wussten, wie stark unsere Festung war. Ein Sturmlauf auf das Tor zum Schneehafen musste ein Massaker werden. Fast unsere gesamte Streitmacht lag in den Stellungen der langen Bergflanken. Jede Schießscharte war besetzt. Auch der Turm am Ende der Mahdan Falah war vollendet worden. Wer immer Phylangan durch den Albenstern betreten wollte, dem würden hundert Pfeile entgegenfliegen. Auf der engen Brücke war es so gut wie unmöglich, die Gegner zu verfehlen.

Doch obwohl unser Kriegsmeister Ollowain eine ruhige Zuversicht ausstrahlte, verblieb bei vielen eine Anspannung. Würden die Trolle uns auch diesmal wieder überraschen?, war die bange Frage, die sich manche heimlich stellten. Die Spannung wich erst, als der große Heerwurm am Horizont aufzog. Obwohl ich ihr Heer schon am Rosenberg gesehen hatte, war ich erschrocken von ihrer bloßen Zahl. Wie ein schwarzer Makel füllten sie den gesamten Horizont. Und es war erschreckend, wie sehr sie sich verändert hatten. Sie hielten Disziplin! Sie schlugen ein geordnetes Heerlager auf! Natürlich würde man sie niemals mit einem Elfenheer auf dem Marsch vergleichen können, doch da-

mals schien es mir so, als seien sie geordneter als unsere Verbündeten, die Kentauren.

Zwei ganze Tage ließen die Trolle sich Zeit, um ihren Angriff vorzubereiten. Erst Jahre später begriff ich, dass dies ihre Waffe war: die selbstgefällige Ruhe und das Warten. Sie hatten sich sehr verändert in den Jahrhunderten ihrer Verbannung!

Wenn ich an die langen Tage vor dem Angriff zurückdenke, dann beherrscht jedoch nichts so sehr meine Erinnerung wie der Schrecken, den ein böser Geist in Phylangan verbreitete. Er schien überall zu sein und hinterließ eine Spur des Todes. Mal fanden wir sieben Tote in einer Bognerwerkstatt der Kobolde. Dann lagen fünf Menschen tot in ihren Betten im Krankenlager. Besonders den Anblick von zwei Kentauren, die wohl ihren Rausch hatten ausschlafen wollen, werde ich nie vergessen. Es war erschütternd zu sehen, was dieser Geist aus den großen, vor Kraft strotzenden Leibern gemacht hatte.

Seine Morde waren unverkennbar. Er schien seinen Opfern das Fleisch von den Knochen zu schmelzen. Wenn man sie fand, dann war von ihnen nicht mehr übrig als fahle, brüchige Haut, die sich über Sehnen und Knochen spannte. Ihre Haar war grau oder weiß geworden, und manchmal, wenn sie ihren Mördern noch gesehen hatten, stand unaussprechliches Entsetzen in ihre Gesichter gemeißelt.

Auffällig war, dass er nie einen Elfen tötete. Auch unsere Verbündeten bemerkten dies bald. Und es trieb in dieser unruhigen Zeit des Wartens einen Keil zwischen uns.

Sie fanden viele Namen für den unsichtbaren Mörder. ›Das kalte Licht‹ nannten ihn die Kobolde, ›Frostatem‹ die Kentauren und ›Totmacher‹ die Menschensöhne. Ganz gleich, wie viele Wachen wir aufstellten, er kam und ging, wie es ihm beliebte. Bald flößte er den Verteidigern mehr Angst ein als die Trolle, und sie sehnten den Tag herbei, an dem der Angriff begann, weil sie hofften, das Morden dieses ungreifbaren Schreckens werde dann enden. Selbst ich gab mich diesem naiven Glauben hin. Wie töricht war es, sich einzubilden, der Feind werde von einer Waffe lassen, weil er eine zweite zur Hand hatte!

In diesen steinernen Tagen der Angst, in der wir gefangen in Festungswällen auf das Verhängnis warteten, tagte der Kriegsrat fast ununterbrochen. Jetzt, mit Abstand betrachtet, erfüllt es mich mit Trauer und Unverständnis, wenn ich daran denke, worüber wir uneins waren. Tagelang währte ein Streit, ob den Menschensöhnen erlaubt werden solle, ihre Toten in der Erde der Himmelshalle beizusetzen. Landoran wehrte sich entschieden dagegen. Er mochte nicht dulden, dass dieser wundersame Ort durch die Kadaver der Menschenkinder besudelt wurde. Dass die Bäume dort ihre Nahrung von faulenden Leibern nahmen.

So erbittert war der Streit, dass der Menschenfürst Alfadas ihm sogar einmal drohte, er und seine Krieger würden durch ihre Anwesenheit nicht länger die makellosen Gefilde Phylangans besudeln wollen. Orimedes hatte sich auf seine Seite geschlagen und drohte, auch die Kentauren würden abziehen, wenn die Menschensöhne die Festung verließen. Schließlich musste sich Landoran der Forderung fügen, zumal auch sein eigener Sohn, der Kriegsmeister Ollowain, die Menschenkinder unterstützte.

Wenn ich mir vor Augen halte, was Landoran über die Tage, die noch kommen würden, gewusst haben muss, erscheint mir dieses Gezänk kleinlich, und tiefe Scham ergreift mich. Doch damals stand ich, trotz meiner Schuld gegen die Menschensöhne, auf Seiten des Fürsten der Normirga. Auch mir war der Gedanke an verrottende Leiber in der schönsten all unserer Hallen unerträglich.

So bitter diese Erinnerungen sein mögen, denke ich an eine Begebenheit in jenen fernen Tagen mit einem Schmun-

zeln zurück. Ollowain und Landoran stritten wieder einmal über die Verschiffung aller Frauen und Kinder über den Himmelshafen, als eine kleine, grauhaarige Gestalt in den Ratssaal trat, ein Holder, gekleidet ganz in der Tradition seines Volkes. Nur mit einem Lendenschurz und einem golddurchwirkten Stirnband angetan, wirkte er befremdlich, ja fast lächerlich in der weiten Ratshalle aus Gold und Marmor. Alle starrten ihn an. Nur Landoran erhob sich von seinem Platz, ging ihm entgegen und verbeugte sich zu unserer Verwunderung vor dem Holden.

»Ich grüße dich, Gondoran, aus dem Geschlecht der Bragan, Herr der Wasser in Vahan Calyd.«

Wie sich zeigte, kannten auch Ollowain und Orimedes den Holden, doch hatte er vor ihnen seinen wahren Rang verborgen gehalten. Landoran bot dem Herrn der Wasser einen Sitz im Kriegsrat, doch der Holde entgegnete hintersinnig, dass Phylangan in seinen Augen nicht noch einen weiteren Streiter benötige. Stattdessen bat er um die Pläne der Zisternen, Wassertunnel und verborgenen Quellen. Er erläuterte, dass seiner Meinung nach das steinerne Herz der Felsenburg erkrankt sei, und er wolle alles in seiner Kraft Stehende tun, um es zu heilen. So könne er der Sache Phylangans besser dienen als mit einem Schwert in der Hand. Damals lächelte ich über das Ansinnen des Holden. Landoran erfüllte ihm bereitwillig seine Wünsche und lieh ihm das Auge des Felsformers, eines unserer kostbarsten Artefakte. Es war ein Rubin, der auf solche Weise in einen Goldreif eingelassen war, dass er inmitten der Stirn ruhte, wenn man sich mit dem kostbaren Schmuckstück krönte. Und er verlieh seinem Träger die Gabe, Felsen zu formen, als knete er feuchten Ton. Ich habe Gondoran nach seinem Besuch im Ratssaal nicht mehr wiedergesehen, doch er sollte uns alle noch lehren, dass er kein verschrobener Narr war, sondern dass in seiner Brust das Herz eines Kämpfers schlug.

So ward Gondoran aus dem Geschlecht der Bragan mir zum Spiegel meines Hochmuts, und die Erinnerung an ihn mahnt mich, das Augenscheinliche nicht mit dem Wahrhaftigen zu verwechseln.

Als die Trolle schließlich nahten, gehörte es zu meinen Pflichten, dem Steinernen Garten als Kundschafter zu dienen. Einmal flog ich mit Schneeschwinge über ihr Lager. Sie hatten viel Holz mitgebracht. Daraus zimmerten sie grobschlächtige Schutzwände und Dächer für drei riesige Rammböcke. Die Trolle schienen genau zu wissen, was sie erwartete, wenn sie den weiten Pass hinauf zum Schneehafen stürmten. Sollten sie sich nur vorbereiten, dachte ich damals voller Hochmut. Vor Pfeilen mochten sie sich damit schützen, aber ich wusste ja, wie viele Geschütze auf den Passweg wiesen und was die Trolle außer Pfeilen und Steinkugeln noch erwartete. Dagegen würden ihre Holzwände ihnen nicht helfen.

Als ich schon fortfliegen wollte, fühlte ich eine dunkle Kraft, die tiefe Verzagtheit in mir keimen ließ und Gedanken an einen nahen Tod. Schon beim Swelm-Tal hatte ich das gespürt. Hier war es noch drängender. Es hieß, die Schamaninnen der Trolle betrieben Blutmagie.

Damals empfand ich deutlich, dass sie Zauber wirkten, die alle Kräfte der Natur verhöhnten und von tiefer Boshaftigkeit durchdrungen waren. Und ich spürte ihre Zuversicht. Die Trolle waren davon überzeugt, dass sie uns besiegen würden …

Aus: Der Blick des Falken, S. 783,
Die Lebenserinnerungen
von Fenryl, Graf von Rosenberg

DER STOSS INS HERZ

Orgrim schulterte den Ziegenledersack mit den schweren Eisenstangen. Er war auf die Hilfe der Koboldsklaven angewiesen gewesen, um die Stangen schmieden zu lassen. Selbst durch den Ledersack hindurch verursachte das Metall ihm ein unangenehmes Prickeln am Rücken.

Ein frischer Wind wehte über das Eis. Über den Himmel zog das grüne Winterlicht in weiten Wellen. Fünfhundert Krieger standen unter seinem Kommando. Es war eine Streitmacht, wie sie sonst nur ein Herzog befehligte. Seine Tage als Rudelführer waren gezählt, dachte er zuversichtlich. Wenn er diesmal siegte, dann hatte Branbart keine andere Wahl mehr, als ihm den Herzogstitel zuzugestehen. Das Blutbad, das die drei Eissegler inmitten des Trollheeres angerichtet hatten, hatte ihn darin bestärkt, diesen tollkühnen Angriff zu wagen. Und Skangas Geisterhund hatte ihm alles notwendige Wissen verschafft.

Orgrim betrachtete die massive Holzwand mit den beiden Rädern an den Seiten. Drei lange Deichseln erlaubten, die schwere Konstruktion zu schieben. Gleichzeitig stützten sie die Wand ab, sobald man sie absetzte. Rechts und links der Wand ließen sich türgroße Holzschilde herabklappen, um die Holzkonstruktion nach unten zu verlängern. Skangas Geisterhund hatte geschworen, dass es dort, wo sie angreifen würden, keine Katapulte gab. Sieg oder

Niederlage hingen davon ab, dass dieses Mistvieh die Wahrheit sagte.

Der Rudelführer sah zu Brud. Die Wunde an seiner Brust war gut verheilt. Beim Angriff der Eissegler hatte der Kundschafter einen tiefen Schnitt davongetragen. Nun sah es so aus, als habe man dem Falken auf seiner Brust den Hals durchgeschnitten. Brud war über alle Maßen erbost über diese verstümmelnde Wunde, und er redete seit Tagen über nichts anderes mehr als darüber, wie man diese Narbe durch weitere Schmucknarben verbergen könne, um seinem Falken wieder die Würde zurückzugeben.

Brud trug eine dicke Taurolle über die linke Schulter geschlungen. Die Hälfte der Trolle war so ausgerüstet. Boltan, Orgrims Geschützmeister, kam zu ihnen herüber.

»Skanga sagt, sie sei so weit.«

Orgrim atmete tief ein. Die Schamanin stand neben dem himmelragenden schwarzen Pfeiler, der hier aus dem Eis ragte. Er markierte einen großen Albenstern, der dicht neben der Felsnadel lag.

»Hast du Angst?«, fragte Orgrim leise.

Der Geschützmeister lächelte nervös. »Wenn wir erst einmal drüben sind, wird sie vorüber sein. Die Elfen fürchte ich nicht. Aber den Weg …«

»Nur Feiglinge haben Angst«, spottete Gran, der hinter ihnen stand und dem Gespräch gelauscht hatte.

»Kann man wirklich mutig sein, wenn man nie seine Angst bezwingen musste?«, entgegnete Boltan gereizt.

Gran runzelte die Stirn. »Willst du mich einen Feigling nennen?«

»Nein, einen Dummkopf!«

»Genug!«, zischte Orgrim. Dann hob er den Arm und gab Skanga das verabredete Zeichen. Fast im selben Augenblick wuchs ein Bogen aus schillerndem Licht aus dem Eis.

»Du weißt, was du zu tun hast?«, fragte der Rudelführer mit Nachdruck.

Boltan nickte knapp. »Ich singe das Lied von König Slangaman mit allen seinen Strophen. Erst dann folgen wir dir in Gruppen von jeweils fünf Kriegern.«

»Wir brauchen drüben die Zeit. Du weißt, wie wenig Platz dort ist, wo wir herauskommen.«

Boltan packte sein Handgelenk im Kriegergruß. »Viel Glück, Rudelführer. Wenn wir diesmal siegen, dann wird man schon bald ein Lied von Herzog Orgrim singen.«

»Hoffen wir, dass Skangas Hund uns nicht belogen hat.« Der Rudelführer wandte sich ab und packte die mittlere Deichsel der Holzwand. Einige Krieger eilten herbei und halfen ihm. Brud und Gran waren an seiner Seite.

Mit einem mulmigen Gefühl schob er das schwere Holzgestell dem Tor aus Licht entgegen. Skanga stieg über die Deichseln hinweg.

»Ich führe euch«, sagte sie mit krächzender Stimme. Sie strich Orgrim mit ihren dürren Fingern über die Stirn. Ihre Berührung fühlte sich an, als kratze ein toter Ast über seine Haut. »Wenn du gesiegt hast, müssen wir miteinander reden, Rudelführer. Es gibt etwas, das du wissen solltest.« Ihre blinden Augen sahen zu ihm auf. »Du musst heute siegen!«

»Was willst du?«

Die Schamanin schüttelte den Kopf. »Erst siegst du. Dann rede ich mit dem König und mit dir! Vorwärts jetzt!«

Orgrim fügte sich stumm. Seine Hände waren schweißnass. Er hatte keine Angst vor den Kämpfen, aber auch er fürchtete den Weg durch das Nichts.

»Lasst los und bleibt hinter mir!«, befahl er den Kriegern, die rechts und links von ihm gingen. Orgrim biss die Zähne zusammen und stemmte sich mit der Schulter gegen die hölzerne Schutzwand. Gran packte hinter ihm die

Deichsel und half mit zu schieben. Der Weg durch das Nichts war nur ein schmaler Pfad. Die Holzwand würde darüber hinausragen. Und alles, was nicht auf dem Pfad war, konnte angegriffen werden. Deshalb hatten sie so viele Schiffe verloren, als sie nach Albenmark gekommen waren.

Flimmerndes Licht tanzte über der Holzwand. Der Nordwind strich Orgrim über die Schultern. Dann tat er den Schritt. Er stand im Dunkel. Hier gab es keinen Wind. Zu seinen Füßen leuchtete der goldene Pfad. Die Holzwand verdeckte den Blick nach vorn. Der Rudelführer konnte nur das Stück Weg unmittelbar vor seinen Füßen sehen. Aber er spürte die Schatten, die jenseits des Lichtes waren. Er fühlte ihre gierigen Blicke.

Weitergehen, befahl er sich in Gedanken. Nur den Blick nicht vom Pfad abwenden. Ein gellender Schrei erklang hinter ihm und riss abrupt ab. Nicht den Weg verlassen!

Die Schulter gegen die Holzwand gedrückt, den Kopf geneigt, starrte er auf den Boden. Skanga würde sie schützen! Sie mussten einfach nur geradeaus gehen. Etwas zerrte an der Holzwand, als griffe eine Windbö danach. Doch hier gab es keinen Wind.

Orgrim stemmte sich mit aller Kraft vorwärts. Nicht nachgeben! Plötzlich leuchtete weißer Stein unter seinen Füßen. Schwüle Hitze schlug über ihm zusammen. Der Rudelführer blickte auf. Weit über ihm spannte sich eine seltsam durchscheinende Höhlendecke in der Farbe des Sommerhimmels. Dicke Wolken trieben darunter. Die Himmelshalle!

Jubelrufe erklangen hinter Orgrim, als immer mehr der ersten fünfzig Krieger aus dem Tor traten. Die Höhle sah atemberaubend aus. Skangas Hund hatte Orgrim von ihr erzählt. Von der Weite und der Pracht. Doch alle Worte hatten ihn nicht auf das vorbereiten können, was er nun sah. Es war großartig und zugleich falsch und verdreht. So wie alle Dinge, die die Elfen taten! Der Rudelführer wusste, dass er inmitten eines Berges war. Doch hier fühlte man sich, als blicke man in ein weites Tal. Die Elfen hatten der Berghöhle ihre feierliche Düsternis geraubt. Das hier war falsch! So sollten Höhlen nicht aussehen! Die Elfen hatten dem Berg sein Herz gestohlen! Ihn ausgehöhlt wie Würmer, die sich in einen Apfel fraßen. Dieser Berg war einmal der Königsstein gewesen! Die Felsenburg des Trollkönigs. Wie sollte er das je wieder sein nach dem, was die Elfen ihm angetan hatten? Ein Berg ohne Herz und ohne Würde konnte doch nicht mehr der Sitz des Herrschers sein!

Wütend riss sich Orgrim von dem Anblick los. Die Elfen würden büßen! Wie Würmer würde er sie unter seinen Füßen zertreten.

Signalhörner erklangen. Der Tanz begann. »Bemannt die Deichseln!«, befahl der Rudelführer und überließ einem jungen Krieger seinen Platz. Der polierte Stein der Brücke war tückisch glatt. Es gab kein Geländer an den Seiten der Mahdan Falah. So einen Unsinn konnten sich nur Elfen einfallen lassen! Orgrim balancierte am Abgrund entlang. Ihre hölzerne Schutzwand ragte rechts und links ein gutes Stück über die Brücke hinaus. Der Rudelführer löste einen Sperrriegel. Knirschend klappte ein großer Holzschild herunter, vorbei am Rand der Brücke. Auf der anderen Seite löste Brud einen zweiten Schild.

Ein Pfeil stieß fast senkrecht aus dem Himmel herab und schlug dicht neben Orgrim auf den Brückenweg. Die Holzwand schützte sie gegen jeden direkten Beschuss vom Turm am Ende der Brücke. Man konnte seine Krieger nur noch treffen, wenn man steil zur Höhlendecke schoss, so dass die Pfeile in ebenso steiler Bahn herabstürzten, sobald sie den Scheitelpunkt ihres Fluges überschritten. Doch auch darauf war der Rudelführer vorbereitet.

»Schildträger an die Deichseln!«, befahl er ruhig. »Schützt eure Kameraden.«

Krieger mit langen Holzschilden stürmten vor. Sie hoben die Schilde über ihre Köpfe und deckten so auch die Krieger an den Deichseln. Orgrim eilte zur Mitte der Holzwand zurück.

Mit dumpfem Pochen bohrten sich Pfeile in die Schilde. Er blickte die Brücke entlang und lächelte. Er hatte auf der Mahdan Falah noch keinen einzigen Krieger verloren! Die Kämpfer der ersten Angriffswelle waren nun vollständig auf der Brücke versammelt. Skanga winkte ihm kurz zu, dann verschwand sie durch das Tor aus Licht. Bald würde Boltan mit den übrigen Kämpfern erscheinen. Es galt, keine Zeit zu verlieren.

Orgrim öffnete eine kleine Luke in der Holzwand und spähte zu dem Turm, der sich am Ende der Brücke erhob. Hinter den Zinnen sah er die silbern funkelnden Helme der Elfen. Sie schickten Pfeilschwarm auf Pfeilschwarm der Höhlendecke entgegen. Doch was sich hinter der hohen Holzwand tat, konnten sie nicht sehen.

Der Rudelführer schätzte die Entfernung zum Tor. Er durfte nicht zu weit vorrücken! Der Albenstern, durch den bald Verstärkung kommen würde, sollte unbedingt im toten Winkel der Bogenschützen liegen. Orgrim blickte zurück. Sie waren mit der Holzwand etwa zehn Mannlängen vorgerückt. Das musste genügen!

»Halt!«, befahl er. »Setzt die Deichseln ab!« Der Rudelführer ließ den Ziegenledersack von seinen Schultern gleiten. Leise klirrten die Eisenstangen. Orgrim befand sich jetzt auf einer Höhe mit einem der riesigen Brückenpfeiler. Das war der beste Platz! Der Rudelführer kniete nieder. Was nun folgte, hatte er dutzendfach mit seinen Kriegern geübt.

»Stangenträger! Auf die Plätze!«

Drei Krieger lösten sich aus der Gruppe der Trolle und knieten dicht bei Orgrim nieder.

Der Rudelführer wickelte sich dicke Lederstreifen um seine Hände. Dann griff er in den Sack und holte die erste Eisenstange daraus hervor. An einem Ende lief sie spitz wie ein Dorn zu. Die Kobolde hatten versichert, dass diese Spitzen auf besondere Weise gehärtet waren. Würde es genügen?

»Hammerträger zu mir! Schildträger, gebt uns Deckung!«

Gran trat an Orgrims Seite. Der hünenhafte Troll zog einen schweren Kriegshammer aus seinem Gürtel und wog ihn prüfend in der Hand. Weitere Krieger gesellten sich zu ihnen, bis neben jedem Knienden zwei Trolle mit Hämmern standen.

Mit schabendem Geräusch schlossen sich die Schilde über ihren Köpfen zu einem hölzernen Schutzdach.

Orgrim hielt seine Eisenstange mit beiden Händen. Vorsichtig setzte er die Spitze auf den polierten Stein. Jetzt schlug die Stunde der Wahrheit! Wenn es nicht gelang, die Eisenstangen in die Brücke zu schlagen, dann würde ihr Angriff scheitern.

Ein Schrei ließ Orgrim aufblicken. Einer seiner Krieger war gestürzt. Aus seinem Bein ragte ein schwarz gefiederter Pfeil. Dicht wie Hagelschlag prasselten die Geschosse auf das Schutzdach aus verschränkten Schilden. Einzelne Glückstreffer würde es immer geben.

Der Rudelführer blickte zu Gran auf. »Fangt an! Und wenn du mir die Finger einschlägst, dann lass ich dich von der Brücke werfen!«

Der Hüne grinste. »Du brauchst deine Hände noch. Vielleicht schaffst du es ja heute endlich einmal, fast so viele Elfen zu erschlagen wie ich. Die ganze Schlacht wäre mir verdorben, wenn du nicht kämpfen könntest.«

»Rede nicht. Schlag zu!«, schnauzte Orgrim.

Klirrend traf der schwere Steinkopf des Hammers auf die Stange. Das Eisen vibrierte zwischen Orgrims Fingern. Gran und der andere Krieger fanden schnell in einen Rhythmus. Abwechselnd schlugen sie auf das Ende der Stange ein. Die Spitze der Eisenstange fand keinen Halt auf dem polierten Brückenpflaster. Wieder und wieder sausten die Hämmer nieder. Orgrims Arme schmerzten. Seine Finger waren ganz taub geworden, so fest hielt er die Stange gepackt.

Dann endlich sah er ein winziges Stück Stein wegsplittern. »Halt!« befahl er und setzte die Spitze der Eisenstange in den feinen Riss im Pflaster. »Macht weiter!«

Wieder nahmen die Hämmer ihren Rhythmus auf. Aus den Augenwinkeln sah Orgrim, wie sich eine der anderen Stangen bereits langsam in den Stein der Brücke bohrte. Es würde gelingen!

Unendlich langsam ging die Arbeit voran. Die Elfen hatten aufgegeben, auf sie zu schießen. Vielleicht würden sie einen Ausfall aus dem Turm wagen, um die hölzerne Schutzwand von der Brücke zu stoßen?

»Bemannt die Deichseln wieder!«, befahl Orgrim, ohne seinen Blick von der Eisenstange zu wenden. Solange seine Krieger gegenhielten, würden die schwächlichen Elflein niemals die Holzwand bewegen können.

Orgrim konnte die Stange loslassen. Sie war mehr als eine Handbreit in den Fels getrieben. Tief genug, um die Last zu tragen? Der Rudelführer blickte zum Albenstern. Wie lange würde es noch dauern, bis Boltan die ersten Krieger hierher schickte? Schon jetzt war das kurze Brückenstück überfüllt, das sie besetzt hielten.

»Halt!« Die Hämmer verharrten in der Luft. Orgrim packte die Eisenstange und stemmte sich mit all seiner Kraft dagegen. Sie bewegte sich nicht.

»Lass mich einmal!« Gran kniete nieder. Er verzog das

Gesicht, als seine nackten Finger das Eisen umschlossen. Die Muskeln seiner mächtigen Arme spannten sich. Nichts! Die Stange rührte sich nicht.

»Ich würde mich dranhängen«, sagte der Hüne ernst.

»Die Seile!«, befahl Orgrim. Dicke Taurollen wurden neben ihm auf das Pflaster geworfen. Die Seile waren aus miteinander verflochtenen Lederriemen gefertigt. Sie lagen gut in der Hand. In ihre Enden waren Schlingen geknüpft. Der Rudelführer legte eine der Schlingen über die Eisenstange im Pflaster. Er blickte zu Gran auf. »Nur vier Seile je Stange! Und achte darauf, dass nie mehr als zwei Krieger auf einmal an einem Seil hängen. Mehr tragen sie nicht! Wirf die Seile rechts und links über die Brücke, damit wir uns beim Abstieg nicht gegenseitig behindern.«

Gran spähte in die Tiefe. »Lass mich zuerst gehen. Unten könnte es gefährlich sein. Man kann sich nicht wehren, wenn man am Seil hängt.«

»Deshalb gehe *ich* zuerst. Gute Aussichten für dich, an meiner Stelle Herzog zu werden, wenn mir etwas passiert.« Der Rudelführer schob seinen Kriegshammer in eine Lederschlinge auf dem Rücken, damit er ihn beim Abstieg nicht behinderte.

Der Hüne grinste schief. »Eigentlich hast du Recht. Geh ruhig zuerst.«

Orgrim schlang sich das Seil einmal um die Hüften, dann ließ er sich rückwärts von der Brücke gleiten. Die Seitenklappen der Holzwand schützten ihn vor Beschuss. Er stemmte sich mit den Füßen gegen den Brückenpfeiler. Noch immer hatte er die Lederlappen um die Hände gewickelt. Sich am glatten Mauerwerk abstoßend, glitt er in weiten Hüpfern in die Tiefe. Dichter Nebel zog unter ihm über die Hänge der Himmelshalle. Es war unerträglich heiß hier. Schlimmer als in den Sümpfen bei Vahan Calyd, dachte Orgrim. Aber von dort waren die Normirga ja hierher zurückgekehrt. Vielleicht hatte es ihnen in den Mangroven gefallen? Wer wusste schon, was in Elfenköpfen vor sich ging.

Als er in den Nebel geriet, verlangsamte Orgrim seinen Abstieg. Trotz der Lederbänder brannten ihm die Hände. Warmes Wasser perlte von seiner nackten Haut. Es stank nach faulen Eiern.

Der Rudelführer hielt inne und spähte nach unten. Etwas stimmte hier nicht! Dieser Gestank passte so gar nicht zu den Elfen! Irgendwo im Dunst erklang ein gluckerndes Geräusch.

Zumindest würden ihn in dem Dunst keine Bogenschützen sehen können, dachte Orgrim und setzte seinen Abstieg fort. Nur Augenblicke später hatte er festen Boden unter den Füßen. Neben ihm erhob sich ein Busch, dessen Blätter schlaff herabhingen. Was war hier los?

Der Nebel konnte ihnen gefährlich werden. Er musste den Zugang zu dem breiten Tunnel finden, der sich fünf Meilen lang quer durch den Berg erstreckte. Er verband die beiden Häfen miteinander. Wer diesen Tunnel beherrschte, der beherrschte auch den Königsstein. Von dort aus gab es Verbindungsgänge in alle Höhlen. Und wer die Felsenburg verlassen wollte, der musste es durch diesen Tunnel tun. Orgrim lächelte siegessicher. Sie würden denken, dass er hinab zum Schneehafen wollte, um den Angreifern das Tor zu öffnen. Aber er wusste es besser, und er hatte noch ganz andere Pläne. Pläne, die er nicht einmal dem König oder Skanga verraten hatte. Mit etwas Glück würden sie die Elfen in ihrer großartigen Festung an einem einzigen Tag besiegen.

Neben ihm kam ein weiterer Krieger am Seil hinab. Bald würden fünfhundert Trolle im Herzen der Elfenfestung sein. Wer sollte sie dann noch aufhalten?

DAS FEUER FÄLLT ZURÜCK

Ollowain blickte den weiten Passweg hinab. Er stand in einer Kasematte, die hundert Schritt oberhalb des Schneehafens lag. Der große, tief in den Fels getriebene Raum war als Kommandoposten für die Verteidigung des Passes vorgesehen. An seiner Ostwand standen in hohen Nischen Katapulte, die hinab auf den Passweg wiesen. Auch einige schwere Armbrüste waren auf hölzerne Sockel gesetzt, bereit, auf jeden Feind im Pass zu schießen. In der Mitte des Raums stand ein großer Kartentisch, auf dem Pläne der Festung ausgebreitet lagen. Kristallkaraffen mit Apfelwein, Schwerter und Dolche beschwerten die Kartenenden, sodass sie sich nicht aufrollten. Einige Gläser, halb gefüllt mit Wasser oder verdünntem Apfelwein, standen auf dem Tisch verteilt. Auf einem kleineren, zweiten Tisch war eine Platte mit kaltem Braten serviert. Frisches aufgeschnittenes Brot verbreitete einen angenehmen Duft.

Der Schwertmeister stand in der mittleren der Geschütznischen. An ihren Seitenwänden türmten sich Pyramiden aus schweren Steinkugeln. Einige Bündel mit Armbrustbolzen lehnten an der Wand. Ein Stück hinter Ollowain ragten vier goldene Rohre aus dem Fels, deren trichterförmige Mündungen mit Holzpfropfen verschlossen waren.

Von dem Platz, an dem Ollowain stand, konnte er durch eine Schießscharte das ganze Tal überblicken. Vier ähnliche Kasematten lagen wie die Ebenen eines Festungsturms unter ihnen in der Steilwand.

Die Katapulte schossen Stein auf Stein in die heranstürmenden Trolle. Der Pass war schwarz von wimmelnden Feinden. Und sie zahlten einen fürchterlichen Blutzoll. Unablässig wurden sie aus den Kasematten über dem Hafen und den Stellungen beschossen, die sich in den langen Bergflanken verbargen. Sie mussten schon hunderte Krieger verloren haben! Und sie hatten keine Möglichkeit, sich an den Elfen, Menschen und Kobolden zu rächen, die gut gedeckt hinter den schmalen Schießscharten standen.

Fast alle Trollkrieger trugen mächtige Holzschilde. Sie formten Kolonnen und versuchten sich so nach allen Seiten hin mit den Schilden zu decken. Doch dies war eine trügerische Sicherheit, denn die Marschkolonnen waren leichte Ziele für die Katapulte. Immer wieder rissen ihre steinernen Geschosse blutige Schneisen in die Marschsäulen.

Manche Trolle hatten sich mit dicken Reisigbündeln behängt und vertrauten darauf, dass kein Pfeil ihre seltsamen Rüstungen zu durchdringen vermochte. Sie wurden zu den bevorzugten Opfern der Schützen, die Brandpfeile verschossen.

Die bedrohlichsten Waffen, die von den Trollen ins Feld geführt wurden, waren drei riesige Rammböcke. Man hatte sie mit Schutzdächern versehen, auf denen dicke, grasgefüllte Lederpolster angebracht waren. Die meisten Katapultsteine prallten wirkungslos von den Polstern ab. Auch Brandpfeile vermochten dem eisverkrusteten Leder nichts anzuhaben.

Das haben ihnen ihre Koboldsklaven gebaut, dachte Ollowain verärgert. Von sich aus wären Trolle niemals auf so eine Idee gekommen!

Der erste der Rammböcke hatte es bis hinauf zum Tor des Schneehafens geschafft. Es klang wie ein Gongschlag, als die Ramme zum ersten Mal gegen das große goldene Tor schlug. Ollowain sah, wie die Kristallgläser auf dem Kartentisch erzitterten. Das Geräusch fuhr einem tief in den Bauch hinein. Für Lärm, der von Trollen verursacht wurde, klang es außergewöhnlich feierlich.

Der Schwertmeister beugte sich weit aus der Schießscharte, um besser sehen zu können, was unten am Tor vor sich ging. Wieder ertönte ein tiefer Gongschlag. Langsam brachten die Trolle ihren zweiten Rammbock in Stellung.

»Können sie durch das Tor brechen?«, fragte Alfadas besorgt, der durch eine Schießscharte neben ihm die Angreifer beobachtete.

»Das Tor ist aus massivem Gold und so dick, wie dein Unterarm lang ist. Ich glaube nicht, dass sie es zerstören können. Sie können auch nicht durch die Schwingungen der Schläge irgendwelche Türangeln lockern. Die Torflügel werden durch Kettenzüge seitlich in den Fels gezogen, wenn wir sie öffnen. Allerdings ist Gold leicht verformbar. Es wäre denkbar, dass sie die Tore an der Stelle, wo die beiden Flügel aneinander stoßen, so sehr verbiegen, dass sie einen Durchschlupf finden. Aber durch solch eine Lücke könnten vielleicht ein oder zwei Trolle nebeneinander gelangen. Und auf der anderen Seite des Tores stehen zweihundert Kobolde mit schweren Armbrüsten und fünf Katapulten. Wenn die Trolle sie nicht auf breiter Front angreifen können, dann werden sie an unseren kleinen Waffenbrüdern niemals vorbeikommen.«

Der zweite Rammbock begann gegen die Festungstore zu hämmern. Ollowain spürte den Boden unter seinen Füßen erzittern. Die Trolle mussten riesige Baumstämme unter den Schutzdächern verbergen. Ob sie wohl dumm genug gewesen waren, sich das nötige Holz aus den Wäldern der Maurawan zu holen?

Der Schwertmeister trat von der Schießscharte zurück

und ging zu den vier goldenen Rohren, die nebeneinander aus der Wand ragten. Jedes von ihnen war mit einem Stopfen aus Nussbaumholz verschlossen. Kleine goldene Ketten verhinderten, dass die Stopfen herabfallen konnten.

Ollowain zog den Holzpfropf aus dem nächstgelegenen Rohr. »Ist das Öl bereit?«, rief er laut hinein. Dann beugte er sich vor und lauschte.

»Das Öl kocht, Kriegsherr!«, erklang es blechern im Rohr.

»Dann verschließt die Schießscharten! Gebt den Befehl an die übrigen Kasematten weiter!«

Ollowain trat von dem Sprachrohr zurück und ging wieder zu seinem Ausguck. Unten auf dem Eis zogen die Trolle den dritten Rammbock in Position.

Der Schwertmeister wies Lysilla an, zum Sprachrohr zu gehen. Das Hämmern der Rammböcke war zu einem einzigen Dröhnen geworden. Ollowain winkte der Elfe.

»Jetzt!«

»Wie viele Kessel?«, rief sie.

»Alle zwanzig!«

Er gab den Kriegern an den Katapulten ein Zeichen. »Schließt die Schießscharten.«

Ollowain wagte einen letzten Blick in die Tiefe. Aus den flachen Rohrmündungen unterhalb der ersten Kasematte sprühten weit gefächerte Ölfontänen. Hundertfache Schreie erklangen. In wahren Bächen floss das Öl über das Eis hinab. Ollowain schloss die hölzerne Klappe der Schießscharte.

Ein fauchendes Geräusch erklang. Helles Licht strahlte durch die feinen Ritzen der Holzläden. Dann drang ein schwerer, öliger Geruch in die Kasematte, gefolgt vom Gestank nach verbranntem Fleisch. Ollowain kämpfte gegen das Gefühl an, sich erbrechen zu müssen. In diesem Augenblick starben unter ihm auf dem Eis hunderte Trolle. Und er hatte ihren Tod befohlen. Niemand, der dem Festungstor bis auf zwanzig Schritt nahe gekommen war, würde überleben. Heißes Öl verwandelte sich binnen eines Lidschlags in eine Feuerwolke, wenn es mit einem Flämmchen in Berührung kam. Der Schwertmeister dachte an die Flammennacht in Vahan Calyd. Nun war das Feuer, das die Trolle nach Albenmark getragen hatten, auf sie zurückgefallen.

Wieder trat er an das Sprechrohr. »Sind Flammen durch die Ausgüsse zurückgeschlagen?«, fragte er ruhig.

»Nein, Kriegsherr. Es ist sehr heiß in der Kasematte, aber es gab keinen Unfall.«

»Dann setzt neues Öl in den Kesseln auf.«

Der Schwertmeister schob das Verschlussstück in den Trichter des Sprachrohrs und trat zu den Schießscharten. Gestank schlug ihm entgegen, als er die Holzklappe öffnete. Dichter schwarzer Qualm versperrte die Sicht auf den Abschnitt unterhalb des Tors. Weiter entfernt sah man brennende Gestalten, die sich schreiend im Schnee wälzten. Einzelne Flammenbäche erstreckten sich bis hundert Schritt weit den Gletscher hinab. Ein großer Teil der Trolle floh in wilder Panik. Doch immer noch harrten einige aus.

Ollowain konnte beobachten, wie sie mit langen Haken versuchten, die brennenden Rammböcke vom Tor wegzuziehen. Ob sie nach dieser Niederlage bereit waren, über einen Frieden zu verhandeln? Selbst ihrem verbohrten König musste doch nach diesem Angriff klar sein, dass er Phylangan niemals erobern konnte! Noch zwei oder drei weitere Angriffe dieser Art, und sein Heer würde beginnen, sich aufzulösen, oder gar gegen ihn rebellieren. Der Steinerne Garten war die stärkste Festung des Nordens. Es war unmöglich, ihn zu erobern.

Alfadas stand bei einer der Schießscharten und blickte mit versteinerter Miene hinab. Was wohl in dem Menschensohn vorging?, fragte sich der Schwertmeister.

Lysilla lächelte kühl. »Damit endet dann wohl dieser Trollkrieg.«

Ollowain fand es verwunderlich, dass immer mehr Trolle zum Tor zurückzulaufen schienen. Mit aller Kraft bemühten sie sich, die Rammböcke fortzuschaffen. Vielleicht konnte man von der ersten Kasematte aus besser sehen, was dort unten vor sich ging? Er trat zurück ans Sprechrohr.

»Was geschieht am Tor?«

Statt einer Antwort war nur ein metallisches Scheppern zu hören.

»Bericht!«, rief Ollowain, verärgert über die Disziplinlosigkeit. Während eines Gefechts sollte immer jemand in der Nähe der Sprechrohre stehen!

Der Kriegsherr räusperte sich. Alle ringsherum starrten ihn mehr oder weniger unverhohlen an. »Ich erbitte eine sofortige Meldung über die Lage vor dem Tor des Schneehafens«, sagte Ollowain betont ruhig.

Plötzlich klang ein gellender Schrei durch das Rohr. Wieder schepperte es, und dann hörte man eine dunkle Stimme rufen: »Komm aus dem Rohr, Elflein, damit Gran dich fressen kann!«

Der Schwertmeister atmete tief durch. Wie war das möglich? Wie hatten Trolle in die Festung gelangen können? Und wo waren sie noch? Er musste handeln, und er musste gleichzeitig einen kühlen Kopf bewahren, um nachzudenken.

»Lysilla, erteile bitte über Sprechrohr an die übrigen Kasematten den Befehl, dass sich alle verfügbaren Kämpfer auf der nördlichen Treppe vor der dritten Kasematte sammeln sollen. Sie sollen die Bedienungsmannschaften von Katapulten und Armbrüsten abziehen.«

Ollowain trat an den Kartentisch. Hatten die Trolle es geschafft, in den Schneehafen einzudringen? Von dort aus konnte man hinauf zu den Kasematten gelangen. Aber wie sollten sie durch das Tor gekommen sein?

»Kriegsherr!« Graf Fenryl erschien im Eingang zur Nordtreppe. Sein linker Arm hing schlaff herab, die weiße Leinenrüstung war blutbesudelt. »Sie sind in der Festung. Sie kommen von der Himmelshalle. Hunderte!«

»Wo sind sie?«

Der Graf trat an den Kartentisch.

»Hier, im großen Tunnel. Und in den Tunnelsystemen, die parallel zu ihm verlaufen. Nur im Schneehafen selbst haben sie nicht angegriffen.« Er deutete auf einen Raum. »Sie haben die nördliche Torwindenkammer besetzt, und ich fürchte, sie sind auch auf der anderen Seite in der südlichen Kammer.«

Ollowain schüttelte fassungslos den Kopf. »Sie kommen von der Himmelshalle? Wie haben sie den Festungsturm bei der Mahdan Falah so schnell erstürmen können?«

Wieder sah er auf die Pläne. Und dann begriff er, was vor sich ging.

Wer immer diesen Angriff führte, musste einen Spitzel in der Festung haben. Ihm waren alle Schwächen in der Verteidigung bestens vertraut. In den Torwindenkammern ließ sich nicht nur das Tor zum Schneehafen öffnen. Wer immer die Verteidigungsstellungen der beiden Bergflanken, die den Passweg überblickten, betreten wollte, musste durch die Kammern. Wenn die Trolle es schafften, diese Stellungen zu besetzen und zu halten, dann wären zwei Drittel aller Verteidiger von Phylangan in den äußeren Festungswerken gefangen. Sie konnten zwar noch jeden beschießen, der sich auf dem Passweg sehen ließ, aber sie konnten ihre Stellungen nicht mehr verlassen, denn es gab nur diesen einen Weg hinaus. Den Weg durch die Torwindenkammern! Um das Unglück vollkommen zu machen, konnte man von den Kammern aus natürlich auch das

Hafentor öffnen. Die Heerscharen aus dem Passweg würden die Festung stürmen. Wenn sie nicht schnell handelten, dann war Phylangan verloren!

Ollowain griff nach seinem Schwertgurt auf dem Kartentisch.

»Kommt mit mir hinab. Sofort! Lysilla, verriegle das südliche Tor dieser Kasematte. Kümmere dich auch darum, dass die Südtore der tiefer gelegenen Kasematten versperrt werden. Wir können nicht brauchen, dass der Feind uns auch hier noch in den Rücken fällt.«

Während er die weite Wendeltreppe hinabeilte, versuchte der Schwertmeister, sich die Pläne der Festung in Erinnerung zu rufen. Es gab viele Tunnel, die von Osten her in die Himmelshalle führten. Aber nur ein einziger mündete von Westen in die riesige Halle. Der Haupttunnel, der sich von Hafen zu Hafen quer durch den Berg zog. Wie die Dinge standen, konnten sie den östlichen Teil von Phylangan nicht mehr halten. Aber jenseits der Himmelshalle ließ sich eine neue Verteidigungslinie errichten. Doch zunächst mussten sie versuchen, so viele Truppen wie möglich davor zu bewahren, durch die Trolle abgeschnitten und eingekesselt zu werden.

Die Treppe wand sich in endlosen Spiralen hinab. Und in Spiralen gingen Ollowains Gedanken, kreisten darum, wie es den Trollen geglückt war, so schnell durchzubrechen und wie er zumindest einen Teil Phylangans retten könnte.

Sich diesen grobschlächtigen Hünen in den engen Tunneln zum Kampf zu stellen, war selbstmörderisch. Sie hatten alle Vorteile auf ihrer Seite. Mit seiner Körpermasse würde schon ein einzelner Troll genügen, um einen der kleineren Tunnel zu blockieren. Und ein Elf hätte auf dem beengten Kampffeld kaum Möglichkeiten, den wuchtigen Keulenhieben auszuweichen.

Am Treppenabsatz zur dritten Kasematte stieß Silwyna zu ihnen. Einige Bogenschützen begleiteten die Maurawani.

»Wie sieht es aus?«, wollte Ollowain wissen.

Sie lachte bitter. »Wie ist das Wetter draußen? Ist es ein guter Tag zum Sterben?«

»Wo sind die Trolle?«, fragte der Schwertmeister ruhig, aber eindringlich.

»Sie haben die zweite Kasematte überrannt. Wir sind ihnen gerade noch entkommen. Dann sind sie wieder hinunter. Ich glaube, sie stürmen jetzt den Schneehafen.«

Ollowain blickte die Treppe hinauf und sah Lysilla. Er winkte ihr. »Du kommst mit mir.«

Sein Plan stand fest. Sie würden zunächst nur zu zweit angreifen. Mehr Kämpfer hätten auf der Treppe ohnehin keinen Platz nebeneinander. Er wünschte, Yilvina wäre jetzt hier. Bei ihr wüsste er ganz sicher, dass er sich auf ihr Geschick verlassen konnte.

Alfadas sah ihn erwartungsvoll an. Den Menschensohn mitzunehmen hieße, sein Leben fortwerfen. Aber er musste eine Aufgabe bekommen. Er durfte seine Verbündeten jetzt nicht brüskieren.

»Du deckst mit deinen Männern unseren Rücken, Alfadas. Sorge dafür, dass alle Türen hinter uns verschlossen sind!«

Der Menschensohn nickte.

Ollowain zog sein Schwert. In zahlreichen Schlachten hatte ihm die Waffe treu gedient. Noch nie war ein Kampf so verzweifelt gewesen.

Die weißhaarige Elfe trat an seine Seite. Ihre blutroten Augen funkelten spöttisch. »Wäre es sehr unverfroren, dich für heute Abend auf einen guten Apfelwein einzuladen?«

Ollowain lächelte. »Nur wenn du darauf spekulierst,

dass ich nicht komme und du den Wein im Gedenken an mich allein trinken kannst.«

Leichten Schrittes eilte der Schwertmeister die Treppe hinab. Der erste Troll, dem sie begegneten, war völlig überrascht, sie zu sehen. Ollowain sprang ihn mit den Füßen voran an. Seine Klinge schnellte vor und durchtrennte dem Krieger die Kehle. Er schlug einen Salto über den stürzenden Troll hinweg und landete ein wenig unsicher auf der Treppe.

»Der Nächste gehört mir!«, sagte Lysilla kalt lächelnd und überholte ihn.

Der Schwertmeister ließ sie gewähren. Er sammelte sich, atmete tief und regelmäßig. Diesmal war er vorbereitet auf den Kampf. Nicht so wie damals in Vahan Calyd, als er im Park bei den Springbrunnen gefochten hatte.

Sie fanden beide Kasematten von Trollen verlassen. Tiefer im Berg hörten sie Schreie und Kampflärm. Ollowain führte sie durch einen kurzen Gang, der nach Norden abbog. Und dann standen sie unvermittelt im Durchgang zur Torwindenkammer.

Die Bezeichnung *Kammer* war allenfalls angemessen, wenn man an die Weite der Himmelshalle dachte. Die Torwindenkammer war eine große Halle mit gewölbter Decke. Die ihnen gegenüberliegende Wand wurde ganz von schweren goldenen Kettenzügen mit armdicken Gliedern eingenommen. Eine Reihe großer Barinsteine an der Decke tauchte die Halle in fahles blaues Licht. Auch hier hingen in weiten Bögen goldene Ketten.

Überall lagen Tote auf dem Boden. Offenbar waren die Verteidiger völlig überrascht worden. Kein einziger Troll fand sich zwischen den Leichen.

Etliche der grauhäutigen Hünen standen im Halbkreis vor einem Portal am östlichen Ende der Halle. Grölend und scherzend trieben sie ein tödliches Spiel mit den Kämpfern, die verzweifelt versuchten auszubrechen.

Ollowain nahm alles mit einem einzigen Blick in sich auf. Er konnte sein Glück kaum fassen. Der Platz war wie geschaffen, um auf seine Weise zu kämpfen. Allerdings gab es noch zwei weitere Tore. Eines, hinter dem ein Weg hinab zum Schneehafen führte, und ein zweites, von dem sich ein Tunnel tief ins Herz des Berges erstreckte. Wenn die Trolle von dort noch weitere Verstärkungen erhielten, dann würde ihr Kampf gegen die Hünen vollends hoffnungslos.

Lysilla hatte Ollowain am Eingang zur Torwindenkammer erwartet.

»Bestehst du noch immer darauf, den nächsten Angriff zu führen?«, fragte er sie. Vor dem Portal zu den äußeren Verteidigungswerken standen mehr als zwanzig Trolle.

»Ich habe nur darauf gewartet, dass du mich einholst, um mir zuzusehen, alter Mann.« Mit katzenhafter Anmut eilte sie durch die Halle. Ollowain glaubte schon, sie wolle den ersten Gegner ohne Warnung einfach niederstechen, als sie eine überraschend vulgäre Beleidigung rief, und das in der Sprache der Trolle.

Der Schwertmeister beeilte sich, an ihre Seite zu gelangen. Nach ihren leichten Siegen schätzten die Trolle zwei Elfen offensichtlich nicht als ernst zu nehmende Bedrohung ein. Nur drei Krieger lösten sich aus der Gruppe am Tor.

Der Erste starb mit durchschnittener Kehle, noch bevor er seinen Kriegshammer heben konnte. Dem Zweiten wollte Lysilla das Knie zerschmettern, doch ihr Hieb verfehlte sein Ziel und hinterließ nur eine blutige Furche auf dem Schienbein, ohne den Troll aufzuhalten. Die Elfe duckte sich unter einem Schlag hinweg, dann war Ollowain an ihrer Seite. Ein Stich traf den vorgebeugten Angreifer in die Magengrube.

Mit einer leichten Drehung befreite der Schwertmeister seine Klinge und sprang mitten zwischen die Krieger, die das Portal blockierten. Zu dicht gedrängt, um ihre Waffen einsetzen zu können, waren sie Ollowains Angriffen fast wehrlos ausgeliefert.

Nun fassten auch die Kämpfer jenseits der Pforte neuen Mut und wagten einen weiteren, ungestümen Ausfall. Die Verteidigungslinie der Trolle zerbrach.

Wie in Ekstase gab sich Ollowain dem Klingentanz hin. Er sprang, stach zu, brachte sich mit einem Salto in Sicherheit und griff schon im nächsten Augenblick wieder an. Einmal sprang er zur Decke empor und lief geduckt über schwere Kettenglieder, um einen fliehenden Troll einzuholen, der hinab zum Schneehafen wollte, um Verstärkung zu holen.

Als auch noch die Verteidiger der Kasematten in die Halle stürmten, war das Schicksal der Trolle endgültig besiegelt. Ollowain ließ das Tor hinab zum Schneehafen schließen und befahl, alle Truppen aus den nördlichen Vorwerken abzuziehen. Er überzeugte sich selbst davon, dass sämtliche Posten aufgegeben wurden.

Als er jedoch durch die Schießscharten der Katapultstellungen hinabblickte, sah er, dass eine Hälfte des Hafentors offen stand. Die großen Rammböcke brannten noch immer, waren aber ein Stück den Pass hinabgezerrt, sodass sie das Tor nicht blockierten.

Tausende Trolle stürmten in den Berg, und es gab keine Hoffnung mehr, noch zur zweiten Torwindenkammer durchzubrechen.

Erschöpft befahl Ollowain den Rückzug bis hinter die Himmelshalle. Die Trolle hatten es geschafft, schon am ersten Tag die mächtigsten Bollwerke der Festung zu überwinden und mehr als die Hälfte der Verteidiger zu töten oder einzukesseln. Phylangan schien verloren, kaum dass der Kampf begonnen hatte.

DER HERZOG DER NACHTZINNE

Skanga stieg über einen Kobold hinweg, der noch im Tod mit beiden Händen ein lächerlich kleines Schwert umklammerte. Es roch angenehm nach gebratenem Fleisch in der großen Höhle hinter dem goldenen Tor. Mit Schaudern betrachtete sie die vertäuten Eisschiffe. Sie erkannte die beiden Segler, die so blutige Ernte unter den Trollen gehalten hatten. Zornig blickte sie zurück durch das Tor. Hunderte verkohlter Leiber lagen dort auf dem Eis. Seit ihr Augenlicht sie vor vielen Jahrhunderten verlassen hatte, nahm sie den Tod viel deutlicher wahr. Sie sah jetzt die Lebenslichter der Sterbenden verblassen. Manchmal mochten die Lebenslichter die Toten nicht sofort verlassen. Doch nie leuchteten sie länger als bis zur nächsten Dämmerung.

Diese Halle und der ganze Pass waren voller verblassender Lichter. Ihr Volk hatte einen fürchterlichen Preis für den Sturm auf das goldene Tor bezahlt. Jetzt begriff Skanga, warum die Elfen ihnen nicht ein weiteres Mal mit ihren Eisschiffen zugesetzt hatten. Emerelles Brut hatte darauf vertraut, dass diese Festung unbesiegbar war und so gut wie ohne eigene Verluste verteidigt werden konnte.

Die Schamanin lächelte stolz. So viele auch heute gekämpft hatten, letzten Endes war es ein einziger Troll gewesen, der den Unterschied gemacht hatte. Sie hatte ihn bereits bemerkt, wusste, dass er überlebt hatte.

Hinter sich hörte sie Branbarts Stimme, der überschwänglich seine Krieger lobte. Der König hatte sich auf einem Fass niedergelassen. Als er Skanga sah, rief er sie. Er war von den üblichen Trotteln und Speichelleckern umgeben. Wenn Branbart eines Tages darauf verzichten würde, nur solche Kämpfer um sich zu versammeln, die dümmer waren als er, würde er vielleicht ein großer König werden.

Neben dem Fass, das Branbart zum Thron gemacht hatte, lag ein Haufen mit abgetrennten Elfenköpfen. Noch immer brachten Krieger neue Köpfe. Manche hatten gleich mehrere an ihren langen Haaren zusammengebunden. Branbart fand für jeden seiner Kämpfer lobende Worte.

»Was soll dieser Unsinn?«, fragte Skanga.

»Wir messen den Sieg«, antwortete Dumgar an Stelle des Königs. »Es heißt, dass es nur drei- oder viertausend Normirga gibt. Hier liegen schon mehr als zweihundert von ihnen. Und das sind nicht einmal alle! Manche Elfen vergehen, bevor man ihnen die Köpfe abschneiden kann. Emerelles Volk wird verlöschen! Dieser Schädelhaufen ist wie ein Stundenglas.« Dumgar grinste stolz über diesen Vergleich. Skanga bezweifelte, dass der Herzog vom Mordstein ihn sich selbst ausgedacht hatte. Sie wandte sich an den König.

»Ich muss mit dir reden. Allein!«

Branbart zog die Nase hoch und spuckte grünen Auswurf auf den Schädelhaufen. Dann entließ er die Schwätzer, die ihn umringten, mit einem flüchtigen Wink.

»Was willst du, Skanga?« Seine gute Laune war unüberhörbar verflogen.

»Du weißt, wer er ist?«

»Das war mir schon in Reilimee klar, als er mit diesem seltsamen Vorschlag kam, die Hafenmauern zu erstürmen. Das ist nicht die Art, wie Trolle kämpfen. Brücken in Masten, große Holzwände, die man zwischen die Rahen hängt … Wir haben die Elfen immer mit der Kraft unserer Arme besiegt.«

Skanga seufzte. Branbart müsste es eigentlich besser wissen. Einer war auch früher schon ungewöhnliche Wege gegangen.

»Dir ist klar, dass es sich nach dem heutigen Tag nicht länger verheimlichen lässt, wer er ist. Es werden Geschichten aufkommen. Man wird sich erinnern … An frühere Siege … An Schlachten, die Legende sind …«

»Ich weiß!« Branbart schlug sich mit der flachen Hand vor die entstellte Stirn. »Mein Kopf mag aussehen wie ein Fleischball, aber denken kann ich noch! Ich werde ihm sein verfluchtes Herzogtum geben!«

»Warum hast du solche Angst vor ihm?«

»Weißt du das nicht? Du bist doch sonst immer so klug, Skanga. Ich denke weiter. Was wird aus Orgrim, wenn er Herzog ist? Danach gibt es nichts mehr zu erreichen. Es sei denn, er würde König.«

Die Schamanin seufzte. Was für ein Narr Branbart doch war! Vielleicht wäre es besser, wenn er den Schlachtentod starb.

»Du kennst unsere Gesetze. So wie Orgrim zum Herzog der Nachtzinne geboren war, so wirst du immer wieder zum König geboren sein. Selbst wenn Orgrim dich ermordet, würde seine Herrschaft niemals von Dauer sein. Und den Königstitel dürfte er nicht führen. Er kann nichts gegen dich tun. Und das weiß er auch.«

Branbart wirkte jetzt sehr müde. »Sieh dir an, wie er Schlachten gewinnt. Er ist so anders. Vielleicht wird er eines Tages einen Weg finden, wie er mich in die Dunkelheit schickt. Er ist der einzige Troll, dem ich das zutraue.« Branbart sah die Schamanin fest an. »Der Einzige außer dir vielleicht noch! In letzter Zeit hatte ich den Eindruck, dass deine Aufmerksamkeit eher Orgrim galt als mir, deinem König.«

»Und warum wird das wohl so gewesen sein?«, fragte Skanga scharf. »Du brauchtest Orgrim, um heute siegen zu können. Ich musste ihn vor deinen Narrheiten schützen, denn sein Tod hätte bedeutet, dass du hier vor den Mauern des Königssteins gescheitert wärst. Jetzt brauchst du ihn nicht mehr. Mach ihn zum Herzog, schick ihn zur Nachtzinne. Gib ihm eine unbedeutende Aufgabe. Er wird für lange Zeit zufrieden sein und seine Kräfte an den Weibchen abstoßen, die er nun haben kann.« Skanga war sich bewusst, dass sie Orgrims Verhalten niemals würde vorhersagen können. Er war zu sprunghaft, um sagen zu können, was ihn im nächsten Mond beschäftigen würde. Sie müsste ihn weiterhin beobachten. Aber Branbart sollte sich in Sicherheit fühlen.

»Seit wann weißt du, dass er der wiedergeborene Herzog ist?«, fragte der König unvermittelt.

»Seit ich ihn das erste Mal berührte. Du weißt, mir bleibt es niemals verborgen, wenn eine alte Seele sich erneut in Fleisch kleidet.« Skanga blieb mit ihrer Antwort bewusst vage. Branbart sollte nicht ahnen, dass sie erst in Vahan Calyd Gewissheit gefunden hatte.

»Spricht etwas dagegen, wenn ich mir unseren großen Feldherrn vom Hals schaffe?«

Skanga richtete ihre blinden Augen auf den Herrscher. Sie sah die brennende Eifersucht in ihm glühen. Er würde alles dafür geben, so zu sein wie Orgrim. Aber er wusste, dass er ihm niemals gleichen würde. Und nach dem Sieg heute konnte er es nicht mehr wagen, den Herzog einfach umzubringen. »Was hast du vor?«

»Die Krieger lieben es, wenn man nach blutigen Schlachten große Reden schwingt.« Branbart erhob sich von dem Fass und trat in die weite Höhle hinaus.

Skanga folgte dem König. Branbart war nicht der Hellste, aber er hatte ein Gespür für die Macht. Sie war neugierig, wie er sich Orgrim gegenüber verhalten würde.

Sie fanden den Rudelführer beim goldenen Tor. Mit verschränkten Armen blickte er den leichenbedeckten Pass hinab. Er wirkte angespannt und verärgert.

»Tritt vor deinen König, Orgrim!«, rief Branbart mit lauter Stimme. Alle sahen zu ihm auf. Die Leichenfledderer hielten bei ihrer Arbeit inne. Krieger, die Verwundete in die Sicherheit der Höhlen brachten, blieben stehen. Sogar ein Trupp gefangener Kobolde blickte ängstlich auf.

»Hast du geglaubt, du könntest vor deinem König verheimlichen, was du tief in deinem Inneren trägst?«

Skanga sah, wie Orgrim sich spannte. Nach diesem Sieg würde er keinen Tadel durch Branbart mehr dulden.

»Komm her zu mir, und dann knie nieder vor Skanga. Sie soll nach deiner Seele greifen. Alle sollen hören, was sie in dir sieht!« Branbart zog die Nase hoch und spuckte aus.

Die Schamanin lächelte in sich hinein. Der König machte seine Sache gut. Atemlose Spannung lag über der Halle. Orgrim wirkte plötzlich besorgt. Aber er fügte sich dem Befehl seines Herrschers. Gehorsam ging er vor Skanga auf die Knie. Sie legte ihm die Hände auf die Stirn. Ja, es war deutlich zu spüren, wessen Seele sich in diesem Körper regte.

»Ist es so, wie ich vermute?«

Alle in der Halle hielten den Atem an. Skanga beschloss, sich auf das Spiel des Königs einzulassen. Nach dem Gemetzel vor dem Tor konnte Branbart diesen pathetischen Augenblick gut gebrauchen, um sein Ansehen im Heer wiederherzustellen. »Ja, mein Gebieter, du hast Recht. Diese Seele begehrt dagegen auf, dein Krieger zu sein.«

Orgrim sah sie erschrocken an. Sie wusste genau, dass

sie mit ihren Worten seine geheimsten Gedanken bloßgelegt hatte.

»Deine Taten haben dich verraten, Orgrim!«, rief der König mit Donnerstimme.

Skanga spürte, dass der junge Rudelführer sich nicht kampflos seinem Schicksal ergeben würde. Branbart sollte es lieber nicht zu weit treiben!

»Erhebe dich, Orgrim. Du bist erkannt!« Der König trat dem verblüfften Rudelführer mit offenen Armen entgegen. »Sei willkommen an meiner Seite, Herzog der Nachtzinne. Es ist gut, dich endlich wiedergefunden zu haben.«

Jubel erhob sich in der Halle. Der Herzog der Nachtzinne war der berühmteste unter den Feldherren der vergangenen Tage. Ein Held zahlreicher Legenden, auch wenn über ihm ein Schatten lag. Es hieß, ein Elfenkrieger verfolge ihn in unerbittlichem Hass. In seiner letzten Inkarnation war der Herzog in seinem Gemach inmitten seiner Festung ermordet worden. Aber das mochten auch Intrigen gewesen sein – hieß es …

»Beim Festmahl heute Nacht sollst du an meiner Seite sitzen«, erklärte Branbart jovial. Er hatte Orgrim einen Arm um die Schultern geschlungen, so als seien sie immer schon die besten Freunde gewesen.

»Ich habe große Pläne mit dir, mein Feldherr.« Branbart hatte wieder die Stimme erhoben, sodass man ihn gut hören konnte. »Nun, da der Königsstein fast gewonnen ist, werden wir Rache üben an allen, die unseren Todfeinden geholfen haben! Du sollst zu den Menschlingen gehen, Orgrim. Morgen schon wird Skanga dich zur Nachtzinne bringen. Und dann wirst du ins Fjordland ziehen und jede Hütte der Menschen verbrennen, die dir unter die Augen kommt. Sie sollen lernen, was es heißt, uns Trolle herauszufordern!«

Branbarts Ankündigung eines neuen Feldzugs wurde

mit allgemeinem Jubel aufgenommen. Orgrim wirkte unendlich erleichtert und zugleich ein wenig fassungslos.

»Darf ich heute Nacht noch meine Truppen zusammenstellen?«

»Sicher, Herzog. Sicher!« Branbart klopfte ihm auf die Schulter. »Nach dem Fest wird Zeit genug sein. Du sollst deine zwanzig besten Krieger mit dir nehmen. Unter den Leibwächtern der Weibchen in der Felsenburg wirst du leicht noch weitere Kämpfer finden, die froh sind, mit dir in die Schlacht zu ziehen. Dann gehst du über die Berge und wirst von Norden her im Fjordland einfallen. Meinen guten Freund Dumgar schicke ich mit fünfhundert Kriegern von Süden. Er wird die Königsstadt verbrennen und den Fjord hinaufmarschieren, um sich mit deinen Truppen zu vereinigen. Sei ihm ein guter Berater. Er ist manchmal etwas unbedarft.«

Orgrim sah Branbart fassungslos an. »Ich bekomme zwanzig Krieger? Und ich führe nicht das Kommando, sondern soll Dumgar beraten?«

Der König nickte lächelnd. »Ja, so soll es sein. Ohne einen fähigen Kopf wie dich an seiner Seite wäre Dumgar sicher rettungslos verloren. Du bist mein bester Feldherr. Ich vertraue darauf, dass eure gemeinsamen Siege genauso strahlend sein werden wie der heutige Tag.«

Skanga zog sich zurück. Branbart hatte sie verblüfft. Er hatte sich dem Unvermeidlichen gefügt. Orgrim war an seinem Ziel. Endlich war er Herzog. Und zugleich war er auf eine Weise gestraft, dass es ihn wohl kaum schlimmer hätte treffen können. Sollte Dumgar Erfolg haben, dann würde der Herzog vom Mordstein allein allen Ruhm ernten. Wurde er aber besiegt, dann würde Branbart Orgrim dafür verantwortlich machen.

Skanga ging den Eisschiffen entgegen. Dort irgendwo würde sie sich einen ruhigen Platz suchen und schlafen.

Schwer stützte sie sich auf ihren Stab. Nach einem Sieg spürte sie die Last der Jahrhunderte stets besonders deutlich. Es war lange her, dass sie gut gelaunt zu Siegesfeiern gegangen war. Sie zog sich stattdessen zurück.

Sollten diese Welpen ruhig feiern, die nicht wussten, was es hieß, dem Atem der Zeit standzuhalten. Die es nie wissen würden …

Die Schamanin stutzte. Sie spürte den Boden unter ihren Füßen erzittern. Ganz leicht nur. Da war etwas, tief im Berg.

Shahondin hatte dorthin keinen Weg finden können. Die Normirga waren berühmt für ihre Zauberer. Aber nicht ein Zauberweber hatte in der Schlacht gekämpft, dachte Skanga beunruhigt. Wo steckten sie? Was geschah tief im Innern des Berges? Sie straffte sich. Diese Schlacht war noch nicht gewonnen. Vielleicht wollten die Elfen, dass sie in den Berg kamen?

Wieder spürte sie das leichte Beben. Sie musste herausfinden, was dort in der Tiefe geschah!

VON VERGESSENEN HELDEN

… »Gebaut für Jahrhunderte, verloren in Tagen.« So sprechen heute viele von Phylangan. Doch es sind meist stolze, noch junge Krieger, die nicht dort waren in jenen Tagen des Untergangs. Sie ahnen nichts vom einsamen Mut jener, die sich mit all ihrer Kraft gegen das Unabwendbare stemmten.

Unvergessen bleibt Ollowain, der Wächter der Shalyn Falah. Er war stets dort, wo man das Lied der Klingen sang. Seine kühlen Scherze gaben jenen Kraft, die scheinbar endlos Wacht hielten.

Doch wie viele andere gab es, deren Namen heute niemand mehr im Munde führt!

Da war Gondoran, jener Holde, der Herr der Wasser aus dem fernen Vahan Calyd, ein Freund des Fürsten Orimedes, der einen einsamen Kampf in der Dunkelheit focht und selbst dann noch unerkannt blieb, als er dem Steinernen Garten einen letzten Sieg schenkte.

Vergessen jener Menschensohn von edlem Geblüt und übler Zunge, der mit seinen Männern Tunnel einriss und Gänge mit Steinen verfüllte, um den Trollen den Weg zum Himmelshafen zu verwehren. Selbst wenn sie vor Müdigkeit kaum noch die Hacken heben konnten, zögerte keiner der Menschensöhne, in die Schlacht zu ziehen, wenn der übermächtige Feind auf ein Neues durchgebrochen war. Nie wird man erfahren, woher sie diesen Mut nahmen, bestand doch der einzige Lohn, den sie zu erwarten hatten, aus den Narben, die sie auf ihren sterblichen Leibern trugen.

Vier große goldene Tore gab es in dem weiten Tunnel, der jenseits der Himmelshalle zum verbliebenen Hafen führte. Man hatte ihn so gebaut, dass mit umgelegten Masten selbst die größten Eissegler quer durch den Berg von einem Hafen zum anderen gelangen konnten. Nach jenen Toren heißen heute die letzten Schlachten, die in Phylangan geschlagen wurden. Es waren das Tor der Gärten, das zur Himmelshalle führte, das Lilientor bei der Nekropole, in der jene, die den Weg ins Mondlicht verfehlt hatten, in Eis eingeschlossen ruhten, das Alte Tor, nahe dem Fürstenpalast Landorans, und das Himmelstor, das letzte Bollwerk vor dem verbliebenen Hafen.

Einen Tag brauchten die Trolle für jedes der Tore, um es mit Rammböcken und Äxten zu zerstören. Und wenn ihnen das gelang, erwartete sie ein Weg, auf dem sie für jeden Schritt mit Blut bezahlten.

Verzweifelt kämpften die Verteidiger von rasch errichteten Barrikaden aus oder schlüpften durch enge Tunnel, um durch verborgene Ausfallpforten überraschend in den Flanken der Angreifer aufzutauchen. Sie ließen brennende Eisseglerrümpfe den abschüssigen Tunnel hinabgleiten und trieben den Trollen mit manngroßen Blasebälgen, die man aus den Essen der Schmiedehallen geholt hatte, Flammen und Rauch entgegen.

Zweiundzwanzig Tage kämpften jene, denen man höchstens eine Woche gegeben hatte. Dann zerschmetterten die Trolle das Himmelstor.

Eine Reiterattacke, geführt von Orimedes und seinen Kentauren, warf die überraschten Feinde noch einmal zurück. Doch jeder wusste, dass nun die Zeit gekommen war, den Steinernen Garten zu verlassen. Und die Überlebenden losten aus, wer zurückbleiben sollte, um den Flüchtenden noch ein paar Stunden zu erkaufen.

Ein weißer Stein bedeutete einen Platz auf den letzten Eisseglern, die die Festung verließen. Ein schwarzer Stein verhieß den Tod. …

Aus: Der Blick des Falken, S. 912,
Die Lebenserinnerungen von Fenryl,
Graf von Rosenberg

GOLD UND STEINE

»Lass dich von meiner Nase nicht täuschen, Dalla.« Lambi klopfte sich auf den Hosenlatz. »Hier unten ist noch alles in Ordnung.«

Die Hure des Königs verknotete den Verband an seinem Kopf. Dann sah sie ihn mit ihren grünen Augen an. Lambi war rothaarigen Frauen gegenüber immer voreingenommen gewesen. Sie brachten nichts als Ärger, hieß es.

Er dachte an den Stein, den er in der Hosentasche trug. Egal was für Ärger er sich einhandelte, er würde nicht lange dauern. Er grinste.

»Na, wie wäre es mit uns beiden? Bis zum Abmarsch bleibt gerade noch genug Zeit.«

Dalla legte ihm die Hand auf die Brust, dort, wo sein Herz war. »Ich weiß, dass hier bei dir alles in Ordnung ist, Lambi. Das ist das Einzige, was mich an Männern interessiert.«

Der Jarl konnte sein Glück kaum fassen. »Dann wollen wir also? Ich kenne da einen Ort, ganz in der Nähe, der ist …«

Sie schüttelte den Kopf. »Ich muss nach den Verwundeten sehen, das weißt du.«

»Gerade hast du mein Herz verwundet. Das wird mich umbringen, wenn du dich nicht sofort darum kümmerst!«

Dalla lachte. Dann stand sie auf. »Möge Luth dir einen langen Faden spinnen.«

»Mit Rothaarigen hab ich nie Glück«, murmelte Lambi gerade laut genug, dass sie es noch hören konnte. »Die laufen mir immer davon.«

Die Heilerin schüttelte den Kopf, dass ihr die roten Locken nur so um die Schultern tanzten. »Vielleicht fragst du einfach nur zur falschen Zeit.« Sie schenkte ihm ein hinreißendes Lächeln, dann war sie hinaus zum weiten Hafentor und stieg auf einen der Eissegler, auf dem man die Verletzten untergebracht hatte.

Lambis Hand spielte mit dem Stein in seiner Hosentasche. Die richtige Zeit zum Fragen würde er nicht mehr finden. »War ohnehin nur eine Rothaarige«, murrte er. »Hätt es mit 'ner Blonden versuchen sollen.« Er ging hinüber zu dem Schlitten mit der roten Plane. Es war der Letzte, den sie am Morgen beladen hatten. Ragnar, einer seiner Krieger, saß auf dem Kutschbock. Er war ein bulliger Kerl mit kurzem weißblondem Haar. Eigentlich war er Holzfäller, aber solange Lambi zurückdenken konnte, hatte Ragnar nie eine Gelegenheit ausgelassen, sich zu prügeln. Sein vernarbtes Gesicht und die breite, mehrfach gebrochene Nase erzählten mehr als alle Geschichten.

»Komm mir nicht auf die Idee durchzubrennen, du alter Hurenbock. Mit dem, was auf der Kutsche liegt, könntest du dir alle Freudenhäuser in Gonthabu kaufen und lebenslänglich kostenlos vögeln.«

Der Kutscher lächelte verschwörerisch. »Dafür haben wir dich zum Jarl gewählt, Lambi. Du hast immer die besten Einfälle. Darauf war ich noch gar nicht gekommen.«

Aus den Augenwinkeln sah Lambi Alfadas in Richtung des Schlittens eilen. Der hatte ihm hier gerade noch gefehlt! So sehr er Alfadas schätzte, es gab Dinge, die würde der Elfenjarl niemals verstehen, und von denen musste er auch gar nichts wissen.

»Fahr ab, Ragnar!«

»Aber …«

»Fahr, verdammt, wenn dein Jarl es dir befiehlt!«

Alfadas winkte ihnen mit den Armen.

»Jetzt fahr«, zischte Lambi und winkte lächelnd zurück.

»Er will doch, dass ich bleibe«, wandte Ragnar ein.

»Und ich will, dass du fährst, einfältiges Riesenkalb!«

Ragnar legte die Zügel nieder. »Der Herzog hat mir zwei Mal das Leben gerettet. Wenn er etwas von mir will, kannst du mir mit deinen Befehlen den Buckel runterrutschen!«

Es war zu spät. Alfadas trat neben den Schlitten. Lambi konnte ihm ansehen, dass er es wusste.

Der Herzog zog die Zeltplane zur Seite und strich über das Gold, so als müsse er es berühren, um zu glauben, was er sah. »Es stimmt also wirklich«, sagte er leise. Als er wieder aufsah, lag maßlose Enttäuschung in seinem Blick.

Lambi wünschte sich, dass Alfadas losschreien würde oder besser noch ihm einen Schlag ins Gesicht verpasste. So etwas war er gewohnt. Aber dieser Blick … Das konnte er nicht ertragen! Beschämt sah er fort.

Dabei war er doch im Recht, dachte sich der Jarl wütend. »Es ist eine von diesen verdammten Türen«, sagte er schließlich. »Wer goldene Türen hat, der muss sich eben nicht wundern, wenn ihm einmal eine abhanden kommt.«

»Sie sind unsere Verbündeten. Unsere Gastgeber …«

»Ja, und wir sind Gäste, die so freundlich sind, für unsere Gastgeber die Schädel hinzuhalten. Was haben wir davon? Fast die Hälfte der Männer, die mit dir nach Albenmark gekommen sind, ist tot. Und trotzdem vergöttern sie dich! Alfadas, der mit uns im Dreck liegt. Alfadas, der uns heraushaut, wenn wir in der Scheiße sitzen. Alfadas hier, Alfadas da! Ich kann es nicht mehr hören!«

»Und deshalb hast du den Normirga ein paar ihrer Türen

gestohlen? Was willst du mir sagen?«, entgegnete der Herzog scharf.

»Was ich dir zu sagen habe, ist nicht für Ragnars Ohren bestimmt. Komm!« Er zog Alfadas mit sich zu einem leeren Hafendock. Seit Wochen ärgerte er sich, und es war höchste Zeit, sich Luft zu machen.

»Du blendest sie mit deinem Ruhm, aber in Wirklichkeit kümmern sie dich einen feuchten Kehricht! Sie sind begeistert von dir, Elfenjarl, Herzog, Gast an den Tafeln von Königen. Du liegst mit ihnen zusammen hier im Schmutz. Du riskierst deine Haut für sie. Und weil ein so feiner Herr das alles für sie tut, fühlen sie sich bedeutender. Und dann dichtet dein Skalde noch die hübschen Lieder, wo sie alle Helden sind. Aber in Wirklichkeit sind sie dir egal!«

»Du bist besoffen, Lambi! Du weißt, dass ich alles für meine Männer tue!«

Er lachte wütend. »Natürlich! Und ich weiß auch, was du nicht tust. Du denkst nie daran, wie es für sie sein wird, wenn sie zurückkehren. Glaubst du, von Heldengeschichten bekommt man einen vollen Bauch? Im Fjordland werden sie schon nach ein paar Monden wieder derselbe Dreck sein, der sie waren, als man sie in dein Heer gesteckt hat. Was tust du dagegen, Herzog?«

Alfadas sah ihn betroffen an. Jetzt war er es, der dem Blick des anderen auswich.

»Du denkst gar nicht an Rückkehr, nicht wahr? Du hast beschlossen, hier zu verrecken. Und das ist deine Angelegenheit. Aber gestatte deinen Männern, dass sie dabei nicht mitmachen! Nenn mich einen Dieb, weil ich ein paar goldene Türen aus entlegenen Gängen hab mitgehen lassen. Wir haben sie nur dort aus den Wänden gebrochen, wo niemand kämpfen wird. Und in ein paar Stunden gehört ohnehin der ganze Berg den Trollen, dann wird niemand mehr diese Türen vermissen. Ich weiß nicht, wer dir verraten hat, was wir getan haben, während du an der Seite der Elfen gekämpft hast und wir Steine brechen konnten. Aber alle haben es gewusst. Ich habe dafür gesorgt, dass jeder, der ins Fjordland zurückkehrt, ein reicher Mann sein wird.«

Alfadas hob beschwichtigend die Hände. »Es reicht. Ich habe verstanden, Jarl. Vielleicht suche ich wirklich den Tod … Aber ich sollte euch nicht in meinen Untergang mit hineinziehen.« Er zog einen weißen Kieselstein aus seiner Tasche. »Mein Losstein. Nimm ihn! Ich habe gesehen, was du für einen Stein gezogen hast. Du kannst gehen.«

Lambi schlug ihm den Stein aus der Hand. »Glaubst du, ich bin nicht gut genug, um hier mit den ganzen Helden, die sich freiwillig melden, zu verrecken? Wenn es ans Sterben geht, dann sind wir alle gleich, du … du … aufgeblasener …«

Alfadas Fausthieb traf ihn völlig überraschend. Er hätte niemals gedacht, dass dieser drahtige Mistkerl so hart zuschlagen konnte. Dem Hieb in die Magengrube folgte ein Kinnhaken.

»Sammle den Jarl ein, Ragnar.« Der Herzog sah traurig aus. Verdammter Bastard!

Lambi schüttelte benommen den Kopf. Er konnte nicht fassen, dass zwei Schläge genügt hatten, ihn derartig zuzurichten. Das musste an der Kopfverletzung liegen! Er spürte, wie er hochgehoben wurde. Ragnar legte ihn auf den Schlitten und wickelte ihm eine Decke um die Schultern.

»Es tut mir Leid.« Alfadas war an seine Seite getreten und drückte ihm den verdammten weißen Kieselstein in die Hand. »Du hast Recht, Lambi. Ich bin nicht mehr der richtige Anführer für euch. Bis jetzt war es gut, einen Herzog zu haben, der seine Männer in den Schlachten beschützt hat, wo immer es ging. Jetzt brauchen sie einen

Mann, der sie gut zurück nach Hause bringt. Einen Mann wie dich.«

Lambi wollte aufstehen, sackte aber sofort wieder zusammen. Er fühlte sich so übel, als hätte er eine ganze Nacht lang billigen Wein gesoffen. »Du kannst nicht …«

Alfadas gab Ragnar ein Zeichen. »Fahr! Bring ihn zu Dalla, sie soll sich seinen Kopf einmal ansehen.«

Mit einem Ruck setzte sich der Schlitten in Bewegung. Durch die Decken hindurch fühlte Lambi das kalte Gold der gestohlenen Tür.

Alfadas stand mitten in der Hafenhalle. Er zog sein Schwert und grüßte ihn mit erhobener Klinge. »Lebe wohl, Herzog Lambi. Möge Luth dir einen langen Faden spinnen!«

Ein helles Horn rief vom letzten Tor. Die Trolle kamen zurück. Alfadas drehte sich um und schloss sich der Schar der Verlorenen an.

WENIGSTENS WASSER

Gondoran schwitzte wie ein Schwein. Der Holde strich die Wände des Tunnels glatt und fuhr sich mit fahriger Geste über die Stirn. Die schwere Krone schnitt ihm ins Fleisch.

Obwohl der Herr der Wasser dicke Filzstiefel trug, hatte er das Gefühl, seine Fußsohlen stünden in Flammen. Er war viel zu nah! Die Luft war stickig hier unten, die kleine Laterne, die am Seil über ihm hing, spendete viel zu wenig Licht, und ein paar Fingerbreit unter ihm lauerte der Tod. Welchen besseren Platz hätte er sich aussuchen können, um gegen die Trolle zu kämpfen, dachte er grimmig. Jetzt würde er sogar lieber auf dem Rücken von Orimedes über die weiten Ebenen des Windlands galoppieren oder an einer der Sauforgien der Kentauren teilnehmen. Er hatte sich von Orimedes nicht einmal verabschieden können.

Der Holde bückte sich in dem engen Rohr nach vorn. Fast senkrecht stieg es über ihm in den Felsen. Seine Finger tasteten über den heißen Boden. Eigentlich sollte der weiße Schwammstein die Hitze besser abschirmen. Er musste seinem Ziel schon sehr nahe sein, dachte der Holde. Vorsicht war geboten! Der Holde öffnete seinen Geist für die Kraft der Krone. Dann strich er ein wenig vom Schwammstein zur Seite. Der Boden bebte unter seinen Fingern. Irgendwo weit über ihm erklang ein knirschendes Geräusch im Fels. Staub und kleine Steinsplitter rieselten zu ihm herab. Seit dem Morgen wurde der Berg alle paar Atemzüge von sanften Stößen erschüttert.

Er musste wahnsinnig sein, dachte Gondoran. Niemand kroch durch enge Wassertunnel mitten in einem Berg, wenn jeden Augenblick mit einem Erdstoß zu rechnen war. Aber er lebte ohnehin von geschenkter Zeit. Eigentlich hätte er die Berührung des Stacheltuchs nicht überleben dürfen. Er sollte bei seinen toten Kameraden in den Mangrovensümpfen bei Vahan Calyd liegen. Ein Fürst sollte sein Volk nicht verlassen! Aber dort zu bleiben hätte Verrat an seiner Königin bedeutet.

Gondoran war davon überzeugt, dass er nur deshalb überlebt hatte, weil er noch etwas Bedeutendes vollbringen sollte. Und als er die Fontänen von Wasserdampf aus den hohen Pfeilern in der Himmelshalle hatte steigen sehen, da war ihm klar geworden, wo seine Aufgabe lag. Mit der Waffe in der Hand wäre er nur von geringem Wert im Kampf gegen die Trolle gewesen. Er war ein schlechter Armbrustschütze, und über die Steine seiner Schleuder hätten die Trolle nur gelacht. Dafür verstand er etwas von Wasser in all seinen Formen.

»Beeil dich, Gondoran!« Die Stimme der jungen Elfe wurde in dem engen Wasserrohr vielfach gebrochen und klang hier unten schroff. Fahlyn hatte ihm geholfen, seit der Kriegsrat ihm gestattet hatte, sich um das Wassernetz im Berg zu kümmern.

Es gehörte einiger Mut dazu, durch die engen Tunnel zu kriechen, während der Berg erzitterte. Die junge Elfe war außergewöhnlich tapfer. Gondoran hatte nicht verstanden, was Ollowain gegen Fahlyn hatte. Er duldete sie nicht unter den Verteidigern, obwohl sie zur Leibwache seines Vaters gehörte und gewiss eine gute Kriegerin war. Sie entstammte der uralten Sippe der Farangel.

Der Holde erinnerte sich an seine Kindheit. An die wunderbaren Tage, die er mit seinem Onkel verbracht hatte. Der Alte hatte oft stundenlang erzählt, während sie in einem Nachen durch die friedliche Finsternis der Zisternen von Vahan Calyd gestakt waren. Seine Geschichten hatten von den Normirga gehandelt und wie sie in der Zeit ihrer Flucht zusammen mit den Holden gelebt hatten. Als die Elfen aus dem hohen Norden gekommen waren, waren die Mangrovensümpfe ein Ort gewesen, den außer den Holden kein Volk der Albenkinder zu schätzen gewusst hatte. Erst die Normirga hatten dem dunklen Küstensumpf jene wunderbare Stadt abgerungen, in die dann alle achtundzwanzig Jahre Albenkinder aus allen Himmelsrichtungen pilgerten, um Zeuge zu werden, wie Emerelle, die Bedeutendste unter den Normirga, erneut zur Königin gewählt wurde.

Seit den Tagen, da der Grundstein von Vahan Calyd gelegt worden war, war die Sippe der Farangel mit den Holden eng verbunden. Sie hatte viele Baumeister der Kanäle und Zisternen hervorgebracht. Gondoran war stolz, dass er nach Jahrhunderten der erste Herr der Wasser war, der wieder mit den Farangel zusammenarbeitete. Ein Kreis schloss sich, dachte der Holde.

Gemeinsam hatten sie beide die Pläne der verborgenen Wasserwege studiert. Und beide wussten sie um das Geheimnis Landorans, um das, was tief unter ihren Füßen im Berg geschah. Sie hatten einige der großen Hauptleitungen aus dem Wassernetz genutzt, um heißen Dampf nach draußen zu den Flanken des Berges abzuleiten. So hatten sie die Himmelshalle davor bewahrt, sich ganz mit kochendem Dampf zu füllen. Und ihre Arbeit hatte den Zauberwebern in der Halle des Feuers Erleichterung verschafft, denn sie nahm ein wenig von dem Druck, der sich stetig im Felsen aufbaute.

Wieder fuhr sich Gondoran über die schweißnasse Stirn. Er wusste, wie es oben um die Verteidiger stand. Manchmal konnte er ferne Echos des Kampflärms hören, obwohl er hier am Grund des Steigrohrs fast eine Meile vom Himmelshafen entfernt war. Gestern Abend und bis tief in die Nacht, während die Verteidiger noch ein verzweifeltes Gefecht weiter südlich ausgetragen hatten, hatte er den hellen Fels auf dem letzten Stück des großen Tunnels bearbeitet. Er hatte den Stein weich werden lassen und dann seinen langen Stab hindurchgestoßen, bis zu dem großen Rohr, das sich dort verbarg. Schon Tage zuvor hatte er es vom Wassernetz isoliert und mit anderen Röhren verbunden, die hinab in die Tiefe führten. Jetzt war die Stunde gekommen, in der er kämpfen würde! Er hatte mehr als hundert Verbindungsöffnungen zu dem Hauptrohr geschaffen.

Der Fels bebte! Ein Schauer von Steinsplittern prasselte in das Fallrohr.

»Komm, Gondoran! Es ist Zeit«, rief Fahlyn weit über ihm. Ganz schwach hörte er das Echo eines einzelnen Hornsignals.

Der Holde griff nach dem Sicherungsseil und ruckte daran, sodass sie glauben musste, dass er mit dem Aufstieg begann. »Geh voraus zum Brunnenschacht! Ich werde gleich bei dir sein!«

Es tat ihm Leid, dass ihre Zusammenarbeit mit einer Lüge enden musste. Doch heute war der Tag, an dem das Stundenglas ablief. Die geborgte Zeit war verstrichen. Der Holde blies das Licht in der Laterne aus. Er war froh, dem Stacheltuch entronnen zu sein. Wenn man die Sache großzügig betrachtete, war es wenigstens sein Element, das ihn tötete. Das war angemessen für den Herrn der Wasser.

Er beugte sich vor. Die Kraft der Krone floss in seine Hände. Der Schwammfelsen unter seinen Füßen wurde weich. Er griff nach dem langen Stab, der neben ihm lehnte. Einige Herzschläge wartete er und lauschte. Dann hörte er es! Ein dreifaches Hornsignal. So war es mit Ollowain verabredet.

Gondoran stieß den Stab durch das weiche Gestein. Kochender Wasserdampf schlug ihm entgegen.

JENSEITS DER KINDHEIT

Ollowain tastete über seine verwundete Wange. Blut rann ihm den Hals hinab. Er wurde müde. Gestern noch hätte ihn dieser Schlag nicht gestreift. Er dachte an den riesigen Troll mit seiner mit Obsidiansplittern besetzten Keule. Fast hätte der Mistkerl ihm den Kopf von den Schultern gehauen! Er hatte sich gerade noch wegducken können.

Etwa zweihundert Schritt entfernt sammelten sich die Trolle im Schutz ihrer großen Holzschilde. Bei ihrem nächsten Angriff würden sie endgültig siegen. Ollowains Blick schweifte über sein letztes Aufgebot. Da waren Alfadas, Mag und zwei weitere Menschen; ein Kobold, dessen Namen er nicht kannte, stützte sich müde auf seine Armbrust. Neben ihm stand Silwyna. Sie hatte einen neuen Pfeil auf die Sehne gelegt und wartete, ob sich eine Lücke im Schildwall der Trolle zeigen würde. Auch ein Schwertkämpfer aus Landorans Leibwache war noch übrig. Zu wenige! Es machte keinen Sinn, noch weiter zu kämpfen.

Der Schwertmeister sah zu der langen Reihe kaum daumengroßer Öffnungen in der Wand des Tunnels. Jetzt war die Zeit gekommen, das Angebot des Holden anzunehmen. Gegen jede Wahrscheinlichkeit hatten sie zwei Angriffe der Trolle zurückgeschlagen. Einem dritten hatten sie nichts mehr entgegenzusetzen … Außer Gondoran!

Die letzten Flüchtlinge mussten jetzt schon weit draußen auf der vereisten Hochebene sein. Die Trolle würden sie nicht mehr einholen. Zumindest heute nicht. Ollowain nahm das silberne Horn von seinem Gürtel und setzte es an die Lippen. Drei lange Stöße waren sein Abschiedsgruß an Phylangan.

»Was soll das?«, fragte Alfadas müde. »Lädst du die Trolle ein?«

»Nein, ich rufe unseren letzten Verbündeten.« Er wandte sich an die anderen. »Zurück! Lauft hinauf zum Himmelshafen. Lauft, so schnell euch die Beine tragen. Unser Freund wird den Atem des Drachen entfesseln, so hat er mir gesagt.«

Noch bevor jemand fragen konnte, war ein fernes, drohendes Zischen zu hören. Ollowain sprang von der Barrikade. »Lauft!«, rief er. »Nehmt die kleinen Eissegler, die zurückgeblieben sind.«

Das Zischen wurde zu einem Fauchen. Seine Gefährten rannten. Der Schwertmeister packte den Kobold und warf ihn sich über die Schulter. Für die Respektlosigkeit würde er sich später entschuldigen.

Die Trolle brachen in schrilles Triumphgeschrei aus. Ollowain konnte das schwere Stampfen ihrer Füße hinter sich hören.

»Was geschieht hier, Kriegsherr?«, fragte der Kobold ängstlich.

Ollowain blieb kein Atem, um zu antworten. Seine Gefährten liefen ein Stück vor ihm. Silwyna blickte sich nach ihm um. Ihre Augen weiteten sich! Das Fauchen brach in den Tunnel. Ollowain blickte nicht zurück. Schrilles Kreischen klang in seinen Ohren. Todesschreie.

Der Kobold schrie. »Lauf! Lauf, der Drachenatem holt uns ein.«

Der Schwertmeister sprang mit einem weiten Satz über die verbogenen Trümmer des Himmelstors hinweg. »Haltet euch nach links! Lauft zu den Docks! Lauft nicht geradeaus!«

Ollowain bog hinter dem Tor zur Seite und rannte an der weiß getünchten Höhlenwand entlang. Die Schreie hinter ihnen waren verstummt. Nur das drohende Zischen war noch zu hören. Dichter weißer Dampf schoss durch das zerstörte Himmelstor. Der Leibwächter seines Vaters wurde von der Wolke verschlungen. Ein kurzer Schrei. Erst jetzt wurde Ollowain bewusst, dass er seine Warnung in der Sprache der Menschen gerufen hatte.

Die anderen waren entkommen. Sie rannten auf die Eissegler zu, die an den Docks vertäut lagen.

Langsam breitete sich der Dampf in der weiten Hafenhalle aus. Der Boden des Himmelshafens war von Eis bedeckt, und durch das weite Tor auf die Hochebene von Carandamon drang der Atem des Winters.

Ollowain setzte den Kobold ab. Der Bart des kleinen Kriegers war überzogen von feinen silbernen Wasserperlen. Ein unangenehm warmer Hauch schlug Ollowain ins Gesicht und brannte auf seinen Wangen.

»Danke, Kriegsmeister, dass du alle Förmlichkeiten vergessen und mich wie einen Sack Mehl auf die Schulter geworfen hast.«

Ollowain lächelte müde. »Wer weiß, wie oft deine Armbrustbolzen mir das Leben gerettet haben. Du bist mir nichts schuldig.«

Der Kobold schüttelte trotzig den Kopf. »Ich schulde dir ein Leben, Kriegsmeister. Du kannst diese Schuld jederzeit einfordern. Ich heiße Murgim. Du findest mich ...«

»Auf einem Eissegler!«, unterbrach Ollowain den Redefluss des Kobolds. Dichter Nebel griff nach ihnen. Der kleine Krieger verwusch zu einem vagen Schemen. »Halte dich an der Wand, dann kannst du die Docks nicht verfehlen.«

»Kommst du nicht mit uns, Kriegsmeister?«, rief Murgim ihm nach.

Ollowain tastete sich an der Wand zurück. Der Fels war schlüpfrig vom warmen Kondenswasser. Er war kein Kriegsmeister mehr, dachte Ollowain und fühlte sich trotz der Niederlage unendlich erleichtert. Phylangan war verloren. Er hatte bis zuletzt gekämpft, aber die Felsenburg war nicht zu retten gewesen. Nun würde er tun, was er schon längst hätte tun sollen!

Er fand die Treppe, die er nur einmal hinabgestiegen war, und machte sich auf den Weg in die Tiefe des Berges. Jetzt gab es hier keine Wachen mehr. Der steinerne Wald war verwaist, der Brunnen zwischen den Säulen versiegt. Immer wieder bebte der Boden unter seinen Füßen. Es war, als ginge man auf dünnem Eis, das bald schon unter den Strahlen der Frühlingssonne aufbrechen würde.

Aus dem Durchgang zur Halle des Feuers floss zitternd heiße Luft gleich flüssigem Glas. Der Gluthauch trieb große Ascheflocken vor sich her. Wie schwarze Schmetterlinge tanzten sie einen wilden Reigen. Ollowains Kehle war ausgedörrt. Schweiß rann ihm über Gesicht und Rücken und brannte in seinen Wunden. Es roch nach Steinstaub. Ein bitterer Geschmack lag ihm auf der Zunge.

Die heiße Luft brannte auf seinen Wangen, als er in die Halle trat. Nicht einmal ein halbes hundert Normirga kauerten noch auf dem Boden. Die Bänke entlang der Wände waren verlassen. Es gab keine Reserven mehr im Kampf mit dem Berg.

Vorsichtig ging Ollowain zwischen den Zauberwebern hindurch zur Mitte der Halle. Niemand beachtete ihn.

Lyndwyn kniete noch immer auf der goldenen Scheibe, als habe sie sich in all den Wochen keinen Zoll weit bewegt. Ihr Gesicht war bleich, die Züge von stummem Ernst. Erstes Silber schimmerte in ihrem schwarzen Haar.

Der Schwertmeister kniete vor ihr nieder. Sanft legte er ihr die Hände auf die Schultern.

»Hörst du mich?«, fragte er leise.

Lyndwyns Gesicht zeigte keine Regung. Ihre Augen starrten blicklos.

»Es ist vorbei.« Er strich ihr zärtlich über eine der Silbersträhnen. »Wir haben alles gegeben. Nun lass uns gehen!«

Lyndwyn hörte ihn nicht. Ollowain dachte daran, was sein Vater ihm über den Chor der Zauberweber erzählt hatte. Was würde geschehen, wenn er den Schlussstein aus dem Gewölbe brach, wenn er seine Liebste einfach mit sich nahm? Würde sie in einer Flamme vergehen, wenn sie zu schnell aus ihrer Trance erwachte? Er wusste es nicht! Aber er wusste, was geschehen würde, wenn er hier einfach an Lyndwyns Seite verharrte. Die Trolle würden kommen. Sie waren im Siegestaumel, und sie würden alle töten.

Ollowain hob die Magierin sanft auf seine Arme. Er trug sie eng an seine Brust gedrückt, um sie zu schützen.

Der Bann schien gebrochen! Alle Zauberweber blickten auf. Eine junge Frau, dicht neben ihm, verging in Flammen.

»Verräter!« Eine schlanke Gestalt erhob sich zwischen den Magiern. Sein Vater.

Ollowain hielt nicht inne. Unbeirrt ging er auf das Tor zu, das hinaus zum steinernen Wald führte.

»Wir hätten den Berg immer noch besiegen können!«, klagte ihn sein Vater an. »Deine Tat macht all unsere Opfer vergebens!«

Der Schwertmeister schwieg. Viel zu lange hatte er sich dem Wahnsinn seines Vaters gebeugt.

»Ich verfluche dich, mein Sohn! Ich verfluche dich! Nimm sie nur, es wird dir nichts nutzen. Lyndwyn weiß, wohin sie gehört. Du kannst sie nicht mehr besitzen. Selbst jetzt in diesem Augenblick versucht sie, die Disharmonie aus dem großen Lied zu verbannen. Dich! Nie mehr wirst du bei ihr liegen! Das ist mein Fluch!«

Ollowain wollte sich den Worten verschließen. Sein Vater hatte keine Macht mehr über ihn. Seine Zauberkraft war in dem Lied gebunden.

Die Zauberweber senkten wieder ihre Häupter. Stille senkte sich über die Halle des Feuers. Selbst das ferne Grollen war verstummt. Nur das Geräusch seiner Schritte begleitete den Schwertmeister.

Mit Lyndwyn in den Armen durchquerte er den steinernen Wald. Der Boden vibrierte jetzt stärker. Feiner Staub rieselte vom Goldgeäst der Deckenbögen. Ollowain küsste sie und flüsterte Liebesschwüre, doch sie erwachte ebenso wenig wie Emerelle.

Verzweifelt trug er Lyndwyn die lange Treppe hinauf. Er wusste, dass er nicht mehr zum Himmelshafen vordringen konnte. Dort würde kein Eissegler mehr auf sie beide warten. Die Trolle mussten den Hafen längst gestürmt haben. Ollowain wandte sich nach Westen. Durch verborgene Gänge lief er nach Osten, immer dem Herzen des Berges entgegen. Und dann kehrte das ferne Grollen zurück. Der Boden schwankte unter seinen Füßen. Ein Netzwerk feiner Risse huschte den Gang entlang.

Ollowain begann zu laufen. Manchmal hörte er Schritte und die kehligen Rufe von Trollen. Schließlich erreichte er eine Treppe, die sich hoch über dem See der Himmelshalle in den leuchtenden Fels wand. Geröll lag auf ihren Stufen. Trockene, heiße Luft schlug dem Schwertmeister entgegen, als er über breite Marmorstufen am Abgrund entlangeilte.

Tief unter ihm erstreckte sich die Halle. Viele Bäume brannten. Dort, wo der See gewesen war, schossen Fontänen aus flüssigem Feuer aus dem Boden. Hunderte Trolle flüchteten über die Mahdan Fallah, über deren Ende sich ein goldener Lichtbogen spannte.

Höher und höher stiegen die Feuerfontänen im See. Ollowain wusste, dass es für sie beide nur noch eine Rettung gab: jenes Tor, vor dem er als Junge so oft gestanden hatte und das zu durchschreiten ihm immer verwehrt geblieben war.

Die Marmorstufen erzitterten. Ollowain blickte zurück. Ein Teil der Treppe war weggebrochen, und in der Tiefe senkte sich die Mahdan Falah dem feurigen See entgegen. Zwei der himmelragenden Brückenpfeiler waren zerbrochen.

Langsam, so als verneige sie sich zum Abschied vor ihm, sank die weiße Brücke dem Feuer entgegen. Die Trolle rutschten in Scharen vom glatten Pflaster. Zuletzt war die Brücke leer. Makellos. Sie hatte die Eindringlinge abgeschüttelt und glänzte wie frisch gefallener Schnee.

»Du wirst mit uns vergehen, Elflein!« Ein staubbedeckter Troll mit einer langen, blutigen Schramme auf der Stirn trat auf die Treppe über dem Abgrund.

Ollowain begann zu laufen. Seine Beine schmerzten. Der lange Weg hatte seine Kraft erschöpft. Immer näher klang das schwere Platschen der nackten Trollfüße auf dem Marmor.

Am Ende der Treppe lag eine kleine Grotte. Stalaktiten schimmerten hier in öligem Schwarz. Früher hatte es in der Höhle einen kristallklaren See gegeben. Jetzt klaffte ein breiter Riss im Boden. Das Wasser war verschwunden.

Ollowains Atem ging hechelnd. Die Luft war erfüllt von feinem Steinstaub, der in den Augen brannte und den Mund ausdörrte. Jeder Atemzug wurde zur Qual. Nur wenige Schritte noch bis zu jener verbotenen Tür! Halb blind schleppte er sich voran. Wenn er die Pforte hinter sich verriegelte, waren sie gerettet.

Endlich erreichte er den verborgenen Winkel. Die Tür war verschwunden! Aus dem Fels gebrochen!

Der Troll hatte ihn fast erreicht. Behutsam legte Ollowain Lyndwyn auf eine breite Bank, die aus dem Fels geschlagen war, und bettete ihr Haupt auf staubbedeckte Seidenkissen. Dann wandte er sich um und zog sein Schwert.

Auch der Troll wirkte erschöpft. Aus rot entzündeten Augen blickte er Ollowain an. »Verfluchte Elfen! Ihr konntet ihn uns nicht lassen! Lieber vernichtet ihr den Königsstein, als ihn an uns zu verlieren.« Mit einem weit ausholenden Axthieb griff er an.

Der Schwertmeister wollte den Hieb unterlaufen, doch der Troll wechselte im letzten Augenblick seine Schlagrichtung. Das breite Blatt seiner Steinaxt verfehlte knapp Ollowains Schulter. Der Elf rutschte auf Geröll aus. Halb strauchelnd sprang er außer Reichweite seines Gegners.

»Dann verreckt eben dein Weibchen zuerst«, murrte der Troll und stapfte zur Steinbank hinüber.

Ollowain wollte schreien, doch aus seiner wunden Kehle drang nur noch ein Krächzen. Er sprang vor. Sein Schwert schrammte über den Arm des Trolls.

»Lästiges Männlein.«

Der Ellbogen des Trolls traf Ollowain gegen die Brust. Er wurde von den Beinen gerissen und schlug hart gegen einen Felsen.

Sein Gegner setzte sofort nach. Benommen warf der Schwertmeister sich zur Seite. Zu langsam! Diesmal traf die Axt seine Schulter! Sein Kettenhemd zerriss. Er spürte Knochen splittern. Es flimmerte vor seinen Augen. Der Troll beugte sich hinab und wollte ihn aufheben. Ollowains Schwertarm schnellte hoch.

Hastig richtete sich sein Gegner auf, um der Klinge zu entgehen. Es knirschte. Zu erschöpft, um noch einmal anzugreifen, erwartete der Schwertmeister den Todesstoß.

Der Troll rührte sich nicht mehr. Blut sprudelte unter seinem Kinn hervor.

Ollowain blinzelte. Hat der Berg dich doch noch besiegt, dachte er. Die Spitze eines Stalaktiten ragte aus dem Kinn des Trolls. Der steinerne Dorn hatte ihm den Schädel durchbohrt, als er aufgesprungen war.

Der Elfenfürst schleppte sich zu Lyndwyn. Noch immer lag sie in Trance. Ollowains linker Arm hing schlaff und gefühllos herab. Dunkel strömte das Blut aus der tiefen Wunde.

Stöhnend riss er einen breiten Streifen Stoff von seinem zerfetzten Waffenrock und stopfte ihn in die Wunde. Er schob sein Schwert in den Gürtel und zog Lyndwyn hoch. Nur ein paar Schritte noch!

Ein gewaltiger Stoß ließ den Berg erzittern. Stalaktiten brachen aus der Höhlendecke und prasselten zu Boden. Der tote Troll rutschte vom steinernen Dorn.

Ollowain trat über die Türschwelle, die ihm immer verboten gewesen war. Wer sie überschritt, war jenseits der Jugend. Blinzelnd sah er sich in der engen Felskammer um, die er nur aus Erzählungen kannte. Zwei Schlitten mit weit hochgebogenen Kufen standen auf dem Boden vor einer runden Tunnelmündung. Hierher brachte man in festlichem Zug jene, die auf die letzte Probe gestellt wurden.

Ollowain hob Lyndwyn vor sich auf den Schlitten. Dann stieß er sich mit den Füßen ab. Stahl knirschte auf Fels. Der Schlitten neigte sich in den Tunnel hinab.

Der Schwertmeister hob die Füße und verkantete sie hinter den Kufen. In rasender Fahrt schossen sie den Tunnel hinab einem schnell größer werdenden Lichtfleck entgegen. Dann waren sie umgeben von gleißender Helligkeit. Der Schlitten tat einen Satz und schlug hart auf einem steilen Eisfeld auf.

Wind brannte auf Ollowains Wangen. Er konnte kaum noch etwas sehen. Verzweifelt umklammerte er Lyndwyn und versuchte den Schlitten zu steuern. Alle tückischen

Felsen waren aus diesem Bereich des Berghangs entfernt, das wusste der Schwertmeister. Er musste den Schlitten nur auf Kurs halten. Wenn sie ungefähr geradeaus fuhren, würden sie viele Meilen weit ins offene Land hinausgetragen. Mit dieser Schlittenfahrt begann die Eisprobe. Jugendliche, denen man zutraute, dass ihre Zauberkraft reichte, um sich vor dem Frost zu schützen und den Elementen zu trotzen, begannen hier ihre Reise. Und wenn sie es aus eigener Kraft über Gletscher und Abgründe hinweg bis zum Himmelshafen auf der anderen Seite des Berges schafften, dann galten sie unter den Normirga fortan als Erwachsene.

Ollowain sank das Kinn auf die Brust. Lyndwyns Haar peitschte ihm ins Gesicht. Es roch nach Steinstaub. Vor seinen Augen verschwamm der gleißend helle Hang. Dann waren da nur noch Licht, das Mahlen der Kufen und der Gesang des Windes über den Klippen.

UNTER DEM ASCHEBAUM

Sie tanzte im warmen Wind. Weit unter ihr waren Flammen, die verloschen, wenn ihr Blick sie traf. Stimmen raunten in ihrem Kopf. Sie flüsterten ihr zu, die Flammen zu ersticken. Doch so sehr sie sich auch mühte, das Feuer blieb, ja, es gewann an Kraft. Jetzt schlug es höher. Ihr Kleid brannte. Jemand riss es ihr vom Leib. Eine schattenhafte Gestalt. Starke Arme umschlangen sie. Das Feuer rückte in weite Ferne. Kalter Atem streichelte ihre Wangen.

Lyndwyn blinzelte. Sie lag im Schnee. Etwas Bedrohliches war ganz nah. Sie wagte kaum zu atmen. Wie war sie hierher gekommen? Sie erinnerte sich an die Halle des Feuers, den Chor der Zauberweber … Und an jene eine Nacht mit Ollowain.

Etwas Durchscheinendes huschte vorüber. Schnüffelnd, gierig. Lyndwyn spürte den Albenstein auf ihrer Brust. Nichts konnte sie besiegen. Sie streckte sich und richtete sich dann auf. Schnee fiel von ihrem Kleid. Sie lag an einem Berghang. Dicht neben ihr ragte eine Schlittenkufe aus einer Schneewehe.

Die Zauberweberin blickte auf, als sie des fernen Grollens gewahr wurde. Sie lag am Fuß eines Berges. Meilen entfernt erhob sich eine riesige, dunkelgraue Rauchsäule. Ihre Spitze war aufgefächert wie eine Baumkrone. Der Wind zerrte den Rauch nach Westen. Dunkelrotes Glühen flackerte entlang der Unterseite der Rauchwolke. Einzelne Funken stiegen durch den Rauch, um in weitem Bogen aus dem Himmel hinabzustürzen. Dort, wo sie auf den Berghang fielen, schoss heller Wasserdampf empor. Weiter oben am Berg war der Schnee unter grauer Asche verschwunden. Der Gipfel hatte sich verändert. Er wirkte breiter. Der Schnee war dort völlig verschwunden. Lyndwyn sah einen roten Strom, der sich den Südhang hinabwälzte. Mehrmals spürte die Magierin den Boden unter den Füßen erbeben.

Sie erinnerte sich an den Chor. Und sie fühlte, dass all ihre Sänger verstummt waren, für immer.

Wie kam sie hierher? Sie sah sich um. Weiter unten am Hang lag eine zusammengekrümmte Gestalt, halb im Schnee begraben. Ein wenig wackelig auf den Beinen, stieg sie hinab. Ihre Knie schmerzten bei jedem Schritt.

Das lange blonde Haar … Der weiße Waffenrock! Lyndwyn begann zu laufen, strauchelte schon nach wenigen Schritten im tiefen Schnee, raffte sich auf und versuchte es erneut. Es war Ollowain! Er war sie holen gekommen!

Mit zitternden Händen umfasste sie sein Gesicht. Seine Wangen waren wie Eis! Eine tiefe Wunde klaffte in seiner Schulter. Die Zauberweberin legte eine Hand auf seine Stirn. Sie schloss die Augen und fühlte seinen Leib. Sein Herz schlug schwach, aber regelmäßig. Er hatte sehr viel Blut verloren. Das Schlüsselbein links vom Hals war zersplittert, sein Schulterblatt eingekerbt. Auch eine Rippe war gespalten.

Sie schenkte ihrem Liebsten Wärme. Mehr, als es das Amulett an seinem Hals vermochte. Dann griff sie nach der Macht des Albensteins. Kraft ihrer Gedanken heilte sie die Knochen und ließ zerfetzte Muskelstränge wieder zusammenwachsen. Nur das viele Blut, das er verloren hatte, konnte sie nicht ersetzen.

Sein Herzschlag war stärker geworden. Er lag in tiefem Schlaf. Lyndwyn bettete sein Haupt auf ihren Schoß.

»Es ist doch immer wieder ergreifend, zum Zeugen junger Liebe zu werden.«

Die Zauberweberin fuhr auf. Die Stimme war in ihrem Kopf!

»Ich bin es, Shahondin. Hab keine Angst, meine Enkelin!«

»Wo bist du?« Lyndwyn sah sich verwundert um. Außer ihr und Ollowain war niemand auf dem weiten Berghang zu sehen.

»Bitte versprich mir, dich nicht zu erschrecken.« Die Stimme klang nun unendlich traurig. *»Die Trolle haben mich gefangen. Und sie haben mir Schreckliches angetan, mein Mädchen. Ich bin nicht mehr der, den du kanntest.«*

»Beweise mir, dass du mein Großvater bist! Erzähl mir etwas, das nur er wissen kann.«

»Kluges Mädchen! Warum solltest du einer fremden Stimme auch trauen. Klug warst du immer schon. Erinnerst du dich, als wir im Pavillon am Meer den Lichtvogel ersonnen haben? Der Mond stand tief über der Bucht, als du zum allerersten Mal den Vogel hast fliegen lassen. Du warst noch ein kleines Mädchen. Er sah ein wenig unförmig aus, dein erster Vogel. Seine Schwingen waren wie Pergamentbögen und der Kopf nur eine Kugel.«

Lyndwyn musste lächeln. Ja, sie erinnerte sich an diesen ersten Vogel. Sie war noch ein Kind gewesen. Shahondin hatte sie danach gelehrt, wie wichtig es war, genau hinzusehen, und dass nichts Lebendiges eine zufällige Form hatte. »Zeige dich, Großvater.«

»Bitte, Kind, lass dich nicht von meinem Aussehen blenden. Die Trolle haben Ungeheuerliches an mir verbrochen. Aber ich spüre die Macht, die dich umgibt. Eine Macht, die alles zu ändern vermag. Du kannst mich zurückholen.«

Lyndwyn hatte sich für alles Erdenkliche gewappnet, doch das, was sich aus dem Schnee erhob, war etwas, worauf man nicht vorbereitet sein konnte. Der riesige geisterhafte Hund mit dem einen blutroten Auge hatte gar nichts mehr mit ihrem Großvater gemein außer dessen Erinnerungen.

»Erschrick nicht, mein Kind. Taste nach meinem Geist. Fühle, dass ich es bin!«

Die Kreatur öffnete sich ihr, und was die Zauberweberin fand, war ihr wohl vertraut. Auch die Düsternis in Shahondins Seele! Dies war das Einzige, was er vor ihr abschirmte. Seine dunkle Seite. Und sie wollte sie auch nicht sehen.

»Ruf mich zurück! Erinnere dich an den Mann, der ich war. Du kannst mir allein kraft deiner Gedanken all das zurückgeben, was die Trolle mir gestohlen haben. Denk an den Großvater, mit dem du so viele Stunden gemeinsamer Studien verbrachtest. Nutze den Albenstein! Er hat die Macht, mich zurückzuholen.«

Lyndwyn dachte fest an die fernen Tage in Arkadien, an die gemeinsamen Reisen mit dem gestrengen und so gelehrten Großvater. Daran, wie er die Stirn runzelte, wenn sie seinen Gedanken nicht zu folgen vermochte, an sein glockenhelles Lachen, wenn sie sich beim Zaubern gar zu unbedarft angestellt hatte. Sein Lachen war vergangen mit den Jahren. Zuletzt hatte sie sich gar Geheimnisse erschlossen, die ihm immer verborgen geblieben waren.

Die Zauberweberin spürte, wie sich der Albenstein auf ihrer Brust erwärmte. In Gedanken erschuf sie einen Funken aus hellem Licht und ließ ihn tanzen. So wie damals, in Vahan Calyd, als sie den Lichtvogel erschaffen hatte. Zunächst zog er nur grobe Konturen. Dann wob er Faden um Faden und zog dabei an der Essenz des Geisterhundes. Lyndwyn stahl ihm schließlich das Lebenslicht und verwob es mit der neu erschaffenen Gestalt ihres Großvaters.

Als sie ihr Werk vollendet hatte, verblasste das Licht. Nackt stand Shahondin vor ihr im Schnee. Er hob die Hände, tastete ungläubig über seinen Leib. »Welch ein Wunder!« Seine Stimme klang fremd, dunkler. Und die Worte waren verwaschen, wie von einem Betrunkenen gelallt. »Ich muss wohl erst wieder lernen zu sprechen.« Er streckte die Hand aus. »Welch eine Macht! Nun gib mir den Albenstein. Wir werden ihn nutzen, um die Trolle zu vertreiben.«

Sie wich einen Schritt zurück. Die dunkle, fordernde Stimme war ihr unheimlich. Etwas an ihrem Zauber schien missglückt zu sein.

»Du wirst dich doch nicht deinem Großvater widersetzen! Den Stein! Wir wollten ihn schon in Vahan Calyd haben. Oder hast du das vergessen? Er gehört in die Hände eines richtigen Zauberwebers. Nicht in die eines Mädchens! Du ...« Er fasste sich an die Brust. Etwas in seinem Leib war in Bewegung geraten. Seine Rippen wölbten sich vor. Unter der Haut seines Bauchs malte sich etwas ab wie ein Gesicht, das gegen dünnen Seidenstoff drückte.

Shahondin schrie. Er drückte beide Hände auf seinen Bauch. Blut war auf seinen Lippen. Etwas Dunkles zwang sich aus seinem Leib. Knirschend bogen sich die Rippen auseinander. Sie zerrissen Muskeln und Haut. Ein dunkler Hundekopf, bedeckt mit schwarz schillernden Schuppen, schob sich aus seiner Mitte. Shahondin stürzte in den Schnee. Pfoten mit langen Krallen zerrissen den Leib, den Lyndwyn erschaffen hatte.

Eisige Kälte wehte von der Hundegestalt. Eine Kälte, die selbst den Winter zittern machte.

»Erschrick nicht, mein Kind.«

Wieder war diese Stimme in ihrem Kopf. Sie klang lüstern und falsch!

»Ein Unfall. Ein kleines Missgeschick nur. Dein Zauber

war unvollkommen, wie damals bei dem ersten Vogel, den du erschufst. Gib mir den Stein! Wir können das ändern. Alles können wir ändern.«

Lyndwyn rief ein Wort der Macht. Ein flammender Bannkreis brannte im Schnee. Sie hatte sich täuschen lassen. Was immer dort aus dem Leib des Großvaters geboren wurde, es war nicht mehr Shahondin. Diese Kreatur durfte nicht sein!

Die Zauberweberin dachte an ihren Tanz über dem Feuer. Den Traum. Den Chor der Magie. An die Hitze. Den Gedanken an die Hitze wob sie in den Leib, den sie erschaffen hatte.

Der Hundekopf bog sich zurück.

»Du kannst mich nicht …«

Lyndwyn verschloss sich vor der Stimme in ihr. Sie trug den Albenstein! Sie vermochte jeden Zauber zu meistern, dachte sie zornig.

Die schwarze Gestalt schien in Shahondins zerrissenen Leib zurückkriechen zu wollen. Sie winselte wie ein junger Welpe. Plötzlich schien sie von innen heraus zu leuchten, einem dunklen Seidenlampion gleich, in den man eine Kerze stellte. Flammen schlugen aus der Schnauze. Der Leib, den Lyndwyn erschaffen hatte, verging in blendendem Licht. Nur ein paar Ascheflocken blieben, die vom Wind den verschneiten Hang hinabgetragen wurden.

Erschöpft sank sie in den Schnee. War diese Kreatur wirklich ihr Großvater gewesen? Sie hatte so viel über sie gewusst … Doch sie war nicht der Shahondin gewesen, mit dem sie ihre Kindheit verlebt hatte! Sie sah den Ascheflocken nach. Weit unter ihr am Hang bewegte sich etwas. Trolle! Sie mussten das Licht gesehen haben.

Lyndwyn blickte zu ihrem Geliebten. Es würde noch Stunden dauern, bis Ollowain erwachte. Und auch dann wäre er zu geschwächt. Sie hatte nicht die Kraft, ihn zu tragen. Und es gab kein Versteck. Zwei Stunden vielleicht, dann wären die Trolle hier. Es sei denn …

Traurig beugte sie sich über Ollowain und hauchte einen Kuss auf seine Lippen. »Du bist gekommen, um mich aus dem Feuer zu holen, mein weißer Ritter. Nun werde ich dich retten.« Sie drückte ihm den Albenstein in die Rechte. Um zu zaubern, fehlte es ihr an Kraft, nachdem sie ihrem Großvater einen Leib erschaffen und ihn dann wieder vernichtet hatte. Aber es gab noch einen anderen Weg, ihren Geliebten zu retten.

Sie erhob sich. Ein letztes Mal sah sie wehmütig zu Ollowain zurück. Dann ging sie den Trollen entgegen.

»ICH HEISSE BIRGA«

Lyndwyn war auf einen großen Schild gebunden. Eine enge Lederschlinge lag um ihren Hals, Arme und Beine waren weit abgespreizt und ebenfalls mit Schlingen gefesselt. Der Schild stank nach Blut und Exkrementen. Ein Auge war der Elfe zugeschwollen, und dennoch war sie bisher glimpflich davongekommen. Bisher …

Ein Stück neben dem Brett lag eine helle Haut im Schnee ausgebreitet. Darauf waren allerlei kleine Messer verstreut. Primitive Klingen aus Knochen und Feuerstein. Dunkle Flecken verrieten ihren Gebrauch.

Ein zweiter Schild war Lyndwyn gegenüber in den Schnee gerammt. Die Schamanin stand dort und redete auf ein gebeugtes altes Weib ein, das sich auf einen Stab stützte.

»Ich sage dir, sie ist anders als die anderen, die man mir bisher gebracht hat, Skanga. Ich spüre ihre Macht, wenn ich sie berühre. Sie war erschöpft, sonst hätten drei einfache Kundschafter sie niemals fangen können.« Das Trollweib mit der widerlichen Maske sah zu ihr hinüber. Lyndwyn war sich sicher, dass es die Absicht der Schamanin war, dass sie mithörte, was besprochen wurde.

Die alte Vettel ließ sich durch die Einwände nicht beeindrucken. Lyndwyn hatte das Gefühl, dass dieses alte Weib das Sagen hatte.

»Du wirst heute bei Einbruch der Dämmerung gehen,

Birga. Orgrim erreicht nun bald ein Dorf nahe einem großen Albenstern. So kannst du leicht zu ihm stoßen. Er braucht dich an seiner Seite. Er darf keine Dummheiten machen, wenn er mit diesem aufgeblasenen Wichtigtuer vom Mordstein zusammentrifft. Du wirst mir auf ihn aufpassen!«

Das Trollweib mit der Maske schnaubte. »Orgrim konnte bisher gut auf sich allein Acht geben.«

»Missverstehe mich nicht, Birga. Ich bitte dich nicht, dass du gehst. Ich erwarte es von dir.«

»Aber diese Elfe«, die Schamanin deutete zu Lyndwyn. »Ich glaube, sie ist von Bedeutung. Es wäre klüger, es nicht zu überstürzen mit ihr. Sie kann mir sicher …«

»Sieh zu, dass du all deine Antworten bis zur Stunde der Dämmerung bekommst. Jetzt, da der Königsstein auf immer verloren und der Passweg nach Carandamon versperrt ist, gibt es nur noch wenige Dinge von Bedeutung, die uns deine Elfe erzählen könnte. Wenn sie eine Adelige wäre, vielleicht …« Das alte Weib zuckte mit den Schultern. »Mach mit ihr, was immer du willst, aber schnell!« Mit diesen Worten ging die Alte davon.

Die Schamanin murmelte etwas vor sich hin, was Lyndwyn nicht verstehen konnte. Dann ging sie hinüber zu der Haut mit den Messern. Sie wählte eine dunkle, leicht gekrümmte Steinklinge.

»Bist du durstig?«, fragte das Trollweib unvermittelt.

»Nein.« Die Zauberweberin war nicht neugierig herauszufinden, was sie hier zu trinken bekäme.

»Es tut mir Leid, dass nun alles in großer Eile geschehen muss. Dafür will ich mich entschuldigen.« Das riesige Weib richtete sich auf. Sie strich Lyndwyn mit ihren bandagierten Händen durchs Gesicht. Die fleckigen Stoffstreifen stanken nach Verwesung. »Eine schöne Haut hast du. Ihr Elfen habt von allen die vollkommenste Haut. So zart …«

Die Schamanin stand so dicht vor ihr, dass Lyndwyn ihren Atem auf dem Gesicht fühlte. Sie stank nach saurer Milch.

»Ich weiß, dass du eine mächtige Zauberweberin bist. Etwas hat dich erschöpft … Aber du wirst dich bald erholen. Vielleicht sollte ich dir die Zunge herausreißen und dich blenden, um mich zu schützen.« Das Trollweib beugte sich vor und schnupperte an ihr. Lyndwyn wünschte, sie hätte hinter ihre Maske sehen können, um in ihrem Gesicht zu lesen.

»Sehr schön, mein Elflein. Du beginnst nach Angst zu riechen. Nun sag mir, wie bist du auf den Berghang gekommen?«

»Durch Zauberei.«

»Das glaube ich nicht. Du siehst nicht so aus, als wärst du so dumm, dich auf die falsche Seite des Berges zu zaubern. Anfangs versucht ihr immer, mich zu belügen. Aber ich werde es dir leichter machen, dich für die Wahrheit zu entscheiden.« Sie griff nach Lyndwyns rechter Hand und spreizte ihr den kleinen Finger ab.

Die Elfe bäumte sich auf, doch gegen die Kraft des Trollweibs vermochte sie nicht anzukommen.

»Ich heiße Birga. Man redet besser miteinander, wenn man die Namen kennt. Wirst du mir verraten, wie du heißt?«

»Lyndwyn.«

»Ein hübscher Name.« Die Schamanin hob das Messer. »Ich werde dir jetzt ein wenig wehtun. Es ist keine große Sache. Ich möchte nur, dass du dir besser vorstellen kannst, was ich dir noch alles antun könnte.« Vorsichtig ritzte sie mit dem Messer die Haut des kleinen Fingers. Dabei achtete sie darauf, dass Lyndwyn alles genau sehen konnte. Der Schnitt ging von der Fingerkuppe bis dorthin, wo der Finger aus der Handfläche wuchs. Hier machte die Schamanin einen zweiten Schnitt, der sich wie ein dünner, blutiger Ring einmal um die Fingerwurzel zog.

Lyndwyn wurde schlecht. »Ich bin nicht durch Zauberei auf den Berghang gekommen.« So viel konnte sie verraten. Das war kein Geheimnis!

»Das weiß ich doch.« Die Stimme der Schamanin klang freundlich. »Darüber werden wir gleich weiterreden. Es dauert nicht mehr lange.« Vorsichtig schob sie die schmale Steinklinge unter die Haut des Fingers und begann sie vom Fleisch zu lösen.

Lyndwyn wand sich, doch es war unmöglich, dem eisernen Griff des Trollweibs zu entkommen.

»Zapple nicht so, Kleines.« Mit einem Ruck zog sie die gesamte Haut des kleinen Fingers ab. »Sieh nur, wie gut man deine Sehnen und Muskeln sehen kann. Es blutet kaum. Es erfordert einige Übung, um so sauber eine Haut abzuziehen.« Die Schamanin nahm ein Knochenmesser und spießte den kleinen Hautstreifen damit auf den gegenüberliegenden Schild, sodass Lyndwyn ihn gut sehen konnte.

Der Elfe war übel. Ihr Finger brannte, als halte man ihn in eine Flamme. Sie wagte es nicht, ihn anzusehen. Du kannst das durchstehen, ermahnte sie sich in Gedanken. So wirst du Ollowain retten!

Birga strich ihr mit der bandagierten Hand über das Gesicht. Ein wenig frisches Blut schimmerte auf dem Stoff. »Du ahnst nicht, was für ein Geschenk deine Haut ist. Euch Elflein sieht man es nie an, ob ihr euer Alter nach Jahrzehnten oder nach Jahrhunderten zählt.« Sie seufzte. »Du wolltest mir vom Berghang erzählen?«

Lyndwyn behauptete jetzt, durch einen Tunnel entkommen zu sein. Wie sonst hätte Ollowain mit ihr auf den Hang gelangen können?

Die Schamanin nickte zufrieden. »Lassen wir das! Sag

mir, was für eine Art Zauberweberin du bist! Etwas mit dir ist doch anders.«

Lyndwyn überlegte, ob sie wohl den Mut hätte, sich die Zunge abzubeißen. Sie durfte nicht vom Albenstein sprechen! Ganz gleich, was Birga ihr noch antat.

»Ich sehe schon, es wird wieder schwieriger.« Sie blickte zu dem Holzschild, auf dem die Haut des Fingers hing. Dann griff sie nach ihrer Maske. »Weißt du, dass dies hier aus der Gesichtshaut einer Hure gefertigt ist, die meinen König betrügen wollte? Sie war ein sehr hübsches Weib. Hübsch und dumm!« Wieder strich sie Lyndwyn durchs Gesicht. »Hübsch bist auch du. Bist du auch dumm?«

»Ich habe den Zauberwebern der Normirga geholfen, das Feuer unter dem Berg zu bändigen«, stieß Lyndwyn hervor.

Das Trollweib lachte. »Na, es war doch nicht schwer, mir das zu verraten. Nun sollst du auch ein Geheimnis von mir wissen.« Sie hob die Maske an, sodass Lyndwyn ihr Gesicht sehen konnte. Gnadenlos zeigte das graue Winterlicht eine konturlose Masse. Was die Zauberweberin sah, erinnerte an zerschmolzenes Wachs … Nein, eher noch an eine tropfende Kerze. Waren es Warzen? Fleischperle reihte sich an Fleischperle, überzogen von grauer Haut. Sie wucherten auf Augenlidern, ließen die Nase zu einem unförmigen Klumpen werden, ja selbst die Lippen waren ungleichmäßig. Die Fleischperlen überwucherten einander, sodass Teile des Gesichts dick aufgequollen waren. Manche schnürten sich ab und hingen nur noch an dünnen Hautfädchen. Birga strich Lyndwyn über die Wangen. »Du warst dein Leben lang schön. Du wirst nie ermessen, was das hier bedeutet.« Mit diesen Worten setzte sie wieder die Maske auf. »Und nun sprechen wir über deine Königin. Weißt du, wohin sie geflohen ist?«

»Ich bin keine Normirga!«, entgegnete die Elfe ausweichend.

»Ah, ich sehe, wir nähern uns verborgenen Wahrheiten.« Birga hob ihr Messer und zerschnitt Lyndwyns Kleid vom Halssaum bis zum Gürtel. Sorgfältig streifte sie den Stoff zurück. »Du hast etwas Sprödes, meine Hübsche. Mag sein, dass du noch nicht oft bei den Männern gelegen hast. Da hätten wir etwas gemeinsam.« Sie prüfte mit den Fingern das weiche Fleisch ihrer Brüste, strich über den Rippenbogen, hinab zum Bauchnabel.

»Deinen Finger wirst du leicht verbergen können, Lyndwyn. Vielleicht macht es dich gerade interessant, wenn du immer einen Handschuh trägst. Was glaubst du, was du noch vor den Blicken der Männer verbergen magst? Oder möchtest du mir jetzt etwas von der Königin erzählen?«

Lyndwyn stand kalter Schweiß auf dem Gesicht. »Ich bin keine Normirga«, wiederholte sie.

»Nun, das hatten wir schon.«

Birga hob ihr Messer.

WIE EINE GESCHICHTE AUS KINDERTAGEN

Asla blickte in Isleifs frostrotes Gesicht. Er hatte Fieber, und sein Atem stank nach Branntwein. Am Ende seiner Kräfte, hatte man ihn vor dem Tor in der Palisade gefunden, die Firnstayn schützte.

Das Tor wurde jeden Tag bei Sonnenuntergang geschlossen. Doch am frühen Abend schon hatte man die Rauchsäule weit im Norden gesehen. So kam es, dass ein Posten am Tor gewacht hatte.

Isleif war völlig durchgefroren und am Ende seiner Kräfte gewesen, als man ihn hereingeholt hatte. Er hatte unzusammenhängend von Ungeheuern aus den Bergen geredet. Jetzt kauerte er in Decken gehüllt bei Asla an der Feuergrube. Ihr Haus war das größte im Dorf, deshalb hatte man ihn hinaufgebracht. Fast alle Einwohner drängten sich in der Halle.

»Es sind Riesen … größer als Höhlenbären …«, stammelte der Einödbauer. »Sie haben mir den Hof angezündet.« Er blickte zu Asla. »Hast du noch was zu trinken? Du weißt schon … was die Seele wärmt.«

»Der ist doch betrunken«, raunte jemand hinter Asla. »Jeder weiß, dass er säuft wie ein Loch. Wahrscheinlich hat er eine Kerze umgeworfen und seinen Hof selbst abgebrannt. Und jetzt erzählt er Geschichten.«

»Was ich gesehen hab, das hab ich gesehen!« Taumelnd richtete sich Isleif auf. »Groß wie Höhlenbären sind sie!«

»Vielleicht ist ja tatsächlich ein Höhlenbär von den Bergen heruntergekommen?«, sagte Kalf. »Manchmal erwachen sie schon mitten im Winter.«

»Es waren viele … Eine ganze Herde …« Der Einödbauer rülpste. »Asla, wo ist der Schnaps?«

»Du hast genug!«, entgegnete sie scharf. »Sind dir diese Riesen gefolgt?«

Der Bauer zuckte mit den Schultern. »Weiß nich … Ein ganz kleines Schlückchen nur, Asla. Ein ganz kleines … Für die Seele!«

Erek kauerte sich neben seinen Freund. Er legte ihm den Arm um die Schultern. »Du musst jetzt schlafen, alter Junge. Morgen gehen wir dann hinauf zu deinem Hof und sehen nach dem Rechten.«

»Nein! Nicht zu den Riesen«, wehrte Isleif entschieden ab. »Nicht zu den Riesen. Hab gesehen, was sie mit Reißzahn gemacht haben. Ein Keulenhieb … So ein großer Hund … Hat Wölfe zerfleischt, wisst ihr. War ein guter Hofhund … Einer von Oles besten Bluthunden … Ein Keulenhieb, und dann haben sie ihm die Läufe ausgerissen. Er hat noch gelebt.« Isleif fing an zu schluchzen. »So ein guter Hund! Ich gehe nicht zurück!«

»Jetzt reicht es aber! Ich höre mir diesen besoffenen Kerl nicht länger an.« Svenja griff nach ihrem Umhang und trat zur Tür. »Wir alle wissen nur zu gut, dass er ständig trinkt …«

»Und wenn er doch Recht hat?«

»Mit diesem Unsinn? Riesen, die ihm seinen Hof anzünden … Komm, Asla. Das sind Geschichten für Kinder. Es gibt keine Riesen. Es sei denn, man ist sturzbetrunken.«

Zustimmendes Gemurmel erhob sich.

Asla konnte ihre Nachbarn verstehen. Aber das alles erinnerte sie an eine Geschichte aus Kindertagen. Jene Geschichte, die sie öfter als jede andere von ihrem Vater zu hören bekommen hatte, weil er ein Teil davon war. Die Geschichte von Mandred und dem Manneber. Jenem Ungeheuer, das aus den Bergen hinabgestiegen war. Auch damals war ein Mann ins Dorf gekommen und hatte vor dem Ungeheuer gewarnt. Und man hatte ihm nicht geglaubt.

»Wir sollten jemanden zu Isleifs Hof schicken, der nachsieht, was geschehen ist. Jemanden, dem wir alle trauen.« Sie blickte zu Kalf.

Der große Fischer nickte. »Ja, es ist vernünftig, hinaus zum Hof zu gehen. Vielleicht kann ich ja sein Vieh zusammentreiben, wenn es nicht im Stall verbrannt ist.«

»Geh nicht, Junge!«, rief Isleif. »Sie schlachten dich wie meinen Hund. Meinen guten Hund …«

Es war still geworden in dem großen Raum. Der Einödbauer saß am Feuer und vergrub sein Gesicht in den Händen.

»Wir müssen auch Boten zu den anderen Gehöften schicken!«, entschied Asla. »Und wir sollten uns bereitmachen, das Dorf zu verlassen. In zwei Tagen könnten wir in Honnigsvald sein, wenn kein Sturm aufzieht. Wir brauchen Schlitten!«

Iwein, der Bauer, dem das meiste Vieh im Dorf gehörte, trat aus der Menge. Er war ein korpulenter, rothaariger Mann und berüchtigt für seinen Jähzorn.

»Dein Mann ist nicht hier, und du hast die Elfen in deinem Haus. Ich kann verstehen, dass du ängstlich bist, Asla. Aber jetzt übertreibst du. Es gibt keinen Grund, sich so aufzuregen. Nehmen wir einmal im schlimmsten Fall an, dass ein paar Räuber Isleifs Hof angezündet haben. Sie würden sich niemals ins Dorf wagen. Wir sind zu viele, als dass sie uns gefährlich werden könnten.«

»Und wenn es doch Riesen sind oder Trolle?«, beharrte Asla.

Iwein lief rot an. »Das ist dummes Geschwätz! Es gibt

keine Riesen. Und Trolle haben sich noch nie so weit in den Süden gewagt.« Plötzlich schlug seine Stimmung um, und er lächelte breit. »Außerdem sind die Trolle doch alle in Albenmark, um Krieg gegen die Elfen zu führen.«

Asla sah ihre Nachbarn an, und sie konnte in deren Gesichtern lesen, dass sie dabei war, sich zur Närrin zu machen. Man würde sie bis ans Ende ihrer Tage verspotten, wenn Isleif sich wirklich alles nur eingebildet hatte. Sie traute ihm durchaus zu, dass er, betrunken wie er war, aus Versehen selbst sein Haus angesteckt hatte. Aber die Geschichte mit dem Hund ... So etwas dachte man sich nicht aus!

»Einige von euch sind alt genug, um meinen Schwiegervater Mandred gekannt zu haben. Ihr kennt die Geschichte vom Manneber, und ihr erinnert euch vielleicht an die Nacht, als die Elfenkönigin kam, um meinen Mann zu holen.« Asla deutete zu der Nische, in der Emerelle lag. Yilvina stand mit verschränkten Armen davor. Sie hatte bislang schweigend zugehört.

»Ihr seid selbst Teil geworden von Ereignissen, die man schon in Honnigsvald nicht mehr recht glauben mag«, fuhr Asla fort. »Glaubt ihr, ich würde meine Kinder einfach so hinaus in die Winternacht zerren? Kalf wird losgehen, um zu sehen, was geschehen ist. Und sollte uns Gefahr drohen, dann entzündet er das Signalfeuer auf dem Hartungskliff. Ich kann euch nicht befehlen, nur raten. Und ich nehme es auf mich, dass ich von dieser Nacht an für alle Zeiten als ein verrücktes Weib gelten werde ... Aber ich rate euch, bereitet alles für eine schnelle Flucht vor. Ich jedenfalls werde den schweren Schlitten anschirren. Lieber habe ich eine unruhige Nacht und lasse mich anschließend verspotten, als dass ich ein Feuer auf dem Kliff sehe und nicht bereit bin.«

»Ich bin ihrer Meinung«, sagte Kalf.

Asla hätte ihn umarmen können für seine Worte. Jetzt nickte auch Svenja. Die Stimmung schlug langsam um.

»Na schön, seien wir bereit«, murmelte Iwein. »Packen wir ein paar Vorräte zusammen und fetten wir unsere Stiefel.«

»Damit ist es nicht getan. Deine Söhne sind längst Männer, Iwein. Du hast leicht reden. Aber für meine Kadlin brauche ich einen warmen Platz. Ich muss ihre Windeln wechseln können. Draußen auf dem zugefrorenen Fjord wäre eine nasse Windel ihr Tod.«

Der Viehzüchter schlug die Hände über dem Kopf zusammen. »Bist du jetzt vollkommen närrisch, Weib? Willst du vielleicht dein Langhaus auf Kufen setzen? Wie stellst du dir das vor, einen warmen Platz zu haben?«

Sie klopfte mit dem Knöchel auf die aufgebockte Tischplatte. »Ganz so, wie du es sagst, Iwein. Ich dachte an eine Hütte auf Kufen. Statt eine Plane über die Pritsche meines Fuhrwerks zu spannen, die nur den Wind abhält, aber nicht vor der Kälte schützt, zimmern wir einen Aufbau aus Tischplatten, Brettern, Türen. Und wir stellen eine Feuerschale hinein. So bekommen wir einen warmen Platz für die Kinder, für die Alten und die Erschöpften.«

Iwein schüttelte den Kopf. »Ich möchte nicht in deiner Haut stecken, wenn dein Mann sieht, was du mit der schönen Kutsche angestellt hast. All diese Aufregung wegen eines Betrunkenen … Wir schlagen uns die Nacht um die Ohren, und morgen zeigt sich, dass deine Trolle nur dem Rausch eines einsamen Mannes entsprungen sind. Du wirst es sehen, Asla.«

DIE ALFADASSTIEGE

Das Signalfeuer brannte lichterloh! Weit in den Himmel schlugen die Flammen. Kalf konnte beobachten, wie im fernen Dorf die große Kutsche aufs Eis des Fjords gebracht wurde. Dann folgten ihr winzige Gestalten. Holzschlitten, von Hand gezogen, und eine Herde Schafe, dicht zusammengedrängt, verschmolzen fast mit dem Weiß der Winterlandschaft.

Gut, dass Asla ihn auf den Weg zum Isleifshof geschickt hatte, dachte Kalf. Er war den Trollen im Wald begegnet. Raue Stimmen und ein kehliges Lachen hatten den Fischer zeitig genug gewarnt. So hatte er ein Versteck in einem Brombeerdickicht gefunden. Zwischen den schneebedeckten Ranken hindurch hatte er sie beobachtet. Riesig waren sie! Drei Schritt und mehr maßen sie vom Scheitel bis zur Sohle. Die meisten von ihnen waren trotz der Kälte fast nackt. Sie hatten Felle um ihre Lenden gewickelt. Einer trug den Kadaver von Isleifs Hund über der Schulter. Ihre Waffen verrieten, dass sie keine Jagdgesellschaft waren; kaum einer trug einen Bogen oder Speer. Sie waren mit Äxten und breiten Steindolchen bewaffnet. So kamen Plünderer daher!

Einer der Trolle, ein besonders großer Kerl, der seinen feisten Wanst mit blutigen Handabdrücken geschmückt hatte, kam so nah an Kalfs Versteck vorbei, dass der Fischer ihn mit ausgestrecktem Arm hätte berühren können. Kalf dankte Luth in stummem Gebet, dass die Trolle nicht auch noch Hunde mitgebracht hatten. So blieb er unbemerkt.

Die Kriegerbande folgte Isleifs Spur durch den Schnee. So würden sie geradewegs nach Firnstayn gelangen. Kalf wünschte, sie hätten den alten Säufer in seinem Bett überrascht! Vielleicht hätten sie das Dorf dann nicht gefunden.

Aslas großer Schlitten war jetzt schon fast eine halbe Meile auf den Fjord hinausgefahren. Noch kamen letzte Nachzügler aus dem Dorf. Ob sich wohl jemand geweigert hatte, in dieser eisigen Nacht nur wegen einer Geschichte und eines Feuers seine Hütte zu verlassen? Kalf hoffte es nicht. Nachdem er die Trolle gesehen hatte, gab es für ihn keinen Zweifel mehr an all den schrecklichen Geschichten, die man sich über sie erzählte. So sahen Menschenfresser aus!

Ein letztes Mal streckte der Fischer seine Hände den Flammen entgegen, dann zog er wieder die dicken, pelzgefütterten Fäustlinge an. Er vermied es, den Steinkreis zu durchqueren, der die steile Klippe krönte. Über den Ziegenpfad, der seitlich vorbeiführte, eilte er zurück zu dem sanft abfallenden Hang auf der Rückseite des Hartungskliffs. Und da sah er sie! Drei riesige Gestalten. Mit weiten Schritten stampften sie durch den hohen Schnee und folgten seiner Spur.

Kalf schluckte. Er hätte nicht so lange bei dem Feuer bleiben dürfen! Seinen Schein musste man bis weit in die Wälder hinein sehen. Er hatte die Menschenfresser damit geradezu gerufen. Und sicher würden sie es begrüßen, dass das Feuer schon brannte, auf dem sie ihn braten würden!

Kalf blickte zum Steinkreis. Dorthin hatte sich Mandred vor so vielen Jahren gerettet. Ein Wunder war geschehen, und er war nach Albenmark gelangt. Doch dahin wollte Kalf nicht! Asla durfte nicht auch ihn noch verlieren. Es war schon schlimm genug, dass Alfadas in den fernen Elfengefilden weilte, statt hier zu sein, um den Seinen beizustehen.

Die Trolle kamen schnell näher. Sie sahen, dass keine Fährte von der Klippe hinabführte. Kalf zog sich zurück. Zum Fjord hin fiel das Kliff steil ab.

In seinem ersten Sommer in Firnstayn war Alfadas oft hier oben gewesen. Damals hatte er immer wieder davon erzählt, wie sein Leben wohl verlaufen wäre, wenn sein Vater einen zweiten Weg die Klippe hinab hätte gehen können. Und irgendwann hatte er damit angefangen, diesen Weg zu bauen. Weg war zu viel gesagt ... Soweit Kalf wusste, hatte außer Alfadas niemand diesen Weg je benutzt. Und auch der Jarl war ihn nur unter guten Bedingungen hinabgeklettert. Nicht mitten im Winter.

Der Fischer sah sich am Rand des Kliffs um. Die Trolle waren jetzt schon so nah, dass er sie miteinander reden hören konnte. Wo war der verfluchte Abstieg?

Endlich fand er im Schnee verborgen einen rostigen Haken. Ein Seil, das ganz schwarz vor Schmutz und Schimmel war, hing davon herab.

Der erste Troll erschien am Rand des Steinkreises. Mit einem kehligen Ruf deutete er auf Kalf.

Der Fischer zog die Fäustlinge aus, griff nach dem Seil und ließ sich über den Felsrand hinab. Lieber wollte er abstürzen, als von Trollen gefressen werden!

Das Seil war gefroren. Der Frost schnitt Kalf in die nackten Finger. Je tiefer er hinabkam, desto bedenklicher knirschte das Seil. Und dann hörte es auf. Mitten in der Steilwand! Verzweifelt sah sich der Fischer um. Schnee lag auf den Felssimsen. An manchen Stellen war der Stein von einem klaren Eispanzer überzogen.

Ein Stück seitlich entdeckte Kalf einen gebogenen Eisenhaken. Dort gab es einen schmalen Felssims, über dem ein Seil wie ein Handlauf angebracht war. Kalf streckte sich. Gerade eben bekam er das Eisen zu packen.

Ein polterndes Geräusch ließ ihn aufblicken. Die Trolle warfen Steine die Klippe hinab. Mit verzweifelter Anstrengung zog sich Kalf auf den Sims. Dort schützte ihn ein Überhang vor dem heimtückischen Angriff. Mit beiden Händen in das Seil gekrallt, arbeitete er sich weiter vor. Der Sims wurde breiter.

Unter einem Felsüberhang fand Kalf eine Felsnische, auf deren Boden schwarze Holzreste lagen. Offensichtlich hatte Alfadas hier einmal gelagert. Verschlungene Muster waren mit der Holzkohle auf den Fels gemalt. Der Jarl war ein seltsamer Mensch! Kalf wäre es niemals eingefallen, mitten in einer unzugänglichen Felswand zu lagern!

Der Fischer blickte zum Fjord hinaus. Der Flüchtlingszug hatte das Dorf jetzt ein gutes Stück hinter sich gelassen. Sie würden entkommen! Gut, dass Asla so vorsichtig war!

Oben von der Klippe wurden keine weiteren Felsklötze mehr hinabgestürzt. Kalf wagte sich aus seinem Versteck. Die Trolle waren verschwunden. Vorsichtig kroch er ein paar Schritt weit auf den Sims hinaus. Nichts geschah! Die Menschenfresser hatten offensichtlich ihre Jagd eingestellt. Er würde leben!

Leichten Herzens machte er sich auf die Suche nach weiteren Spuren der Alfadasstiege. Über Eishaken, schmale Leitern und Seile kämpfte er sich die Steilklippe hinab, bis er zuletzt einen weiten Geröllhang erreichte, der in einen Tannenwald überging.

Vorsichtig tastend arbeitete er sich den Hang hinunter. Das Geröll lag unter Schnee verborgen. Er hatte die Hälfte des Weges geschafft, als die lockeren Steine unter ihm ins

Rutschen gerieten. Mit den Armen rudernd, suchte er nach Halt, stürzte nach hinten und rutschte auf dem Rücken liegend den Hang hinab. Er stieß gegen einen verborgenen Stein, überschlug sich. Sein Knöchel schlug hart gegen einen Felsen. Unaufhaltsam rutschte er den Tannen entgegen! Im kalten Sternenlicht konnte er deutlich die abgestorbenen Äste sehen, die wie Dolche aus den Stämmen ragten.

Er machte einen Satz und wirbelte durch die Luft. Dann gab es einen harten Schlag. Kalf kniff die Augen zusammen. Er lag in einer Schneewehe. Benommen sah er sich um. Bis zum Waldrand waren es kaum noch fünf Schritt. Der Fischer tastete seine Glieder ab. Sein rechter Knöchel schien verstaucht zu sein. Alle Knochen schmerzten. Aber es war nichts gebrochen.

Stöhnend richtete er sich auf und humpelte dem dunklen Tannenwald entgegen. Wenn er durchhielt, würde er vielleicht in zwei Stunden die Flüchtlinge auf dem Eis erreichen.

DUNKLE OMEN UND HELDENTOD

... Seit ihn sein Sohn Egil verlassen hatte, ward der König von üblen Träumen heimgesucht. Oft fand man ihn einsam mitten in der Nacht und nur mit einem Hemde angetan in seiner Festhalle sitzend. Der Herrscher, der bis ins hohe Alter Bärenkräfte besessen hatte, verfiel in wenigen Wochen.

Es war eine Zeit der dunklen Vorzeichen. Die Markthalle in Gonthabu, an der man drei Jahre gebaut hatte und die das erste große Gebäude aus Stein in der Königsstadt war, brach zusammen, als sich erster Schnee auf ihrem Dach türmte. Und eines Nachmittags lag ein Schatten auf der Sonne. Ein kleiner Fleck nur, doch er sollte für vier Tage bleiben.

Es war in der Nacht nach dem ersten schweren Wintersturm, als Horsa nach seinem Schreiber schickte, um sein Testament aufsetzen zu lassen. Auch rief er den ältesten Priester des Luthtempels zu sich. Allen bei Hof erschien Horsa an jenem Tag so, als habe er seine alte Kraft zurückerlangt. Er trank schweren Wein zum Mittag. Am Abend erreichte ihn die Kunde von den Trollen. Sie waren an der Küste erschienen, hatten ein Fischerdorf niedergebrannt und zogen nun den Fjord entlang dem Königssitz in Gonthabu entgegen.

Sofort ließ Horsa Boten in alle Himmelsrichtungen senden und versammelte vor den Toren der Stadt sein Heer. In drei Tagen folgten dem Waffenruf siebenhundert Männer. Zu Pferd und auf Schlitten kamen sie durch den tiefen Schnee, während die Verzagten in hellen Scharen die Königsstadt flohen.

Unter dem roten Adlerbanner sammelten sie sich, den König in ihrer Mitte. Weit bis ins Land hörte man den donnernden Hufschlag auf dem Eis, als der alte König seine letzte Attacke ritt. Doch was vermag Menschenkraft gegen finstren Trollzorn auszurichten! Selbst die tapfersten Recken des Königreichs wurden erschlagen. Zu ungleich war der Kampf, verloren schon, bevor das erste Schwert gezogen. Horsa Starkschild fiel, als er seinem jungen Bannerträger, dem Jarl Oswin, das Leben rettete. Und mit ersterbender Stimme befahl er dem Jüngling, die Lebenden um sich zu scharen und vom Eisfeld zu ziehen, um an einem anderen Tag siegreich zu kämpfen.

»Hol mir den Jarl vom Firnstayn«, waren die letzten Worte Horsas mit dem starken Schild.

DAS LEBEN HORSA STARKSCHILDS (33-35)
NIEDERGESCHRIEBEN VON EGINHARD VON DALUF

DIE ABGESTREIFTE HAUT

Ollowain fand das Lager am Berghang verlassen. Hier im zerwühlten Schnee verlor sich Lyndwyns Spur. Er wusste nicht, wie lange er am Hang geschlafen hatte. Die Arkadierin musste ihn mit einem Zauber belegt haben. Seine Wunden waren verheilt, doch fühlte er sich noch schwach. Als er den Albenstein in seiner Hand gefunden hatte, war er zu Tode erschrocken gewesen. Er hatte Lyndwyn gerufen … Dann war er ihrer Spur gefolgt, die ihn geradewegs zu den Trollen geführt hatte. Und er hatte begriffen, was geschehen sein musste. Ohne zu zögern hatte er den Albenstein versteckt, damit man ihn nicht bei ihm finden konnte. Und dann hatte er sich auf die Suche gemacht …

Er brauchte fast einen ganzen Tag, bis er das Lager der Trolle erreichte. Nur ein weites, zertrampeltes Schneefeld war geblieben. Hier und dort lagen Lumpen im Schnee und Plündergut aus Phylangan, das man dann doch nicht als bedeutend genug erachtet hatte, um es mitzuschleppen. Das Heer hatte sich nach Osten gewendet, dorthin, wo die alten Felsenburgen lagen. Der Königsstein, um den sie so verbissen gekämpft hatten, war gewonnen und in derselben Stunde verloren. Rotes Lodern umspielte den fernen Gipfel, über dem immer noch eine Rauchwolke stand.

Eine Zeit lang streifte Ollowain ziellos durch das Lager.

Dann entschied er, den Trollen nach Osten zu folgen. Er würde Lyndwyn finden … Die vielen Knochen, die überall bei den Feuerstellen im Schnee lagen, mahnten ihn, wie sinnlos diese Suche war. Er wusste schließlich, was sie mit ihren Gefangenen taten. Doch für ihn würde Lyndwyn leben, bis er den Beweis ihres Todes fand. Und selbst dann gab es Hoffnung. Eines Tages würde sie wiedergeboren werden. Er musste nur warten.

Sein Weg führte ihn vorbei an erfrorenen Kobolden, den Stoßzähnen von Mammuts und verlorenen Schilden, die müde Krieger einfach im Schnee liegen gelassen hatten.

»Ollowain …« Die Stimme war nur ein Wispern, verloren im Wind. Der Schwertmeister verharrte. Es war unmöglich zu sagen, von wo der leise Ruf erklungen war. Dann sah er die Bewegung. Ein zerrissener Umhang flatterte im Wind. Darunter lugte eine Hand hervor. Die vier Finger krümmten und streckten sich. Sie winkten!

»Lyndwyn?«

Er eilte zu der kauernden Gestalt. Sie hockte im Windschatten eines Trollschilds, auf dem mit Knochenmessern Seidenstreifen und eine blasse Maske aufgespießt waren.

Die Gestalt hatte sich den Umhang eng um den Leib gezogen. Als er näher kam, hob sie die Hände vor ihr Gesicht, doch er erkannte das lange, schwarze Haar sofort.

»Lyndwyn!« Erleichtert kniete er nieder. Sie hatte überlebt. Er konnte sein Glück gar nicht fassen! Alles würde wieder gut!

»Ich habe sie nicht verraten, die Königin.« Die Stimme der Zauberweberin war kaum zu verstehen, so leise und stockend sprach sie.

»Ich weiß«, sagte Ollowain. »Verzeih, dass ich dir nicht geglaubt habe.«

Lyndwyns Körper erzitterte; er konnte es nicht sagen, ob unter einem Schluchzen oder einem verzweifelten Lachen. Er wollte sie zärtlich in die Arme nehmen, doch sie zuckte schon bei der leisesten Berührung zusammen.

»Verzeih mir, ich kann nicht. Ich muss dich nun verlassen. Meine Kraft verfliegt … Das Netz des letzten Zaubers, den ich wob, zerreißt … Ich wusste, du würdest kommen. Einmal noch wollte ich in deine Augen sehen, mein wunderschöner weißer Ritter. Nun geh und rette unsere Königin. Mich hast du schon gerettet …«

Silbernes Licht umfloss die zitternde Gestalt.

»Bitte nicht! Geh nicht … Ich …«

Ihre grünen Augen funkelten in dem unnatürlichen Licht. »Ich werde auf dich warten …« Ihre Stimme klang wie aus weiter Ferne. Dann war sie fort. Lyndwyn hatte ihren Weg ins Mondlicht gefunden. Ihr Schicksal in Albenmark hatte sich erfüllt.

Im Schnee lag die zerrissene Decke. Ollowain hob sie auf und drückte sie an sich. Ganz zuletzt hatte er kurz Lyndwyns Antlitz gesehen. Er blickte zu dem Schild. Was er für eine Maske gehalten hatte, war verschwunden. Er erinnerte sich, was er vor langer Zeit im Streit zu der Arkadierin gesagt hatte. *Du müsstest deine Haut abstreifen, damit ich dir vertraue.*

Der Schwertmeister vergrub sein Gesicht in der zerrissenen Decke.

DIE WÄLLE VON HONNIGSVALD

»Das Holz ist so morsch, dass ich meinen Daumen hineindrücken könnte, wenn es nicht gefroren wäre. Du darfst nicht hier bleiben!«, sagte der Fährmann beschwörend. »Hinter diesen Wällen ist man nicht in Sicherheit.«

Asla seufzte. Zwei schrecklich lange Tage auf dem Eis hatte der Gedanke an die Stadt mit den palisadengekrönten Erdwällen ihr die Kraft gegeben durchzuhalten. Und nun, da sie noch keinen halben Tag in Honnigsvald waren, war alle Hoffnung schon wieder dahin. Kodran, der Fährmann, war am späten Nachmittag zu Asla gekommen. Er hatte sich als ein Freund ihres Mannes ausgegeben, und er hatte ihr keine Ruhe gelassen, bis sie schließlich eingewilligt hatte, mit ihm hinauf auf die Verteidigungswälle zu steigen.

Asla blickte zu Kalf. Sein Gesicht war noch immer mit Schorf bedeckt. Tausendmal hatte sie den Göttern gedankt, dass der Fischer seinen Sturz am Hartungskliff so gut überstanden hatte. Es war wie ein Wunder!

Kalf zog sein Fischmesser aus dem Stiefel und kratzte am Holz. Er fluchte leise. »Kodran hat Recht. Bei ihrer Größe müssen die Trolle stark wie Bären sein. Diese morsche Palisade wird sie nicht aufhalten. Wir müssen weiter!«

Wütend trat Asla gegen einen der Stämme. Sie hatte sich so sicher gefühlt in der großen Stadt! Wie zum Hohn trotzte ihr die Palisade. Ihr tat der Fuß weh. Sie war eben kein Troll.

»Wir können nicht so weiterziehen«, sagte sie entmutigt. »Wir brauchen mehr Schlitten.« Sie blickte zu dem großen Fährmann auf. »Bring mich zu dem Kerl, der meinem Mann das Fuhrwerk aufgeschwatzt hat.«

»Ich glaube nicht, dass er uns helfen wird«, wandte Kodran zögerlich ein. »Wir sollten besser gleich die Stadt verlassen, statt uns mit Sigvald aufzuhalten. Er ist ein übler Geschäftemacher.«

»Dann werde ich eben Geschäfte mit ihm machen! Wir haben keine Wahl. Es sind zu viele Alte und Kinder bei uns, und da ist ...« Asla räusperte sich. Fast hätte sie von der Königin gesprochen. Emerelle lag in der großen Kutsche. Doch davon sollte hier in der Stadt niemand etwas wissen. »Bring mich zu diesem Sigvald. Sofort!«

Kodran fügte sich und führte sie durch die überfüllten Straßen zum Ufer des Fjords. Die ganze Stadt war voller Flüchtlinge. Man hatte weithin im Umland die Rauchsäule sehen können, die über Firnstayn aufgestiegen war. Fischer und Bauern waren mit ihren Familien und ihrem Vieh in die trügerische Sicherheit der Stadt geflohen. Asla fluchte stumm. Sie musste diese Menschen warnen! Aber zuerst musste sie Sigvald sprechen.

Der Wagenbauer arbeitete in seiner Werkstatt, als würde ihn aller Trubel in der Stadt nicht das Mindeste angehen. Er hatte eisgraues Haar, das streng aus dem Gesicht zurückgekämmt war. Asla bemerkte, wie der Handwerker ihren roten Mantel musterte und entschied, dass sie wohl reich sein musste. »Womit kann ich dienen?«

»Wie viele Schlitten hast du?«

Die Frage schien ihn leicht zu verunsichern. »An was für eine Art Schlitten hast du denn gedacht, meine Dame?«

»Ich dachte, alle Schlitten zu kaufen, die du besitzt.«

Der Wagner räusperte sich. Dann sah er zu Kodran und Kalf, die Asla begleiteten. Doch keiner von beiden lächelte.

»Das wird sehr teuer …«, sagte Sigvald schließlich zögerlich.

»Auf meinem Wagen steht ein Kasten voller Gold. Mein Mann ist der Herzog Alfadas. Ich bin keine arme Frau. Das Gold wird dir gehören, wenn du mir bis Mitternacht die Schlitten fertig machst. Möglichst viele sollten hölzerne Aufbauten haben, die vor dem Sturm schützen.« Asla deutete zu Kalf. »Dieser Mann wird hier bleiben und dich dabei beraten, wie die Schlitten umzubauen sind. Solltest du mehr als fünf Fuhrwerke bringen, zahle ich dir für jedes tausend Silbermünzen als Leihgebühr. Wenn wir in Sicherheit sind, bekommst du die Fuhrwerke zurück und kannst deine Schätze behalten. Aber wir brechen um Mitternacht auf. Auf keinen Fall später! Du wirst uns begleiten, damit du unterwegs Schäden an den Fuhrwerken reparieren kannst.«

»Meine Schlitten sind solide! Es wird keine Schäden geben!«

Asla hob die Brauen. »An wen soll ich das Geld für die geliehenen Fuhrwerke auszahlen lassen? Wenn du hier bleibst, wirst du es nicht mehr in Empfang nehmen können. Ein Trupp Trolle marschiert auf Honnigsvald, und die Wälle dieser Stadt werden sie kaum aufhalten können.«

Der Wagenbauer lächelte. »Trolle. Werte Dame, es gibt in diesem Land keine Trolle. Es sind nur Plünderer …«

Asla war heute schon ein Dutzend Mal und öfter belächelt worden. Sie war es leid.

»Frag Kalf, wie deine Plünderer aussehen. Er ist ihnen begegnet. Aber vielleicht denkst du auch einfach nur nach. Glaubst du, ich würde ein Vermögen ausgeben und aus einer großen Stadt flüchten, wenn wirklich nur ein paar Räuber aus den Bergen den Fjord hinunterkämen?« Mit diesen Worten verließ Asla den Schuppen.

WIEDER AUF DEM EIS

»Glaubt mir!« Asla hob beschwörend die Hände. Sie stand auf einem Fass am Ende des Fischmarkts. Der Platz vor ihr war gedrängt voll von Menschen. Obwohl es tief in der Nacht war, kehrte keine Ruhe in Honnigsvald ein. Immer noch kamen Flüchtlinge über das Eis.

Sigvald hatte ihre Worte schließlich ernst genommen. Zur vereinbarten Stunde war er mit neun Schlitten gekommen. Sie standen aufbruchsbereit am Nordende des Marktplatzes.

»Wir haben Kutschen, in denen die Kinder vor der Kälte geschützt sind. Kommt mit mir. Ich gehe nach Gonthabu. König Horsa wird uns schützen können. In Honnigsvald seid ihr verloren! Die Trolle werden die Wälle der Stadt einreißen, als wären sie aus dünnem Pergament gebaut.« Asla spannte die Schultern. Sie hatte das Kettenhemd angelegt, in dem Gundar gestorben war. Jetzt drückte es sie, und wie es schien, half es ihr nicht. Sie hatte gehofft, dass Luth ihr vielleicht ein klein wenig näher sein würde, wenn sie sein Geschenk an den Priester am Leib trug. Sie hatte zu Luth gebetet, dass ihre Worte die Menschen überzeugen mochten. Doch nur die Wenigsten hier wollten ihr überhaupt zuhören.

Ein Trupp Bewaffneter bahnte sich seinen Weg durch die Menge. An seiner Spitze ging ein hagerer, glatzköpfiger

Mann. Es war Godlip, der Jarl von Honnigsvald. Seine Männer griffen nach Asla und zerrten sie vom Fass. »Bei allem Respekt, den ich vor deinem Mann habe, Weib, werde ich die Unruhe, die du schürst, nicht länger dulden. Ich verweise dich der Stadt. Nimm mit, wer immer dir folgen mag, aber wage es nicht, Honnigsvald noch einmal zu betreten!«

Der Jarl stieg auf das Fass. »Hört nicht auf dieses verwirrte Mannweib! Seht nur, wie sie aussieht. Trägt ein Kettenhemd wie ein Krieger! Und dann will sie euch hinaus auf das Eis führen! Mitten im Winter. Der Weg nach Gonthabu dauert mehrere Tage. Was glaubt ihr, wie viele von euch dort lebend ankommen werden? Honnigsvald ist überfüllt. Ich werde keinen aufhalten, der gehen möchte. Wir haben zwar nur wenige Krieger, aber viele bewaffnete Freiwillige. Und ich habe schon am Morgen einen Boten zum König geschickt. Wenn wir ein wenig aushalten, dann wird der König zu uns kommen, und niemand muss auf dem Eis sterben.« Der Jarl erntete zustimmendes Gemurmel. Er deutete mit ausgestrecktem Arm auf Asla. »Dich, Weib, verbanne ich aus der Stadt. Hier ist kein Platz mehr für dich! Verlasse die Stadt, deren Namen du in den Schmutz ziehst.«

Asla wollte aufbegehren, doch Erek packte sie am Arm und zog sie mit sich. »Lass diese Großsprecher«, sagte ihr Vater wütend. »Wir wissen, dass du Recht hast. Wir haben schon viel zu viel Zeit verloren.«

Sie drängten sich unter Buhrufen zu den Wagen.

Ulric saß auf dem Kutschbock. »Warum ist der Mann so böse mit dir, Mutter?«

»Weil er dumm ist!«, antwortete Erek an ihrer Stelle. »Lass deine Mutter jetzt in Ruhe.«

»Aber wir müssen Halgard holen! Sie ist nicht hinten auf dem Schlitten!«

»Ich hab sie eben noch bei dem Wagen gesehen, den Kalf fährt«, sagte Asla. »Mach dir keine Sorgen um sie.«

Ulric wollte vom Kutschbock springen. »Ich hol sie schnell!«

»Du bleibst hier!« Erek drückte ihn auf seinen Platz zurück. »Hör auf deine Mutter! Hier in dem Gedränge wirst du nur verloren gehen.«

»Ich werde gleich nach Halgard sehen.« Asla lächelte ihn müde an. »Wir lassen niemanden zurück.« Mit diesen Worten machte sie sich auf den Weg zum Ende der Wagenkolonne.

Kaum hatte sie ein paar Schritte getan, fand sie sich umringt von Godlips Kriegern. »Wir sollen dich aus der Stadt bringen, Weib«, sagte ihr Anführer harsch. »Sofort!« Er packte sie und zog sie mit sich fort.

Asla winkte Kalf zu. »Fahrt! Lass alle anfahren!« Ihre Gedanken überschlugen sich. Hatte sie an alles gedacht? Es waren zusätzliche Lebensmittel gekauft, Decken und Pelze, Holzkohle für die Feuerschalen in den überdachten Wagen, dazu sogar Branntwein und Verbandszeug. Asla musste lächeln. Was Alfadas wohl dazu sagen würde? All die Schätze, die er in den letzten Jahren auf seinen Kriegsfahrten zusammengetragen hatte, waren dahin. Sie hatte ihn an einem einzigen Nachmittag zu einem armen Mann gemacht.

Godlips Krieger sorgten dafür, dass sie zügig die Stadt verlassen konnten. Nur wenige hatten auf Asla gehört und sich dem Wagenzug angeschlossen. Eine Kolonne von vierzehn Schlitten fuhr hinaus aufs Eis nach Süden. Vieh wurde neben den Wagen hergetrieben. Etliche Flüchtlinge zogen nur kleine Handschlitten.

Asla saß bei Kalf auf dem Kutschbock und blickte die Menschenschlange entlang. Es mussten mehr als vierhundert sein, die ihr zuletzt doch geglaubt hatten. Wenn sie nur mehr Wagen hätten!

Sie umrundeten eine Landzunge, auf der ein lichter Birkenwald lag. Dahinter erstreckte sich der Fjord, eingerahmt von steilen Felsen, nach Süden. Hier war der Meerarm schon über fünfhundert Schritt weit. Feenlicht zog über den sternklaren Himmel und tauchte die Winterlandschaft in geheimnisvolle grüne Schatten.

Asla rieb sich frierend die Hände. Am liebsten hätte sie sich bei Kalf angelehnt. Es war gut, in seiner Nähe zu sein. Ganz gleich, was geschah, er blieb immer ruhig und zuversichtlich. Neben ihm auf dem Kutschbock zu sitzen, musste ihr jedoch genügen. Mehr Nähe war ihr als verheirateter Frau nicht gestattet.

Ein Schrei störte jäh den Frieden.

»Trolle!« Ein Mann, den Asla nicht kannte, deutete zum Birkenhain zurück. Fünf riesige Gestalten kamen auf das Eis hinausgelaufen, geradewegs auf den Wagenzug zu.

Kalf stellte sich auf und griff nach der Peitsche, die seitlich vom Kutschbock steckte. Ihr Wagen fuhr recht weit hinten in der Kolonne. Vor ihnen lenkte Erek den großen Schlitten, den Alfadas ins Dorf gebracht hatte.

Die Männer und Frauen, die neben den Schlitten hergingen, begannen zu laufen. Jemand reichte Asla ein kleines Kind hinauf. Sie drückte es in die Arme und sah zurück. Die Trolle holten schnell auf!

Kalf ließ seine Peitsche über die Köpfe der Schlittenpferde hinwegknallen. Doch es half nicht. So sehr die Pferde sich ins Geschirr legten, die Trolle kamen immer näher. Jetzt konnte Asla schon deutlich ihre Gesichter unterscheiden. Sie trugen leichte Wurfspeere. Einem Mann, der auf dem Eis gestürzt war, stachen sie im Vorbeilaufen einen Speer in den Rücken.

Die Kolonne war auseinander gebrochen, die leichteren Schlitten setzten sich ab. Asla hörte ihren Vater fluchen und auf die Pferde einschlagen. Viele Flüchtlinge versuchten verzweifelt, sich an den Schlitten festzuhalten. Asla sah, wie eine junge Frau unter die Kufen eines Wagens geriet. Mit zerquetschten Beinen blieb sie auf dem Eis zurück.

Die Trolle warfen nun ihre Speere. Die Nacht war erfüllt von Keuchen, Peitschengeknall, den Rufen der Kutscher und dem schleifenden Geräusch der Kufen. Wer laufen musste, hatte keinen Atem, um zu jammern oder zu schreien.

So plötzlich, wie sie angegriffen hatten, gaben die Trolle ihre Verfolgung auf. Sie hoben die Toten und Verletzten vom Eis. Dann zogen sie sich zurück.

»Jäger!«, sagte Kalf. »Wir sind für sie wohl wie eine Rentierherde. Sie töten nur so viele, wie sie essen können. Diesmal zumindest.«

Asla sah den Fischer verwundert an. Er sagte das so kalt, als seien tatsächlich nur ein paar Rentiere erlegt worden.

»Das waren Menschen, die mir vertraut haben«, entgegnete sie aufgebracht. »Kein Schlachtvieh!«

Kalf legte ihr eine Hand auf den Arm. »Beruhige dich. Wir müssen sie verstehen, wenn wir ihnen entkommen wollen.«

»Halt an!« Asla stieg vom Kutschbock. Sie ging zurück, um nach denen zu sehen, die nicht schnell genug waren. »Bring die Wagen wieder zusammen!«, befahl sie ihm schärfer, als sie es eigentlich gewollt hatte.

Es dauerte über eine Stunde, bis die Kolonne sich wieder zusammengefunden hatte. Asla half, wo sie konnte, und hörte sich geduldig die Klagen jener an, die sich bitter beschwerten, von den Schlitten im Stich gelassen worden zu sein. Blut trottete neben ihr her, und wann immer jemand in seinem Zorn zu laut wurde, brachte der große schwarze Hund ihn mit einem Blick und einem leisen Knurren zum Schweigen.

Erstes silbernes Licht zeigte sich über den Bergen, als sich Asla mit Yilvina, Kalf, Sigvald und einigen anderen Männern an der Spitze der Kolonne traf, um darüber zu beraten, wann man es wagen konnte, eine kurze Rast einzulegen. Noch immer trug sie das Kettenhemd. Ihr Rücken fühlte sich an, als säße statt des Rückgrats ein brennender Stecken in ihrem Leib. Sie war zu Tode erschöpft und hätte sich am liebsten in ihre Kutsche zurückgezogen, als ein Reiter vor ihnen auf dem Fjord erschien.

Als er den Wagenzug erreichte, hielt er geradewegs auf sie zu. Es war ein junger Mann, dessen Bart und Augenbrauen mit weißen Eiskristallen bedeckt waren. »Wo wollt ihr hin?«

»Wir fliehen vor Trollen, ob du es glaubst oder nicht«, antwortete Sigvald zynisch.

»Das ist mir schon klar«, entgegnete der Reiter. »Aber ihr flieht in die falsche Richtung. Sie kommen doch von Süden. Ein ganzes Heer. Es ist nur zwei Tagesmärsche entfernt. Vor euch sind noch zwei andere Flüchtlingstrecks. Ihr müsst nach Norden! So rennt ihr nur in euer Verderben.«

Asla hatte das Gefühl, als habe man ihr eine Faust in den Magen gerammt. Das konnte doch nicht sein! Die Männer redeten noch kurz miteinander, dann preschte der Reiter weiter, in der Hoffnung, unbehelligt an den Trollen, die im Birkenwald lagerten, vorbeizukommen und nach Honnigsvald zu gelangen, um dort den Jarl zu warnen.

Alle starrten Asla an, als erwarteten sie von ihr, dass ihr sofort eine Lösung einfiele. »Also, was nun?«, fragte sie müde. »Irgendwelche Vorschläge?«

Yilvina, die bisher geschwiegen hatte, meldete sich zu Wort. »Wir müssen vom Fjord weg und dann hinauf in die Berge. Vielleicht finden wir dort einen sicheren Ort. Die Trolle nutzen den Fjord wie eine Heerstraße. Auf dem Eis kommen sie gut voran. Und dank der Städte und Dörfer brauchen sie keine Vorräte mit sich führen.«

»Und wie sollen wir mit den Schlitten in die Berge?«, entgegnete Kalf. »Wir müssten sie aufgeben, und einen halben Tag später schon müssten wir die Schwächsten von uns zurücklassen.«

»Auf dem Fjord werden alle sterben«, entgegnete die Elfe ruhig.

»Machen wir uns nichts vor! Was sie sagt, ist wahr«, warf Sigvald leidenschaftlich ein. »Aber ich kenne einen Ort, der uns als Zuflucht dienen könnte, ja, den man sogar verteidigen kann. Sunnenberg! Das ist ein Dorf, das nicht weit von hier in den Bergen liegt. Man kommt über einen Seitenarm des Fjords dorthin. Wir würden dem Trollheer also aus dem Weg gehen. Man erreicht Sunnenberg über einen Pass, der nicht allzu steil für die Schlitten ist. Außerdem gibt es bei diesem Pass zwei starke Holzpalisaden. Rentiere wandern im Frühjahr und im Herbst über den Pass. Die Leute aus Sunnenberg nutzen den Passweg dann wie einen riesigen Pferch für die Herde. Sie nehmen einige Tiere heraus und lassen den Rest der Herde dann weiterziehen. Die Anlage ist gut in Ordnung. Das Dorf lebt davon, dass die Palisade hält.«

Das klang wie eine Antwort auf alle Sorgen. Asla befahl Sigvald, sich an die Spitze des Flüchtlingszuges zu setzen und sie zu dem abgelegenen Fjord zu führen. Späher sollten nach anderen Flüchtigen Ausschau halten und nach versprengten Kriegern aus Horas Heer. Sie würden jeden mitnehmen, den sie retten konnten. Als alles besprochen war, suchte Asla ihr Fuhrwerk. Müde zog sie sich auf den Kutschbock. Ihr Vater saß leicht vorgebeugt. Er musste wohl eingeschlafen sein.

Asla streckte sich. Die Wintersonne schien ihr warm ins Gesicht. Wenn sie an Ereks Seite einnickte und sich an seine Schulter lehnte, würde es kein Gerede geben. Sie stieß ihn sanft an. »He, aufwachen. Gleich geht es weiter.«

Erek rührte sich nicht.

»Aufwachen.« Sie wollte nach seiner Schulter greifen und ihn schütteln, da sah sie das Blut. Seine Hände, die Hose, die Zügel: alles war voller Blut.

»Wach auf!«, sagte sie beschwörend, obwohl sie wusste, dass Erek sie nicht mehr hören konnte.

Jemand zog sie vom Kutschbock. Kalf! Er hielt sie fest. Yilvina kletterte zu Erek hinauf und untersuchte ihn.

Asla bäumte sich in der Umklammerung auf, doch Kalf war stärker als sie. Er hielt sie eng an seine Brust gedrückt.

»Ein Wurfspeer hat ihn in der Seite verwundet.« Die Elfe sah Asla an. Keine Regung zeigte sich in ihrem Gesicht, obwohl sie wochenlang jeden Abend mit Erek am selben Tisch das Abendmahl eingenommen hatte.

»Er hat den Speer herausgezogen. Die Wunde ist tief. Sie hat nicht aufgehört zu bluten. Er hat den Schlitten in der Spur gehalten. Irgendwann, nachdem die Kolonne wieder langsamer marschierte, wird er eingeschlafen sein. Die Pferde sind dann einfach dem Gespann vor ihnen gefolgt.«

Asla war zu erschöpft, um zu weinen. Sie hörte der Elfe zu und konnte doch nicht begreifen, was geschehen war. Erek war immer für sie da gewesen. Nie war er weiter als ein paar Meilen von ihr fort gewesen. Er war alt geworden. Aber er war nicht gebrechlich. Zumindest in ihren Augen!

»Wir müssen ihn begraben«, sagte sie schließlich.

»Das geht nicht«, sagte Kalf sanft. »Vielleicht folgen uns die Jäger vom Morgen noch. Wir können nicht anhalten. Noch nicht. Und einen Leichnam mit sich zu führen, bringt Unglück. Das weißt du!«

»Willst du ihn etwa auf dem Eis liegen lassen?«, fragte sie mit erstickter Stimme. »Du kennst ihn dein Leben lang, und jetzt lässt du ihn als Fraß für die Trolle zurück!«

»Nein.« Kalf hielt sie noch immer fest im Arm. »Er hat mir einmal erzählt, er würde gern so wie König Osaberg am Grund des Fjords ruhen. Er fand, dass sei für Fischer ein angemessenes Grab …«

Asla schluckte. Erek hatte ihr auch davon erzählt. Wenn er tot war, wollte er zu den Fischen, die ihn ein Leben lang genährt hatten. Sie wusste auch, dass sie nicht warten konnten. »Lass mich los«, sagte sie leise. »Ich hole die Kinder vom Wagen. Sie sollen von ihrem Großvater Abschied nehmen.«

Blut trottete neben ihr, als sie zum Heck des Schlittens ging. Mit zitternden Händen öffnete sie die Klappe. Stickige Luft schlug ihr entgegen. Ihre Tante Svenja saß mit mehreren Kindern auf der Pritsche. Matt glühte eine Hand voll Holzkohlestücke in der Feuerschale. Die Elfenkönigin lag lang auf dem Boden ausgestreckt auf einem Lager aus Fellen.

Svenja blinzelte in das Morgenlicht. »Was ist?«

Asla setzte an, etwas zu sagen, doch ihr kamen keine Worte über die Lippen. Sie sah Kadlin. Das Mädchen schlief friedlich im Arm ihrer Tante. Aber Ulric war nicht dort!

»Wo ist mein Sohn?«

»Ist er nicht draußen bei Erek?«

Asla knickten die Beine weg. Sie hielt sich am Wagengestell fest. Ihr war übel. Sie dachte an den Tumult in Honnigsvald. Ulric hatte dort noch auf dem Kutschbock gesessen. Und dann … Sie hatte die ganze Nacht nicht nach ihm gesehen. Er war … Asla blickte zurück nach Norden. Rauchwolken stiegen dort in den Himmel auf.

»Wo ist Halgard?«, fragte sie verzweifelt. »Kalf! Halgard ist doch hinten in deinem Wagen?«

Der Fischer eilte zurück. In allen Kutschen wurde gesucht. Doch weder Halgard noch Ulric waren zu finden.

Blut stupste sie mit der Schnauze an, als wolle er sie

trösten. Asla griff in das dichte Nackenfell des Hundes. Sie brachte ihr Gesicht ganz nah an dessen Ohren. Ihr war klar, dass sie nicht zurückkonnte, obwohl sie sich nichts sehnlicher wünschte. Die Trolle würden sie einfangen. Das würde Ulric nicht helfen. Und sie musste auch an Kadlin denken …

»Geh zurück«, flüsterte sie dem Hund ins Ohr. »Geh zurück und hol Ulric. Du kannst ihn finden.«

»Ich werde mit ihm gehen«, sagte eine seltsam singend klingende Stimme. »In zwei Tagen bin ich zurück … Wenn alles gut geht.«

Asla blickte zu Yilvina auf. Zum ersten Mal erschien ihr das Gesicht der Elfe nicht wie aus Stein gemeißelt.

NEUE AUFGABEN

Boltan wanderte am Ufer zwischen den dicht gedrängten Menschlingen entlang. Sie wichen ihm respektvoll aus und duckten sich, wenn er nur in ihre Nähe kam. Was für erbärmliche Wichte! Er wusste nicht, wen er auswählen sollte. Sie alle erschienen ihm nicht gut genug für die Tafel des Herzogs.

Stolz erfüllte den Troll. Orgrim hatte ihn zu seinem Koch gemacht! Damit war er der zweite Mann hinter dem Herzog. Er trug die Verantwortung dafür, dass alle hungrigen Mäuler gestopft wurden. Es war ein schweres Amt voller neuer Herausforderungen. Er musste Listen über die Esser und die Vorräte führen. Und er musste den Gaumen seines Herzogs erfreuen.

Orgrim war schlecht gelaunt. Dumgar war auf dem Marsch hierher und würde sich bald mit den Truppen des Herzogs vereinen. Dann würde der Herrscher vom Mordstein befehlen …

Für heute wollte Boltan seinem Herrn eine Freude bereiten. Nichts vertrieb Sorgen besser als ein köstliches Mahl! Brud hatte ihm vor ein paar Tagen von einer besonderen Art erzählt, wie man große Hasen zubereiten konnte. Man brach ihren Leib auf und holte das Gedärm, den Magen und die Galle heraus. Dann schmierte man sie mit Lehm ein, bis sie wie ein großer, grauer Klumpen aussahen. Den legte man dann in die Glut einer Feuergrube. Eingeschlossen vom Lehm, konnte das Fleisch in seinem eigenen Saft ziehen. Und es schmeckte wunderbar zart, wenn man es aus dem Feuer holte und die graue Kruste aufbrach. Alle Haare blieben im Lehmmantel, und man konnte sofort mit dem Essen beginnen.

Boltan hatte am Morgen unter einer Feuerstelle am Ufer feinen Lehm gefunden. Seitdem reifte in ihm der Plan, es heute einmal mit Bruds Art der Fleischzubereitung zu versuchen. Er würde einen kleinen Menschling dafür nehmen. Einen Welpen.

Ziellos wanderte der Troll umher. Er wollte etwas Besonderes. Schließlich fiel ihm ein junges Weibchen mit weißem Haar auf. Sie war ein wenig hager, aber keine sonst hatte solche Haare. Sie wirkte etwas unbeholfen. Erst als er vor ihr stand, merkte Boltan, dass sie blind war. Das würde ihrem Geschmack doch sicher keinen Abbruch tun!

Er wollte schon nach ihr greifen, da sprang ein Welpe auf und stellte sich schützend vor sie. Der kleine Menschling hielt einen funkelnden Dolch in der Hand und gebärdete sich, als wolle er ihn zu einem Zweikampf unter Kriegern fordern.

Boltan konnte nicht an sich halten. Er brach in schallendes Gelächter aus. Im selben Augenblick sprang der kleine Menschling vor und stach ihm ins Bein. Die Elfenklinge brannte wie Feuer. Wütend entwaffnete er den Kleinen; den Menschenjungen unter den Arm geklemmt, ging er zu der Feuerstelle, die er vorbereitet hatte. Den Dolch warf er auf einen Knochenhaufen.

Obwohl er so klein war, hatte der Menschling schon das Herz eines Kriegers. Er würde Orgrim köstlich munden!

ABSCHIED

… Wir zogen uns zurück zum Adlerstein, der Felsenburg, die Phylangan zunächst lag. Vier Tage dauerte die Reise. Die ganze Zeit über konnten wir eine Aschewolke über dem verlorenen Berg sehen. Und nachts war der Himmel rot vom Widerschein des Blutes der Erde. Manchmal dachte ich, dass das Land selbst dem Krieg ein Ende gesetzt habe. Der einzige Pass zwischen Carandamon und der Snaiwamark war nun versperrt. Und die Burg, um die so viele Völker so erbittert gefochten hatten, war vergangen. So bitter den Normirga der Verlust Phylangans war, so erleichtert schienen die Menschensöhne. Ich hatte Alfadas versprochen, sie in ihre Heimat zu entlassen. Emerelle sollte aus dem Dorf des Herzogs geholt werden. War auch kein Frieden mit den Trollen absehbar, so würde der Krieg doch wohl eine Atempause finden. Beide Seiten waren erschöpft. Und wollten die Trolle Carandamon angreifen, so müssten sie einen weiten Umweg über das Windland machen. Oder aber, sie müssten erneut durch das Netz der Albenpfade gehen.

Wir feierten im Adlerstein ein Fest, um unsere Waffenbrüder zu verabschieden. Sie sollten Schlitten mitnehmen und Pferde. Auch erhielt jeder ein Geschenk, als wir die goldenen Amulette zurückforderten. Ich wusste, was sie von Phylangan mitgenommen hatten, auch wenn der Krieger ohne Nase und von übler Zunge glaubte, ich hätte nichts bemerkt. Sollten sie es behalten! Phylangan war vergangen. Niemand würde mehr nach seinem Gold fragen.

Unser Fest neigte sich schon seinem Ende zu, als eine bleiche Gestalt unter dem Torbogen zur Silbernen Halle erschien. Ollowain, den wir alle für tot gehalten hatten, war zurückgekehrt. Doch er hatte auch nicht mehr viel von einem Lebenden an sich. Das Haar weiß von Frost. Die Augen tief in dunkle Höhlen eingesunken, trug er statt seines Umhangs eine schmutzige Wolldecke über den Schultern.

Wie er dem Berg entkommen war, hat er mir nie erzählt. Er schwieg die meiste Zeit. Selbst sein Ziehsohn Alfadas erfuhr wohl nicht, was sich ereignet hatte.

Ollowain wollte die Menschen zurück ins Fjordland begleiten. Als die Stunde des Aufbruchs kam, erschien er wieder als der makellose weiße Ritter. Doch das war nur Schein. Auch jetzt blieb er stumm, und seine Augen waren Abgründe …

Aus: der Blick des Falken, S. 903,
Die Lebenserinnerungen von
Fenryl, Graf von Rosenberg

HEIMKEHR

Seine Welt begrüßte Alfadas mit einem Schlag ins Gesicht. Eisiger Wind zog über das Hartungskliff und trieb feine Eiskristalle vor sich her. Der Sturm zerrte an seinem Umhang, und fast wäre er auf dem eisverkrusteten Felsboden ausgerutscht. Es war Nacht, nur wenige Wolken zogen über den Himmel. Der zu drei Vierteln volle Mond tauchte das verschneite Land in geisterhaftes Licht.

Hinter ihm drängten mehr und mehr Männer durch das Tor. Sie waren zu erschöpft, um zu jubeln, doch in ihren Gesichtern spiegelte sich Erleichterung. Die Wenigsten von ihnen hatten geglaubt, dass sie das Fjordland noch einmal lebend wieder sehen würden. Nach dem Untergang Phylangans hatte die Natur die feindlichen Heere getrennt. Die Trolle zögerten, durch das Netz der Albenpfade einen Angriff zu führen, und die Elfen waren zu geschwächt. Und zwischen ihnen lag ein ganzes Gebirge.

Nun war die Zeit gekommen, Emerelle zurückzuholen. Sie würde die Entscheidung in diesem Krieg bringen, wenn sie denn erwacht war.

Der Wind flaute ab. Alfadas trat vorsichtig an den Rand der Klippe. Eine Wolke hatte sich vor den Mond geschoben. Der Fjord und Firnstayn lagen im Dunkel. Er konnte das Dorf nicht ausmachen. Kein Licht brannte mehr. Aber es war ja auch mitten in der Nacht, und wer bei dieser Kälte nicht alle Läden verschlossen hielt, der war ein Narr. Alfadas dachte daran, wie er in die rauchige Wärme seines Langhauses treten würde. Wie Ulric ihm in die Arme spränge, wie sich Kadlin um seine Knie klammern und Asla eine schnippische Bemerkung machen würde, dass er spät komme, und doch die Liebe in ihren Augen strahlen würde.

Er atmete tief aus. Ganz gleich, wie König Horsa ihn empfangen würde, er war erleichtert, zurückgekehrt zu sein. Alles würde sich fügen. Alfadas schmunzelte. Und wenn er an der Spitze seiner Veteranen zum Königshof ritt, würde Horsa es sich gut überlegen, ihn unfreundlich zu empfangen.

Der Herzog blickte hinüber zu dem niedrigen Wall aus Bruchstein, der nahe am Klippenrand errichtet war. Er diente als Windschutz für das Signalfeuer. Es wurde entzündet, wenn jemand Hilfe brauchte, oder zur Warnung, wenn dem Dorf Gefahr drohte. Alfadas dachte an die Geschichte, die sein Vater Mandred ihm erzählt hatte. Wie er sich schwer verletzt auf den Hügel geschleppt hatte, gejagt vom Manneber, dem Tode nahe. Alles, was Mandred noch wollte, war das Feuer zu entzünden, um sein Dorf zu warnen. Er hatte gewusst, dass er den Weg hinab vom Hartungskliff nicht mehr schaffen konnte und dass die Bestie ihm folgte, um ihn zu zerfleischen. Alle Kräfte hatte er darauf ausgerichtet, den Gipfel zu erreichen, nur um zu Tode erschöpft festzustellen, dass ein Steinschlag den Holzstoß auf dem Feuerplatz in den Abgrund gerissen hatte. In dieser Stunde der höchsten Verzweiflung hatte sich das verzauberte Tor im Steinkreis geöffnet. Mandred war schlafend nach Albenmark gelangt. Er hatte nie gewusst, was ihn hinübergeholt hatte in die Welt der Elfen und Kentauren. Manchmal behauptete er, es sei ein Baum gewesen, Atta Aikhjarto, eine uralte, beseelte Eiche. Und manchmal, wenn Mandred betrunken gewesen war, hatte er davon gemurmelt, dass er sich bei Atta bedanken werde. Er wollte ein Fest mit der Eiche feiern. Alfadas schmunzelte. Wenn sein Vater Fest sagte, meinte er eigentlich ein Zechgelage. Ob er seinen verrückten Plan wohl wahr gemacht hatte? Wo Mandred jetzt wohl steckte? Es wäre gut, ihn an seiner Seite zu haben … Alfadas' Lächeln verflog. So war es immer schon mit seinem Vater gewesen. Wenn er ihn brauchte, war er nie da.

Er sah hinüber zu Ollowain, der dicht beim Tor stand. Seit Lyndwyns Tod wirkte der Elfenkrieger gebeugt, auch wenn er sich für die Augen anderer noch immer so aufrecht hielt wie eh und je. Mit versteinerter Miene stand er neben dem Tor, das sich über dem Albenstern geöffnet hatte, und musterte die Männer, die aus dem Nichts traten.

Auf Ollowain hatte er sich immer verlassen können, dachte Alfadas traurig. Wie wenig hatte er seinem Ziehvater dafür zurückgegeben! Er hatte versucht, mit Ollowain über Lyndwyn zu reden, doch der Schwertmeister blieb ganz in sich zurückgezogen. Es war noch nicht die richtige Zeit … Ob er ihn noch einmal wiedersehen würde? Ollowain war mitgekommen, um Emerelle nach Albenmark zurückzubringen. Er würde nicht mehr von ihrer Seite weichen, sobald sie erst einmal unten im Dorf waren. Betäubte es seinen Schmerz, sich an seine Pflicht zu klammern?

Silwyna trat durch das Tor. Der Herzog wandte sich ab und ging auf den Windschutz am Rand der Klippe zu. Seit jener Nacht auf dem Eis, als sie ihm alles erzählt hatte, mied er sie. Sie durften einander nicht mehr nahe kommen! Er sah in den dunklen Fjord hinab. Dort unten lag sein Zuhause. Seine Kinder warteten auf ihn und Asla … Mit ihr würde es niemals sein wie mit Silwyna. Er hatte sie erwählt, um die Wunde zu schließen, die Silwyna ihm geschlagen hatte. Jetzt wusste er, dass sich diese Wunde niemals schließen würde. Es sei denn … Er sah zurück zu der

Elfe. Sie drehte sich in seine Richtung, als habe sie seinen Blick wie eine Berührung gespürt. Da war es wieder, das Band, das seit der Nacht auf dem Eis bestand, als hätte es all die bitteren Jahre niemals gegeben.

Er durfte diesem Sehnen nicht nachgeben! Asla war ihm immer treu gewesen. Er konnte sie nicht verraten. Er mochte sie … Er hatte ihre scharfe Zunge vermisst. Wahrscheinlich würde sie ihn mit einem Vorwurf begrüßen und ihm dann um den Hals fallen.

Alfadas lächelte wehmütig. Nein, er würde sie niemals verlassen. Sie nicht und auch nicht die Kinder. Silwyna und Melvyn waren stark genug, ein Leben ohne ihn zu führen. Seine Liebe zu der Elfe war wie ein Ozean. Endlos, von wunderbarer Schönheit, zeigte er jeden Tag tausend neue Gesichter und war zugleich voller verborgener Tiefen, beherrscht von jähen Stürmen.

Seine Liebe zu Asla war anders, wie ein kristallklarer Bach, der nahe der Küste in den Klippen entsprang. Sein Wasser rann eilig schäumend dahin. Es war erfrischend. Ohne Geheimnisse. Er kannte die Quelle des Bachs und wusste, an welcher Stelle er sich ins Meer verlor. Sein Lauf war klar. Er war festgelegt. Alfadas schluckte. Er würde zu Asla zurückkehren. Sein Herz war voller Liebe zu ihr, auch wenn diese Liebe die Sehnsucht nach dem Ozean niemals auslöschen würde.

Silwyna nickte ihm zu. Sie hatte ihn unverwandt angesehen. Wieder schien es, als könne sie in seinem Gesicht jeden seiner Gedanken lesen. Er durfte sie nicht ansehen! Mit jedem Blick, den sie tauschten, wurde das Band stärker. Es war nicht recht! Er wandte sich abrupt um und ging die letzten Schritte zu der Bruchsteinmauer. Dort unten am Fjord lag seine Zukunft!

Der Mond stand schon tief am Himmel. Bald würde das kleine Dorf erwachen. Wenn er sich beeilte, konnte er vielleicht neben Kadlins Lager knien, wenn sie die Augen aufschlug. Liebevoll erinnerte er sich an ihr strahlendes Gesicht, mit dem sie ihm so oft den Anfang eines Tages versüßt hatte. Anders als Ulric vermochte sie noch keines ihrer Gefühle zu verbergen. Manchmal war sie in ihren Launen so wechselhaft wie eine Frühlingsbrise. Und ihr kleines Gesicht war der Spiegel ihrer Seele. Sie war immer rein und unverfälscht. Noch …

Voller Sehnsucht blickte er in die Dunkelheit. Ulric hatte Yilvina sicher bedrängt, ihm Schwertkampfstunden zu geben. Wenn der scharfe Frostwind von Norden wehte und der Schnee bis halb zum Giebel hinaufreichte, dann saß man gefangen im Langhaus. Manchmal tagelang. Es waren Tage voller behaglicher Langeweile. Alfadas musste lächeln. Hoffentlich hatte Ulric die Schärfe seines Elfendolchs nicht heimlich an Bänken, Stuhlbeinen und Tischplatten erprobt.

Halb verkohlte Holzscheite ragten aus dem Schnee hinter der Bruchsteinmauer. Wie flüchtig skizzierte Runen auf frischem Pergament kündeten sie von einer Geschichte. Alfadas starrte einige Herzschläge lang auf den kümmerlichen Rest des Holzstapels, der einmal hinter der Mauer aufgeschichtet gewesen war, bevor er begriff, was er dort sah. Jemand war hierher gekommen, um Firnstayn vor einer Gefahr zu warnen! Das Signalfeuer war abgebrannt, und was schlimmer war, niemand war seitdem mehr auf das Hartungskliff gestiegen, um einen neuen Holzstapel zu errichten!

Alfadas kniff die Augen zusammen und spähte angestrengt in die Finsternis. Noch immer zogen dunkle Wolken vor dem Mond.

Was war hier geschehen? Von Unruhe getrieben, ging er zu Ollowain. Er schilderte dem Elfen die Lage und bat ihn, die Männer hinab zum Fjord zu führen.

»Hältst du es wirklich für klug, alleine vorauszugehen, wenn dort unten eine unbekannte Gefahr droht?«

»Ganz gleich, was klug ist oder nicht, ich kann nicht warten. Dort unten lebt meine Familie!« Ohne sich auf weiteres Gerede einzulassen, eilte er davon. Er wusste, dass Ollowain mit seinem Einwand Recht hatte. Der Elf hatte immer Recht.

Alfadas begann zu laufen. Das erste Stück des Hangs war steil. In der Dunkelheit konnte er den Weg nur schlecht einschätzen. Manchmal brach er knietief durch die verharschte Schneedecke, dann trug sie ihn wieder ein paar Schritt weit. Der Herzog rutschte und versuchte mit den Armen rudernd sein Gleichgewicht zu halten. Vergebens. Der Länge nach stürzte er in den Schnee. Sofort rappelte er sich wieder auf, eilte weiter, ohne sich auch nur die Zeit zu nehmen, den Schnee aus seinen Kleidern zu schlagen.

Der Weg hinab erschien ihm endlos. Als er schließlich den Fjord erreichte, war er durchgeschwitzt und erschöpft. Die Kälte fraß sich durch seine Kleider. Er blickte über den zugefrorenen Meerarm. Wenn das Eis ihn trug, konnte er den Weg zum Dorf um Stunden abkürzen. Er musste es versuchen!

Vorsichtig tastete er sich voran. Es bestand keine Gefahr. Der Eispanzer knarrte nicht einmal unter seinen Schritten. Wieder begann er zu laufen. Seine Lungen brannten, sein Herz schmerzte bei jedem Schlag. Doch seine Angst peitschte ihn vorwärts.

Als der Mond zwischen den Wolken hervortrat, sah Alfadas in der Ferne den eingestürzten Bootssteg. Dunkel ragten die Trümmer aus Schnee und Eis. Dahinter gab es keine steilen Giebel mehr. Er hätte das windschiefe Bootshaus sehen müssen und Kalfs Hütte. Auch das kleine Haus von Erek, mit der hölzernen Wetterfahne auf dem Dach, lag dicht am Ufer. Doch es war verschwunden. Ebenso das Langhaus auf dem Hügel etwas abseits vom Dorf.

Alfadas wollte schreien, doch er hatte keine Kraft mehr. Sein Atem ging keuchend. Er sank nach vorn, als habe man ihm mit einem schweren Knüppel in die Kniekehlen geschlagen. Alle Stärke war aus seinen Gliedern gewichen. Sein Blick wanderte über die unregelmäßigen Hügel aus Schnee, dort, wo einmal Häuser gestanden hatten. Das kalte Mondlicht zeigte nun alles in unbarmherziger Deutlichkeit. Schwarze Dachbalken, die wie Rippen verrotteter Riesenleiber aus dem Schnee stachen. Halb eingestürzte Wände.

Kälte fraß sich in die Knochen des Herzogs. Leichter Wind strich über den Fjord. Feine Eiskristalle streichelten Alfadas' Wangen. Stöhnend wie ein Greis, kämpfte er sich auf die Beine. Es waren nur verbrannte Häuser, ermahnte er sich. Firnstayn gab es nicht mehr. Aber seine Familie … Vielleicht waren sie ja geflohen. Schließlich hatte oben auf dem Hartungskliff das Signalfeuer gebrannt. Jemand hatte das Dorf also gewarnt!

Er blickte zu dem Hügel, auf dem einst sein Langhaus gestanden hatte. Dort würde er die Antwort finden. Jetzt hielten sich Angst und Hoffnung wieder die Waage. Ja, dort oben würde er die Antwort finden.

Müde stieg er das flache Ufer hinauf. Er machte einen Schlenker an Kalfs Hütte vorbei. Zwischen den Trümmern sah er das runde Gestänge einer Fischreuse. Zerbrochene Angelruten lagen zerstreut im Schnee. Der Winter trieb ein eigenwilliges Spiel. An manchen Stellen, entlang eingebrochener Holzwände, gab es mannshohe Verwehungen. Anderswo war die Schneedecke dünn wie ein Leinentuch und vermochte kaum zu verbergen, was auf dem Boden verstreut lag.

Alfadas ging an Svenjas Hütte vorbei. Sein Fuß stieß

gegen einen rußgeschwärzten, kleinen Kupferkessel, der leise klirrend davonrollte. Der Herzog hatte Angst davor, den Hügel hinaufzusteigen. Angst vor der Gewissheit, die er dort vielleicht finden würde. Solange er durch das Dorf strich, blieb ihm die Hoffnung.

In keinem der zerstörten Häuser fand er Tote. Langsam wuchs sein Mut. Sie waren rechtzeitig gewarnt gewesen! Aber wer, in Luths Namen, hatte Firnstayn angegriffen? Wer führte Krieg mitten im Winter? Und so wie es aussah, hatten die Angreifer nicht geplündert, sondern die Häuser mit allem, was darinnen war, in Brand gesetzt. Es ging ihnen nur um Zerstörung. Welchen Nutzen hatte solch ein Krieg?

Wieder blickte er zu dem Hügel. Er konnte es nicht endlos hinauszögern. Allein dort würde er eine Antwort auf seine drängendste Frage finden. Waren Asla und die Kinder entkommen?

Schweren Herzens machte er sich auf den Weg. Unzählige Male war er diesen Hügel schon hinaufgestiegen. Und so oft hatte ihn Asla zwischen den Türpfosten stehend erwartet. Oder Ulric war ihm mit Freudenschreien durch die offene Tür entgegengelaufen, um ihm in die Arme zu springen und ihn dabei fast umzuwerfen.

Jetzt stand das narbige Antlitz des Mondes zwischen den verkohlten Türpfosten, und Stille empfing Alfadas. Zögerlich trat er in die Ruine, die einmal sein Zuhause gewesen war. Der lange Dachbalken beherrschte das Trümmerfeld auf dem Boden. Umgeben von verkohlten Dachsparren und zersplitterten Möbeln hatte das Feuer ihn nicht vernichten können. Alfadas erinnerte sich noch, wie sie die riesige Eiche in einem alten Waldstück auf der anderen Seite des Fjordes gefällt hatten. Es war eine elende Plackerei gewesen, sie zum Ufer zu ziehen. Von dort hatte man sie mit Booten über den Fjord geschleppt. Erst oben auf dem Hügel hatten sie den mächtigen Balken, der einmal das Dach des Langhauses tragen sollte, aus dem alten Baumstamm geschnitten.

Die Finger des Herzogs strichen gedankenverloren über das Holz. An manchen Stellen bröckelte es verkohlt. Doch nirgends hatte sich das Feuer bis zum Herzen des Stamms fressen können. Selbst der größte Teil des verschlungenen Musters, das er im Winter vor drei Jahren in den Balken geschnitzt hatte, war noch zu erkennen.

Sein Blick schweifte über Schnee und Asche. Nichts sonst hatte den Brand so gut überstanden. Von den Schlafnischen waren nur Umrisse geblieben.

Alfadas zog sein Schwert und stocherte zwischen den ausgeglühten Töpfen und Pfannen herum. Sie standen noch dort, wo Asla einst ihre Feuergrube gehabt hatte. Unter einer umgestürzten Bank fand er das Holzpferd, das er einmal für Ulric geschnitzt hatte. Die Beine und der Schweif waren verschwunden. Nur der Rumpf und ein Teil des Kopfes hatten den Brand überstanden.

Alfadas säuberte die Klinge seiner Waffe und schob sie zurück in die Scheide. Hier gab es keine verkohlten Leichen. Asla und die Kinder waren nicht hier gewesen, als das Haus gebrannt hatte. Seltsamerweise verschaffte ihm diese Gewissheit nicht die Erleichterung, die er sich erhofft hatte.

Dicht neben einem Stützbalken sah er eine von Aslas Truhen. Sie war ganz verkohlt, aber nicht auseinander gebrochen. Er ging hinüber. Mit einiger Mühe ließ sich der Deckel öffnen. Zuoberst lag ein kleines blaues Kleidchen. Tränen schossen Alfadas in die Augen. Ungelenk holte er mit seinen frostroten Fingern das Kleidchen hervor. Kadlin hatte es oft gegen Ende des Sommers getragen, in dem sie gerade laufen gelernt hatte. Zärtlich strich der Herzog über den feinen Stoff. Er fand einen dunklen Blutfleck und erinnerte sich an den Tag, an dem sich Kadlin auf den Steinen am Ufer die Knie aufgeschürft hatte. Die Kleine hatte damals kaum geweint. Sie war einfach weitergelaufen, um all den Wundern nachzujagen, die nur Kinder an einem öden Steinstrand zu finden vermochten. Alfadas dachte daran, wie Asla geflucht hatte, weil sich der Blutfleck einfach nicht aus dem blauen Leinen waschen ließ. Wegen Kadlins Knie hatte sie ihn nicht getadelt. Verschorfte Kinderknie waren unvermeidlich. Aber nur ein Nichtsnutz und Tagträumer konnte ihrer Meinung nach auf die Idee kommen, seine Tochter in ihrem besten Kleid mit hinunter zum Kiesstrand zu nehmen.

Alfadas legte das Kleid zurück und verschloss dann sorgsam den Truhendeckel. Ein letztes Mal sah er sich um, dann verließ er die Ruine, in der nur mehr der Wind und Erinnerungen hausten. Er stieg an der Rückseite des Hügels hinab und ging zu dem Gräberfeld. Dort sah er all die neuen Steine, und die Angst, die sich für kurze Zeit in einen verborgenen Winkel seiner Seele zurückgezogen hatte, sprang ihn erneut an.

In fliegender Eile hastete er von Stein zu Stein und wischte den Schnee zur Seite. Die meisten der neuen Steine trugen kein Zeichen. Auf einem fand er einen Tierkopf. Er war nur grob und ohne großes Geschick in den Stein geritzt. Es sollte wohl ein Hund oder Wolf sein. Lag hier Ole?

Auf dem letzten Stein fand er eine Spinne. Sie war mit großer Sorgfalt gemeißelt worden. Das Wappentier des Schicksalswebers. Die Wächterinnen der Fäden. Stöcke mit bunten Stoffbändern waren rings um das Grab in die Erde gesteckt.

Traurig kauerte sich Alfadas neben den schneebedeckten Hügel. »Gundar, alter Freund. Haben die Festtafeln Firnstayns nicht mehr genügt, deinen Hunger zu bändigen?« Er riss sich einen Streifen Stoff vom Umhang und knotete ihn an einen der Stecken. »Ich werde es vermissen, mich mit dir über deine Götter zu streiten. Vielleicht hättest du mich ja doch noch als einen Gläubigen gewinnen können.« Leise murmelte er ein Gebet und wünschte dem Priester eine gute Reise durch die Finsternis. Dann erhob er sich und blickte über die frischen Grabhügel. Lagen auch Asla und die Kinder hier?

Nein, bestimmt nicht! Zumindest in Aslas Grabstein hätte man gewiss ein Zeichen geschnitten. Vielleicht eine Ähre in Erinnerung an ihr weizenblondes Haar. Oder eine Eiche als Zeichen für ihre ruhige Kraft. Sie wäre niemals einfach nur unter einem Feldstein begraben worden! Es sei denn … Vielleicht hatte die Not den Überlebenden keine Zeit mehr gelassen!

»Dort wirst du sie nicht finden«, sagte eine leise Stimme.

Alfadas drehte sich überrascht um. Er blinzelte in die Dunkelheit. Nur undeutlich konnte er Silwyna erkennen. In ihrer weißen Jagdkleidung verschwamm sie fast mit der Schneelandschaft. »Ich habe Spuren gefunden. Der Schnee hatte sie zugedeckt. Kufen haben tiefe Kerben in das Eis geschnitten. Dort sind auch Dellen von großen, beschlagenen Hufen. Sie ist mit der Kutsche geflohen.« Silwyna deutete über den Fjord hinaus nach Süden. »Sie sind in Richtung Honnigsvald gezogen.«

»Wer hat das Dorf verwüstet?«

Statt zu antworten, warf die Elfe ihm etwas Dunkles vor die Füße. Alfadas kniete nieder. Vor ihm im Schnee lag ein Stück grob behauener Feuerstein. »Trolle?«

»Ja. Es ist ein Stück von einem Axtblatt. Ich habe es in einem Balken gefunden.«

»Wann waren sie hier?«

Silwyna zuckte mit den Schultern. »Schwer zu sagen. Der Schnee hat alle Spuren verdeckt. Es ist länger als eine

Woche her, aber weniger als einen Mond. Ich kann dir auch nicht sagen, wie viele es waren. Aber gewiss ist hier nicht nur ein Jagdtrupp durchgezogen.«

Alfadas blickte über das Ruinenfeld. »Warum?«

»Die Königin. Sie müssen erfahren haben, dass Emerelle hier ist. Wahrscheinlich von einem deiner Männer, die sie in Phylangan gefangen haben. Wir hätten früher daran denken sollen«, fügte sie leise hinzu.

Der Herzog nickte. Emerelle. Das war die einzige Erklärung. Der Krieg war also ins Fjordland gekommen. Er blickte hinauf zum Hartungskliff. Eine feurige Schlange wand sich den verschneiten Hang hinab. Seine Männer hatten Fackeln angezündet. Zwei, vielleicht drei Stunden, dann mussten sie hier sein. Eine kurze Rast, dann würde er sie weiter den Fjord hinabführen. Honnigsvald mit seinen Erdwällen und Holzpalisaden würde sich nicht lange gegen die Trolle halten können. Ein paar Tage, vielleicht eine Woche … »Du bist sicher, dass der Überfall länger als eine Woche her ist?«

»Ja«, entgegnete die Elfe knapp.

Alfadas blickte wieder auf das Eis hinaus. Wenn er seinen Männern entgegenging und sie dicht unter dem Hartungskliff vorbei nach Süden führte, würden sie mindestens eine Wegstunde nach Honnigsvald einsparen. Das war lächerlich wenig, wenn es darauf ankam, einen Vorsprung von über einer Woche aufzuholen, aber vielleicht war es zuletzt gerade diese eine Stunde, auf die es ankam.

»Was hast du vor?«, fragte Silwyna. Sie hielt leichtfüßig mit ihm Schritt.

»Einen Krieg zu gewinnen«, entgegnete er bitter. Seine Verzweiflung war wie fortgeblasen. Auch schämte er sich dafür, keinen Herzschlag lang an Emerelle gedacht zu haben, bis die Elfe von der Königin gesprochen hatte. »Du wirst mit Lysilla zurück nach Albenmark gehen. Sucht

Orimedes und jeden, der ein Schwert führen kann. Allein sind wir vielleicht zu schwach, um die Trolle zu besiegen.«

»Ich werde zu meinem Volk reiten. Sicher kann ich einige Maurawan für diesen Kriegszug gewinnen.«

»Ihr würdet kämpfen, um Emerelle zu retten? Ich dachte, ihr hasst die Königin.«

»Sie würden meinetwegen kommen und für deine Familie.«

Alfadas sah Silwyna eindringlich an. »*Du* machst dir Sorgen um meine Familie?« Er war ehrlich überrascht und sich nicht ganz sicher, ob die Worte der Elfe vielleicht ironisch gemeint waren.

»Ich bin Teil deiner Familie, Alfadas, und ich werde es immer sein. Ich habe dein Kind unter dem Herzen getragen. Für mich ist das ein stärkeres Band als irgendwelche leicht dahingesagten Treueschwüre.«

»Ich dachte, niemand in deinem Volk weiß von unserem Kind.« Alfadas war verwirrt. Hatte sie ihn belogen? Der plötzliche Gefühlsausbruch passte nicht zu ihr.

»Jeder weiß, dass ich dich geliebt habe. Das genügt. Sie werden kommen, wenn ich um Hilfe für dich und dein Menschenweib bitte. Sie werden uns helfen, weil wir uns lieben. Für die Königin würde niemand den Wald verlassen. Versuch nicht, sie zu verstehen. Wir denken anders über Liebe und Treue als ihr Menschen. Man muss nicht unter einem Dach leben, um zusammenzugehören. Nicht einmal in derselben Welt. Ich werde zurück sein, wenn du mich am dringendsten brauchst.« Mit diesen Worten verfiel sie in einen leichten Trab.

Alfadas war zu erschöpft, um Silwyna folgen zu können. Er sah ihr nach, bis ihre helle Gestalt in der Ferne mit der Winterlandschaft verschmolz.

DER ERSTE WALL

Eine große, knotige Hand legte sich auf die hölzerne Brustwehr. Kalfs Axt fuhr hinab. Zuckende Finger fielen dem Krieger vor die Füße. Ein schriller Schrei erklang und ging unter im Lärm der Schlacht.

Die Palisade erzitterte unter den wütenden Stößen des Rammbocks. Pfeile surrten wie riesige Hornissen von den nahen Hängen hinab. Manche der Trolle steckten zehn Pfeiltreffer weg, bevor sie endlich ihr verfluchtes Leben aushauchten.

Kalf duckte sich hinter die Brustwehr, als eine Salve großer Eisklumpen geflogen kam. Die meisten Geschosse gingen harmlos über die Brustwehr hinweg. Nur wenige zerschellten am Rand der Palisade. Von ihnen sprühten lange Splitter über den Wehrgang. Asla fluchte.

Kalf sah sie aus den Augenwinkeln an. Eine rote Furche zog sich über ihre Wange. Dunkles Blut troff hinab zum Hals. Sie presste eine Hand auf die Wunde. Er hatte alles versucht, um sie davon abzuhalten, hier oben zu sein. Aber sie hörte einfach nicht auf ihn! Und einschüchtern ließ sie sich von ihm schon gar nicht. Vielleicht war es besser, dass Alfadas sie zum Weib bekommen hatte. Kalf lächelte traurig. Nein, es war nicht besser. Sie war genau die Frau, die er in seinem Leben an seiner Seite gewollt hätte.

Vorsichtig hob der Fischer den Kopf und spähte über den

Rand der Palisade. Der hölzerne Wall erhob sich vier Schritt. Hoch genug, um für diese grauhäutigen Mistkerle ein ernstes Hindernis zu sein. Trotzdem versuchten sie es immer wieder, über den Rand der Brüstung zu greifen und sich hinaufzuziehen. Besonders, wenn alle Verteidiger durch Salven von Eisklumpen in Deckung gezwungen wurden.

Da war schon wieder einer! »Vorsicht, Sigvald!«, schrie Kalf.

Der Wagenbauer sprang auf und hob seine Axt. Eine riesige Faust schnellte vor und ließ ihn rücklings vom Wehrgang taumeln. Einen Herzschlag später war der Troll über die Brustwehr gelangt. Er stieß einen schrillen Triumphschrei aus und zerschmetterte mit einem lässigen Keulenhieb den Bauern, der das Pech hatte, an Sigvalds Seite gesessen zu haben.

»Für Firnstayn!«, schrie Kalf und sprang auf. Sie mussten den Troll schnell töten. Wenn diese Bestie es schaffte, einen Teil des Wehrgangs freizukämpfen, sodass sich noch zwei oder drei seiner Artgenossen hinaufziehen konnten, dann war die Palisade verloren.

Einer von Horsas Kriegern ging das Ungeheuer an. Sein Schwert schnellte vor und zog eine klaffende Wunde in die granitfarbene Haut des Trolls. Doch der Hüne beachtete die Verletzung kaum. Seine Keule sauste hinab. Der Krieger riss im Reflex seinen Schild hoch. Kalf biss die Zähne zusammen. Er hatte es den Männern eingeschärft! Hundert Mal und öfter. Wegducken oder zur Seite springen. Zur Not sollten sie von der Brustwehr springen. Aber auf keinen Fall den Hieb eines Trolls parieren! Es waren ausgerechnet die Krieger, die sich immer wieder zu diesem Fehler hinreißen ließen. Ein Leben lang hatte man sie im Kampf mit der Axt oder dem Schwert und einem Schild gedrillt. Es war ihnen in Fleisch und Blut übergegangen, die Hiebe ihrer Gegner zu parieren.

Die Keule des Trolls zerschmetterte den Schild, den Arm dahinter, den Helm und den Schädel. Das Blut spritzte bis zu Asla. Ihr Gesicht war schneeweiß. Kalf drängte sich an ihr vorbei, bevor sie eine Dummheit begehen konnte.

Unten, am Fuß der Palisade, liefen Männer mit langen Speeren zusammen. Sie stachen nach der Bestie und versuchten den Troll von den Verteidigern abzulenken. Die vielen leichten Wunden, die sie ihm beibrachten, würden ihn schwächen. Von den Bogenschützen am Hang wagte es keiner zu schießen. Zu groß war die Gefahr, einen der Verteidiger auf dem Wehrgang zu treffen.

Der Troll beugte sich vor. Er schwang seine Keule in weitem Bogen. Die Speere, die er traf, zerbrachen wie dürre Äste. Die Männer wurden von der Wucht des Hiebes durcheinander gewirbelt.

Das Ungeheuer wollte sich gerade wieder aufrichten, als Kalf sprang. Mit den Füßen voran, traf er den Troll in die Seite. Der Kerl grunzte, riss die Arme hoch. Dann stürzte er vom Wehrgang.

Schreiend liefen die Speerträger auseinander. Kalf fiel dicht neben dem Ungeheuer in den Schnee. Der Aufprall presste ihm die Luft aus den Lungen. Benommen blinzelnd sah er, wie sich der Troll hochstemmte. Ihn anzuspringen war wohl doch keine so gute Idee gewesen.

Pfeile schlugen ringsherum in den Schnee. Einer verfehlte Kalf nur um Haaresbreite. Der Fischer fluchte und wünschte sich, er hätte mehr Jäger und Soldaten als Bauern unter den Bogenschützen. Das fehlte gerade noch. Aus Versehen erschossen werden!

Die Keule des Trolls sauste nieder. Kalf rollte zur Seite. Ein Tritt traf ihn mit der Kraft eines auskeilenden Pferdes. Er wurde gegen die Palisade geschleudert. Sterne tanzten ihm vor den Augen. Und mitten zwischen den Sternen erkannte er die grinsende Grimasse des Trolls.

Kalfs Linke bekam einen zersplitterten Speerschaft zu packen. Stell dir vor, er ist nur ein Fisch. Ein besonders großer, besonders hässlicher Fisch. Du kannst ihn töten. Du hast noch nie einen Fisch gesehen, den du nicht umbringen kannst. Mach es wie bei den großen Salmen, denen du deinen Fischhaken ins Auge rammst, um sie an Bord zu ziehen. Kalfs Gedanken überschlugen sich. Er konnte es schaffen, redete er sich ein. Dennoch zitterte seine Hand.

Etwas Silbernes fuhr hinab, traf den Troll am Kopf und hinterließ eine blutige Schramme. Kalf sah Aslas Gesicht. Sie lag flach auf dem Wehrgang und versuchte den Troll mit ausgestrecktem Arm ein zweites Mal zu treffen. Die riesige Keule schnellte hoch.

»Nein!«, schrie Kalf. Er stieß sich mit aller Kraft von der Palisade ab. Der Speer traf den Troll direkt unter dem Kinn in den Hals. Kalf konnte spüren, wie sich die eiserne Spitze durch zähes Fleisch grub. Es gab einen Ruck, als sie plötzlich leichter eindrang. Mit einem weiteren Ruck stieß sie gegen den Schädelknochen.

Dem Troll fiel die Keule aus der Hand. Wie vom Blitz getroffen, kippte er nach hinten. Kalf wurde der Speerschaft aus den Händen gerissen. Jubelrufe erklangen auf dem Wehrgang und den Hängen. Doch der Fischer hatte keine Augen für die Männer, die ihn feierten. Er sah allein Asla. Der Troll hatte sie verfehlt. Den Göttern sei Dank!

Er durfte sie nicht vor den Männern anstarren! Sie war die Frau des Herzogs. »Du hättest mit ihm reden sollen«, rief Kalf. »Deine Zunge ist mörderischer als dein Schwert.«

Asla lächelte. »Ich weiß. Aber bei Kerlen, die zu dumm sind, mich zu verstehen, hilft sie leider nicht. Im Übrigen finde ich, dass du lange genug im Schnee auf der faulen Haut gelegen hast. Komm herauf, wir haben diese Mauer zu verteidigen.«

Die Männer lachten. Es war diese nassforsche Art Aslas,

die sie vergessen ließ, dass dieser Kampf nicht zu gewinnen war. Es war wichtig, dass sie dort oben stand. Keiner, ganz gleich ob Krieger oder Bauer, würde davonlaufen, solange eine Frau auf dem Wall ausharrte und über die Trolle spottete. Sie war das Band, das sie zusammenhielt. Es war richtig, dass sie hier war, und dennoch hatte Kalf eine Todesangst um sie. Alles könnte er ertragen, nur nicht, sie sterben zu sehen.

Der Fischer erhob sich und streckte seine schmerzenden Glieder. Voller Sorge betrachtete er die Stämme der Palisade. Sie würden den Angriffen der Trolle nicht mehr lange Stand halten. Es war an der Zeit, sich auf den zweiten Wall weiter oben im Tal zurückzuziehen, auch wenn die Verteidigungsanlagen dort noch nicht ganz fertig gestellt waren.

Kalf sah sich nach einem seiner Hauptleute um, die in die Pläne eingeweiht waren. Ein Stück entfernt hockte Sigvald im Schnee. Mit schmerzverzerrtem Gesicht stemmte er sich eine Hand in die Hüften. Er ging zu dem Wagenbauer hinüber. »Soll ich dich zum Dorf bringen lassen?«

»Es geht schon«, murrte Sigvald. Dann lächelte er schief. »Man muss schon ziemlich dämlich sein, um sich auf einen Faustkampf mit einem Troll einzulassen.«

»Ich hatte eher den Eindruck, dass du gern herausfinden wolltest, wie es so ist, als Vogel durch die Luft zu fliegen.«

Sigvald stemmte sich auf die Beine. »Das Fliegen war ganz in Ordnung. Nur das Landen muss ich wohl noch ein wenig üben.«

»Erstaunlich, wie hier noch alle zu Scherzen aufgelegt sind.«

Sigvald zwinkerte ihm zu. »Wenn es keiner mitbekommt, heule ich mich in den Schlaf. Aber lassen wir das. Was willst du von mir?«

»Wir müssen die Palisade aufgeben.« Kalf deutete hinüber zum Mittelstück des Holzwalls. Einige der Stämme waren schon der Länge nach gerissen. Bald würden sie ganz zersplittern, und wenn die Trolle erst einmal durchbrachen, wäre jeder geordnete Rückzug auf die nächste Verteidigungsstellung unmöglich. Sie würden einfach überrannt werden.

Das Lächeln war aus Sigvalds Gesicht verschwunden. »So schnell schon. Ich hatte gehofft, wir würden hier noch ein wenig länger aushalten.«

Kalf zuckte mit den Schultern. »Luth hat seine eigenen Pläne mit uns. Ich verlasse mich auf dich, Sigvald. Sieh zu, dass unsere Reserve zwanzig Schritt hinter der Palisade bereitsteht. Wenn wir zurückgehen, könnten sie durchbrechen.« Der Fischer wandte sich ab, las eine der langen Stangenäxte aus dem Schnee auf und stieg wieder zum Wehrgang hinauf.

Die Trolle hatten sich ein Stück weit vom Wall zurückgezogen und formierten sich neu. Ihre Anführer schienen genau zu wissen, wie kurz sie davorstanden durchzubrechen. Kalf musterte die riesigen Krieger. Sie wirkten ungeschlacht. Ihre Arme schienen zu lang im Verhältnis zum Oberkörper, die grauen Gesichter wirkten nur halb fertig. Dicke, aufgequollene Nasen. Breite Wülste über den Augenbrauen. Kahle Schädel. Sie sahen aus wie aus Lehm geformt, aber nicht vollendet. Ein Entwurf, bei dem der Künstler keine feinen Linien ausgearbeitet hatte. Mit der fliehenden Stirn und den breiten Mündern erinnerten sie sogar ein klein wenig an Fische. Und doch waren sie ganz anders, als er sich Trolle immer vorgestellt hatte. Stark wie Bären, blutrünstige Menschenfresser, all das passte in sein Bild. Aber sie waren nicht dumm. Sie wussten, wie man Krieg führte. Vielleicht wussten ihre Anführer das sogar besser als er. Die lächerlichen Holzpalisaden würden sie nicht lange aufhalten, zumal jede Verteidigungslinie nach hinten schwächer wurde.

Wie viel Zeit ihnen wohl noch blieb, bis die letzte Linie fiel? Er erschauderte bei dem Gedanken, was dann geschehen würde. Die weiße Flut … So würden sie Frauen und Kindern noch einen weiteren Tag verschaffen.

Asla trat an seine Seite. Sie legte ihm zärtlich die Hand auf den Arm.

»Tu das nie wieder«, sagte sie leise. »Mein Herz hat einen Augenblick aufgehört zu schlagen, als ich gesehen habe, wie du vom Wehrgang gestürzt bist.«

Kalf wich ihrem Blick aus. Ihre Berührung ließ ihn wohlig erschaudern. Man durfte ihm das nicht ansehen! Niemand hier durfte wissen, was er für die Frau des Herzogs empfand.

»Wie wäre ein Leben an deiner Seite gewesen, Kalf?«, fragte sie sanft.

»Sprich nicht so!«, zischte er. »Man könnte dich hören.« Die nächsten Männer hielten zwar ein paar Schritt Abstand zu ihnen, aber trotzdem hatte er Sorge.

»Alfadas wird nicht mehr aus Albenmark zurückkehren …«

»Aber er hat doch gesagt …«

Sie schüttelte den Kopf. »Schöne Lügen. Ich kenne ihn zu gut. Die Art, wie er sich verabschiedet hat … Er ist in der Gewissheit ausgezogen, in Albenmark zu sterben. Er hat sich so sehr bemüht, seine Angst vor mir zu verstecken, dass sie nicht zu übersehen war – auch wenn ich es versucht habe. Geh nicht auch du verloren, Kalf. Ich kann nicht …« Ihre Worte gingen im wilden Kriegsgeschrei der Trolle unter.

Kalf packte das Stangenbeil fester. Ein großer Krieger kam geradewegs auf seinen Abschnitt vom Wall zugelaufen. Ein Hagel von Pfeilen schlug den Trollen entgegen, doch er vermochte ihren Angriff nicht abzubremsen.

Dichter schwarzer Rauch stieg entlang der Palisade auf.

Sigvald hatte die mit Robbentran getränkten Reisigbündel in Brand gesetzt. Doch sie würden hier oben ausharren müssen, bis die schweren Balken der Palisade Feuer gefangen hatten und die Flammen auf den Wehrgang schlugen. Wenn sie sich zu früh zurückzogen, konnten die Trolle durchbrechen. Dann wäre alles vergebens gewesen.

Kalf blickte auf den Trollkrieger hinab. Er würde springen! Der Fischer konnte es an der Art sehen, wie der Troll lief. Der Mistkerl blickte ihn unverwandt an. Er würde genau hier versuchen, die Palisade zu erklimmen.

Eine Eiskugel zischte dicht an Kalfs Kopf vorbei. Weiter hinten sah er ein paar Trolle, die ganz offensichtlich ihn zu ihrem Ziel ausgewählt hatten. Schon hoben sie die nächsten Eisklumpen, um ihn zu bewerfen. Aber er durfte sich nicht ducken! Wenn der Troll nach der Brustwehr griff, um sich hochzuziehen, war der einzige Augenblick gekommen, in dem er siegen konnte. Ein oder zwei Herzschläge lang war der Troll dann wehrlos.

Ein Geschoss traf die Palisade dicht neben ihm. Eissplitter schlugen Kalf ins Gesicht. Er blinzelte sie aus den Augen und hob das Stangenbeil. Die Palisade erzitterte unter der Wucht des Aufpralls, als der Troll sprang. Seine Rechte griff über den Holzwall, sein Kopf tauchte vor Kalf auf. Geschmeidig zog der Krieger sich hoch. Er hatte sich ein zweites Paar Augen auf die Stirn tätowiert.

Kalf hatte die Gelegenheit verpasst, nach den Fingern zu schlagen. Er wechselte den Griff und stieß mit dem langen Dorn am Ende des Stangenbeils zu. Seine Hände zitterten. Er verfehlte die Augen … Nein. Er hatte nach den tätowierten Augen gestochen. Die Eisenspitze glitt seitlich am Schädel des Angreifers entlang. Dann traf ihn mit aller Wucht das hochgebogene Axtblatt. Der Troll grunzte. Eine zweite Klinge bohrte sich in seine Schulter. Sein Griff löste sich. Er ließ sich zurück in den Schnee fallen.

»Ich lass dich nicht verloren gehen«, sagte Asla entschlossen und schleuderte mit einer Drehung aus dem Handgelenk das Blut von ihrem Schwert.

Immer dichter zog der Rauch über den Wehrgang. Kalf spürte durch die Bretter unter seinen Füßen die Hitze des Feuers.

»Danke«, sagte er schlicht und wünschte sich, er hätte eine Seidenzunge wie Alfadas, dem schöne Worte stets leicht von den Lippen gingen.

Ein verzweifelter Schrei ließ ihn nach links blicken. Sie hatten wieder angefangen, Menschen zu angeln! Einige der Trolle führten Lederschlingen an kräftigen Seilen mit sich. Sie warfen sie die Palisade hinauf und versuchten die Verteidiger hinabzuzerren. Mehr als ein Dutzend Männer hatten sie auf diese Weise schon verloren.

Kodran, der blonde Fährmann, versuchte dem jungen Burschen zu helfen, den es erwischt hatte. Er hob sein Schwert, um das Seil durchzuschlagen. Zu spät. Mit einem Ruck wurde der arme Kerl über die Brustwehr gezerrt.

Kalf hatte den Bogenschützen befohlen, besonders auf die Trolle mit den Lederschlingen zu schießen. Doch es waren zu viele, und sie ließen sich von den Pfeilen nicht aufhalten.

Mit Schrecken sah der Fischer, wie die Ungeheuer über den jungen Mann herfielen. Sie rissen ihm Arme und Beine aus und stopften sich gierig blutige Fleischklumpen in den Mund. Dunkles Blut dampfte im Schnee.

Asla vergrub den Kopf an Kalfs Schulter. »Was haben wir den Göttern getan?«, fragte sie. »Warum geschieht das alles?«

Kalf legte den Arm um sie und drückte sie fest an sich. In diesem Augenblick war ihm egal, was die anderen dachten.

Helle Flammen schlugen durch die Lücken zwischen den Brettern, aus denen der Wehrgang gezimmert war. Das

Feuer fauchte wie ein wütendes Tier, und noch immer warfen Sigvald und seine Helfer neue Reisigbündel in die Flammen.

Der Rhythmus des Rammbocks wurde schneller. Die Trolle begriffen, dass sie kurz davorstanden, diesen Kampf zu verlieren. Wieder sprang einer an der Palisade hoch. Doch Kodran zerhackte ihm die Hand, und der Troll stürzte hinab.

Die ersten Krieger stiegen die Leitern hinunter. »Asla«, sagte Kalf sanft. »Du musst sie aufhalten. Auf dich hören sie.« Er nahm den Arm von ihren Schultern. Sie sah zu ihm auf. Ihre Lippen waren zu einem schmalen Strich zusammengepresst, als kämpfe sie gegen einen jähen Schmerz an. Dann strich sie sich eine Haarsträhne aus der Stirn, straffte sich und blickte den Wehrgang entlang. Fast die Hälfte der Verteidiger war schon die Leitern hinab oder einfach in den Schnee gesprungen.

»Was seid ihr Männer nur für ein seltsames Volk!«, rief sie und rieb ihre Hände. »Es ist das erste Mal seit zwei Wochen, dass ich nicht friere, und ihr habt nichts Besseres zu tun, als von hier wegzukommen und diesen lauschigen Platz den Trollen zu überlassen. Ich verstehe euch nicht! Was mich angeht, ich werde noch etwas bleiben.« Sie hob ihr Schwert und wich einer Flammenzunge aus, die dicht neben ihr durch die Bretter schlug.

Etliche der Flüchtenden hielten beschämt inne. Auch viele der Kämpfer, die die Palisade schon verlassen hatten, drehten sich um und sahen zu ihr hinauf. In ihrem schweren Kettenhemd, das Schwert erhoben, von Rauch und Flammen umspielt, sah sie aus wie eine von Norgrimms Schwertmaiden oder gar Svanlaug selbst.

Ein Eisklumpen streifte Asla und riss ihr den Helm vom Kopf. Sie strauchelte. Kalf griff nach ihr, doch sie schob ihn zurück. Schon hatte sie sich wieder in der Gewalt.

Mit lautem Krachen brach ein Balken der Palisade. Die Trolle grölten.

»Geh hinunter und sorg dafür, dass sich jeder eine blutige Nase holt, der seinen Kopf durch die Bresche steckt«, befahl sie Kalf. Dann wandte sie sich an die übrigen Männer. »Jeder Einzelne von uns wird sterben. Heute, morgen oder in fünfzig Jahren. Luth allein weiß, wann unsere Stunde gekommen ist. Aber ein wenig liegt es auch an uns, auf welche Weise wir unsere letzte Reise antreten. Ich weiß, dass ich lieber hier oben verbrennen werde, als dass ich mich von einem Troll auf der Flucht erschlagen lasse. Doch diese Wahl muss jeder von euch selbst treffen.«

Kodran, der schon an einer Leiter stand, trat auf den Wehrgang zurück. »Asla hat Recht. Ich lass mir von den Trollen doch nicht die Gelegenheit vermiesen, mir hier oben meinen Hintern ein wenig aufzuwärmen.« Er eilte zurück zu seinem Platz auf dem Wall. Andere folgten ihm.

Das Geräusch splitternden Holzes übertönte den Gesang der Flammen. Kalf zögerte noch einen Augenblick. Erst als er sich sicher war, dass sein vermeintlicher Rückzug die Stimmung nicht wieder umschlagen ließ, sprang er vom Wehrgang.

»Bogenschützen zu mir!«, rief er aus Leibeskräften.

Die ganze Rückseite der Palisade war ein Flammenmeer. Fast genau in der Mitte des hölzernen Walls hatten die Trolle ihre Bresche geschaffen. Sie arbeiteten verzweifelt mit ihren Steinäxten, um die Lücke zu verbreitern.

Einige Knaben mit Bögen kamen herangelaufen. Die Ältesten von ihnen hatten vielleicht vierzehn Sommer gesehen. Sie waren das letzte Aufgebot.

»Schießt in die Bresche!«, befahl Kalf. »Sigvald! Bring die letzten Reisigbündel zur Bresche. Wir wollen doch mal sehen, was unsere Freunde sagen, wenn sie nach dem Wall aus Holz vor einer Feuerwand stehen.«

Die Jungen machten ihre Sache gut. Mit einigen gezielten Schüssen hatten sie die Trolle aus der Bresche vertrieben. Die Flammen schlugen inzwischen weit über die Brustwehr hinaus. Die dicken Stämme, aus denen der Verteidigungswall gefügt war, begannen zu brennen. Die Flammenwand würde die Trolle für Stunden aufhalten.

Besorgt blickte Kalf zum Wehrgang hinauf. Ein Mann sprang schreiend in den Schnee hinab und schlug noch im Fallen auf seine brennende Hose ein. Asla ging immer noch auf ihrem Abschnitt des Walls auf und ab. Scheinbar seelenruhig, so wie ein Wachtposten in einer lauen Sommernacht mitten im Frieden. Ihr Gesicht war von Ruß geschwärzt.

Der Fischer fluchte. Kannte sie denn keine Gnade mit sich? Sie beugte sich über die Brustwehr und blickte zu den Feinden hinab. Dann endlich winkte sie ihren Männern. »Runter hier, bevor uns die Schuhsohlen braten!«

Selbst jetzt wartete sie noch, bis die anderen den Wehrgang verlassen hatten. Flammen versperrten ihr den Weg zur nächsten Leiter. Kalf begann zu laufen. Sie durfte nicht springen! Nicht mit dem Kind im Bauch!

Asla schwang sich hinab. Kalf konnte sehen, dass sie hart aufkam. Die Hitze des Feuers hatte den Schnee dicht beim Wall schmelzen lassen. Der Boden war steinig. Schwankend kam Asla hoch.

Er griff ihr unter die Arme, um sie zu stützen. Ihr Gesicht war schwarz wie Rabenfedern, das schöne blonde Haar von der Hitze versengt.

»Lass mich!«, zischte sie. »Wenn du mich umarmen willst, dann sei heute Nacht in meiner Hütte. Ich warte auf dich!« Sie machte sich los.

Hundert Augenpaare ruhten auf ihnen. Plötzlich schrie ein einzelner Mann: »Es lebe die Herzogin!«

Immer mehr schlossen sich dem Ruf an. Die erschöpften

Kämpfer kamen herbeigeeilt, um ihr auf die Schultern zu klopfen. Sie wurde hochgehoben. Und immer lauter erschallte der Ruf: »Es lebe die Herzogin!«

Kalf hatte einen Kloß im Hals. Er sah ihr nach, wie sie davongetragen wurde. In ungezählten Nächten hatte er davon geträumt, bei ihr zu liegen. Doch jetzt hatte er Angst davor.

SCHLITTENKUFEN

Alfadas hatte seinen Männern befohlen, außerhalb von Honnigsvald zu lagern. Sie hatten den Marsch von Firnstayn hierher in weniger als anderthalb Tagen geschafft. Fast die Hälfte seiner Krieger kam aus der kleinen Stadt oder der näheren Umgebung. Die Angst hatte sie vorangetrieben. Trotz des dichten Schneefalls und der mörderischen Kälte waren sie marschiert. Ohne die Amulette der Elfen empfanden sie den Winter nun umso bitterer, doch die Angst hatte ihnen Flügel verliehen.

Alfadas stand am Ufer, dort, wo einmal Sigvalds Werkstatt gelegen haben musste. Ganz sicher war er sich nicht. Die kleine Stadt hatte ihr Gesicht verloren. Nichts, was ihm vertraut gewesen war, stand noch. Kein einziges der hölzernen Häuser hatte die Feuersbrunst überstanden.

Ein flaches Eisenstück ragte vor ihm auf. Der Herzog bückte sich, schob Schnee und halb verkohltes Holz zur Seite. Wieder nur ein Fassreifen. Alfadas atmete tief aus. Dann richtete er sich auf, suchte nach Orientierung. Was hatte er am anderen Ufer gesehen, als er bei Sigvald gewesen war? Wie konnte er den Platz wieder finden, an dem der lange Schuppen gestanden hatte? War es hier? Oder doch noch ein Stück das Ufer hinauf?

Zwei Stunden lang suchte er. Doch er fand keine Spuren. Hier unten am Hafen schienen keine Fuhrwerke und Schlitten mehr gestanden zu haben. Sie hatten die Stadt verlassen! Und nirgendwo anders fanden sich die Überreste einer verbrannten Kutsche. Asla war hier gewesen, dessen war sich Alfadas ganz sicher. Honnigsvald war die nächstgelegene Stadt. Hierher würde man fliehen, wenn Feinde aus den Bergen im Norden kamen. Aber Asla war nicht mehr hier gewesen, als Honnigsvald brannte. Ganz sicher nicht!

Der Herzog ging den Stadthügel hinauf. Er suchte nach anderen Spuren. Obwohl Honnigsvald keine große Siedlung war, fiel es Alfadas schwer, sich zu orientieren. Die breite Straße, die vom Hafen hinauf zur Festhalle geführt hatte, ließ sich nur noch erahnen. All die engen Gassen waren gänzlich verschwunden. Begraben unter verkohlten Dachbalken, eingestürzten Häuserwänden und zersplitterten Schieferschindeln. Und über all dies hatte der Winter sein blütenweißes Leichentuch gezogen.

Jedes Mal, wenn er ein flaches, verbogenes Stück Eisen zwischen den verkohlten Trümmern aufragen sah, packte ihn die Angst. Einmal hatte ihn ein Sensenblatt genarrt. Als er die schweren Balken ringsherum weggeräumt hatte und sicher gewesen war, dass hier kein Schlitten gestanden hatte, hatte er nicht verstanden, wie er in der Sense eine Schlittenkufe hatte sehen können. Es war die Angst …

So wie er, irrten noch dutzende andere Männer durch die Stadt. Männer, die alle Schrecken des Trollkriegs in Albenmark ertragen hatten, brachen zusammen, wenn sie die verkohlten Reste ihrer Hütten fanden. Mag, der bei der Beerdigung seines Bruders Torad keine Träne vergossen hatte, lief blass und verstört durch das Ruinenfeld und rief nach Kodran.

Alfadas biss sich auf die Lippen, bis der metallische Geschmack von Blut seinen Mund füllte. Er durfte sich nicht gehen lassen! Er musste diese Männer führen. Sie brauchten ihn jetzt mehr als je zuvor. Morgen, noch vor Sonnenaufgang, würden sie weitermarschieren. Sie würden diese mordenden Bestien verfolgen, bis der letzte Troll tot war, der hierher gekommen war, um Frauen und Kinder zu morden und zu … Seine Gedanken setzten aus. Er durfte sich das nicht vorstellen! Es würde ihn zerstören! Asla lebte! Sie war klug. Bestimmt hatte sie nicht gewartet, bis die Trolle nach Honnigsvald kamen. Sie war weiter den Fjord entlang geflohen.

Alfadas hatte nicht einmal die Hälfte der niedergebrannten Stadt durchstreift. Aber hier gab es kein großes Fuhrwerk! Er wollte nicht, dass sie hier gewesen waren. Es konnte nicht sein. Es durfte nicht sein!

Tränen traten ihm in die Augen. Er ging hinunter zum Fjord. Was bewies es schon, wenn er die Kutsche nicht fand? Asla und die Kinder konnten trotzdem hier gewesen sein. Vielleicht hatte man ihnen das Fuhrwerk gestohlen. Was mochte sich innerhalb der Wälle abgespielt haben, als die Trolle angegriffen hatten? Vielleicht war der schwere Schlitten auch durch das Eis gebrochen und würde für immer auf dem Grund des Fjords verborgen bleiben?

Alfadas wanderte ein Stück über den zugefrorenen Meerarm. Es war ein wunderschöner Wintertag. Ein strahlend blauer Himmel spannte sich über das verschneite Land. Eisiger Wind wehte von Nordwest. Der Herzog spürte ihn kaum auf seinem Gesicht. Er fühlte sich wie tot.

Seine Schritte führten ihn unbewusst nach Süden. Hier, ein gutes Stück von den Erdwällen der Stadt entfernt, lag dicht am Ufer das verlassene Lager der Trolle. Heute Morgen hatte Alfadas seinen Männern davon berichtet, was es hier zu finden gab, aber nur Einzelne wagten sich hierher. Verloren, still gingen sie zwischen den zugeschneiten Feuerstellen herum, stocherten im Schnee und hofften nichts zu finden. Und dann gingen sie zum Ufer …

Die Überlebenden der Stadt waren hierher gebracht worden. Wie es schien, hatte man Honnigsvald schon im ersten Sturmangriff genommen.

Der Herzog blickte hinüber zu dem schaurigen Hügel, bei dem Lambi und Ollowain standen. Er wusste, was der Schnee dort barmherzig verbarg. Und er wagte es nicht hinüberzugehen. Auch nicht ans Ufer. Jene Männer, die keine Verwandten hier hatten, verrichteten dort ihren schaurigen Dienst. Sie brachten die Erfrorenen zum Ufer, wenn sich die Leichen bewegen ließen. Und aus dem Knochenberg, den Lambi und Ollowain bewachten, bargen sie all das, was Auskunft über die Toten geben mochte. Dinge, die unverwechselbar waren. Bestickte Stiefel, ein buntes Halstuch, einen Rock, auf den kleine Flussperlen aufgenäht waren, Kinderpuppen, Armreife mit auffälligen Verzierungen, eine Bernsteinkette … Alfadas war heute Morgen kurz bei den Männern gewesen, als sie ihre Arbeit begonnen hatten. Er hatte es nicht vermocht, ihnen zuzusehen. Sie trugen einen Berg von Menschenknochen ab. Man konnte deutlich die tiefen Furchen sehen, die die Steinmesser im Gebein hinterlassen hatten, als die Trolle das Fleisch heruntergeschnitten hatten. Die Markknochen waren zerschmettert und ausgesogen. Selbst die Schädel hatten sie aufgebrochen. Sie fraßen alles, diese Bestien. Alfadas dachte an die zarten Kinderknochen, die überall verstreut gelegen hatten. Sein Magen zog sich zusammen.

»Asla hat die Kutsche genommen. Sie war nicht hier!«, sagte er mit Nachdruck. Es gab keine Spuren von ihr, den Kindern oder der Kutsche!

Wieder blickte er zum Ufer. Dort kauerten zusammengekrümmt jene, die Gewissheit gefunden hatten. Er sollte auch dorthin gehen. Aber er konnte nicht. Es war etwas anderes, in der Stadt nach einem Fuhrwerk zu suchen. Er konnte nicht die Reihe der Erfrorenen abschreiten. Es waren vor allem Alte und ganz kleine Kinder, so wie Kadlin. Eine nasse Hose war hier draußen in der Eiseskälte ein Todesurteil. Er schluckte hart. Daran, dass Asla mit den Kindern über das Eis geflohen war, gab es keinen Zweifel. Aber sie hatten keine Toten auf dem Weg nach Honnigsvald gefunden! Was immer Asla auch getan hatte, sie hatte alle gerettet, zumindest bis in die trügerische Sicherheit der Stadt.

Ollowain hatte seinen Platz am Knochenhügel verlassen. Der Schwertmeister ging ihm entgegen! Alfadas wandte sich ab. Er tat so, als hätte er den Elfen nicht gesehen. Er zitterte. Seine Kraft reichte nicht aus, um davonzulaufen. Er wollte jetzt nicht über seine Pflichten als Heerführer reden. Und er hatte panische Angst davor, dass Ollowain aus einem anderen Grund kam.

Das Eis knirschte leise, sonst hätte er den Elfen nicht kommen hören. Der Schwertmeister bewegte sich lautlos wie eine Katze. Sein Ziehvater wusste, dass er ihn gesehen hatte. Und er wollte, dass er ihn hörte.

»Was gibt es?«, fragte der Herzog leise, ohne sich umzudrehen.

»Ich muss mit dir reden.« Der Elf trat vor ihn, sodass Alfadas gezwungen war, ihn anzusehen. Ollowain verbarg etwas unter seinem weiten weißen Umhang.

Alfadas atmete aus. Er konnte den Blick nicht von der verbogenen Hand abwenden. Was versteckte sie?

»Lass uns zum Wald hinübergehen.« Ollowain deutete ein Stück den Fjord hinauf, wo ein lichter Birkenhain lag. »Ich möchte allein mit dir sein.«

»Wir sind hier doch allein.« Alfadas' Stimme zitterte, so sehr er sich auch bemühte, sich zu beherrschen.

»Niemand soll uns zusehen. Du bist der Herzog. Sie dürfen nicht den Glauben an dich verlieren. Nicht in dieser Stunde.«

»Ich bin nur ein Mensch! Das wissen sie. Einer wie sie!«

»Nein, du bist der Elfenjarl. Ein Mann wie aus den alten Sagas. Ein Held, der noch niemals besiegt wurde. Ein ruhmreicher Heerführer. Das bist du für sie.«

Ollowain wandte sich ab und ging in Richtung des Birkenwaldes.

»Du weißt besser als jeder andere, dass ich nur ein Mensch bin, mein Lehrmeister. Das sind bloß Geschichten. Du kennst all meine Schwächen. Du weißt, was ich in Wirklichkeit bin. Diese Sagas sind nur Geschichten, die Skalden wie Veleif erfunden haben. Nichts davon ist wahr!«

Ollowain antwortete ihm nicht. Der Elf ging unbeirrt weiter dem Birkenhain entgegen.

Alfadas unterdrückte den Wunsch, ihm nachzulaufen. Er wusste, dass man sie vom Ufer aus beobachtete. Er durfte sich nicht eine solche Blöße geben! Mit weiten Schritten folgte er dem Elfen und musste sich immer wieder zwingen, nicht doch einfach loszulaufen. So sehr er sich bemühte, er vermochte Ollowain nicht einzuholen. Erst als der Schwertmeister eine Lichtung inmitten des Birkenhains erreichte, blieb er stehen.

»Was verbirgst du unter deinem Mantel?«

Ollowain drehte sich um. Sein Gesicht war eine starre Maske. Er hielt einen Dolch in Händen. Es war eine lange, schlanke Waffe. Fast schon ein kurzes Schwert. Der Griff war aus hellem Walbein geschnitten und zeigte zwei Löwen, die auf ihren Hinterbeinen standen und sich in tödlicher Umklammerung hielten. In die silberne Scheide waren kleine Türkissplitter eingefasst. Alfadas wusste, dass es dreiundachtzig Türkise waren. Ulric hatte sie gezählt.

»Ich weiß, was du in Wirklichkeit bist, Menschensohn«, sagte der Elf leise. »Auch wenn du es nicht glauben willst, liegt in den Geschichten über dich viel Wahrheit. Die

Männer sehen zu dir auf. Gerade in dieser Stunde der Trauer. Aus dir werden sie Kraft schöpfen.«

Der Herzog nahm den silbernen Dolch an sich. »Er lag zwischen den Knochen?«

Ollowain nickte.

»Lass mich bitte allein«, sagte Alfadas leise.

EINE EICHE UND EIN GUTES STÜCK FLEISCH

Endlich tauchte er zwischen den Bäumen auf. Orgrim hatte über eine Stunde auf den Kundschafter gewartet. Sofort führte er Brud an Dumgars Feuer.

»Und?«, fragte der Herzog vom Mordstein. »Hast du den Weg gefunden?«

Brud klopfte sich den Schnee aus seinem Umhang. »Es gibt keinen Weg. Diese verfluchten Menschlinge haben den Ort klug gewählt. Man muss durch das Tal, um zum Dorf hinaufzukommen. Sie haben noch zwei weitere Wälle. Einen am Ende des Tals und einen dicht bei den Hütten.«

»Wie viele sind es?«, fragte Orgrim.

»Nicht einmal zweihundert, die kämpfen können.«

Dumgar sprang vom Feuer auf. »Dann kommen ja zwei von unseren Kriegern auf einen Menschling. Und wir schaffen es nicht, sie in Stücke zu reißen? Verdammte Weichlinge! Was seid ihr? Krieger oder lauwarme Mäusefürze?« Der Herzog griff sich ein paar Rippchen, die neben dem Feuer auf einem Holzbrett lagen, und nagte das magere Fleisch von den Knochen. Orgrim hatte den Kerl gesehen, der für das Festmahl ausgesucht worden war. Ein hagerer Mann mit narbigem Gesicht. Er hatte wie ein Welpe gewimmert. Von diesem Fleisch würde er nicht essen, dachte der Herzog der Nachtzinne. Der Menschling hatte ungesund ausgesehen.

»Vielleicht würde es ja die Laune unserer Krieger verbessern, wenn sie dich auch einmal in der ersten Reihe kämpfen sähen.« Orgrim hielt Dumgar mit Blicken gefangen. Er verachtete seinen Feldherrn. Der einzige lauwarme Mäusefurz in diesem Lager war er.

»Ich durchschaue dich, Orgrim. Du wünschst dir, dass mich die Menschlinge töten, damit du hier den Befehl hast. Aber so wird es nicht kommen! Ich bin zu wichtig. Ich darf dem Heer nicht verloren gehen.«

Orgrim strich über die Kruste der frischen Pfeilwunde an seiner Schulter. Er war unter den Kriegern gewesen, die versucht hatten, die Bresche zu erweitern, während Dumgar sich auf einem Hügel außer Schussweite gehalten hatte. »Ich kann dich beruhigen, Feldherr. Solange du dich dem Schlachtfeld nicht näherst, ist die größte Gefahr, der du dich aussetzt, diejenige, an einem Rippchen zu ersticken.«

Dumgar warf einen der Knochen ins Feuer. Er lächelte säuerlich. »Mach dir keine Sorgen deshalb. Ich bin ein sehr erfahrener Esser.«

Du bist ein Pickel auf dem Hintern des Königs, dachte Orgrim wütend, hielt aber den Mund. Eines Tages werde ich dich ausquetschen!

Dumgar wandte sich an Birga. Die Schamanin saß etwas abseits des Feuers. Mit einem dürren Zweig malte sie ein verschlungenes Muster in den Schnee. »Bist du dir ganz sicher, dass Emerelle dort oben in dem Dorf der Menschlinge ist?«

Die Schamanin hielt inne. Die Lederhaut, die sie vor ihr Gesicht gespannt hatte, glitt ein wenig zur Seite, als sie ruckartig den Kopf hob. Es war zu kurz, um in der Dunkelheit etwas von ihrem Gesicht erkennen zu können. »Glaub mir, Dumgar, wen ich befrage, der ist froh, mir so schnell wie möglich all seine Geheimnisse anvertrauen zu dürfen. Emerelle steckt dort oben in dem Bergdorf!«

Der Herzog vom Mordstein leckte sich nervös über die Lippen. »Ich wollte dein Wissen nicht infrage stellen. Es wäre nur … Wie lange wird es noch dauern, bis wir das Dorf erobern?«

»Ich kann nicht in die Zukunft sehen«, entgegnete sie gereizt. »Es ist dieses verfluchte goldhaarige Weib, das sie immer wieder aufstachelt. Ich habe sie lange beobachtet. Sie trägt ein Kind. Die Gefangenen sagen, sie sei das Weib des Elfenjarls. Sie müssen wir töten! Dann werden wir siegen. Wie schnell das gelingt, das hängt ganz davon ab, wer bei den nächsten Angriffen den Befehl führt.« Sie sah zu Orgrim. »Ich bin sicher, du würdest anders vorgehen, als wir es bisher getan haben. Oder irre ich mich?«

Orgrim wusste, dass er sich nicht gegen Dumgar stellen konnte. Er würde am einfachsten sein Ziel erreichen, wenn er dem Herzog vom Mordstein schmeichelte. »Ich finde, dass Dumgar den richtigen Weg eingeschlagen hat. Aber wir sollten mehr Kraft einsetzen. Unsere Rammböcke sind zu schwach. Das liegt an der Eile, mit der wir angegriffen haben. Wir sollten die Menschen einen Tag lang in Frieden lassen. Selbst wenn wir nicht angreifen, werden sie uns so sehr fürchten, dass sie nicht zur Ruhe kommen. Wir nutzen die Zeit, um eine große Eiche zu suchen. Einen wahrhaft gewaltigen Baum! Und daraus fertigen wir einen Rammbock, wie nur Trolle ihn heben können. Die nächste Palisade der Menschenkinder werden wir in einem einzigen Sturmlauf nehmen.«

»Ja, genau daran hatte ich auch schon gedacht«, behauptete Dumgar. »Du hast es nur schneller ausgesprochen, Orgrim. Ich erlaube dir, meinen Einfall auszuführen. Aber beeile dich! Du weißt, dass wir nur noch für ein paar Tage zu essen haben. Wir müssen das Dorf erstürmen, um wieder an Fleisch zu kommen!«

»Natürlich.« Orgrim erhob sich. »Ich werde mich sofort

um alles Notwendige kümmern.« Erleichtert, das Feuer des Herzogs vom Mordstein verlassen zu können, zog er sich zurück. Brud folgte ihm.

»Willst du ihm demnächst auch noch die Füße küssen?«, fragte der Kundschafter leise. »Schneid ihm den Bauch auf und erdrossle ihn mit seinen Eingeweiden. Diese jämmerliche Made hat es nicht verdient, hier das Kommando zu führen!«

»Lass ihn nur machen. Ich bin zuversichtlich, dass er einen Weg finden wird, sich selbst ins Verderben zu reiten.«

»Und wie viele gute Krieger wird er dabei mitnehmen? Das kann dir doch nicht gleichgültig sein.«

»Hast du schon von Boltans neuem Gericht gekostet? In Lehm gebackenes Fleisch – köstlich, sage ich dir. Komm an mein Feuer und sei mein Gast.«

»Du schuldest mir eine Antwort«, beharrte der Kundschafter. »Er hat nicht auf dich gehört, als du ihm geraten hast, die gefangenen Menschlinge zurück in ihre großen Hütten zu schicken, damit sie sich warme Pelze holen. Und was ist geschehen? Sie sind auf dem Eis jämmerlich zu Grunde gegangen, und wir haben fast keine Vorräte mehr. Was muss er noch tun, damit du uns von ihm erlöst? Wenn dir der Mut dazu fehlt, dann gehe ich hin und schneide ihm die Kehle durch.«

»Dann kannst du auch gleich mich ermorden. Wenn Dumgar etwas geschieht und es nur die geringste Möglichkeit gibt, mich für sein Ableben zur Verantwortung zu ziehen, dann wird Branbart mich hinrichten lassen. Versteh doch, ich kann nichts gegen diesen Narren unternehmen. Der König wartet nur darauf! Deshalb hat er uns diesen Trottel als Befehlshaber ausgesucht. Branbart war sich sicher, dass ich die Unsinnsbefehle von Dumgar nicht lange ertragen könnte. Wenn ich aber etwas gegen Dumgar unternehme, liefere ich mich der Willkür des Königs aus.«

»Ich hasse die Machtspiele von euch Fürsten!«, fluchte Brud. »Sobald das hier vorbei ist, gehe ich in die Wälder, und man wird mich für lange, lange Zeit nicht mehr zu sehen bekommen. Mit euch zusammen zu sein, vergiftet meine Seele!«

»Hilf mir morgen, eine gute Eiche zu finden, und ich verspreche dir, wir werden die Menschlinge übermorgen hinwegfegen. Sobald wir Emerelle gefangen haben, kehren wir zurück nach Albenmark. Und vielleicht haben wir ja Glück, und Dumgar verirrt sich auf dem Weg durch das Nichts.«

»Du hast die Gabe, dass alles, wovon du sprichst, sich so einfach anhört.«

Orgrim legte dem Kundschafter die Hand auf die Schulter. »Es ist so einfach, Brud. Und nun vergiss deinen Ärger und lass uns ein gutes Stück Fleisch essen.«

DAS ERSTE MAL

»Ihr wisst, was euch erwartet?«

Asla beobachtete, wie Kalf die drei Männer und die beiden Frauen der Reihe nach fest ansah. Er hatte sie ausgewählt, und wie es schien, hatte er eine gute Wahl getroffen. Asla kannte die fünf nicht, aber sie alle hielten Kalfs Blicken stand. Sie wirkten nicht zögerlich oder gar ängstlich. Wenn sie Glück hatten und ihre Späher tatsächlich die versprengten Reste von König Horsas Heer fanden, und wenn sie dann noch rechtzeitig nach Sunnenberg zurückkehrten, dann gab es vielleicht noch Hoffnung. Zu viele Wenns dachte Asla bedrückt. Sie sollte sich nichts vormachen! Es war unwahrscheinlich, dass irgendjemand im Tal den Trollen entkommen würde, wenn erst einmal die letzte Palisade fiel. Zumindest würden diese fünf nicht mit ihnen untergehen, dachte Asla trotzig. Eines der beiden Mädchen war sehr hübsch. Sie hatte wunderschöne braune Rehaugen. Ein Anhänger aus dunklem Bernstein hing um ihren Hals. Er hatte fast die Farbe ihrer Augen. Sicherlich könnte sie einmal unter vielen Werbern ihren Mann auswählen, wenn es ihr gelang, an den Wachen der Trolle vorbeizukommen. Schon wieder so ein verfluchtes Wenn!

»Teilt euch auf«, sagte Kalf. »Versucht nicht, euch untereinander beizustehen, wenn die Trolle einen von euch fangen. Und wenn ihr aus dem Tal herauskommt, soll einer von euch in jede Himmelsrichtung gehen. Sucht aber vor allem im Süden. Es ist wahrscheinlicher, dass dort Versprengte von Horsas Heer zu finden sind. Kommt nicht zurück, wenn ihr weniger als tausend Mann findet. So viele werdet ihr mindestens brauchen, um euch durch die Reihen der Trolle zu schlagen. Und wenn eure Suche länger als fünf Tage dauert, dann kommt auch nicht zurück. Ihr würdet hier dann niemanden mehr finden.«

»Aber die Trolle haben seit zwei Tagen nicht mehr angegriffen. Vielleicht sind sie des Kämpfens müde geworden?«, wandte einer der Männer ein.

»Kannst du dir einen Wolf vorstellen, der friedlich unter Lämmern lebt? Ebenso wenig gibt es einen Troll, der des Kämpfens müde wird! Ich weiß nicht, was sie aufhält, aber ich bin mir sicher, dass sie wieder angreifen werden. Habt ihr noch weitere Fragen?«

Asla dachte an die schlafende Königin, die weiter oben im Dorf in einer Hütte mit Tante Svenja und Kadlin untergebracht war. Solange Emerelle bei ihnen blieb, würden die Trolle niemals aufgeben. Es war klug, dass Kalf das nicht so offen aussprach. Asla würde lieber ihr Leben geben, als die Königin auszuliefern. Aber sie war sich nicht sicher, ob alle so dachten.

Asla musterte die fünf. Eifer und Furcht spiegelte sich in ihren Gesichtern. Sie alle trugen lange Schaffellmäntel. Die Flüchtlinge und die Bewohner des Dorfes hatten Kleidung zur Verfügung gestellt, damit ihre Boten ganz in Weiß gewandet waren. Das verbesserte ihre Aussichten, lebend durch die Linien der Trolle zu kommen. Zumindest hoffte Asla das. Wieder einmal wurde ihr klar, wie wenig sie über die Trolle wussten. Konnten sie gut sehen? In manchen Sagas hieß es, sie würden im Sonnenlicht zu Stein. Das war offensichtlich falsch. Hatten sie eine feine Nase, wie Jagdhunde? Würden sie einfach der Witterung der Boten folgen? Wie sollte man einen Feind besiegen, den man kaum kannte?

Kalf verabschiedete die Späher. Jetzt fand er wärmere Worte.

»Möge Luth euch einen langen Faden gesponnen haben«, sagte Asla feierlich.

Das Mädchen mit dem Bernsteinamulett umarmte Asla und flüsterte ihr ins Ohr: »Bitte haltet das Dorf. Meine Großmutter ist hier. Sie ist die Letzte, die mir aus meiner Sippe geblieben ist. Ich vertraue dir, Herzogin.«

»Wir werden gut kämpfen«, sagte Asla fest. »Und ich vertraue auf Luth und seine Gnade.« Sie konnte das Mädchen nicht anlügen und ihr einfach sagen, es würde schon alles gut gehen. Asla drückte sie.

Kalf stand bereits in der Tür. Es war alles gesagt. Einen Augenblick lang klammerten sich die Fünf noch an die Geborgenheit der kleinen Hütte, zögerten den Aufbruch ins Ungewisse um ein paar Herzschläge hinaus. Gefangen auf der Schwelle zwischen Dunkelheit und Licht, mochten sie den Schritt in die Finsternis nicht tun und konnten doch nicht mehr länger bleiben. Es war das Mädchen mit dem Bernstein, das schließlich als Erste ging. Sie setzte das Zeichen. Die anderen folgten ihr. Schnell war die kleine Gruppe zwischen den dunklen Bäumen verschwunden.

Die Hütte, die sich Asla als Quartier gewählt hatte, lag nahe der zweiten Palisade in einem Waldstück verborgen. Von hier waren es weniger als zweihundert Schritt bis zu der Holzmauer, an der sich ihr Schicksal entscheiden würde. Sie hatten zwar am Eingang zum Dorf noch eine dritte Barriere aufgebaut, doch alle wussten, dass dieses Hindernis die Trolle nicht lange aufhalten konnte. Wer dort kämpfte, der war dem Tod geweiht. Hier galt es, den Trollen nur kurze Zeit zu trotzen. Lange genug, um die weiße Flut zu entfesseln.

»Es wird kalt«, sagte Asla ruhig. Morgen schon wären sie vielleicht alle tot. Sie war entschlossen, in dieser Nacht herauszufinden, welchen anderen Weg ihr Leben hätte nehmen können.

Kalf stand noch immer in der Tür und spähte in den Wald, obwohl die fünf jungen Boten schon längst zwischen den Bäumen verschwunden waren. Hatte er Angst? Wollte er es nicht? Eine Woge des Zweifels erfasste Asla. Hatte sie sich in ihm getäuscht?

Kalf räusperte sich. Er öffnete den Mund, wollte etwas sagen und fand doch keine Worte. Endlich zog er die Tür zu. Er konnte ihr nicht in die Augen sehen. »Ich habe mich so lange Jahre nach dir gesehnt. Aber jetzt ... Du warst immer das Licht in meinem Leben. Ich habe dich von Ferne bewundert ... Muss man nicht verbrennen, wenn man nach dem Licht greift? Ist es richtig ...«

Solange Asla sich erinnern konnte, hatte sie zu Kalf aufgeschaut. Schon als ganz kleines Mädchen hatte sie beschlossen, dass sie einst sein Weib sein würde. Seine breiten Schultern, das wehende blonde Haar, die selbstwusste Ruhe, die er ausstrahlte, all das hatte sie verzaubert. Er war so anders als die anderen jungen Männer, die tranken, prahlten und sich für unwiderstehlich hielten. Seine stille Art hatte sie angezogen, und sie hatte damals schon geglaubt, dass auch er sie liebte. Nie hatte sie daran gezweifelt, dass sie eines Tages mit ihm um den Stein tanzen würde.

Asla dachte daran, was Alfadas über die Liebe der Elfen erzählt hatte. *Sie versprechen einander, sich zu trennen, bevor die erste Lüge zwischen ihnen steht. Sie glauben, wenn es etwas gibt, über das man nicht mehr miteinander sprechen kann, dann ist es an der Zeit, einander freizugeben.* Alfadas war wie ein Sturm in ihr Leben getreten. Er hatte sie verzaubert und ihr Schicksal auf einen neuen

Kurs gedrängt. Der Held aus dem Elfenland, der Frauen von unendlicher Schönheit besessen hatte, war zu ihr gekommen, zur Fischerstochter, und hatte um ihre Hand angehalten. Sie hatte sich damals wie in einem Märchen gefühlt, das Wirklichkeit geworden war. Wie hätte sie nein sagen können? Jahre waren vergangen, bis sie begriffen hatte, dass man Märchen nicht leben konnte. Anfangs hatte es sie nicht gestört, wenn er neben ihrem Haus gestanden und zum Hartungskliff hinaufgeblickt hatte, dorthin, wo der Steinkreis stand, das Tor in jene andere Welt. Erst langsam hatte sie seine Sehnsucht verstanden. Jenseits der Steine lag etwas, das sie trennte, auch wenn sie es nicht einmal in Worte zu fassen vermochte. Alfadas liebte sie und die Kinder, das wusste Asla. Er war ihr immer ein guter Mann gewesen. Er begegnete ihr mit mehr Wärme und Zuneigung, als die meisten anderen Frauen im Dorf je von ihren Gatten erfahren hatten. Seine schönen Worte und sein Lächeln vermochten sie immer noch in den Bann zu schlagen. Er versuchte ihr jeden Wunsch zu erfüllen. Doch seine Blicke hinauf zum Hartungskliff verletzten sie mit jedem Jahr, das sie gemeinsam verbrachten, tiefer. Dort war etwas, das sie ihm niemals geben konnte. Er sprach nie darüber, und das machte es noch schlimmer.

Wieder ging ihr durch den Kopf, was Alfadas über die Liebe der Elfen gesagt hatte. Wenn sie eine Elfe wäre, dann hätte sie sich wohl längst schon von ihm getrennt. Aber sie war Asla, die Fischerstochter. Sie konnte den Mann, dessen Kinder sie geboren hatte, nicht einfach aufgeben. Sie wollte es nicht!

Vielleicht hätte sie die Kraft gefunden, mit seiner Sehnsucht zu leben, wenn die Elfen niemals nach Firnstayn gekommen wären. Jetzt wusste sie, wonach er sich sehnte. Sie hatte die Frauen gesehen. Sie waren so anders. Nicht allein ihre Schönheit war verwirrend. Sie strahlten eine

Kraft und einen Stolz aus, wie Asla es noch nie bei einer Menschenfrau gesehen hatte. Alles an ihnen war vollkommen. Sie überquerten einen schlammigen Weg, und ihre Füße wurden nicht einmal schmutzig. Sie konnten einen Fisch ausnehmen, und ihnen haftete immer noch ein Wohlgeruch an, angenehmer als der Duft der schönsten Blumen, die Asla kannte. Was war sie im Vergleich zu ihnen? Bestenfalls eine Blüte am Ende des Sommers, deren Blätter bereits braune Ränder bekommen hatten.

Sie hatte all diese Frauen in ihrem Haus aufnehmen und bewirten müssen, und Alfadas hatte nicht einen Herzschlag lang darüber nachgedacht, wie sie sich dabei gefühlt hatte. Das alles hätte sie vielleicht noch ertragen, wäre da nicht diese eine gewesen! Silwyna! Sie hatte etwas Katzenhaftes. Ihr haftete der Geruch des Waldes an. Silwyna war kaum in ihr Haus gekommen. Sie hatte sich zurückgezogen. Und auch Alfadas war ihr aus dem Weg gegangen. Doch gerade die Art, wie er sie gemieden hatte, es nicht einmal gewagt hatte, einen Blick mit ihr zu tauschen, hatte ihn verraten. Alfadas hatte diese Elfe einmal geliebt, und seine Gefühle waren vielleicht begraben, aber nicht verloschen. Sie war es, woran er dachte, wenn er zum Hartungskliff blickte. Asla wünschte sich, sie wäre Silwyna niemals begegnet!

Sie dachte an den Liebesschwur ihres Mannes. Seine letzten Worte, bevor er durch das Tor in die fremde Welt der Elfen getreten war. Er hatte versprochen, zu ihr zurückzukehren. Und während er so offen von seinen Gefühlen gesprochen hatte, hatte er sich vor dem König und all den Kriegern verletzlich gezeigt. Männer taten so etwas nicht, das galt als weibisch. Aber er war ja auch nie wie all die anderen Männer gewesen, dachte Asla traurig. Deshalb liebte sie ihn. Selbst jetzt noch.

Sie blickte zu Kalf. Er stand immer noch unschlüssig vor

der verschlossenen Tür und mied es, sie anzusehen. Die Jahre hatten tiefe Furchen in sein Gesicht geschnitten, und doch fand sie noch alles darin, was sie schon immer liebenswert gefunden hatte. Er war gereifter, stärker, auch wenn ihm der Mut fehlte, auf sie zuzugehen und von seiner Liebe zu sprechen. Was dies anging, wirkte er unschuldig wie ein Jüngling. Soweit Asla wusste, hatte Kalf nie ein Weib gehabt. Manchmal war er ein paar Tage in Honnigsvald, um Fisch zu verkaufen oder im Winter auch Pelze. Vielleicht gab es dort … Aber das wäre nicht seine Art. Asla wusste ganz sicher, wenn Kalf eine Frau fand, der sein Herz gehörte, dann würde er zu ihr gehen … Asla wurde die Kehle eng. Sie wusste mehr. Er hatte seine Frau gefunden, und deshalb war er geblieben. Um ihretwillen.

Sie trat zu ihm hinüber und griff zärtlich nach seiner Hand. »Es ist gut, dass du hier bist. Jemanden an seiner Seite zu wissen, gibt so viel Kraft.«

Endlich wagte er es, ihr ins Antlitz zu blicken. Seine Augen waren unendlich traurig. »Ja«, sagte er einfach nur.

Asla widerstand dem Drang, ihn in die Arme zu schließen. Er war kein kleiner Junge, den sie trösten musste. Sie wollte mehr von ihm. Sie wollte in seinen Armen liegen, seine Liebe spüren und sich geborgen fühlen. Wenn sie ihn jetzt umarmte, dann würde sie all das nicht bekommen.

Asla seufzte. Sie musste einen anderen Weg finden. »Ich begreife nicht, wie manche Männer den ganzen Tag in einem Kettenhemd herumlaufen können. Es erdrückt mich! Wenn ich es ablege, habe ich das Gefühl, ich bin so leicht, dass ein Windstoß reichen würde, um mich hinauf zu den Sternen zu tragen.« Sie löste den breiten Gürtel, der einen Teil vom Gewicht ihres Kettenhemds stützte, und ließ ihn zu Boden fallen. Dann hob sie die Arme. »Ich weiß jetzt, warum Krieger ihr Haar meistens kurz tragen.« Sie lächelte. »Die Kettenringe verhaken sich in den Haaren. Lass mich dieses Ding hier noch einen Mond lang tragen, und es wird mich zu einem kahlen Weib machen. Bitte hilf mir, es abzustreifen.«

Kalfs Hände waren kräftig. Vorsichtig befreite er sie aus der schweren Rüstung. Selbst durch das Kettengeflecht hindurch spürte sie seine Wärme. Mit der Geduld, mit der er zerrissene Netze flickte, befreite er ihr Haar, wo es sich in den Eisenringen verfing. Und schließlich nahm er die Last von ihren Schultern. Klirrend fiel das Kettenhemd zu Boden.

Erst jetzt wurde sich Asla bewusst, was sie unter der Rüstung trug. Ein dickes, gestepptes Winterkleid, auf das sie breite Schulterpolster aus Lumpen aufgenäht hatte. Durch das Waffenfett, mit dem das Kettenhemd eingerieben war, war das ohnehin schon unansehnliche Kleid auch noch mit schwarzen Flecken und Schlieren bedeckt. Und man konnte riechen, dass sie es tagelang angehabt hatte. Es war notwendig, das dick gepolsterte Kleid zu tragen, denn das Kettenhemd wurde eiskalt und zog ihr die Wärme aus dem Leib, wenn sie sich nicht schützte. Aber jetzt fühlte sie sich in diesem unförmigen Gewand wie eine unansehnliche Wurst. Mit ihrem zerzausten Haar, dreckig und stinkend, würde sie nicht einmal ein Mann begehren, dem sonst vor Geilheit der Hosenlatz platzte.

Kalf lächelte. Er strich ihr das Haar glatt. Sie wagte kaum, zu ihm aufzublicken. Lachte er sie aus? Was mochte er jetzt wohl denken? Seit dem Kampf auf der Palisade war er ihr aus dem Weg gegangen. Zwei endlose Tage lang. Als er am Abend nach dem Kampf nicht zu ihr gekommen war, hatte sie sich wie Dreck gefühlt. Wie eine lüsterne Hure. Nie wieder wollte sie auch nur ein einziges Wort mit ihm reden.

Ihre Schwüre hatten nicht lange gehalten. Sie ertrug es nicht, ohne ihn zu sein. Er und Kadlin waren das Einzige, was ihr noch Kraft gab. An Ulric wagte sie gar nicht zu denken. Dass Yilvina nicht zurückgekehrt war, konnte nur eines bedeuten.

Asla hatte die fünf Boten in ihre Hütte befohlen, um sie zu verabschieden. Sie wusste, dass dann auch Kalf kommen würde. Er hatte die fünf ausgewählt, und er konnte sie nicht einfach ziehen lassen, ohne noch ein paar Worte mit ihnen zu wechseln. Dazu war er nicht der Mann. Natürlich hatte die Möglichkeit bestanden, dass er an der Palisade auf die Boten wartete, um dort kurz mit ihnen zu sprechen. Asla hatte dafür gebetet, dass er die Gelegenheit ergriff, in ihre Hütte zu kommen, ohne dass jemand dies als anstößig empfinden konnte.

Kalf strich ihr sanft über die Wange. »Du bist eine wunderschöne Frau.«

Wütend blickte sie auf. Wie konnte er sie wunderschön nennen, so wie sie aussah! Wollte er sie verspotten? Die Traurigkeit war aus seinen Augen gewichen. Sie strahlten. Aslas Zorn verrauchte. Er meinte tatsächlich, was er sagte.

Sie ergriff seine Hand und legte sie auf ihre rechte Brust. Er ließ es geschehen. »Wir dürfen nicht …«

»Warum? Willst du es nicht?«

Diesmal wich er ihrem Blick nicht mehr aus. »Ich will es, seit ich zum ersten Mal gemerkt habe, dass du mir vom Ufer aus heimlich zusiehst, wenn ich mit meinem Boot hinausfahre. Seit damals weiß ich, dass du die Frau bist, die Luth mir auserwählt hat. Keine andere.«

Sie lächelte traurig. Warum hatten sie nicht zueinander gefunden? Welchen Plan verfolgte der Schicksalsweber mit ihnen? Sie würde Kalf auf den Pfad der Liebe führen müssen. Die Vorstellung, dass er nie zuvor bei einer Frau gelegen hatte, erregte sie und erfüllte sie zugleich auch mit Trauer.

»Wir dürfen nicht … Die Leute …«, sagte er und ließ die Hand doch auf ihrer Brust ruhen.

»Vergiss die Leute! Bevor der Mond sich wieder rundet, wird vielleicht niemand mehr leben, der weiß, dass du einmal diese Hütte betreten hast. Wir waren füreinander bestimmt. Lass uns die vergangenen Jahre vergessen.« Asla lächelte kokett. »Stell dir vor, es wäre noch einmal jene Sommernacht, in der du mir nachgeschlichen bist, um mir zuzusehen, wie ich in dem kleinen See im Buchenwald bade.«

Kalf blickte erschrocken auf. »Das weißt du?«

»Ich wollte es. Der Weg an deiner Hütte vorbei war nicht der kürzeste Weg zum Buchenwald.« Sie griff nach seinem Waffengurt und löste ihn.

Plötzlich packte Kalf sie, zog sie ungestüm zu sich heran und küsste sie voller Leidenschaft. Asla gab sich ihm hin, auch als sie spürte, wie sich das Kind in ihr bewegte. Einen Augenblick lang dachte sie an Alfadas, doch sie fühlte sich nicht schuldig dabei. Was jetzt geschah, war richtig.

Sie ließ sich in Kalfs Arme sinken. Es war ein Gefühl, als treibe sie in warmem Wasser.

Behutsam bettete der Fischer sie auf das Lager aus alten Decken. Keinen Augenblick ließ er sie dabei los. Seine wilden Küsse und das Gewicht seines Körpers raubten ihr den Atem. Die großen, starken Hände tasteten über ihren Leib. Sie drängten unter das wattierte Kleid. Ungeschickt und voller Sehnsucht.

»Öffne die Lederlaschen an der Seite«, flüsterte sie.

Sie hörte, wie der mürbe Stoff einriss, als er sich an dem Kleid zu schaffen machte. Sie tastete nach den Laschen, um ihm zu helfen. Ihre Hände fanden einander. Die Finger verschränkten sich.

Plötzlich erstarrte Kalf. Dann richtete er sich auf.

Jetzt hörte es auch Asla. Den langen, klagenden Ruf des Wachhorns. Die Trolle! Sie griffen die Palisade an.

Mit einem Satz war Kalf auf den Beinen. Er griff nach seinem Schwertgurt. Erst in der Tür verharrte er. »Ich werde wiederkommen.« Dann verschwand er in der Nacht.

Asla sah, wie eine kleine Spinne durch die Binsen am Boden eilte. Wütend zertrat sie das Tier. »Ich verfluche dich, Luth. Hättest du uns nicht diese eine Stunde gönnen können? Eine Stunde in einem ganzen Leben! Ist das zu viel verlangt?«

Sie griff nach ihrem Schwert. Es blieb keine Zeit mehr, um das Kettenhemd überzustreifen. Asla rannte hinaus in die Kälte. Und sie wusste, dass sie beide niemals wieder in diese Hütte zurückkehren würden. Luth würde ihr den Fluch nicht vergeben! Und sie würde dem launischen Gott auch nicht vergeben!

ERWACHEN

Svenja begann zu zittern, als sie den Ruf des Horns hörte. Die Trolle hatten noch nie bei Nacht angegriffen! Als die Sonne untergegangen war, hatte sie sich sicher gefühlt. Zumindest für die Nacht. Sie stellte sich vor, wie ihre Nichte Asla in diesem grässlichen Kettenhemd auf den Wall kletterte, um bei den Männern zu sein. Eine Frau sollte nicht mitten in einer Schlachtreihe stehen! Schon gar nicht, wenn sie ein Kind unter dem Herzen trug. Was hatten sie den Göttern getan, dass sie ihnen eine solch schwere Prüfung auferlegten?

Svenja blickte auf und besann sich auf ihre Pflichten. Sie würde bei den Kindern bleiben. Ganz gleich, was geschah. Sie würde sie niemals allein lassen. Die meisten der Kleinen konnten nicht einmal laufen. Es waren schon viel zu viele Kinder gestorben! Sie sah zu der schweren Pfanne neben dem Feuer. Eine Frau sollte nicht mit einem Schwert herumlaufen! Aber sie musste nicht wehrlos sein.

»Sing uns noch ein Lied«, drängte Loki. Sein Vater war vor zwei Tagen gestorben. Die Trolle hatten ihn mit einem Seil vom Wall gezerrt. Der Junge hatte nicht geweint. Er war sechs. Alt genug, um zu begreifen.

»Mein Vöglein flieg …«, begann Svenja und stockte. So viele Lieder mochte sie nicht mehr singen. Früher hatte sie über die Worte der Kinderlieder nicht weiter nachgedacht.

Sie hatte sie gesungen, so wie ihre Mutter für sie gesungen hatte. Aber jetzt …

»Weiter«, drängte Loki.

Auch Kadlin, die in ihren Armen schlief, bewegte sich unruhig. Man hatte ihr all die kleinen Kinder gebracht, die noch lebten. Es waren nur siebzehn. Die meisten schliefen jetzt ruhig bei der gemauerten Feuergrube. So wie die Königin. Die Elfe war Svenja unheimlich. Sie lag da wie eine Tote. Sie rührte sich nicht, man hörte sie nicht einmal atmen. Ihr Gesicht war weiß wie Schnee und von kalter Schönheit, so wie der Fjord an einem Wintermorgen. Asla hatte ihr erzählt, die Königin sei viele hundert Jahre alt. Das konnte nicht stimmen! Sie hatte ein Gesicht wie eine Jungfer, die noch von Männern träumte, weil sie es nicht besser wusste. Es fehlten all die Narben, die das Leben schlug. Die feinen Fältchen um die Augen, die das Lachen schenkte. Die tiefen Furchen um die Mundwinkel, die von Verzweiflung und Enttäuschung kündeten.

»Das Lied!«, sagte Loki. »Hast du vergessen, wie es weitergeht?«

Svenja lächelte. »Ja, hab ich. Ich sing euch ein anderes. Das Lied vom goldenen König. Das ist auch viel schöner.« Sie atmete tief ein. Kadlin bewegte sich im Schlaf und drückte ihr den Kopf gegen den Busen.

»Sind so viele Fische,
tief am Fjordengrund …«

Svenja versagte die Stimme. Die Elfe! Sie hatte die Augen geöffnet und sah sie an. Was für Augen! Die Amme begann wieder zu zittern. Jetzt glaubte sie, dass die Königin schon seit Jahrhunderten lebte.

»Du musst keine Angst vor mir haben, Menschentochter.«

Die Elfe sprach mit weicher, freundlicher Stimme. Wer so eine Stimme hatte, vor dem musste man sich nicht fürchten, ganz gleich, wie die Augen aussahen. Die Kinder blickten jetzt zu der Königin. Keines schien vor ihr Angst zu haben. Loki ging sogar zu ihr hinüber.

»Warum hast du so lange geschlafen?«, fragte der Junge.

»Ich war verwundet und sehr müde.« Die Elfe sah sich um. Ihre Augen erschienen Svenja wie Abgründe. Sie verschlangen gierig, was sie sahen.

»Wie bin ich hierher gekommen, Menschentochter? Und wie ist dein Name?«

»Svenja heiße ich.« Die Amme wunderte sich, wie sicher ihre Stimme klang. Ihre Hände hatten aufgehört zu zittern. Tiefe Ruhe überkam sie. Sie berichtete, wie die Elfen nach Firnstayn gekommen waren, wie der Geisterhund sie heimgesucht hatte und schließlich von Gundar getötet worden war. Dann erzählte sie von den Trollen und der Flucht über das Eis, die bis hierher nach Sunnenberg geführt hatte. Während sie sprach, erwachte Kadlin. Das kleine Mädchen ging hinüber zu der Elfe, so als habe sie die fremde Königin schon immer gekannt.

Die Herrin der Elfen strich Kadlin sanft über das Haar. »Du bist die Tochter von Alfadas. Ich kannte deinen Vater schon, als er so groß wie du war.«

»Vater fort«, sagte Kadlin undeutlich.

Svenja lief ein Schauer über den Rücken. Die Kleine konnte noch nicht sprechen! Was hatte die Königin mit ihr gemacht? Svenja wollte aufstehen und Kadlin in die Arme schließen, doch ihre Beine waren wie gelähmt.

»Ulric fort. Mama traurig. Gut, dass du aufwachst.« Die Stimme des Mädchens wurde immer deutlicher. Svenja sah seit fast dreißig Jahren nach Kindern, doch so etwas hatte sie noch nie erlebt.

»Lass Kadlin gehen«, sagte sie ängstlich.

Die Kleine wandte sich zu ihr um. »Mir geht es gut, Tante. Mach dir keine Sorgen.«

Emerelle nahm die Hand vom Kopf des Kindes. Wieder war in der Ferne das Kriegshorn zu hören. »Ich bin es, was die Trolle wollen. Ich werde gehen und mich ihnen stellen. Dies ist nicht euer Krieg, Menschenkinder. Er hätte es niemals sein dürfen. Ich habe es nicht gesehen …«

Die Amme verstand nicht, was die Königin mit ihren letzten Worten sagen wollte. Sie atmete tief ein. Plötzlich fühlte sie sich voller Kraft. Sie sprang auf und schloss Kadlin in ihre Arme.

Emerelle erhob sich von ihrem Lager, als habe sie nur kurz geruht. Blass und mit einem dünnen Nachthemd bekleidet, sah sie wie ein Geist aus. Sie verbeugte sich knapp vor Svenja. »Ich danke dir dafür, dass du so viele Stunden an meinem Lager gewacht hast. Du hast eine sehr schöne Singstimme, Menschentochter. Das ist eine besondere Gabe. Ich hoffe, du wirst den Kindern bald wieder fröhlichere Lieder singen.« Mit diesen Worten öffnete sie die Tür. Der eisige Atem des Winters kroch in die kleine Hütte. »Kadlin mag dich übrigens sehr, Svenja. Sie wollte, dass ich dir das sage.«

Die Amme drückte das kleine Mädchen eng an sich.

»Dada.« Kadlin deutete auf die Tür. Eine Windbö stürmte gegen die kleine Hütte an und ließ die hölzernen Dachschindeln klappern. Die Tür schwang knarrend in den Angeln.

»Sperr den Winter aus, bevor uns Väterchen Firn allen in die Nasen beißt«, befahl Svenja Loki. Dann beäugte sie misstrauisch Kadlin. Das Kind schien unverändert. »Was hast du mit der Elfe besprochen?«

Kadlin legte den Kopf schief und lächelte. »Hawda.«

Erleichtert atmete die Amme auf. Der Spuk war vorüber.

DIE ZUFLUCHT

Blut bahnte ihnen einen Weg durch den tiefen Schnee. Vor einer Weile hatten sie Lichter auf dem Eis des Fjords gesehen und hielten sich deshalb wieder tiefer in den Wäldern verborgen. Ulric war sehr müde, aber er hatte sich fest vorgenommen, sich nicht zu beklagen. Schließlich hielt Halgard auch durch, obwohl das blinde Mädchen seit einer Weile bei jedem Schritt leise seufzte. Der Junge blickte zu der Elfe hinüber. Yilvina ging schweigend. Sie presste die linke Hand auf ihre Hüfte. Ihr notdürftiger Verband war blutdurchtränkt. Die Wunde hatte sich wieder geöffnet, obwohl schon so viele Tage vergangen waren, seit sie ins Lager der Trolle gekommen war, um ihn und Halgard zu holen.

Ulrics Magen knurrte. Sie hatten seit drei Tagen kaum etwas gegessen. Die Elfe hatte ein paar Nussverstecke von Eichhörnchen aufgestöbert, aber Nüsse allein machten nicht satt. Yilvina hatte sie tief in den Wald, weit fort vom Fjord geführt. Sie glaubte, dass dort niemand nach ihnen suchen würde.

Ulric kannte genug Geschichten über die Jagd. Er war sich sicher zu wissen, was die Elfe dachte. Sie war wie eine Wölfin, der ein Eber den Bauch zerfetzt hatte. Sie wusste, dass ihre Kraft mehr und mehr versiegte, und wollte nur noch ihre Jungen retten. Deshalb waren sie zum Fjord zurückgekehrt. Yilvina hoffte darauf, die Flüchtlinge wieder zu finden. Sie wollte ihn und Halgard in sicherer Obhut wissen. Und dann würde sie sich in den Wald zurückziehen, um zu sterben.

Kurz nach Sonnenuntergang waren die Lichter auf dem Fjord erschienen. Sie hatten die schattenhaften Gestalten auf dem Eis nicht genau erkennen können. Es mussten die Trolle sein! Sie zogen weiter nach Süden, um sich neue Opfer zu suchen.

Eigentlich hatte Ulric erwartet, dass Yilvina als Elfe selbst bei Nacht noch auf eine Meile Entfernung ein Perlhuhn von einem Schneehasen unterscheiden könnte. Aber die Elfe sagte, ihr sei so schwindelig, dass sie kaum ihre eigenen Füße sehen könne. Deshalb hatten sie entschieden, einen Bogen um die Gestalten auf dem Eis zu machen.

Wenn er nur nicht so müde wäre, dachte Ulric verzweifelt. Gut, dass Blut ihnen einen Weg in den tiefen Schnee pflügte. Ulric hätte nicht die Kraft dazu gehabt. Sobald er die Spur verließ, versank er bis über die Knie im Schnee. Er würde wahrscheinlich keine Meile weit kommen. Es war besser, sich auf die Kraft des Hundes zu verlassen.

Halgard hielt sich an Bluts Schwanz fest. Zuerst hatte Ulric sich Sorgen gemacht. Er wusste, dass Hunde es eigentlich nicht mochten, wenn man sie am Schwanz zog. Aber Blut hatte es über sich ergehen lassen. Vielleicht spürte er ja, dass Halgard keine andere Wahl hatte. Manchmal stützte sie sich sogar auf den Hund auf. Ohne ihn wäre ihre Flucht schon lange gescheitert.

Gestern hatten sie einen Hof gefunden, der niedergebrannt und ausgeplündert war. Ulric hatte gelernt, dass es keinen Unterschied machte, ob man zwischen vier Wänden ohne Dach übernachtete oder zwischen ein paar Felsen, die sie vor dem Wind schützten.

Der Junge blickte zu Yilvina. Man konnte sehen, wie sie die Zähne zusammenbiss. Sicher hatte sie große Schmerzen. Dunkles Blut sickerte durch ihren Verband. Alle paar Schritt fiel ein dicker, roter Tropfen in den Schnee. Aber bei der breiten Fährte, die der Hund legte, mussten sie sich darum nicht mehr scheren. Man musste kein geübter Fährtenleser sein, wenn man sie verfolgen wollte. Es genügte, Augen im Kopf zu haben. Selbst bei Nacht war die tiefe Furche im Schnee unübersehbar.

Yilvina blickte zurück. Sie stützte sich gegen einen schneeüberzogenen Birkenstamm und blinzelte. Wütend schüttelte sie den Kopf.

Der Junge stutzte. War da ein Geräusch? Ulric schaute sich die Augen aus dem Kopf, konnte aber nichts erkennen. Schon nach wenigen Schritt verschwammen die dicht an dicht stehenden Baumstämme mit der Nacht zu einer undurchdringlichen schwarzen Mauer. Knirschten da Schritte im Schnee? Oder war es nur ein Geräusch von Ästen? Wer sollte ihnen folgen?

Ulric dachte an den Kampf im Trolllager. Yilvina und Blut waren mitten in der Nacht erschienen. Die Elfe hatte nur ihn und Halgard holen wollen. All die anderen Gefangenen hatten sie nicht gekümmert. Das war nicht gerecht! Er hatte dagegen aufbegehrt. Dadurch erst waren andere aufmerksam geworden. In Dunkelheit und Kälte war jeder mit sich beschäftigt gewesen. Die meisten hatten geschlafen. Manche hatten steif dagelegen. Erfroren.

Ulric wusste jetzt, wie man die Toten von den Schlafenden unterschied. Bei den Toten blieb Schnee in der feinen Linie zwischen den Lippen liegen.

Als er verlangt hatte, dass die Elfe sie alle rettete, hatten die anderen Gefangenen sich um sie geschart und mitgenommen werden wollen. Und dann waren die Wächter gekommen. Zwei Trolle mit Steinäxten. Yilvina hatte weniger Zeit gebraucht, sie zu töten, als Mutter benötigte, um ein Huhn zu schlachten und auszunehmen. Ulric wünschte sich, dass er auch einmal so kämpfen könnte. Die Elfe bewegte sich schneller, als seine Augen ihr zu folgen vermochten.

Als die Trolle tot im Schnee gelegen hatten, hatte Yilvina ihn und Halgard gepackt. Unter den anderen Gefangenen war daraufhin ein Tumult ausgebrochen. Wer immer die Kraft gehabt hatte, noch ein paar Schritte zu gehen, hatte versucht, die Gunst der Stunde zu nutzen und zu entkommen. Ein heilloses Durcheinander war entstanden. Weitere Wächter waren herbeigelaufen, doch irgendwie hatte es Yilvina geschafft, ihnen zu entgehen.

Sie hatten das Lager schon ein gutes Stück hinter sich gelassen, als plötzlich dieser Kerl aufgetaucht war. Ein Krieger, der selbst unter Trollen ein Riese war. Seinen nackten Bauch hatte er mit den Abdrücken blutiger Hände geschmückt. Er hatte eine frisch geschnittene Keule in der Hand gehabt und war aus einem Wald heraus geradewegs auf sie zugekommen.

Yilvina hatte sie beide in den Schnee fallen lassen und den Troll aus dem Lauf heraus angegriffen. Eine ihrer Klingen hatte ihn getroffen. Der verwundete Troll hatte wie ein brünstiger Elch geschrien und war in die Knie gebrochen, eine Hand aufs Gemächt gedrückt. Yilvina hatte sich gerade zurückziehen wollen, als der Troll sie mit einem Rückhandhieb getroffen hatte. Der Schlag war mit solcher Wucht geführt, dass sie einige Schritt weit durch die Luft geflogen und danach nur noch mit Mühe wieder auf die Beine gekommen war. Ihre Linke hatte sie in die Seite gekrallt. Ein dünner Faden Blut war ihr von der Nase getrieft und hatte ihre Lippen benetzt. Eines ihrer Schwerter war irgendwo im Schnee verloren gegangen. Sie hatte getaumelt und Ulric zugerufen, dass er und Halgard davonlaufen sollten. Doch er war kein Feigling! Zum Glück war auch der Troll nicht mehr auf die Beine gekommen. Als Yilvina das gesehen hatte, war sie mit ihnen fortgegangen. Die Elfe hatte sie tief in die Wälder geführt. Etliche Tage waren seitdem vergangen, doch das Gesicht dieses einen Trolls verfolgte den Jungen immer noch in seinen Albträumen. Unbändiger Hass hatte in seinen Augen gestanden. Er würde ihnen folgen, sobald seine Wunden es zuließen.

Ulric schüttelte sich, als könne er damit die Gedanken an den Trollkrieger abstreifen. Besorgt sah er zu der Elfe. Sie sah aus wie Kadlins zerzauste Strohpuppe. Krumm, das Haar wirr … Irgendwie zerbrochen. Immer öfter musste sie sich, um Atem ringend, an einen Baum lehnen. Yilvina würde nicht mehr weit kommen. Jemand musste ihr helfen. Auch Halgard war längst am Ende. Blut zog sie mehr, als dass sie noch aus eigener Kraft ging. Sie brauchten dringend einen Lagerplatz. Einen Ort, wo es trockenes Holz gab und an dem sie ein Feuer anzünden konnten. Aber man durfte das Licht des Feuers nicht sehen. Luth allein wusste, wer noch alles durch die Nacht schlich. Vielleicht waren ihnen ja doch einige Trolle auf der Spur.

Ulric versuchte sich zu erinnern, was sein Vater ihm über ein gutes Nachtlager erzählt hatte. Was man alles beachten musste. In dieser Kälte sollten sie ein Feuer im Schutz von Felsen entzünden. So würde die Wärme zurückgeworfen. Im Winter konnte man an einem Feuer sitzen und trotzdem den Frostbrand bekommen, wenn man den Lagerplatz nicht klug wählte.

Der Junge sah sich verzweifelt um. Sie tasteten sich einen sanft abfallenden Hang entlang. Irgendwo links von ihnen musste ein Seitenarm des Fjords liegen. Rings herum waren Bäume. Hier gab es keinen Platz für ein Lager. Aber Yilvina und Halgard würden nicht mehr weit kommen. Er musste einen Platz für die Nacht finden! Er musste!

Ulric rang mit Tränen. Was sollte er tun? Wenn er doch nur ein wenig größer wäre! Dann würde er Halgard auf die Arme nehmen und sie einfach tragen. Und Yilvina könnte er holen, sobald er einen Platz zum Übernachten gefunden hätte. In den Geschichten der Skalden war das immer alles viel einfacher, dachte er wütend. Da hatten die Helden nie Probleme, ihre Jungfrau zu tragen.

Ein leichtes Flimmern zwischen den Bäumen lenkte ihn ab. Blut blieb abrupt stehen. Goldenes Licht rann wie Harz aus einem großen Baum. Und plötzlich war dort eine vertraute Gestalt. Gundar! Der Priester lächelte, breitete die Arme aus und kam ihnen entgegen. Blut begrüßte ihn mit einem freundlichen Bellen.

»Was ist das?«, fragte Halgard ängstlich. »Ich spüre ein Licht.«

Die Elfe trat neben die Kinder. Sie hielt ihr Schwert zum Angriff bereit.

»Das wirst du nicht brauchen, holde Maid. Du könntest mich nicht verletzen, aber das musst du auch nicht.« Wie um seine Worte zu unterstreichen, ging der Priester durch einen Baum hindurch.

»Bist du ein Geist?«, fragte Ulric misstrauisch und legte einen Arm beschützend um Halgard.

»Zunächst einmal bin ich euer Freund. Und du kannst mir glauben, Junge, ich habe dich nicht den weiten Weg vom Hang hinab bis zum Haus deiner Mutter getragen, um nun mitzuerleben, wie du erfrierst.« Gundar blieb in einigen Schritten Abstand stehen.

Ulric fühlte, wie ihm ein dicker Kloß in den Hals stieg. »Du bist meinetwegen gestorben, nicht wahr?« Er biss sich auf die Lippen, um seine Tränen zu unterdrücken.

»Nein.« Gundar schüttelte gutmütig den Kopf. »Ich bin gestorben, weil Luth meinen Lebensfaden zu Ende gesponnen hatte. Du hast keine Schuld. Es war die Entscheidung des Schicksalswebers.« Er zwinkerte mit den Augen. »Man spricht bestimmt noch oft von mir, nicht wahr?«

Ulric nickte.

»Ich hatte einen guten Tod«, erklärte der Alte. Dann sah er an ihnen vorbei den Hang hinauf. »Eure Lebensfäden sind aus dem Webmuster geraten. Luth hat mir gestattet zurückzukehren, um das Bild, das er spinnt, zu retten. Ihr werdet verfolgt. Ein schrecklicher Feind hat eure Spur aufgenommen. Es gibt nur einen einzigen Ort, an dem er euch nicht töten kann.«

»Ich beschütze die Kinder«, stieß Yilvina hervor.

Gundar sah sie traurig an. »Ich muss dir nicht sagen, wie es um dich steht, Elfenmaid. Vertrau mir. Schließlich habe ich auch dich gerettet, als ich mich dem Geisterwolf stellte.«

»Ich werde mit dir gehen«, sagte Halgard leise. »Ich … Ich kann dich sehen.« Das blinde Mädchen blickte unverwandt in die Richtung, in der die Erscheinung des Priesters zwischen den Bäumen leuchtete.

»Ich komme auch mit«, entschied Ulric. Er machte sich große Sorgen um Halgard. Seine Freundin zitterte vor Erschöpfung. Er drückte sie fest an sich. »Müssen wir weit gehen?«

»Nur zum Fjord hinab. Kommt jetzt.«

Yilvina schien noch immer misstrauisch zu sein, aber Ulric wusste, dass es richtig war, dem Priester zu folgen. Er kannte Gundar sein ganzes Leben lang, und der alte Mann war immer gut zu ihm gewesen. Ihm konnte man immer trauen, sogar als Geist.

Gundar führte sie ein Stück weit den Hang entlang, bis zu einem breiten Windbruch. Dort lagen dutzende Bäume, gefällt wie Soldaten in der Schlacht. Manche waren mitten entzwei gebrochen, andere samt ihrem Wurzelwerk aus dem Boden gerissen. Sie lagen kreuz und quer durcheinander und bildeten ein unpassierbares Dickicht aus totem Holz. Unter einem Stamm glänzten zwei Augen wie polierte Goldstücke. Ein leises Knurren erklang, doch eine Geste des Priesters genügte, und was immer dort unter dem Stamm lauerte, schwieg.

Ulric tastete nach seinem Gürtel. Er wünschte, er hätte den Elfendolch noch!

Endlich erreichten sie das Ufer des Fjords. Selbst hier lagen noch umgestürzte Bäume. Sie waren ins Eis eingeschlossen. Gundar glitt durch einen Stamm hindurch. Ulric musste sich bücken, um ihm zu folgen. Für Halgard war es eine Qual. Sie verfing sich mit ihrem Haar im Wurzelwerk, und es dauerte eine Ewigkeit, bis Ulric sie wieder befreit hatte.

Etwas rollte den Hang hinab. Steine und Schnee schlugen hinter ihnen auf das Eis.

»Schnell jetzt!«, drängte Gundar. »Sonst war alles vergebens. Es ist nicht mehr weit!«

Dicht hinter dem Windbruch endete der Seitenarm des Fjords vor einer steilen Felswand. Das Eis knackte hier bedrohlich unter ihren Füßen.

»Halt!«, rief Yilvina. »Es wird uns nicht tragen. Unter dem Wasser muss eine Quelle in den Fjord münden. Die Strömung verhindert, dass das Eis hier dick genug wird. Wenn wir weitergehen, wird es brechen. Was sollen wir hier, Priester?«

Blut legte den Kopf schief. Der große Hund blickte verwirrt zwischen Gundar und der Elfe hin und her.

»Genau das will ich«, sagte der Priester ernst. »Ihr sollt durch das Eis brechen.« Er deutete in Richtung der Steilwand. »Dort liegt eine Höhle. Ihr Eingang ist hinter einem Felsvorsprung unter Wasser verborgen. Dies ist der einzige Weg in die Höhle. Dort werdet ihr überleben. Niemand kennt diesen Ort.«

»Überleben? Ins kalte Wasser zu stürzen kann einen binnen eines Herzschlags töten, Priester.« Yilvina hatte wieder drohend ihr Schwert erhoben. »Bist du noch bei Sinnen? Du sagst, du liebst den Jungen? Wie kannst du ihn in solche Gefahr bringen?«

»Ich kenne den Lauf eurer Schicksalsfäden. Das Wasser wird euch nicht töten. In der Höhle liegt etwas angeschwemmtes Treibholz. Genug, um an einem Feuer die Kleider zu trocknen. Der Rauch kann durch einen engen Felskamin abziehen. Dort unten seid ihr gut geschützt. Bleibt hier draußen, und ihr werdet entweder von eurem Verfolger getötet, oder die Kälte bringt euch um.«

»Ich vertraue Gundar.« Ulric wurde bei dem Gedanken an das eisige Wasser ganz mulmig.

»Und ich komme mit dir, wohin auch immer du gehst«, sagte Halgard und griff nach seiner Hand. Ihre Finger fühlten sich eiskalt an.

Ulric zögerte. Mit seiner Freundin an der Seite war es plötzlich etwas ganz anderes, auf das dünne Eis hinauszugehen. »Und das kalte Wasser wird uns allen nichts anhaben?«, fragte er zweifelnd.

»Nein. Aber ihr müsst in der Höhle warten, bis sie euch finden.«

»Ich denke, niemand kennt diesen Ort«, warf Yilvina ein. »Wie soll man uns dann finden?«

»Ich darf euch nichts über eure Zukunft verraten«, entgegnete Gundar. Seine Stimme klang jetzt sehr müde. »Das ist eines der ehernen Gesetze des Schicksalswebers. Ich habe euch schon viel zu viel gesagt.«

Ulric machte einen Schritt nach vorn. Es knackte bedrohlich. Er sah, wie sich ein Netz dünner Risse durch die Eiskruste fraß. Er atmete tief ein. Ulric erinnerte sich, wie sein Vater ihm einmal eine ordentliche Tracht Prügel mit einem Lederriemen verpasst hatte, weil er ein goldgefasstes Trinkhorn in die Glut der Feuerstelle geworfen hatte. Er wünschte sich, es wäre noch einmal dieser Nachmittag in der warmen Halle ihres Hauses. Alles wäre besser, als hier zu sein. Einen Herzschlag lang schloss er die Augen. Wenn er es sich genug wünschte, dann wäre alles vielleicht nicht geschehen. Er würde auf dem Schoß seines Vaters liegen und seine wohl verdiente Tracht Prügel bekommen.

»Ulric«, erklang die freundliche Stimme des Priesters. Gundar sah ihn traurig unter seinen buschigen Augenbrauen hinweg an. »Es muss sein.«

Der Junge atmete noch einmal tief ein. Dann machte er einen entschlossenen Schritt nach vorn. Halgard hielt sich eng an ihn geklammert.

Das Geräusch des berstenden Eises wurde drohender. Alles in Ulric sträubte sich gegen den nächsten Schritt.

»Tu es nicht«, flüsterte die Elfe.

Er setzte einen Fuß vor. Trotzig trat er auf das Eis. Er wollte es endlich hinter sich bringen. Wasser stieg durch die Spalten auf die Eisfläche. Plötzlich gab es ein lautes Krachen, wie von splitterndem Holz. Mit einem Ruck wurde Ulric von den Füßen gerissen. Halgard stieß einen spitzen Schrei aus. Blut kläffte wie verrückt.

Eisige Kälte griff nach dem Jungen. Jetzt schrie auch er. Seine schweren Winterkleider sogen sich voll Wasser. Wie von einer unsichtbaren Hand wurde er tiefer gezogen. Er machte keinen Versuch, sich am gezackten Rand des Eislochs festzuhalten. Etwas Scharfkantiges stieß hart gegen seine Wange. Ulric hielt mit Mühe den Kopf über Wasser. Sein Blick suchte den Priester, doch Gundar war verschwunden.

Yilvina hatte sich flach auf das Eis geworfen und versuchte ihn mit ausgestrecktem Arm zu erreichen. Halgard klammerte sich an ihn. Ulrics Füße strampelten haltlos. Dann versank er. Das Wasser schlug über seinem Kopf zusammen. Er hielt die Luft an. Blinzelnd öffnete er die Augen. Er fühlte sich steif wie ein gefrorener Salm.

Halgard hielt sich mit beiden Händen an seinen Arm geklammert. Wo war Gundar? Etwas Dunkles glitt neben ihnen durch das Wasser. Blut! Er war ihnen gefolgt. Ulric streckte die Hand nach dem großen Hund aus, fand in dem nassen Fell aber keinen Halt. Plötzlich erstrahlte vor ihnen ein helles Licht. Gundar war wieder da!

Du musst dich an Ulrics Gürtel festhalten, Halgard, damit er die Arme bewegen kann. Gundars Stimme war in seinem Kopf. Halgard hatte sie wohl auch gehört! Sie folgte den Worten des Priesters.

Rudere mit den Armen, Junge, und komm her zu mir.

Ulric war längst ganz steif vor Kälte. Ein brennender Schmerz breitete sich in ihm aus. Er wollte atmen.

Tu das nicht. Komm jetzt herüber zu mir. Du kannst das!

Ulric bewegte die Arme. Langsam, Zoll für Zoll, trieb er dem Priester entgegen. Halgard wand sich. Brannte auch in ihr dieses Feuer?

Schneller, Ulric.

Neben dem Priester klaffte ein dunkles Loch in der Felswand. Der Junge hielt darauf zu. Doch das Wasser um ihn schien fester zu werden. Seine Arme erlahmten. Er kam kaum noch voran. Das Feuer breitete sich in ihm aus. Er musste Luft holen! Das kalte Wasser würde die Flammen ersticken.

Ein Stoß traf ihn in den Rücken. Etwas schob ihn voran. Blut! Ulrics Kopf brach durch die Wasseroberfläche. Keuchend rang er um Atem. Die Luft milderte den Brand in seinen Lungen und ließ ihn langsam ganz verlöschen.

Gundar erschien. Das Licht, das den Priester umspielte, vertrieb die Finsternis. Glatter Felsboden erhob sich sanft ansteigend aus dem Wasser. Treibholz, bleich wie Knochen, lag dort.

Keuchend und unbeholfen mit den Armen rudernd, paddelte Ulric vorwärts. Halgards Zähne klapperten so sehr, dass sie nicht sprechen konnte. Ihre Lippen waren dunkel vor Kälte.

Mit letzter Kraft zog sich Ulric aus dem Wasser. Blut packte Halgards Mantel und half, sie hinauf ins Trockene zu zerren.

»Du musst das Treibholz zusammenschieben«, sagte der Priester. Jetzt war seine Stimme nicht mehr in Ulrics Kopf. »Beeile dich, Junge. Ich kann nicht mehr lange bleiben, um dir zu helfen. Und dann müsst ihr schnell eure Kleider ausziehen, sonst wird das Feuer euch nicht wärmen.«

Schlotternd vor Kälte packte Ulric einige Äste und schichtete sie übereinander. Es war nicht besonders viel Holz, das in der Höhle lag.

Gundar streckte seine Hand nach dem Holzstoß aus. Er schloss die Augen. Seine Stirn furchte sich in tiefen Falten. Flammen schlugen aus dem Holz. Sie waren winzig, leckten aber gierig an den dürren Ästen entlang. Ulric konnte zusehen, wie sie an Kraft gewannen. Im gleichen Maße verschwand die Erscheinung des Priesters.

»Ich wünsche dir Glück«, hauchte Gundar mit ersterbender Stimme und wurde eins mit der Glut, die sich ins Holz fraß.

Blut schüttelte sich, und ein Schauer von Wassertropfen sprühte in das Feuer. Ein Teil der Flammen verlosch.

»Weg!«, schrie Ulric. »Mach das nicht noch einmal.« In fliegender Hast suchte er dürre Ästchen an der Wassergrenze. Das Feuer verlor an Kraft.

»Bitte, Luth, lass es nicht ausgehen«, bettelte er. »Ich werde immer alles tun, was meine Mutter sagt. Aber lass es nicht verlöschen.« Er schichtete die kleinen Äste um die letzte Flamme, die noch übrig geblieben war. Einen bangen Augenblick hielt er den Atem an. Endlich gewann das

Feuer wieder an Kraft. Und jetzt brannte es stärker als zuvor. Eine kräftige Flamme leckte am bleichen Holz entlang, wuchs und sprang auf andere Äste über.

Halgard drückte ihm schlotternd einen Kuss auf die Wange. Sie versuchte etwas zu sagen, doch das Klacken ihrer Zähne erstickte alle Worte.

»Du musst jetzt deine Kleider ablegen«, sagte Ulric zögerlich.

Unbeholfen streifte das Mädchen ihren Mantel ab. Der Junge drehte sich beschämt zur Seite. Er wusste, dass es sich nicht gehörte, einem Mädchen zuzusehen, wenn es sich auszog. Jetzt streifte auch er seine Kleider ab, bis nur noch die kurze Wollhose übrig war. Wie Eis klebte sie auf seinen Lenden, während er auf Armen und Brust die wohlige Wärme des Feuers spürte.

Halgard hatte sich ganz ausgezogen und kauerte dicht bei den Flammen. Ihre Haut war ganz runzelig. Die Arme und Beine des Mädchens sahen wie dünne Äste aus. Die Linie aus feinen Knochen malte sich unter der Haut ihres Rückens ab, und Rippen stachen durch ihr Fleisch. Sie rieb sich mit den Händen über die Arme.

Zögerlich streifte Ulric die kurze Hose ab. Jetzt erst fiel ihm ein, dass Halgard ihn ja gar nicht sehen konnte. Wie hatte er das vergessen können! Erleichtert setzte er sich neben sie. Auch Blut lag am Feuer. Der große Hund blickte ärgerlich zu ihm herüber. Feiner Wasserdampf stieg von seinem Fell auf. Mit einem tiefen Seufzer streckte er sich. Wie ein Welpe strampelte er mit den Pfoten und drehte sich auf den Rücken.

Klirrend schlitterte etwas über den Stein. Ulric und Blut waren mit einem Satz auf den Beinen. Halgard stieß einen spitzen Schrei aus. »Was geschieht?«, rief sie ängstlich.

Die Elfe schob sich aus dem Wasser. Sie hatte ihr Schwert ans Ufer geschleudert. Ulric versuchte, ihr zu helfen. Es war zum Verzweifeln, wie schwer die zierliche Kriegerin war. Erst als Halgard ihm zu Hilfe eilte, schaffte er es, Yilvina ganz ins Trockene zu zerren.

Die Elfe redete in einer Sprache, die Ulric nicht verstand. Ihre Augen glänzten vor Fieber.

»Wir müssen sie auch ausziehen«, sagte Halgard.

Mit vereinten Kräften zogen sie ihr das Kettenhemd über den Kopf. Das Mädchen tastete über Yilvinas Leib.

»Ich habe noch nie so weichen Stoff berührt«, sagte sie leise. »Was für wunderbare Kleider muss sie tragen.«

Ulric fand nichts Besonderes an der gepolsterten Jacke und dem Hemd, das die Elfe darunter trug. Er hütete sich aber, dies zu sagen. Schließlich wollte er Halgard nicht die Freude verderben.

Yilvinas Stiefel auszuziehen, war fast unmöglich. Wie eine zweite, dickere Haut schloss sich das Leder um ihre Schenkel. Fluchend mühte sich Ulric ab, während Halgard ihr ein letztes zartes Seidenhemd auszog.

Die Kleider der Elfe waren blutdurchtränkt. Yilvina stöhnte und krümmte sich vor Schmerz, als sie sie von dem Hemd befreiten, das mit den Krusten ihrer Wunden zusammengebacken war. Ein Knochen ragte ihr seitlich aus dem Leib. Dort sickerte jetzt wieder Blut durch den dicken Schorf. Die ganze Brust und der größte Teil ihres Bauchs waren rot und blau verfärbt. Ihr Leib wirkte seltsam verformt. Etwas verwirrte Ulric, als er die schrecklichen Prellungen betrachtete. Er musste eine ganze Weile hinsehen, bis er begriff, was es war. Auf der linken Seite ihrer Brust zeichneten sich keine Rippen mehr ab. Ungläubig tastete der Junge über die zerschundene Haut. Knochen konnten doch nicht einfach so verschwinden! Er spürte etwas Festes im Fleisch, das sich leicht bewegen ließ.

Yilvina stöhnte auf. Sie sah Ulric an, und Tränen standen ihr in den Augen.

»Entschuldige«, flüsterte der Junge.

Die Elfe nickte schwach. Ihre Lippen zitterten. Ulric musste sich dicht über sie beugen, um verstehen zu können, was sie sprach. »Mein Schwert … Gib es … mir.«

»Was will Yilvina?«, fragte Halgard.

»Ihre Waffe.«

»Was nutzt ihr die?«

»Das verstehst du nicht!«, entgegnete Ulric entschieden. »Sie ist eine Kriegerin. Es wird ihr besser gehen, wenn ihr Schwert neben ihr liegt.«

»Das verstehe ich wirklich nicht«, entgegnete Halgard gekränkt. »Genau genommen kommt es mir sogar wie ziemlicher Unsinn vor.«

Ulric antwortete darauf nicht. Er wollte jetzt keinen Streit. Im Übrigen setzte sich Halgard meistens durch, wenn sie stritten. Sie fand einfach die besseren Worte, und er fühlte sich hinterher immer wie ein ausgemachter Dummkopf. Manchmal gingen ihm noch Stunden nach dem Gezänk Halgards Worte durch den Kopf. Er legte sich alle möglichen Antworten zurecht. Aber dann war es zu spät. Sie stritten nur selten zweimal über dieselbe Sache.

Der Junge blickte sich in der Höhle um. Es war Yilvinas Wunsch, ihr Schwert zu bekommen. Da gab es nichts mehr zu bereden!

Der Unterschlupf war nicht sonderlich groß; Ulric konnte gerade einmal aufrecht stehen, ohne sich den Kopf zu stoßen. Sie waren von grauem Felsgestein umgeben, durch das weiße und rostfarbene Adern liefen. Die Höhle war unregelmäßig geformt. Es gab einige Nischen, in die kaum das Licht des Feuers drang.

Der Junge sah das Schwert nahe der rückwärtigen Wand am Boden liegen. Müde ging er hinüber. Alles, was er noch wollte, war, sich am Feuer auszustrecken und zu schlafen.

Das unstete Licht ließ seinen Schatten grotesk verzerrt

über die unregelmäßige Höhlenwand tanzen. Ulric bückte sich. Dicht vor ihm wich die Wand zurück. Das Wasser hatte eine längliche Nische aus dem Fels gewaschen. Und dort war etwas … Jemand …

Hastig griff Ulric nach dem Schwert. Ein Krieger in grüner Rüstung lag dort und schlief!

»Ist etwas?«, fragte Halgard.

»Still!«, zischte Ulric. Er spähte angestrengt ins Halbdunkel der Nische. Der Schläfer bewegte sich nicht. Langsam gewöhnten sich die Augen des Jungen an die Dunkelheit. Der Mann trug einen grünen Flügelhelm. Sein Gesicht war hinter breiten Wangenklappen verborgen. Eine grüne Brustplatte reichte dem Krieger bis zu den Hüften. Seine bleichen Hände hielten ein kostbares Schwert mit breiter Klinge umklammert. Er trug zerschlissene Hosen aus einem seltsam gemusterten Stoff. Das Leder der Schuhe war ganz verschrumpelt.

Mit angehaltenem Atem beugte sich Ulric weiter vor, um dem Mann ins Gesicht zu blicken. Er hatte nie von einem Krieger in grüner Rüstung gehört! So jemand musste doch auffallen!

Ulric kroch bis dicht an die Nische und zwängte seinen Leib hinein. Sein Herz klopfte wie rasend. Er durfte den Schläfer nicht berühren! Luth allein wusste, was das für ein Kerl war. Aus dem Fjordland kam er jedenfalls nicht! Niemand hier trug so seltsame Rüstungen.

Der Junge verdrehte den Kopf. Er musste sich mit einer Hand gegen die Decke der Nische abstützen, um nicht aus dem Gleichgewicht zu geraten. Noch ein paar Zoll. Endlich! Das Gesicht war blass … Nein! Erschrocken zuckte Ulric zurück und schlug mit dem Kopf gegen die Decke. Er geriet aus dem Gleichgewicht und stürzte quer über den Leib des Mannes. Doch der würde nicht erwachen. Nie mehr. Unter dem Helm verbarg sich ein Totenschädel.

Blut war aufgesprungen und eilte an Ulrics Seite. Neugierig schnuppernd drängte er sich in die Nische, und Ulric hatte seine liebe Mühe, den großen Hund von dem Toten fern zu halten. Vorsichtig über den Boden tastend, kam auch Halgard herbei. Sie ließ sich den Toten genau beschreiben.

Jetzt entdeckte Ulric seitlich in der Brustplatte zwei Löcher. In einem steckte noch ein verrotteter Holzschaft. An die Decke der Nische war etwas mit fast verblichener, brauner Farbe gemahlt. Eine Spinne! Das Zeichen Luths.

»Und seine Rüstung ist ganz grün?«, fragte Halgard unvermittelt.

»Ja.«

»Nimm einen Stein und kratz einmal daran.«

Ulric traute seine Ohren kaum. Was war das wieder für eine Idee? Darauf konnten nur Mädchen kommen!

»Tust du es für mich?«, fragte Halgard.

Der Junge seufzte. Ihm war kalt. Er wollte am liebsten zurück zum Feuer. Und er musste Yilvina ihr Schwert bringen. Vorsichtig nahm er die Elfenklinge und schabte damit über die Brustplatte.

»Und?«, drängte Halgard.

Ulric kniff die Augen zusammen. »Da ist etwas Goldenes unter der grünen Farbe«, sagte er staunend.

»Bronze«, erwiderte das Mädchen triumphierend. »Ich hatte es mir gedacht.«

»Was?«, fragte Ulric gereizt. Sie schaffte es wieder einmal, dass er sich ausgesprochen dumm vorkam.

»Das ist König Osaberg«, erklärte Halgard ehrfüchtig.

»Niemals!«, entgegnete Ulric. »Osaberg liegt auf dem Grund des Fjords. Du kennst wohl die Geschichte nicht richtig.«

Das Mädchen ließ sich nicht beirren. »Er muss so wie wir durch das Wasser in die Höhle geraten sein. Hier hat er sich vor seinen Feinden versteckt. Er wollte ruhen. Aber er war zu schwer verletzt. Dann ist er gestorben.«

»Das ist irgendein Krieger«, entgegnete Ulric trotzig.

»Nein. Luth hat ihm einen Helm mit Flügeln geschenkt und der König der Kobolde ein Schwert, das niemals rostet und dessen Schneide nie stumpf wird.«

Irgendwie mochte Ulric dem Mädchen nicht gönnen, dass es Recht hatte. Er hatte sich Osaberg immer als einen großen, starken Krieger vorgestellt, mit langem Haar, der auf dem Grund des Fjords ausgestreckt lag und schlief. Er war ein Held, der darauf wartete zurückzukehren. Nicht nur ein Haufen Knochen. Ulric stand auf und ging zum Feuer hinüber. Er legte Yilvinas Schwert dicht neben die schlafende Elfe. Würde auch sie nicht mehr erwachen?, fragte er sich beklommen.

Blut folgte ihm zum Feuer. Nach einer Weile kam auch Halgard. Ihr klapperten wieder die Zähne. Sie rieb sich mit den Händen über ihre dünnen Arme. »Und es ist doch Osaberg«, murmelte sie trotzig.

Blut knurrte.

Du kannst rechthaberische Mädchen also auch nicht leiden, dachte Ulric und grinste.

Der schwarze Hund richtete sich auf. Sein Knurren wurde tiefer, drohender!

Wellen schwappten an das flache Ufer. Plötzlich stieß ein großer, unförmiger Kopf durch das Wasser. Ulric erkannte das Gesicht sofort. Immer wieder hatte er es in seinen Albträumen gesehen. Es war der Troll, der Yilvina so schwer verletzt hatte!

NUR EIN WORT

Gehetzt zog sich Kalf auf den Wehrgang der zweiten Palisade. Gerade außerhalb der Bogenreichweite sammelten sich die Trolle. Deutlich zeichneten sich ihre Umrisse im Mondlicht vor dem Schnee ab. Sie formierten sich zu einer Kolonne.

Kalf blickte den Wehrgang entlang. Ein Stück entfernt stand der Wagenbauer. Sigvald stützte sich auf den Schaft eines Stangenbeils. Er schien kaum noch die Kraft zu haben, sich auf den Beinen zu halten.

»Wo sind unsere Bogenschützen?«, rief Kalf.

Der Wagenbauer deutete zu dem Steilhang im Westen der Palisade. »Kodran hat sie dort hinaufgeschickt. Er wollte nur Kämpfer auf dem Wall haben, keine Kinder.«

Kalf nickte. Er legte den Kopf in den Nacken und spähte zum Rand der Klippe. Dort rührte sich nichts. Es war ein Fußweg von fast einer halben Stunde bis nach dort oben. Kodran wollte die Kinder und jungen Männer retten. Der Fischer seufzte. Die Trolle hatten sich zwei Tage Zeit gelassen, um ihren neuen Angriff vorzubereiten. Vielleicht brauchten sie ja noch ein wenig länger.

Die zweite Palisade am Ende des Passwegs war nicht so hoch wie der Wall, den sie verloren hatten. Es würde den Trollen leichter fallen, sich hinaufzuziehen. Sie hatten auch weniger Zeit gehabt, die Verteidigungsanlage mit zusätzlichen Stämmen zu verstärken. Der Kampf würde härter werden. Aber die Männer, die hier standen, waren auch die besseren Kämpfer. Auf der ersten Palisade waren jene gefallen, die kein Geschick im Kampf oder einfach kein Glück hatten. Die Überlebenden waren ein härterer Gegner. Und zuletzt, auf der Barrikade nahe dem Dorf, würden nur noch die Besten stehen.

Ein dunkel röhrendes Horn erklang. In die Trolle unten am Passweg kam Bewegung. Sie scharten sich um etwas, das im Schnee lag. Trommelschlag erscholl. Ein langsamer, bedrohlicher Rhythmus.

Kalf kniff die Augen zusammen. Was ging dort unten vor sich? Die Trollkrieger hatten sich zu einer Kolonne formiert. Der Fischer blickte zur Klippe hinauf. Die Bogenschützen waren noch nicht angekommen.

»Was treiben die Bastarde unten am Pass?«, fragte eine wohl vertraute Stimme. Asla! Sie sollte nicht hier sein! Kalf seufzte. Es wäre sinnlos zu versuchen, sie zurückzuschicken.

»Ich glaube, die Trolle wollen uns beeindrucken, indem sie Händchen halten, Herzogin«, rief Kodran.

Gelächter erklang. Selbst Kalf musste schmunzeln. Mit Asla kehrte die Hoffnung zurück und das Lachen. Er wusste nicht, wie sie das schaffte. Es war wie ein Wunder.

»Wo hast du dein Kettenhemd, Herzogin?«, fragte Sigvald.

»Um mich mit Händchen haltenden Trollen anzulegen, brauche ich kein Kettenhemd. Wahrscheinlich hätte es sogar genügt, statt meines Schwertes einen großen Kochlöffel mitzubringen.«

Unten am Pass erklang ein einzelner Kommandoruf. Die Trolle hoben etwas an. Sie hielten sich nicht bei den Händen, sie trugen jetzt etwas. Alle gemeinsam!

Im Takt des Trommelschlags setzte sich die Marschkolonne in Bewegung. Kalf weigerte sich zu glauben, was er dort sah. Das war das Ende! Es durfte nicht sein.

»Sie tragen einen Baumstamm«, flüsterte Sigvald. Dieser Baum musste hundert Winter und mehr kommen und gehen gesehen haben, bevor die Trolle ihn gefällt hatten. Der Stamm war mehr als dreißig Schritt lang und hatte einen Durchmesser wie ein großes Wagenrad.

Der Takt der Trommel unten im Passweg steigerte sich langsam. Obwohl es bergan ging, beschleunigten die Trolle ihre Schritte.

Kalf blickte wieder zur Klippe hinauf. Dort standen noch immer keine Bogenschützen! Nichts würde die Trolle aufhalten.

»Runter vom Wehrgang!«, rief der Fischer. »Runter mit euch!« Er packte einen Mann und stieß ihn hinab in den Schnee. »Lauft zu den Langspeeren.«

»Was soll das?«, zischte Asla wütend.

»Der Wall ist nicht zu halten. Sie werden beim ersten Ansturm durchbrechen. Wer dann hier oben steht, ist des Todes. Lauf zum Dorf hinauf! Ich werde versuchen, dir etwas Zeit zu verschaffen. Nimm die Kinder und die Alten. Flüchtet in die Berge, zu den Höhlen.«

»Du kannst doch nicht einfach …«

Kalf packte sie und zwang sie, zu den Trollen hinabzublicken. Die Angreifer waren kaum noch hundert Schritt entfernt. »Siehst du den Stamm, den sie tragen? Er ist schwerer als all das Holz, das in dieser Palisade steckt. Was glaubst du, was passieren wird?«

Asla drückte seine Hände nieder. »Ich bleibe bei dir«, sagte sie fest.

»Dann lässt du die Kinder sterben! Denk an Kadlin. Ihr müsst fliehen. Schnell!« Er küsste sie auf die Stirn. Dann hob er sie vom Wehrgang hinab.

»Los, los, herunter hier!« Die meisten Männer folgten

seinem Befehl. Nur noch zwanzig Schritt. Der Trommelschlag dröhnte in Kalfs Ohren. Er sprang. Federnd landete er im Schnee. »Zu den Langspeeren. Wir machen einen Gegenangriff, wenn sie durchbrechen!«

Stolpernd hastete er voran, dorthin, wo ein Spalier dünner Speere aus dem Schnee ragte. Die meisten Männer liefen einfach weiter. Kalf konnte es ihnen nicht verdenken. Er riss einen der Speere an sich.

Die Trolle brüllten einen markerschütternden Schlachtruf. Ihre Trommel schlug jetzt schneller als Kalfs Herz. Winkend sammelte der Fischer einige der Flüchtenden um sich. Kodran war dabei und ein Bäcker aus Honnigsvald. Männer, die niemals Krieger hatten sein wollen. In verzweifelter Wut hielten sie die langen Speere umklammert.

Kalf richtete die kleine Schar der Tapferen zu einer Reihe aus, als mit infernalischem Krachen der Rammbock durch den Wall stieß. Gleich im ersten Ansturm brachen die Trolle hindurch. Die Baumstämme der Palisade knickten wie Grashalme. Sofort drängten die ersten Feinde durch die Lücke.

»Angriff!«, schrie Kalf. Alles um ihn herum verblasste. Er sah nur noch einen Trollkrieger, der sich mit Ruß breite Streifen auf die nackte Brust gemalt hatte. Der Kerl stieg über einen zersplitterten Stamm hinweg. Pfeile gingen auf die Trolle in der Bresche nieder. Endlich! Doch der Beschuss hielt sie nicht auf. Sie spürten, wie nah der Sieg war.

»Angriff!«, rief Kalf immer verzweifelter. »Angriff!« Er schrie gegen seine eigene Angst an.

Die Beine fest in den Schnee gestemmt, rammte er dem Troll seinen Speer in die Brust. Die eiserne Spitze drang tief ins Fleisch, traf auf eine Rippe, wurde nach oben abgelenkt und trat dicht neben dem Hals wieder aus.

Der Troll warf den Kopf in den Nacken und brüllte. Die

plötzliche Bewegung riss Kalf den Speer aus der Hand. Er zog sein Schwert. Mit beiden Händen umklammerte er den langen, lederumwickelten Griff.

Sein Gegner zerbrach den Schaft des Speers. Mit einem wütenden Hieb versuchte er Kalf auf Abstand zu halten. Der Fischer duckte sich unter dem Blatt der Steinaxt hinweg. Sein Gegner riss die linke Hand hoch. Das Schwert traf ihn zwischen den Fingern, fuhr knirschend durch Knochen und Handgelenk bis in den Arm hinauf.

Kalf dröhnten die Ohren vom Geschrei. Sein Schwert steckte im Arm des Trolls fest. Wie ein kleines Kind schüttelte dieser ihn zur Seite. Er fiel in den Schnee. Schwere Füße stampften an ihm vorbei. Immer mehr Feinde drängten durch die Bresche, und er hatte keine Waffe mehr, sie zu bekämpfen. Tränen der Wut standen dem Fischer in den Augen, als er sich aufraffte und zu laufen begann. Er musste es bis zur Barrikade schaffen. Vielleicht konnten sie die Trolle dort noch einmal kurz aufhalten.

Die dünne Linie aus Speerträgern, die er gegen die Bresche geführt hatte, war zerschlagen. Die meisten lagen tot im Schnee. Wer noch lebte, rannte.

Strauchelnd kämpfte sich Kalf vorwärts. Die Trolle kamen im tiefen Schnee besser voran. Ein Stück voraus sah er Asla. Sie versuchte ein paar Männer aufzuhalten und eine neue Kampflinie zu bilden. Hier im offenen Gelände war das ein sinnloser Verzweiflungsakt. Sie würden sofort überrannt werden.

Kalf bückte sich und hob das Schwert eines Toten auf. Dann eilte er an Aslas Seite. Das war das Letzte, was er noch tun konnte: an ihrer Seite sterben. Fortzulaufen war zwecklos. Die Trolle würden sie lange vor der letzten Barrikade einholen.

Der Fischer sah, wie Kodran gepackt wurde. Ein Troll griff in sein Haar und riss ihn nach hinten. Sein Fuß krachte auf die breite Brust des Fährmanns. Es war eine Geste, als wolle der Troll Ungeziefer zertreten. Der Fährmann spuckte Blut und blieb reglos liegen.

Asla berührte sanft Kalfs Arm. »Du bist immer da«, sagte sie traurig. »Ich wünschte, ich hätte das früher begriffen.«

Der Troll, der den Fährmann getötet hatte, kam auf sie zugerannt. Er schwang eine große Keule.

So also sieht der Tod aus, dachte Kalf.

Ein fremdes Wort klang durch die Nacht. Leise und doch eindringlich. Ihr Gegner ließ seine Keule sinken. Wie durch Zauberbann verharrten die Kämpfenden. Eine zierliche Gestalt in einem weißen Hemd löste sich aus dem Schatten des Waldes. Die Elfenkönigin war erwacht!

»Geh zurück!«, rief Asla. »Rette die Kinder!«

Emerelle kam nun genau auf sie zu. »Du also bist Asla«, sagte sie freundlich. »Ich danke dir für deine Gastfreundschaft.«

Kalf beobachtete, wie die Trolle sich ein wenig zurückzogen und zu kleinen Gruppen zusammenrotteten. Sie alle blickten auf die Königin. Manche gestikulierten wild. Der Frieden bröckelte.

»Geh und rette die Kinder!«, bat Asla noch einmal.

»Das werde ich tun. Bitte verzeih mir. Dieser Krieg hätte niemals in die Welt der Menschen getragen werden dürfen. Ich habe das nicht gesehen … Ich … Die Trolle sind um meinetwillen hier. Wenn ich mich stelle, dann werden die Kämpfe enden.«

»Nein, so darf es nicht enden!«, begehrte Asla auf. »So viele sind für dich gestorben. Du darfst dich jetzt nicht einfach ergeben!«

»Das ist der einzige Weg, die Kinder zu beschützen. Wenn ich gefangen bin, gibt es keinen Grund mehr für weitere Kämpfe. Lebe wohl, Asla, und verzeih mir, wenn du kannst.«

Ein einzelner Krieger kam Emerelle entgegen. Auf seiner Glatze spiegelte sich das Mondlicht. Die Elfe und der Troll wechselten ein paar Worte. Dann gab der Krieger seinen Männern ein Zeichen, sich zurückzuziehen.

Tränen der Wut rannen Asla über die Wangen. Kalf legte ihr einen Arm um die Schultern. »Es ist vorbei.«

»Gar nichts ist vorbei! Welche Macht hat Emerelle als Gefangene? Wie sollte sie die Trolle davon abhalten, uns morgen aufs Neue anzugreifen? Diese Bestien fressen uns. Sie werden wieder kommen. Emerelle hätte nicht gehen dürfen!«

»Aber vielleicht …«

Asla befreite sich aus seiner Umarmung. »Nein, vielleicht ist nicht genug. Dort oben ist mein letztes lebendes Kind. Ich werde Kadlin holen und alle, die mit mir gehen wollen. Nutzen wir die Zeit und fliehen tiefer in die Berge.«

»Ich werde nicht mit dir gehen. Mein Platz ist bei der letzten Barrikade. Wenn die Trolle uns verraten, werde ich sie dort so lange wie möglich aufhalten. Und wenn sie abziehen, dann komme ich in die Berge, um dich zu holen.«

»Ich …« Asla biss sich auf die Lippen. »Ich warte auf dich.«

»Luth wird uns schützen«, sagte Kalf zuversichtlich. Er vertraute auf den Schicksalsweber. Der Gott war ihm immer gnädig gewesen.

Asla senkte den Blick. »Vielleicht«, sagte sie leise. Dann ging sie hinauf zum Dorf.

OHNE EHRE

Blut sprang wild kläffend am schmalen Uferstreifen entlang. Der Troll war zu groß, um sich in der engen Höhle ganz aufrichten zu können. Er musste auf allen vieren knien, um aus dem Wasser zu gelangen. Dabei schwang er eine Keule, die mit scharfen Steinsplittern besetzt war, vor sich her. Es sah grotesk aus, wie er kriechend versuchte, zu ihnen zu gelangen. Grotesk und doch Furcht einflößend.

Ulric und Halgard waren bis zu der Grabnische zurückgewichen. Der Junge fühlte sich elend. Yilvina war durch den Lärm zu sich gekommen. Sie tastete nach dem Schwert, das er ihr gebracht hatte. Er konnte sie doch nicht dem Troll überlassen!

Ein Keulenhieb verfehlte Blut nur knapp. Der große Hund versuchte nach der Kehle des Trolls zu schnappen, doch der Mistkerl drehte sich zur Seite. Bluts Reißzähne schlugen ihm in die Schulter. Das war ein Fehler! Grunzend griff der Hüne nach dem großen Hund. Sich mit einer Hand aufstützend, packte er Blut mit der anderen und schleuderte ihn gegen die Höhlenwand.

Ulric konnte es knacken hören. Aus dem Bellen wurde ein hohes, klagendes Jaulen. Blut schüttelte sich, versuchte wieder auf die Beine zu kommen, doch seine Hinterläufe knickten unter ihm weg.

Völlig überraschend schnellte Yilvina vor. Die Elfe führte einen beidhändigen Hieb gegen den Arm, auf den sich der Troll stützte. Sie traf ihn dicht über dem Handgelenk. Der Silberstahl schnitt durch Fleisch und Knochen. Der Menschenfresser brüllte. In hilfloser Wut riss er den Armstumpf hoch. Dunkles Blut schoss in pulsierenden Stößen aus der Wunde. Es spritzte der Elfe ins Gesicht.

Geblendet versuchte sie rückwärts von ihrem Feind fortzukriechen, doch der Troll bekam ein Bein von ihr zu packen. Wütend stieß er ihr den verstümmelten Arm gegen die Brust, dort wo der Knochen aus Yilvinas Fleisch ragte. Die Elfe bäumte sich auf. Das Schwert glitt ihr aus den Fingern.

Wieder schlug der Troll auf die Wunde ein. Er stieß dabei seltsame, grunzende Laute aus. Yilvina regte sich nicht mehr. Immer weiter schlug das Ungeheuer auf sie ein.

Halgard klammerte sich weinend an Ulric. Der Junge tastete nach dem Schwert in der Felsnische. Wenn es ums Töten ging, war er noch niemandem begegnet, der sich ehrenhaft verhielt, dachte er. Keiner achtete die Regeln der Ritterlichkeit, die sein Vater ihm beigebracht hatte.

Endlich ließ der Troll von Yilvina ab. Er zog einen glühenden Ast aus dem Feuer und presste ihn sich auf den Armstumpf. Dabei hechelte und jaulte er. Der Gestank von tranigem Fleisch erfüllte die Höhle.

Ulric stand auf. Das Ungeheuer war zu sehr mit sich und seinen Schmerzen beschäftigt, um auf ihn zu achten. Es kauerte dicht neben dem Feuer.

»Troll!«, sagte Ulric laut. Er stand jetzt unmittelbar vor dem Krieger. Die Kreatur wiegte sich in ihren Schmerzen vor und zurück. Endlich drehte sich der Troll zu ihm um.

»Stirb!« Ulric zog ihm die Klinge des Toten über die Kehle. Dann machte er einen Satz zurück. Ein tiefer Schnitt klaffte im Hals des Trolls. Er blickte ungläubig zu Ulric. Mit seiner verbliebenen Hand umklammerte er seine Kehle. Die Bestie machte ein gurgelndes Geräusch, versuchte sich aufzurichten und stieß mit dem Kopf schwer gegen die Höhlendecke. Sein verstümmelter Arm tastete nach der Keule neben dem Feuer. Hilflos stieß der Stumpf gegen die Waffe.

Wieder blickte er zu Ulric. Der Troll wagte es nicht, die Hand von seinem Hals zu nehmen. Blut quoll ihm zwischen den Fingern hindurch.

Der Junge hielt dem Blick stand. Er hatte das tun müssen, sagte er sich, auch wenn es eine Tat ohne Ehre war. Diese Bestie war ein Menschenfresser! Man musste sie umbringen, ganz gleich, wie.

Halgard schluchzte leise.

Ulric nahm sie bei der Hand. »Es wird alles wieder gut. Alles wird gut.« Er sah dem Troll beim Sterben zu und fühlte sich selbst wie tot. Er empfand nichts. Keinen Triumph, keine Wut, nicht einmal Angst.

Langsam sackte der Hüne nach vorn. Ulric wartete ab. Er hielt das Mädchen und starrte auf den Troll. Erst als das Feuer zu dunkler Glut heruntergebrannt war, wagte er sich in die Nähe des Trolls. Blut kam hinkend zu ihm herüber. Er schnupperte an dem Troll. Vorsichtig stieß Ulric den Hünen mit einem Fuß an. Er regte sich nicht mehr.

Der Junge atmete erleichtert auf. Dann sammelte er die restlichen Äste und schürte das Feuer. Als die tanzenden Flammen die Dunkelheit wieder bis in die hintersten Winkel der Höhle zurückdrängten, kniete er sich neben Yilvina. Sie atmete nur flach. Er wusste nicht, wie er der Elfe helfen konnte. Einen Schnitt hätte er verbinden können. Aber das hier …

Schließlich zog er Yilvina mit Halgards Hilfe bis dicht ans Feuer. Den Troll vermochten sie beide nicht zu bewegen. Er war schwer wie ein Felsblock. Nach mehreren vergeblichen Versuchen ließen sie sich auf der anderen Seite des Feuers nieder, so weit wie möglich von dem Toten entfernt.

Blut kauerte zu Ulrics Füßen. Er leckte seinen Hinterlauf und winselte leise.

»Ich habe Hunger«, sagte Halgard.

Der Junge hatte noch immer den Geruch des verbrannten Trollfleischs in der Nase. Er konnte nichts essen. Er kramte in der ledernen Jagdtasche der Elfe, fand aber nur ein hartes Stück Käse. Er reichte es dem Mädchen.

»Was isst du?«, wollte Halgard wissen.

»Ich hab keinen Hunger.«

Halgard legte den Käse vor sich auf den Felsboden. »Wir teilen, sobald du Hunger bekommst.« Ihre blinden Augen starrten in seine Richtung. Sie sah unheimlich aus, mit ihrem weißen Haar und der faltigen Haut.

Lange Zeit lauschten sie still auf das Knistern der Flammen. »Diese Höhle ist ein Grab, nicht wahr?«, sagte das Mädchen schließlich. »König Osaberg, der tote Troll, Yilvina liegt im Sterben …«

»Aber wir leben noch«, erwiderte Ulric hitzig.

»Wie viel Holz ist noch da?«

»Genug, um das Feuer ein paar Stunden in Gang zu halten.« Der Junge dachte an die Dunkelheit, die dann folgen würde. Der Gedanke machte ihn unruhig. Er hatte keine Angst vor der Finsternis! Er mochte sie nur nicht …

»Wenn wir hier bleiben, dann werden wir verhungern. Gehen wir durch das Wasser, wird uns die Winterkälte töten«, sagte Halgard ruhig.

»Wir werden Blut schicken. Er wird Hilfe holen.« Ulric kraulte das dichte Nackenfell des Hundes. »Nicht wahr, Blut? Du ruhst dich noch ein wenig aus, und dann machst du dich auf die Suche nach Mutter oder nach Kalf.«

VON EHRE UND VOLLEN BÄUCHEN

Birga nahm den Bernstein vom Hals des sterbenden Menschenweibchens. In ihren lidlosen Augen stand der Wahnsinn. Die Schamanin hatte ihr die Haut vom Gesicht gezogen. Trotzdem lächelte die junge Frau Orgrim an. Der Herzog wandte sich ab. Eigentlich machte es ihm nichts aus, dabei zuzusehen, wenn Gefangene gefoltert wurden. So war das nun einmal. In gewisser Weise zollte man ihnen dadurch Respekt. Sie bekamen Gelegenheit, sich von der Schande, nicht bis zum Tod gekämpft zu haben, reinzuwaschen. Wer unter der Folter tapfer war, der gewann die Gunst seiner Ahnen zurück. Das Menschenweibchen war tapfer gewesen!

»Was hat sie dir gesagt?«, wollte Dumgar wissen.

Birga deutete zu den anderen Leichen. »Auch nicht mehr als diese dort. Wie es scheint, ist Emerelle schon viele Wochen in der Welt der Menschlinge versteckt.«

Der Herzog vom Mordstein stocherte mit einem dünnen Knochen in seinen Zähnen herum und spuckte aus. »Warum wusste Skanga das nicht?«

Die Schamanin schob den Bernstein des Menschenweibchens in eine Tasche, die sich zwischen den Falten ihres Kleides verbarg, und wischte sich dann in aller Ruhe die blutigen Hände im Schnee sauber. Mit jedem Augenblick, den sie ihre Antwort hinauszögerte, wurde die Stille bedrückender. Dumgar warf seinen Zahnstocher fort und spielte nervös mit einem Lederriemen, der von seinem Schurz hing. Der Trollfürst trug nur ein Fell um die Hüften gewickelt. Barfuß, wie die meisten seiner Krieger, stapfte er durch den Schnee.

»Also, Birga. Wirst du mir antworten?«

»Sind die Taten Skangas und unseres Königs dir nicht Antwort genug? Besteht dein dicker Schädel nur aus Knochen? Hast du nicht verstanden, was geschehen ist? Wer hat uns hierher geschickt? Skanga und Branbart! Und wen finden wir? Emerelle. Glaubst du, sie hätten nicht gewusst, dass die Tyrannin hier ist? Hältst du das alles nur für einen Zufall oder eine Fügung des Schicksals? Sie wollten, dass wir die Tyrannin fangen. Du solltest Gelegenheit haben, dir unsterblichen Ruhm zu erwerben. Deshalb bist du hier. Nicht um nur ein paar windschiefe Hütten zu verbrennen!«

Der Herzog vom Mordstein strich sich über die Stirn. »Sie hätten mir sagen sollen, was sie von mir wollen.«

»Warum? Damit du vor Angst schlotternd in den Krieg gegen die Menschlinge ziehst? Denk an die Feste nach deinen Siegen. Hättest du unbeschwert feiern können, wenn du gewusst hättest, dass die Tyrannin hier ist? Hättest du wie ein jagender Wolf den Feinden nachgesetzt und sie nie zur Ruhe kommen lassen? Du kennst die Antwort!«

Orgrim fand Gefallen daran, wie die Schamanin mit Dumgar spielte. Aber er glaubte ihr kein Wort. Wenn Skanga wirklich gewusst hätte, wo Emerelle war, dann hätte sie ihn durch den Albenstern auf dem Berg ganz am Ende des Fjords geschickt. Zehn Krieger hätten ausgereicht, die Tyrannin dort zu fangen.

Dumgar begann unruhig auf und ab zu gehen. »Das ist alles nicht richtig so!« Er sah zu Emerelle. Sie war gefesselt und kauerte im Windschatten der zerstörten Palisade. »Wir sollten sie umbringen, gleich jetzt. Sie ist ein Übel, das ausgelöscht sein muss. Spürt ihr das denn nicht? Sie sinnt auf unseren Tod!«

Birga lachte. »Hast du das Fleisch von Hasen gegessen, Dumgar? Sieh sie dir an, die Tyrannin. Ihre Hände sind gebunden, sodass sie keinen Zauber weben kann. Ein Knebel steckt in ihrem Mund, sodass ihr die Worte der Macht unausgesprochen im Hals stecken bleiben. Und ihre Augen sind verbunden, damit ihre Blicke kein Unheil anrichten. Wovor fürchtest du dich, Dumgar? Gedanken an Rache, das ist alles, was der Tyrannin geblieben ist!«

Auf Birgas Worte folgte erneut Stille. Orgrim betrachtete die Elfenkönigin. Sie war so klein und zerbrechlich! Es schien ihm unvorstellbar, dass sie solche Macht besaß. Sie hatte ihn einst ermorden lassen. Orgrim hatte geglaubt, wenn er ihr jemals begegnen würde, dann würde die Erinnerung an die Nacht auf der Shalyn Falah und an all seine vergangenen Leben zurückkehren. Doch die Tore zu jenen verwelkten Tagen blieben fest geschlossen. Vielleicht war es besser so. Was kümmerte einen Baum das Laub des Vorjahrs?

»Spürt ihr nicht das Böse, das ihr anhaftet?«, murmelte Dumgar. Er kniete sich neben der Tyrannin in den Schnee. Seine Hand tastete nach dem Steinmesser an seinem Gürtel.

»Du weißt, warum Branbart sie lebend haben will. Sie soll auf die Shalyn Falah. Und sie soll fliegen, den Abgrund umarmen, so wie wir einst. Was glaubst du, was Branbart tun wird, wenn er erfährt, dass du die Tyrannin getötet hast?«

Dumgar stand auf. Wut brannte in seinen Augen. »Du drohst mir?«

Orgrims Hand glitt wie zufällig zu dem schweren Streithammer an seinem Gürtel. »Ganz im Gegenteil, Dumgar. Ich mache mir Sorgen um dich. Ich versuche mir vorzustellen, was Branbart tun wird, wenn er vom Ableben der

Tyrannin erfährt.« Er stellte sich vor, diesem Narren den Schädel einzuschlagen. Nein! Er sollte sich beherrschen! Er musste Dumgar nur machen lassen. Der war dazu geboren, in Schwierigkeiten zu geraten, wenn man ihn nicht aufhielt.

Der Herzog blickte zu den toten Menschen, die an die zersplitterten Pfähle gebunden waren. »Vielleicht gibt der König dir ja Gelegenheit, deine Ehre als Krieger wieder reinzuwaschen, indem er dich Birga überlässt. Der Schmerz wird dich läutern, sodass deine Seele unbefleckt ist, wenn sie sich wieder in Fleisch kleidet.«

Dumgar folgte seinem Blick. Er strich sich nervös über das Kinn. »Also gut. Dann bringen wir sie zurück. Führe uns zum nächsten Albenstern, Birga! Wir gehen in die Snaiwamark.«

»Der nächste große Stern liegt bei dem Dorf, das Orgrim zerstört hat«, erklärte die Schamanin. »Von dort können wir sicher heimkehren. Wir werden drei oder vier Tage brauchen, um diesen Ort zu erreichen. Jedenfalls wenn das Wetter nicht umschlägt.«

Orgrim fluchte stumm in sich hinein. Er wusste, was es bedeutete zurückzugehen.

»Wir müssen also durch verwüstetes Land ziehen«, stellte Dumgar fest. »Unsere Vorräte reichen noch für zwei Tage. Wir brauchen Fleisch.« Er sah entschlossen zu Orgrim.

»Nein!«, sagte der Herzog der Nachtzinne entschieden. »Ich habe der Tyrannin mein Wort gegeben.«

»Dann entbinde ich dich hiermit von deinem Wort.«

»Du gebietest vielleicht über dieses Heer, Dumgar, aber du gebietest nicht über meine Ehre. Ich habe Emerelle zugesagt, dass die Menschlinge leben werden, wenn sie sich uns ergibt. Daran werde ich mich halten.«

»Was kümmert mich dein Wort, wenn es um fünfhundert Trollmägen geht? Wir werden das Dorf erobern und uns genug Vorräte für den Rückweg holen. Du bist verrückt, Orgrim! Was hat die Tyrannin sich um ihr Wort geschert, als sie dich und mich von der Brücke stoßen ließ? Du schuldest ihr nichts! Morgen früh bringen wir diese Schlacht zu Ende, und ich erwarte von dir, dass du kämpfst!«

»Was die Tyrannin einst getan hat, ist für mich ohne Belang. Mein Wort ist mein Wort! Und es ist fest wie Granit.«

Dumgar blieb überraschend gelassen. Er lächelte sogar. »Du stellst dich also gegen meine Befehle, Herzog Orgrim. Darf ich dich daran erinnern, dass der König mir den Oberbefehl für diesen Feldzug gegeben hat? Branbart wird es nicht gutheißen, dass dein Wort gegenüber Emerelle für dich bedeutender ist als ein voller Bauch für seine Krieger. Ich freue mich schon darauf, ihm davon zu berichten.«

AM DONNERHANG

Am Horizont, weit jenseits des Fjords, zeigte sich ein blasser Silberstreifen. Sigvald scherte aus der Kolonne der Flüchtlinge aus und verbarg sich zwischen den Bäumen. Niemand kümmerte sich darum. Der Weg durch den Schnee zehrte an den Kräften. Kaum jemand hob den Kopf.

Aus seinem Versteck sah der Wagenbauer Asla nach. Welch ein Weib! Es gab nur wenige Frauen, von denen sich Männer außerhalb ihrer vier Wände etwas sagen ließen. Ihr war er gern gefolgt, und es betrübte ihn, dass er sie nun hintergehen musste. Seit sie bei ihrer Flucht aus Honnigsvald den roten Nachthimmel hinter sich gesehen hatten, stellte niemand mehr Aslas Entscheidungen infrage. Sie war, was es nie zuvor gegeben hatte: die Herzogin! Die Heerführerin des letzten Häufleins Verlorener.

Sigvald wandte sich um und ging tiefer in den Wald hinein. Sein Weg führte ihn abwärts, zum Donnerhang. Dorthin, wo der große Schlitten stand. Es war Aslas Idee gewesen, ihn hierher zu bringen. Der Wagenbauer schmunzelte. Was hatte er geflucht, als sie ihm von ihren Plänen berichtet hatte! Die Herzogin hatte keine Ahnung, was es bedeutete, eine so schwere Kutsche hier heraufzuschaffen.

Der Donnerhang mündete schräg auf den Pfad, den die Rentiere nahmen, wenn sie hinab zum Fjord zogen. Wenn die letzte Barrikade fiel und die Verteidiger über den Rentierpfad geflohen waren, wollte Asla den großen Schlitten hernehmen, um eine Lawine auszulösen. Ein guter Plan! Aber gestern Nacht hatten Kalf und die Männer, die zur Verteidigung der Barrikade zurückbleiben sollten, noch eine bessere Idee gehabt.

Sigvald hatte den Waldrand erreicht und blickte auf den steilen Hang, der sich hinab zum Rentierpfad erstreckte. Große Felsbrocken hoben ihr Haupt aus dem Schnee. Es gab hier kaum Bäume. Wenig, was den Schnee hielt. Fast in jedem Winter brachen Lawinen von hier los. Deshalb lag das Dorf ein ganzes Stück abseits des Bergpfades.

Wie eine große rote Kugel stand die Sonne nun über den Bergen im Osten. Im Norden blieb der Himmel finster. Ein Sturm zog von dort heran, doch es würden noch viele Stunden vergehen, bevor er das Tal erreichte.

Hier oben am Hang konnte man sich wie ein Gott fühlen, dachte Sigvald. Alles war so fern und winzig. Die Hütten des Dorfes lagen wie Kieselsteine zwischen den Bäumen, die ihm klein wie Grasbüschel erschienen. Die zerstörte Palisade am Eingang zum Tal war nur ein dünner Ast, der sich dunkel im Schnee abmalte. Und die Trolle waren wie Fliegen, die über ein weißes Leintuch krabbelten. Und wie Fliegen würde er sie zerquetschen!

Stolz betrachtete Sigvald den Schlitten, der nur wenige Schritt vom Waldrand entfernt stand. Dieses Fuhrwerk war ihm prächtig geraten! Der grob gezimmerte Aufbau über der Pritsche ärgerte ihn ein wenig. Aber das war nicht sein Werk gewesen.

Sigvald griff nach dem starken Seil, das von der Vorderachse des Fuhrwerks hinauf zu einem wuchtigen Fichtenstamm führte. Feine Eiskristalle schimmerten auf dem hellen Hanf. Die Räder der Kutsche waren abgenommen. Sie stand auf breiten Kufen. Als Schlitten war sie schwerer zu lenken. Er blickte den Hang hinab. Es kam ihm jetzt so vor, als hätten die großen Felsklötze Junge bekommen. Waren es wirklich immer schon so viele gewesen?

Der Wagenbauer hielt sich am Seil fest und stieg das kurze Stück zu seinem Fuhrwerk hinab. Sorgfältig löste er die großen Steine aus dem verharschten Schnee, mit denen die Kufen gesichert waren. Ganz vorsichtig legte er sie beiseite. Das fehlte ihm noch, dass so ein Stein nun den Hang hinabrollte!

Als die Arbeit getan war, stieg Sigvald auf den Kutschbock. Er strich den Schnee von der Sitzbank und erfreute sich daran, das glatt polierte Holz unter seinen Fingern zu spüren. Schade, dass er keine weiteren Schlitten und Kutschen mehr bauen würde. Gestern erst hatte er eine Idee gehabt, wie man die Stützstreben der Schlittenkufen noch verbessern könnte.

Sigvald dachte daran, welche Zukunft seine Werkstatt gehabt hätte. Dieses Fuhrwerk hier würde ihn berühmt machen! König Horsa hatte darin übernachtet. Und die Elfenkönigin! Herzog Alfadas war damit gefahren. Und die Herzogin Asla hatte in diesem Fuhrwerk die Flucht über den Fjord angeführt. Wer künftig etwas auf sich hielt, der musste eine Kutsche von Sigvald dem Wagenbauer aus Honnigsvald besitzen. Schade nur, dass er keine Fuhrwerke mehr bauen würde.

Sigvald zog das kleine Handbeil aus seinem Gürtel. Er strich den letzten Schnee vom Sitz und bemerkte ein paar Strichmännchen, die jemand in das glatte Holz geschnitten hatte. Vermutlich irgendein übermütiger Knabe, der hier sein neues Messer ausprobiert hatte. Ärgerlich!

Sigvald legte die Axt neben das Seil, das über die Sitzbank hinab zur Vorderachse führte. Dann kramte er in seiner Hosentasche nach dem Wetzstein, den er eingesteckt hatte.

Mit ruhigen Strichen schärfte er die Schneide der Axt. Ein einziger Hieb sollte genügen. Sigvald beugte sich ein wenig vor. Asla hatte wieder einmal Recht behalten! Winzige dunkle Punkte krochen unten im Tal über den Schnee. Die Trolle hatten den Passweg verlassen und stürmten zur Barrikade hinauf.

»Kleine Fliegen«, murmelte der Wagenbauer. Er griff in seine pelzgefütterte Weste und holte ein flaches, silbernes Fläschchen hervor. Mit den Zähnen zog er den Kork heraus und prostete zum Tal hinab. »Tut mir Leid, dass ich dich zuletzt belügen musste, Kalf. Es wäre nicht gut, einfach nur das Seil durchzuschlagen. Es gibt zu viele Felsen am Hang. Der schwere Schlitten könnte aus der Bahn geraten. Jemand muss ihm den Weg weisen.«

Sigvald leerte das Fläschchen mit einem Zug. Es war ohnehin nur noch ein Schluck übrig geblieben. Sorgfältig verschloss er es mit dem Stopfen und schob es zurück unter die Weste.

Der Schicksalsweber war ein Gott mit Sinn für Humor, dachte Sigvald lächelnd. »Ich danke dir dafür, dass ich mein Leben mit einer Schlittenfahrt beenden darf. Welch besseren Abgang könnte ein Wagenbauer haben?« Er griff nach der Axt, die neben ihm lag. Eine Schande, dass er jetzt auch eine Kerbe in der Sitzbank hinterlassen würde!

DER WEISSE STROM

Kalf blickte auf die heranstürmenden Trolle hinab. Die letzte Barrikade lag an der engsten Stelle des Rentierpfads. Dicht gedrängt stürmten die Menschenfresser den Weg hinauf. Mit grimmiger Zufriedenheit hob der Fischer sein Stangenbeil. Nur zehn Männer waren zurückgeblieben. Seine Verschwörer! Die übrigen hatte er trotz aller Proteste den Pfad hinaufgeschickt. Wer hier blieb, der hatte alles verloren. Es waren Männer, deren Weiber und Kinder nicht mehr lebten oder die nie eine Frau gehabt hatten, so wie er.

Breitbeinig stand Kalf auf der Pritsche eines Schlittens. Wagen, Schränke und Truhen, alles, was sich bewegen ließ, hatten sie auf den Rentierpfad geschleppt, um diese letzte Verteidigungslinie zu bauen. Der Fischer wusste, dass die Trolle sie fast sofort überrennen würden. Aber wenige Augenblicke würden genügen. Länger mussten sie gegen den Feind nicht aushalten.

Kalfs Mund war trocken, dafür schwitzten seine Hände. Es war jedes Mal so, kurz bevor die Kämpfe begannen. Ein Troll, der sich mit Ruß und Blut eine Spinne aufs Gesicht gemalt hatte, hatte einen kleinen Vorsprung vor den anderen. Luth wird dich dafür bestrafen, dachte Kalf. Da schleuderte der Troll einen kurzen Wurfspeer nach ihm.

Der Fischer drehte sich leicht zur Seite. Das Geschoss

verfehlte ihn knapp. Ein Schlag traf den Schlitten und riss Kalf fast von den Beinen. Der Speerwerfer hatte seine Schulter gegen die Seitenwand der Pritsche gerammt, als wolle er den Schlitten einfach umwerfen.

Kalf war zu sehr damit beschäftigt, sein Gleichgewicht zu halten, um noch mit der Stangenaxt zuzuschlagen. Ein Eisklumpen verfehlte ihn um ein gutes Stück. Weitere Trolle erreichten die Barrikade. Wütendes Kriegsgeschrei erklang aus hunderten Kehlen. Ein stiller junger Mann aus der Reihe der Verteidiger wurde mit einem Lasso eingefangen und verschwand schreiend in der Menge.

Hoch über ihnen tönte ein dumpfes Grollen. Einer der Berge hatte seine Stimme erhoben, und vor seinem Zorn erschraken selbst die Trolle. Die Menschenfresser blickten auf. Kalf genoss es, die Angst in ihren Augen zu sehen. Jemand schrie etwas. Dann begann der Erste zu laufen.

Der Fischer ließ sein Stangenbeil herumwirbeln. Der lange Dorn verschwand im Auge des Trolls, der ihn als Erster erreicht hatte. »Luth möchte mit dir über Spinnen sprechen.«

Der Schlitten erzitterte. Von den Bäumen ringsherum rutschten die Schneewechten. Sie schüttelten sich. In wilder Panik versuchten die Trolle der tödlichen Gefahr zu entkommen. Sie schoben und drängelten in dem engen Rentierpfad. Wer stürzte, wurde gnadenlos zu Tode getrampelt. Einige versuchten seitlich über die Steilhänge zu klettern.

Kalf empfand tiefen Frieden. Er zog die Waffe aus dem Schädel des toten Trolls und warf sie zur Seite. Der Fischer drehte sich nicht um. Seit er Asla gestern Nacht verabschiedet hatte, wusste er, dass er sterben würde. Die Herzogin hatte immer Recht behalten, wenn sie zur Flucht mahnte. So war es in Firnstayn gewesen und auch in Honnigsvald. Warum hätte sie sich jetzt irren sollen? Obwohl er das wusste, hatte er ihr widersprochen und war geblieben. Jemand hatte bleiben müssen, damit die anderen sich retten konnten.

Kalf breitete seine Arme aus. Der kalte Atem des Todes umschloss ihn. Die Luft war erfüllt von feinen Eiskristallen. Er atmete tief ein. Dann traf ihn der Schlag. Der weiße Strom umschloss ihn, riss ihn mit sich.

Kalf ruderte mit den Armen. Er war eingeschlossen in dumpfes Dröhnen. Dann wurde es finster. Immer noch kämpfte er gegen die Macht an, die ihn mit sich riss. Etwas traf ihn hart an der Schulter. Er wurde herumgewirbelt. Stechender Schmerz durchbohrte seinen Kopf. Dann war es plötzlich still.

Der Fischer lag zusammengerollt, wie ein schlafendes Kind. Die Kälte hielt ihn in engem Gewand gefangen. Noch immer dröhnte das Donnergrollen der Lawine in seinen Ohren.

Kalf streckte sich, doch der Schnee hielt ihn fest. Die Kälte fraß sich in seine Glieder. Er stemmte sich mit den Füßen gegen den Boden. Knirschend gruben sich seine Stiefel in den festgebackenen Schnee. Seine Schultermuskeln spannten sich, aber sein Gefängnis gab nicht nach. Dann wurde ihm klar, dass er gar nicht wissen konnte, in welcher Richtung oben oder unten lag. Mitgerissen von der Lawine, hatte er sich immer wieder überschlagen. In der Dunkelheit seines Eisgefängnisses konnte er sich nicht orientieren.

Er drückte an verschiedenen Stellen gegen die Schneewand und erweiterte den Hohlraum, in dem er gefangen saß ein wenig. Das Dröhnen in seinen Ohren hatte nachgelassen. Er hörte jetzt deutlich seinen keuchenden Atem. Der Fischer tastete sich ab. Alle Knochen taten ihm weh. Doch nichts schien gebrochen zu sein, und Kälte dämpfte den Schmerz. Sein Schwertgurt war verloren, aber er hatte noch das Fischmesser, das in seinem Stiefel steckte. Vorsichtig stocherte er mit der Klinge in der Decke seiner Höhle herum. Mit beiden Händen schob er die Schneebrocken zur Seite, die sich lösten. Er würde sich in die Freiheit graben!

Ein Geräusch ließ ihn innehalten. Der Schnee knarzte. Jemand ging unter ihm hinweg! Kalf lachte stumm. Nicht unter ihm! Er hatte in die falsche Richtung gegraben. Mit neuer Kraft arbeitete er sich voran.

Bald war der Schnee weniger dicht. Er konnte ihn jetzt mit den Händen auseinander schieben. Endlich sah er ein Stück grauen Winterhimmel. Vorsichtig, Zoll um Zoll, schob sich der Fischer aus seinem kalten Gefängnis. Die Lawine hatte ihn einige hundert Schritt mit sich gerissen. Ein Stück links von ihm lag eine große Kleidertruhe. Tiefer am Hang sah er Trolle, die mit Speerschäften in den Schnee stießen und nach Verschütteten suchten.

Vorsichtig kroch Kalf ins Freie. Seine Kleider waren von Schnee verkrustet, sein Haar voller Eis. Ganz langsam robbte er den Hang hinauf. Etwas mehr als hundert Schritt entfernt lag ein dunkler Tannenwald, der von der Lawine verschont geblieben war.

Jetzt entdeckte Kalf auch über sich am Hang einige Trolle. Einer von ihnen musste über sein eisiges Gefängnis hinweggeschritten sein und hatte ihm so den Weg in die Freiheit gewiesen. Die kleine Gruppe blieb stehen und machte dann wieder kehrt.

Kalf drückte sein Gesicht in den Schnee und blieb still liegen. Er wagte kaum zu atmen. Wieder hörte er das Knarzen der Schritte. Langsam kamen sie näher. Sie blieben stehen! Deutlich waren ihre Stimmen zu hören. Sie schienen zu streiten. Endlich entfernten sich die schweren Schritte der Trolle.

Kalf wartete noch einen Augenblick, dann stemmte er

sich hoch und rannte auf den Wald zu. Immer wieder strauchelte er. Erst als er zwischen den Bäumen angelangte, wagte er es zurückzublicken. Niemand folgte ihm. Hatten sie ihn nicht bemerkt, oder war es ihnen einfach egal, ob ein einzelner Mensch entkam?

Seine Schulter schmerzte, und sein Kopf fühlte sich an, als sei ein Kutschpferd darauf herumgetrampelt. Erschöpft stieg er den Waldhang hinauf. Dann hielt er sich in der Nähe des Rentierpfades. Er fürchtete, auf dem Weg Trollen zu begegnen, deshalb blieb er in der Deckung der Bäume.

Den ganzen Tag kämpfte er sich voran. Die Sonne war fast schon hinter den Wipfeln verschwunden, als er ein Feuer roch. Er verharrte und spähte den Weg hinauf. Eine Gestalt in einem roten Umhang lehnte an einem Baum. Das Abendrot ließ ihr goldenes Haar wie eine Krone aus Licht erscheinen. Asla!

Endlich wagte sich Kalf auf den Pfad. Mit weit ausholenden Schritten eilte er Asla entgegen. Sie trug Kadlin in einem Tuch vor ihrem Bauch.

»Ich wusste, dass du noch kommen würdest«, sagte sie lächelnd.

Ihr Anblick verlieh Kalf neue Kraft. Sie war so wunderschön! Nichts von dem Glanz, der sie schon als junges Mädchen umgeben hatte, war verblasst. Am liebsten hätte er sie in seine Arme geschlossen, aber er fürchtete die Blicke der anderen. »Habt ihr ein Lager im Wald?«

»Dort ist eine große Jagdhütte.« Asla wirkte plötzlich verschlossen.

»Stimmt etwas nicht?«

»Ich habe befohlen, den Flüchtlingszug aufzulösen. Daraufhin gab es Streit. Dort drüben lagern jene, die nicht auf mich hören wollten. Wir können nicht weitermachen wie bisher. Wir haben zu wenig Krieger, um noch einmal zu kämpfen. Es wäre wie letzte Nacht, nachdem die Palisade gestürmt wurde …« Ihre Stimme stockte. »Ich musste diesen Befehl geben! Die Trolle behandeln uns wie Schlachtvieh. Es liegt nun an uns, sich nicht mehr wie Vieh zu verhalten! Rentiere schließen sich zu großen Herden zusammen, weil sie dann sicherer sind. Die Wölfe holen immer nur die Schwächsten, diejenigen, die nicht die Kraft haben, mit der Herde zu flüchten. Aber keine Herde ist je von ein paar hundert Wölfen gehetzt worden. Es ist nicht sicher für uns, als eine große Gruppe zu ziehen. Im Gegenteil! Wenn die Trolle uns finden, dann werden sie uns alle töten. Nur wenn wir viele kleine Gruppen bilden, wenn die Herde wieder in einzelne Familien zerfällt und jeder in eine andere Richtung flieht, werden zumindest einige entkommen.«

Kalf deutete zu der blassen Rauchsäule, die zwischen den Bäumen aufstieg. »Was ist mit ihnen?«

Aslas Züge wurden härter. »Das sind die Schwachen und Mutlosen. Und jene, die nicht von ihnen lassen können. Sie haben entschieden, bei der Jagdhütte zu bleiben und auf die Gnade der Götter zu vertrauen.« Ihre Stimme klang jetzt rau. »Sie … Wenn wir alle zusammen weitergezogen wären, dann hätten wir sie auch zurücklassen müssen.« Asla schloss die Arme um Kadlin, die eng an sie gekuschelt in dem Tragetuch schlief. »Die Trolle werden meine Kleine nicht bekommen! Die meisten Flüchtlinge haben entschieden, lieber in den Wäldern zu erfrieren, als darauf zu warten, dass man sie wie Schlachtvieh holen kommt.«

»Wohin willst du gehen?«

Asla deutete nach Westen. »Auf der anderen Seite des Tals soll es Höhlen geben. Dort könnten wir Zuflucht finden.«

Der Fischer blickte zu den Wolken, die im Norden aufzogen. Ihnen blieben nur ein paar Stunden. »Wie weit ist es bis zum anderen Ende des Tals?«

»Wenn wir in der Nacht nicht rasten, dann müssten wir morgen früh die Höhlen erreichen.«

Kalf streckte ihr die Hand entgegen. »Dann sollten wir jetzt besser gehen.« Sie hatte Recht. Alles war besser, als hier zu warten.

EIN GOLDENES HAAR

Orgrim hatte Respekt vor dem Mut der Menschlinge. Niemals hätte er gedacht, dass diese kleinen, zerbrechlichen Geschöpfe in der Lage wären, ihnen so schwere Verluste beizubringen.

Der Herzog blickte über das zerwühlte Schneefeld. Die Abendsonne tauchte den Hang in blassrosa Licht. Noch immer suchten Krieger mit langen Stangen nach ihren vermissten Kameraden. Mehr als sechzig Tote hatten sie schon aus dem Schnee geborgen.

Orgrim schüttelte den Kopf. Den Menschlingen musste klar gewesen sein, dass keiner von jenen, die sich zum Kampf gestellt hatten, überleben würde. Ihre Barrikade hatte die engste Stelle des Bergpfades blockiert. Den Ort, an dem der Strom aus Schnee, Felsen und zersplitterten Bäumen am tödlichsten wüten musste. Sie hatten sich geopfert, um möglichst viele Trolle mit sich ins Verderben zu reißen.

Der Herzog dachte an den Angriff der Eissegler im Swelm-Tal. Durch ihre fanatische Opferbereitschaft wurden die Menschlinge fast genauso gefährlich wie die Elfen. Es war töricht, diesen Krieg im Fjordland zu führen. Er kostete zu viel Trollblut! Sie sollten abziehen. Zurück zur Snaiwamark oder zu den Felsenburgen, die hoch im Norden an der Grenze zum ewigen Eis lagen. Orgrim dachte an all die Weiber, die in der Nachtzinne auf ihn warteten.

Er war des Kämpfens müde. Sein Volk hatte sich einen Platz in Albenmark zurückerobert. Die Menschlinge waren bestraft worden. Es war an der Zeit zu gehen!

Er blickte hinab zu der langen Reihe von Toten, die am Rand des Schneefeldes lagen. Hätte er Dumgar nicht den Befehl verweigert, würde er jetzt vielleicht auch dort unten liegen, dachte Orgrim bedrückt. Er sollte sich von dem Herzog vom Mordstein trennen. Dessen Torheiten wurden immer tödlicher.

Orgrim beobachtete, wie Birga einen kleinen, dunkelhaarigen Menschling aus dem Schnee zerrte. Der Kerl strampelte noch. Die Schamanin drehte ihn um und stemmte ihm ein Knie in den Rücken. Mit der einen Hand drückte sie seinen Kopf nieder, in der anderen hielt sie ein schmales Knochenmesser. Sie schnitt dem Mann in den Hals. Sein Strampeln wurde schwächer.

Neugierig geworden, ging Orgrim zu der Schamanin hinüber. Das Blut fächerte in kleine Rinnsale auf, die einander vielfach kreuzten, bevor sie ganz im Schnee versickerten. Nachdenklich musterte Birga das Bild, das entstanden war.

»Welche Geheimnisse verbirgt die Zukunft vor uns?« Der Herzog bemühte sich um einen unbeschwerten Tonfall, was ihm aber nicht wirklich glückte. Die Blutrituale der gesichtslosen alten Vettel waren ihm unheimlich.

Birga gebot ihm mit einer knappen Geste zu schweigen. Sie drehte den Menschen auf den Rücken. Dort, wo sein Hals zuvor gelegen hatte, war durch das warme Blut ein Loch in den Schnee geschmolzen. »Unheil zieht von Norden auf«, sagte die Schamanin plötzlich. Sie deutete zu den dunklen Wolken am Horizont, die den ganzen Tag über kaum näher gekommen waren. »Der Wind wird drehen und Pfeile tragen.«

Orgrim hasste es, wenn die Schamanin in Orakeln

sprach, in die man nachträglich alles hineindeuten konnte. »Und was rätst du mir?«

»Nimm deine Krieger und geh in die Berge. Verfolge die Menschlinge. Es gibt eine, die musst du finden. Ihre Anführerin.« Birga stieß ein kurzes, bellendes Lachen aus. »Sie nennen sie Herzogin, mein Herzog. Das passende Weib für dich ... Ihr Blut ist von großer Macht.« Die Schamanin blickte auf das blutige Muster im Schnee zu ihren Füßen. »Nicht so wie dieses hier.«

Orgrim betrachtete die Wolken am Horizont. »Wie soll ich dieses Weib finden? Wenn der Sturm kommt, wird er alle Spuren löschen.«

Birga sah zu ihm auf. Dunkle Augen glänzten hinter der Ledermaske. »Ich wusste, dass du gehen würdest, wenn ich es dir sage. Deshalb war ich in der Hütte dieses Menschweibchens. Knie nieder vor mir!«

Orgrim gehorchte. Er mochte die Schamanin nicht, aber er hoffte, dass sie für ihn sprechen würde, wenn Dumgar ihn beim König anklagte.

Birga nahm ein Lederband von ihrem Hals, um das sie ein goldenes Haar gewickelt hatte. Vorsichtig löste sie es und rieb es zwischen Daumen und Zeigefinger zu einer kleinen Kugel. »Öffne jetzt den Mund, Orgrim.«

Sie legte ihm das Kügelchen auf die Zunge. Ihre mit Lumpen umwickelten Finger strichen dem Herzog über die Augenlider. Der dünne, zerfaserte Stoff stank nach Verwesung. Birga murmelte etwas Unverständliches vor sich hin. Dann versetzte sie ihm einen leichten Schlag auf die Stirn. »Du wirst die Spuren des Menschlingsweibs selbst dann finden, wenn sie unter dem Schnee verborgen liegen oder sich mit hundert anderen Fährten mischen. Sie kann dir nicht mehr entkommen!«

»Aber es wird aussehen, als wäre ich ein Feigling, wenn ich mit meinen Männern den Heerzug verlasse.«

Birga stieß ihm ein zweites Mal vor die Stirn. »Benutze deinen Kopf, Herzog! Sag Dumgar, du hättest die Weisheit seiner Worte begriffen und würdest dich ihm fügen. Dieser aufgeblasene Dummkopf wird es gern annehmen, wenn du mit deinen Männern in die Berge ziehst, um Fleisch für den Rückzug zu jagen.«

»Und was wirst du tun, Birga?«

»Ich werde mit dir kommen. Ich will dieses Menschlingsweib. Sie hat ein tapferes Herz.« Die Schamanin schnalzte mit der Zunge.

Orgrim dachte an das Versprechen, das er der Tyrannin gegeben hatte. Er sah nach Norden. Der Wind hatte gedreht. Die dunklen Wolken kamen nun rasch näher.

HOFFNUNGEN

Alfadas hatte die Anführer seines kleinen Heeres um sich geschart: die Veteranen der blutigen Tage um Phylangan und zwei junge Jarls, die sich ihnen tags zuvor mit ihren Reitern angeschlossen hatten. Sie waren Überlebende der letzten Schlacht König Horsas. Tapfere Männer. Einen von ihnen, Jarl Oswin, kannte Alfadas von früheren Feldzügen. Doch diesmal traute er ihm nicht. Oswin und seine Männer waren schon einmal vor Trollen geflüchtet. Alfadas wollte sie morgen persönlich anführen.

Der Kriegsrat fand unter freiem Himmel statt. Man hatte die Schlitten dicht zusammengeschoben, um ein wenig Schutz vor dem Wind zu haben. Fackeln steckten im Schnee. Ihre Flammen tanzten wild im Wind. Mit Einbruch der Dämmerung hatte der Sturm sie erreicht. Eisige Böen fegten über den Fjord. Außer den Schlitten aus Phylangan gab es keinen Schutz vor dem Unwetter.

Der Herzog nahm sein Schwert und deutete auf die winzigen Hügel, die Ollowain aus Schnee geformt hatte. Es war ein Abbild des Passes, der hinauf nach Sunnenberg führte. Zwei Äste markierten die beiden Palisaden auf dem Rentierpfad. Einige graue Steine zeigten, wo das Dorf lag.

Mit der Schwertspitze zeigte er auf den oberen der beiden Äste. »Hier kämpfen unsere Väter und Brüder.« Er musste fast schreien, um gegen das Heulen des Windes anzukommen. »Unsere Freunde aus Kindertagen. Sie verteidigen Frauen und Kinder, vergießen ihr Blut für uns.« Der Herzog blickte zu dem jungen Mann, den Lambi und die Späher am Mittag auf dem Eis des Fjords aufgegriffen hatten. »Berichte uns von den Kämpfen, Olav.«

Der Holzfäller sprach mit fester Stimme. Er schilderte, wie die Verteidiger drei Tage lang die erste Palisade gehalten hatten. Furcht und Stolz erfüllten Alfadas, als er hörte, wie Asla unter den Kriegern auf dem Wehrgang gestanden hatte. Seine Asla! So wie Olav berichtete, war es vor allem ihr zu verdanken, dass die Kämpfer durchgehalten hatten.

»So schwer waren ihre Verluste, dass die Trolle es zwei Tage lang nicht mehr wagten anzugreifen. Und das, obwohl die zweite Palisade niedriger und schwächer ist. Noch gestern Nacht, als ich den Rentierpfad hinabgeschlichen bin, ruhten die Waffen.«

Alfadas' Schwertspitze deutete auf den Eingang zum Passweg. »Hier, bei den Trümmern der ersten Palisade, lagern die Trolle. Ich vertraue darauf, dass die Verteidiger den Pass noch einen weiteren Tag gehalten haben. Aber sie sind in höchster Not. Sie brauchen uns. Von hier aus sind es mehr als drei Meilen bis zum Lager der Trolle. Mit etwas Glück haben sie in dem Unwetter ihre Späher zurückgezogen. Vielleicht können wir sie überraschen. Wir werden vor Morgengrauen aufbrechen, damit wir in der ersten Dämmerung in Sichtweite des Passes kommen.«

»Und was ist, wenn es dann immer noch stürmt?«, fragte Mag.

»Wir haben auch in der Snaiwamark eine Schlacht in einem Schneesturm geschlagen. Hast du vergessen, wie die Trolle damals vor uns geflohen sind?« Alfadas sah die Männer einen nach dem anderen an. Die Schlacht auf dem Eis war nicht wirklich glücklich verlaufen. Aber sie würden die Fehler von damals nicht wiederholen!

»Olav sagt, dass die Verteidiger am Ende ihrer Kräfte sind. Jede Stunde zählt. Um ihretwillen dürfen wir uns nicht von einem Sturm aufhalten lassen. Und wie es scheint, haben die Trolle diesmal keine Katapulte. Sie haben die Palisade jedenfalls nicht beschossen.«

Alfadas zog eine dünne Linie vor den Pass. »Hier wirst du die Armbrustschützen aufstellen, Mag. Dahinter stehst du mit den Speerträgern. Du führst das Kommando im Zentrum unserer Schlachtlinie. Sollten die Trolle uns immer noch nicht bemerkt haben, wenn unsere Schlachtlinie steht, dann rufen wir sie mit unseren Hörnern. Du wirst die Armbrustschützen zurückziehen, wenn die Trolle bis auf vierzig Schritt heran sind. Ich vertraue darauf, dass die Linie der Speerträger nicht zusammenbricht, wenn diese Bestien gegen euch anstürmen.«

»Wir werden aushalten, so wie die Männer auf der Palisade ausgehalten haben«, entgegnete Mag grimmig. »Vielleicht wirst du das Eis bedeckt mit unseren Leibern finden, wenn die Schlacht vorüber ist. Aber keiner meiner Männer wird eine Wunde im Rücken haben. Du kannst dich auf uns verlassen, Herzog!«

Alfadas zog eine zweite Linie in den Schnee. »Hier auf der linken Flanke werden unsere Bogenschützen stehen. Veleif, du wirst dort das Kommando führen.«

Der Skalde sah ihn erschrocken an. »Ich bin kein Krieger, Herzog! Ich kann das nicht.«

Alfadas legte sich die Linke auf die Brust. »Schlachten werden zuallererst in den Herzen der Kämpfer entschieden. Du verstehst es, Herzen zu entflammen, Veleif Silberhand. Lass meine Bogenschützen zu stolz sein, um fortzulaufen.«

Der Herzog wandte sich an Lambi. Der Jarl wirkte beleidigt. »Und wo soll ich hin? Bin ich nicht mehr gut genug, den Trollen in den Hintern zu treten? Wirst du mir die Sache mit den Türen denn niemals verzeihen? Ich ...« Er zuckte mit den Schultern. »Die Elfen werden sie nicht vermissen. Ich wünschte, wir hätten noch ein paar mehr mitgenommen.«

Alfadas musste schmunzeln. Er mochte den Jarl, *über dessen Nase man nicht sprach,* von ganzem Herzen. Für ihn war der Streit in Phylangan längst vergessen. »Du und deine Halsabschneider, ihr werdet hier stehen.« Er zeichnete einen Kreis hinter die beiden Linien im Schnee. »Du wirst dich dort bereithalten, Lambi. Sobald die Trolle auf Mag und seine Speerträger treffen, fällst du ihnen in die Flanke.«

Lambi grinste. »Sie werden sich ihre riesigen Füße bepissen, wenn wir sie morgen bei den Eiern packen.«

»Pack nicht bloß zu. Reiß sie ihnen ab!« Alfadas' Hand sank auf Ulrics Dolch, den er am Gürtel trug. »Reiß sie ihnen ab«, sagte er noch einmal leise.

Er durfte jetzt nicht an seinen Sohn denken, ermahnte er sich stumm. Sein Wunsch nach Rache würde ihn am klaren Denken hindern. Alfadas blickte zu Silwyna. Sie war vor nicht einmal einer Stunde auf einem zu Tode erschöpften Hengst angekommen.

»Die Maurawan werden noch zu uns stoßen?«, fragte er misstrauisch.

»Ja!«, bekräftigte sie entschieden. »Die Trolle haben den Wald geschändet. Mein Volk sinnt auf Rache. Es sind mehr meiner Brüder und Schwestern deinem Ruf gefolgt, als ich zu hoffen gewagt hätte. Weit über hundert. Noch nie sind so viele Maurawan in eine Schlacht außerhalb unserer Wälder gezogen. Sie wissen um deine Schlachten in der Snaiwamark. Du hast einen guten Namen bei meinem Volk. Sie kommen um deinetwillen, nicht wegen der Königin.«

Alfadas blickte zweifelnd nach Norden, dann deutete er auf einen kleinen Hügel auf der rechten Flanke der

Schlachtlinien, die er in den Schnee gezeichnet hatte. »Hier brauche ich die Bogenschützen der Maurawan. Mir fehlen die Krieger, um unseren rechten Flügel stark zu machen.«

»Wem von uns wirst du dich anschließen?«, fragte Lambi. Alfadas hatte bislang in jeder seiner Schlachten in vorderster Reihe gekämpft. Und er wusste, dass es unter seinen Kriegern einen Wettstreit darum gab, mit welchen Truppen er am häufigsten in den Kampf zog.

»Ich werde bei den Reitern sein.« Der Herzog malte einen kleinen Kreis hinter den Hügel. »Hier!«

»Aber ihr seid zu wenig!«, sagte Mag bestürzt. »Kaum zwanzig. Die Trolle werden euch niedermetzeln, wenn sie über unsere rechte Flanke kommen.«

»Ich vertraue auf die Maurawan. Sie werden diesen Hügel schon für uns halten.« Alfadas lächelte, obwohl ihn selbst die Zweifel plagten. Er wusste besser als irgendein anderer, wie unzuverlässig das Waldvolk war. Am Mittag erst waren sie durch den Albenstern auf dem Hartungskliff gekommen. Und die meisten von ihnen hatten keine Pferde. Zweifelnd blickte er zu Silwyna.

»Sie sind Wipfelläufer«, sagte sie in der Sprache ihres Volkes.

Sah man ihm die Zweifel so deutlich an?

»Niemand durchquert die Wälder wie wir Maurawan. Sie werden morgen Früh auf dem Hügel sein. Ich breche sofort auf, um ihnen die Nachricht zu bringen. Vertraue mir.«

Ihre letzten Worte trafen ihn wie ein Dolchstich ins Herz. Alfadas straffte sich. »Mit den Meisten hier bin ich einen langen Weg gegangen. Morgen werden einige von uns vielleicht nicht mehr leben. Ich mache euch nichts vor. Unsere Aussichten sind nicht gut.« Er deutete auf die Karte am Boden. »Wenn die Trolle die zweite Palisade durchbrechen, dann gibt es ein weiteres Massaker. Sie haben schon zu viel Blut vergossen … Sagt euren Männern, dass ich keinem befehle, in diese Schlacht zu ziehen. Ich möchte nur Freiwillige an meiner Seite haben. Es ist wie damals am Ufer bei Honnigsvald. Wer jetzt geht, über den soll niemand schlecht reden. Sagt das allen. Redet ihnen nicht ins Gewissen! Sagt es einfach und begebt euch dann zur Ruhe. Die Nacht ist kurz, und wer morgen mit mir kämpft, wird all seine Kräfte brauchen.«

»Meine Männer sind Halunken und Halsabschneider«, rief Lambi aufgewühlt. »Aber gerade deshalb kannst du dich darauf verlassen, dass wir morgen dort sein werden, wo es gilt, Hälse durchzuschneiden. Wir werden dich nicht im Stich lassen.«

»Ich weiß«, sagte Alfadas müde. Er hob die Hände, um die anderen am Reden zu hindern. »Ich vertraue euch allen. Von euch, die ihr hier im Kreis der Fackeln steht, wird morgen keiner fehlen. Doch nun gebt mich frei, für die wenigen Stunden, die dieser Nacht noch bleiben. Lasst mich allein mit meinen Erinnerungen und meinen Gebeten.« Mit diesen Worten verließ er den Kreis seiner Hauptleute und trat eine jener einsamen Wanderungen an, die ihm in den letzten Nächten zur Gewohnheit geworden waren.

Schließlich führten ihn seine Schritte zu Blut. Sie hatten den Hund am späten Nachmittag mehr tot als lebendig in einer Schneewehe am Ufer gefunden. Sein Fell war ganz mit Eis überzogen gewesen. Obwohl er am Ende seiner Kräfte war und einen Lauf gebrochen hatte, versuchte er sich davonzuschleppen, als Alfadas zu ihm kam.

Der Herzog hatte sich fast eine Stunde Zeit für den Hund genommen. Er hatte ihm das Eis aus dem Fell gebürstet und ihn mit kleinen Streifen Trockenfleisch gefüttert. Blut war mit einem dicken Seil an einem der Schlitten angebunden. Als der Hund Alfadas sah, sprang er auf und kläffte. Wieder wollte er davonlaufen.

»Ruhig, mein Feiner. Ruhig. Ich weiß, was du willst.«

Der Herzog kniete neben ihm nieder. »Du willst mich zu Kadlin bringen, nicht wahr. Gedulde dich noch diese Nacht. Morgen werde ich mit dir kommen.«

»Bist du dir da sicher?«

Alfadas musste sich nicht umdrehen, um zu wissen, wer hinter ihm stand. Es hatte ihn schon gewundert, dass Ollowain während des Kriegsrats kein einziges Wort gesagt hatte.

»Bist du dir sicher, dass du leben willst? Dein Schlachtplan ist die blanke Unvernunft. Ich war dabei, als der junge Holzfäller von den Trollen erzählt hat. Er sagte, es seien vier- oder fünfhundert. Deine Veteranen mögen sehr tapfer sein, Herzog, aber du musst vier von ihnen für jeden Troll aufbieten, den es zu besiegen gilt. Wenn du morgen kämpfst, werden sie alle sterben. Denk an Asla und Kadlin«, ermahnte ihn der Elf.

Alfadas strich Blut über das struppige Fell. »Ich denke an nichts anderes. Sie hätten den Hund nicht geschickt, wenn sie nicht in höchster Gefahr wären.«

»Du machst dir da etwas vor, mein Freund! Asla weiß doch nicht einmal, dass du zurückgekehrt bist. Warum sollte sie den Hund schicken?«

»Sie spürt, dass ich auf dem Weg zu ihr bin«, entgegnete er wütend.

»Das redest du dir ein, und das weißt du auch. Es gibt nur einen vernünftigen Grund, warum Blut nicht mehr bei deiner Tochter und deinem Weib ist.« Ollowain packte ihn bei den Schultern. »Verschließ dich nicht vor dem Offensichtlichen! Führe deine Männer nicht in den Tod, um zu retten, was längst verloren ist!«

»Sie leben!« Alfadas stieß seinen Freund von sich. »Sie sind hinter der zweiten Palisade, und sie warten auf mich. Du musst morgen nicht kämpfen, wenn du Angst hast. Die Maurawan werden dort sein. Sie sind der Schlüssel zum

Sieg. Und vielleicht kommen auch noch Orimedes und seine Kentauren. Lysilla hat ihn sicher längst gefunden.«

»Du weißt, dass ich den Tod nicht fürchte«, sagte Ollowain traurig. »Aber ein Feldherr, der seine Schlachtreihen mit Hoffnungen statt mit Kriegern füllt, der macht mir in der Tat Angst. Dennoch werde ich morgen bei dir sein, mein Freund. Wenn *du* schon nicht auf dich achtest, dann muss ich es tun.«

Alfadas blickte nach Süden. Die Sturmböen hatten nachgelassen. Es fing an zu schneien. »Sie sind dort irgendwo«, sagte er leise. »Und sie brauchen mich.«

»SIE LIEGT VOR DIR!«

Ollowain blickte die Schlachtlinie entlang. Alle waren sie gekommen, obwohl Alfadas ihnen freigestellt hatte zu gehen. Oder vielleicht gerade weil er es getan hatte?

Er sah nach rechts zu dem Hügel. Die Maurawan waren nicht erschienen! Nicht einmal Silwyna war zurückgekehrt. Aber die Trolle hatten sich eingefunden. Auch wenn es keine fünfhundert zu sein schienen, waren es allemal mehr als genug, um die Menschensöhne in Stücke zu schlagen.

Der Herzog saß mit versteinerter Miene auf dem grauen Hengst, den ihm Fürst Fenryl zum Abschied geschenkt hatte. Jetzt war es zu spät, um sich noch zurückzuziehen.

Die Trolle rückten in einem ungeordneten Pulk vor. Sie bewegten sich auf den rechten Flügel zu, dorthin, wo der Hügel lag, den niemand besetzt hielt. Wenn sie ihn erreichten, könnten sie die ganze Schlachtlinie der Menschenkinder aufrollen.

Alfadas zog sein Schwert. Mit einem gezwungenen Lächeln wandte er sich dem kleinen Häuflein Reiter zu. »Wie es scheint, werden wir unsere Elfenfreunde aus den Wäldern ersetzen müssen.«

Das metallische Klacken der Armbrüste erklang. Dutzende Bolzen schlugen in die Flanke der Trolle. Krieger strauchelten und schrien, doch der Vormarsch auf den Hügel verlangsamte sich nicht. So gering schätzten die Hünen die Kampfkraft der Menschen, dass sie nicht einmal jene riesigen Schilde trugen, die Ollowain aus den Kämpfen um Phylangan kannte.

Die Bogenschützen unter Veleifs Kommando schossen Salve auf Salve. Doch sie waren zu weit entfernt, um großen Schaden anzurichten.

Alfadas hob sein Schwert hoch über den Kopf. »Vorwärts, Männer! In Horsas letzter Schlacht seid ihr besiegt worden. Nun zeigt allen, dass ihr heute die Tapfersten der Tapferen seid!« Ohne sich noch einmal umzudrehen, um zu sehen, wer ihm in diesen aussichtslosen Kampf folgte, gab Alfadas seinem Grauen die Sporen.

Ollowain brachte seinen Hengst an die Seite des Menschensohns. Keiner der anderen Krieger blieb zurück. Sie waren zwanzig gegen ein paar hundert. Der Elf lächelte dünn. Es gab keinen Zweifel, wie dieses Gefecht ausgehen würde.

Im tiefen Schnee kamen die Pferde nur langsam voran. Die Trolle würden zuerst den Hügel erreichen. Der Schwertmeister sah, wie Mag versuchte, eine Einheit aus Speerträgern schwenken zu lassen, um auf die veränderte Lage zu reagieren. Binnen Augenblicken geriet die Formation hoffnungslos durcheinander. Lambis Männer schwenkten ein, doch die Speerträger standen ihnen nun im Weg. Die Trolle hatten es geschafft, mit ihrem Angriff auf die Flanke die ganze Schlachtlinie durcheinander zu bringen.

Ollowain trieb seinen Hengst an. Fünfzig Schritt noch, dann erreichten die Trolle den Hügel. Eine zweite Salve Armbrustbolzen riss einige ihrer Krieger zu Boden. Die hünenhaften Kämpfer brüllten ihnen ihre Schlachtrufe entgegen. Sie verhießen Tod und Gemetzel.

Plötzlich lief eine Welle über den Hügelkamm. Der

Schnee wölbte sich auf. Schlanke weiße Gestalten wuchsen aus dem Boden. Ollowain erkannte Silwyna zwischen ihnen. Die Maurawan! Auf kürzeste Distanz schossen sie ihre Pfeile ab. Fast alle Krieger in der Frontreihe der Trolle wurden zu Boden gerissen. Die nachdrängenden Kämpfer strauchelten über die Gestürzten. Eine weitere Salve Pfeile ließ den Angriff vollends zusammenbrechen.

Ollowain konnte kaum fassen, was er sah. Die Maurawan mussten schon in der Nacht ihre Stellung auf dem Hügel bezogen haben. Sie hatten Mulden in den Schnee gegraben und sie mit ihren weißen Umhängen und Pelzen abgedeckt, um sich einschneien zu lassen. Der Neuschnee hatte alle Spuren gelöscht, sodass es ausgesehen hatte, als habe niemand den Hügel betreten.

Langsam erholten sich die Trolle von ihrem Schock. Entschlossen, den Sieg noch nicht verloren zu geben, rannten sie gegen den Pfeilsturm an.

»Vorwärts!«, rief Alfadas voller Begeisterung. »Fallen wir ihnen in die Flanke! Unsere Waffenbrüder aus Albenmark sollen nicht allen Ruhm allein ernten.«

Ein helles Signalhorn erklang. Noch einmal liefen Wellen durch den Schnee. Reiter und Pferde erhoben sich aus eingeschneiten Verstecken. Die Elfen schwangen sich in die Sättel. Gewappnet in weiße Rüstungen aus Leinen und Leder, mit silbernen Helmen, von denen helle Rosshaarschweife flatterten, sahen sie aus wie verzauberte Kinder, die der Winter selbst geboren hatte. Beritten auf Schimmeln, mit wehenden, schneeverkrusteten Umhängen, stürmten sie den Hang hinab. Lange Lanzen schimmerten im Morgenlicht. Binnen weniger Herzschläge bildeten sie einen Angriffskeil, der auf die Mitte der feindlichen Schlachtlinie zielte.

Auch Alfadas und seine Krieger hatten die Trolle nun fast erreicht. Pfeile sirrten über ihre Köpfe hinweg, dann legten die Schützen auf dem Hügel die Bögen nieder und zogen ihre Langschwerter. Angeführt von Silwyna, stürmten sie den Hang hinab.

Ollowain drängte dichter an die Seite seines Ziehsohns. Lanzen splitterten, als sie auf die wankende Schlachtreihe der Feinde trafen. Die Mehrzahl der Trolle war immer noch wild entschlossen zu siegen. Pferde wieherten. Ollowain beugte sich tief in den Sattel, um einem Keulenhieb auszuweichen. Sein Speer traf einen Feind in den Hals, doch es war, als hätte er mit der Waffe auf einen Felsblock eingestochen. Der Ruck riss ihm den Speer aus der Hand. Ein Troll griff seinem Hengst in die Zügel und warf das Pferd zu Boden. Ollowains Stiefel verhedderten sich in den Steigbügeln. Verzweifelt versuchte er sich zu befreien. Der Schnee nahm seinem Sturz ein wenig von der Wucht und rettete sein Bein, als er unter dem Leib des Hengstes begraben wurde. Wild mit den Hufen auskeilend, rollte sich das Tier ab. Das Sattelhorn streifte Ollowains Oberschenkel. Brennender Schmerz zuckte durch das Bein.

Der Hengst kam wieder hoch und stieg. Seine Vorderläufe trommelten dem Troll ins Gesicht, der nach den Zügeln gegriffen hatte. Halb ohnmächtig vor Schmerz, schaffte der Schwertmeister es, sich aufzurichten.

Der Schnee dampfte von frisch vergossenem Blut. Pferde, Menschen und Trolle waren ineinander verkeilt. Die Luft war erfüllt von wütenden Schreien, Waffengeklirr und den Flüchen und dem Wimmern der Sterbenden.

Ollowains Hose war zerrissen. Sein Oberschenkel, vom Sattelhorn gequetscht, quälte ihn mit pochenden Schmerzen.

Ein rothaariger Menschensohn stürzte neben den Elf. Ein Axthieb hatte ihm den Rücken gespalten. Wie pulsierende rote Flügel drückten sich seine Lungen aus der grässlichen Wunde. Der Mann drehte den Kopf zur Seite. Sein

Mund öffnete und schloss sich, ohne dass er einen Ton hervorbrachte.

Der Schwertmeister unterlief einen Keulenhieb. Mit einem Rückhandschlag traf er den Troll am Handgelenk. Keule und Hand wirbelten durch die Luft, doch Ollowain brach in die Knie. Sein verletztes Bein wollte ihn nicht tragen. Der schreiende Troll versuchte ihn in den Schnee zu stampfen. Ein Stich in sein Gemächt ließ ihn fluchend zurückspringen. Der nächste Hieb traf den Troll in die Kniekehle. Er strauchelte. Noch im Stürzen schlitzte Ollowain dem Hünen die Kehle auf und rollte sich zur Seite.

Alfadas war umringt von Gegnern. Wie ein Berserker stieß er mit dem Schwert um sich. Ein Axthieb durchtrennte beide Vorderläufe seines Grauen. Schrill wiehernd stürzte der große Hengst. Alfadas wurde über die Mähne hinweg nach vorn geschleudert. Fast augenblicklich war er wieder auf den Beinen und zog mit seinem Schwert einen silbern schillernden Kreis um sich. Die Trolle gingen auf Abstand. Jetzt waren auch die Maurawan heran. Wilder Hörnerklang begleitete ihre Schlachtrufe. Wie ein Sturmwind in trockenes Herbstlaub, so fuhren sie unter die Trolle.

Ollowain stemmte sich hoch. Hinter Alfadas' Rücken holte ein verwundeter Troll zu einem Keulenhieb aus, um dem Herzog die Beine zu zerschmettern. Ein Stich in die Schulter des Hünen setzte der Bewegung ein Ende. Brüllend fuhr der Troll herum. Sein rechter Arm hing schlaff herab. Stinkender Atem schlug dem Schwertmeister ins Gesicht. Die Waffe wurde ihm aus den Händen gerissen. Sein verletztes Bein knickte erneut unter ihm weg.

»Dich nehme ich mit ins Dunkel, Elflein«, fauchte der Troll. Er stützte sich auf die linke Hand, von deren Fingern nur noch Stummel übrig waren, und schob sich herum, um Ollowain unter seinem massigen Körper zu begraben.

Der Schwertmeister versuchte, rückwärts davonzukriechen, doch der Leib eines toten Pferdes versperrte ihm den Weg. Lachend warf sich der Troll nach vorn. Ollowain wollte ausweichen, aber sein lahmes Bein gehorchte ihm nicht mehr. So konnte er dem Gegner nicht ganz entgehen. Der Troll drückte ihn mit der verstümmelten Hand nieder. Gelbe Zähne bleckten in seinem Maul. »Noch hab ich nicht alle Waffen verloren«, keuchte er.

Ollowains Hand tastete nach dem Gürtel. Das klaffende Maul senkte sich. Im selben Augenblick schnellte der Dolch hoch. Zähne knirschten und splitterten, als der Silberstahl dem Troll ins Maul fuhr. Die Klinge verschwand tief im Rachen. Noch im Sterben versuchte der Hüne Ollowain in die Hand zu beißen.

»Was für grässliche Unfälle Schwertschlucker doch haben können«, grölte Lambi, den das Getümmel der Schlacht ausgespien hatte. Er streckte Ollowain die Hand entgegen und half ihm auf die Beine.

»Danke«, murmelte der Schwertmeister benommen. Dann zog er dem toten Troll das Schwert aus der Schulter.

»Du solltest jetzt lieber deine Haut retten, Kumpel. Ich kann nicht die ganze Zeit auf dich aufpassen, und so wie es aussieht, bist du nicht mehr sonderlich gut zu Fuß.«

Ollowain lächelte säuerlich. Er war Lambi dankbar, aber mit der Art, wie dieser Barbar redete, würde er sich niemals anfreunden können.

Der Jarl winkte einem Krieger, der ein herrenloses Pferd eingefangen hatte. »Bring das rüber. Der Schwertmeister braucht ein paar Ersatzbeine.«

»Ich danke dir, Jarl«, entgegnete Ollowain steif.

Lambi winkte ab. »Lass mal gut sein. Wenn du mir wirklich einen Gefallen tun willst, dann verrate mir, wie du es hinbekommst, in deinen weißen Gewändern immer so sauber auszusehen. Bei der Nase, die ich mit mir herumtrage, sollte ich darauf achten, dass es an mir sonst nichts auszusetzen gibt, wenn ich bei den Weibsbildern Eindruck machen will.«

Ollowain zog sich stöhnend in den Sattel. »Das ist leicht«, stieß er gepresst hervor. »Du musst nur den Schmutz meiden.«

Der weiße Hengst stieg auf die Hinterbeine und hätte den Schwertmeister fast abgeworfen. Ollowain griff in die Mähne. Aus dem Sattel hatte er einen guten Überblick über die Kämpfe. Die Trolle zogen sich zurück. Sie wurden jetzt von allen Seiten bedrängt. Obwohl sie noch immer Widerstand leisteten, stand ihre Niederlage außer Frage. Die eigentliche Schlacht war vorüber. Was nun folgen würde, war das Gemetzel.

Mitten im Getümmel steckte Alfadas. Auch er hatte ein neues Pferd. Ollowain fragte sich, ob sein Ziehsohn den Tod suchte. Die Grenze zwischen Mut und selbstmörderischer Tollkühnheit hatte Alfadas längst überschritten. Der Elf gab seinem Hengst die Sporen und trieb ihn ins Gedränge der Schlacht.

Das große Pferd strauchelte. Dicht an dicht lagen Tote und Sterbende auf dem Eis. Es stank nach Blut und Exkrementen. Der Himmel hatte den Atem angehalten. Es regte sich nicht der leiseste Lufthauch.

Die Trolle schafften es noch einmal, die Umklammerung ihrer Feinde zu durchbrechen. Sie eilten der Palisade entgegen. Wenn sie sich im engen Passweg verschanzten, dann hätten Menschen und Elfen keinen Vorteil mehr von ihrer Übermacht.

Ollowain trieb seinen Hengst voran. Dumpfer, pochender Schmerz in seinem Bein quälte ihn. Er überließ es anderen, die Flüchtenden niederzustechen. Sein Ziel war der gedrungene Krieger, der in der Bresche des Walls stand. Er drückte eine zierliche, weiße Gestalt an sich. Der Schwertmeister fluchte. Sie hatten Emerelle! Dann war also die Palisade gefallen, und die Flüchtlinge waren besiegt. Sie kamen zu spät!

»Ich verlange freien Abzug!«, rief der Troll mit sich überschlagender Stimme. »Ich bin Dumgar, der Herzog vom Mordstein. König Branbart wird meinen Tod fürchterlich rächen, wenn ihr mir etwas zu Leide tut.« Der Troll hob die Rechte. Darin hielt er ein langes Knochenmesser. »Und ich werde der Tyrannin die Kehle …«

Ein Pfeil riss Dumgar die Waffe aus der Hand. Der Trollherzog schrie auf. Emerelle ließ sich nach vorn fallen und versuchte dem Herzog zu entkommen.

Ollowain riss an den Zügeln und glitt aus dem Sattel. Eine heiße Woge von Schmerz erfasste ihn, als er sein verletztes Bein belastete. Humpelnd eilte er der Königin entgegen. Dumgar versuchte Emerelle zu packen. Er griff nach ihrem langen Haar. In der Linken schwang er eine Keule.

Plötzlich stand ein schlanker Krieger vor ihm. Alfadas zog dem Troll sein Schwert mitten über den Bauch. Dann drehte er sich zur Seite, duckte sich und rammte Dumgar einen Dolch in die Kniekehle.

Ollowain erreichte Emerelle. Der Königin waren die Hände auf den Rücken gebunden. Man hatte ihr einen Knebel in den Mund gesteckt und eine Lederbinde über die Augen gelegt. Er schloss sie in die Arme. »Du bist in Sicherheit, Herrin.«

Der Trollfürst presste seine Hände auf den Leib. Blutige Gedärme rutschten aus dem klaffenden Schnitt. Alfadas stand dicht vor Dumgar. Er hielt ihm einen schlanken Dolch entgegen. »Kennst du diese Waffe, Mörder? Sie gehörte einem Kind. Ich werde dir damit deine Leber herausschneiden und sie dann an meinen Hund verfüttern. Und solltest du wiedergeboren werden, so schwöre ich dir, werde ich dich finden und noch einmal töten.«

»Du bist sicher der Elfenjarl«, stieß Dumgar hervor. »Du kommst zu spät!« Ein Hustenkrampf schüttelte ihn. Er ging in die Knie. Noch immer hielt er mit beiden Händen seinen Leib umklammert. »Du hast ein hübsches, blondes Weib, dem du einen dicken Bauch gemacht hast, nicht wahr. Meine Jäger haben sie letzte Nacht im Wald gefunden. Von ihrem Stolz ist da nicht mehr viel geblieben.«

Alfadas ließ den Dolch sinken. Alle Farbe war aus seinem Gesicht gewichen.

Der Troll zog seine Hände zurück. Bläuliche Darmschlingen quollen aus seinem feisten Leib und platschten in den Schnee. »Es war köstlich, ihr begegnen zu dürfen.« Dumgar hustete. Weitere Darmschlingen quollen ihm aus dem Leib. »Sie liegt vor dir«, stieß er keuchend hervor. »Sie liegt vor dir!«

Hustend sank er vornüber in den Schnee.

ZUM LICHT

Ulric rieb sich über die nackten Arme. Er fror erbärmlich. Gundar hatte nicht Recht behalten. Ihre Kleider waren nicht trocken geworden. Und das Feuer war verloschen. Sie saßen schon eine Ewigkeit in der Dunkelheit. Die Kälte hatte Ulric geweckt. Er hätte nicht einschlafen sollen! Aber er war so müde gewesen. Er hatte verschlafen und kein neues Holz auf die Glut gelegt. Er könnte heulen vor Wut. Aber es half nicht. Er hatte die Asche durchwühlt in der Hoffnung, wenigstens noch einen winzigen Funken zu finden. Vergebens. Er hätte nicht einschlafen dürfen!

Halgard machte ihm keine Vorwürfe. Sie sprach schon lange nicht mehr. Ihre Zähne klapperten. Ihre Hände fühlten sich eisig an.

Wenn wenigstens Blut zurückkehren würde! Ob er wohl noch lebte? Ulric lauschte in die Finsternis. Er betete, das leise Plätschern von Wellen zu hören. Aber es war totenstill.

Totenstill! Ulric musste an Halgards Worte denken. Sie lagen hier in einem Grab. Yilvina atmete nicht. Der Troll … Manchmal glaubte Ulric zu hören, wie er sich ganz leise bewegte. Der Kerl war heimtückisch! Vielleicht hatte er sich ja nur tot gestellt? Oder er war eine Weile ohnmächtig gewesen. Und jetzt wartete er darauf, sie anzugreifen.

Trolle waren heimtückisch, hinterhältig und unbegreiflich! Er dachte daran, wie ihn der Troll mit den Brandnarben auf dem Bauch in Honnigsvald gepackt und ihm seinen Dolch abgenommen hatte. Der Mistkerl hatte sich gar nicht dazu herabgelassen, richtig mit ihm zu kämpfen. Seinen Dolch hatte er einfach weggeworfen. Und dann hatte der Troll ihn zu dem Platz gebracht, wo alle geschrien hatten. Ulric wusste, was da getan wurde! Er hatte es gesehen.

Dort hätte auch er umgebracht werden sollen.

Doch dann war dieser andere Troll mit dem Steinhammer im Gürtel gekommen. Die beiden hatten geredet. Der Steinhammertroll hatte Ulric dann lange angesehen und ihm schließlich etwas in seiner Grunzsprache gesagt. Ulric hatte das natürlich nicht verstanden, aber er hatte begriffen, dass er gehen durfte. Halgard hatte er schnell wieder gefunden. Er war gut darin, Halgard wieder zu finden!

Sie war sehr erleichtert gewesen, als er zurückgekehrt war. Ganz wie in der Stadt, als er von Großvaters Schlitten gesprungen war. Er hatte Erek gesagt, er werde nach hinten zu Kalf und Mutter gehen. Da hatte er gelogen. Hoffentlich würde Großvater ihm das verzeihen.

Halgard war verloren gegangen, als die Schlitten losgefahren waren, ganz wie er es befürchtet hatte. Aber er hatte sie gleich gefunden. Sie hätten es sogar fast noch geschafft, den letzten Schlitten zu erreichen, hätten nur die Wachen das Stadttor nicht so schnell geschlossen … Als dann Trolle nach Honnigsvald gekommen waren, hatten sie ihn und Halgard wie alle anderen zum Ufer des Fjords gebracht. Und dann hatten sie damit angefangen, einzelne Männer und Frauen zu holen. Ulric erinnerte sich an die Schreie. Das war schlimm gewesen. Daran sollte er nicht denken! Es machte ihm selbst jetzt noch Angst.

Er starrte in die Dunkelheit.

Wenn er nur ein klein wenig sehen könnte! Ulric hob die Hand und bewegte sie langsam auf sein Gesicht zu. Selbst als die Handfläche seine Nasenspitze berührte, konnte er sie nicht erkennen. Zu Hause war es nie so dunkel gewesen. Selbst wenn die dicke Wolldecke vor seiner Nische zugezogen war, kam immer noch ein leichter Lichtschimmer herein. Es war, als habe er keine Augen mehr im Kopf. Er stutzte. Konnte das sein? Vielleicht hatte der Troll ihm ja die Augen fortgehext?

Ulric tastete nach seinem Gesicht. Nein. Sie waren noch da.

»Hast du auch Angst?«, fragte Halgard.

Der Junge konnte ihre Worte kaum verstehen, so schwach war ihre Stimme.

»Nein!«, sagte er entschieden. Er war doch ihr Held! Er durfte keine Angst haben. Er hatte sie vor dem Troll beschützt. Und er war zurück nach Honnigsvald gegangen, um sie zu holen. Wenn es nur nicht so dunkel wäre … Es war leichter, keine Angst zu haben, wenn man sehen konnte.

»Ob es draußen wohl Tag ist?«

»Ich weiß nicht.« Ulric kam sich so nutzlos vor. Er machte sich von dem Mädchen los. »Ich seh einmal nach Yilvina. Vielleicht kann ich etwas für sie tun.« Eigentlich hätte er nicht einmal aufstehen müssen, um die Elfe zu berühren. Aber Männer taten etwas. Sie saßen nicht nur herum!

Als er Yilvinas Leib anfasste, erschrak er. Sie war eiskalt! Die ganze Flucht über hatte sie immer warme Hände gehabt, Kälte hatte ihr nie etwas anhaben können. Das war bei Elfen wohl so. Sie froren einfach nicht. Er wünschte sich, auch ein Elf zu sein! Wenn sie jetzt kalt war … Ulric schluckte. Dann war sie wohl auch tot. Wieder packte ihn die Angst. Hier in der Höhle starb man! Das war kein Ort für die Lebenden.

»Wie geht es ihr?«, wollte Halgard wissen.

Er konnte ihr das nicht sagen. Es würde ihr sicher noch größere Angst machen als ihm. Sie war schließlich ein Mädchen. »Sie schläft tief und fest. Yilvina wird sicher wieder gesund.«

»Sie hat sich schlimm angefühlt ...«

»Yilvina ist eine Elfe. Die bringt so was nicht um. Sie ...« Plötzlich konnte er die Tränen nicht mehr unterdrücken. Es war alles so schrecklich. Niemand würde sie hier in dieser Höhle finden!

Halgard kroch zu ihm herüber. Ihre Hand strich sanft durch sein Haar. »Ist es hier ganz dunkel?«

»Ja«, schluchzte er mit halb erstickter Stimme.

»Vielleicht sollten wir ins Wasser gehen? Draußen war doch ein Windbruch, hast du gesagt. Da, wo ich mich mit den Haaren verfangen habe. Da finden wir sicher trockenes Holz. Und eine Erdhöhle, in die wir uns verkriechen und ein Feuer machen können. Yilvina hat irgendwo einen Feuerstein. Ich habe gehört, wie sie Funken daraus geschlagen hat. Den nehmen wir mit. Und ihr Messer.«

»Ich glaube, die Sachen sind in ihrer Jagdtasche.« Ulric tastete aufgeregt umher. Das war eine gute Idee! Hier im Dunklen würde es ihnen niemals mehr gelingen, ein Feuer anzuzünden. Man musste dabei sehen, was man tat! Aber draußen ... Da würde es schon glücken.

Er fand die Tasche. Hastig durchfühlte er sie. Da waren ein kleiner Dolch, runde Holzdöschen, die sich angenehm glatt anfühlten, lederne Beutelchen, irgendwelche Kräuter, die zwischen seinen Fingern knisterten. Und endlich ertastete er auch den Feuerstein. »Ich hab die Sachen«, verkündete er stolz.

»Dann lass uns zum Wasser gehen. Aber du musst mich bei der Hand halten. Ich habe Angst, dass ich sonst verloren gehe.«

»Ich suche den Gürtel«, entgegnete der Junge eifrig.

»Den schnall ich mir um. Ich brauche meine Hände doch zum Schwimmen und um uns aus dem Eisloch zu ziehen. Mit dem Gürtel wird es gehen!« Die Vorstellung, hinaus zum Licht zu kommen, ließ ihn fast die Kälte vergessen. Nur dumm, dass Halgard auf die Idee gekommen war. Das hätte ihm auch einfallen können. Wäre es bestimmt auch, wenn er noch ein wenig nachgedacht hätte!

Ulric tastete auf dem Boden herum, bis er seinen Gürtel fand. Seine Finger waren so steif vor Kälte, dass er Schwierigkeiten hatte, den Dorn der Gürtelschnalle durch eines der Löcher zu stoßen.

Halgard war plötzlich neben ihm. »Du würdest nicht ohne mich gehen, nicht wahr?«

Was dachte sie von ihm! Er war doch ihr Ritter! Er hatte sie vor einem Ungeheuer gerettet, so wie sie es früher immer gespielt hatten. »Nein«, sagte er fest. »Wenn du so etwas noch einmal sagst, dann rede ich nicht mehr mit dir. Das ist gemein, so was von mir zu denken!«

»Ich wollte dich nicht kränken …« Sie begann zu weinen. »Es ist nur … Ich hatte dich plötzlich nicht mehr gehört. Es war, als seiest du fort.«

Ulric bekam ein schlechtes Gewissen. Er konnte es nicht ertragen, wenn sie weinte. Er strich ihr über den Rücken. »Ich würde niemals irgendwohin ohne dich gehen. Niemals!« Er nahm ihre Hand und führte sie zu dem Gürtel. »Halt dich jetzt gut fest. Lass mich nicht los, ganz gleich, was auch geschieht.«

Vorsichtig tastete er sich durch die Dunkelheit. Ganz langsam setzte er einen Fuß vor den anderen, bis er das eisige Wasser erreichte. Es benetzte gerade eben einmal seine Zehen. Schaudernd blieb er stehen. »Wir atmen tief ein und dann laufen wir zusammen hinein, ja?«

»Ja!«, bekräftigte Halgard. »Ich zähle bis drei, dann tun wir es. Eins. Zwei.«

Ulric hatte das Gefühl, kleiner zu werden, so sehr zog sich alles in ihm zusammen, wenn er an das Wasser dachte.

»Drei!«

Er atmete tief ein. Halgard zog ihn. Sie begann früher zu laufen. Er war noch nicht bereit … Er schrie! Es fühlte sich an, als wolle das Wasser sein Fleisch zerschneiden. Es schüttelte ihn. Er rutschte auf dem glatten Fels aus, stürzte der Länge nach hin und zog Halgard mit sich. Fast hätte er unter Wasser noch einmal losgeschrien. Er stieß sich mit den Füßen ab. Seine Hände tasteten über glatten Fels. Endlich fand er den Durchgang. Graues Licht begrüßte ihn. Das gab neue Kraft. Er strebte dem Licht entgegen und stieß gegen das Eis. Verwirrt tastete er sich darunter entlang. Wo war die Stelle, an der sie durchgebrochen waren? Das Ausstiegsloch war verschwunden! Zugefroren!

Ulric nahm das kleine Messer und stach auf das Eis ein. Halgard neben ihm trommelte mit nackten Fäusten gegen das Verhängnis an. Sie begann zu bluten. Blassrosa Schlieren zogen unter der Eiskruste hinweg.

Seine Bewegungen wurden immer langsamer. Die Strömung packte sie beide und zog sie unter dem Eispanzer entlang. Deutlich konnte der Junge die Sonne am Himmel sehen. Es hatte etwas Tröstliches, nicht im Dunkeln zu sein.

Das Messer entglitt seinen tauben Fingern. Er fühlte sich müde. Noch einmal drückte er sein Gesicht gegen das Eis. Etwas griff nach ihm. Dunkle Arme umklammerten seine Füße. Astwerk, dachte er noch müde. Er blickte hinauf. Die Kälte spürte er jetzt nicht mehr. Es war angenehm, vom Wasser getragen zu werden. So schön war die Sonne! So fern! So fern …

EINE BLASSE KINDERHAND

Der große Hund war am Ende seiner Kräfte. Meile um Meile hatte er sie den Fjord hinab bis zu einem engen Seitenarm geführt, der von steilen Berghängen eingefasst war. Einer von Bluts Hinterläufen war bandagiert und mit zwei hölzernen Schienen abgestützt. Dennoch hinkte er zum Erbarmen. Immer wieder strauchelte er, und jedes Mal dauerte es ein klein wenig länger, bis er sich wieder hoch kämpfte.

»Er führt uns in die Irre«, sagte Lambi vorsichtig. Er mochte dieser Quälerei nicht länger zusehen. »Die Überlebenden sind hinauf in die Berge geflohen. Hier wirst du Asla und Kadlin nicht finden.«

»Du täuschst dich«, entgegnete der Herzog entschieden. Er schien wie im Fieber. Er war kaum noch der Mann, den Lambi einmal gekannt hatte. Nach der Schlacht hatte Alfadas die Leber des Trollfürsten an den Hund verfüttert. Es war ein uralter Brauch im Fjordland, auf diese Weise mit seinen Todfeinden abzurechnen, aber hätte Lambi es nicht mit eigenen Augen gesehen, er hätte niemals geglaubt, dass Alfadas, der Elfenjarl, dazu fähig wäre. Seit sie den Dolch in jenem Knochenhaufen am Ufer bei Honnigsvald gefunden hatten, war etwas in dem Herzog entfesselt worden, das Lambi Angst einjagte. Es war eine dunkle, zerstörerische Kraft. Vielleicht ein Erbe seines Vaters? Lambi kannte viele der Geschichten über Mandred. Er war ein Axtkämpfer, der mit der Wut eines Berserkers focht. Im Zorn vermochte ihn niemand mehr aufzuhalten, hieß es. Und so gebärdete sich jetzt auch Alfadas. Der kühle, stets selbstbeherrschte Anführer war verschwunden. Er hatte einem Getriebenen Platz gemacht, der ohne Rücksicht auf Verluste seinen Weg zu Ende ging. Seit drei Tagen hatte der Herzog kaum noch geschlafen. Eigentlich müsste er jeden Augenblick zusammenbrechen …

Lambi blickte zurück. Die kalten Augen der Elfenkönigin nahmen ihn gefangen. Wusste sie, was hier vor sich ging? Warum hatte sie sich der kleinen Gruppe angeschlossen, die den Herzog auf seiner verzweifelten Suche begleitete? Vielleicht war sie es, die für die dunkle Seite von Alfadas verantwortlich war. Sie war so unnahbar, als sei sie in einen Panzer aus Eis eingeschlossen. Lambi hatte sie neben den Sterbenden auf dem Schlachtfeld stehen sehen. Bei den Maurawan, die ihnen in der letzten Schlacht den Sieg gebracht hatten. Der Tod der Elfen schien Emerelle nicht zu berühren. Ihr Volk begegnete dem Tod anders als die Menschen. Keiner schrie oder wimmerte. Selten stöhnte einer ihrer Verwundeten. Eine junge Frau, deren Leib durch einen Axthieb zerfetzt war, hatte sich vor Lambis Augen in silbernes Licht aufgelöst. Er hatte das auch bei den Kämpfen in Phylangan ein paar Mal beobachtet. Aber dass es auch hier, an seinem Fjord, zwischen altvertrauten Bergen und Wäldern geschah, machte es noch unheimlicher. Die Sterbende war in diesem Licht aufgegangen. Und trotz ihrer schrecklichen Wunden hatte sie zuletzt gelächelt. Den Krieger schüttelte es bei der Erinnerung. Die Elfen mochten ihre Waffengefährten sein, aber sie blieben Furcht einflößend.

An der Seite der Königin ging Ollowain. Sie beide trugen fleckenloses Weiß und wirkten in ihrer kalten Unnahbarkeit, als seien sie Kinder des Winters. Lambi begriff den Schwertmeister nicht. Ollowain kannte Alfadas besser als irgendein anderer. Er war der Ziehvater des Herzogs! Warum redete er ihm diesen Unsinn hier nicht aus? Wenn Alfadas sich nicht bald Ruhe gönnte, würde er sich noch umbringen! Und er musste über die Zukunft des Fjordlands entscheiden. Die überlebenden Jarls hatten nach der Schlacht so entschieden. Aber Alfadas wollte sie nicht anhören! Sie würden gewiss nicht ewig warten.

Außer den beiden Elfen waren nur Veleif Silberhand und der junge Jarl Oswin auf diese nutzlose Suche mitgekommen. Und sie alle wussten es eigentlich besser, denn sie hatten Überlebende gefunden, die bezeugten, dass Asla und die anderen Flüchtlinge aus Sunnenberg den Rentierpfad hinauf geflohen waren. Dort suchten jetzt Silwyna und alle, die noch Kraft genug hatten. Wie es schien, war auch ein größerer Trupp Trolle über den Rentierpfad geflohen.

Kraftloses Kläffen ließ Lambi aufblicken. Blut hatte einen breiten Eichenstamm erreicht, der im Eis gefangen war. Das Ufer hinauf erstreckte sich ein Windbruch. Der Wald sah aus, als habe ein riesenhafter, wütender Schnitter seine Sense geschwungen. Die Stämme waren zersplittert oder vollends entwurzelt. Sie lagen wild durcheinander. Manche waren hinab in den Fjord gestürzt. Blut zwängte sich unter einem Baumstamm hindurch, der halb aus dem Eis ragte. Nur wenige Schritt hinter der Barriere aus totem Holz endete der Seitenarm des Fjords vor einer steilen Felswand. Blut hatte sie in die Irre geführt! Nun war es ganz offensichtlich. Von hier gab es keinen anderen Weg fort als jenen unter den gestürzten Bäumen hindurch. Und auf dem Eis war nichts!

Alfadas stützte sich mit einem Seufzer auf den Eichenstamm, während der große Hund sich weiter vorwärts schleppte.

»Unser Weg endet hier wohl«, sagte Lambi leise. »Luth allein weiß, was in den Hund gefahren ist. Lass uns nun reden, Herzog. Die Jarls wollen dir die Königskrone antragen. Und du wärst ein ausgemachter Trottel, wenn du nicht zustimmst. Das Fjordland braucht einen Mann wie dich. Einen weisen Herrscher, der zugleich stark genug ist, dass alle ihn anerkennen werden.«

»Wie soll ich über ein Land herrschen, wenn ich nicht einmal meine Familie zu schützen vermag?«, fragte der Herzog verbittert. »Ich will keine Krone! Ich werde meine Frau und mein Kind suchen. Nichts anderes ist jetzt mehr von Bedeutung für mich.«

Das war genug! Alfadas musste wieder anfangen, klar zu denken! Verzweifelt packte Lambi ihn bei den Schultern. »Komm wieder zu dir! Was läufst du diesem lahmen Kläffer hinterher? Ich weiß nicht, was der Troll zu dir gesagt hat, als er vor deinen Füßen verreckt ist, aber diese dreckigen Bastarde sind Lügner. Vergiss ihn! Seine Worte waren die letzte Waffe, die ihm noch blieb. Dieser stinkende Misthaufen wollte dich verletzen, begreif das doch endlich! Und so wie es aussieht, hat er dich wirklich tief in deinem Herzen getroffen. Wir sind Waffenbrüder. Wir sind zusammen durch das Blut von Freunden und Feinden gewatet. Du hast mich in eine fremde Welt und wieder zurückgeführt. Traue meinen Worten und nicht diesem Mistkerl von einem sabbernden Trollfürsten! Ich kann verstehen, dass du deine Familie suchst. Aber warum hier?« Lambi deutete auf die steile Felswand vor ihnen. »Das führt zu nichts! Warum bist du nicht in den Bergen auf dem Rentierpfad? Das hier macht keinen Sinn! Ich hätte nicht übel Lust, dir mit einer Keule eines über den Schädel zu ziehen, damit du ein paar Stunden zur Ruhe kommst. Wenn du erst einmal geschlafen hast, wirst du einsehen, dass du hier nur Gespenstern nachjagst!«

Alfadas machte sich los. »Du verstehst das nicht. Blut ist der Hund meiner Tochter Kadlin. Er gehorcht niemandem außer ihr. Er wird mich zu ihr führen. Es kann gar nicht anders sein. Du wirst schon sehen.« Mit diesen Worten duckte sich der Herzog unter dem Baumstamm hindurch.

Blut war nur ein paar Schritt von der Steilwand entfernt. Wie besessen kratze er am Eis, doch seine Pfoten rutschten nur haltlos vom kalten Panzer ab, mit dem der Fjord sich für den Winter gewappnet hatte. Kalter Wind fegte den Schnee in dünnen Schleiern über den Fjord und heulte in den Felsen.

Lambi standen Tränen der Wut in den Augen. Was konnte er denn noch tun, um seinen Freund wieder zur Vernunft zu bringen? Er wünschte, er wüsste, was dieser verfluchte Troll gesagt hatte. Ollowain, der daneben gestanden hatte, wollte es ihm nicht verraten. Was für Worte vermochten einen Mann wie Alfadas in den Wahnsinn zu treiben?

Veleif trat neben den Jarl. »Hast du es ihm gesagt?«, fragte der Skalde.

»Die Krone kümmert ihn einen Dreck! Und er wäre kein Mann, dem ich folgen würde, wenn es anders wäre. Gib ihm ein paar Tage, bis er sein Weib und seine Tochter gefunden hat.«

Veleif schüttelte den Kopf. »Menschen warten, Königreiche nicht. Das muss er begreifen. Ich glaube nicht, dass die Jarls ihn ein zweites Mal fragen werden. Eine Krone weist man nicht zurück.«

»Wen sollten sie sonst fragen? Jeder von ihnen hätte zu viele Neider. Nein, Alfadas ist der einzige Mann, auf den sich alle einigen können. Sie werden ihn wieder fragen!«, sagte Lambi mit Nachdruck.

»Und wenn man dich fragen würde?«

Der Jarl schnaufte. »Mich? Hast du jemals von einem König mit einer halben Nase gehört? Vergiss es, Veleif. Ich erinnere mich noch an die grinsenden Gesichter, als ich in Ketten nach Albenmark geschleppt wurde. Die betrachten mich nicht einmal als ihresgleichen. Eher findest du ein Schaf, das Goldstücke scheißt, als dass diese eingebildeten Hurenreiter mich über sich stellen.«

Der Skalde kauerte sich in den Windschatten des Stammes. »Vielleicht sollte ich ein Heldenlied über dich dichten. Mit der Zeit würde man dich in einem anderen Licht sehen.«

»Worüber willst du singen? Über einen Helden, der goldene Türen klaut? Lass es! Wenn du mehr als zwei Verspaare über meine Heldentaten zusammenbringen wolltest, müsstest du hemmungslos lügen.« Lambis Blick wanderte zu den Elfen. Sie verharrten in einigem Abstand. Der eisige Wind zerrte an ihren Gewändern. Die Königin trug nicht mehr als ein dünnes Kleidchen und war barfuß! Fröstelnd wünschte sich der Jarl, er hätte sein goldenes Amulett behalten können.

Oswin kam zu ihnen herüber. Lambi fühlte sich unwohl in Anwesenheit des jungen Jarls. Oswin war zu hübsch für einen Mann! Mit seinen grünen Augen, dem langen, rotblonden Haar und den bartlosen Wangen sah er aus wie eine Jungfer. Und zu allem Überfluss benahm er sich in Gegenwart der Männer, die aus Albenmark zurückgekehrt waren, so unbeholfen wie ein Jüngling, der zum ersten Mal in Liebe entflammt war. Für ihn waren alle, die ins Elfenreich gezogen waren, Helden.

»Darf ich mich zu euch stellen?«, fragte Oswin.

Lambi war versucht, es ihm zu verbieten, nur um zu sehen, wie der junge Jarl reagieren würde. »Mach nur«, brummte er stattdessen und sah zu Alfadas hinüber. Der Herzog kauerte auf dem Eis und starrte in das dunkle Wasser darunter. Noch immer versuchte der verrückte Hund, ein Loch ins Eis zu kratzen.

»Was Blut wohl erzählen würde, wenn er reden könnte«, sagte Veleif und rieb sich fröstelnd die Arme.

»Hunde, die reden? Man muss wohl Skalde sein, um sich so einen Unsinn auszudenken.«

»Na, irgendeinen Grund wird Blut schon haben, dass er Alfadas hierher schleppt.«

Das dumme Geschwätz ärgerte Lambi. »Ich hab auch nicht für alles einen Grund, was ich tue. Stell dir vor, manchmal kratz ich mich am Hintern, ohne dass es mich gejuckt hat.«

Oswin blickte betreten zu Boden. Offensichtlich war das kein Gespräch, wie er es von Helden erwartet hatte. Lambis Laune besserte sich sofort, als er sah, wie verlegen der junge Jarl wurde.

»Du vergleichst dich also mit einem Hund?«, fragte Veleif spitz.

»Wie kommst du darauf? Soll das ein Scherz sein? Mach noch so einen Spruch, und ich verknote dir deine Finger so, dass du in einsamen Nächten in Zukunft deine Füße zu Hilfe nehmen musst!«

»Du sagtest doch ...«, begann Veleif.

Oswin ließ sich auf die Knie nieder. »Seht ihr das?« Er wischte etwas Schnee zur Seite. »Bei allen Göttern! Das sind ja Kinder!«

Lambi sah nur weiße Schemen. Etwas hatte sich im Wasser zwischen den dunklen Ästen verfangen. Es bewegte sich sanft mit der Strömung. Plötzlich strich eine Hand über das Eis. Eine blasse Kinderhand! Ein Gesicht erschien. Einen Augenblick nur. Doch lange genug, es zu erkennen. Lambi hatte den Jungen nur ein einziges Mal zuvor gesehen ... Aber der Elfendolch ... Wie war das möglich? Der Kleine war doch schon in Honnigsvald ...

Die Strömung drückte den Jungen etwas tiefer. Wieder war er nur ein heller Schemen. Lambis Magen zog sich zusammen. Er blickte hinüber zu Alfadas. Wie sollte er ihm das sagen? Sollte er es sagen?

»Es ist sein Sohn, nicht wahr?«, flüsterte Veleif. »Ich dachte …«

Alfadas sah auf. Noch immer kratzte der Hund am Eis. »Hier ist eine Bruchstelle«, sagte der Herzog mit schwerer Stimme.

Lambi zog sich am Baumstamm hoch. Warum hatte er nur mitkommen müssen! Alfadas musste es wissen. Er sollte von seinem Jungen Abschied nehmen können!

DAS TOTENFEUER

Sein Haar klebte Alfadas nass in der Stirn. Er war in der Höhle gewesen und hatte die Spuren gelesen. Verzweifelt presste er die Lippen zusammen und kämpfte gegen die Tränen an. Sein Junge … Er hatte Yilvina und Halgard verteidigt. Warum war Ulric ins Wasser gegangen? Wie lange mochte er in der Finsternis ausgeharrt haben? Wie lange hatte er darauf gewartet, dass Blut Hilfe brachte? Der Herzog ballte die Rechte zur Faust und biss hinein, doch der Schmerz in der Hand vermochte den tieferen Schmerz nicht auszublenden. Er hätte nicht warten dürfen! Wenn er sofort Blut gefolgt wäre … Er war nur um ein paar Stunden zu spät gekommen. Ein paar lächerliche Stunden!

Yilvina lebte noch. Emerelle war zuversichtlich, dass sie durchkommen würde. Sie würde ihm erzählen können, was geschehen war. Ein einzelner, bitterer Lacher entrang sich Alfadas' Kehle. Er hatte seinen Sohn tot geglaubt. Nun war es so gekommen. Und doch fühlte es sich an, als sei Ulric ein zweites Mal gestorben.

Ollowain kam über das Eis.

Der Herzog machte eine abwehrende Geste. Er wollte mit niemandem sprechen. Am Ufer, ein Stück hinter dem Windbruch, war der Scheiterhaufen. Letztes Abendrot tauchte die Bergflanken in rosa Licht. Von Osten her breitete die Nacht ihre Schwingen aus.

Lambi erschien neben Ollowain. Der Elf hielt ihn zurück. Alfadas nickte seinem Ziehvater einen stummen Gruß zu. Dann sah er wieder hinüber zu dem Scheiterhaufen. So nahm man im Fjordland von Helden Abschied. Man gab sie nicht in die Erde zu den Würmern. Ihr Leib sollte Rauch und Asche werden und in den Himmel fahren. Auch war das Feuer ein Zeichen an die Götter, dass ein Held auf dem Weg in ihre Hallen war. Sie beobachteten die Welt und achteten auf diese Zeichen, so sagten die Priester. Alfadas wünschte, er könnte daran glauben. Dann wäre es leichter … Wenn er wüsste, dass Ulric mehr als nur Rauch sein würde. Dass dort noch etwas war, jenseits des Lebens.

Wäre Gundar doch nur hier … So oft hatte er den Priester verspottet! Gundar hätte sicher die richtigen Worte gefunden, um Ulric …

Mit schweren Schritten trat Alfadas ans Ufer. Die Dämmerung ging rasch in Dunkelheit über. Er war es Ulric schuldig, den Scheiterhaufen in dieser Stunde zu entzünden. Dann waren die Götter besonders aufmerksam. Alfadas wusste, dass Ulric diese Geschichten geglaubt hatte. Er war ja noch ein Kind. Und er hatte Geschichten von Göttern, Helden und Trollen geliebt.

Wieder biss sich der Herzog in die Hand. Nun war Ulric selbst nur mehr eine Geschichte.

Neben dem Scheiterhaufen steckte eine Fackel im Kies des Ufers. Ulrics letzte Bettstatt war aus Birkenstämmen geschichtet. Es roch nach frischem Harz. An der Seite seines Sohns ruhte Halgard. Ollowain hatte seinen weißen Umhang gegeben, um die nackten Kinder zuzudecken. Ihre Gesichter sahen so friedlich aus, als schliefen sie, die Arme über der Brust verschränkt.

Wie frisches Blut lag Halgards rotes Haar auf dem Umhang. Emerelle stand bei den Häuptern der Kinder. Sie trug ihr dünnes weißes Gewand. Ein auffälliger Stein ruhte auf ihrer Brust. Er sah aus wie ein schlichter Feldstein und hing an einem dünnen Lederband. Wind spielte mit dem offenen Haar der Herrscherin. Als sie Alfadas' Schritte auf dem Kies knirschen hörte, blickte sie auf. Dann trat sie wortlos zurück.

Dort, wo der Scheiterhaufen errichtet war, reichten blasse Birkenstämme bis zum Ufer hinab. Der Wind ließ ihre dünnen Äste wispern. Flüsternd sangen sie seinem Sohn ein Totenlied.

Alfadas blickte in Ulrics blasses Antlitz. Das Gesicht des Jungen war schmaler geworden, seit er ihn das letzte Mal gesehen hatte. Es wirkte härter. Die Lippen, die ihm so oft ein verschwörerisches Lächeln geschenkt hatten, waren zusammengepresst.

Der Herzog dachte an ihre spielerischen Duelle mit Holzschwertern, an Sommernachmittage, an denen sie auf einer Bergwiese lagen, den Wolken zusahen und er ihm Geschichten erzählte. Märchen und Sagas, die von einer Welt voller Wunder kündeten.

»Ich war in der Höhle und habe die Spuren gelesen.« Tränen erstickten Alfadas' Stimme. »Du hast sie geliebt, meine Geschichten, und du hast sie gelebt. Für dich war auch das Fjordland ein Ort, an dem tapfere Recken verwunschene Prinzessinnen retten. Ein Ort, an dem das Gute stets über das Böse triumphiert. Menschen wie du sind kostbar, mein Sohn; eben weil sie ihren Glauben an Wunder nicht verloren haben, vermögen sie den anderen Wunder zu schenken.« Er nahm den Elfendolch und schob ihn seinem Sohn unter die gefalteten Hände. »Luth hat dir nur einen kurzen Lebensfaden gesponnen, Ulric, aber du warst, was du dir immer erträumt hast: ein Held. Veleif wird gewiss eine Saga über dich dichten. Sie wird wohl so kurz wie dein Leben werden … Aber ich glaube, die Menschen in diesem Land werden sich immer an dich erinnern, so wie sie sich an König Osaberg erinnern. Du bist ausgezogen, deine Prinzessin zu retten, und du hast einen Troll erschlagen – in einem Alter, in dem andere Kinder Steckenpferde reiten. Halgard und du, ihr seid euren letzten Weg gemeinsam gegangen.« Alfadas stockte, seine Stimme versagte ihm. »Ihr …«

Etwas, das König Horsa ihm einmal gesagt hatte, kam ihm wieder in den Sinn. *Du weißt ja, unsere Heldengeschichten enden immer tragisch und blutig. So ist das im Fjordland.*

»Ich wünschte, du wärest nicht im Fjordland geboren worden.« Goldene Birkenpollen tanzten im letzten Dämmerlicht. Alfadas senkte die Fackel. Das Holz des Scheiterhaufens war voller junger Triebe. Es würde nicht richtig brennen. Noch während Alfadas die bleichen Stämme ansah, entrollte sich ein Blatt an einem der frischen Triebe.

Er blickte auf. Die Luft war erfüllt von goldenem Blütenstaub. Frisches Grün schmückte die Birken am Ufer, und sie standen in voller Blüte … Mitten im Winter!

»Wirf die Fackel fort«, sagte Emerelle sanft. »Du wirst sie nicht brauchen. Das Lebenslicht der Kinder war nicht ganz verloschen. Ein letzter Funke war geblieben. Ich habe ihnen von meinem Licht gegeben. Sie werden zurückkommen aus dem Dunkel. Gib ihnen nur ein wenig Zeit.«

Die Königin wirkte erschöpft. Im schwindenden Licht sah Alfadas Fältchen um ihre Augen, die er nie zuvor bemerkt hatte. Sie strich über den schlichten Stein auf ihrer Brust. »Du hattest Recht, Alfadas. Menschen, die den Glauben an Wunder nicht verloren haben, vermögen manchmal anderen Wunder zu schenken. Nun leg dich nieder und ruhe. Ich werde über deinen Schlaf wachen.«

DER KÖNIG

Voll banger Hoffnung blickte Alfadas im schwindenden Abendlicht den Rentierpfad hinauf. Zehn Tage waren seit der Schlacht mit den Trollen vergangen. Er war mit den Kindern nach Sunnenberg zurückgekehrt. Ulric und Halgard ging es gut. Zu seiner Überraschung war Emerelle geblieben. Sie kümmerte sich um die Kinder, aber auch um andere Verletzte und Gebrechliche. Sie hatte sich verändert. Noch immer wirkte sie unnahbar, aber er hätte niemals gedacht, dass sie sich in stinkende, überfüllte Flüchtlingsquartiere begeben würde, um alten Frauen die Gicht zu nehmen, Kindern erfrorene Zehen zu retten und die Wunden seiner Krieger zu schließen.

Von überall her kamen die Überlebenden des Trollkriegs nach Sunnenberg, Menschen, die außer dem nackten Leben alles verloren hatten. Erst allmählich zeigte sich, wie schrecklich der Heerführer der Trolle gewütet hatte. Alle Städte und Dörfer, die nördlich von Gonthabu lagen, waren verbrannt. Überall entlang der Ufer fanden sich Schädelstätten wie jene in Honnigsvald, in der man Ulrics Dolch gefunden hatte. Und niemand wusste zu sagen, wie viele Überlebende auf der Flucht waren. Hunderte waren auf dem Fjord und in den Wäldern erfroren.

Alfadas hatte Reiter und Schlitten ausgesandt, um nach Flüchtlingen zu suchen. Der Herzog blickte auf das Tal hinab. Die ersten Lichter brannten. Frierende drängten sich um Feuer im Schnee. Wie ein Flickenteppich erstreckten sich die ärmlichen Behausungen der Verlorenen entlang des Rentierpfads. Sie waren aus allem gebaut, was greifbar war. Aus Segeltuch, alten Decken und miteinander verflochtenen Tannenzweigen. Manche hatten Wände aus Schnee. Viele bestanden aber nur aus einem Dach. Sie waren nicht geeignet, einem Winter zu trotzen, der noch viele Wochen dauern würde.

Auf Alfadas' Befehl hin waren alle Kranken und Verletzten in den wenigen festen Häusern von Sunnenberg untergebracht. Auch die Alten und Kinder hatten warme Plätze bekommen.

Obwohl das Dämmerlicht nun immer schneller der Dunkelheit wich, hallte das Tal wider vom rhythmischen Klang der Äxte. Vier Tage nach der Schlacht auf dem Eis war Orimedes mit einem Heerzug aus über tausend Kentauren über den Fjord zu ihnen gestoßen. Sie kamen zu spät, um die Trolle zu vertreiben, aber gerade recht, um den Kampf gegen Winter und Elend aufzunehmen. Großzügig teilten sie ihre Vorräte mit den Menschen. Seit ihrer Ankunft litt niemand mehr Hunger. Anfangs hatten viele Flüchtlinge die Pferdemänner mit Scheu, ja sogar mit unverhohlener Angst betrachtet. Zu fremd waren die riesigen Gestalten, halb menschenähnlich, halb Pferd. Doch mit ihrer rauen Art waren sie den Fjordländern viel ähnlicher als etwa die Elfen. Sie halfen, wo immer sie konnten. Orimedes hatte Jäger in die Wälder geschickt, um die Vorräte mit Wildbret zu ergänzen. Der weitaus größte Teil der Kentauren aber half, neue Hütten aus Fichtenholz zu errichten. Sieben schlichte, fensterlose Häuser wurden jeden Tag fertig. Sie schufen mehr Unterkünfte, als neue Flüchtlinge kamen, und bald würde der Flickenteppich der Zeltstadt verschwinden.

Emerelle hatte Yilvina ins Herzland geschickt, um von

Meister Alvias Lebensmittel und Kleidung zu fordern. Die Elfenkriegerin war dank der Zaubermacht der Königin schnell von ihren Wunden genesen. Von ihr wusste Alfadas um all die Schrecken der Flucht seines Sohnes. Wie würde ihn das Erlebte verändern?

Schon jetzt nahmen die Geschichten, die man sich unter den Flüchtlingen über Ulric erzählte, märchenhafte Züge an. Es hieß, er habe mit dem Schwert des toten Königs Osaberg einen Trollfürsten erschlagen und so seiner Jungfer und einer Elfe das Leben gerettet. In den Geschichten hieß es, dass Ulric und Halgard auf dem Rücken Bluts durch die Wälder geritten seien, beschützt von den Geistern der Bäume. Andere erzählten, der Geist König Osabergs sei den Kindern erschienen, um sie zu seinem verborgenen Grab zu führen und so vor einem Schneesturm zu retten.

War es wirklich Osaberg, der in der Höhle lag? Der Flügelhelm, die Bronzerüstung und das prächtige Schwert, all das passte zu den Sagen um den toten König. Aber einen wirklichen Beweis würde es wohl niemals geben.

Alfadas machte sich Sorgen um Ulric. Es war nicht gut, schon mit sieben Jahren als ein legendärer Held gefeiert zu werden. Was sein Leben wohl bringen mochte? Gut, dass er Halgard an seiner Seite hatte. Das Mädchen würde Ulric schon den Kopf zurechtrücken, wenn er allzu übermütig wurde. Alfadas hatte die Geschichte von dem Geisterhund gehört, der Halgard ihre Jugend gestohlen hatte. Emerelle hatte all dies ungeschehen gemacht. Und sie hatte noch mehr getan: Sie hatte Halgard das Augenlicht geschenkt. Das Mädchen war von Geburt an blind gewesen. Jetzt gewöhnte sie sich nur langsam an die neue Gabe. Sie trug eine Schneebrille, um sich vor dem hellen Licht zu schützen. Doch diese Empfindlichkeit würde bald vorübergehen, meinte die Königin.

Alfadas sah hinab zur Zeltstadt. Andere Wunden würden länger brauchen, um zu heilen, und ganz gleich, wie sehr Emerelle sich bemühte: Vieles im Fjordland würde niemals mehr so werden wie zuvor. Die Hälfte seiner Städte war verwüstet, der größte Teil seiner Krieger tot oder verstümmelt. Wie sollte man sich schützen, wenn die Trolle wiederkamen?

Wenn er an all das dachte, was vor ihm lag, fühlte Alfadas sich alt und müde.

Er wandte den Blick vom Tal ab und spähte wieder den Rentierpfad hinauf. Wo blieb sein Freund? Fünf Tage war der Elf nun fort. Kam er zu spät, weil er sie gefunden hatte? Alfadas' Herz begann schneller zu schlagen, obwohl er sich jede Hoffnung in den letzten Tagen strikt verboten hatte. Die Maurawan hatten Asla und Kadlin nicht finden können. Und es gab keine besseren Fährtensucher als sie. Aber sein Freund würde mit dem Herzen suchen. Wenn es einen gab, der vielleicht noch etwas finden mochte, was den Maurawan entgangen war, dann war er es!

Alfadas hörte den Hufschlag, lange bevor er den Reiter sah. Vorsichtig kam das große Pferd den schneebedeckten Bergpfad hinab. Der Reiter hielt sich sehr gerade im Sattel. Er hatte den Umhang eng um die Schultern geschlungen. Als er den Herzog bemerkte, klopfte er seinem Pferd auf den Hals und stieg ab. Er wirkte sehr müde.

Alfadas spähte den dunklen Pfad hinauf. Der Reiter war allein. Er hätte nicht hoffen sollen, dachte der Fjordländer bitter. Hoffnung war eine Frucht, deren Süße allzu leicht zu Galle wurde.

»In der Nacht nach der Lawine hat sie der Schneesturm überrascht«, sagte Ollowain mit tonloser Stimme.

Alfadas sah erschrocken auf. »Hast du …« Ihm versagte die Stimme. Er versuchte es noch einmal, doch die Frage wollte nicht über seine Lippen kommen.

Sein Freund schüttelte den Kopf und ließ sich müde aus dem Sattel gleiten. »Sie waren nicht unter den Erfrorenen, die ich gefunden habe. Aber ich habe eine Frau getroffen, die gesehen hat, wie Asla und Kadlin in die Wälder gingen. Kalf war auch bei ihnen. Es war kurz bevor der Sturm kam.«

»Und Silwyna? Bist du ihr begegnet? Ich habe sie seit Tagen nicht mehr gesehen. Vielleicht hat sie ja …«

»Ja, ich habe sie tatsächlich gesehen. Wir haben eine Nacht zusammen gelagert. Die Maurawan suchen immer noch nach Flüchtlingen. Aber sie haben keine große Hoffnung mehr. Es ist schwer, in dieser Kälte ohne Vorräte und ohne einen geschützten Platz zum Schlafen zu überleben.«

Alfadas bemerkte, wie Ollowain seinem Blick auswich. »Was verschweigst du mir?«

Der Elf seufzte. »Die Gewissheit, die du suchst, wirst du vielleicht niemals finden. Das Tal dort oben ist sehr groß. Asla, Kadlin und Kalf können im Schneesturm die Orientierung verloren haben. Niemand kann sagen, wohin sie gegangen sind. So sehr wir auch suchen, wird es mit jedem Tag wahrscheinlicher, dass wir keine Gewissheit haben werden. Du solltest …« Er schüttelte den Kopf. »Nein, wer bin ich, dir zu sagen, was du tun solltest.«

»Wovor weichst du aus? Glaubst du etwa, der Trollfürst hat die Wahrheit gesagt? Ist es das, was du mir nicht sagen kannst?«

»Es stimmt, dass nach der Lawine noch Trolle den Rentiersteig hinaufgekommen sind. Die Flüchtlinge haben sie gesehen.« Er blickte Alfadas zum ersten Mal an. »Du willst wissen, was ich glaube? Ich glaube, dass Dumgar ein Lügner gewesen ist. Er konnte dich nicht mit der Waffe bezwingen, also wollte er dich zumindest mit Worten verwunden. Und das ist ihm auch gelungen. Ich glaube nicht, dass man Asla und Kadlin zu ihm gebracht hat … Das

Problem mit dem Glauben ist, dass er ohne Beweise leben muss. Kannst du es ertragen, einfach nur zu glauben?«

»Im Lager unten bei der Palisade hat man Kinderknochen gefunden und auch blondes Haar«, sagte Alfadas niedergeschlagen.

»Und wie viele blonde Frauen gibt es?«, fragte der Elf scharf. »Das beweist gar nichts! Ich habe mit Silwyna in einer Höhle gelagert, in der es die Reste eines großen Feuers gab. Dort lagen auch Menschenknochen. Kinderknochen! Und die Höhle stank noch nach Trollen. Aber es gab keine Blutspuren. Also haben sie wohl nur Vorräte über dem Feuer gebraten.«

»Oder aber die Leichen von Erfrorenen«, sagte der Herzog.

»Ja, auch das ist möglich. Du wirst keine Gewissheit finden, Alfadas. Ich bin für dich in dieses Tal geritten, um als dein Freund deine Zweifel zu besiegen. Doch ich bin gescheitert. Aber in der Ungewissheit liegt auch Freiheit, wenn du stark bist. Du kannst dir selbst aussuchen, was du glauben willst. Und ich glaube, dass Asla ganz bestimmt nicht von Trollen gefressen wurde. Ich habe mit vielen der Flüchtlinge gesprochen, die jene Sturmnacht überlebt haben. Sie haben das Unwetter willkommen geheißen. Sie wollten lieber erfrieren, als von den Trollen gefangen zu werden.«

Alfadas konnte sich gut vorstellen, dass Asla genauso gedacht hatte. Schließlich kannte er ihren kämpferischen Trotz! In Gedanken sah er sie vor sich, wie sie herausfordernd ihr Kinn vorreckte oder die Hände in die Hüften stemmte. Kein Schicksalsschlag hatte sie je umwerfen können. Sie war immer stärker als er gewesen. Wenn sie sich gestritten hatten, so hatte er ihr zuletzt fast immer nachgegeben. Nie mehr ihre Stimme zu hören … Das schien ihm unvorstellbar. Aber sie hätte genau das getan, was

Ollowain sagte. Mit Kadlin in den Armen wäre sie dem Sturm entgegenmarschiert. Sie hätte lange durchgehalten; sich auf Kalf stützend, wäre sie bis zum Ende ihrer Kräfte weitergegangen. Zuletzt hätte der Fischer wahrscheinlich Asla und Kadlin getragen. Kalf war ein starker Mann. Und wenn auch er zu Tode erschöpft gewesen wäre, hätte er nach einer windgeschützten Stelle gesucht.

Alfadas standen Tränen in den Augen. Sicher hatten sie Kadlin zwischen sich genommen, um sie mit ihren beiden Körpern zu wärmen. Dann hatte Firn seinen weißen Mantel über die drei gezogen. Sie waren eingeschlafen, um nicht mehr aufzuwachen. Man spürte keine Schmerzen, wenn der Herr des Winters einen auf diese Weise holen kam, so hieß es.

Ollowain nahm ihn in die Arme. Das hatte er zuletzt getan, als er als kleiner Junge immer und immer wieder von den Elfenfechtschülern besiegt worden war. So sehr er sich auch bemüht hatte, nie war er so flink gewesen wie sie. Der Schwertmeister hatte ihm damals gesagt, dass er trotzdem gewinnen würde, wenn er mehr Treffer einstecken könnte als die anderen. Sie hatten ihn mit den hölzernen Übungsschwertern grün und blau geprügelt. Er hatte es mit zusammengebissenen Zähnen weggesteckt. Und tatsächlich hatte er von da an zumindest manchmal gesiegt.

Alfadas biss die Zähne zusammen. Jetzt war es wieder so. Er musste sie aushalten, die Treffer, die das Leben austeilte. Zumindest war ihm ein wunderbarer Sohn geblieben.

»Ich muss jetzt gehen«, sagte er gefasst. »Du weißt ja, was sie wollen.«

»Ja. Und ich glaube, dass es richtig ist!«

Alfadas war sich da nicht so sicher. Er dachte daran, wie Lambi Phylangan verlassen hatte. Seine Vorwürfe an ihn waren berechtigt gewesen. Er hatte keinen Gedanken daran verschwendet, was aus seinen Männern werden würde, wenn sie ins Fjordland zurückkehrten.

Schweigend ging Alfadas neben Ollowain den steilen Rentierpfad hinab. Dann bogen sie nach links in den Weg ab, der zur großen Scheune hinter dem Dorf führte.

»Ich dachte schon, du hättest dich verdrückt!« Unter einer Gruppe Tannen trat Lambi hervor. »Ich suche dich seit einer Ewigkeit, Alfadas. Eins sag ich dir, du führst dich schlimmer auf als eine Jungfer vor der Hochzeit! Komm jetzt!«

Der Jarl hielt etwas unter den Arm geklemmt, das in weißes Tuch eingeschlagen war. Als er den Blick des Herzogs bemerkte, zog er die Brauen zusammen. »Heute ist ein Festtag. Ich will nicht mit dir streiten.«

»Warum sollten wir streiten?«

Lambi schlug das Tuch zurück und zeigte ihm einen golden glänzenden Flügelhelm. »Ein König sollte eine Krone haben. Setz ihn mal auf! Ich hab etwas Pergament dabei, um ihn auszupolstern, falls der Helm zu weit für dich ist.«

Alfadas erkannte den Helm sofort wieder. »Du hast ihn aus dem Grab gestohlen. Du …«

»Sein Besitzer hatte nichts dagegen, dass ich ihn nehme«, unterbrach ihn Lambi. »Und ein König braucht eine Krone oder zumindest etwas, das ein wenig wie eine Krone aussieht.«

Ollowain lachte. »Lass ihn machen, Alfadas. Man wird nicht König ohne eine Krönungszeremonie. Und das geht nicht ohne Krone. Selbst Emerelle lässt es hin und wieder über sich ergehen.«

Der Herzog betrachtete zweifelnd den alten Helm. »Du verstehst das nicht. Die Leute glauben, das sei der Helm eines berühmten Königs. Es ist …«

»Das ist ja gerade der verdammte Plan!«, platzte es aus Lambi heraus. »Es heißt, König Osaberg würde zurückkehren, wenn das Fjordland ihn am dringendsten braucht. Und genau das ist geschehen. Jahrhundertelang war er verschwunden. Eine Figur aus alten Geschichten. Und dann ist er plötzlich da – in der schwersten Stunde unseres Volkes. Die alte Prophezeiung ist wahr geworden! Er kam, um deinem Sohn das Schwert zu geben, mit dem er den Troll erschlug. Und jetzt gibt er dir seine Krone. Deine Herrschaft beginnt ...«

»... mit einer Lüge!«, unterbrach ihn Alfadas aufgebracht. »Nicht Osaberg krönt mich, sondern mein bester Freund, der nur bedauerlicherweise keinerlei Moral hat.«

»Vertrau ihm, Alfadas. Was Lambi will, ist gut und richtig. Könige werden mit einem anderen Maß gemessen. Die Leute werden zu dir aufschauen, und je nachdem, was sie in dir sehen, werden sie Hoffnung aus dir schöpfen oder an dir verzweifeln. Nutze die Geschichten um König Osaberg. Wunder geschehen nicht einfach, Alfadas. Sie werden gemacht. Und wem schadest du, wenn du diesen Helm mit seiner verwunschenen Geschichte zu deiner Krone machst? Sei großzügig! Schenke deinen künftigen Untertanen ein Wunder, das ihnen Kraft gibt in dieser schweren Zeit!«

»Hör auf jemanden, der sich mit Königen und Fürsten gut auskennt!«, murmelte Lambi. »Und jetzt komm endlich mit.«

Alfadas gab ihnen nach, obwohl seine Zweifel nicht ausgeräumt waren. Sie brachten ihn zur Scheune, und er trat durch eine schmale Tür an der Rückseite ein.

Im Innern herrschte stickige Hitze. Der große Raum war völlig überfüllt. Es stank nach Schweiß, Lampenruß und zu lange getragenen Kleidern. Viele seiner Veteranen aus der Albenmark waren gekommen, um der Krönung beizuwohnen. Aber auch Flüchtlinge, Männer, Frauen und Kinder mit abgehärmten Gesichtern, in deren Augen sich dennoch Hoffnung spiegelte. Beschämt dachte Alfadas an das, was Ollowain ihm über Wunder gesagt hatte. Nun war es an ihm, Wunder zu schaffen. Er musste es wagen.

Am Ende der Scheune hatte man eine kleine Bühne gezimmert, damit alle sehen konnten, wie der neue König gekrönt wurde. Als Alfadas die Stufen hinaufstieg, fühlte er sich, als klettere er auf einen Galgen. Wenn er diese Bühne verließ, war sein altes Leben verwirkt.

In der vordersten Reihe der Anwesenden sah er seinen Sohn an der Seite von Emerelle. Ulric blickte voller Stolz zu ihm auf. Er hielt Halgard bei der Hand. Die Augen des Mädchens waren hinter einer schmalen Schneebrille verborgen.

Lambi ließ Alfadas niederknien. Dann schlug er Osabergs Helm aus dem weißen Tuch und hob ihn hoch über den Kopf. Der Jarl hielt eine ergreifende Rede über den goldenen König und seine Rückkehr in Zeiten der höchsten Not. Sie gipfelte darin, wie eine knochige Hand ihm den Helm reichte und Osaberg ihn mit dunkler Grabesstimme beauftragte, den Elfenjarl zum König zu machen.

Alfadas verschlugen diese dreisten Lügen schier die Sprache. Doch er sah auch, wie die Krieger, Bauern und Fischer dort unten vor der Bühne es aufnahmen. Nach all dem Leid wollten sie an das Wunder glauben.

Schließlich krönte ihn Lambi mit dem schweren Flügelhelm. Alfadas erhob sich. Jubel brandete ihm entgegen. Inmitten des Lärms erklang Lautenschlag.

Alfadas spürte, wie ihm das Blut in die Wangen stieg. Er erkannte die Melodie. Die Jubelrufe gingen in Gesang über.

»Dort kommt der Jarl vom Firnenstayn
mit seinem Elfenschwerte fein.
Den Held aus vielen Schlachten,
die Götter zu uns brachten.«

Veleifs übertriebenes Heldenlied war ihm peinlich. Er dachte daran, dem Skalden eine wichtige Aufgabe bei Hof zu geben, um ihn in Zukunft vom Dichten abzuhalten. Auch Lambi sollte er besser in seiner Nähe behalten. Vielleicht eignete er sich ja zum Herzog?

Im Scheunentor erschien eine schmale, weiß gewandete Gestalt mit wehendem Umhang. Kaum jemand beachtete sie, doch Alfadas konnte seinen Blick nicht von ihr wenden. Wie ein Kind des Winters, geboren aus Schnee, erschien sie ihm. Ganz so, wie an jenem fernen Tag, als er sie zum ersten Mal bei Hofe in Albenmark sah. Dem Tag, an dem er sein Herz an Silwyna verlor.

SOMMER

Voller Liebe betrachtete der Fischer die blonde Frau am Ufer. Sie saß auf einem Fels in der Sonne und stillte ihre kleine Tochter. Sie beide hatten dem Mädchen den Namen Silwyna gegeben. Einen Jungen hätten sie Luthson genannt, denn der Schicksalsweber hatte sie überreichlich beschenkt. Jetzt sprang auch das kleine Mädchen zwischen den Büschen hervor. Sie hatte eine lange Rute bei sich und hielt sie ins Wasser, als wolle sie fischen. Doch schnell wurde sie ungeduldig und lief zu ihrer Mutter hinüber.

Der Fischer holte die Leine mit dem Vogelfuß ein, der ihm wie schon so oft gute Dienste geleistet hatte. Dabei dachte er an den Schneesturm und an die Trolle zurück. Er hatte nie verstanden, warum diese grausamen Menschenfresser sie zu einer Höhle gebracht hatten. Erst hatte er geglaubt, sie würden ihn schlachten. Sie hatten ein großes Feuer entzündet und einen reichlichen Vorrat an Brennholz zusammengetragen. Er konnte sich nicht mehr ganz klar an alles erinnern, was damals vorgefallen war. Ein Fieber hatte ihn geschüttelt. Irgendwann war er erwacht, und die Trolle waren verschwunden. Sie hatten ihnen sogar ein paar Nüsse und Bucheckern zurückgelassen.

Dann war Silwyna gekommen. Der Fischer blickte wieder zu seinem Weib am Ufer. Sie winkte ihm. Es war ihre Entscheidung gewesen, nicht mehr zurückzukehren.

Silwyna hatte ihnen geholfen, dieses einsame Tal mit dem See zu finden. Er lag wie ein großes blaues Auge inmitten von Wäldern. Es gab genug Fisch und Wild, um seine kleine Familie zu ernähren. Mit einem stummen Gebet dankte der Fischer dem Schicksalsweber.

Wieder musste er an die Trolle und die Elfe denken. Es war wohl töricht, als ein Mensch verstehen zu wollen, was Albenkinder zu ihren Taten bewegte.

Der Fischer richtete sich auf und stakte sein Boot dem Ufer entgegen. Was scherten ihn Albenkinder! Er war glücklich. Das war das Einzige, was von Bedeutung war.

BONUSMATERIAL

Skanga –
Der Blick in den Himmel

Der Geruch des warmen Blutes ließ Skanga das Wasser im Mund zusammenlaufen. Ihr Magen schmerzte, so lange hatte sie nichts mehr gegessen. Das junge Trollweibchen sah zu, wie ihre beiden Brüder vom Hals des Elches tranken, den ihr Vater erlegt hatte. Sie waren zu gierig. Viel Blut spritzte in den Schnee. Skanga war versucht, sich Klumpen des blutigen Schnees zu holen und in ihrem Mund schmelzen zu lassen. Aber sie würde sich dann wie ein unterwürfiges Hündchen fühlen, das nach den Knochen schnappte, die man ihm zuwarf. Sie wurde oft genug gedemütigt, sie musste es nicht noch selbst tun. Also presste sie eine Faust gegen ihren schmerzenden Magen und wartete.

Blut und Geifer troffen von den breiten Mäulern ihrer Brüder. Jetzt schlugen sie ihre Zähne in das zähe Fleisch des Elchs und rissen ganze Brocken heraus.

»Kal! Mak! Lasst das!“ Ihr Vater schlug mit seiner Keule nach den beiden. »Das ist genug. Weg mit euch!“ Er zerrte sie von dem Kadaver fort, um dann selbst von dem nun nur noch spärlich tröpfelnden Blut zu kosten. Im Königsstein hätten sie die kostbare Beute über einen Steintrog gehängt und ausbluten lassen. Dort wäre nichts vergeudet worden.

Skanga schloss die Augen und stellte sich vor, wie sie später, wenn Vater und ihre Brüder vollgefressen waren, die runden Knochen des Elchs spalten und sein Mark herauskratzen würde. Ihr Maul füllte sich mit süßem Speichel. Sie öffnete wieder die Augen und sah, wie das Blut im Schnee dampfte. Ihr war ganz schwindlig vor Hunger. Gleich, wenn ihr Vater von dem Elch abließ, dürfte sie das letzte Blut aus den Wunden lecken. Ein wenig Geduld noch, ermahnte sie sich. Am besten sollte sie an etwas anderes denken!

Bald wäre der Winter vorüber. Wenn das Gras durch den Schnee brach, kehrten die großen Herden aus dem Windland in den Norden zurück. Doch noch lag der Frost wie eine eisige Hand über dem Land. Der Winter hatte viel zu früh begonnen und die Herden vor der Zeit nach Süden ziehen lassen. So war es den Jägern unmöglich gewesen, die Vorratshöhlen im Königsstein ausreichend mit Fleisch zu füllen. Vor siebzehn Tagen war die Hälfte der Sippen davongejagt worden. König Gabrog hatte nur die Stärksten behalten. Und alle Weibchen, die schon bewiesen hatten, dass sie fruchtbar waren. So kam es, dass ihre Mutter Bada im Königsstein zurückgeblieben war, während man ihren Vater Hattah mit seinen Welpen Kal und Mak davongejagt hatte. Und sie, Skanga, der der Ruf nachhing, seltsam zu sein. Sie waren die Schwachen. Jene, die man den Wintern opferte, die zu lange währten.

»Komm, nimm dir deinen Teil.« Hattah wischte sich über sein blutiges Maul, und Skanga sah die kümmerlichen Stümpfe seiner gebrochenen Reißzähne. Er hatte für sie gekämpft, um König Gabrog zu zeigen, dass er zu den starken und geschickten Jägern gehörte und seine Sippe leben sollte. Er hatte verloren …

Skanga kroch über gefrorene Erde und Geröll, quer durch die Mulde, in der sie kauerten, und beugte sich über den Elch. Sie schloss kurz die Augen, um mit allen anderen Sinnen zu genießen. Zuerst leckte sie über die Wunden an der Kehle. Das Fell kitzelte ihr Zunge und Lippen. Der Geschmack von Eisen füllte ihren Mund. Eisen, das – zu Klingen geschmiedet – Haut und Fleisch von Trollen versengte. Doch gelöst im Blut war es ein Labsal. Noch dampften die Wunden im Fleisch in der eisigen Winterluft, doch die feinen Schneeflocken, die der Wind vor sich hertrieb, schmolzen schon nicht mehr, wenn sie auf Nüstern und Augen des Elchs fielen.

»Schaffen wir ihn hoch in den Wald«, sagte ihr Vater und zog den Kadaver fort. »Es zieht ein Sturm auf. Die Bäume werden uns schützen.«

»Nein, Vater!« Ein stechender Schmerz fuhr durch ihren Kopf, als sie hinauf zum Waldrand blickte. »Nicht dorthin. Es ist zu nah ... Wir sind schon hier zu nah.«

Kal bedachte sie mit einem abfälligen Lächeln. »Weibchen«, sagte er voller Verachtung. Er war der ältere ihrer Brüder und hatte im letzten Sommer seine ersten Schmucknarben empfangen, eine Schlange, die sich um seinen rechten Oberschenkel wand. Die Wunden waren schlecht verheilt. Sie sollten fleischige Wülste auf der Haut bilden. Stattdessen hatten sie sich entzündet und Krater in sein Muskelfleisch gefressen. Das galt als schlechtes Omen. Kal überspielte das, indem er sich bei jeder Gelegenheit besonders tapfer gab.

»Hattest du ein Gesicht?«, fragte ihr Vater ernst.

Skanga schüttelte den Kopf. Die Gabe hatte sie verlassen, seit sie vor Kurga, die Schamanin des Königs, gebracht worden war. Ihre ganze Kindheit über hatte Skanga Gesichter gehabt. Sie hatte Ereignisse gesehen, bevor sie eintraten. Meist Unglücksfälle. Jedes Mal hatten sich die Gesichter durch stechende Kopfschmerzen angekündigt. Oft hatte auch ihre Nase zu bluten begonnen. Aber seit Kurga sie untersucht und mit einem spitzen Vogelknochen unter ihr linkes Ohr gestochen hatte, war die Gabe verschwunden. Nur die Kopfschmerzen und das Nasenbluten waren Skanga geblieben. Aber am schlimmsten war für Skanga, dass ihr Vater beschämt worden war, als Kurga sie auf die Probe gestellt hatte. Sie hatte erraten müssen, unter welchem von drei verbeulten Bronzehelmen ein Stein verborgen lag. Siebenmal hatte sie sich geirrt. Nie würde sie das spöttische Gelächter Kurgas vergessen, das sie geerntet hatte. Dass sie so schmachvoll versagt hatte, mochte mit ein Grund dafür gewesen sein, dass König Gabrog sie und ihre Sippe vertrieben hatte. Kurga hatte ihr die Gabe gestohlen, dessen war sich Skanga ganz sicher. Eines Tages würde sie zurückkehren, und dann würde *sie* die alte Schamanin demütigen.

»Du hast also nur ein ungutes Gefühl«, stellte Hattah nüchtern fest. »Wir müssen vor dem Sturm Schutz finden. Hier am offenen Hang werden wir erfrieren. Der Hunger hat bereits zu sehr von uns gezehrt.«

Dem konnte sie nicht widersprechen. Der Elch war ihre erste Beute seit ihrer Vertreibung. Die Haut hing ihnen schlaff von den Knochen. Der Hungerwinter hatte schon während der Monde in den Höhlen des Königssteins Fett und Muskeln dahinschmelzen lassen.

Kal und Mak packten die Hinterläufe des Elchs, ohne dass Hattah sie dazu hätte auffordern müssen. Sie zerrten den Kadaver den verschneiten Hang hinauf, dem dunklen Tannendickicht entgegen. Skanga folgte ihnen mit ungutem Gefühl.

Das Schneetreiben wurde dichter. Sie kniff die Augen zusammen, als die Eiskristalle wie tausend Knochennadeln in ihr Gesicht stachen. Sie wusste, hinter dem dicht bewaldeten Bergkamm lag das Geistertal mit seinem undurchdringlichen Nebel. Ihre ganze Kindheit über hatte sie

Geschichten über diesen verfluchten Ort gehört. Niemand, der bei Verstand war, kam hierher. Das Tal war verflucht. Es verschlang die Neugierigen, die so dumm waren, ihm zu nahe zu kommen. Die wenigen, die ihm lebend entkamen, waren wahnsinnig geworden, ihr ganzer Leib mit Schrammen bedeckt. Sie redeten wirr und hatten nur noch blutige Löcher statt Augen im Kopf. Meist starben sie schnell.

Skanga erinnerte sich an Durab den Bären, einen jungen Jäger, den sie als dummes Gör sehr bewundert hatte. Er war ganz versessen darauf gewesen, einen weißen Hirsch zu erlegen und König Gabrog das Fell zu schenken. Zauberkraft lag in einem solchen Fell, und der König hätte Durab ein Weibchen überlassen müssen, wenn die Jagd geglückt wäre. Seine Pirsch musste Durab zum Geistertal geführt haben. Ganz sicher wusste es niemand, denn der junge Troll war stets allein unterwegs gewesen. Nahe beim Geistertal gab es immer Wild. Selbst in einem Hungerwinter – dennoch wagte sich niemand hierher. Nicht einmal die verruchten Elfen aus dem Volk der Maurawan. Dabei lag das Tal nur wenige Tagesmärsche von ihren Wäldern entfernt.

Die Jäger des Königs hatten Durab schließlich viele Tage nach seinem Aufbruch blind taumelnd auf der Eisebene gefunden und nach Hause gebracht. Um seine Hüften war ein weißes Hirschfell geschlungen gewesen. Er war über und über mit Schrammen bedeckt und brachte kein vernünftiges Wort mehr heraus, murmelte nur noch von den Wurzeln der alten Göttin und von bösem Holz. Manchmal saß er auch stundenlang stumm, um dann plötzlich zu schreien, als würde ihm bei lebendigem Leib die Haut abgezogen.

Gabrog hatte das weiße Hirschfell verbrennen lassen, und er selbst hatte Durab wenige Tage nach dessen Rückkehr erwürgt, um sein irres Gerede zum Verstummen zu bringen. Kurga hatte einen Bannfluch auf das Geistertal gesprochen. Skanga spuckte in den Schnee, als sie an die Zeremonie dachte. Sie hatte keine Zaubermacht in den Worten der alten Vettel gespürt. Kurga war eine Blenderin und Gabrog ein Narr, dass er ihr vertraute! Wieder malte sie sich aus, wie sie die Schamanin des Königs eines Tages demütigen würde.

»Grübel nicht so viel. Sonst wachsen dir noch Haare wie den Elfen.« Ihr Vater strich ihr über den kahlen Kopf und versetzte ihr einen Knuff, bevor er weiterging. »Schwere Gedanken sind der Mist, auf dem Haare wachsen. Ein echter Troll leidet daran nicht.« Mit diesen Worten schloss er zu Kal und Mak auf. Sie hatten die Grenze des Waldes erreicht.

Der Wind war weiter aufgefrischt. Er peitschte den feinen Pulverschnee über den felsigen Hang unter ihnen. War da eine Bewegung in den Schneewirbeln gewesen? Skanga kniff die Augen zusammen und starrte in das Schneegestöber. Vielleicht ein Tier? Sie war sich nicht sicher. Die Sicht war zu schlecht. Wahrscheinlich hatten ihre Augen ihr einen Streich gespielt.

»Komm Skanga!«, rief ihr Vater. »Bleib nicht zurück.«

Sie folgte der mit blutigen Schlieren durchsetzten Schleifspur des Elchbullen. Ihre Waden brannten vom steilen Anstieg. Immer wieder schlugen ihr Äste und dorniges Gebüsch hart ins Gesicht. Bald ging ihr Atem keuchend. Sie war zu schwach. Der Winter hatte zu viel von ihrer Stärke aufgezehrt. Im vergangenen Sommer wäre sie einen solchen Hang hinaufgelaufen und nicht einmal ihr Herzschlag wäre schneller geworden.

Skanga fand ihre Brüder in einer windgeschützten Senke, umgeben von dunklen Nadelbäumen. Hattah nahm einen flachen, scharfen Stein aus dem Beutel mit ihren wenigen

Habseligkeiten und begann, mit geübten Schnitten das Fell des Elchs abzuziehen. Gut, dass er Kal und Mag von der Beute zurückgehalten hatte. Das Fell hatte kaum Schaden genommen. So würde es eine gute, warme Decke abgeben. Skanga freute sich darauf, später am Feuer zu sitzen und Fett und Fleischreste von der Tierhaut zu schaben. Das war eine Arbeit, die sie gerne machte. Sie vergaß dann alles um sich herum. All die Enttäuschungen und den Spott. Sie war nicht sehr groß und stark. Kein Weibchen, von dem man erwarten konnte, dass es kräftige Welpen gebären würde. Auch hatte sie einen ungewöhnlich großen Kopf und wurde deshalb oft verspottet. Sie war froh, wenn sie allein war. Anders als die meisten aus ihrer Sippe, die gerne zusammenhockten und redeten und redeten. Dieselben Geschichten, immer und immer wieder. Von Jagden und wilden Kämpfen mit den verfluchten Elfen.

Als das Fell abgenommen war, brach ihr Vater den Elch auf. Er öffnete die Bauchhöhle, griff mit seinen großen Händen hinein und holte die Eingeweide heraus. Er warf ihr die Leber zu. Sie lächelte. Das war ein gutes Stück! Eigentlich hätte es Kal oder Mak zugestanden. Hattah war der einzige aus ihrer Sippe, der ihr immer das Gefühl gegeben hatte, dass er sie mochte.

Gierig schlug Skanga ihre Fänge in die Leber. Sie nahm sich kaum Zeit zu kauen und schluckte das Fleisch in großen Brocken. Bald schmerzte ihr Magen. Zu lange hatte sie nicht mehr gefressen. Sie ließ sich zufrieden grunzend gegen einen Baumstamm sinken. Es war noch viel Fleisch übrig. Hattah hatte einen großen Elchbullen erlegt. Sie würden den Winter überleben – diese eine glückliche Jagd hatte den Unterschied gemacht!

Skanga schloss die Augen und lauschte auf den pfeifenden Wind. Sie wurde schläfrig, döste, halb zwischen Traum und Wachen gefangen. Die Schmerzen kamen so plötzlich, als habe sie ein Pfeil durch ihr Auge mitten ins Hirn getroffen. Sie stöhnte, beugte sich vor und spürte, wie warmes Blut von ihrer Nase troff und über ihre Lippen rann. Hätte Kurga sie nicht bestohlen, sie würde ein Gesicht haben. Es war etwas Wichtiges, etwas Drängendes! Es fühlte sich an, als sei ein Mammut in ihrem Kopf gefangen und versuche, mit stampfenden Füßen herauszukommen.

Skanga krallte die Hände in den Schnee, formte einen eisigen Klumpen und drückte ihn sich in den Nacken, um die Blutung zu stillen. Der Schmerz trieb ihr Tränen in die Augen. Mit einem Mal wurde ihr bewusst, dass sie bisher falsch darüber gedacht hatte, was Kurga ihr angetan hatte. Die Schamanin hatte ihr nichts gestohlen, sie hatte ihre Kräfte hinter einer magischen Tür weggesperrt. Es war alles noch da und zugleich doch unerreichbar. Sie fand einfach keinen Zugang zu den Visionen.

Gepeinigt von der Ahnung, dass etwas geschehen würde, vor dem sie alle hätte warnen können, sah sie sich um. Ihre beiden Brüder waren vollgefressen auf dem Kadaver des Elches eingeschlafen, dessen Rippen spitz aus dem geschändeten Körper ragten. Was von ihm noch übrig war, sah aus, als sei ein hungriges Wolfsrudel über ihn hergefallen. Skanga verspürte erneut Appetit, doch sie durfte sich nicht davon ablenken lassen. Sie musste sie alle von hier fortbringen.

»Du hast wieder …« Ihr Vater ließ den Satz unvollendet. Er war unendlich enttäuscht gewesen, als sie vor Kurga versagt hatte. Er hatte an sie geglaubt. Ob er es noch immer tat, wusste sie nicht. Skanga sah zu ihm hoch. Müde lehnte er an einer Fichte. Er war groß und, obwohl der Winterhunger ihn ausgemergelt hatte, noch immer eine eindrucksvolle Gestalt. Für sie war er unbesiegbar gewesen, auch wenn ihr nicht verborgen geblieben war, wie das Leben ihm wieder und wieder Niederlagen beigebracht hatte.

»Deine Nase. Sind sie schlimm, die Kopfschmerzen?« Hattah trat einen Schritt auf sie zu.

Skanga nickte. Ihr war übel von dem bohrenden Schmerz. Sie hatte Angst, all das gute Fleisch zu erbrechen, das sie in sich hineingeschlungen hatte. Und sie hatte Angst davor, dass der Schmerz endete. So lange er währte, lag es in ihrer Macht, ein Schicksal zu ändern, wenn sie die Zeichen und Bilder richtig deutete. Aber all das war von Kurga weggesperrt worden. Was Skanga noch blieb, waren Ahnungen.

»Wir müssen hier weg. Sofort!«

Hattah schüttelte sanft den Kopf. Sie sah die Hautlappen von seinem einst so starken Hals hängen. »Wir können hier nicht fort. Wir warten das Ende des Sturms ab.«

»Aber wir sind zu nahe am Geistertal«, beharrte Skanga. »Dies ist ein verfluchter Ort.«

»Und deshalb werden wir das Tal nicht betreten. Wir werden ...«

Skangas Kopfschmerz endete so plötzlich, wie er gekommen war. Erschrocken sah sie sich um. Es war zu spät! Das Schicksal war nun unabwendbar.

»Wir werden auf das Wild lauern, das aus dem Tal kommt. Dort gibt es immer Wild, weil sich kein Jäger hierherwagt. Das Geistertal wird uns nicht töten, es wird uns vielmehr am Leben erhalten. Und wenn der Frühling kommt, kehren wir zum Königsstein zurück und werden Gabrog selbst unsere Jagdgeschichten erzählen.« Hattah strahlte die Ruhe und die Zuversicht aus, die immer seine größten Stärken gewesen waren. Vielleicht traf das heraufziehende Unglück, das sie gespürt hatte, ja nicht sie, dachte Skanga.

Sie wollte gerade aufstehen und zu ihrem Vater gehen, als etwas Weißes hinter ihm vorbeihuschte. Er schrie auf und brach in die Knie. Blut spritze in den Schnee. Die Sehnen auf den Rückseiten seiner beiden Kniegelenke waren durchtrennt.

Sein Schrei hatte Kal und Mak geweckt. Augenblicklich waren die beiden auf den Beinen. Mak griff nach seinem Jagdspeer mit der im Feuer gehärteten Spitze, als ihn ein Pfeil in die Brust traf. Die Wucht des Aufschlags ließ ihn zurücktaumeln und über den Kadaver des Elchs straucheln. Kaum dass er stürzte, tauchte ein Elfenkrieger mit langer, mondglänzender Klinge auf. Kal versuchte, dem Elf den Weg zu seinem Bruder zu verstellen, doch der Kämpfer bewegte sich mit katzenhafter Anmut, duckte sich unter seinem Keulenhieb hinweg und wollte Mak gerade die Klinge durch den Hals stoßen, als ihn ein faustgroßer Stein auf die Brust traf.

Hattah vermochte nur noch zu knien, aber er hatte den Kampf nicht aufgegeben. Mit seinen großen Händen wühlte er im Schnee nach einem weiteren Stein. Doch bevor Skanga zu ihm eilen konnte, um ihm zu helfen, durchschlug ein Pfeil seine Rechte und nagelte sie auf den gefrorenen Boden. Ihr Vater brach den Schaft mit wütendem Grunzen ab und befreite seine Hand. »Lauf, Mädchen! Lauf den Hang hinauf und versteck dich. Ich komm dich holen, wenn wir diese verdammten Elfen erlegt haben. Ich glaube es sind nur zwei. Ein Bogenschütze und dieser verdammte Schwertkämpfer. Wir werden ihnen zeigen, dass das nicht genug ist, um sich mit drei Trollen anzulegen.« Da waren wieder diese Kraft und Zuversicht in seiner Stimme, so als glaube er tatsächlich jedes einzelne Wort, das er sagte.

»Lauf, du musst deinem Vater gehorchen.« Er stieß sie mit der unverletzten Hand hangaufwärts.

Kal hatte Mak auf die Beine geholfen und zog ihn hinüber zu Hattah. »Die werden uns umbringen!«, keuchte er.

»Falsch«, entgegnete ihr Vater wütend. »*Wir* machen sie fertig! Ein richtiger Krieger verschwendet keinen Gedanken an seinen eigenen Tod. Er denkt nur an den Tod seiner Feinde! Merk dir das, Sohn.«

Kal zog eine Grimasse, während Mak trotz seiner Verwundung einen der langen, gesplitterten Knochen aufhob, aus denen Skanga das Mark herausgeleckt hatte, und ihn wie ein Steinmesser in den Händen hielt.

»Lauf, Skanga, du wirst nur im Weg stehen, wenn wir kämpfen.«

Sie schüttelte trotzig den Kopf.

»Gehorche mir«, grollte ihr Vater und stieß sie diesmal derber von sich. Wütend bleckte er seine zersplitterten Fänge. Doch Skanga sah nur seine Augen, die noch niemals hatten lügen können. Und darin las sie die Bitte, ihm seinen letzten Wunsch zu erfüllen. Er wollte, dass wenigstens eines seiner Kinder überlebte. Sie wollte ihn nicht enttäuschen. Nicht noch einmal …

Skanga lief los. Das letzte Stück des Hangs war steil und tief verschneit. Obwohl sie barfuß war, fiel es ihr schwer, sicheren Halt zu finden. Sie griff nach vereisten Wurzelsträngen und niedrigen Ästen. Hinter sich hörte sie den wütenden Kampfschrei ihres Vaters. Er hallte weit durch den Wald. Kündete von Wut und Verzweiflung und dem Willen, niemals aufzugeben.

Sie blickte über die Schulter zurück und strauchelte. Das rettete ihr das Leben! Ein Pfeil schlug über ihr in einen grauschwarzen Lärchenstamm. Skanga raffte sich auf, kletterte weiter und versuchte nun, Haken zu schlagen wie ein flüchtender Hase. Sie hatte den Bogenschützen nicht gesehen. Verfluchte Elfen! Sie kämpften stets voller Heimtücke.

Keuchend erreichte sie den Bergkamm. Der Wald hatte sich hier gelichtet, sodass der eisige Sturmwind deutlicher zu spüren war. Wenn sie umkehrte, würde sie sterben, das war Skanga klar. Doch wenn sie weiterlief, hinunter in das

Geistertal, war sie ebenfalls dem Untergang geweiht. Aber vielleicht würden auch die Elfen verrecken, wenn sie dumm genug waren, ihr zu folgen. Diese Hoffnung, entschied sie, war es wert, alles zu riskieren.

Entschlossen begann sie den Abstieg. Viel sehen konnte sie nicht. Wogender Nebel verbarg das Geistertal vor ihren Blicken. Der Wind wirbelte den Dunst zwar auf, aber er vermochte ihn nicht zu vertreiben.

Die Angst vor dem, was sie erwartete und die bittere Vorfreude darauf, die beiden Elfen vielleicht mit sich in den Tod zu nehmen, hielten sich die Waage, als Skanga sich durch den Schnee kämpfte. Er war hier nasser und klebriger als auf der anderen Seite des Hangs. Immer wieder blickte sie zurück, doch die Bäume standen hier dichter, sodass ihre Sicht nur schlecht war. Es schien ihr kein Elf gefolgt zu sein. Sie hörte auch keine Kampfgeräusche. War schon alles vorüber?

Sie war kaum hundert Schritt abgestiegen, als sie den Nebel erreichte. Kurz blieb sie stehen, zögerte und lauschte, ob sie nicht doch einen Ruf ihres Vaters oder ihrer Brüder hören würde. Doch es blieb still, und voller Angst vertraute sie sich dem wirbelnden Weiß an. Sie ging langsam, tastete mit den Füßen über den Grund. Es gab hier keinen Schnee mehr. Der Boden war weich, voller Lärchennadeln. Es duftete nach Harz. Auch war es jetzt deutlich wärmer. Sie kreuzte eine Wildschweinfährte.

Nach einer Weile wurde der Boden felsig, und Skanga hielt inne und wischte über ihre großen Füße, um die Klumpen von dunklem Waldboden und die braunen Lärchennadeln zu entfernen. Sie wollte es den verfluchten Elfen nicht zu leicht machen, ihrer Fährte zu folgen. Vielleicht könnte sie ihnen ja sogar einen Hinterhalt legen. Zu gerne würden sie einen dieser Mörder mit eigenen Händen töten!

Es war ungewöhnlich still. Kein Vogel sang. Als der Nebel zu träge fließenden Schlieren ausdünnte, sah Skanga das verfluchte Tal endlich mit eigenen Augen. Unheimliches, graues Zwielicht beherrschte alles um sie herum. Der Himmel blieb durch die dichte Nebelbank verborgen, ja, von hier unten wirkte sie wie ein Deckel auf einem Topf. Wer das Tal sehen wollte, der musste durch den Nebel gehen und sich dem Verderben stellen, das hier lauerte. Beklommen sah Skanga sich um. Die Sicht war etwa so wie an jenen Tagen, an denen der Nordwind dicke Schneewolken dicht über dem Land vor sich her trieb. Sie konnte mehr als hundert Schritt weit sehen, doch haftete allem etwas Ungewisses an – als ginge die Welt des Fleisches hier in die Welt der Geister über, ohne dass sie eine Grenze auszumachen vermochte. Ein Stück unter ihr erblickte Skanga etwa ein Dutzend heiße Quellen, die sich in Dunstschleier hüllten. Ihr Wasser ergoss sich in einen großen See am Grund des Tals, der von dichtem Wald eingeschlossen war. Vorsichtig, jeden Augenblick auf eine tödliche Überraschung gefasst, überquerte sie einen breiten Geröllstreifen. Unter jedem ihrer Schritte gab das lose Gestein nach und rollte talabwärts, auf einen großen Holunderbaum zu. Erstaunt hielt Skanga inne. Ein Teil des Baumes wirkte wie abgestorben, während andere Äst in voller, weißer Blüte standen. Viel zu früh für die Jahreszeit. Aber vielleicht lag das auch an den warmen Quellen? Auf jeden Fall würde er mit seinem dichten Astwerk, das bis auf den Boden hinabreichte, ein gutes Versteck abgeben.

Skanga achtete darauf, sich weiter durch den Geröllstreifen zu bewegen. Das nachrutschende Gestein löschte ihre Fährte. So gelangte sie bis fast zum Holunderbaum. Er war ungewöhnlich groß. Sein Stamm war vielfach gebrochen, hatte aber immer wieder aufs Neue ausgetrieben. Totes Astwerk, von dem die graubraune Rinde abgefallen war, umgab ihn wie bleiche Knochen. Sein Wurzelwerk griff ein ganzes Stück hangabwärts. Einige der Wurzelstränge beim Hauptstamm des Baumes waren dicker als ihre Arme. Wie Schlangen wanden sie sich übereinander in alle Richtungen.

Vorsichtig bog Skanga die Äste auseinander, ängstlich darauf bedacht, keinen zu zerbrechen. Sie durfte keine Spur hinterlassen! Elfen hatten Adleraugen. Zerbrochene Äste würden sie wahrscheinlich schon von Weitem entdecken. Unter ihren Füßen knirschte bleiches, totes Holz. Skanga fand eine weite Höhlung inmitten des dichten Astwerks. Vielleicht ein Wildschweinversteck? Sie kauerte sich nieder und spähte durch den Vorhang aus Ästen. Es waren keine Verfolger zu sehen.

Dieser Baum war eigenartig. Jetzt erst nahm sie sich die Zeit, ihn aufmerksam zu studieren. Er schien alle vier Jahreszeiten in sich zu vereinen. Während einige Äste gerade einmal zarte, erste Knospen austrieben, bildeten andere schon Rispen voller weißer Blüten, von denen ein angenehm fruchtiger Duft ausging. Daneben gab es Äste voller Beeren. Manche der Früchte waren grün und saßen an hellroten Stängeln, andere Beeren hatten eine schwarze Farbe angenommen, und ihre Stängel waren dunkelrot, als hätten sie von frischem Blut getrunken. Zwischen all dem blühenden Leben ragten immer wieder graue, winterkahle Äste auf. Dieser Holunder vereinte tatsächlich das ganze Jahr in sich! Oder noch mehr?

Skangas große, graue Hand strich über die tief gefurchte Rinde des Baums. Ihre Fingerspitzen prickelten. Ein wenig Harz klebte daran. Aber da war mehr. Ein Wispern in den Ästen, obwohl es windstill war. Die Blätter raschelten leise. Kleine Blütenstauden fielen auf sie herab. Zu ihren Füßen bewegte sich etwas Dunkles. Eine Schlange?

Skanga blickte auf das Wurzelwerk hinab. Auf die bleichen, toten Äste, die dort lagen. Da begriff sie ihren Irrtum. Das war kein Holz. Dort lagen Knochen!

Sie ging in die Knie und untersuchte, was da aus dem klebrigen, schwarzen Humus ragte. Das waren keine Tierknochen … Sie zog einen kleinen, zierlichen Schädel mit nadelspitzen Zähnen aus der Erde. Der Kopf eines Kobolds?

Etwas streifte ihren linken Fuß. Eine Wurzel! Hatte sie sich bewegt? Skanga lachte kurz auf. Das war Unsinn. Nur die Bäume des großen Waldes im Schatten des Albenhauptes bewegten sich. Und die auch nur, wenn die mächtigen Zauber der Maurawani sie dazu zwangen.

Sie nahm einen großen Oberschenkelknochen auf, der in der Mitte gebrochen war, aber erste Anzeichen von Heilung auf den Bruchstellen zeigte. Wer immer hier mit gebrochenem Bein unter den Zweigen des Holunders Zuflucht gesucht hatte, hatte danach noch lange genug gelebt, dass seine Verletzungen zu heilen begonnen hatten. Der Knochen war nur viel zu groß für einen Kobold. Selbst für einen Elfen! Wie viele Geschöpfe Albenmarks waren hier gestorben?

Es war dunkler geworden, doch am diesigen Grau des Himmels hatte sich nichts verändert. Unsicher sah sie sich um. Waren die Äste etwa dichter zusammengerückt? Skanga ließ den Koboldschädel fallen. Plötzlich hatte sie den unbändigen Wunsch, dieses verfluchte Tal zu verlassen und nachzusehen, wie der Kampf ausgegangen war. Zugleich wusste sie, wie dumm eine solche Entscheidung gewesen wäre. Ihr Vater hatte nicht mit einem Sieg gerechnet. Ganz gewiss lauerten dort oben im Nebel die Elfen, die ihre Familie ermordet hatten. Nein, sie würde bleiben! Sie würde es ihnen nicht leicht machen! Sie sollten hierherkommen und sie suchen. Und dabei in ihr Verderben laufen.

In einem plötzlichen Aufwallen von Wut stampfte sie auf den Koboldschädel. Die dünnen Knochen zersplitterten fast ohne Widerstand. Einer der spitzen Zähne bohrte sich durch die dünne Haut zwischen ihren Zehen. Leise fluchend setze Skanga sich und versuchte, den Zahn mit ihren großen Fingern aus dem Fleisch herauszupulen, was aber nicht gelingen wollte.

Ein Trollweibchen hatte ich noch nicht.

Skanga fuhr erschrocken herum. Sie hatte eine Stimme vernommen, aber da war niemand! Nur der Baum, der auf Knochen wuchs.

Ich bin ein Baum, du dummes Stück Fleisch. Natürlich habe ich keinen Mund, keine Stimmbänder. Du hörst mich in deinem Kopf.

Misstrauisch musterte Skanga den uralten Stamm. Ein Baum, der in ihren Gedanken sprach? Das musste ein Elfenzauber sein. Ihr Versteck taugte nichts. Sie sollte hier fort. Ärgerlich griff sie nach den Ästen. Doch sie waren nicht mehr biegsam wie eben noch. Einige splitterten, als Skanga immer wütender an ihnen zerrte. Etwas Kaltes schloss sich um ihr rechtes Fußgelenk. Eine dicke, schwarze Wurzel!

Das Trollweibchen packte mit beiden Händen die Wurzel und zerrte daran. Ihre dicken Fingernägel furchten die Wurzelrinde, doch vermochte sie sich nicht zu befreien. Im Gegenteil, immer stärker wurde der Griff des Wurzelstrangs, bis das Gelenk knackte und Skanga vor Schmerz aufstöhnte. Das war der falsche Weg! Sie löste ihre Hände, doch der Druck durch die Wurzel ließ nicht nach. Keuchend atmete sie aus und versuchte, der Pein keinen Platz in ihren Gedanken zu gewähren.

»Du frisst Leichen?«, presste Skanga zwischen zusammengebissenen Fangzähnen hervor.

Fressen würde ich das nicht nennen? Wenn du vermoderst, nehme ich Teile von dir auf, aber darum geht es mir nicht. Ich labe mich an deinen Gefühlen: Angst, Schmerz, vergebliche Hoffnung.

Und es ist unterhaltsam, meinen Gefangenen beim Kampf gegen den Tod zuzusehen. Hier in diesem Tal ist es sehr einsam. Abgesehen von langweiligem Viehzeug gibt es nur sehr selten Besuch.

»Könnte wohl daran liegen, dass du das Tal in Verruf gebracht hast. Jeder kennt das Geistertal und meidet es.«

Höre ich da einen Hauch Ironie? Wie ungewöhnlich für ein Trollweibchen! Ich dachte, ihr existiert nur, um irgendwelche schäbigen Felle zu schaben und Welpen zu gebären. Euer Kopf birgt nur die Öffnung zur Nahrungsaufnahme, aber keinesfalls etwas, was man in zivilisierteren Kreisen Verstand nennen würde.

Skanga begriff zwar nicht, was diese komischen Kreise, von denen der Baum sprach, mit ihrem Verstand zu tun hatten, aber dass sie gerade beleidigt wurde, entging ihr nicht. »Die Snaiwamark ist voller Überraschungen«, entgegnete sie gallig. »Ich hätte auch nicht gedacht, dass ich mich einmal von einem Stück Brennholz beleidigen lassen müsste.«

Augenblicklich zog sich die Wurzel um ihr Gelenk fester zusammen. Noch ein klein wenig mehr Druck und ihr würde der Fuß ausgekugelt.

Sprich in meiner Gegenwart nie wieder von Feuer!

Die Worte waren wie Flammen in ihren Gedanken, die sich tief von innen heraus in ihren Schädelknochen brannten. Nie zuvor hatte Skanga solche Pein empfunden, und ihr wurde schwarz vor Augen. Als sie wieder zu sich kam, lag sie zwischen den Knochen. Weitere Wurzeln hatten sich um ihren Leib geschlungen.

Dieser bösartige Holunder hat also Angst vor Feuer, ging es ihr durch den Kopf, und kaum dass sie es dachte, verstärkte sich der Druck der Wurzeln, die sie gefangen hielten. »Gib mich frei, und ich schenke dir zwei Seelen, die du quälen kannst. Zwei zarte Elfen. Sie werden dir viel mehr Freude bereiten als ich.«

Du feilschst? Glaubst du wirklich, du bist in der Lage dazu?

»Willst du die Elfen oder nicht?«

Sie werden ohnehin kommen, Trollweibchen. Jeder ist neugierig auf einen Baum, der alle Jahreszeiten zugleich zeigt. Auch sie werden sich zu nah heranwagen. So war es immer.

»Mir sind keine Elfenknochen aufgefallen«, entgegnete Skanga.

Weil du ein dummes Trollweibchen bist!

»Du bist wirklich ein auffälliger Baum, aber die Elfen sind gewiss viel klüger als ich. Vielleicht meiden sie dich, weil du so unverwechselbar bist. Vielleicht durchschauen sie dein Spiel?« Skanga konnte spüren, dass ihre Worte gesessen hatten, auch wenn der Holunder sich nicht zu einer Antwort herabließ.

»Du bist ein Zauberweber, nicht wahr? Deshalb kannst du in meinen Gedanken sprechen.«

Äußerst scharfsinnig, Trollweibchen.

»Bring es mir bei, und ich locke die Elfen für dich an!«

Die Größe deines Kopfes steht im umgekehrten Verhältnis zu den bei dir zu erwartenden geistigen Fähigkeiten, Trollweibchen. Nun sollen die beiden Elfen nicht nur der Preis für deine Freiheit sein, sondern obendrein auch noch der Pfand für die jahrelange Qual, dich zu unterrichten. Eher bringe ich einem Wolf das Zauberweben bei als dir, Schätzchen.

Skanga hatte den Worten des Holunders zwar erneut nicht ganz folgen können, doch die Gefühle, die zugleich mit den Worten einen Weg in ihre Gedanken fanden, waren eindeutig: gehässige Überheblichkeit. »Du meinst, dass ein Troll ein Zauberweber wird, ist etwa so wahrscheinlich, wie dass ein Baum zaubern kann?«

Du bist wahrlich nicht aufs Maul gefallen, kleines Trollweibchen. Vielleicht bist du eine bessere Unterhaltung, als ich zu hoffen gewagt hätte. Was weißt du denn von der magischen Welt?

Die Gefühle des Holunders waren nun weitaus weniger

herablassend. In Skanga keimte Hoffnung auf. Aber war nicht jedes ihrer Gefühle Nahrung für diesen schrecklichen Baum? Spielte der Holunder mit ihr? *Schmeckte* Hoffnung anders als Wut, Schmerz oder Verzweiflung?

Ich erwarte eine Antwort!

Skanga wusste wenig, aber das wollte sie nicht offen zugeben. Magie wurde mit Worten gewoben, mit Rauch aus Feuern, in die man die richtigen Kräuter streute, mit Knochenrasseln und dunklem Trommelschlag. Zur rechten Stunde und wenn die Sterne richtig am Himmel standen.

Köstlich!, spottete der Holunder. *Mir scheint, du kannst mich etwas über die Kunst, Zauber zu weben, lehren.*

Sie musste also gar nichts sagen, dachte Skanga beklommen. Der Baum hörte ihre Gedanken. Eigentlich nicht verwunderlich, sprach er doch auch in ihren Gedanken.

Richtig! Du bist ein offenes Buch für mich, Skanga. Du kannst nichts vor mir verbergen. Versuche es besser erst gar nicht.

Buch … Schon wieder so ein Wort, das sie nicht verstand. Sie spürte, wie dieser Gedanke den Baum belustigte. Skanga empfand es eher als ungeschickt und dumm, wenn einer in einem Gespräch dauernd Worte benutzte, die der andere nicht verstand. Wer wirklich klug war, musste sich nicht auf so billige Art beweisen.

»Hast du einen Namen, Baum?«

Früher einmal. Ein ganzes Zeitalter lang hat mich niemand mehr mit meinem Namen angesprochen. Einst war ich Matha Naht. In deiner Sprache heißt es so viel wie Mutter Nacht.

Skanga spürte die Wehmut und den Zorn des Baums, während der Holunder diese Worte in ihre Gedanken pflanzte. Zugleich war da das vage Gefühl, dass Matha Naht nicht immer an diesem Ort gestanden hatte. Natürlich war diese Vorstellung Unsinn, schließlich wanderten Bäume nicht! Auf der anderen Seite sprachen Bäume normalerweise aber auch nicht in den Gedanken eines Trolls …

Habe ich dich verwirrt, kleines Trollweibchen.

Matha Naht hatte wieder zu ihrem spöttischen Tonfall zurückgefunden.

»Ich könnte dir helfen, deine Einsamkeit zu vergessen.«

Glaubst du, ich sei so tief gesunken, dass ich mich mit Trollen abgeben müsste? Ich bin … Plötzlich war die Stimme aus ihren Gedanken verschwunden. Ja, sogar die Wurzeln ließen ein wenig locker, auch wenn es nicht reichen würde, sich zu befreien.

Skanga lag eine Weile still und lauschte in sich hinein. Da war nichts mehr. Die Stimme hatte sich gänzlich zurückgezogen. Dann wurde sie sich eines fremden Geruchs bewusst. Ganz schwach, fast völlig überlagert vom fruchtigen Duft der Holunderblüten. Mit Rosenöl behandeltes Waffenfett! Das mussten Elfen sein. Sie waren ihr also doch noch gefolgt. Skanga verdrehte die Augen und spähte durch das Dickicht aus Ästen den Hang hinauf. Da kamen sie, vorsichtig, leicht geduckt und ihre Waffen zum Kampf bereit. Es waren zwei. Ganz in helles Hirschleder gekleidet, das sie mit der Winterlandschaft verschmelzen ließ, doch hier, wo aller Schnee gewichen war, waren sie nicht zu übersehen.

Sie blickten hinab zum Holunder und redeten leise. Jedenfalls sah Skanga, dass sich ihre Lippen bewegten. Hören konnte sie nichts. Es sah nicht so aus, als hätten sie ihre Fährte entdeckt, dachte sie zufrieden. Und der Baum war ihnen eindeutig unheimlich. Skanga lächelte. Es kam genau so, wie sie es vorhergesehen hatte.

Du wirst sie auf dich aufmerksam machen, meldete sich Matha Nahts Stimme herrisch in ihren Gedanken zurück. *Lock sie her!*

Auf gar keinen Fall. Skanga dachte ihre Antwort nur, aus Furcht, dass selbst das leiseste Flüstern die Aufmerksamkeit der Elfen erwecken könnte.

Glaub mir, kleines Trollweibchen, ich werde dich dazu bringen, dass du einen verräterischen Laut von dir gibst. Fordere meine Macht nicht heraus!

Du kennst mich nicht, entgegnete Skanga trotzig in Gedanken.

Augenblicklich zogen sich die Wurzeln, die sie gefesselt hielten, enger zusammen. Neue Wurzelstränge krochen über ihren Leib, und pressten ihren Brustkorb, sodass sie nur noch flach atmen konnte. Skanga versuchte, im Geiste zu entfliehen. Sie dachte an ihren Vater, wie er abends am Feuer Jagdgeschichten erzählt hatte. Sie wollte dem Schmerz keinen Raum in ihren Gedanken lassen. Sie presste ihre Hauer aufeinander, dass sie knirschten.

Mit einem schnappenden Geräusch kugelte ihr Fuß aus dem Gelenk. Skanga schossen vor Schmerz Tränen in die Augen, aber kein Laut kam über ihre Lippen.

Das war erst ein sanftes Vorspiel, Trollweibchen. Ich vermag dir noch ganz andere Schmerzen zu bereiten. Gib auf! Mach die Elfen auf dich aufmerksam. Du willst doch auch sehen, wie ich sie langsam töte.

Du hast schon angefangen?, spottete Skanga lautlos. *Gut, dass du das sagst. Mir war es gar nicht aufgefallen.*

Augenblicklich tasteten feine, weiße Haarwurzeln über ihr Gesicht, krochen über ihre Wangen, zwängten sich durch ihre Mundwinkel und schoben sich in ihre Nasenlöcher hinein. Sie kitzelten und beinahe hätte Skanga geniest. Dann schob sich ein dünner Wurzelstrang zwischen Lid und Augapfel. Sie fühlte, wie er zur Rückseite des Auges kroch. Tränen rannen ihr über die Wangen.

Du weißt, an was für einem dünnen Fädchen ein Auge hängt, du hast bestimmt schon welche gegessen. Gib einen Laut von dir oder ich blende dich. Und wenn das nicht reicht, dringen die Wurzeln bis in dein Hirn. Dort gibt es einen Punkt, der dir so erlesenen Schmerz bereiten wird, dass du dich niemals davon erholen wirst, wenn ich ihn berühre. Dieser Schmerz wird dein ständiger Begleiter werden. Sei also nicht dumm …

Skanga stellte sich eine große, dunkle Grube vor, an deren Rand sie stand. Sie würde sich rückwärts hineinfallen lassen. Einfach alles vergessen und in die Dunkelheit stürzen, wo kein Schmerz sie mehr erreichen konnte. Allein, dass sie den Mördern ihres Vaters und ihrer Brüder das Leben schenkte, wurmte sie. *Störrischer, von Würmern zerfressener Baum.* Sie machte in Gedanken einen Schritt zum Rand der Grube. Noch einen. Jetzt …

Also gut, du hast deine erste Probe bestanden. Wir machen einen Handel. Du bist überraschend zäh und dickköpfig. Ich werde versuchen, dich die Kunst des Zauberwebens zu lehren. Doch dafür muss ich dein Verborgenes Auge öffnen, und du musst einen Preis zahlen …

Unser alter Handel ist hinfällig, entgegnete Skanga. *Er galt, bevor du mich gequält hast. Nun verlange ich einen der beiden Elfen für mich! Ich selbst will ihm langsam das Leben aus dem Leib quetschen, sodass ihm noch viel Zeit bleibt zu bereuen, dass er meinen Vater und meine Brüder getötet hat.*

Was bist du für ein garstiges Biest, Skanga. Die Gefühle, die die Gedanken Matha Nahts begleiteten, waren nicht von Zorn gefärbt. Sie erschien Skanga eher amüsiert. *Leider kann ich deiner Bitte nicht nachkommen.*

Dann gibt es keinen Pakt zwischen uns. Verwundert stellte Skanga fest, dass die Schmerzen nachgelassen hatten. Nur die Wurzeln, die sich in ihre Augen gezwängt hatten, peinigten sie noch.

Es gibt nicht einmal Elfen. Weder hier im Tal, noch jenseits des Bergkamms im Wald. Kaum dass dieser Gedanke Skanga erreichte, wichen die Äste des Holunders zur Seite, als griffe

Sturmwind nach ihnen. Dem Trollmädchen standen Tränen in den Augen, sodass sie nur verschwommen sah, doch der Hang war verlassen, so viel konnte sie erkennen.

Wo sind sie?

Es gab sie nie!

Aber ich habe sie doch deutlich gesehen!, begehrte Skanga in Gedanken auf.

Du hast gesehen, was ich wollte, dass du siehst.

Deutlich spürte die Trollin, wie sehr Matha Naht dieses Spiel genoss. *Aber da sind doch Elfen gewesen! Die beiden, die unser Lager angegriffen haben …*

Augen werden als Sinne einfach überschätzt. Du solltest ihnen nicht trauen. Es gab keine Elfen, nicht hier und nicht bei eurem Lager auf der anderen Seite des Hangs. Es war alles nur Illusion. Wahr ist einzig, dass du hier unter meinen Ästen gebettet liegst und dem Leben endlich wieder näher bist als dem Tod.

Skanga verstand den Sinn der Worte nicht. Der Baum redete jetzt endgültig irre.

Du warst fast schon gestorben, als ich deinen verzweifelten Überlebenskampf gespürt habe, Skanga. Du musst wissen, mein Wurzelwerk reicht sehr weit. Bis auf die andere Seite des Hangs und darüber hinaus. Meine Wurzeln sind meine Sinne, die über die Grenzen dieses engen Tals hinausreichen. Sie sind in vielen Jahrhunderten gewachsen, seit jener Zeit, in der die Drachen die Herren dieser Welt waren und eine verfluchte Elfe ein letztes Stück meiner Wurzeln hier pflanzte, nachdem ich an einem anderen Ort von einem Götterdrachen fast getötet worden war. Ich bin älter, als du dir vorstellen kannst, Skanga, und ich will dich! Ganz und gar. Als meine Wurzeln dich berührten – du hast glücklicherweise nicht auf felsigem Grund gelegen –, da habe ich etwas in dir gespürt. Du hast die Gabe zu Großem!

Wie meinst du das, mit dem felsigen Grund?

Dort, wo deine Brüder und dein Vater erfroren sind. In der kleinen Mulde auf der anderen Seite des Berghangs, wo ihr vor dem

Eissturm Zuflucht gesucht habt. Der Boden dort besteht aus Humus und Geröll. Sonst hätte ich dich nicht erreicht. Jedenfalls nicht schnell genug. Festes Gestein zu durchdringen dauert lange.

Skanga runzelte die graue Stirn. Sie waren doch mit letzter Kraft den Hang hinaufgestiegen, und da war dieser Himmel voller schwarzer Wolken, die ihnen, getrieben von eisigem Nordwind, wie Bluthunde gefolgt waren. *Wir haben doch den Elch …*

Gar nichts habt ihr!, unterbrach Matha Naht ihren Versuch, ihre verwirrenden Erinnerungen zu ordnen. *Durch meine Wurzeln habe ich einen Zauber gewirkt und dir genug Kraft gegeben, um über den Hang hierherzukommen. Wie eine Schlafwandlerin bist du gegangen und dann völlig entkräftet unter meinen Ästen zusammengebrochen. Du hattest keinen Willen zum Leben mehr und warst so ermattet, dass dein Körper trotz all meiner Versuche, dir zu helfen, in den ewigen Schlaf hinübergeglitten wäre, hätte es nicht etwas gegeben, was dich erzürnte und wogegen du dich aufbäumen konntest. Deshalb habe ich deinen Traum von der Elchjagd geformt. Die Illusion, dich satt gegessen zu haben, sollte dir Kraft geben. Manchmal genügt schon der Glaube an einen vollen Bauch … Nicht jedoch bei dir. Deshalb habe ich die Elfen in deinen Traum gewoben. Wut und der Wille zu kämpfen haben dich von der Schwelle des Todes geführt.*

Skanga mochte sich immer noch nicht mit dem Gedanken anfreunden, dass sie all das nur geträumt hatte. Sie blickte an sich herab. Etliche Wurzelstränge hielten ihren Leib an den Boden gefesselt. *Bin ich deine Gefangene oder dein Gast?*

Ich heile dich. Du hattest Erfrierungen. Deshalb schmerzt dein Fuß so sehr. Fast hättest du ihn verloren. Das Fleisch hatte bereits begonnen, schwarz zu werden und zu faulen. Erinnere dich!

Skanga erinnerte sich in der Tat, wie sie durch den Schnee gehinkt war und ihr Vater sie gestützt hatte. Sie alle waren am Ende ihrer Kräfte gewesen, und ein Sturm war aufgezogen. Aber war diese Erinnerung nicht vielleicht auch ein Trugbild wie der Traum von dem Elch und den Elfen? Wenn es denn ein Traum gewesen war ... Wie konnte sie herausfinden, was Wahrheit und was Lüge war, wenn dieser verfluchte Holunder ihre Erinnerungen und auch ihre Sinne täuschen konnte? *Du heilst mich mit Wurzeln, die du mir durch die Augen wachsen lässt?*

Schau dir deinen Fuß an!

Etliche der Wurzeln, die ihren Leib bedeckt hielten, glitten zurück, und Skanga konnte sich halb aufrichten. Sie sah die blaurote Verfärbung ihrer Haut, die eigentlich mittelgrau hätte sein sollen. Ihre Zehen fühlten sich an, als würden sie von Tausenden Nadeln gleichzeitig durchbohrt. Feiner Wasserdampf stieg von den Wurzeln auf, die von den Füßen zurückgewichen waren. Keiner ihrer Füße war ausgekugelt.

Vier deiner Zehen waren fast abgestorben, die Erfrierungen an den Füßen tief ins Fleisch vorgedrungen. Die meisten Heiler hätten dir die Füße abgeschnitten, Skanga.

Hatte Matha Naht nicht eben noch gesagt, wie leicht die Augen zu betrügen seien, überlegte Skanga. Sie tastete nach ihren Füßen, denn der Blick ihrer nach wie vor mit Tränen gefüllten Augen war unscharf. Die Augäpfel rieben über das dünne Wurzelwerk, das unter ihnen hervorlugte und ihre Wangen hinabhing. Sie war versucht, die Wurzeln durchzureißen, doch hatten sich deren Enden nicht um das dünne Fleischfädchen gewickelt, das von den Augen ins Hirn führte? Ein unvorsichtiger Ruck an den Wurzeln mochte sie das Augenlicht kosten.

Sehr scharfsinnig, Skanga. Ich kann nur bestätigen, dass diese Überlegung richtig ist.

Das Trollmädchen konnte nicht mehr unterscheiden, was die Wirklichkeit war und was ein Gespinst aus Zaubern ihr als Wirklichkeit vorgaukelte. Nie hatte sie sich so hilflos gefühlt. Dies Gefühl war ihr fremd. Skanga spürte, wie ihr Herz schneller und schneller schlug. Sie wollte etwas tun, wusste aber nicht was, bis sie schließlich einfach schrie, denn sonst hätten ihre Wut und Verzweiflung sie erstickt.

Sehr trollisch, durchdrangen sie die Gedanken des Holunders. *Äußerst eindrucksvoll. Man hat dich sicherlich im ganzen Tal hören können. Ich spüre, wie die Schneehasen tiefer in ihre Höhlen kriechen und die Rentiere sich ängstlich umsehen.*

»Was willst du von mir?« Skanga schnaubte. Ihre Kehle schmerzte von ihren wilden Schreien.

Ich will dich zu einer Zauberweberin machen. Du hast das Talent, auch wenn diese Vettel Kurga einen üblen Zauber über dich geworfen hat, als sie dich mit ihrer Nadel stach. Erstaunlich für jemanden, der Tränke aus Dreck und Spinnenbeinen und das Rasseln mit alten Knochen als Magie verkauft.

»Was hat die alte Hexe mir angetan?«

Tja, wie soll ich etwas so Komplexes so beschreiben, dass es in einen Trolldickkopf geht? Stell dir vor, deine Gabe ist wie eine große Höhle unter der Erde. Bisher gab es ein Mauseloch, das dort hinabführte. Das Mauseloch hat Kurga mit ihrem Zauber so gut verschlossen, dass auch ich es nicht mehr öffnen kann. Aber wenn ihr beide Mäuse seid, dann bin ich ein Dachs. Ich kann ein neues Loch zu der Höhle graben, in der sich deine Gabe versteckt. Ich kann dich mächtiger machen, als Kurga es sich jemals erträumen könnte.

Der Gedanke an Macht gefiel Skanga. Dennoch blieb sie misstrauisch. »Was werde ich tun können? Werde ich Flammen aus meinen Händen fließen lassen und sie vor den Augen des Königs verbrennen?«

In Skangas Gedanken erklang helles Gelächter. Selbst die Äste des Holunders erzitterten, so sehr erheiterte den Baum, was sie gesagt hatte. Skanga fühlte sich elend und dumm.

Gräme dich nicht, Trollweibchen. Mit Flammen um sich werfen, das tun nur die Zauberer in Kindermärchen. Wirkliche Zauberer sind weit mächtiger und ihre Taten verbreiten Entsetzen, das sich tiefer in die Herzen gräbt, als der Anblick einer brennenden, alten Schamanin. Wenn dein Tag kommt, dann wirst du Kurga wie eine Laus zwischen deinen Fingern zerquetschen. Du wirst ihr Ende auf eine Art herbeiführen, die allen Respekt vor Kurga zu Asche werden lässt. Du tötest nicht nur sie, du tötest auch das Andenken an sie. Das ist wirkliche Macht. Und davon wirst du kosten, wenn du dich mir ganz und gar verschreibst. Ich werde dich die dunkelsten Geheimnisse der Zauberkunst lehren, und ich werde dir ein Leben schenken, das so lange währt wie ein Elfenleben. Denn die Zeit, die einem Troll bemessen ist, wird kaum reichen, dich auch nur die einfachsten Dinge verstehen zu lassen.

»Warum ich?«

Weil du die Gabe hast, was unter Trollen selten ist. Weil du dickköpfig bist. Weil du bereit bist, dein Leben einzusetzen für das, was du erreichen willst. Weil du zäh bist wie eine alte Stiefelsohle und der Tod dich mir nicht einfach stehlen wird. Ja, ich habe dich getäuscht, Skanga. Ich habe mit dir und deinen Gefühlen gespielt. Ich habe dich auf die Probe gestellt – und du hast bestanden. Du bist wert, dass ich dir viele Jahrzehnte meiner Zeit schenken werde und dich meine dunkelsten Zauber lehren werde. Es waren ein Drache und ein Elf, die mich gedemütigt haben. Die Drachen sind inzwischen bedeutungslos geworden. Wenn du die Hoffnungen erfüllst, die ich in dich setze, dann wirst du eines Tages die Elfen für mich strafen und ihren Hochmut brechen.

Ihr würde es genügen, Kurga, zu brechen, dachte Skanga. Die Elfen bestrafen … Der Baum war verrückt!

Nur wer sich große Ziele steckt, wird auch Großes erreichen. Du hast Ehrgeiz. Über Kurga zu triumphieren, wird dir nicht lange genügen. Bist du bereit, einen Pakt mit mir zu schließen und von mir die Gabe der Magie zurückzugewinnen, die Kurga dir genommen hat?

»Was verlangst du dafür?«

Ich muss dir dein Augenlicht nehmen. Dafür wirst du von nun an die verborgene, magische Welt sehen.

Skanga zögerte. Ein blindes Weibchen … Wer würde das noch wollen? Dann dachte sie an Kurga. Eines Tages zum Königsstein zurückzukehren, um sie zu vernichten. Das war den Preis wert.

»Ich stimme dem Pakt zu!« Ihre Stimme klang rau und ein wenig zögerlich. Ein Leben in Blindheit, das konnte sie sich nicht wirklich vorstellen und so sagte sie: »Ich habe einen letzten Wunsch. Lass mich den Himmel sehen, während du mir mein Augenlicht nimmst. Den klaren, blauen Winterhimmel ohne Wolken. Vermagst du das?«

Du überraschst mich, Skanga. Aber dein Wunsch soll erfüllt sein. Die Äste des Holunders wichen noch weiter zur Seite, sodass der Nebel, der über dem Tal hing, deutlich zu sehen war. Ein Prickeln überlief Skanga. Sie konnte spüren, wie eine fremde Macht, tief aus der Erde hinauf in den Himmel griff. Ein Wirbel bildete sich im Nebel, zerrte die Dunstschwaden zur Seite und zerriss sie, bis tatsächlich ein Stück Himmel sichtbar wurde. Das klare, helle Blau brannte in Skangas Augen. Als Weibchen hatte sie den Königsstein nur selten verlassen dürfen und dann stets nur bei Nacht, denn die Sonne verbrannte die Haut der Trolle und war ihnen unangenehm. Direkt in die Sonne zu schauen, konnte sie blenden. Doch was zählte das jetzt noch?

Rot floss in das Blau des Himmels. Wolken, wie zerrissenes Fleisch zogen vor die Sonne. Skangas Blick trübte sich. Sie wollte nicht wissen, auf welche Weise ihr Matha Naht das Augenlicht nahm. Ob sie den Faden zerriss, der vom Augapfel in ihr Hirn führte, ob die Wurzeln ihn langsam abdrückten oder Dornen bildeten, die sich in ihre Augäpfel bohrten.

Sie verschloss sich gegen allen Schmerz und trank gierig

das immer unschärfer werdende Bild des Abendhimmels. Sie hatte lange in die Sonne gesehen. Kein anderer Troll, den sie kannte, hatte das je vor ihr getan. Und in ihrer Erinnerung würde das Bild der gleißenden, goldenen Scheibe am Himmel niemals verblassen.

Das Ende kam plötzlich. Finsternis umfing sie, als habe sich eine dunkle Hand fest über ihre Augen gelegt. Zugleich verspürte sie einen stechenden Schmerz mitten auf ihrer Stirn. Und dann öffnete sich ihr Verborgenes Auge, und der Anblick der neuen Welt überwältigte sie. Sie war voller Farben! Ein Labyrinth aus Linien in allen Regenbogenfarben. Manche pulsierten, andere waren blass und bewegungslos.

Dies ist die wirkliche Welt, Skanga. Hier gibt es keine Trugbilder. Alles um dich herum ist von Magie durchdrungen und mit dem großen Netz verbunden. Wer diese Kraft zu nutzen weiß, sie formen und lenken kann, der vermag alles zu erreichen. Diese neue Welt ist mein Geschenk an dich. Und wenn du meinen Worten folgst und eine kluge, strebsame Schülerin bist und die Ausdauer hast, in den Abgründen der tiefsten Geheimnisse zu schürfen, dann wirst du dereinst eine Königin in dieser Welt sein.

Skanga war überwältigt von dem, was sie sah. Sie spürte, dass der Fluch, den Kurga auf sie gelegt hatte, gebrochen war, und zugleich ahnte sie, dass alles, was Matha Naht ihr verheißen hatte, Wirklichkeit werden mochte, wenn sie nur hart genug darum kämpfte. Nie zuvor war einem Troll ein solches Geschenk gemacht worden. Sie fand keine Worte, um ihren Gefühlen Ausdruck zu geben. Ihr war bewusst, dass sie das auch nicht brauchte, da der Holunder in ihrem Verstand nistete und ihm nichts von dem entging, was sie dachte und fühlte. Und doch reichte ihr dieses Wissen nicht. Sie wollte ihre Dankbarkeit zeigen. Schließlich biss sie sich in den Arm, bis sie den warmen, metallischen Geschmack von Blut auf der Zunge spürte.

Skanga streckte den Arm von sich und ließ das Blut auf die Wurzeln des Holunders tropfen.

»Bei meinem Blute, ich bin die deine, Matha Naht. Ich werde dich nicht enttäuschen!«

ANHANG

Dramatis personae

Aesa Tochter des Bauern vom Wehrberghof

Aileen Farodins Liebste. In Ollowains Parabel legendäre Bogenschützin aus der Sage von Nazirluma und Aileen

Alathaia Die Elfenfürstin von Langollion. Sie lebt in Fehde mit Emerelle. Es heißt von ihr, sie habe die dunklen Pfade der Magie beschritten

Alfadas Mandreson Jarl von Fitnstayn, in Kriegszeiten Herzog des Fjordlands, Sohn Mandreds, wuchs an Emerelles Königshof in Albenmark auf

Alfeid Wäscherin in Firnstayn. Die Mutter Halgards

Alvias Elf, gemeinhin Meister Alvias genannt, Haushofmeister am Hof Emerelles

Antafes Kentaurenkrieger aus dem Festgeleit Emerelles in Vahan Calyd

Asla Frau des Jarls von Firnstayn

Atta Aikhjarto Beseelter Eichenbaum, der den Helden Mandred rettete

Audhild Bäuerin auf dem Wehrberghof nahe Firnstayn

Birga Trollschamanin und Ziehtochter Skangas

Boltan Troll, Geschützmeister an Bord der *Donnerer*

Branbart König der Trolle

Brud Kundschafter in Diensten Skangas

Dalla Heilerin in Diensten König Horsas

Dolmon Kobold in Phylangan

Dumgar Troll, Herzog vom Mordstein, ein Vertrauter des Trollkönigs
Egil Sohn Horsa Starkschilds, Thronerbe des Fjordlands
Eginhard von Daluf Chronist König Horsa Starkschilds
Eleborn Fürst unter den Wogen, Herrscher über die Albenkinder, die in den Ozeanen Albenmarks leben
Emelda Einer der Namen, die die Menschen Emerelle, der Königin der Elfen, gegeben haben
Emerelle Elfe, Königin von Albenmark, eines der ältesten Geschöpfe ihrer Welt
Erek Fischer in Firnstayn, der Vater Aslas
Fahlyn Junge Elfe aus Phylangan, gehört zur Sippe der Farangel
Farangel Eine Elfensippe der Normirga in Phylangan
Farodin Legendärer Held unter den Elfen
Fenryl Elfengraf aus dem Volk der Normirga
Finn Ältester Sohn des Bauern vom Wehrberghof bei Firnstayn
Firn Gott des Winters im Götterpantheon der Fjordländer
Fredegund Sklavin in Firnstayn
Freya Ehefrau Mandreds, Mutter des Alfadas
Galti Fischer in Firnstayn
Gran Auffällig großer Trollkrieger, Rivale Orgrims
Godlip Jarl von Honnigsvald
Gondoran Bootsmeister der Königin Emerelle in Vahan Calyd und Herr der Wasser
Gundar Luthpriester in Firnstayn
Halgard Blindes Mädchen aus Firnstayn, Tochter von Alfeid, der Wäscherin
Hallandan Elfenfürst von Reilimee
Horsa Starkschild König des Fjordlands
Isleif Einödbauer, der auf einem Hof nahe Firnstayn lebt
Iwein Der bedeutendste Viehzüchter in Firnstayn
Kadlin Tochter von Alfadas und Asla

Kalf Fischer und ehemals Jarl von Firnstayn

Kodran Fährmann bei Honnigsvald, der Älteste von drei Brüdern

Lambi Jarl aus dem Fjordland, wird von König Horsa verbannt

Landoran Elf, Fürst der Snaiwamark und Carandamons, Vater Ollowains

Landorin Ein Elf, Heiler am Hof der Königin Emerelle

Loki Waisenjunge in der Obhut Svenjas, der Tante Aslas

Luth Schicksalsweber, im Fjordland der Gott, der alle Lebensfäden webt und zu einem wunderbaren Teppich verbindet

Lyndwyn Enkeltochter Shahondins, des Elfenfürsten von Arkadien

Lysilla Elfe aus dem Volk der Normirga

Mag Fährmann bei Honnigsvald

Mahawan Elf, einst der Geliebte Emerelles

Mandrag Schildbruder des Trollkönigs, Interimsherrscher der Trolle nach ihrer Diaspora

Mandred Legendärer Held unter Menschen und Elfen, Vater des Alfadas und Jarl von Firnstayn

Maruk Rudelführer der Trolle in Diensten Skangas

Matha Murganleuk Beseelter Magnolienbaum in Emerelles Palast in Vahan Calyd

Melvyn Sohn von Silwyna und Alfadas

Mjölnak Schlachtross des Königs Horsa Starkschild

Murgim Kobold aus Phylangan

Nazirluma Legendärer König der Lamassu

Nessos Kentaurenkrieger aus dem Festgeleit Emerelles in Vahan Calyd

Nomja Elfenbogenschützin, gehörte einst zu Emerelles Wache

Norgrimm Gott des Krieges im Götterpantheon der Fjordländer

Noroelle Elfenzauberin, die von Königin Emerelle in die Verbannung geschickt wurde

Nuramom Legendärer Held unter den Elfen

Olav Holzfäller aus Sunnenberg

Ole Hundezüchter in Firnstayn, Onkel Aslas

Ollowain Schwertmeister der Königin Emerelle, gehört zum Volk der Normirga

Orgrim Zunächst Rudelführer, später Herzog der Nachtzinne, fähigster Heerführer der Trolle

Orimedes Kentaur, Fürst von Windland

Osaberg Legendärer König des Fjordlandes

Oswin Junger Jarl aus dem Fjordland, Bannerträger König Horsas

Ragnar Krieger aus dem Gefolge Jarl Lambis

Ragni Leibwächter König Horsas, der Alfadas auf verschiedenen Kriegszügen begleitet hat

Ralf Name, unter dem Egil Horsason im Heer des Alfadas dient

Rolf Svertarm Krieger aus dem Gefolge Lambis

Ronardin Elf, Wächter an der Mahdan Falah

Sandowas Elf aus Phylangan, Gesandter in Diensten Landorans

Sanhardin Elfenkrieger aus der Leibwache der Königin

Sansella Tochter des Elfenfürsten von Reilimee

Schneeschwinge Falke des Grafen Fenryl

Senwyn Elf, der Älteste der Farangel, einer Sippe der Normirga

Shahondin Elfenfürst von Arkadien

Shaleen Gemahlin des Elfengrafen Fenryl

Sigvald Wagenbauer aus Honnigsvald

Silwyna Elfe, Bogenschützin aus dem Volk der Maurawan

Skanga Bedeutende Schamanin der Trolle

Slangaman Legendärer Trollkönig

Slavak Koboldddiener, ehemals im Haushalt Shahondins, dann im Gefolge des Trollkönigs Branbart
Solveig Frau aus Firnstayn
Svanlaug Herrin des Sieges, Tochter Norgrimms, des Kriegsgottes
Svenja Tante Aslas, lebt in Firnstayn
Svertarm Siehe **Rolf** Svertarm
Taenor Elf, junger Magier aus Phylangan
Thorfinn Bauer vom Wehrberghof nahe Firnstayn
Tofi Jüngster Sohn des Bauern vom Wehrberghof
Torad Fährmann bei Honnigsvald
Ulf Leibwächter König Horsas
Ulric Sohn von Alfadas und Asla
Urk Troll mit Sinn für Eichhörnchen
Usa Sklavin in Firnstayn
Vahelmin Sohn Shahondins, berühmter Jäger
Veleif Silberhand Skalde am Hof König Horsas
Yilvina Elfe, gehört zur Leibwache Königin Emerelles
Yngwar Krieger aus dem Gefolge Lambis

Schauplätze

Adlerstein Eine Felsburg in Carandamon
Albenhaupt Geheimnisumwitterter Berg im Norden Albenmarks
Albenmark Oberbegriff für die Welt der Albenkinder
Arkadien Ein bedeutendes Fürstentum in Albenmark
Carandamon Hochebene im ewigen Eis, ursprüngliche Heimat der Normirga
Drusna Waldkönigreich in der Welt der Menschen
Firnstay Kleines Dorf im Fjordland
Gonthabu Hafen im südlichen Fjordland, Residenz des Königs Horsa Starkschild

Herzland Provinz in Albenmark, hier liegt der Hof der Elfenkönigin Emerelle

Honnigsvald Kleine Stadt, etwa einen halben Tagesritt südlich von Firnstayn

Ioliden Gebirge am Rand des Herzlandes

Iskendria Bedeutende Handelsmetropole in der Welt der Menschen, berühmt für seine Bibliothek, berüchtigt für seinen grausamen Stadtgott

Kandastan Legendäre/s Stadt/Königreich weit im Osten der Welt der Menschen

Königsstein Name der Trolle für Phylangan

Langollion Insel südöstlich der Walbucht

Mahdan Falah Die Weltenbrücke, liegt in der Himmelshalle von Phylangan

Phylangan Auch der Felsengarten oder der Steinerne Garten genannte Festung, die über den Zugang zur Hochebene von Carandamon wacht

Reich unter den Wogen Fürstentum am Grund des Ozeans in Albenmark

Reilimee Bedeutende Hafenstadt der Elfen

Rosenberg Siedlung der Elfen, die am westlichen Ende des Swelm-Tals liegt; die Trolle nennen diesen Ort Wolfsgrube

Shalyn Falah Die weiße Brücke, einer der Wege in Herzland

Slanga-Berge Heimat der Maurawan, eines Elfenvolks, das zurückgezogen in Wäldern lebt

Snaiwamark Ursprungsregion der Trolle

Sunnenberg Kleines Bergdorf am Rentierpfad

Swelm-Tal Tal in der Snaiwamark, das sich zur Walbucht hin öffnet; an seinem westlichen Ende liegt die Trollfestung Wolfsgrube

Vahan Calyd Hafenstadt am Waldmeer, die von dem vertriebenen Volk der Normirga gegründet wurde

Waldmeer Seichtes Meer im Süden Albenmarks

Windland Steppenlandschaft im Norden Albenmarks, die überwiegend von Kentauren bewohnt wird

Wolfsgrube Festung der Trolle, die am westlichen Ende des Swelm-Tals liegt; die Elfen nennen diesen Ort Rosenberg

Glossar

Albenkinder Sammelbegriff für alle Völker, die von den Alben erschaffen wurden (Elfen, Trolle, Kentauren usw.)

Albenpfade Magische Wege

Albensterne Schnittpunkt von zwei bis sieben Albenpfaden; durch Albensterne kann man die Albenpfade betreten

Apsaras Wassernymphen

Auenfeen Kleines geflügeltes Volk der Albenkinder

Bandag Rotbrauner Saft, der aus den Wurzeln des Dinko-Busches gewonnen wird. Die Albenkinder benutzen diesen Saft zur Körperbemalung

Devanthar Ein Geschöpf, halb Mann, halb Eber, Erzfeind der Elfen

Dinko-Busch Busch, aus dem die Albenkinder den Saft für Körperbilder gewinnen

Eisenbärte Holzfiguren, in die man als Opfergabe an Luth Eisenteile treibt

Eisenmänner siehe Eisbärte

Elfen Das letzte der Völker, die von den Alben erschaffen wurden

Faune Bocksbeinigs Volk in Albenmark

Gry-na-Lah Fluchpfeil, verzauberter Pfeil, der so lange fliegt, bis er jenen tötet, dessen Name auf seinem Schaft steht

Holde Eines der Koboldvölker Albenmarks. Sie leben in den Mangroven bei Vahan Calyd, ihren Fürsten nennen sie den Herrn der Wasser

Jarl Titel für den Anführer eines Dorfes im Fjordland, wird jährlich neu gewählt

Lamassu Volk in Albenmark, Geschöpfe mit einem Stierleib, großen Adlerflügeln und einem bärtigen Kopf

Lutins Ein Volk fuchsköpfiger Kobolde, die für ihre derben Späße und ihre magischen Fähigkeiten berühmt sind

Kentauren Volk in Albenmark, halb Pferd, halb von elfenähnlicher Gestalt

Kriegsmeister Titel der Elfen für den Oberbefehlshaber ihrer Streitkräfte

Maurawan Elfenvolk, das in den Wäldern der Slanga-Berge lebt

Minotauren Stierköpfige Hünen, ein Volk Albenmarks

Normirga Elfenvolk, das die Hochebene von Carandamon und die Snaiwamark bewohnt

Oreaden Scheue Bergnymphen, die vor allem in den Ioliden leben

Shi-Handan Seelenfresser, Geschöpfe Skangas

Trolle Ein kriegerisches Volk in Albenmark, wurden von der Elfenkönigin Emerelle in die Welt der Menschen verbannt

Wildrufer Eine Untergruppe der Trolle mit der besonderen Fähigkeit, ein geistiges Band zu wilden Tieren zu knüpfen, sie anzulocken und ihrem Willen gefügig zu machen

Windsänger Eine besondere Gruppe von Zauberern unter den Elfen

Yingiz Rätselhaftes Volk, das von den Alben in die Finsternis zwischen den Welten vertrieben wurde

Elfen-Chronologie

3600	**Zeitalter der Drachenkriege**
	Kampf um Nangog
1100	Goldenes Zeitalter Iskendrias
745	Erster Trollkrieg
125	Zweiter Trollkrieg
	Beginn des Goldenen Zeitalters Albenmarks
1	Kampf Mandreds gegen den Manneber
31	Tod des heiligen Guillaume, Beginn des Aufstiegs der Tjuredkirche
40	**Beginn des Dritten Trollkrieges**
56	Elfenkönigin Emerelle verliert ihren Thron
68	Krönungsfest der Trolle in Vahan Calyd
	Kampf der Tjuredkirche gegen die letzten freien Völker
1021	Prinzessin Gishild wird von den Rittern der Tjuredkirche zur Ordensburg verschleppt
1033	Invasion Albenmarks durch die Tjuredritter beginnt, Mandred begegnet Gishild

Bernhard Hennens magische ELFENWELTEN

Die Elfen-Saga

Die Elfen

Als ein gefährlicher Feind die Welt der Elfen bedroht, schickt Königin Emerelle Farodin und Nuramon – die kühnsten Krieger Albenmarks und Rivalen um die Gunst der Zauberin Noroelle – aus, um Albenmark zu retten. Vor ihnen liegt eine gefährliche Reise durch verschiedene Zeiten und Welten, an deren Ende sich das Schicksal der Elfen entscheiden wird.

Elfenwinter

Das sagenumwobene Fest der Lichter, bei dem die Elfenfürsten ihrer ebenso schönen wie kühlen Königin Emerelle die Treue schwören, ist das wichtigste Ereignis in ganz Albenmark. Doch unter der prunkvollen Oberfläche des Hofes regieren Neid und Missgunst. Als ein Mordanschlag auf die Königin verübt wird, flammt ein seit Jahrhunderten gewonnen geglaubter Krieg wieder auf …

Elfenlicht

Als ein Heer von Trollen Albenmark angreift, zerstört Königin Emerelle für einen letzten Sieg der Elfen einen der goldenen Albenpfade und gewährt damit dunklen Schatten Einlass in die Welt der Elfen. Schatten, die das Schicksal aller Völker Albenmarks bedrohen …

Elfenkönigin

Von ihrem Thron vertrieben reist die Elfenkönigin Emerelle unerkannt durch das Land, nur begleitet von dem wiedergeborenen Helden Falrach, der ihr in den Drachenkriegen das Leben rettete. Einst liebte Emerelle Falrach, doch als sie in der Stunde höchster Gefahr erkennt, dass ihr Herz einem anderen gehört, ist es beinahe zu spät.

Einzelband

Elfenlied

Dies ist die Geschichte der jungen Lutin Ganda Silberhand, die einer unglaublichen Verschwörung auf die Spur kommt.

Die Elfenritter-Saga

Die Ordensburg

Gishild ist die letzte Herrscherin des Fjordlands und die einzige Hoffnung für die freien Völker der Welt. Luc ist Ritter eines mächtigen Ordens, dem Todfeind der Elfen. Als Kinder unzertrennlich, stehen sich Gishild und Luc nun an der Spitze zweier Heere gegenüber …

Die Albenmark

Seit Jahren wütet nun schon der Krieg der Elfen und Fjordländer gegen die Ordensritter der Tjuredkirche. Als Gishild, die Königin der Fjordländer, von den Ordensrittern entführt wird, scheint das Schicksal aller Albenkinder endgültig besiegelt.

Das Fjordland

Obwohl es Gishild gelingt, das Fjordland zurückzuerobern, kann sie nicht verhindern, dass die Ordensritter in das Reich der Elfen vorstoßen und die legendäre Stadt Vahan

Calyd zerstören. Die Rache der Elfenkönigin Emerelle ist schrecklich – für das Fjordland und für Gishild selbst …

Die Drachenelfen-Saga

Drachenelfen

Die verbotene Welt Nangog birgt den Schlüssel zur Herrschaft über Albenmark. Als die dämonischen Devanthar versuchen, diesen Schlüssel in ihren Besitz zu bringen, und die Himmelsschlangen, die Fürsten des Drachenvolkes, sich ihnen entgegenstellen, entbrennt ein grausamer Kampf um das magische Reich.

Die Windgängerin

Noch herrschen die mächtigen Drachen über die Völker Albenmarks. Doch ein unglaublicher Verrat in ihren eigenen Reihen beginnt zu wirken – und plötzlich müssen sich die Drachenelfen entscheiden: Dienen sie weiter ihren Herren oder kämpfen sie für eine neue Zeit, eine Zeit der Elfen …

Die gefesselte Göttin

Immer verbitterter stehen sich Devanthar und Drachen in ihrem Kampf um Macht gegenüber und schrecken auch nicht davor zurück, ihre besten Krieger, den Herrscher Aaron oder die Drachenelfen Nandalee und Gonvalon, für ihre Zwecke einzuspannen. Doch dann soll die gefesselte Göttin Nangogs erweckt werden – und mit ihr eine Magie, von der niemand weiß, was sie bewirken wird …

DANKSAGUNG

Auch wenn das Klischee den Autor gern als einsamen Einzelkämpfer in einer weltabgewandten Dachkammer sieht, gilt zumindest für dieses Buch, dass es wohl nie ohne die Hilfe zahlreicher verborgener Elfen und Kobolde fertig geworden wäre. Meine Helferinnen und Helfer im Ringen mit Albenmark waren: Menekse, die mich ziehen ließ, wenn es notwenig war, Elke, die Kaltblüter besser kennt als ich, auch wenn sie sie nicht riechen kann, Karl-Heinz, der auch zu mitternächtlicher Stunde noch Rat spendete, Eymard, der mich durch die Untiefen nautischer Fachbegriffe lotste, Gregor und Bettina, die dort waren, wo ich fehlte, sowie meine Lektorinnen Martina Vogl, die nie den Glauben verlor, und Angela Kuepper, die unter anderem dafür sorgte, dass meinen Lesern weitere Bandwurmsätze wie dieser hier erspart bleiben.

BERNHARD HENNEN

»So müssen DIE ELFEN klingen.« Bernhard Hennen
BERNHARD HENNEN
DIE ELFEN
Erlebe »Die Elfen« als atemberaubende und einzigartige Hörspieladaption.
Hörproben und Infos auf www.folgenreich.de
Hörspielstaffel 1 »Elfenwinter« und Hörspielstaffel 2 »Elfenlicht« komplett in 11 Teilen.
Alle Folgen als CD & Download erhältlich.
FOLGEN REICH
UNIVERSAL
UNIVERSAL MUSIC GROUP